Avaliação Psicológica

Coleção Avaliação Psicológica

Coordenador:
Makilim Nunes Baptista

Conselho consultivo:
Cláudio Simon Hutz (UFRGS)
José Humberto da Silva Filho (FMF/Manaus)
José Maurício Haas Bueno (UFPE)
Marcelo Tavares (UnB)
Solange Muglia Wechler (PUCCAMP)
Sonia Regina Pasian (FFCL USP Ribeirão Preto)

Dados Internacionais de Catalogação na Publicação (CIP)
(Câmara Brasileira do Livro, SP, Brasil)

Avaliação psicológica : aspectos teóricos e práticos / Manuela Ramos Caldas Lins, Juliane Callegaro Borsa, (organizadoras). – Petrópolis, RJ : Vozes, 2017. – (Coleção Avaliação Psicológica)

Vários autores.

Bibliografia.

8ª reimpressão, 2025.

ISBN 978-85-326-5414-4

1. Avaliação psicológica 2. Testes psicológicos I. Lins, Manuela Ramos Caldas II. Borsa, Juliane Callegaro III. Série.

17-00777   CDD-150.287

Índices para catálogo sistemático:
1. Avaliação psicológica   150.287

Manuela Ramos Caldas Lins
Juliane Callegaro Borsa
(Organizadoras)

Avaliação Psicológica
Aspectos teóricos e práticos

EDITORA VOZES

Petrópolis

© 2017, Editora Vozes Ltda.
Rua Frei Luís, 100
25689-900 Petrópolis, RJ
www.vozes.com.br
Brasil

Todos os direitos reservados. Nenhuma parte desta obra poderá ser reproduzida ou transmitida por qualquer forma e/ou quaisquer meios (eletrônico ou mecânico, incluindo fotocópia e gravação) ou arquivada em qualquer sistema ou banco de dados sem permissão escrita da editora.

CONSELHO EDITORIAL

Diretor
Volney J. Berkenbrock

Editores
Aline dos Santos Carneiro
Edrian Josué Pasini
Marilac Loraine Oleniki
Welder Lancieri Marchini

Conselheiros
Elói Dionísio Piva
Francisco Morás
Teobaldo Heidemann
Thiago Alexandre Hayakawa

Secretário executivo
Leonardo A.R.T. dos Santos

PRODUÇÃO EDITORIAL

Anna Catharina Miranda
Eric Parrot
Jailson Scota
Marcelo Telles
Mirela de Oliveira
Natália França
Priscilla A.F. Alves
Rafael de Oliveira
Samuel Rezende
Verônica M. Guedes

Editoração: Maria da Conceição B. de Sousa
Diagramação: Sheilandre Desenv. Gráfico
Revisão gráfica: Nilton Braz da Rocha
Capa: Ygor Moretti
Ilustração de capa: Wassily Kandinski. Jaune-Rouge-Bleu, 1925.
Musée National d'Art Moderne, Paris.

ISBN 978-85-326-5414-4

Este livro foi composto e impresso pela Editora Vozes Ltda.

Sumário

Parte I	Capítulos	Autores

1 A diferenciação entre avaliação psicológica e testagem psicológica: questões emergentes, 9 — Josemberg Moura de Andrade e Hemerson Fillipy Silva Sales

2 Avaliação psicológica: o papel da observação e da entrevista, 23 — Maria Lucia Tiellet Nunes, Luciana Jornada Lourenço e Rita de Cássia Petrarca Teixeira

3 Aspectos históricos da testagem psicológica: contexto internacional e nacional, 38 — José Maurício Haas Bueno e Mirela Dantas Ricarte

4 Tipos de testes: características e aplicabilidade, 56 — Adriana Jung Serafini, Carine da Silva Budzyn e Tainá Ludmila Ramos Fonseca

5 Instrumentos psicológicos informatizados, 76 — Caroline Tozzi Reppold e Léia Gonçalves Gurgel

6 Critérios para escolha de testes psicológicos, 88 — Lucas de Francisco Carvalho e Rodolfo A.M. Ambiel

7 Competências e cuidados para a administração da avaliação psicológica e dos testes psicológicos, 100 — Monalisa Muniz

8 Validade e precisão de instrumentos de avaliação psicológica, 115 — Rodolfo A.M. Ambiel e Lucas de Francisco Carvalho

9 Padronização e interpretação de resultados, 126 — Fabiano Koich Miguel

10 A importância da psicometria na avaliação psicológica: conceitos básicos, fundamentos epistemológicos da validade e uma análise ilustrativa do *National Intelligence Tests*, 137 — Hudson F. Golino

11 Critérios de cientificidade dos métodos projetivos, 159 — Lucila Moraes Cardoso e Anna Elisa Villemor-Amaral

12 Documentos decorrentes da avaliação psicológica, 173 — Vivian de Medeiros Lago

13 Aspectos éticos na avaliação psicológica, 187 — Fernanda Queiroz, Joice Dickel Segabinazi e Juliane Callegaro Borsa

14 A formação em avaliação psicológica no Brasil, 198 — Juliane Callegaro Borsa e Joice Dickel Segabinazi

Parte II

15 Avaliação de crianças e adolescentes: aspectos cognitivos, 213

Emmy Uehara Pires

16 Avaliação infantojuvenil: emoções, afetos e comportamentos, 236

Paula Argemi Cassel, Alice Einloft Brunnet e Adriane Xavier Arteche

17 Avaliação psicológica de crianças e adolescentes com suspeita de abuso sexual, 252

Ana Celina Garcia Albornoz

18 Avaliação do autismo: do rastreamento ao diagnóstico, 270

Mariana de Miranda Seize e Juliane Callegaro Borsa

19 Avaliação da inteligência emocional em adultos, 286

José Maurício Haas Bueno, Angélica Maria Ferreira de Melo Castro e Fernanda Maria de Lira Correia

20 Avaliação psicológica de adultos: especificidades, técnicas e contextos de aplicação, 303

Sérgio Eduardo Silva de Oliveira e Mônia Aparecida da Silva

21 Avaliação psicológica do idoso: aspectos cognitivos e emocionais, 321

Candice Steffen Holderbaum e Gabriela Peretti Wagner

22 Avaliação cognitiva de pessoas com deficiência visual, 334

Manuela Ramos Caldas Lins, Bartholomeu Tôrres Tróccoli e Luiz Pasquali

Parte III

23 Avaliação em psicologia clínica, 355

Makilim Nunes Baptista, Nelson Hauck Filho e Lisandra Borges

24 Aspectos práticos da avaliação psicológica nas organizações, 368

Daniela Forgiarini Pereira

25 Avaliação psicológica no contexto do trânsito, 381

Fabián Javier Marín Rueda e Jocemara Ferreira Mognon

26 Avaliação psicológica no contexto do esporte, 398

Daniel Bartholomeu, José Maria Montiel e Afonso Antonio Machado

27 Avaliação psicológica no contexto legal, 414

Sonia Liane Reichert Rovinski

28 Avaliação psicológica no contexto hospitalar, 427

Beatriz Schmidt, Simone Dill Azeredo Bolze e Maria Aparecida Crepaldi

29 Avaliação em intervenções de carreira, 446

Marúcia Patta Bardagi e Maiana Farias Oliveira Nunes

30 O psicodiagnóstico interventivo: novos rumos da avaliação psicológica, 458

Valeria Barbieri e Vanessa Stumpf Heck

Sobre os autores, 471

Parte I

1

A diferenciação entre avaliação psicológica e testagem psicológica: questões emergentes

Josemberg Moura de Andrade
Hemerson Fillipy Silva Sales

Considerando o seu objeto de estudo, pode-se assinalar que a Psicologia é uma ciência susceptível a mal-entendidos. Nas ciências da natureza, por exemplo, não se questiona qual autor embasa uma medida de comprimento. O comprimento, tal como a massa, o tempo e a corrente elétrica simplesmente possuem unidades-base específicas, a saber, o quilograma, o segundo e o ampère, respectivamente (Pasquali, 2013). Já na Psicologia – ciência que estuda o comportamento humano – não é possível identificar unidades-base para avaliar, por exemplo, personalidade, inteligência, memória, entre outros construtos. Neste contexto, é habitual que existam confusões de terminologias e conceitos, bem como falta de esclarecimentos sobre as práticas profissionais dos psicólogos.

Considerando essa prática profissional, os termos "avaliação psicológica" e "testagem psicológica" são, muitas vezes, utilizados como sinônimos. Observa-se certa confusão mesmo entre os psicólogos já atuantes no mercado de trabalho, o que pode sinalizar uma formação acadêmica deficiente dos cursos de graduação em Psicologia. Como assinalam Cohen, Swerdlik e Sturman (2014), é surpreendente que a distinção entre avaliação psicológica e testagem psicológica continue confusa até mesmo em alguns manuais publicados.

A origem dessa confusão pode ser creditada à forma como se originou a avaliação psicológica, tendo em vista que esta surgiu vinculada a uma de suas aplicações práticas, a saber, o desenvolvimento dos testes psicológicos. Não menos importante, é o fato de que, no passado, a avaliação psicológica era limitada à utilização de testes isolados, não sendo considerado seu contexto de aplicação, ou mesmo a necessidade de adaptação das medidas às normas locais (Reppold, 2011). A confusão se dá na medida em que o psicólogo, a partir da aplicação de um único teste ou alguns testes, objetiva fazer inferências ou prever comportamentos de forma descontextualizada. Deve-se esclarecer, da forma mais explícita possível, que a avaliação psicológica não se resume à aplicação e correção dos testes psicológicos. Por outro lado, os testes são agregados ao processo de avaliação psicológica para se obter informações sobre o psiquismo do indivíduo (Anache, 2011).

Para dirimir algumas dúvidas presentes na área da avaliação psicológica, no ano de 2013, o Conselho Federal de Psicologia (CFP), em parceria com os conselhos regionais, lançou a "Cartilha de Avaliação Psicológica", a qual diferencia os termos "avaliação psicológica" e "testagem psicológica". Na referida cartilha, a avaliação psicológica é entendida como um processo amplo que envolve a integração de informações provenientes de diversas fontes e técnicas psicológicas, dentre elas, testes, entrevistas, observações e análise de documentos. Nesse mesmo sentido, Alchieri e Cruz (2010) assinalam que a "avaliação psicológica se refere ao modo de conhecer fenômenos e processos psicológicos por meio de procedimentos de diagnóstico e prognóstico e, ao mesmo tempo, aos procedimentos de exame propriamente ditos para criar as condições de aferição ou dimensionamento dos fenômenos e processos psicológicos conhecidos" (p. 24).

A testagem psicológica, por sua vez, é entendida como uma etapa específica do processo de avaliação psicológica, cuja principal fonte de informação diz respeito às informações obtidas pela aplicação dos testes psicológicos de diferentes tipos (CFP, 2013). Um teste, especificamente, é um meio padronizado para obtenção de uma amostra de comportamentos (Allen & Yen, 2002). Em outras palavras, são considerados testes psicológicos os instrumentos ou a mensuração sistematizada que visa avaliar as características psicológicas dos indivíduos. Entre os diferentes tipos de testes ou instrumentos psicológicos pode-se citar os testes e inventários psicométricos, técnicas projetivas e técnicas expressivas gráficas. Ressalta-se que a avaliação psicológica é uma prática exclusiva do profissional de psicologia e, ao longo da sua história, contribuiu para a inserção dos(as) psicólogos(as) em diferentes contextos, tais como o educacional, hospitalar, prisional, organizacional, trânsito etc. (Barroso, Scorsolini-Comin & Nascimento, 2015).

Considerando a origem dos testes psicológicos e da avaliação psicológica, suas raízes podem ser encontradas na França, nas primeiras décadas do século XX. Em 1905, Alfred Binet e Theodore Simon publicaram a primeira versão da Escala Binet-Simon de Inteligência – um teste

desenvolvido para identificar crianças com "retardo mental" (termo utilizado na época) e, assim, orientar a inserção dessas crianças em classes apropriadas das escolas de Paris. No período de uma década, uma versão do teste na língua inglesa foi desenvolvida para ser utilizada em escolas dos Estados Unidos (Cohen et al., 2014).

Na primeira grande guerra mundial, em 1917, os Estados Unidos precisavam de uma maneira rápida de selecionar grandes números de recrutas em relação a problemas intelectuais e emocionais. Foi nesse momento que a testagem psicológica foi empregada: a partir da aplicação de testes foram selecionados os recrutas mais aptos (Cohen et al., 2014). Aqui a testagem psicológica foi empregada indistintamente como avaliação psicológica. Durante a segunda grande guerra mundial, os militares dos Estados Unidos também dependiam dos testes para seleção dos recrutas. Com o término da guerra, novos testes foram desenvolvidos não apenas para mensurar inteligência, mas também outros construtos como personalidade, desempenho no trabalho, funcionamento mental, entre outros (Cohen et al., 2014).

Atualmente, alguns aspectos sustentam essa problemática referente à diferenciação entre avaliação psicológica e testagem psicológica. A formação em Psicologia parece ser uma questão central. Como assinalam Nunes et al. (2012), esse problema já advém da própria base de formação dos estudantes de Psicologia que, muitas vezes, tem seu primeiro contato com a avaliação psicológica por meio de um conjunto de disciplinas com denominações distintas, que variam de acordo com a instituição formadora, mas que apresentam conteúdos programáticos similares.

Este capítulo, de caráter introdutório, se propõe a discutir as diferenças entre a área da avaliação psicológica e a testagem psicológica, considerando seus aspectos conceituais e questões emergentes.

Avaliação psicológica

A avaliação está presente em várias instâncias da ação humana (Mello et al., 2001). A avaliação psicológica, especificamente, tem recebido grande atenção, sobretudo, no contexto internacional (Primi, 2005, 2010). No âmbito nacional são percebidos esforços de pesquisadores no sentido de sistematizar e compilar os conhecimentos já existentes, bem como de realizar estudos a fim de corroborar ou refutar pesquisas prévias (Andrade, 2008). Como exemplos desses esforços, pode-se citar as obras de Alchieri (2007), Ambiel, Rabelo, Pacanaro, Alves e Leme (2011), Hutz (2010, 2012), Noronha, Santos e Sisto (2006) e Santos, Sisto, Boruchovitch e Nascimento (2010).

De acordo com a Resolução do CFP n. 007/2003, a avaliação psicológica deve ser compreendida como um processo técnico-científico de coleta de dados, estudo e interpretação de informações a respeito dos fenômenos psicológicos, que são resultantes da relação do indivíduo com a sociedade. Para isso, o psicólogo deve utilizar determinadas estratégias, entre elas métodos, técnicas e instrumentos, para realizar tarefas avaliativas. Os resultados dessa avaliação devem considerar e analisar os condicionantes históricos e sociais e seus efeitos no psiquismo (CFP, 2003). Vários aspectos chamam atenção nessa concepção de avaliação psicológica, entre eles, o entendimento da avaliação psicológica enquanto processo que deve ser dinâmico tal como a psique humana. Também se destaca o caráter integrador que deve permear a avaliação psicológica, uma vez que seu resultado deve refletir aspectos históricos, sociais e culturais do indivíduo avaliado. Como ressaltam Gaudêncio, Andrade e Gouveia (2013), o processo de avaliação psicológica deve servir como instrumento para atuar sobre os indivíduos, modificando as possíveis visões cristalizadas que venham prejudicar estes indivíduos ou grupos, sendo necessário levar em consideração os diferentes momentos do processo.

Segundo a Cartilha de Avaliação Psicológica, compete ao psicólogo planejar e realizar o processo avaliativo com base em aspectos técnicos e teóricos. A seleção do número de sessões para a sua realização, das questões a serem respondidas e quais instrumentos ou técnicas de avaliação devem ser utilizados será baseada nos seguintes elementos: (1) contexto no qual a avaliação psicológica se aplica; (2) propósitos da avaliação psicológica; (3) construtos psicológicos a serem investigados; (4) adequação das características dos instrumentos/técnicas aos indivíduos e grupos avaliados e; (5) condições técnicas, metodológicas e operacionais do instrumento de avaliação. Ao final, também cabe ao psicólogo analisar os resultados obtidos de forma crítica com o objetivo de verificar se estes forneceram elementos seguros e suficientes para a tomada de decisão nos contextos de atuação do psicólogo (CFP, 2013).

Para Nunes et al. (2012), a avaliação psicológica deve ser um componente curricular obrigatório em qualquer curso de Psicologia, tendo em vista que esta é necessária antes de toda e qualquer intervenção psicológica. O CFP (2013) enumera 27 competências básicas em relação à avaliação psicológica que o estudante do curso de Psicologia deve desenvolver ao longo de sua formação. Tais capacidades remetem a conhecimentos mais essenciais da avaliação psicológica como histórico do paciente, questões éticas e legislação envolvida, bem como questões mais técnicas do processo de avaliação como planejamento, entrevista, estabelecimento de *rapport*, fundamentação dos resultados, elaboração de laudos, comunicação dos resultados e realização ou sugestão de intervenções. Ter conhecimento dos testes (ex.: parâmetros psicométricos e fundamentação teórica) e saber administrá-los (ex.: corrigir, interpretar e redigir seus resultados) também são competências fundamentais citadas.

Siqueira e Oliveira (2011) propõem que um processo de avaliação psicológica, independentemente do tipo de avaliação desenvolvida e do campo de atuação da Psicologia em que se realize, seja caracterizado pelas seguintes etapas: (1) recebimento da demanda (solicitação, queixa, pedido, motivo, entre outros); (2) caracterização do objeto de estudo (indivíduo, grupo ou organização); (3) análise da demanda – esclarecimento sobre o fenômeno psicológico a ser avaliado e levantamento inicial das hipóteses; (4) definição do objeto da avaliação; (5) definição do tipo de avaliação a ser utilizada; (6) elaboração do planejamento técnico, ou seja, estabelecimento de um método e escolha das estratégias mais adequadas a serem utilizadas. Estratégias são aqui entendidas como todo o referencial teórico de que o psicólogo dispõe para o desenvolvimento de um procedimento de conhecimento: entrevista, observação, testes psicológicos, dinâmica de grupos etc.; (7) enquadramento/contrato de trabalho; (8) aplicação do plano estabelecido; (9) levantamento, análise e interpretação dos dados obtidos a partir das diferentes técnicas; (10) integração dos resultados dos instrumentos e técnicas; (11) elaboração de enquadramento teórico correlacionado aos resultados analisados; (12) elaboração de síntese conclusiva do processo de avaliação e elaboração de documento conclusivo de avaliação realizada; (13) escolha de procedimentos adequados para a devolução dos resultados e; (14) devolução dos resultados.

As etapas elencadas por Siqueira e Oliveira (2011), de fato, caracterizam a avaliação psicológica enquanto um processo e não como uma atividade isolada. Entre essas etapas destaca-se o fato de que uma avaliação psicológica requer um planejamento prévio e cuidadoso, considerando a demanda e os objetivos aos quais se destina. Igualmente relevante é o fato de que os resultados obtidos a partir das diferentes técnicas psicológicas devem ser confrontados e inter-relacionados. Assim, os resultados obtidos dos inventários psicométricos devem ser relacionados, por exemplo, com as informações obtidas na entrevista psicológica e nas técnicas projetivas e expressivas. É de suma importância que a avaliação seja contextualizada, considerando os determinantes biopsicossociais dos indivíduos.

Uma questão que também merece destaque é a elaboração de documentos provenientes de avaliações psicológicas. A Resolução do CFP n. 007/2003 institui o Manual de Elaboração de Documentos Escritos produzidos pelo psicólogo, decorrentes de avaliação psicológica. O referido manual dispõe dos seguintes itens: princípios norteadores; modalidades de documentos; conceito/finalidade/estrutura; validade dos documentos; e guarda dos documentos. Nos princípios técnicos é assinalado que os psicólogos, ao produzirem documentos escritos, devem se basear exclusivamente nas técnicas psicológicas (entrevistas, testes, observações, dinâmicas de grupo, escuta, intervenções verbais) que possam subsidiar a coleta de dados, estudos e interpretações de informações a respeito da pessoa ou grupo avaliado. Destaca-se também o fato de que a linguagem dos documentos produzidos deve ser precisa, clara, inteligível, concisa, apresentando total correção gramatical. O documento produzido pelo psicólogo deve restringir-se às informações que se fizerem necessárias, recusando qualquer tipo de consideração que não tenha relação com a finalidade do documento específico e objetivo da avaliação. Entre as modalidades de documentos tem-se a declaração, atestado psicológico, relatório ou laudo psicológico e parecer psicológico (CFP, 2003).

Em relação aos aspectos éticos, é necessário que o psicólogo se mantenha atento a alguns princípios básicos que regem o uso da avaliação psicológica. Entre eles, pode-se citar: (1) o psicólogo deve atuar de forma responsável, buscando o contínuo aprimoramento profissional, para que, dessa forma, possa contribuir para o desenvolvimento da Psicologia enquanto ciência do conhecimento e prática; (2) utilizar, no contexto profissional, somente testes que tenham obtido parecer favorável do CFP, estando por isso, listados no Sistema de Avaliação de Testes Psicológicos (SATEPSI); (3) utilizar apenas instrumentos psicológicos para os quais tenha qualificação; (4) realizar a avaliação psicológica em ambientes adequados, com o objetivo de assegurar a qualidade e o sigilo das informações obtidas; (5) guardar os documentos referentes à avaliação psicológica em arquivos seguros e de acesso controlado; (6) disponibilizar as informações da avaliação psicológica somente àqueles que tenham o direito de conhecê-las e; (7) proteger a integridade dos testes, buscando não comercializá-los, divulgá-los ou ensiná-los àqueles que não são psicólogos (CFP, 2013).

A avaliação psicológica é capaz de fornecer informações relevantes para o desenvolvimento de hipóteses e prognósticos, por parte dos psi-cólogos, que levem à compreensão das características psicológicas da pessoa ou de um grupo específico. Essas características mencionadas podem se referir, por exemplo, à forma como as pessoas irão desempenhar uma determinada atividade no contexto organizacional, à qualidade das interações interpessoais que elas apresentam, dentre outras. Em muitas situações busca-se prever comportamentos futuros. Dependendo dos objetivos da avaliação psicológica, a compreensão poderá abranger aspectos psicológicos de natureza diversa. Ressalta-se que a qualidade do conhecimento alcançado está diretamente relacionada à escolha das técnicas e instrumentos psicológicos que maximizem a qualidade do processo de avaliação psicológica (CFP, 2013).

Assim, é importante reafirmar a necessidade de integração das diferentes técnicas psicológicas em um processo de avaliação psicológica. É comum o psicólogo privilegiar um tipo de técnica em detrimento de outra. Por exemplo, não é indicado utilizar apenas técnicas gráficas expressivas e desconsiderar os inventários psicométricos, ou vice-versa. Por mais que o psicólogo sinta-se capacitado para utilizar exclusivamente um tipo de técnica, ele deve se capacitar para utilizar com adequada competência as técnicas que utiliza com menor frequência. Isso fica evidente, por exemplo, por meio da Instrução Normativa do Departamento de Polícia Federal (DPF) n. 70 de 13/03/2013, Revogado pela Instrução Normativa DPF n. 78 de 10/02/2014, quando assinala que a bateria de instrumentos de avaliação psicológica utilizada na aferição das características de personalidade e habilidades específicas dos usuários de arma de fogo e vigilantes deverá conter, no mínimo: um (01) teste projetivo; um (01) teste expressivo; um (01) teste de memória; um (01) teste de atenção difusa e concentrada; um

(01) teste de questionário, inventário ou escala; e uma (01) entrevista estruturada (CFP, 2013).

Apesar de a avaliação psicológica ser um procedimento amplo de coleta de dados, cuja realização envolve métodos e técnicas padronizadas advindos de fontes de informações diversas, ressalta-se que esse processo tem um limite em relação ao que é possível alcançar e prever (Godoy & Noronha, 2005). Quando se fala em múltiplas fontes de informação, faz-se menção aos diferentes atores que se deve investigar em um processo de avaliação psicológica. Por exemplo, nos casos de hipótese de Transtorno de Déficit de Atenção e Hiperatividade (TDAH), faz-se necessário utilizar técnicas de avaliação psicológica não apenas com a criança, mas, sobretudo, deve-se utilizar a entrevista psicológica para obter informações de professores, dos genitores e dos familiares. Essas informações obtidas devem ser inter-relacionadas a fim de se chegar a um diagnóstico e prognóstico mais fidedigno. Como o comportamento humano é multideterminado, é praticamente impossível entender e considerar todas as nuanças e relações a ponto de prevê-lo deterministicamente e precisamente. Deve-se combater o pensamento de que por meio da avaliação psicológica o psicólogo responderá a qualquer tipo de questionamento. Ressalta-se, no entanto, que avaliações embasadas em métodos cientificamente sustentados chegam a respostas mais confiáveis e válidas do que opiniões leigas no assunto (CFP, 2013).

Testagem psicológica

De acordo com a Resolução CFP n. 005/2012, os testes psicológicos são procedimentos sistemáticos de observação e registro de amostras de comportamentos e respostas de indivíduos com o objetivo de descrever e/ou mensurar características e processos psicológicos, compreendidos tradicionalmente nas áreas de emoção/afeto, cognição/inteligência, motivação, personalidade, psicomotricidade, atenção, memória, percepção, dentre outras, nas suas mais diversas formas de expressão, segundo padrões definidos pela construção dos instrumentos (CFP, 2012). Nesse mesmo sentido, no livro *Introduction to Measurement Theory*, Allen e Yen (2002) assinalam que um teste é um meio para obter amostras do comportamento individual, sendo os itens dos testes amostras de comportamento que são utilizados para fazer inferências sobre construtos – fenômenos não observados diretamente. Ressalta-se que na Psicologia e Educação, construtos são os atributos (características) de indivíduos que são avaliados por meio de testes de desempenho, inventários e observação (Stenner, Smith III & Burdick, 1983). Os construtos são características psicológicas que não podem ser observadas diretamente da mesma forma que os objetos físicos.

O uso dos testes tem se tornado muito comum em clínicas, escolas, organizações e em uma miríade de contextos, tais como, avaliação para psicodiagnóstico, condução de veículos, manuseio de arma de fogo, seleção de pessoal, orientação profissional etc. É difícil imaginar alguém que não tenha passado por um processo de testagem. Todavia, infelizmente, muitos testes são elaborados, administrados e interpretados por profissionais com formação acadêmica deficiente. No Brasil isso não é diferente. Em uma série de pesquisas (Noronha, 2002; Noronha & Alchieri, 2004; Noronha, Baldo, Bardin & Freitas, 2003; Noronha, Nunes & Ambiel, 2007) tem sido discutido o conhecimento dos estudantes de Psicologia e psicólogos acerca da avaliação psicológica e dos instrumentos psicológicos. Fica evidente a falta de preparo para utilização de tais instrumentos psicológicos, bem como o desconhecimento desses profissionais em relação aos processos de elaboração, validação e interpretação dos resultados. Como assinala Noronha (2002), é necessário o estabelecimento de parâmetros específicos para a formação na área de avaliação psicológica. Mais do que isso, é necessária uma conscientização de que, quando utilizados de forma correta, os testes fornecem importantes informações que podem orientar as decisões dos profissionais nos mais variados contextos.

De acordo com o *Standards for Educational and Psychological Testing* (AERA/APA/NCME, 1999), o uso adequado dos testes psicológicos pode resultar em decisões mais prudentes sobre indivíduos, grupos ou programas. Por outro lado, o uso inapropriado dos testes pode causar danos consideráveis e muitas vezes irreversíveis na vida dos indivíduos avaliados e outras partes envolvidas na testagem. É assinalado que um teste é definido como um dispositivo avaliativo ou procedimento em que uma amostra de comportamento de um examinando em um domínio específico é obtido e, subsequentemente, representado por meio de um escore. Para que isso seja possível é necessária a utilização do processo de normatização. Quando se fala em normatização faz-se referência às normas dos testes. Cohen et al. (2014) referem-se à normatização como uma forma de extrair significado dos escores dos testes a partir da comparação do escore bruto de um testando individual com os escores de um grupo de testandos – o grupo normativo. Essa comparação é essencial para que o escore bruto obtido na aplicação dos testes não seja um número sem nenhum significado.

Ainda, no *Standards for Educational and Psychological Testing* (AERA/APA/NCME, 1999)

é assinalado que enquanto o termo teste é comumente utilizado para instrumentos cujas respostas são avaliadas como certas ou erradas, os termos escalas ou inventários são comumente utilizados para a medição de atitudes, interesses e valores, cujas respostas não podem ser consideradas certas ou erradas. Ressalta-se, no entanto, que, por instrumentos ou testes psicológicos, entendem-se tanto os testes quanto os inventários e escalas, bem como as técnicas projetivas e expressivas.

Os testes podem diferir em relação a vários aspectos: a forma ou material nos quais o teste é apresentado (lápis e papel, administração oral, computadorizados, entre outros); o grau em que os materiais de estímulos são padronizados; ou mesmo o tipo do formato de resposta (subjetiva ou objetiva; AERA/APA/NCME, 1999). Pasquali (2010), por exemplo, propõe uma nova taxonomia dos testes psicológicos na qual utiliza como critério para diferenciá-los as diferentes técnicas de construção e formas de aferir seus parâmetros psicométricos. O mesmo diferencia os testes em seis tipos: (1) os testes referentes a critério, que são medidas construídas para diferenciar grupos distintos em relação àquilo que o teste pretende medir; (2) testes referentes a construto, instrumentos que partem de teorias psicológicas; (3) testes referentes a conteúdo, verificam se os sujeitos atingem ou não um dado critério previamente definido, não visando discriminar sujeitos nem mesmo medir traços latentes; (4) testes comportamentais, que consideram exclusivamente comportamentos observáveis e os estímulos ambientais; (5) levantamentos ou *surveys*, delineamento de pesquisa que objetiva coletar informações variadas sobre os participantes; e (6) as novas tecnologias, que são formas de coleta de dados realizadas com o auxílio do computador.

Ainda, em relação às diferentes taxonomias, Cohen et al. (2014) questionam até que ponto a dicotomia testes objetivos/psicométricos e testes projetivos/subjetivos é significativa. Os autores assinalam que testes objetivos, normalmente, possuem itens de resposta no qual a tarefa do avaliando é selecionar uma resposta das duas ou mais possíveis. Toda a pontuação é feita de acordo com procedimentos estabelecidos envolvendo pouco ou nenhum julgamento da parte do avaliador. Esta seria justamente uma das vantagens dos testes objetivos: independente do avaliador, os resultados de um avaliando em um teste devem ser sempre os mesmos. Já um teste projetivo é aquele no qual o avaliando supostamente "projeta" em algum estímulo ambíguo suas próprias necessidades, seus medos, suas esperanças e sua motivação. O estímulo ambíguo, nesse caso, pode ser uma mancha de tinta, um desenho, uma fotografia ou outro tipo de estímulo. Talvez o mais conhecido de todos os testes projetivos seja o Rorschach, desenvolvido pelo psiquiatra suíço Hermann Rorschach.

As suposições inerentes à testagem projetiva são: (1) toda resposta fornece significado para a análise da personalidade; (2) existe uma relação entre a força de uma necessidade e sua manifestação em instrumentos projetivos; (3) os avaliandos não têm consciência do que estão revelando sobre si mesmos; e (4) existe um paralelo entre comportamento obtido em um instrumento projetivo e comportamento exibido em situações sociais. As críticas feitas aos testes projetivos são justamente a falta de estudos psicométricos mais robustos de fidedignidade e validade (Cohen et al., 2014). Ainda, como a interpretação dos resultados dos testes projetivos é subjetiva, eles não têm um alto grau de confiabilidade ou validade, uma vez que diferentes avaliadores podem chegar a diferentes conclusões a partir de um mesmo protocolo (Friedman & Schustack, 2004). A capacitação e treinamento dos avaliadores na interpretação dos resultados parece ser uma das soluções para minimizar essa problemática.

Os testes são utilizados como ferramentas em uma variedade de situações de avaliação, tais como: mudanças de desenvolvimento no indivíduo durante seu ciclo vital, eficácia relativa de diferentes procedimentos educacionais, psicoterapia, seleção profissional, impacto de programas comunitários, influência das variáveis ambientais sobre o desempenho humano, entre outras (Anastasi & Urbina, 2000). Como assinala Primi (2005), a eficácia dos testes psicológicos está diretamente relacionada à quantidade de informações disponíveis sobre como interpretá-los, resultante de pesquisa científica acumulada. No entanto, os dados de pesquisas, por si só, não são suficientes. As pesquisas precisam ser fundamentadas teoricamente e apresentar resultados satisfatórios. Nesse contexto, ressalta-se a necessidade de estudos normativos com amostras representativas de todo o Brasil. É uma prática recorrente os estudos de normatização serem realizados com amostras de conveniências locais. Isso dificulta ou mesmo impossibilita comparações dos avaliandos com o grupo de referência normativo. À medida que novas pesquisas são operacionalizadas, mais informações são disponibilizadas para a comunidade acadêmica sobre as evidências de validade dos novos instrumentos. Importante destacar que as discussões das pesquisas referentes a tais instrumentos devem sempre levar em consideração o referencial teórico a partir do qual os instrumentos psicológicos foram desenvolvidos.

De acordo com a Resolução CFP n. 002/2003, para que um teste psicológico esteja em condições de uso, este deverá atender aos requisitos técnicos e científicos e também a alguns requisitos éticos e de defesa dos direitos humanos. São eles: I – Considerar os princípios e artigos previstos no Código de Ética Profissional dos Psicólogos; II – Considerar a perspectiva da integralidade dos fenômenos sociais, multifatoriais, culturais e historicamente construídos; e III – Considerar os determinantes socioeconômicos que interferem nas relações de trabalho e no processo de exclusão social e desemprego (Redação dada pela Resolução CFP n. 005/2012).

Conforme já referido, para a escolha de um teste como instrumento de avaliação psicológica, é fundamental que o psicólogo consulte o Sistema de Avaliação de Testes Psicológicos (SATEPSI), disponível no site do CFP (www.cfp.org.br). Deve-se identificar se o instrumento foi aprovado para uso em avaliação psicológica. Em caso afirmativo, ele deverá então consultar o manual do referido teste, de modo a obter informações adicionais acerca do construto psicológico que ele pretende avaliar, identificando os contextos e propósitos para os quais sua utilização se mostra adequada. É importante ressaltar que a simples aprovação no SATEPSI não significa que o teste possa ser usado em qualquer contexto ou para qualquer propósito (CFP, 2013). Assim, é indispensável verificar se o teste escolhido é aplicável a uma determinada amostra a qual o examinando se assemelha (Leite, 2011). Por exemplo, um teste elaborado e validado para o contexto de seleção de pessoal não pode ser utilizado em contexto clínico, a não ser que novos estudos de validação sejam realizados. Similarmente, testes elaborados e validados para aplicação individual não podem ser aplicados em grupo. A testagem psicológica, em si, não permite inovações metodológicas que não estejam contidas nos respectivos manuais dos testes.

Na Resolução CFP n. 002/2003 foram descritos cinco propósitos mais comuns para o uso dos testes, são eles: (1) descrição – analisar ou interpretar os resultados do instrumento para entender as forças e fraquezas de um indivíduo ou grupo; (2) classificação diagnóstica – analisar ou descrever o resultado do instrumento em relação a um sistema taxonômico específico para se chegar a um diagnóstico; (3) predição – relatar ou interpretar os resultados do teste considerando-os para prever outros aspectos e características do comportamento de indivíduos ou grupos; (4) planejamento de intervenções – utilizar os resultados do instrumento para avaliar quão apropriadas são as diferentes intervenções e a sua eficácia para o público alvo em questão; e (5) acompanhamento – usar os resultados do instrumento para monitorar características psicológicas ao longo do tempo. Além disso, também são mencionados os seguintes contextos de aplicação: Psicologia Clínica, Psicologia da Saúde e/ou Hospitalar, Psicologia Escolar e Educacional, Neuropsicologia, Psicologia Forense, Psicologia do Trabalho e das Organizações, Psicologia do Esporte, Social/Comunitária, Psicologia do Trânsito, orientação e ou aconselhamento vocacional e/ou profissional, entre outras (CFP, 2003).

Especificamente, a prática de aplicação de testes no contexto do trânsito é talvez a forma de empregar o uso de medidas em avaliação psicológica mais conhecida pela população em geral. Esta objetiva prever comportamentos inadequados a partir de variáveis psicológicas levantadas pelos testes. Estudos de validade de critério mostram que as variáveis medidas nesses testes podem prever comportamentos importantes nessa situação (CFP, 2013). Rueda (2011), fazendo menção à Resolução n. 267 do CONTRAN, assinala que na prática as características avaliadas para a obtenção da Carteira Nacional de Habilitação (CNH) são a personalidade, a atenção, a inteligência e a memória. A entrevista psicológica também deve ser realizada como parte integrante do processo avaliativo. Os autores do presente capítulo consideram que a avaliação psicológica no trânsito, especificamente, é uma área emergente que requer contribuições urgentes relacionadas à avaliação e testagem psicológica. Nesse caso, espera-se, a partir da avaliação psicológica, reduzir comportamentos de risco no trânsito que venham causar problemas para a sociedade como um todo.

Considerações finais

Independente do seu campo de atuação ou abordagem teórica é notadamente importante o psicólogo ter conhecimento de avaliação psicológica (Siqueira & Oliveira, 2011). Assim é indispensável saber diferenciá-la de suas técnicas, particularmente da testagem psicológica que, como se pôde perceber, é uma das etapas da avaliação psicológica. A testagem psicológica não é suficiente para avaliar um sujeito, uma vez que para isso deve-se levar em consideração o contexto, ponderando inclusive os seus determinantes biopsicossociais (Reppold & Serafini, 2012). A avaliação psicológica, por sua vez, também depende da testagem, visto que sem esta, perder-se-ia o poder da objetividade. Dessa forma, pode-se assinalar que a testagem psicológica é parte da avaliação psicológica. Os autores do presente capítulo concordam com a ideia de que a avaliação psicológica é operacionalizada a partir de um tripé, que contempla a possibilidade de observação e dinâmicas, entrevistas e testagem psicológica (incluindo testes projetivos, gráficos e psicométricos).

Assim, tanto a testagem psicológica quanto a avaliação psicológica são fundamentais para a Psicologia, sendo de extrema importância o conhecimento das mesmas para que se possa utilizá-las de forma adequada. O problema da confusão de terminologias apenas reflete a formação precária proporcionada pelos cursos de Psicologia pelo país (Nunes et al., 2012). Tais cursos de graduação precisam disponibilizar aos graduandos oportunidades para se familiarizarem com os testes psicológicos, aprendendo a utilizá-los de forma correta e ética. Para isso, o graduando precisa, além de ser apresentado aos diferentes tipos de testes psicológicos, ter noções psicométricas de como se elabora um instrumento e saber analisar e interpretar os resultados que o instrumento pode proporcionar. Esses conhecimentos permitem ao psicólogo tornar-se um consumidor consciente e crítico dos instrumentos de avaliação psicológica, tendo maior segurança no momento de escolher o teste mais adequado para cada caso em particular (Löhr, 2011). É comum alguns cursos de graduação em Psicologia terem abolido a disciplina de estatística de seus currículos, dificultando a compreensão de conceitos básicos tal como o de percentil, por exemplo. O psicólogo precisa saber o que é um percentil para poder converter os escores brutos em pontos percentílicos a partir da amostra (grupo de referência) para qual o teste foi normatizado.

Além da necessidade de se apresentar os diferentes tipos de instrumentos psicológicos (objetivos, projetivos e expressivos) e técnicas de avaliação psicológica em sala de aula, faz-se necessário explicitar que as informações oriundas desses instrumentos e técnicas precisam ser inter-relacionados para que o processo de avaliação psicológica possa ocorrer de fato (Siqueira &

Oliveira, 2011). Como assinala Trevizan (2011), a formação do psicólogo, sua habilidade em entender e dar unicidade aos resultados de diferentes instrumentos e técnicas utilizadas e sua percepção desenvolvida no treino da profissão é de suma importância. Esses aspectos farão com que o psicólogo possa concluir e decidir sobre os resultados encontrados, considerando um contexto mais amplo.

Noronha e Reppold (2010), por exemplo, defendem que a formação no Brasil deve ser repensada. As autoras sugerem que só deveria ser reservado o direito dessa prática aos psicólogos que, pela sua formação, tiverem a capacidade de compreender a complexidade do processo avaliativo. Em tal formação, os psicólogos devem ter acesso aos recursos e conhecimentos que lhes possibilitem analisar em quais circunstâncias uma avaliação deve ser realizada, quais os instrumentos de qualidade a utilizar em cada caso em particular e como interpretar, de forma contextualizada, os dados obtidos por meio da avaliação.

No que diz respeito à psicometria, obviamente não é da obrigação do psicólogo se tornar um psicometrista. No entanto, como já mencionado, é imprescindível que este tenha conhecimento suficiente sobre os parâmetros psicométricos dos testes, bem como de sua normatização, sendo esta inclusive uma de suas competências básicas como profissional (CFP, 2013). Ressalta-se que até mesmo as próprias editoras que comercializam os testes deixam a desejar no que diz respeito a necessidade de relatar os parâmetros psicométricos das medidas. Em um estudo realizado por Noronha (2004), por exemplo, observou-se que os manuais de 146 testes, comercializados no Brasil, por onze editoras distintas, somente 28,8% relataram estudos referentes à precisão, validade e padronização dos instrumentos.

Nesse contexto, Rueda (2011) questiona se o psicólogo brasileiro tem o conhecimento suficiente para poder decidir, de forma consciente e com suficiente embasamento técnico e teórico, o melhor teste psicológico para utilizar em uma avaliação psicológica. A princípio, parece que a necessidade de existência do SATEPSI como norteador da prática do psicólogo indica que a resposta é negativa. Ressalta-se, todavia, que mesmo entre os instrumentos aprovados pelo SATEPSI, o psicólogo precisa ter discernimento e identificar os instrumentos mais adequados para o contexto específico da sua avaliação psicológica. Assinala-se que entre os instrumentos aprovados pelo SATEPSI nem todos, por exemplo, apresentam evidências de validade de critério. Cabe ao usuário do teste identificar quais aspectos são mais importantes para a sua avaliação psicológica, considerando o contexto em que ela se insere.

Nessa mesma direção, Reppold (2011) afirma que o SATEPSI eleva a qualidade dos instrumentos de avaliação psicológica utilizados pelos psicólogos. Além disso, o SATEPSI prima pela atenção aos Direitos Humanos uma vez que norteia os critérios de avaliação da qualidade dos testes em estudos baseados em evidências empíricas e normas atualizadas. A manutenção desse sistema é um incremento à qualificação da área, pois a administração de instrumentos antes não regulamentados poderia ferir os direitos das pessoas avaliadas. A autora cita como exemplo, avaliações que poderiam resultar por excluir um candidato de um processo seletivo público, caso os resultados fossem interpretados com base em normas estrangeiras.

Como defende Primi (2003), a avaliação psicológica funciona como um campo de integração entre ciência e profissão, de modo que o avanço da avaliação psicológica não é simplesmente um avanço da testagem, mas também das teorias explicativas do funcionamento psicológico. Para Primi (2003) e Reppold (2011), a avaliação psicológica ocupará um lugar central na Psicologia à medida que deixar de ser identificada apenas como uma área destinada à elaboração e validação de instrumentos e técnicas de avaliação. Essa mudança de concepção da área também favorecerá a objetivação e operacionalização de teorias psicológicas. Noronha e Reppold (2010) assinalam que dispor de instrumentos válidos e precisos auxilia na identificação precoce de padrões de comportamentos disfuncionais que podem evoluir para transtornos mentais na vida adulta. Além disso, a avaliação psicológica possibilita a avaliação da eficácia de novas intervenções propostas. As vantagens da utilização do processo de avaliação psicológica parecem ser inúmeras. Cabe aos profissionais se capacitarem para que essas vantagens possam ser alcançadas em toda sua amplitude.

Referências

Alchieri, J.C. (2007). *Avaliação psicológica:* perspectivas e contextos. São Paulo: Vetor Editora Psico-Pedagógica.

Alchieri, J.C. & Cruz, R.M. (2010). *Avaliação psicológica:* conceito, métodos e instrumentos. 4. ed. São Paulo: Casa do Psicólogo.

Allen, M.J. & Yen, W.M. (2002). *Introduction to measurement theory*. Illinois: Waveland.

Ambiel, R.A.M., Rabelo, I.S., Pacanaro, S.V., Alves, G.A.S. & Leme, I.F.A.S. (orgs.) (2011). *Avaliação psicológica:* guia de consulta para estudantes e profissionais de psicologia. São Paulo: Casa do Psicólogo.

American Educational Research Association, American Psychological Association, National Council on Measurement in Education (1999). *Standards for educational and psychological testing*. Washington, DC: American Educational Research Association.

Anache, A.A. (2011). Notas introdutórias sobre os critérios de avaliação psicológica na perspectiva dos direitos humanos. In: Conselho Federal de Psicologia. *Ano da avaliação psicológica:* textos geradores (p. 17-20). Brasília: Conselho Federal de Psicologia.

Anastasi, A. & Urbina, S. (2000). *Testagem psicológica*. 7. ed. Porto Alegre: Artmed.

Andrade, J.M. (2008). *Evidências de validade do inventário dos cinco grandes fatores de personalidade para o Brasil*. Tese de Doutorado (não publicada). Curso de Pós-Graduação em Psicologia Social, do Trabalho e das Organizações. Brasília: Universidade de Brasília.

Barroso, S.M., Scorsolini-Comin, F. & Nascimento, E. (orgs.) (2015). *Avaliação psicológica:* da teoria às aplicações. Petrópolis: Vozes.

Cohen, R.J., Swerdlik, M.E. & Sturman, E.D. (2014). *Testagem e avaliação psicológica:* introdução a testes e medidas. 8. ed. Porto Alegre: AMGH.

Conselho Federal de Psicologia (2003). *Resolução CFP n. 007/2003*.

Conselho Federal de Psicologia (2012). *Resolução CFP n. 005/2012* [Disponível em http://site.cfp.org.br/wp-content/uploads/2012/03/Resolucao_CFP_005_12_1.pdf].

Conselho Federal de Psicologia (2013). *Cartilha de Avaliação Psicológica 2013*. Brasília: Conselho Federal de Psicologia.

Friedman, H.S. & Schustack, M.W. (2004). *Teorias da personalidade* – Da teoria clássica à pesquisa moderna. 2. ed. São Paulo: Prentice Hall.

Gaudêncio, C.A., Andrade, J.M. & Gouveia, V.V. (2013). Avaliação psicológica na atualidade: processo, metodologia e áreas de aplicação. In: N.T. Alves, J.M. de Andrade, I.F. Rodrigues & J. Bastos da Costa (orgs.).

Psicologia: reflexões para ensino, pesquisa e extensão (p. 181-209). João Pessoa: Editora Universitária UFPB.

Godoy, S.L. & Noronha, A.P.P. (2005). Instrumentos psicológicos utilizados em seleção profissional. *Revista do Departamento de Psicologia*, 17 (1), 139-159.

Hutz, C.S. (Org.) (2010). *Avanços em avaliação psicológica e neuropsicológica de crianças e adolescentes.* São Paulo: Casa do Psicólogo.

Hutz, C.S. (org.) (2012). *Avanços em avaliação psicológica e neuropsicológica de crianças e Adolescentes II.* São Paulo: Casa do Psicólogo.

Löhr, S.S. (2011). Avaliação psicológica na formação profissional da Psicologia, algumas reflexões. In: Conselho Federal de Psicologia. *Ano da avaliação psicológica:* textos geradores (p. 143-149). Brasília: Conselho Federal de Psicologia.

Leite, O.A. (2011). A medida no exame psicológico: reflexões sobre o significado clínico da medida. In: Conselho Federal de Psicologia. *Ano da avaliação psicológica:* textos geradores (p. 29-36). Brasília: Conselho Federal de Psicologia.

Noronha, A.P.P. (2002) Os problemas mais graves e mais frequentes no uso dos testes psicológicos. *Psicologia: Reflexão e Crítica*, Porto Alegre, 15 (1), 135-142.

Noronha, A.P.P. (2004). Parâmetros psicométricos: uma análise de testes psicológicos comercializados no Brasil. *Psicologia Ciência e Profissão*, 24 (4), 88-99.

Noronha, A.P.P. & Alchieri, J.C. (2004). Conhecimento em Avaliação Psicológica. *Estudos de Psicologia*, 21 (1), 43-52.

Noronha, A.P.P., Baldo, C.R., Barbin, P.F. & Freitas, J.V. (2003). Conhecimento em avaliação psicológica: um estudo com alunos de Psicologia. *Psicologia: Teoria e Prática*, 5 (2), 37-46.

Noronha, A.P.P., Nunes, M.F.O. & Ambiel, R.A.M. (2007). Importância e domínios de avaliação psicológica: um estudo com alunos de psicologia. *Paideia*, 17 (37), 231-244.

Noronha, A.P.P. & Reppold, C.T. (2010). Considerações sobre a avaliação psicológica no Brasil. *Psicologia: Ciência e Profissão*, 30 (n. esp.), 192-201.

Noronha, A.P.P., Santos, A.A.A. & Sisto, F.F. (2006). *Facetas do fazer em avaliação psicológica.* São Paulo: Vetor Editora Psico-Pedagógica.

Nunes, M.F.O., Muniz, M., Reppold, C.T., Faiad, C., Bueno, J.M.H. & Noronha, A.P.P. (2012). Diretrizes para o ensino de avaliação psicológica. *Avaliação Psicológica*, 11 (2), 309-316.

Pasquali, L. (1997). *Psicometria*: teoria e aplicações. Brasília: UnB.

Pasquali, L. (2007). *Teoria de resposta ao item:* teoria, procedimentos e aplicações. Brasília: LabPAM/UnB.

Pasquali, L. (2010). Taxonomia dos instrumentos psicológicos. In: L. Pasquali. *Instrumentação psicológica*: fundamentos e prática (p. 48-55). Porto Alegre: Artmed.

Pasquali, L. (2013). *Psicometria:* Teoria dos Testes na psicologia e na educação. 5. ed. Petrópolis: Vozes.

Primi, R. (2003). Inteligência: avanços nos modelos teóricos e nos instrumentos de medida. *Avaliação Psicológica*, 1, 66-67.

Primi, R. (2005). *Temas em avaliação psicológica*. São Paulo: Casa do Psicólogo.

Primi, R. (2010). Avaliação psicológica no Brasil: fundamentos, situação atual e direções para o futuro. *Psicologia: Teoria e Pesquisa*, 26 (n. esp.), 25-35.

Reppold, C.T. (2011). Qualificação da avaliação psicológica: critérios de reconhecimento e validação a partir dos direitos humanos. In: Conselho Federal de Psicologia. *Ano da avaliação psicológica:* textos geradores (p. 21-28). Brasília: Conselho Federal de Psicologia.

Reppold, C.T. & Serafini, A.J. (2012). Avaliação psicológica, ética e direitos humanos. *Relatório do Ano Temático da Avaliação Psicológica 2011/2012* [Disponível em http://site.cfp.org.br/wp-content/uploads/2012/12/264tico-de-Avaliacao-Psicologica_versao-final.pdf].

Rueda, F.J.M. (2011). Psicologia do trânsito ou avaliação psicológica no trânsito: faz-se distinção no Brasil? In: Conselho Federal de Psicologia. *Ano da avaliação psicológica:* textos geradores (p. 103-113). Brasília: Conselho Federal de Psicologia.

Santos, A.A.A., Sisto, F.F., Boruchovitch, E. & Nascimento, E. (orgs.) (2010). *Perspectivas em avaliação psicológica*. São Paulo: Casa do Psicólogo.

Siqueira, I.L.M. & Oliveira, M.A.C. (2011). O processo de avaliação psicológica. In: Conselho Federal de Psicologia. *Ano da avaliação psicológica:* textos geradores (p. 43-48). Brasília: Conselho Federal de Psicologia.

Stenner, A.J., Smith III, M. & Burdick, D.S. (1983). Toward a theory of construct definition. *Journal do Educational Measurement*, 20 (4), 305-316.

Trevizan, M.J. (2011). Contextos em que a avaliação se insere. In: Conselho Federal de Psicologia. *Ano da avaliação psicológica:* textos geradores (p. 121-125). Brasília: Conselho Federal de Psicologia.

2
Avaliação psicológica: o papel da observação e da entrevista

Maria Lucia Tiellet Nunes
Luciana Jornada Lourenço
Rita de Cássia Petrarca Teixeira

Introdução

Avaliar é uma atividade existente desde sempre na história da humanidade; por exemplo: as cavernas de Lascaux na França apresentam pinturas rupestres datadas de 20.000 anos a.C. e, embora não se saiba exatamente o que as pinturas de distintas figuras de animais e humanas significam, é possível imaginar que representassem tamanho, distância, peso num planejamento para caçadas (Nunes & Levenfus, 2002), ou seja, uma maneira de avaliar de forma qualitativa quando não se contava com possibilidades de mensuração.

Na história científica da psicologia, as raízes da avaliação psicológica contemporânea podem ser encontradas em 1905 através do teste criado por Binet e Simon, cujo objetivo foi de avaliar as crianças das escolas de Paris para inseri-las em classes apropriadas às suas habilidades. Inicia-se, então, o que se tornou conhecido futuramente como avaliação psicológica da inteligência, ao longo do desenvolvimento da área. Outro fato histórico foram os esforços dos Estados Unidos da América do Norte, na época da Primeira Guerra Mundial, em 1917, para avaliar rapidamente grande número de recrutas para saber de suas condições intelectuais e emocionais (Cohen, Swerdlik & Sturman, 2014). Desses tempos mais remotos até hoje, a área da avaliação psicológica muito evoluiu e se firmou no cenário mundial da psicologia. No Brasil, a avaliação psicológica é parte importante da identidade dos psicólogos (Patto, 2000), pois foi essa atividade, dentre outras, que conferiu aos psicólogos precioso valor social frente a outros profissionais e ao público em geral (Rosa, 1997).

Avaliação psicológica é definida por Cohen, Swerdlik e Sturman (2014) como os procedimentos que permitem ao profissional a coleta e a síntese de informações de caráter psicológico com o objetivo de "fazer uma estimação psicológica, que é realizada por meio de instrumentos como testes, entrevistas, estudos de caso, observação comportamental e aparatos e procedimentos de medida especialmente projetados" (p. 31) para esse fim. Ou ainda, conforme o Conselho Federal de Psicologia (CFP, 2013), "a avaliação psicológica é compreendida como um amplo processo de investigação, no qual se conhece o avaliado e sua demanda, com o intuito de programar a tomada de decisão mais apropriada do psicólogo. Mais especialmente, a avaliação psicológica refere-se à coleta e interpretação de dados, obtidos por meio de um conjunto de procedimentos confiáveis, entendidos como aqueles reconhecidos pela ciência psicológica" (p. 11).

Dentre outros muitos campos, a avaliação psicológica permite conhecer uma pessoa/um indivíduo em diversas áreas de interesse: organizações e instituições se preocupam em selecionar para promoção as pessoas para diversos cargos e funções, ou reorientação de carreira; psicólogos clínicos avaliam para psicodiagnóstico, tratamento e prognóstico; nas escolas é possível verificar condições de aprendizagem, realizar orientação; na área jurídica, há interesse em avaliar periculosidade de detentos, questões relativas à guarda de crianças de casais em processo de divórcio, situações que dizem respeito à negligência, ao abuso de crianças. Existem, ainda, avaliações psicológicas específicas para, por exemplo, porte de arma e para obter a habilitação para condução de veículos automotores, para habilitação de pilotos de aeronaves, para cirurgia bariátrica e de mudança de sexo e para tantas outras especificidades. Ao contrário da crítica que, por vezes, surge – a avaliação psicológica rotula o sujeito – Romaro (2000) discute que, ao realizar essa tarefa, o psicólogo apresenta a pessoa em sua singularidade, suas possibilidades e seus potenciais de desenvolvimento. Assim, a capacidade do profissional permite o olhar para além do resultado de testes (Persicano, 1997), ao levar em conta também fatores socioculturais, o contexto do avaliando, reconhecendo dessa forma variáveis externas a ele (Lopes, 1998), visto serem os testes de fato culturalmente limitados ao retratar valores de determinada cultura (Gonzáles, 1999). Com esses cuidados, interpretar resultados de testes é possibilitar a historicização do sujeito (Sigal, 2000), é entender o avaliando como um sujeito de sua própria história.

Assim como são diversos os campos possíveis para a realização de avaliação psicológica, são também diversos os instrumentos que o profissional tem ao seu alcance para realizar essa atividade. A escolha do instrumental vai depender do objetivo específico, do referencial teórico e da finalidade da avaliação e aquele que for realizar tal tarefa pode utilizar testes psicométricos, testes projetivos, diferentes dinâmicas de grupo, dentre muitos outros materiais ao seu alcance. Como sugere Araújo (2007), a avaliação psicológica é um procedimento que envolve um corpo organizado de princípios teóricos, métodos e técnicas de investigação que vão além dos testes psicológicos e das técnicas projetivas, tais como as observações clínicas e a entrevista.

Para que os psicólogos possam realizar avaliações psicológicas de qualidade, o CFP (2007) criou o Sistema de Avaliação de Testes Psicológicos (SATEPSI) para examinar os testes psicológicos com o intuito de verificar se os mesmos são adequados à população brasileira (CFP, 2011). O SATEPSI, por meio dos membros de sua comissão consultiva e de pareceristas, examina e avalia testes para garantir suas qualidades psicométricas, de forma que seu uso seja tecnicamente correto e eticamente responsável. As propriedades psicométricas consideradas na avaliação da qualidade dos testes psicológicos são validade, fidedignidade e padronização, descritas a seguir.

O conceito de validade refere-se ao grau em que as evidências embasam as inferências feitas a partir dos escores dos testes (*American Educational Research Association* [AERA], *American Psychological Association* [APA], *National Council on Measurement in Education* [NCME], 1986). Já fidedignidade significa que os escores de um teste de uma pessoa permanecem parecidos em diferentes momentos (Pasquali, 1996), isto é são estáveis ao longo do tempo (Fachel & Camey, 2000); a padronização quer dizer que há uniformidade nos procedimentos de administrar e pontuar o teste (Anastasi & Urbina, 2000).

Conforme discute Rosa (2012), seja qual for o contexto da avaliação psicológica, o ponto de partida de uma avaliação se relaciona à demanda que o avaliando traz para o processo e deve ser adequado à situação para a qual o profissional, no final do trabalho, encaminhará o avaliando. Para realizar o trabalho, o psicólogo deve atentar de forma crítica para a situação e a finalidade da demanda com comprometimento ético e científico.

Foram discutidos até aqui elementos importantes no processo de avaliação psicológica, tais como a definição dessa atividade do psicólogo, seus campos de aplicação e aspectos que dizem respeito ao instrumental utilizado e foram apresentadas resoluções do CFP, pertinentes à área em discussão. A seguir, com essa base, é então possível tratar dos temas centrais deste capítulo: a observação e a entrevista no contexto da avaliação psicológica.

O capítulo iniciou afirmando ser a atividade de avaliar, nas mais diversas situações com as quais alguém se defronta, inerente à própria condição humana. Da mesma forma, pode-se dizer que observar e entrevistar também são tarefas que acompanham a criatura humana desde os tempos primordiais, desde o início da constituição da sociedade humana. Não é possível imaginar como as pessoas teriam sido capazes de se organizar como grupo sem que tivessem sido capazes de observar o que se passava ao seu redor ou consigo mesmas. Também a entrevista, se compreendida em princípio como conversação, existe desde o alvorecer da condição humana... sem essa possibilidade, que desenvolvimento teria sido possível? Embora não existam documentos sobre o início da história da humanidade, observar, entrevistar (no sentido de conversar) e avaliar são elementos constitutivos da sociedade humana.

Observar e entrevistar são técnicas de coleta de dados em todas as ciências. No contexto da avaliação psicológica a observação e a entrevista são técnicas essenciais, muito úteis e, de certa forma, indissociáveis entre si e do processo de avaliação; aqui serão trabalhadas uma a uma por questões didáticas e, sempre que possível serão discutidas ou exemplificadas de forma associada.

Observação

A observação, como atividade inerente à condição humana, ajuda a garantir segurança e sobrevivência, assim como serve de auxílio para a escolha de amigos e parceiros íntimos. Os programas de televisão do tipo *reality show*, tão populares, mostram o fascínio que as observações exercem sobre as pessoas; habilidades observacionais são fundamentais para a atividade humana (Dallos, 2010). As pessoas observam aos outros e a si mesmas. Observam nas pessoas os gestos, as expressões, atitudes, escolha de roupas porque assim obtêm muitas informações. As observações cotidianas das pessoas em geral diferem daquelas dos cientistas de muitas formas. As pessoas observam de maneira casual, não estão muito conscientes daquilo que pode afetar suas observações e confiam na memória, sem fazer anotações. Os cientistas, por sua vez, realizam observações científicas, sob condições definidas, de maneira sistemática e objetiva, e mantêm registros cuidadosos, com o objetivo de descrever o comportamento (Shaughnessy, Zechmeister & Zechmeister, 2012).

A observação é uma das técnicas de pesquisa utilizadas em várias práticas científicas/áreas, sendo por si um método ou parte de outros métodos de pesquisa: entrevistas, estudos experimentais, estudos de casos clínicos, dentre outros, porque ao observar o pesquisador pode ter indicações dos estados emocionais dos participantes, de como seu comportamento pode estar associado a questões ou mudanças no ambiente físico e social (Dallos, 2010). Seu uso nas atividades daqueles que exercem a psicologia adquire características específicas, conforme a explicação de Dallos (2010), a observação envolve quatro dimensões, segundo os processos interpretativos tanto do observador como daqueles que são observados, que são: primeira dimensão, ou seja, a testagem de teoria/exploratória – o objetivo é a testagem de uma teoria através da observação daquilo que as pessoas fazem em diferentes circunstâncias.

A segunda dimensão, denominada experimental/naturalista é aquela que contrasta a observação realizada em condições experimentais, com vários tipos de controle para que se possa oferecer explicações causais com a chamada então naturalística; a observação em condições "naturais" também busca descrever comportamentos não como talvez ocorressem nos estudos de laboratório (artificiais ou não da vida real). A terceira dimensão intitulada estruturada/não estruturada mostra que na observação está em jogo o quanto a mesma parte de um elenco de comportamentos específicos a serem observados (unidades maiores: um episódio interativo ou tipos distintos de ações como solidariedade ou hostilidade; ou aspectos mais discretos como expressões ou alterações de humor) ou o quanto se inicia sem haver estruturas claras para observar os comportamentos das pessoas ou quaisquer acontecimentos e as possíveis características, ações, sequências serão parte de uma estrutura (roteiro) a ser desenvolvida com o andar da pesquisa.

Por fim, a quarta dimensão, se refere ao observador participante ou não participante, ou seja, a atitude do observador em relação ao observado, o que pode variar desde sua presença quase oculta, fora do grupo a ser observado até a posição na qual o observador é parte integrante, um dos membros, do grupo de pessoas das quais observa os comportamentos, tomando parte ativamente no ambiente, ainda que tentando manter-se objetivo.

Examinando as dimensões propostas por Dallos (2010), nos processos de avaliação psicológica, de certa forma, há uma testagem – não de teoria – mas de uma hipótese, ou mais de uma, a ser testada com todo o instrumental ao alcance do psicólogo avaliador: O sujeito observado pode exercer aquele cargo para o qual está sendo avaliado? Um aluno está com fraco desempenho escolar em função de questões emocionais ou cognitivas? O ambiente de avaliação não é naturalístico no sentido do "mundo real" do avaliando, mas também não é um laboratório de psicologia experimental; ambos os partícipes do processo de avaliação psicológica estão numa clínica, num espaço de recursos humanos ou num consultório semelhante a outros onde possam ter estado.

A observação poderá ter elementos mais ou menos estruturados, ou seja, um roteiro flexível em relação àquilo que deve ser observado ao longo de uma entrevista durante o processo de avaliação, quando o avaliador está atento à forma como o avaliando se apresenta, o cumprimenta, mantém ou não contato com o olhar, se movimenta muito ou pouco, por exemplo. Ou ainda a observação pode ter um roteiro flexível para o momento da administração do instrumental quando o avaliador observa como o avaliando reage e responde à administração de testes: se é colaborador, se fala muito durante a execução das tarefas, se fica irritado, se verbaliza que sabe tudo ou faz tudo errado. Ainda a observação pode ser mais estruturada se, ao observar, o observador necessitar preencher algum protocolo de informações, como é o caso de testes para os quais é o avaliador que preenche num protocolo de respostas aquilo que o avaliando vai respondendo. Assim, a atitude do observador está mais para a dimensão do observador participante, pois estará participante na entrevista e na administração de outros instrumentos ao dar consignas e por toda sua interação com o avaliando. A observação, com ou sem roteiro, aproxima avaliador de avaliando, sem barreiras, como pode ser o caso em que o observador necessite ver se uma criança é de fato mais agressiva e vai então até a escola na hora do recreio e observa de forma mais livre ou com algum protocolo de registro.

Essas dimensões, propostas por Dallos (2010), são elementos didáticos, pois não é fácil classificar a observação quando se está "em campo", seja o espaço da observação em uma escola, em um hospital, em uma empresa. Por exemplo, a avaliação de uma criança pode envolver observação na creche que ela frequenta; assim, o observador chega à cena com alguma hipótese que derivou da demanda e de, pelo menos, entrevista de anamnese com os pais e talvez entrevista com a professora. O ambiente é quase natural para a criança, o observador está presente, visível, participante, irá interagir com a criança e poderá utilizar um protocolo de observação como é o caso do Inventário Cumulativo sobre Estimulação Ambiental (ICEA). O ICEA é uma escala de observação sistematizada cujo objetivo é avaliar as condições de estimulação oferecidas por ambientes para crianças desde os primeiros meses até os seis anos de idade, como o de creches, por exemplo. Com o instrumento é possível avaliar como pessoas, objetos, espaço físico, móveis, dentre outros elementos, componentes da rotina de crianças podem influenciá-las de forma cumulativa ao longo do desenvolvimento infantil, em várias áreas, tais como linguagem, socialização, motricidade (Pérez-Ramos, 2003).

Considerando-se as dimensões acima descritas (Dallos, 2010), é importante ressaltar que, na avaliação psicológica, a observação é uma boa maneira de conhecer o comportamento do avaliando. A observação comportamental, no contexto da avaliação psicológica, é definida como "monitoração das ações dos outros ou de si mesmo por meios visuais e eletrônicos ao mesmo tempo em que se registram as informações quantitativas e/ou qualitativas relativas a essas ações. A observação comportamental é utilizada frequentemente como um auxílio diagnóstico em vários contextos, como unidades de pacientes internados, laboratórios de pesquisa comportamental e salas de aula. Ela pode ser usada para fins de seleção ou colocação em contextos corporativos ou organizacionais" (Cohen, Swerdlik & Sturman, 2014, p. 39-40).

É importante examinar nessa definição acima citada alguns elementos: antes mesmo do início da citação, é explicitado que se observa para "conhecer o comportamento" – o que se observa é o comportamento do qual se pode inferir, e confirmar através dos resultados de outros instrumentos, diversas funções mentais, tais como atenção, memória, inteligência, afetividade, e outras; a definição menciona a "monitoração das ações dos outros ou de si mesmo" – sim, observa-se o avaliando e o próprio comportamento nessa atividade. Nesse sentido, vale a pena lembrar os conceitos psicanalíticos de transferência e contratransferência, pois ainda que derivados da teorização psicanalítica, podem ser úteis na compreensão dos fenômenos da interação humana mesmo fora do *setting* da análise propriamente dito.

Na definição de observação, é explicado que a mesma pode ocorrer "por meios visuais e eletrônicos ao mesmo tempo em que se registram as informações quantitativas e/ou qualitativas", o que significa que diferentes tipos de "memória" da observação podem/devem ser feitos. No Brasil, é menos usual registrar observações de avaliação psicológica por meios eletrônicos e os registros em geral são breves notas após a observação ou, em alguns casos, o uso de algum protocolo de observação.

O uso de registros, na forma de protocolos de observação, auxilia a minimizar a tendenciosidade do observador (derivadas de suas expectativas ou pelo fato de enfatizar alguns aspectos e minimizar outros), comum nos contextos como escolas, clínicas, consultório, empresas, pois mesmo não sendo totalmente naturalísticos, ocorrem em ambientes conhecidos ou semelhantes àqueles frequentados pelo avaliando. Essa desvantagem pode ser atenuada quando há dois ou mesmo mais observadores quando, por exemplo, alguma técnica usada na avaliação psicológica envolve grupos de avaliandos. Com isso, as observações de cada observador podem ser verificadas e discutidas uma em relação às outras (Gazziniga & Heatherton, 2005; Feldman, 2015).

A observação permite ao avaliador o registro de uma boa descrição do comportamento que está observando, mesmo que sua presença possa alterar o comportamento do avaliando. Mesmo que a observação como técnica de coleta de dados psicológicos não explique por que as pessoas se comportam como o fazem, permite ao psicólogo avaliador fazer inferências, que

podem ser conferidas com os resultados dos demais instrumentos da avaliação psicológica. No contexto da avaliação psicológica e, em geral, ocorrendo durante a entrevista, a observação, conforme Mackinnon, Michels e Buckley (2008), diz respeito ao comportamento não verbal da pessoa avaliada, comportamento do qual a própria pessoa nem possui consciência de quão importante pode ser; nem tem consciência de que tal comportamento verbal ocorre enquanto fala. Tal tipo de comportamento pode revelar elementos emocionais do avaliando, através do comportamento motor, de choro, risadas, rubor, assim como outros; importante de se levar em conta, também, as características físicas da voz, seu timbre, a velocidade ou interrupções ou tremores enquanto o avaliando fala. Dessa forma, a observação, durante a entrevista, pode capturar elementos para além do conteúdo da informação factual que o avaliando produz em reação às questões colocadas pelo avaliador.

Como exemplos de material observável, o avaliador pode perceber que uma criança ou adolescente que é trazido à avaliação psicológica com a queixa de Transtorno de Atenção e Hiperatividade (TDAH), de fato é capaz de sentar e ser entrevistado ou responder aos testes, ou seja, dificilmente teria TDAH. Outro exemplo de como a observação pode aportar material muito útil na avaliação, é observar, durante a entrevista de anamnese, realizada com pai e mãe de uma criança ou adolescente, qual é a estrutura e a dinâmica familiar que envolve a criança: papel do pai, da mãe, de pessoas importantes; em uma organização, o avaliador pode observar em alguma atividade grupal que faça parte da avaliação psicológica, quem toma e que tipo de liderança exerce, como se comunica com os demais e como organiza a atividade de seus liderados.

Entrevista

Diz a lenda que entrevista e escrita nasceram juntas: cerca 3.500 anos atrás, na China, o mandatário mais importante escrevia suas perguntas aos deuses num osso com um ferro incandescente como lápis; as ranhuras que ficavam no osso eram as respostas à "entrevista" (Terzani, 2005). Muito tempo mais tarde, no seu hoje clássico livro sobre métodos de pesquisa, datado de 1964, Kerlinger (1980) se refere à entrevista como a maneira mais direta de alguém saber o que deseja ou necessita saber: formular perguntas e esperar receber as respostas; ou seja, é possível descobrir o que alguém tem na mente, e que não se pode observar diretamente, perguntar e esperar as respostas para conhecer os pensamentos, sentimentos, comportamentos e as intenções de alguém (Patton, 1986). A entrevista é a conversação como troca social universal, mas revestida de formalidade, de objetivo específico e sustentada por papéis sociais assimétricos, pois o entrevistador pergunta e o entrevistado responde (Delhomme & Meyer, 2002). Nas palavras de Leal (2008), a entrevista designa uma qualidade de interação profissional em que um técnico e um não técnico se encontram face a face para uma conferência formal num determinado tempo.

Como bem discutem Cohen, Swerdlike e Sturman (2014), os psicólogos de diversas áreas utilizam a entrevista como parte de diagnóstico, tratamento, seleção, dentre outras possibilidades. Por exemplo, esses autores apontam a entrevista que psicólogos escolares podem realizar para obter informações para tomar decisão sobre diferentes intervenções educacionais; aquele psicólogo nomeado pelo tribunal usará a entrevista para que se possa determinar de forma adequada se um réu apresentava-se em seu juízo perfeito quando da prática de um crime; um profissional que trata de traumatismo craniano pode necessitar do auxílio de dados de entrevista para esclarecimento de questões sobre dados no cérebro em função de um ferimento. Ainda, segundo esses autores, psicólogos que atuam na área de recursos humanos utilizam da entrevista na avaliação psicológica para responder sobre contratação, demissão e promoção de pessoal. Pode ser que o profissional utilize entrevista individual, mas pode privilegiar a entrevista em painel ou banca de entrevista, que se caracteriza pela presença de mais de um avaliador entrevistando um único avaliado de cada vez, com a vantagem de que possíveis tendenciosidades possam ser minimizadas por mais de um olhar; como desvantagem, há o custo de se utilizar mais profissionais.

A entrevista pode partir de diferentes enfoques teóricos (psicanalítico, comportamental etc.), ter distintos objetivos (de diagnóstico, de desligamento, de encaminhamento, dentre outros), ter seu formato mais ou menos estruturado e ser conduzida de forma mais ou menos dirigida. No caso da entrevista para avaliação psicológica, aspectos importantes são a estruturação e a condução da entrevista, abaixo discutidos.

Estrutura da entrevista diz respeito ao roteiro, com o qual o avaliador conduz a entrevista. Nesse sentido, Nunes (1993) discute a entrevista livre ou não estruturada, menos utilizada na avaliação psicológica porque não se trata, como em psicoterapia ou psicanálise, de que o entrevistado fale o que vem à sua mente; mais usual é a existência de um roteiro – esse mais ou menos fechado ou estruturado, como é o caso de alguns roteiros de anamnese ou de entrevistas diagnósticas mais fechadas; as anamneses que diferentes profissionais de saúde realizam são de caráter mais fechado, pois são perguntas ou itens específicos que a pessoa deve responder ao consultar profissionais da odontologia, medicina, fisioterapia. Existem também instrumentos como a *Structured Clinical Interview for DSM* (SCID), uma entrevista estruturada compatível com as categorias diagnósticas do *Diagnostic and Statistical Manual of Mental Disorders* (DSM), por exemplo. Ainda que já exista a nova – quinta – versão do DSM em português (*American Psychiatric Association*, 2015), a versão correspondente da SCID só está disponível na sua versão original, em inglês (*Structured Clinical Interview for DSM-5* (SCID-5), cujo acesso pode ser obtido no site da *American Psychiatric Association* – https://www.appi.org).

Mais usual na avaliação psicológica, portanto, é a chamada entrevista semiestruturada – há um roteiro, mas flexível, não fechado, com o qual o avaliador conduz a entrevista e obtém as informações que necessita para seu trabalho. Com esse tipo de entrevista, o avaliador pode com mais liberdade formular as questões de seu interesse e organizar a sequência das mesmas. Para Patton (1986), a entrevista semiestruturada é o conjunto de temas, que o avaliador define, considerando o objetivo da entrevista, antes de estar na presença do entrevistado; é a lista básica de questões que o avaliando deve responder durante a entrevista, de modo que o avaliador obtenha os temas relevantes que necessita conhecer (Bell, 2003). Com esse tipo de entrevista – semiestruturada – o avaliador pode adaptar como formular as questões e em que sequência irá fazê-las; com isso o roteiro orienta, mas permite liberdade de explorar, experimentar, formular questões para elucidar, clarear algum tema ao longo da tarefa que tem a realizar com o entrevistado (Patton, 1986), o que permite ao avaliando falar daquilo que é de significado central para si, mas através do uso da estrutura flexível que assegure ao avaliador cobrir os pontos cruciais; sendo assim, esse tipo de entrevista se torna o ponto ótimo entre o *continuun* de formalidade ou estrutura da entrevista (estruturada, fechada) até entrevista completamente informal ou livre ou não estruturada.

Nunes (2005) lembra que, ao planejar um roteiro para uma entrevista semiestruturada, o avaliador deve cuidar do conteúdo e da formulação das questões, dos itens; as questões devem ser formuladas de tal maneira que sejam livres de julgamento de valor, atribuição de causalidade. A formulação das questões deve estar relacionada a opiniões, crenças, intenções comportamentais, descrição de comportamentos passados e atuais do avaliando, de modo que o profissional possa obter do avaliando uma autodescrição. As frases, nas questões, segundo Delhomme e Meyer (2002), devem ser não tendenciosas ou indutoras de resposta, devem ser curtas, claras, simples, com vocabulário adaptado à compreensão do avaliando; deve ser formulada uma questão de cada vez, pois se o avaliando ouve mais de uma pergunta pode ficar sem saber à qual delas responder. O avaliador deve formular suas questões de tal maneira que não precise lançar mão de exemplos que podem fazer com que o avaliando fique preso a eles e tenha sua resposta dificultada. Além disso, o avaliador não deve usar termos técnicos, verbos que possam orientar a resposta ou usar expressões com alto tom emocional ou palavras extremas, tais como nunca, sempre, ninguém.

Assim como se deve ter atenção para com um roteiro de entrevista, sua condução deve ser pensada com cuidado. Para poder dar início à entrevista, é necessário, como aponta Denscombe (2003), que o avaliador garanta que uma série de ações serão realizadas: preparar o gravador; preparar a colocação de cadeiras ou poltronas nem muito perto nem longe demais uma da outra; dar início à entrevista com alguma explicação sobre a própria atividade que será conduzida pelo avaliador junto ao avaliando, tanto para recordar o motivo desse encontro como para estimular o avaliando para a tarefa.

Ao longo da condução da entrevista, o avaliador deve verificar se está obtendo as informações que necessita, deve tentar ler nas entrelinhas, cuidar de incoerências, incongruências na fala do avaliando e ser cauteloso ao checar essas situações, buscando também avaliar respostas que estão ligadas à desejabilidade social, ou seja, as respostas do avaliando vão em direção àquilo que é socialmente aceitável, àquilo que ele imagina que o avaliador deseja ouvir (Denscombe, 2003). Ainda, Cohen, Swerdlik e Sturman (2014) alertam que, durante a condução da entrevista, a atenção do avaliador está não só naquilo que é dito, mas também naquilo que se manifesta de parte do avaliando em forma de comportamento não verbal, em sua linguagem corporal: seus movimentos, expressão facial, contato visual que mantém com o avaliador, dentre outros possíveis aspectos não verbais a observar.

Para estimular as verbalizações do avaliando, Valles (2003) sugere táticas de motivação, tais como: utilizar expressões – "humhum", "sim..."; estimular através de perguntas como "E então?" ou "Há algo mais que você gostaria de dizer sobre isso?"; pode também utilizar expressões que o próprio avaliando usou; ou ainda, recapitular algo que o avaliando disse. Como ponto-final da entrevista, o avaliador deve perguntar se o avaliando deseja ou tem algo mais para dizer, algo que até aquele momento não tenha ocorrido. Certamente, agradecer a entrevista é parte de toda a atividade.

Caso a entrevista não possa ou não deva ser gravada por algum motivo, é importante que o avaliador tome notas, ainda que breves e, assim como no caso da gravação, com o consentimento do avaliando. Há responsabilidade ética e legal em manter registros, mas há discussões sobre a quantidade e a maneira de fazer as anotações. Ao anotar, o avaliador pode perder contato visual com o avaliando, pode perder elementos não verbais e pode mesmo deixá-lo constrangido ou fazer com que ele fale mais devagar. Não anotar traz desvantagens importantes: esquecimento de alguns elementos ou da sequência da fala do avaliando, ou pode acentuar vieses do avaliador. Cada avaliador deve seguir a maneira pela qual se realiza entrevistas em seu ambiente de trabalho e, se não pode gravar, deve anotar o maior número de elementos possíveis imediatamente após a entrevista e desenvolver técnicas de evitar esquecimentos e vieses. Em síntese, Leal (2008) faz questão de apontar que a entrevista na avaliação é um procedimento complexo cujo objetivo primeiro é chegar a um diagnóstico através da avaliação de um conjunto de premissas obtidas, especialmente através da observação direta e da entrevista que possibilitam o estabelecimento do que em cada indivíduo é único e singular.

A entrevista na avaliação psicológica na área da psicologia clínica ainda apresenta uma especificidade: a entrevista com crianças. No caso de crianças pequenas, a entrevista como tal é realizada com os recursos da hora de jogo, técnica lúdica que, em geral, é o primeiro contato com a criança (Affonso, 2012).

Em sua revisão teórica sobre o brincar, Schmidt e Nunes (2014) citam Aberastury (1982) como a autora psicanalítica que, entre psicoterapeutas e psicanalistas brasileiros, a partir de Melanie Klein, marcou de forma teórica e prática o brincar da criança como atividade simbólica que, em avaliação psicológica ou em tratamento, é utilizada pela criança para expressar fantasias e desejos e serve como elemento de elaboração de situações traumáticas. Ao utilizar diferentes materiais lúdicos e gráficos, a criança vai se mostrando de forma simbólica ou, como propunha Klein, se expressa, "fala" através do brincar. Conforme Ocampo (1987, apud Schmidt & Nunes, 2014), um conjunto de indicadores auxilia o avaliador a entender a criança avaliada: o uso de certos materiais ou brincadeiras pode indicar como o ego se organiza frente às tarefas, como a criança se coloca em diferentes papéis, sua motricidade, criatividade, tolerância à frustração; através da capacidade de simbolizar, através do brincar dá acesso indireto às suas fantasias inconscientes. Embora haja discussão quanto à maneira de interpretar a hora de jogo, Krug e Seminotti (2010, apud Schmidt e Nunes, 2014) elencam certos critérios: que manifestações de desejos da criança podem ser percebidos, como ela se organiza frente aos materiais, como interage com o avaliador, seus sentimentos, defesas, tipos de ansiedades, dentre outros elementos.

Tanto a criança como o adolescente podem não fazer uso da palavra, mas de outras formas comunicativas. A criança usa o jogo e o brincar como manifestação de suas fantasias inconscientes e assim vai organizando sua experiência (Stürmer & Castro, 2009). Desta forma crianças diferentes ou a mesma criança em momentos diversos, se expressam via desenhos, dos jogos e do brincar além de desenhos, de gestos, expressões não verbais como olhares, movimentos (Duarte, 2009). Os adolescentes podem utilizar expressões lúdicas, gestos, movimentação, se expressar também através do vestuário, de tatuagens (Stürmer & Castro, 2009) e mesmo de

atuação, tais como atrasos, faltas, solicitações de trocas de horário. Na avaliação psicológica, quando a criança ou o adolescente não fala ou não quer falar, o recurso é a hora do jogo (Werlang, 2003). Uma criança autista pode oferecer muita dificuldade em aceitar ser testada, mas pode aceitar interagir com o avaliador por meio do brincar e do brinquedo, revelando aspectos do seu comportamento.

Outro elemento que diz respeito à entrevista trata da ordem da sequência de entrevistas, caso ocorra mais de uma em relação a determinado avaliando. Uma entrevista inicial trabalha os motivos pelos quais será realizada uma avaliação psicológica, responde a dúvidas do avaliando, explica o processo de avaliação e firma o contrato de trabalho; seguem as demais entrevistas, de anamnese, de hora de jogo com crianças; por vezes, é necessário entrevistar uma professora quando se avalia um estudante, ou um gerente no caso de algum funcionário, ou qualquer outra pessoa que seja importante para se compreender o avaliando. No caso de crianças e de adolescentes com menos idade, os pais são entrevistados antes do avaliando; em outros casos, o avaliando é a primeira pessoa a ser entrevistada e é consultado para que se possa fazer entrevistas com outras pessoas necessárias para compreendê-lo melhor (Nunes, 1993).

Mackinon, Michels e Buckley (2008) alertam para o fato de que a entrevista é composta por conteúdo e processo. Conteúdo é a parte da informação derivada de fatos narrados pelo avaliando; e é importante que o avaliador mantenha sua atenção ao conteúdo não verbal, conforme já mencionado neste capítulo, mas tendo o cuidado de perceber que nem sempre o conteúdo verbal está de acordo com aquilo que de real é narrado; os autores citam como exemplos: o avaliando picota um pedaço de papel, a postura na cadeira pode ser rígida, alguém se comporta de forma sedutora; ainda, embora verbal, a linguagem pode dar informações adicionais àquilo que é dito: uso de gíria, jargão técnico, comunicação coloquial ou muito formal. Já o processo diz respeito à forma com a qual o avaliando narra os fatos relevantes ao avaliador. O avaliando pode se mostrar solitário, sedutor, arrogante, evasivo. Poderá seguir uma linha lógica em sua narrativa ou mudar de tópicos com frequência.

Dois tipos de entrevista são peculiares à avaliação psicológica, especialmente na área clínica: a entrevista de anamnese e aquela denominada devolutiva ou de devolução que caracterizam o momento inicial e o momento final, respectivamente, do processo de avaliação. Ambas fazem parte integral desse processo e adquirem características um pouco diversas dependendo de quem é o avaliando. Por exemplo, se o avaliando é criança, certamente seus pais serão entrevistados para a composição da anamnese e para receber a devolução, ainda que a entrevista de devolução também, em palavras que ela compreenda, seja realizada com a criança. O procedimento é semelhante para avaliandos que estão em condições que dificultam poder informar sobre sua história ou a compreensão do conteúdo da entrevista de devolução, como é o caso de pessoas com transtornos mentais mais graves, tais como autismo, retardamento mental, Alzheimer, dentre outros: quem participa da entrevista de anamnese e da entrevista de devolução é a pessoa responsável pelo avaliando. Ainda, podem ser feitas devoluções para quem solicitou a avaliação: alguém da escola de uma criança, ou o psiquiatra que encaminhou um paciente para avaliação.

O objetivo da entrevista de anamnese, conforme Tavares (2000) esclarece, é obter informações detalhadas sobre a história do desenvolvimento do avaliando, o que pode ser facilitado por uma estrutura de questões que sigam uma ordem cronológica em relação aos elementos da vida do avaliando. Tal esforço busca por aspectos diagnósticos, através de elementos sindrômicos ou psicodinâmicos. Isto é, no exemplo de Tavares (2000), o sinal de sentimentos de culpa e o sintoma de humor deprimido podem levar à hipótese de um transtorno do humor (aspecto sindrômico); o aspecto psicodinâmico "visa à descrição e à compreensão da experiência ou do modo particular de funcionamento do sujeito..." (p. 50). Os dois tipos de elementos que podem levar a um diagnóstico são complementares, o avaliador "amplia seu domínio sobre a situação, torna-se mais capaz de ajudá-lo de maneira eficaz" (p. 51). Certamente, a boa entrevista de anamnese auxilia a escolha de testes psicológicos que poderão ser utilizados na avaliação psicológica para o exame de funções mentais que se mostrem disfuncionais ou de alguma forma comprometidas, através dessa coleta de informações. É a demanda pela avaliação psicológica que conduz a construção da estrutura da entrevista de anamnese. Embora existam vários modelos ou sugestões de questões a ser respondidas pelo avaliando nesse tipo de entrevista, o avaliador deve buscar que perguntas são necessárias e suficientes para compor a entrevista de anamnese, inclusive para que não se torne muito longa ou invasiva pelo uso de questões não pertinentes ao caso específico.

Cohen, Swerdlik e Sturman (2014) listam itens para a entrevista de anamnese. São necessários dados demográficos como nome, idade, estado civil, condição socioeconômica, e outros que o avaliador julgue necessários. Razões para a solicitação de avaliação e quem solicitou fazem parte dessa entrevista. A história média pregressa e a atual, assim como história psicológica passada e as condições psicológicas, tanto do avaliando como de seus familiares são centrais na entrevista de anamnese. Ainda, é necessário conhecer o histórico de tratamentos médicos e psicológicos do avaliando, em especial.

Com a redação da história do avaliando, o que já possibilita compreender, ainda que parcialmente, seu caso, o psicólogo pode escolher a bateria de testes que será utilizada. Finda a administração dos testes, depois da fase de levantamento, correção e interpretação dos mesmos, o avaliador está em condições de redigir o documento resultante de todo o processo de avaliação psicológica, seguindo o modelo previsto pelo CFP (2007), através das instruções contidas na Resolução n. 007/2003, que dispõe sobre os documentos que o psicólogo escreve decorrentes do processo de avaliação psicológica.

O passo seguinte é então a entrevista de devolução ou entrevista devolutiva, que constitui a comunicação dos resultados – no final do processo de avaliação psicológica, o profissional avaliador realiza uma entrevista com o avaliando e/ou seus pais ou responsáveis para dar ciência dos resultados e fazer as recomendações pertinentes. Nessa entrevista, o psicólogo retoma os motivos pelos quais o avaliando realizou o processo, apresentando primeiro os resultados com os aspectos menos comprometidos do sujeito e segue com todos os demais resultados da avaliação e finaliza com as recomendações que o caso enseja (Cunha, 2000; Nunes,

Resolução n. 007/2003 (CFP, 2007), acima citada. Cunha (2000) trata de dois dos tipos de documentos, um mais extenso, o laudo e outro mais resumido, o parecer. Os laudos, segundo a autora citada, respondem a "questões como 'o que', 'quanto', 'como', 'por que', 'para que' e 'quando', enquanto os pareceres se restringem à análise dos problemas específicos colocados por determinado profissional que já dispõe de várias informações sobre o sujeito" (p. 121).

Importante tópico pouco discutido em relação à avaliação psicológica e que tem consequências tanto para a observação como para a entrevista é a cultura. Cohen, Swerdlik e Sturman (2014) utilizam a definição de Cohen (1994, p. 5) para definir cultura como "os padrões de comportamento, as crenças e os produtos do trabalho, socialmente transmitidos, de uma população, uma comunidade ou um grupo de pessoas em particular", discutindo que, diante disso, avaliar também necessita cuidar com sensibilidade como a cultura de um avaliando pode estar interferindo em seu processo avaliativo, desde sua influência no desenvolvimento e no uso de testes. A importância de se conhecer e respeitar a cultura do avaliando se deve ao fato de que sua cultura o envolve através da língua falada, da forma como foi criado e educado pelos pais, pela sua escola, como ele viveu rituais específicos de seu grupo cultural ao longo de seu desenvolvimento, através de sua inserção em grupos relativos a gênero, raça, etnia.

Certamente a empatia do entrevistador é essencial para a boa condução da entrevista: criar rando silêncios e sendo sutil ao checar incongruências no discurso do entrevistado. De fato, para entrevistar e observar vale o que Rogers (1942) afirmava: o avaliador deve ser congruente, mostrar aceitação incondicional e empatia. A partir da perspectiva psicanalítica, o avaliador tanto para observar como para entrevistar, deve ter presente dois conceitos, a transferência e a contratransferência. De forma simples e correta, transferência é o "deslocamento de padrões de sentimentos, pensamentos e comportamentos, originalmente experienciados em relação a pessoas significativas durante a infância, para uma pessoa envolvida em um relacionamento interpessoal atual" (Moore & Fine, 1992, p. 208), processo que se torna mais claro e intenso na situação analítica, e a contratransferência ocorre quando "os sentimentos e as atitudes de um analista para com um paciente derivam de situações anteriores na vida do analista e foram deslocadas para o paciente [...] reflete a própria reação inconsciente do analista ao paciente" e ainda "a contratransferência é definida estritamente como sendo uma reação específica à transferência do paciente" (Moore & Fine, 1992, p. 43). Esses conceitos são de muita ajuda para que o avaliador compreenda melhor elementos do avaliando e como algumas percepções suas sobre o mesmo em todos os momentos do processo de avaliação psicológica.

Para finalizar, é importante observar os princípios éticos que regem o processo de avaliação psicológica, segundo o CFP (2013). Certamente, o psicólogo deve, por compromisso ético primeiro, dominar e _____ _____lizado em rela-

psicológica deve cuidar de que o ambiente tenha as condições adequadas para tal, para que possa assegurar o sigilo das informações. O psicólogo é, do ponto de vista ético, responsável pela guarda dos documentos de avaliação psicológica em arquivos seguros e de acesso controlado. Ao comunicar os resultados do processo, deve fazê-lo apenas àquelas pessoas que detenham o direito de conhecer as informações daí derivadas. Deve ainda proteger o material no sentido da integridade dos testes, não comercializando os mesmos, publicando-os ou ensinando-os a não psicólogos. Rosa (2012) comenta que, do seu ponto de vista, "ética e técnica não são aspectos separados. A falta da formação adequada leva ao uso incorreto dos testes, tanto técnica quanto política e eticamente" (p. 164).

Assim como na qualificação do psicólogo e na qualidade dos instrumentos, também na observação e na entrevista os princípios éticos do respeito à pessoa em seus valores, de sua autonomia em suas decisões e de beneficência, se fazem presente e regem o adequado processo completo da avaliação psicológica (Teixeira & Nunes, 2007).

A avaliação psicológica envolve, como discutido neste capítulo, conhecimento de todo o processo desde a definição dessa atividade profissional do psicólogo, seus diversos campos de aplicação, o instrumental – aqui incluídos os testes psicológicos e as resoluções do Conselho Federal de Psicologia sobre os testes e os documentos resultantes da avaliação, e os aspectos de obs___ ___ _____ focos do capítulo.

Referências

Affonso, R.M.L. (2012). Instrumentos para o processo diagnóstico e/ou intervenção. In: R.M.L. Affonso (org.). *Ludodiagnóstico:* Investigação clínica através do brinquedo (p. 136-155). Porto Alegre: Artmed.

American Psychiatric Association (2015). *Manual diagnóstico e estatístico de transtornos mentais*. 5. ed. (DSM-5). Porto Alegre: Artmed.

American Psychiatric Association (2015). *Structured clinical interview for DMS 5* [Disponível em https://www.appi.org/products/ – Acesso em 30/01/2015].

Anastasi, A. & Urbina, S. (2000). *Testagem psicológica*. Porto Alegre: Artmed.

Araújo, M.F. (2007). Estratégias de diagnóstico e avaliação psicológica. *Psicologia: Teoria e Prática*, 9 (2), 126-141.

Bell, J. (2003). *Doing your research Project*. Filadélfia: Open University Press/McGraw Hill House.

Cohen, R.J., Swerdlik, M.E. & Sturman, E.D. (2014). *Testagem e avaliação psicológicas:* introdução a testes e medidas. Porto Alegre: AMGH.

Conselho Federal de Psicologia (2007). *Resolução n. 007 de 2003*. Brasília [Disponível em http://www2.pol.org.br/satepsi/CD_testes/pdf/Resolu%E7%E3o%20CFP%2 0N%BA%20007-2003.pdf – Acesso em 30/01/2015].

Conselho Federal de Psicologia (2011). *Ano da avaliação psicológica:* textos geradores. Brasília [Disponível em http://www.pol.org.br/pol/cms/pol/publicacoes/publicacoesDocumentos/ano ano da avaliacaopsicologica_prop8.pdf–Acesso em 30/01/2015].

Conselho Federal de Psicologia (2013). *Cartilha Avaliação Psicológica*. Brasília [Disponível em http://www.cfp.org.br – Acesso em 30/01/2015].

Cronbach, L.J. (1996). *Fundamentos da testagem psicológica*. Porto Alegre: Artes Médicas.

Cunha, J.A. (2000). Passos do processo psicodiagnóstico. In: J.A. Cunha. (org.). *Psicodiagnóstico V*. (p. 105-138). Porto Alegre: Artmed.

Dallos, R. (2010). Métodos observacionais. In: G.M. Breakwell, S. Hammomd, C. Fife-Schaw & J.A. Smith. (orgs.). *Métodos de pesquisa em psicologia* (p. 134-155). Porto Alegre: Artmed.

Delhomme, P. & Meyer, T. (2002). *La recherche em psychologie sociale* – Projects, méthodes et techniques. Paris: Armand Colin/Vuef.

Denscombe, M. (2003). *The good research guide for small scale social research projects*. Berkshire, Eng.: Open University Press.

Duarte, I. (2009). A comunicação na psicoterapia de crianças: o simbolismo no brincar e no desenho. In: M.G.K. Castro & A. Stürmer. (orgs.). *Crianças e adolescentes em psicoterapia:* a abordagem psicanalítica (p. 141-157). Porto Alegre: Artmed.

Fachel, J.M.G. & Camey, S. (2000). Avaliação psicométrica: a qualidade da medida e o entendimento dos dados. In: J.A. Cunha (org.). *Psicodiagnóstico V* (p. 158-170). Porto Alegre: Artes Médicas.

Feldman, R.S. (2015). *Introdução à psicologia*. Porto Alegre: Artmed.

Gazziniga, M.S. & Heatherton, T.F. (2005). *Ciência psicológica*: mente, cérebro e comportamento. Porto Alegre: Artmed.

González, E.N.C. (1999). La evaluación psicológica desde um enfoque transcultural. *Revista del Instituto de Investigationes de la Facultad de Psicologia/UBA*, 1 (1), 49-60.

Kerlinger, F.N. (1980). *Metodologia da pesquisa em ciências sociais* – Um tratamento conceitual. São Paulo: EPU/EDUSP.

Leal, I. (2008). *A entrevista psicológica:* técnica, teoria e clínica. Lisboa: Fim de Século.

Lopes, W.M.G. (1998). Técnicas de exame psicológico: novas perspectivas. *Psique*, 8 (12), 48-52.

Mackinnon, R.A., Michels, R.M. & Buckley, P.J. (2008). *A entrevista psiquiátrica na prática clínica*. Porto Alegre: Artmed.

Moore, B.E. & Fine, B.D. (1992). *Termos e conceitos psicanalíticos*. Porto Alegre: Artmed.

Nunes, M.L.T. (1993). Entrevista psicológica. In: J.A. Cunha (org.). *Psicodiagnóstico R* (p. 29-50). Porto Alegre: Artes Médicas.

Nunes, M.L. (2005). Entrevista como instrumento de pesquisa. In: M.M.K. Macedo e L.K. Carrasco (orgs.). *(Con)textos de entrevistas*: olhares diversos sobre a interação humana (p. 207-222). São Paulo, Casa do Psicólogo.

Nunes, M.L.T. & Levenfus, R.S. (2002). O uso de testes psicológicos em orientação profissional. In: R.S.L. e D.H.P. Soares. (orgs.). *Orientação vocacional ocupacional* – Novos achados teóricos, técnicos e instrumentais para a clínica, a escola e a empresa (p. 195-208). Porto Alegre: Artmed.

Pasquali, L. (1996). A teoria da medida. In: L. Pasquali (org.). *Teoria e métodos de medida em ciências do comportamento* (p. 21-42). Brasília: LabPAM/INEP.

Pasquali, L. (1999). Histórico dos instrumentos psicológicos. In: L. Pasquali (org.), *Instrumentos psicológicos:* manual prático de elaboração (p. 13-25). Brasília: LabPAM/IBAPP.

Patto, M.H. (2000). Para uma crítica da razão psicométrica. In: M.H. Patto. *Mutações do cativeiro:* escritos de psicologia e política (p. 65-83). São Paulo: Hacker/Edusp.

Patton, M.Q. *Qualitative evaluation methods.* Beverly Hills: Sage, 1986.

Pérez-Ramos, A.M.Q. (2003). Avaliação prospectiva: o exame precoce da criança. In: J.A. Cunha (org.). *Psicodiagnóstico V.* (p. 151-157). Porto Alegre: Artmed.

Persicano, M.L.S. (1997). Reflexões sobre a importância do psicodiagnóstico na atualidade. *Revista Latinoamericana de Psicopatologia*, 3 (2), 88-97.

Romaro, R.A. (2000). A questão do diagnóstico em psicoterapia breve. In: F.F. Sisto, E.T.B. Sbardelini & R. Primi. (orgs.). *Contextos e questões:* da avaliação psicológica (p. 14-29). São Paulo/Campo Grande: Casa do Psicólogo/Universidade Católica Dom Bosco.

Rosa, H.R. (2012). Compreendendo o uso de testes a partir do ludodiagnóstico. In: R.M.L. Affonso (org.). *Ludodiagnóstico*: investigação clínica através do brinquedo (p. 156-162). Porto Alegre: Artmed.

Rosa, M.D. (1997). A inserção dos testes psicológicos na psicologia atual. *Temas*, 53, 10-30.

Schmidt, M.B. & Nunes, M.L.T. (2014). O brincar como método terapêutico na prática psicanalítica: uma revisão teórica. *Revista de Psicologia da IMED*, 6 (1), 18-24.

Shaughnessy, J.J., Zechmeister, E.B. & Zechmeister, J.S. (2012). *Metodologia de pesquisa em psicologia.* Porto Alegre: AMGH.

Sigal, A.M. (2000). Considerações sobre o psicodiagnóstico: provocando o inconsciente. *Psicanálise*, 12-13, 27-43.

Stürmer, A. & Castro, M.G.K. (2009). A clínica com crianças e adolescentes: o processo psicoterápico. In: M.G.K. Castro & A. Stürmer. (orgs.). *Crianças e adolescentes em psicoterapia*: a abordagem psicanalítica (p. 77-96). Porto Alegre: Artmed.

Tavares, M. (2000). A entrevista clínica. In: J.A. Cunha (org.). *Psicodiagnóstico V.* (p. 45-56). Porto Alegre: Artmed.

Teixeira, R.P. & Nunes, M.L.T. (2007). A utilização do consentimento informado em psicoterapia: o que pensam psicoterapeutas psicanalíticos. *Aletheia*, 26, 137-145.

Terzani, T. (2005). *Um adivinho me disse* – Viagens pelo misticismo do Oriente. São Paulo: Globo.

Valles, M.S. (2003). *Técnicas cualitativas de investigación social.* Madri: Síntesis.

Werlang, B.G. (2003). A entrevista lúdica. In: J.A. Cunha (org.). *Psicodiagnóstico V.* (p. 96-104). Porto Alegre: Artmed.

3
Aspectos históricos da testagem psicológica: contexto internacional e nacional

José Maurício Haas Bueno
Mirela Dantas Ricarte

Antecedentes históricos da avaliação psicológica

As primeiras referências à avaliação, não necessariamente psicológica, remetem à seleção de trabalhadores para o serviço civil do império chinês, que se tornaram tradicionais a partir de 605 a.C. Os candidatos eram indicados ao imperador por autoridades locais e tinham que demonstrar proficiência em música, uso do arco e montaria, além de se saírem bem em exames escritos sobre temas como leis, agricultura e geografia (Cronbach, 1949; Pasquali, 2001/2011; Urbina, 2007).

No Ocidente, os processos de avaliação foram observados, desde a Idade Média, na área educacional, nas universidades europeias, que utilizavam exames orais como uma oportunidade para que os formandos demonstrassem publicamente sua competência. Gradativamente, essas provas se estenderam para os níveis educacionais inferiores e, com a popularização do papel, passaram a ser escritos ao invés de orais (Urbina, 2007).

Esses fatos mostram que a instituição das avaliações pode ser considerada um avanço em relação à transmissão de cargos por hereditariedade, no caso do império chinês, ou uma forma de ajudar a sociedade a identificar aqueles que se destacavam pelo notório saber numa determinada área do conhecimento. Esses exemplos mostram que os processos de avaliação nasceram em função de necessidades sociais e, consequentemente, com o compromisso de ajudar a sociedade a fazer escolhas menos permeadas por vieses de interpretações pessoais dos avaliadores e baseadas em condições de equanimidade entre os concorrentes.

O estabelecimento das bases da psicometria

Com o surgimento da ciência psicológica no século XIX, os métodos e técnicas de avaliação logo se mostraram importantes para a efetivação do compromisso da Psicologia com a sociedade (sobre essa temática, cf. Tavares, 2010). Pode-se destacar duas linhas de contribuição: 1) na pesquisa básica, ajudando a estabelecer os principais conceitos da Psicometria e da Psicologia, por meio da operacionalização dos conceitos teóricos (descrição de comportamentos relacionados) e a constatação de sua aplicabilidade no mundo real, como por exemplo, a teoria da inteligência geral proposta por Spearman (1904b) e aceita até hoje; e 2) na pesquisa aplicada, desenvolvendo técnicas padronizadas para a coleta de informações sobre processos mentais, como as aptidões, e os processos inconscientes, que foram disponibilizadas para uso profissional. Em ambos os casos, essas técnicas podem ser classificadas em três tipos: entrevista, observação e testes psicológicos.

Dentre essas técnicas, os testes se distinguem pela possibilidade de captação de dados com uma interferência reduzida do avaliador, especialmente se comparada às técnicas de entrevista e observação, que são igualmente importantes, mas que podem ser altamente enviesadas pela interferência de quem as realiza, tanto na captação quanto na interpretação das informações. Já os testes se constituem em uma alternativa que apresenta procedimentos padronizados e, principalmente, a possibilidade de utilização de números para captar as diferenças individuais, o que transforma esse processo em uma medida do comportamento, colocando a Psicologia no patamar de outras ciências já estabelecidas na segunda metade do século XIX.

É importante esclarecer que nem todo teste psicológico faz uso de números para descrever o comportamento. Os testes projetivos, embora apresentem a padronização de procedimentos, em sua maioria, propõem interpretações do simbolismo presente na realização de certas tarefas, como, por exemplo, desenhos, produção de histórias e interpretação de manchas de tinta. No entanto, na segunda metade do século XIX havia uma preocupação entre os profissionais interessados pela Psicologia em diferenciá-la da Filosofia. Por isso, a padronização de procedimentos para observação sistemática e especialmente a utilização de números para a descrição de comportamentos, desempenhava o importante papel de aproximá-la das ciências naturais (Anastasi & Urbina, 1997/2000).

Em função dessa valorização da medida pela ciência positivista, e por sua praticidade, a utilização de instrumentos acabou ganhando destaque em relação a outras técnicas de avaliação, sendo muitas vezes confundida com a própria avaliação psicológica (AP). Até hoje, muitas vezes, os termos avaliação e testagem psicológica são usados erroneamente como sinônimos, quando se deveria considerar a segunda como uma das técnicas que podem ser utilizadas na condução de um processo mais amplo denominado de avaliação psicológica. Muito tempo depois, essa valorização da testagem em detrimento de outras técnicas acabaria se revelando um grande problema para a área, como se verá no decorrer deste texto (Noronha et al., 2002).

As primeiras medidas associadas à Psicologia não eram de natureza psicológica, mas psicofísica, uma vez que mediam atributos físicos associados a capacidades mentais humanas, como por exemplo, o nível mínimo de som ou luz que uma pessoa é capaz de identificar. Além disso, o interesse recaia na captação de regularidades e não das diferenças individuais, que tendiam a ser vistas como fontes de erros. A ideia, no entanto, era a de que pela mensuração de capacidades simples, como as de discriminações sensoriais, se chegaria a uma estimativa da capacidade intelectual geral do indivíduo. Experimentos como esses eram realizados no primeiro laboratório de psicologia experimental de que se tem notícia, criado por Wilhelm Maximilian Wundt (1832-1920) na Universidade de Leipzig, Alemanha (Jones & Thissen, 2007).

Francis Galton também se interessava pela realização de medidas físicas (antropométricas) e psicológicas (de acuidade sensorial), como forma de avaliar a capacidade intelectual geral de uma pessoa. No entanto, influenciado pela obra de seu primo Charles Darwin, dedicou-se a investigar a transferência de habilidades cognitivas de uma geração para outra. Foi a partir de estatísticas sociais que ele iniciou o desenvolvimento de ideias sobre eugenia, tendo como propósito, aplicar os pressupostos da teoria da seleção natural de Darwin ao ser humano (Galton, 1973). Galton acreditava que poderia fortalecer a raça humana por meio do controle reprodutivo, pelo qual os indivíduos mais aptos seriam encorajados a gerar muitos filhos. Apesar de não conseguir sucesso nessa tarefa, o pensador deixou legados importantes para o posterior desenvolvimento da Psicometria. Nesse sentido, Pasquali (2001/2011) aponta três importantes contribuições: 1) os princípios de suas medidas de discriminação sensorial são empregados até hoje, como por exemplo, em testes audiométricos; 2) utilização de escalas de pontos e da técnica de associação livre, que também são empregados até hoje nos testes psicológicos; e 3) o desenvolvimento de métodos estatísticos descritivos (como as medidas de tendência central e de variabilidade) e de associação entre variáveis, como a correlação e a tendência de regressão à média. No campo estatístico, seu discípulo Karl Pearson desenvolveu essas ideias e acabou dando nome a análises empregadas até hoje, como o r de Pearson (coeficiente de correlação produto-momento) ou o qui-quadrado de Pearson, por exemplo. Embora essas contribuições tenham servido de alicerce sólido para o desenvolvimento posterior da Psicometria, os trabalhos de Galton são associados mais ao campo da genética e, portanto, da biologia.

Talvez por isso, Pasquali (2001/2011) localiza a origem da Psicometria nos trabalhos de James McKeen Cattell, que utilizou pela primeira vez a expressão "testes mentais e enfatizou a observação das diferenças individuais no estudo de processos sensoriais, e de Spearman (1904a, 1904b, 1907, 1914), que aplicou as técnicas de correlação e análise fatorial ao estudo das aptidões humanas, propondo a teoria do fator geral de inteligência (*g*). Nessa perspectiva, Pasquali (2001/2011) aponta para o fato de que, quanto mais a sociedade se modernizava, maior havia a necessidade de se avaliar o comportamento do ser humano de forma mais confiável e precisa, tornando importante a figura de um perito nessa área (o psicometrista) e a produção de parâmetros psicométricos dos instrumentos de avaliação. E foi, de fato, uma necessidade social, do governo francês, qual seja, a de identificar crianças com dificuldades de aprendizagem que levou ao passo seguinte, o surgimento do primeiro teste psicológico de que se tem notícia: a escala Binet-Simon.

O surgimento e desenvolvimento da testagem psicológica no mundo

Urbina (2007) afirma que no início do século XX havia um *zeitgeist* favorável ao desenvolvimento de instrumentos de medida de processos psicológicos, proporcionado não apenas pelo desenvolvimento das técnicas estatísticas, mas também pelo acúmulo de informações sobre os instrumentos construídos pelos psicólogos experimentais e pelo desenvolvimento teórico no campo da psicopatologia e da neurologia. Assim, bastava (como se fosse fácil!) juntar as peças do quebra-cabeça para se ter itens desenvolvidos com base em informações teóricas (Contribuição de Binet), cujas respostas numéricas dadas pelos respondentes poderiam ser relacionadas, por meio das técnicas estatísticas, a critérios externos, como o desempenho educacional, por exemplo (Contribuições de Galton, Pearson e Spearman).

Pasquali (2001/2011) divide a história da Psicometria em fases, que são concebidas pelos seus expoentes. Dois deles representam, na visão do autor, essa fase de constituição das bases do que viria a ser a Psicometria. A primeira fase é a *década de Galton* (1880), que foi seguida pela *década de Cattell* (1890), já descritas na seção anterior. As fases seguintes representam o desenvolvimento propriamente dito da Psicometria: a década de Binet (1900), a era dos testes de inteligência (1910-1930), a década da análise fatorial (1930), a era da sistematização (1940-1980) e a era da Psicometria moderna (1980...).

O primeiro teste psicológico surgiu na *década de Alfred Binet* (1900), na qual predominavam os esforços para avaliação das aptidões humanas visando a predição na área acadêmica e da saúde. Binet foi convidado a compor uma comissão criada pelo governo francês, que desejava identificar as crianças que, por algum tipo de transtorno no seu desenvolvimento, não conseguiam acompanhar o ritmo das classes regulares do ensino público. A ideia era aliviar a pressão exercida sobre essas crianças para que apresentassem um desempenho como o das outras e oferecer a elas uma educação especial, que respeitasse seu ritmo próprio de desenvolvimento (Pasquali, 2001/2011; Urbina, 2007). Por mais que essa ideia pareça anti-inclusiva nos dias de hoje, ela fazia muito sentido no final do século passado.

Binet, além de ter um bom conhecimento na utilização de instrumentos de avaliação de diferenças individuais, era um crítico dos trabalhos realizados até então, os quais se baseavam em medidas de um espectro muito estreito das capacidades sensoriais, propondo o deslocamento do conteúdo a ser mensurado para capacidades mais abrangentes, como a memória e a compreensão verbal, que nunca haviam sido medidas antes. Foi seguindo essa linha de raciocínio que Binet e seu colaborador Theodore Simon apresentaram, em 1905, a Escala Binet-Simon, que era composta por 30 itens, apresentados em ordem de dificuldade crescente, com procedimentos de aplicação e avaliação bem definidos e até alguma evidência de validade, ainda que naquela época esse conceito não estivesse estabelecido. Eles aplicaram a escala em crianças de 3 a 11 anos, com e sem retardo mental, e mostraram que seus resultados podiam ser interpretados em relação à faixa etária à qual seu desempenho correspondia. Essa escala foi revisada pelo próprio Binet em 1908 e 1911, mas foi a revisão realizada por Terman (1916), na Universidade de Stanford (EUA), que ganhou maior notoriedade. Essa versão foi a que utilizou pela primeira vez, como referência para a interpretação dos resultados, a divisão da idade mental (aquela à qual correspondia o desempenho da criança) pela idade cronológica, obtendo um quociente de inteligência (Stern, 1912/1914), que ficou conhecido popularmente como QI.

Embora as contribuições de Binet tenham sido notórias e significativas para o estabelecimento da testagem psicológica, foi o trabalho do inglês Charles Spearman que estabeleceu as bases da Psicometria. Spearman utilizou e desenvolveu os conceitos de correlação e regressão, propostos anteriormente por Galton e Pearson, para a constituição de uma técnica estatística chamada análise fatorial. Essa técnica, amplamente utilizada na atualidade, promove, basicamente, o agrupamento de variáveis que covariam entre si. Foi utilizando esse princípio que Spearman (1914) percebeu que havia mais concomitâncias entre provas intelectuais de diversos conteúdos, do que especificidades e, com base nisso, apresentou evidências empíricas que apoiaram a teoria do fator geral de inteligência, conhecida como teoria do fator g.

É importante ressaltar que o desenvolvimento desses estudos e a disponibilização de um instrumento para avaliação de capacidades mentais era algo muito desejado naquele momento histórico. Tinha-se a expectativa de que tais testes serviriam como preditores (infalíveis) para o sucesso/fracasso em muitas áreas da vida e que seriam decisivos na definição de políticas públicas, seleção de pessoas para diversas finalidades, discriminação de deficientes e doentes mentais, entre outras. Essa grande expectativa, por um lado, desencadeou o desenvolvimento maciço de outros instrumentos de avaliação, por outro, levou ao uso indiscriminado dos testes, fato pelo qual a área de avaliação psicológica paga um preço até hoje.

As décadas seguintes, de 1910 a 1930, foram identificadas por Pasquali (2001/2011) como a era dos *testes de inteligência*, que se desenvolveram sob a influência dos trabalhos pioneiros de Binet, Simon, Terman e Spearman. Mas o principal evento desencadeador do desenvolvimento dos instrumentos de medida nesse período foi a entrada dos Estados Unidos na Primeira Guerra Mundial, em 1917. A necessidade de um instrumento que pudesse ser aplicado a um grande número de pessoas levou à construção do Army Alpha, que era, na verdade, uma bateria de oito subtestes, cuja possibilidade de aplicação coletiva permitiu a avaliação de mais de um milhão de recrutas. Sua proposta era, basicamente, identificar o nível intelectual dos soldados para alocá-los a funções compatíveis com suas capacidades (Urbina, 2007). Outra versão, supostamente equivalente ao Army Alpha, o Army Beta, foi desenvolvido em função da necessidade de avaliar soldados analfabetos e/ou que não falavam inglês.

Para atender à demanda social dos esforços de guerra, esses testes foram construídos e implantados em curto tempo, resultando em práticas inapropriadas de avaliação que prejudicaram consideravelmente a reputação da avaliação psicológica. Por exemplo, não se compreendia por que um indivíduo tinha resultados discrepantes em diferentes subtestes do instrumento. Outro problema era com a estabilidade dos resultados. O instrumento era longo e composto por vários subtestes, mas cada um desses era composto por um número reduzido de itens que não eram suficientes para colher uma amostra representativa do desempenho intelectual do sujeito. Como consequência, quando esse mesmo sujeito era testado com um grupo alternativo de itens semelhantes, seus resultados podiam variar consideravelmente. Essas ocorrências e a falta de embasamento teórico e empírico para as importantes decisões que estavam sendo tomadas, provavelmente resultaram em dificuldades nas alocações de soldados para os esforços de guerra e, muitas vezes, em resultados opostos aos esperados (Jones & Thissen, 2007).

Fatos como esses, mostram a importância da realização de estudos de validade, especialmente o que hoje se denomina de evidências de validade com base na relação com variáveis externas, cujos resultados apontam as inferências que podem ser feitas a partir de escores do teste para prever algum critério do mundo real (como desempenho acadêmico, profissional etc.). Uma vez que as expectativas (irrealistas) não estavam sendo atingidas, a avaliação psicológica como um todo foi posta em questionamento. É como se a sociedade perguntasse: Afinal, a avaliação psicológica pode ou não pode ajudar nos processos decisórios? Foi o primeiro momento em que a AP passou por um período de ceticismo, por vezes hostil, por parte de pessoas que retiraram o exagero da euforia e o puseram no desânimo. Felizmente, pesquisadores não funcionam assim, e as dificuldades se transformaram em objetivos de investigação, cujos resultados permitiram avanços nas técnicas de construção de instrumento. Vale ressaltar, que na época dos laboratórios, das medidas sensoriais e do *boom* de testes de inteligência, não se tinha o conceito de avaliação psicológica que se tem hoje. Essa ideia da AP como um processo mais amplo e complexo só surgiu décadas depois.

Embora Pasquali (2001/2011) tenha posto a ênfase desse período na proliferação de testes de inteligência, aí também podem ser identificados passos importantes rumo ao desenvolvimento de instrumentos para avaliação da personalidade, como as técnicas projetivas e os inventários de autorrelato. As técnicas projetivas merecem um capítulo à parte, pois nasceram dentro de outra concepção teórica da psicologia, a psicanálise, e se desenvolveram a partir da experiência clínica e do método da associação livre, fato que as distinguem dos testes psicométricos em sua proposta e origem. Vale ressaltar, no entanto, os trabalhos pioneiros de Rorschach (1921/1942), Murray (1938) e Machover (1949), que deram origem às avaliações projetivas por meio da interpretação de manchas de tinta, técnicas de apercepção temática e grafismo (no caso, o desenho da figura humana), respectivamente. Nessas técnicas, a suposição principal é que as respostas dadas a estímulos vagos e ambíguos estão simbolicamente carregadas de características duradouras da personalidade de quem os produziu. Esse processo, no entanto, depende da interpretação de um profissional treinado, em quem se deposita toda a confiança para a interpretação das respostas dos testandos (Anastasi & Urbina, 1997/2000).

Os instrumentos de autorrelato surgiram dentro da tradição psicométrica. Nessa linha, embora algum crédito possa ser dado a Galton, Pearson e Cattell, devido aos questionários para levantamento de comportamentos e atitudes pessoais, o protótipo de instrumentos de autorrelato é identificado por Anastasi e Urbina (1997/2000) no *Woodworth Personal Data Sheet* (WPDS). Esse instrumento operacionalizava os principais sintomas psicopatológicos investigados em uma entrevista psiquiátrica, cujo objetivo era identificar transtorno mental em homens, que não estariam preparados para o serviço militar. O teste era simples, descrevia sintomas e os respondentes eram solicitados a dizer se experimentavam ou não em suas vidas. A pontuação final era dada pela soma de sintomas experimentados. Mas, apesar dessa simplicidade, os itens foram selecionados a partir de extensa consulta à literatura psiquiátrica e de conferências com psiquiatras. Talvez por isso mesmo, esse instrumento não tenha ficado pronto a tempo de ser empregado durante a guerra, mas foi bastante utilizado no período pós-guerra, tendo ganhado, inclusive, outras versões para civis e até para crianças (Anastasi & Urbina, 1997/2000).

A ênfase do WPDS estava no conteúdo dos itens, mas ele também lançou as bases para o desenvolvimento de instrumentos de autorrelato baseados em critério, pois a seleção de seus itens também levou em consideração a frequência com que um determinado sintoma aparecia na população. Caso fosse um comportamento frequente, o item era eliminado, pois não podia ser eficiente para distinguir pessoas com distúrbios psicológicos. Esse princípio foi empregado no primeiro instrumento fortemente baseado em critérios estatísticos na sua construção, o hoje mundialmente conhecido *Minnesota Multiphasic Personality Inventory* (MMPI). Sua primeira versão foi desenvolvida escala por escala e os itens foram selecionados com base em seu poder de discriminação de um grupo de pessoas com algum diagnóstico psiquiátrico e um grupo controle. Assim, foram desenvolvidos, por exemplo, escalas para o diagnóstico de hipocondria (McKinley & Hathaway, 1940), depressão (Hathaway & McKinley, 1942), psicastenia (McKinley & Hathaway, 1942), histeria, hipomania e desvio psicopático (McKinley & Hathaway, 1944).

Em sua versão final, o MMPI apresentava dez escalas (para avaliação da hipocondria, depressão, histeria, desvio psicopático, masculinidade-feminilidade, paranoia, psicastenia, esquizofrenia, mania e introversão social), que foram amplamente utilizadas na prática profissional e na pesquisa em saúde mental. No entanto, a ênfase estatística empregada na seleção de itens era, por um lado, eficiente na identificação de pessoas com algum distúrbio mental, mas, por outro, era desprovido de alguma teoria psicológica que embasasse essa eficiência prática. Embora escalas desse tipo sejam bastante úteis na prática profissional, autores como Pasquali (2008), por exemplo, a criticam pela falta de embasamento teórico.

Assim, tanto os problemas com os testes de inteligência quanto com os testes de personalidade levaram os pesquisadores de volta aos seus laboratórios, na busca de avançar na interação entre os processos estatísticos e a fundamentação teórica dos instrumentos de medida. Pasquali (2001/2011) identifica esse avanço no desenvolvimento da técnica estatística da análise fatorial, por isso denomina os anos de 1930

como a *década da análise fatorial*. O desenvolvimento dessa técnica foi importante por permitir a identificação do traço latente que estaria subjacente às concomitâncias (correlações) observadas nas pontuações atribuídas aos itens pelos respondentes. Assim, a seleção de itens com base num determinado conteúdo tinha como ser verificada empiricamente pela suposição de que se aqueles itens tivessem realmente ligados a um mesmo aspecto do funcionamento mental, então as respostas das pessoas a esses itens variariam de forma coerente, isto é, seriam todas baixas ou todas altas ou todas intermediárias. O desenvolvimento dessa técnica ajudou a lidar com os problemas nos testes de inteligência e de personalidade, mencionados anteriormente.

No campo de avaliação da inteligência, a descrença com os testes tinha implicações profundas. A forma de interpretação dos escores da Escala Binet-Simon baseada na idade e a teoria do fator geral de Spearman (1904b) eram constantemente questionadas. Isso levou Thurstone (1931, 1934, 1937, 1938) a realizar uma série de estudos, dos quais resultou a técnica da análise fatorial múltipla, cuja aplicação ofereceu suporte teórico para o questionamento da teoria do fator geral de inteligência e a inauguração da compreensão multifatorial da inteligência.

Nesse campo de desenvolvimento da análise fatorial também merece ser citado o trabalho de Raymond Bernard Cattell. Em seus trabalhos, Cattell usou ativamente a análise fatorial como método de exploração de traços latentes básicos subjacentes ao processamento intelectual (inteligência) e emocional (personalidade). O termo teoria do traço latente se refere, segundo Pasquali e Primi (2003), a um conjunto de modelos matemáticos que relaciona variáveis observáveis e traços hipotéticos não observáveis. No campo das habilidades intelectuais Cattell (1943) distinguiu as inteligências fluida e cristalizada, ainda hoje aceitas e integradas ao modelo de inteligência conhecido como CHC, iniciais dos autores que contribuíram mais significativamente para sua formulação: Cattell, Horn e Carroll (McGrew, 1997). No campo de estudo e avaliação da personalidade, Cattell (1946, 1947) empregou a análise fatorial como meio para a identificação de suas estruturas mais elementares. Por meio desses estudos, Cattell, Saunders e Stice (1950) desenvolveram um dos instrumentos de autorrelato mais utilizados em pesquisas e na prática profissional até hoje, o Questionário dos 16 Fatores de Personalidade (16PF). Como se pode perceber, o trabalho desses autores resultou em importantes avanços para a compreensão e avaliação nos campos da inteligência e da personalidade. Além disso, seus trabalhos fortaleceram a compreensão do traço latente como a verdadeira fonte (não observável) das variações e covariações observadas nas pontuações atribuídas aos itens dos testes.

Em 1940 já havia se passado cinquenta anos desde que James McKeen Cattell usou pela primeira vez a expressão "testes mentais" e a Psicometria havia se desenvolvido consideravelmente nesse período. No entanto, faltava uma organização mais sistemática das informações e dos pesquisadores interessados para que esse tema se constituísse numa área de estudo da psicologia. Pasquali (2001/2011) localiza essa organização no período compreendido entre 1940 e 1980, ao qual denominou *era da sistematização*. Três tipos de eventos podem ser citados como fundamentais nesse período: a criação de sociedades científicas relacionadas com a Psicometria, a criação de periódicos de publicação especializada nesse tema e a publicação de obras que, por um lado, sintetizavam o conhecimento reunido nos periódicos e, por outro, fazia críticas a esse conhecimento, proporcionando o desenvolvimento técnico e teórico dessa área do conhecimento.

Talvez o evento precursor desse período tenha sido a fundação, por Louis Leon Thurstone, da *Psychometric Society*, responsável pela publicação do periódico *Psychometrika*, cujo primeiro número foi lançado em 1936. Em seguida, surgiram outras sociedades/departamentos e publicações especializadas, como a revista *Educational and Psychological Measurement* (1941), a Divisão de Avaliação e Mensuração da Associação Americana de Psicologia (APA, 1946), cujo primeiro presidente foi Thurstone; a *Society of Multivariate Experimental Psychology* (1960), que editou o *Multivariate Behavioral Research* (1966); o *Journal of Educational Measurement* (1964), editado pela *National Council on Measurement in Education*; a *Society for Mathematical Pscychology* que editou o *Journal of Mathematical Psychology* (1964); a *Behavior Research Methods, Instruments & Computers* (1969); a *Applied Psychological Measurement* (1977), entre outras. Todas essas publicações continuam a ser editadas até hoje, mostrando a abrangência e consistência do desenvolvimento dessa área do conhecimento.

Entre as obras que sistematizaram o conhecimento na área da Psicometria, merecem destaque a *Psychometric Methods* (Guilford, 1936, 1954), que, para além de métodos estatísticos, também tinha capítulos sobre validade e precisão de medidas e também sobre construção de instrumentos. Nessa mesma direção foram o *Essentials of Psychological Testing* (Cronbach, 1949) e o *Theory of Mental Tests* (Gulliksen, 1950). Outras obras focalizaram temas específicos, como a *Multiple Factor Analysis* (Thurstone, 1937) e a *Theory and Methods of Scaling*

(Torgerson, 1958), que sistematizaram conhecimentos importantes para a construção de escalas multidimensionais.

Essas obras são exemplos de síntese do conhecimento teórico em Psicometria e algumas de suas técnicas específicas. Mas, merece destaque também o trabalho de Oscar Buros, que em 1938 lançou a primeira edição do *Mental Measurements Yearbook* (Buros, 1938), uma coletânea de todos os testes publicados até então. Apesar de o título sugerir publicação anual, essa obra vem sendo reeditada a cada cinco anos aproximadamente, com a 19ª edição tendo sido lançada em 2014.

Entre as obras de crítica à Psicometria, destaca-se a *Statistical Theories of Mental Tests Scores* (Lord & Novick, 1968). Nessa obra, os autores apresentaram os elementos básicos da Teoria Clássica dos Testes (TCT), mas também críticas a esse modelo, tais como a sua dependência de uma amostra de padronização, cuja distribuição nem sempre é normal, a um índice de precisão que é incorretamente suposto a permanecer constante ao longo de todos os itens do teste. Para resolver esses problemas, os autores propuseram a teoria do traço latente, que recuperou a importância da teoria psicológica (e não apenas de indicadores estatísticos) na construção de instrumentos de avaliação. O produto mais significativo desse novo modelo foi a Teoria de Resposta ao Item (TRI), que foi pioneiramente sintetizada por Lord (1980). Para Pasquali (2001/2011), essa obra inaugura a era da *Psicometria moderna* (1980-atual), baseada na TRI.

A TRI representa uma nova concepção de e a dificuldade do item (parâmetro *b*). Essa mudança traz ganhos significativos, pois exige de quem usa um teste compreender os elementos do traço latente que estão por trás de cada item do instrumento. Para compreender o desempenho do sujeito, o avaliador deve compreender as modificações sucessivas nos itens que os tornam progressivamente mais difíceis. A ideia é identificar o ponto nesse contínuo em que a dificuldade do item é equivalente à habilidade do sujeito. Nesse ponto, a probabilidade de acerto do item é igual à probabilidade de erro (50%) e o avaliador deve identificar tanto os elementos que foram mais fáceis para o sujeito, presentes em itens anteriores que foram respondidos corretamente, assim como os elementos que foram difíceis e estiveram presentes em itens posteriores ao de sua habilidade e que foram respondidos incorretamente pelo sujeito. Há outros parâmetros, como o índice de discriminação (parâmetro *a*) e probabilidade de acerto ao acaso (parâmetro *c*), mas a característica básica da TRI está na relação entre habilidade do sujeito (Θ) e dificuldade do item (parâmetro *b*) (Baker, 2001; Embretson & Reise, 2000; Hambleton & Swaminatham, 1985). Atualmente, as aplicações mais frequentes da TRI são no campo da educação e nos exames de seleção, em testes como o *Test of English as a Foreign Language* (TOEFL) e o *Exame Nacional do Ensino Médio* (Enem), por exemplo.

Um dos avanços proporcionados pela utilização da TRI foi a testagem adaptativa (Weiner, 1990), que se constitui num desafio para o futuro da avaliação psicológica. Esse tipo de técnica é baseado na construção de um *pool* de itens, selecionados por um computador, que procura

E, como os itens são selecionados para cada testando, diferentes testes podem ser montados, de acordo com o nível de habilidade dos sujeitos e a disponibilidade de itens no banco de dados. Uma importante contribuição para o desenvolvimento de instrumentos adaptativos foi dada recentemente pelo *Psychometrics Centre*, da Universidade de Cambridge, que disponibilizou gratuitamente a Plataforma Concerto para o desenvolvimento de testes adaptativos on-line (http://www.psychometrics.cam.ac.uk/newconcerto).

Como se pode perceber, a história da Psicometria se confunde com a própria história da psicologia (Souza Filho, Belo & Gouveia, 2006), na medida em que se constituiu numa das principais formas de testar hipóteses teóricas (como da organização da inteligência e da personalidade, p. ex.), mas também de oferecer produtos para (tentar) contribuir para a solução de problemas cotidianos da sociedade (como os testes empregados na seleção de soldados para as duas guerras mundiais, p. ex.). No Brasil, esse percurso esteve muito mais ligado ao desenvolvimento e utilização de testes, especialmente para a seleção e orientação profissional. Essa característica resultou na inserção da avaliação psicológica como um dos indicativos de distinção da profissão de psicólogo, quando de sua instituição em 1962. Tal percurso será discutido na seção seguinte.

A testagem psicológica no Brasil

Desde a sua fundação até os dias atuais, observa-se que os testes se difundiram imensamente, não somente na Europa ou nos Estados

importantes para conferir um estatuto científico à nova disciplina, fato este que mantém sua origem e história estritamente relacionadas ao próprio desenvolvimento da Psicologia.

No Brasil, a Psicologia firmou-se como ciência e profissão durante as décadas de 20 e 30 do século passado. Alchieri e Cruz (2003) retrataram a sua trajetória, particularmente em relação ao desenvolvimento dos testes psicológicos, estabelecendo cinco grandes períodos que marcaram a ciência psicológica, tais como: período I: a *produção médico-científica acadêmica* (1836-1930); período II: o *estabelecimento e difusão da psicologia no ensino nas universidades* (1930-1962); período III: a *criação dos cursos de graduação em psicologia* (1962-1970); período IV: a *implantação dos cursos de pós-graduação* (1970-1990) e, finalmente, o período V: a *criação dos laboratórios de pesquisa em avaliação psicológica* (1990-atual). Esses períodos devem ser tomados como divisões didáticas, que tentam identificar a atividade que predominou em cada um deles e oferecer um panorama geral desse desenvolvimento.

Os primeiros estudos de Psicologia no país datam da metade do século XIX, sendo encontrados na Bahia e na então capital federal, Rio de Janeiro. Nesse primeiro período, os principais fatores que contribuíram para o desenvolvimento da utilização de instrumentos psicológicos foram: a ciência psicológica apresentar-se como um novo campo de estudo das faculdades de medicina, seus métodos e recursos serem utilizados nas escolas normais, e o surgimento dos centros de pesquisa psicobiológica junto aos laboratórios tanto, com a criação das universidades, a área iniciou um movimento mais organizado em relação à própria profissão, ao seu ensino e pesquisa. O advento do ensino da disciplina nas universidades fez emergir as primeiras investigações da pesquisa psicológica, relacionadas à área da psicologia social e relações humanas, à educação e problemas de aprendizagem e aos problemas de psicologia normal e patológica (Pasquali & Alchieri, 2001/2011). Especificamente em relação à utilização de testes, os autores retratam que entre os anos 30 e 60 do século XX, a sua construção foi bastante acelerada, sem que houvesse, entretanto, grandes preocupações com relação às propriedades psicométricas.

Um importante marco ocorrido nesse período foi a criação do Instituto de Seleção e Orientação Profissional (ISOP), em 1947, no Rio de Janeiro, cuja direção foi dada ao psicólogo e psiquiatra espanhol Emílio Mira y López. Esse instituto recebeu auxílio governamental para o desenvolvimento de técnicas e treinamento de pessoal em processos de seleção baseados na ciência, nos quais os testes ocupavam posição de destaque, constituindo-se na principal, se não única, fonte de informação para constituição da avaliação (Noronha & Reppold, 2010).

É importante notar que essa prática estava afinada com o que ocorria em outras partes do mundo, ou seja, na ideia de que seria possível, e até desejável (pela imparcialidade), que os processos seletivos (profissionais, para os esforços de guerra etc.) fossem realizados somente com base nos testes. Como se sabe, essa prática levou a muitas decisões incorretas, pois os testes não captam todo o espectro de informações necessárias a um diagnóstico psicológico mais completo, que inclui dados advindos de entrevistas e técnicas de observação.

No período III, de acordo com Alchieri e Cruz (2003), os anos de 1960 se caracterizam pela regulamentação dos cursos de formação em Psicologia e a consequente expansão do seu ensino no país. Isso se deveu ao fato de no ano de 1962 a Psicologia ter sido regulamentada como disciplina e também como profissão, pela Lei n. 4.119, resultando na criação do Conselho Federal de Psicologia (CFP) e dos Conselhos Regionais de Psicologia em 1974, pela Lei n. 5.766. O artigo 13, parágrafo primeiro da Lei n. 4.119 deixa explícita a importância da avaliação psicológica para a profissão de psicólogo, ao incluir em suas funções privativas a utilização dos métodos e técnicas psicológicas para fins de diagnóstico psicológico, orientação e seleção profissional, orientação psicopedagógica e solução de problemas de ajustamento. Embora a instituição legal da profissão de psicólogo tenha sido um marco na história da psicologia no país, os autores chamam atenção para o fato de que o rápido crescimento do número de cursos de Psicologia e a consequente necessidade de professores para o ensino culminou, no final da década de 1960, em certo comprometimento na qualificação dos psicólogos, especialmente na área de avaliação psicológica, gerando um desinteresse pela aprendizagem de medidas psicológicas e o descrédito em relação ao uso de instrumentos psicométricos.

Vale ressaltar que, assim como nos demais países, esse declínio na área de avaliação foi observado também no Brasil, o que representou, com o advento do humanismo e da dialética, um movimento cultural de reação à quantificação, ao positivismo e suas manifestações (Pasquali & Alchieri, 2001/2011). Esse movimento foi importantíssimo para o desenvolvimento da prática da avaliação psicológica. Ocampo et al.

(1979/1995), por exemplo, atribuem os insucessos ocorridos em decorrência do emprego de testes como única fonte de informação para a avaliação psicológica à adoção por parte do psicólogo do modelo médico de diagnóstico, que é fortemente baseado em exames. Outro grupo de psicólogos foi mais duro com a avaliação, especialmente com a Psicometria, atribuindo à utilização de testes a culpa pela exclusão/rotulação de crianças no ambiente escolar (Patto, 1997). Esse grupo entende os testes como um produto da visão tecnicista do homem e da sociedade, cujo único objetivo seria o de conferir cientificidade e justificativa aos processos de marginalização e exclusão social. Segundo essa concepção, a causa do fracasso escolar deve ser procurada em fatores socioculturais e não em fatores individuais, e como os testes enfatizam mais essa segunda vertente, a opinião desse grupo é a de que a Psicologia deveria abandonar a utilização de testes psicológicos em favor de processos mais abertos, como a observação e a entrevista, que, em sua opinião, seriam capazes de captar a verdadeira causa de desadaptações sociais, tais como o fracasso escolar citado como exemplo (Noronha et al., 2002).

É claro que os pesquisadores da área de avaliação psicológica discordam dessa posição, porque ela ignora os avanços científicos da área e reconduz a Psicologia a um período ultrapassado de avaliações puramente subjetivas, que compromete exatamente o compromisso da Psicologia com a sociedade (Noronha et al., 2002). No entanto, essas críticas também trouxeram certa estigmatização da própria avaliação psicológica. Gouveia (2009), por exemplo, destaca que durante muitos anos, a avaliação psicológica foi marcada pela estagnação relacionada à construção, adaptação e padronização de instrumentos

psicológicos, tendo esta situação se mantido até o início da década de 1980.

É importante reconhecer, entretanto, que essas críticas tiveram um papel importante no desenvolvimento da avaliação psicológica, qual seja o de deslocar a compreensão da testagem como *a* avaliação psicológica para a de que é *uma* das técnicas que pode compor (ou não) o processo mais amplo de avaliação psicológica, ao lado de outras técnicas, como a entrevista e a observação, por exemplo. A compreensão da qualidade psicométrica dos testes psicológicos e sua relação com o processo mais global de avaliação psicológica tem sido apontado, em congressos nacionais e regionais sobre o tema, como uma das dificuldades atuais na formação do psicólogo, que, frequentemente, faz da testagem psicológica a única fonte de informações para a formulação de diagnósticos e tomadas de decisões. Mas esse é mais um problema de formação do que dos testes propriamente ditos.

Alchieri e Cruz (2003) localizam esse problema no quarto período do desenvolvimento da ciência psicológica no Brasil (1970-1990), caracterizando-o pela introdução de cursos de pós-graduação em psicologia no Brasil, o que possibilitou a qualificação profissional e a melhoria do ensino, bem como o aumento do número de pesquisas em psicologia. No entanto, em relação aos testes psicológicos, este período é considerado desastroso (Pasquali & Alchieri, 2001/2011), uma vez que tiveram sua distribuição e comercialização entregues ao mercado editorial brasileiro, que pouco cuidado teve com a qualidade do material publicado. Sem nenhuma fiscalização, tornou-se comum a utilização de testes internacionais, que eram simplesmente traduzidos para o português, com pouca ou nenhuma preocupação com a sua adaptação à cultura e ao idioma falado no Brasil, muito menos com suas qualidades psicométricas.

O quinto e último período é marcado por uma onda de preocupação por parte dos Conselhos Regionais de Psicologia, de alguns profissionais e pesquisadores e, especialmente do CFP, no que se refere à situação depreciativa em que se encontravam os testes psicológicos no Brasil, bem como em relação aos inúmeros processos judiciais contrários aos resultados decorrentes de avaliações psicológicas realizadas por psicólogos despreparados quanto à avaliação. Nesse período, entre a década de 1990 e início de 2000, são inaugurados diversos laboratórios voltados ao ensino, à pesquisa e ao desenvolvimento de instrumentos de avaliação psicológica, vinculados, em sua maioria, aos programas de pós-graduação de mestrado e doutorado das principais universidades brasileiras (Pasquali & Alchieri, 2001/2011).

Paralelamente à criação dos centros de pesquisa, a área de avaliação psicológica organizou-se em associações científicas por meio das quais passou a influenciar os movimentos políticos da Psicologia. As principais associações foram a Associação Brasileira de Rorschach e Outros Métodos Projetivos (ASBRo – http://www.asbro.org.br) e o Instituto Brasileiro de Avaliação Psicológica (IBAP – http://www.ibapnet.org.br), fundados em 1993 e 1997, respectivamente. Essas associações funcionam até hoje e têm o objetivo de promover o desenvolvimento da área e colaborar com importantes decisões que envolvem a Psicologia no país (Noronha & Reppold, 2010). Além disso, a ASBRo e o IBAP têm organizado, bianualmente, os principais congressos científicos de abrangência nacional da área de avaliação psicológica.

Como estratégia para lidar com a situação de precariedade dos testes psicológicos comercializados no Brasil e tentar reduzir o número de processos éticos relacionados com avaliação psicológica observados no final da década de 1990, o CFP publicou em 2001 a Resolução 25/2001, que define teste como um método de avaliação privativo do psicólogo e regulamenta sua elaboração, comercialização e uso (CFP, 2001). Nesse mesmo ano, foi implantado o Sistema de Avaliação dos Testes Psicológicos (SATEPSI), cuja iniciativa resultou na elaboração de critérios de avaliação da qualidade dos testes psicológicos, tendo sido realizado pela Comissão Consultiva em Avaliação Psicológica, a revisão de todos os testes comercializados que estavam em uso no Brasil (CFP, 2010). Para se ter uma ideia da precariedade encontrada nos instrumentos comercializados naquele momento, em 2002, dos 91 testes submetidos ao SATEPSI, 56 (61,5%) foram considerados "desfavoráveis". Em 2003, o Conselho substituiu a Resolução 25/2001 pela 02/2003, que revogava a primeira e estabelecia um conjunto de requisitos psicométricos mínimos, com base em parâmetros internacionais, para serem considerados "favoráveis" ao uso profissional (Noronha, Primi & Alchieri, 2004).

De acordo com Nakano (2013), essa medida do CFP teve um grande impacto para reverter o quadro de descrédito em que se encontrava a avaliação psicológica no país. No entanto, é preciso destacar que o SATEPSI trata apenas de um lado do problema, o da qualidade do instrumento. O lado da fiscalização e orientação da atuação profissional ainda precisa ser visto. Nesse sentido, o CFP avançou na direção do uso de técnicas reconhecidamente fundamentadas na ciência psicológica, tal como recomenda o artigo primeiro do Código de Ética Profissional dos Psicólogos (CFP, 2005).

Apesar das críticas e mesmo algumas dificuldades históricas que ainda persistem, pode-se afirmar que, atualmente, a área de testes psicológicos no Brasil está sendo abordada de uma maneira mais científica, o que possibilita a retomada do seu devido valor nos mais diversos campos. Nesse sentido, Gouveia (2009) aponta para o fato de que o uso de testes psicológicos fornece contribuições tanto no campo teórico, de pesquisas básicas e aplicadas, quanto no campo prático, em que se constituem em ferramentas importantes para a realização de psicodiagnósticos, em processos seletivos, orientações e treinamentos.

Reflexões sobre a avaliação psicológica na atualidade

Diversos são os estudos que abordam os problemas pelos quais a área de avaliação psicológica perpassa desde o seu surgimento até os dias atuais (Noronha, 2002; Nakano, 2013; Noronha, Primi & Alchieri, 2004), relacionados, essencialmente, à formação dos profissionais, ao uso inadequado, desatualizado e sem fundamentação científica de instrumentos psicológicos, à escassez de professores especializados, e à falta de consenso de como deve ser feita a formação, tanto no âmbito da graduação quanto da pós-graduação (especialização) nessa área.

No entanto, apesar das inúmeras críticas no decorrer de seu desenvolvimento, principalmente no que se refere ao uso inadequado dos testes psicológicos, nas últimas décadas o panorama da avaliação psicológica vem se modificando, especialmente pelas amplas discussões que ocorrem entre os pesquisadores, órgãos e associações científicas de todo o Brasil e do mundo. A área tem se firmado e mostrado sua importância na prática do psicólogo em seu compromisso com a sociedade.

Convém ressaltar que apesar do crescimento que se observa nos últimos anos, ainda assim, faz-se necessário tecer um olhar cuidadoso às questões relacionadas à formação na área, tais como: a modificação dos currículos específicos para avaliação psicológica; a priorização do ensino de qualidade, e não somente a preocupação com a quantidade de testes estudados; e o aprofundamento teórico na temática, objetivando estabelecer uma relação entre teoria e prática. Uma proposta concreta nessa direção foi apontada por Nunes et al. (2012), na qual os autores apresentam as competências que as disciplinas de avaliação psicológica devem desenvolver em alunos de graduação, sugerem um conjunto de disciplinas para composição do currículo de cursos de psicologia, apresentam elementos considerados importantes para o bom desenvolvimento do ensino de avaliação psicológica (infraestrutura necessária, métodos de ensino, formação docente, entre outras) e sugerem um rol de referências bibliográficas para esse tema.

Uma reivindicação dos pesquisadores e profissionais envolvidos na área de avaliação em relação à formação é o reconhecimento da especialidade em avaliação psicológica pelo Conselho Federal de Psicologia. O CFP (Resolução 013/2007) já reconhece a especialização em onze áreas, mas a inclusão da avaliação psicológica infelizmente esbarra na rejeição de alguns regionais. O CRP-RJ (2013), por exemplo, por meio do editorial de seu jornal semestral, "considera um absurdo" (sic) a criação do Título de Especialista em Avaliação Psicológica pelo CFP, alegando, entre outras coisas, que isso levaria a "sérias distorções na atuação dos profissionais, uma delas sendo a reserva de mercado" (p. 2).

Essa posição, no entanto, causa espanto e desconfiança em relação aos responsáveis por essas declarações. Em primeiro lugar, por considerar "absurda" uma proposta que incentivaria a formação continuada de profissionais na área de avaliação psicológica, especialmente se atender o incentivo ao "contínuo aprimoramento profissional" disposto no artigo IV dos Princípios Fundamentais do Código de Ética Profissional do Psicólogo (CFP, 2005). Além disso, e surpreendentemente, o editorial sugere que haveria reserva de mercado aos especialistas em avaliação psicológica, ou seja, que só os especialistas poderiam realizar avaliação psicológica. Nenhuma das especializações reconhecidas pelo CFP (em psicologia clínica, escolar, organizacional etc.) reserva o direito de atuar nessas áreas somente aos especialistas e nada faz crer que com a avaliação psicológica seria diferente. O que causa surpresa, é que um órgão que teria a função de orientar o exercício profissional, aja no sentido contrário, divulgando informações que refletem mais as interpretações distorcidas de sua diretoria do que a verdade. Esse fato, mostra que nem sempre os obstáculos ao desenvolvimento da psicologia, e da avaliação psicológica em especial, estão fora dos domínios da própria psicologia.

Numa perspectiva mais técnica, Primi (2010) aponta alguns caminhos para o desenvolvimento da avaliação psicológica. Dentre eles, destaca-se, principalmente, o avanço no desenvolvimento de ferramentas tecnológicas aliado à metodologia psicométrica da TRI, e os estudos de validade consequencial e sua relevância social. Nesse tipo de testagem, o computador escolhe os itens com base nas respostas que a pessoa vai atribuindo, pautando-se em critérios estatísticos que aumentam a precisão com que a avaliação é realizada. Por outro lado, o conceito de validade consequencial se preocupa com o efeito que os resultados da testagem têm sobre o sujeito avaliado, abrindo espaço para discussões e pesquisas sobre o respeito aos direitos humanos e a consideração das diferenças culturais, sociais, raciais, entre outras, no desenvolvimento e utilização de testes psicológicos e em processos mais amplos de avaliação psicológica (Pasquali & Primi, 2003).

Ainda com relação aos avanços técnicos, Primi (2010) assinala que a área dos métodos projetivos também é bastante beneficiada com o uso de metodologias mais avançadas, fato que rompe com a tradição (errônea!) de que não é possível aplicar métodos psicométricos na validação desse tipo de metodologia. No entanto, ainda é preciso avançar no conhecimento sobre métodos quantitativos para essa área específica, que deem conta de abarcar a riqueza de informações advindas dos métodos projetivos.

Como se pode perceber, a testagem psicológica está intimamente ligada à história e ao desenvolvimento da própria psicologia. Estudos relacionados com a psicologia propiciaram o desenvolvimento de técnicas estatísticas que hoje extrapolam os domínios da própria psicologia. Instrumentos construídos ao longo do século XX passaram por reformulações e são usados por psicólogos atualmente no mundo todo. Conceitos importantes, como concepção psicométrica da inteligência (o modelo CHC) e os Cinco Grandes Fatores de Personalidade, foram desenvolvidos por meio de pesquisas quantitativas, nas quais os instrumentos de medida ocuparam papel de destaque. Além disso, ainda tem vários campos para explorar e se desenvolver no futuro, como as testagens adaptativas baseadas na TRI, por exemplo. Enfim, por tudo que foi apresentado, conclui-se que a testagem psicológica foi, é e continuará desempenhando importante papel para o desenvolvimento e constituição da psicologia.

Referências

Alchieri, J.C. & Cruz, R.M. (2003). *Avaliação psicológica*: conceito, métodos e instrumentos. São Paulo: Casa do Psicólogo.

Anastasi, A. & Urbina, S. (1997/2000). *Testagem psicológica*. Porto Alegre: Artes Médicas.

Baker, F. (2001). *The Basics of Item Response Theory*. ERIC Clearinghouse on Assessment and Evaluation. College Park, MD: University of Maryland [Disponível em http://edres.org/irt/].

Buros, O.K. (ed.) (1938). *The first mental measurement yearbook*. Highland Park: Gryphon.

Cattell, R.B. (1943). The measurement of adult intelligence. *Psychological Bulletin*, 40, 153-193.

Cattell, R.B. (1946). *The description and measurement of personality*. Nova York: World Book.

Cattell, R.B. (1947). Confirmation and clarification of primary personality factors. *Psychometrika*, 12, 197-220.

Cattell, R.B., Saunders, D.R. & Stice, G.F. (1950). *The 16 personality factor questionnaire*. Champaign, III: Institute for Personality and Ability Testing.

Conselho Federal de Psicologia (2001). *Resolução CFP n. 25/2001*: Define teste psicológico como método de avaliação privativo do psicólogo e regulamenta sua elaboração, comercialização e uso. Brasília: CFP.

Conselho Federal de Psicologia (2003). *Resolução n. 002/2003*. Brasília: CFP.

Conselho Federal de Psicologia (2005). *Resolução CFP n. 010/05*: Código de Ética Profissional do Psicólogo. Brasília: CFP.

Conselho Federal de Psicologia (2010). *Sistema de Avaliação dos Testes Psicológicos – SATEPSI*. Brasília: CFP.

Conselho Regional de Psicologia do Rio de Janeiro (2013). *Jornal do Conselho Regional de Psicologia do Rio de Janeiro*, ano 8, n. 35 [Disponível em http://www.crprj.org.br/publicacoes/jornal/jornal_crp_35_final_baixa.pdf – Acesso em 19/04/2014].

Cronbach, L.J. (1949). *Essentials of psychological testing*. Oxford: Harper, 475 p.

Embretson, S.E. & Reise, S.P. (2000). *Item Response Theory for Psychologists*. Nova Jersey: Lawrence Erlbaum.

Galton, F. (1973). *Inquiries into human faculty and its development*. Nova York: AMS.

Gouveia, V.V. (2009). A avaliação psicológica no Brasil: caminhos, desafios e possibilidades. *Psicologia em Foco*, 2, 110-119.

Guilford, J.P. (1936, 1954). *Psychometric methods*. Nova York: McGraw-Hill.

Gulliksen, H.O. (1950). *Theory of Mental Tests*. Nova York: Wiley.

Hambleton, H.K. & Swaminatham, H. (1985). *Item response theory:* principles and applications. Boston: Kluwer.

Hathaway, S.R. & McKinley, J.C. (1942). A multiphasic personality schedule (Minnesota): III. The measurement of symptomatic depression. *Journal of Psychology*, 14, 73-84.

Jones, L.V. & Thissen, D. (2007). A history and overview of psychometrics. In: C.R. Rao & S. Sinharay (eds.). *Handbook of statistics: Psychometrics*. Vol. 26 (p. 1-27). Nova York, NY: Elsevier.

Lord, F.M. (1980). *Applications of Item Response Theory to practical testing problems*. Hillsdale: Lawrence Erlbaum.

Lord, F.M. & Novick, M.R. (1968). *Statistical theories of mental tests scores*. Reading, Addison-Wesley.

Machover, K. (1949). *Personality projection in the drawing of the human figure* – A method of personality investigation. Springfield, IL: Charles C. Thomas.

McGrew, K.S. (1997). Analysis of the major intelligence batteries according to a proposed comprehensive Gf-Gc framework. In: D.P. Flanagan, J.L. Genshaft & P.L. Harrison (eds.). *Contemporary intellectual assessment:* Theories, tests, and issues (p. 151-179). Nova York: Guilford.

McKinley, J.C. & Hathaway, S.R. (1940). A multiphasic personality schedule (Minnesota): II. A differential study of hypochondriasis. *Journal of Psychology*, 10, 255-268.

McKinley, J.C. & Hathaway, S.R. (1942). A multiphasic personality schedule (Minnesota): IV. Psychasthenia. *Journal of Applied Psychology*, 26, 614-624.

McKinley, J.C. & Hathaway, S.R. (1944). A multiphasic personality schedule (Minnesota): V. Hysteria, Hypomania, and Psychopathic Deviate. *Journal of Applied Psychology*, 28, 153-174.

Murray, H.A. (1938). *Explorations in personality:* A clinical and experimental study of fifty men of college age. Nova York: Oxford University Press.

Nakano, T.C. (2013). Problemas apresentados pelos instrumentos com parecer desfavorável no SATEPSI. *Avaliação Psicológica*, 12, 121-130.

Noronha, A.P.P. (2002). Os problemas mais graves e mais frequentes no uso dos testes psicológicos. *Psicologia: Reflexão e Crítica*, 15, 135-142.

Noronha, A.P.P., Ziviani, C., Hutz, C.S., Bandeira, D., Custódio, E.M., Alves, I.B., Alchieri, J.C., Borges, L.O., Pasquali, L., Primi, R. & Domingues, S. (2002). Em defesa da avaliação psicológica, *Avaliação Psicológica*, 1 (2), 173-174.

Noronha, A.P.P., Primi, R. & Alchieri, J.C. (2004). Parâmetros psicométricos: uma análise de testes psicológicos comercializados no Brasil. *Psicologia: Ciência e Profissão*, 24 (4), 88-89.

Noronha, A.P.P. & Reppold, C.T. (2010). Considerações sobre a avaliação psicológica no Brasil. *Psicologia: Ciência e Profissão*, 30 (n. esp.), 192-201.

Nunes, M.F.O., Muniz, M., Reppold, C.T., Faiad, C., Bueno, J.M.H. & Noronha, A.P.P. (2012). Diretrizes para o ensino de avaliação psicológica. *Avaliação Psicológica*, 11, 309-316.

Ocampo, M.L.S., Arzeno, M.E.G., Piccolo, E.G. et al. (1979). *O processo psicodiagnóstico e as técnicas projetivas* [Las técnicas proyectivas y el proceso psicodiagnóstico]. 8. ed. (Trad. de M. Felzenszwalb). São Paulo: Martins Fontes [Trad. da edição de 1979. Buenos Aires: Nueva Visión].

Pasquali, L. (org.). (2001/2011). Testes psicológicos: conceitos, história, tipos e usos. In: L. Pasquali. *Técnicas de Exame Psicológico – TEP – Manual*. 1. reimpr. da

2. ed. São Paulo: Casa do Psicólogo/Conselho Federal de Psicologia, 13-56.

Pasquali, L. (2008). Psicometria. *Revista da Escola de Enfermagem USP*, 43 (n. esp.), 992-999.

Pasquali, L. & Alchieri, J.C. (2011). Os testes psicológicos no Brasil. In: L. Pasquali (org.). *Técnicas de Exame Psicológico – TEP – Manual*. 1. reimpr. da 2. ed. São Paulo: Casa do Psicólogo/ Conselho Federal de Psicologia, 195-221.

Pasquali, L. & Primi, R. (2003). Fundamentos da teoria da resposta ao item – TRI. *Avaliação Psicológica*, 2, 99-110.

Patto, M.H.S. (1997). Para uma crítica da razão psicométrica. *Psicologia USP*, 8, 47-62.

Pereira, F.M. & Neto, A.P. (2003). O psicólogo no Brasil: notas sobre seu processo de profissionalização. *Psicologia em Estudo*, 8, 19-27.

Primi, R. (2010). Avaliação psicológica no Brasil: fundamentos, situação atual e direções para o futuro. *Psicologia: Teoria e Pesquisa*, 26 (n. esp.), 25-35.

Rorschach, H. (1942). *Psychodiagnostics:* a diagnostic test based on perception (Trad. de P. Lemkau & B. Kronenberg) Berne: Huber [1. ed. alemã publicada em 1921].

Souza Filho, M. L., Belo, R. & Gouveia, V.V. (2006). Testes psicológicos: análise da produção científica brasileira no período 2000-2004. *Psicologia: Ciência e Profissão*, 26, p. 478-489.

Spearman, C. (1904a). The Proof and Measurement of Association between Two Things. *The American Journal of Psychology*, 15, 72-101.

Spearman, C. (1904b). "General intelligence", objectively determined and measured. *The American Journal of Psychology*, 15, 201-293.

Spearman, C. (1907). Demonstration of Formulæ for True Measurement of Correlation. *The American Journal of Psychology*, 18, 161-169.

Spearman, C. (1914). The theory of two factors. *Psychological Review*, 21, 101-115.

Stern, W. (1914/1912). The Psychological Methods of Testing Intelligence. *Educational Psychology Monographs*, n. 13. Baltimore: Warwick & York.

Tavares, M. (2010). Da ordem social da regulamentação da avaliação psicológica e do uso dos testes. In: *Avaliação psicológica:* diretrizes na regulamentação da profissão. Brasília: CFP, 31-56.

Terman, L.M. (1916). *The measurement of intelligence*. Boston, MA: Houghton Mifflin.

Thurstone, L.L. (1931). *The reliability and validity of tests*. Ann Arbor, MI: Edward Brothers.

Thurstone, L.L. (1934). The vectors of mind. *Psychological Review*, 41, 1-32.

Thurstone, L.L. (1937). Psychology as a quantitative rational Science. *Science*, 85, 227-232.

Thurstone, L.L. (1938). Primary mental abilities. *Psychometric Monographs*, 1.

Torgerson, W.S. (1958). *Theory and methods of scaling*. Nova York: Wiley.

Urbina, S. (2007). *Fundamentos da testagem psicológica*. Porto Alegre: Artmed.

Weiner, H. (ed.) (1990). *Computerized Adaptive Testing:* A Primer. Hillsdale. Nova Jersey: Lea.

4
Tipos de testes: características e aplicabilidade

Adriana Jung Serafini
Carine da Silva Budzyn
Tainá Ludmila Ramos Fonseca

Apresentação

A proposta deste capítulo é apresentar aspectos do universo dos testes psicológicos no que se refere a sua definição, classificação e aplicabilidade. Para tanto, optou-se por iniciá-lo com a definição de testes psicológicos e, em seguida, por apresentar as suas características técnicas essenciais. Decidiu-se, para fins didáticos, por diferenciar os testes psicológicos em dois tipos – psicométricos e projetivos – forma de distinção usual no ensino das disciplinas de Avaliação Psicológica no país (Alchieri & Bandeira, 2002).

Após discorrer-se sobre os aspectos teóricos e descritivos relacionados aos testes psicológicos, será demonstrada, brevemente, como se configura a testagem psicológica nas mais diferentes áreas da Psicologia. Por fim, busca-se refletir as particularidades da área, e as questões práticas atuais que têm permeado as discussões em relação ao uso dos instrumentos, tais como: acesso à informação, aspectos éticos do uso de testes e a importância da formação.

O que são testes psicológicos?

Pode-se definir teste psicológico como um instrumento padronizado que busca fornecer amostras do comportamento ou de funções cognitivas, com o objetivo de descrever e/ou mensurar processos psicológicos em áreas como emoção, cognição, motivação, personalidade, memória, percepção, entre outras (Conselho Federal de Psicologia – CFP, 2012; Hogan, 2006). De acordo com Anastasi (2011), os achados de um teste psicológico devem estar relacionados a características, traços ou ao desempenho do sujeito em outras situações reais de vida. Por exemplo, uma pessoa que apresente resultados favoráveis em um teste de desempenho escolar deve demonstrar também um bom rendimento acadêmico.

O estudo dos testes psicológicos alcança importância por envolver material que é de uso exclusivo do profissional psicólogo (CFP, 2005). Para tanto, destaca-se a necessidade do psicólogo estar capacitado para realizar a escolha dos instrumentos, métodos e técnicas, durante sua atuação profissional, mostrando-se atento para que esta escolha envolva instrumentos com qualidade técnica e científica reconhecida, e para que o teste não encerre o resultado em si mesmo, mas seja avaliado no contexto processual da avaliação psicológica (Chiodi & Wechsler, 2008).

Ainda, é fundamental que alguns aspectos sejam discutidos, como a necessidade da preservação das informações dos testes. Segundo

Anastasi (2011), salienta-se que o acesso do público leigo a informações sigilosas do teste pode trazer malefícios na medida em que prejudicam os resultados do instrumento e, consequentemente, o avaliando, já que os dados obtidos estarão enviesados. Portanto, é necessário que os testes e seus dados não sejam divulgados pelos psicólogos a pessoas de outras áreas de atuação ou que sejam disponibilizadas em meios de informação como a internet.

Para que se alcancem os objetivos esperados relativos aos testes psicológicos, deve-se estar atento a parâmetros técnicos, que serão discutidos na próxima seção, e a compreensão do teste e do sujeito. Acrescenta-se a isso, a importância do controle das condições de aplicação e do estabelecimento de uma adequada relação entre avaliador e avaliando (Anastasi, 2011).

Características técnicas necessárias para um teste psicológico

Entre as prerrogativas para que um teste psicológico possa ser utilizado e aprovado, existem alguns parâmetros chamados de características psicométricas, as quais ele deve satisfazer. Essas incluem as evidências de validade e de fidedignidade, a padronização e a normatização.

• *Precisão ou fidedignidade*: a precisão de um teste é a consistência dos resultados obtidos pelo sujeito, ou seja, o grau em que os achados se mantêm em diferentes momentos de *aplicação*, utilizando o mesmo teste; ou em uma mesma ocasião, *utilizando testes equivalentes* (Anastasi, 2011; Hogan, 2006; Pasquali, 2009).

• *Validade*: a validade é o grau em que o teste de fato avalia o que se propõe medir, ou seja, demonstra quão congruente o resultado

do teste é com a propriedade que ele se propõe a mensurar ou avaliar (Anastasi, 2011; Hogan, 2006; Pasquali, 2009). Conforme a *American Educational Association*, *American Psychological Association*, *National Council on Measurement in Education* (1999) a validade relaciona-se ao grau em que evidência e teoria apoiam as interpretações dos resultados dos testes de acordo com os objetivos destes, ou seja, em conformidade àquilo que eles buscam avaliar. A validade, então, poderia ser compreendida como um conjunto de evidências que dariam garantia científica sobre as interpretações dos escores dos testes.

• *Padronização*: A padronização refere-se aos cuidados e a preparação necessária que o psicólogo deve ter antes e durante a aplicação de um instrumento com evidências de validade. Ela envolve desde as instruções para a utilização de cada instrumento (lista dos materiais empregados, limites de tempo, demonstrações preliminares, formas de responder perguntas dos sujeitos em testagem), assim como questões relativas ao ambiente ideal de testagem (silencioso, ventilado, iluminado), características do avaliador (conhecimento e treinamento para utilização do teste) e do próprio testando (condições adequadas de saúde, compreensão das instruções dadas) (Anastası, 2011; Hogan, 2006; Pasquali, 2010).

• *Normatização*: A normatização diz respeito à interpretação dos resultados, ou seja, à forma como os resultados de um teste devem ser compreendidos. Entende-se que os resultados brutos de um teste só irão adquirir sentido quando contextualizados. Por exemplo, em um teste de inteligência que possui normas para interpretação dos escores por faixa etária, espera-se que um mesmo escore bruto em crianças de faixas etárias diferentes seja interpretado também de forma diversa. Ressalta-se ainda, que as normas têm como objetivo a uniformidade de processo na avaliação do teste, ou seja, o estabelecimento de parâmetros de avaliação, permitindo que se possa comparar o resultado de um sujeito com o de outro (Anastasi, 2011; Hogan, 2006; Pasquali, 2010).

As informações técnicas são essenciais na escolha do teste a ser utilizado. Se um instrumento não possui evidências de validade, por exemplo, não há segurança de que as interpretações realizadas sobre os dados ou características psicológicas obtidas pelas suas respostas sejam legítimas. Desse modo, essas e todas as outras informações do instrumento devem estar presentes no seu manual, de modo que sua consulta é indispensável. Com fins de avaliar as condições técnicas mínimas dos manuais, desde 2001, quando foi publicada a Resolução CFP n. 025/2001, o uso dos testes psicológicos no Brasil passou a ser regulado pelo Sistema de Avaliação dos Testes Psicológicos (SATEPSI). A avaliação da qualidade do manual ocorre em relação a quatro critérios amplos: fundamentação teórica, evidências de fidedignidade e validade e sistema interpretativo (Nunes & Primi, 2010; Nunes, 2011; Porto, Primi & Alchieri, 2004).

É importante ressaltar, no entanto, que embora o manual possa indicar ou sugerir os contextos e os propósitos aos quais o instrumento pode ser aplicado, compete ao psicólogo a responsabilidade pela decisão final sobre a forma de utilização do instrumento (Hutz, 2011). Ainda que a lista de testes aprovados pelo SATEPSI represente um guia com relação à validade desses instrumentos (lista permanentemente atualizada no site do CFP – http://satepsi.cfp.org.br), apenas a sua aprovação não indica que ele possa ser aplicado com qualquer propósito ou contexto. É necessário que o avaliador leia cuidadosamente o manual e as pesquisas envolvidas na sua construção para decidir se pode ou não utilizá-lo em determinada situação.

Tipos de testes psicológicos

Não existe um modelo único de classificação dos testes, sendo assim, muitos critérios diferentes são utilizados para distinguir entre os seus variados tipos, como por exemplo, o tipo de instruções que definem o modo de resposta (situação estímulo, modo de apurar a resposta etc.). Anastasi (2011) classifica os testes em testes de inteligência geral, testes de aptidões específicas e testes de personalidade, incluindo subdivisões dentro dessas três divisões principais. Pasquali (2010), por sua vez, os divide em testes referentes a critério, testes referentes a construto, testes referentes a conteúdo, testes comportamentais, levantamentos (*survey*) e novas tecnologias. Esse mesmo autor também apresenta outras formas de divisão como: psicométricos *versus* impressionistas/projetivos, segundo a forma de resposta e segundo o construto que medem (Pasquali, 2010). À vista disso, outros autores utilizam as classificações que julgam adequadas (Hogan, 2006; Urbina, 2007).

Neste capítulo, a divisão classificatória reunirá os testes de acordo com sua objetividade e padronização. Serão consideradas duas categorias: os testes psicométricos e os projetivos, compreendendo os projetivos como uma categoria ampla que engloba diversas subcategorias como os testes expressivos, estruturais e temáticos, já que todos esses tipos trabalham com o conceito de projeção (Pinto, 2014). Pasquali (2010) argumenta que essa dicotomização quanto aos tipos de testes é fundamental para a escolha do instrumento, pois auxilia o psicólogo a identificar se o seu objetivo é alcançado utilizando instrumentos psicométricos, projetivos ou ambos.

Os testes psicométricos buscam mensurar, através de critérios objetivos (concretos e observáveis), o atributo ou construto que estão avaliando (p. ex., quociente de inteligência ou nível de depressão). Esse tipo de instrumento envolve tarefas padronizadas e foca-se muito mais no produto, ou seja, no resultado final, do que no processo ao longo da produção de respostas do sujeito. A análise dos resultados se utiliza de formas como correção mecânica e interpretação estatística (Pasquali, 2001). Eles são estruturados na forma de inventários, escalas, entre outros. Como exemplo, pode-se citar as Escalas Wechsler de Inteligência para Adultos (WAIS-III) (Wechsler, 2004) ou a versão para Crianças (Escalas Wechsler de Inteligência para Crianças – WISC-IV) (Wechsler, 2013), que avaliam diferentes funções cognitivas. Testes para investigação da personalidade como a Bateria Fatorial de Personalidade (BFP) (Nunes, Hutz & Nunes, 2010) ou ajustamento psicológico, como as Escalas Beck (Cunha, 2001), também podem ser citadas dentro desse espectro de materiais psicométricos.

Já nos testes projetivos, os critérios para interpretar e/ou caracterizar determinado construto são subjetivos (dinâmicos e não observáveis) (Bandeira, Trentini, Winck & Lieberknetch, 2006), envolvendo tarefas pouco estruturadas. Tanto a apuração das respostas quanto sua interpretação mostra-se mais sujeita à subjetividade do avaliador. Por tal razão, é imprescindível um profundo conhecimento do instrumento por parte deste, e da teoria que o embasa. Durante a avaliação também são levados em conta comportamentos exibidos durante a testagem, abrangendo todo o espectro de respostas, inclusive as não verbais (Bandeira et al., 2006; Pasquali, 2010). Estes podem envolver tarefas gráficas, como por exemplo, o H-T-P: Casa-Árvore-Pessoa (Buck, 2003), que através da análise dos desenhos de uma casa, árvore e pessoa procura obter informação de como a pessoa experiencia sua individualidade em relação aos outros e ao ambiente do lar. Outro tipo de técnica projetiva é aquela que envolve imagens onde a pessoa, através da percepção, apercepção e projeção, elabora respostas que ao serem interpretadas trazem dados tanto sobre a estrutura quanto a dinâmica de sua personalidade. Entre essas técnicas pode-se citar o Método de Rorschach – Sistema Compreensivo de Exner (Exner, 1999) e o Teste de Apercepção Temática para Adultos (TAT) (Murray, 2005) ou a versão para Crianças (Teste de Apercepção Infantil – Versão com Animais – CAT-A) (Bellak & Bellak, 1991).

A Tabela 1 faz uma comparação entre os testes psicométricos e projetivos, e foi construída a partir de uma compilação de informações fundamentadas propostas por Anastasi (2011), Bandeira et al. (2006), Hogan (2006), Pasquali (2010) e Tavares (2003). Ressalta-se que essa construção dicotômica não se presta a descrever a complexa diferença entre os testes, mas tem por objetivo apresentar suas diferenças didaticamente. É importante lembrar que alguns projetivos também possuem um caráter psicométrico na análise de seus dados como, por exemplo, o Rorschach – Sistema Compreensivo de Exner (Exner, 1999).

Tabela 1 Comparação entre os instrumentos psicométricos e projetivos

Psicométricos	Projetivos
Uso obrigatório da estatística	**Menor ênfase nos dados normativos**
• Descrição.	• Maior uso da validade clínica, que busca caracterizar a adequação da informação a um sujeito particular, com ênfase no seu contexto específico, que inclui o contexto de vida e da avaliação.
Maximamente padronizados em sua tarefa, aplicação e interpretação	**Estímulos vagos e ambíguos, com margem para interpretação**
• Respostas fechadas.	• Hipótese de que a interpretação do material reflete aspectos fundamentais do funcionamento psicológico do indivíduo.
• Permite avaliação coletiva.	• Menor reação defensiva tende a fazer com que a atenção do sujeito se desvie de sua pessoa.
• Mais rápidos e fáceis de interpretar: utilização de crivos para levantamento, utilização de programas informatizados para levantamento e interpretação, interpretação estatística.	• Eficientes para "quebrar o gelo". • Tarefas interessantes e agradáveis.
Preferência por resposta de escolha forçada, como: escala *likert*	**Permite variedade quase ilimitada de respostas possíveis**
• Maior confiabilidade: resultados mais facilmente replicáveis.	• Maior riqueza de informações.
• Respostas podem transparecer a forma como a pessoa se percebe ou como gostaria de ser vista, sendo mais suscetível a manipulações.	• Menor reação defensiva. Apresenta pequena ou nenhuma ameaça, pois não existem respostas certas e erradas. • Podem ser muito úteis com crianças pequenas e analfabetos.
• Número limitado de alternativas.	• Eficientes em revelar aspectos inconscientes, latentes e ocultos da personalidade (quanto mais desestruturado o teste, maior a sensibilidade a esse material oculto).
Construídos com base em diversas teorias	**Influência de conceitos psicanalíticos e psicodinâmicos, em especial o conceito de projeção**
Ênfase no instrumento	**Ênfase no avaliador**
• Aplicação e interpretação altamente padronizadas.	• O psicólogo necessita de um bom treinamento, pois mesmo com instruções idênticas, examinadores com atitudes diferentes podem influenciar as respostas do sujeito.
• O uso do teste exige menos experiência do avaliador, que encontra todas as informações necessárias no manual.	• Quando não existe um treinamento adequado, conhecimento profundo da técnica e mesmo o autoconhecimento por parte do avaliador, a interpretação dos resultados pode ser tão projetiva quanto os estímulos do teste.
• Diversas vezes os instrumentos se utilizarão do autorrelato, o que diminui significativamente a influência do avaliador na testagem.	• É possível que dois avaliadores com pouca experiência cheguem a diferentes resultados administrando os mesmos instrumentos, algo que mais dificilmente ocorreria quando testes psicométricos são utilizados, reforçando assim a importância da expertise do aplicador e conhecimento profundo da técnica.

A aplicação dos instrumentos psicológicos pode ocorrer de maneira individual ou coletiva. A aplicação individual acontece em situações de avaliação psicológica em diferentes contextos. Um exemplo é o âmbito clínico, no qual, através de um psicodiagnóstico, é possível avaliar o funcionamento cognitivo, emocional e comportamental do paciente (Cunha, 2000). Na área hospitalar também é comum que se realizem investigações individuais, como por exemplo, para análise das características de personalidade ou condições emocionais do paciente no pré-operatório (Oliveira & Yoshida, 2009). Coletivamente, a aplicação surge em processos onde o avaliador administra, simultaneamente, determinados instrumentos a um grupo de pessoas. Essa pode ocorrer em contextos de pesquisa, seleção de pessoas, avaliação da aptidão para dirigir, entre outras.

Esses instrumentos podem ser apresentados na forma impressa (lápis e papel) ou informatizada, sendo que esta última forma de aplicação encontra-se avançando no país. Estudos estão sendo realizados a fim de investigar as medidas psicométricas de instrumentos psicológicos computadorizados, como o de Joly e colaboradores (2005) que buscou construir o Sistema de Avaliação de Testes Informatizados (SAPI), objetivando avaliar e caracterizar esses instrumentos. Entre as vantagens dos testes informatizados pode-se citar o fato de sua aplicação mostrar-se prática, econômica e confiável, pois dispensa o uso de lápis e papel (Joly & Reppold, 2010). Outros benefícios são: possibilidade de gerar estímulos mais complexos na tela do que seria possível no papel ou em outros materiais físicos, a obtenção de variáveis específicas (tais como tempo de reação em segundos), e a possibilidade de o examinador permanecer livre para avaliação qualitativa do comportamento durante a execução da tarefa (Coutinho, Mattos, Araújo & Duchesne, 2007). Por outro lado, a dificuldade de acesso ao computador ou internet, a não familiaridade do avaliando com a tecnologia, e a falta de auxílio do aplicador mediante possíveis dificuldades do avaliando na interpretação dos itens, constituem desvantagens no uso, uma vez que são aspectos que podem influenciar no resultado final (Andriola, 2003; Vendramini, Bueno & Barrelin,

2011). Existem também testes impressos que contam com levantamento informatizado, como o WISC-IV e a BFP. Nesses casos, o recurso acaba proporcionando uma mensuração mais precisa de seus resultados.

Contextos de uso dos testes psicológicos

Apesar de existirem muitos contextos nos quais o psicólogo pode atuar e lançar mão dos testes psicológicos em sua práxis, dez são considerados no processo de avaliação do SATEPSI, a saber: Psicologia Clínica, Psicologia da Saúde e/ou Hospitalar, Psicologia Escolar e Educacional, Neuropsicologia, Psicologia Forense, Psicologia do Trabalho e das Organizações, Psicologia do Esporte, Psicologia Social/Comunitária, Psicologia do Trânsito, Orientação e/ou Aconselhamento vocacional e/ou Profissional (Nunes, 2011). A Tabela 2 apresenta, de forma sintetizada, um panorama da avaliação psicológica nesses variados contextos:

A seguir, será discutido, com mais detalhes, como ocorre a avaliação psicológica e a utilização de testes psicológicos em cada um dos contextos. É importante destacar, no entanto, que esta divisão em áreas é didática, uma vez que o que ocorre na prática é a intersecção entre os diversos contextos.

Psicologia Clínica

No âmbito clínico, uma das práticas mais comuns da avaliação psicológica é o psicodiagnóstico. Este pode ter como foco analisar diversas questões como o funcionamento cognitivo, emocional e/ou comportamental do sujeito, incluindo seus aspectos constitutivos, patológi-

Tabela 2 Panorama da avaliação psicológica em diferentes contextos

Contextos	Objetivos mais comuns da avaliação psicológica	Forma de aplicação usual
Psicologia Clínica	Avalia o funcionamento cognitivo, emocional e comportamental com vistas ao encaminhamento terapêutico, estabelecimento de diagnósticos ou mesmo estabelecimento de um plano terapêutico.	Individual
Psicologia da Saúde e/ou Hospitalar	Auxilia em diagnósticos diferenciais, decisões referentes ao tratamento, avaliações pré-cirúrgicas e avaliação de prognóstico.	Individual
Neuropsicologia	Auxilia na identificação de lesões cerebrais e no planejamento de intervenções de reabilitação.	Individual
Psicologia Escolar e Educacional	Avalia aspectos referentes ao contexto escolar e às realizações/aptidões dos envolvidos, tais como: a avaliação de desempenho escolar e da motivação acadêmica.	Individual e coletiva
Psicologia Forense	Avalia aspectos psicológicos de presos, de pais que disputam a guarda de seus filhos e de situações envolvendo abuso.	Individual
Psicologia do Trabalho e das Organizações	Utilizada em seleção de pessoal e na avaliação de aspectos relacionados ao trabalho (ex.: satisfação com o trabalho).	Individual e coletiva
Psicologia do Esporte	Auxilia na identificação de aspectos psicológicos de atletas, tais como: controle emocional e competitividade.	Individual e coletiva
Psicologia Social/ Comunitária	Auxilia na identificação e prevenção de fenômenos sociais, tais como: violência e abuso.	Individual e coletiva
Psicologia do Trânsito	Avalia as condições psicológicas de candidatos a dirigir.	Individual e coletiva
Orientação e/ou aconselhamento vocacional e/ou profissional	Auxilia na determinação de características individuais, como aptidões, interesses e personalidade, de modo a conhecer as compatibilidades entre essas características e ambientes e funções ocupacionais.	Individual e coletiva

cos e adaptativos. O processo psicodiagnóstico tem como fim esclarecimento do diagnóstico ou funcionamento do sujeito e a realização das indicações terapêuticas que podem gerar encaminhamentos para outros profissionais (Arzeno, 2003; Cunha, 2000; Ocampo, Arzeno & Piccolo, 2005). Ao longo do processo psicodiagnóstico, o psicólogo utiliza diversas técnicas (sendo muito empregada a aplicação de testes psicológicos) para a análise de diferentes áreas como a identificação de forças e fraquezas na cognição, na personalidade, nos aspectos emocionais e comportamentais do paciente (Cunha, 2000). Desse

modo, o psicodiagnóstico ainda pode auxiliar de forma objetiva no estabelecimento de um plano terapêutico para o paciente, contribuindo na definição de intervenções, na análise de prognóstico e na determinação da melhor abordagem de tratamento (Affonso, 2005; Nascimento, 2001).

Além disso, a avaliação nesse contexto também pode acontecer por meio do Psicodiagnóstico Interventivo, que consiste em uma prática que integra simultaneamente os processos avaliativo e terapêutico (Barbieri, Jacquemin & Alves, 2004; Tardivo, 2007). A prática está embasada na premissa de que a situação diagnóstica traz à tona aspectos centrais da personalidade do indivíduo, de modo a auxiliar na compreensão de seus conflitos, tensões, origens e experiências (Tardivo, 2007). Dessa forma, são utilizados assinalamentos e interpretações desde a primeira entrevista com o paciente e durante a aplicação de técnicas projetivas (Barbieri, Jacquemin & Alves, 2004).

Psicologia da Saúde e/ou Hospitalar

No contexto hospitalar, a avaliação psicológica viabiliza a formulação de um diagnóstico psicológico, objetivando compreender o significado da doença na vida do paciente, bem como auxilia a equipe no manejo com o paciente, apresentando ou excluindo hipóteses diagnósticas (Gioia-Martins, Medeiros & Hamzeh, 2009; Tonetto & Gomes, 2007). A testagem em ambientes médicos, como a área hospitalar, é uma ferramenta importante no auxílio de diagnósticos diferenciais, decisões a respeito do tratamento necessário e avaliação de prognóstico dos pacientes. Problemas comportamentais e/ou distúrbios psicológicos/psiquiátricos, quando detectados precocemente, resultam em grande diferencial na qualidade do atendimento oferecido, uma vez que a equipe pode estar mais preparada para lidar com o paciente. Logo, o sofrimento do paciente diminui, e os custos com internação e outros procedimentos também (Capitão, Scortegagna & Baptista, 2005; Urbina, 2007). Nesse contexto, é comum a realização de avaliações pré-cirúrgicas com o objetivo de analisar as características emocionais e de personalidade do paciente, através de testes e técnicas psicológicas, que podem ser favoráveis ou restritivas em relação ao procedimento (ex.: cirurgia bariátrica) (Menezes, Moré, Ocampo & Cruz, 2008; Oliveira & Yoshida, 2009; Vianna, 2004).

Os tipos de instrumentos utilizados na área hospitalar não diferem daqueles empregados no contexto clínico podendo-se citar os testes para avaliação cognitiva, de características de personalidade e para mensuração de sintomas de depressão, ansiedade e estresse. Entretanto, percebe-se que instrumentos mais breves podem ser muito úteis para essa realidade em que as avaliações muitas vezes precisam ser realizadas dentro do período de internação do paciente. Um exemplo seria a Escala de Inteligência Wechsler Abreviada (WASI) (Wechsler, 2014), que é composta por quatro subtestes (aproximadamente um terço da quantidade de subtestes das demais escalas Wechsler – WISC e WAIS) o que torna sua aplicação muito mais rápida sem, no entanto, perder suas capacidades psicométricas (Yates et al., 2006).

Testagem neuropsicológica

Uma avaliação neuropsicológica completa deve incluir o exame das funções cognitivas e emocionais (Pawlowski, 2011). Os testes padronizados para avaliação das funções neuropsicológicas investigam principalmente habilidades de atenção, percepção, linguagem, raciocínio, abstração, memória, aprendizagem, habilidades acadêmicas, processamento de informação, visuoconstrução, afeto, funções motoras e executivas (Tabaquim, Lima & Ciasca, 2012). A possibilidade de mudanças na personalidade ou nas emoções devido a um acometimento neurológico também deve ser avaliada, pois são frequentes as manifestações de desinibição, labilidade afetiva, impulsividade, apatia, afeto inapropriado, pobre tolerância à frustração, irritabilidade, entre outras (Pawlowski, 2011).

De acordo com Serafini, Fonseca, Bandeira e Parente (2008) a literatura destaca que em neuropsicologia os instrumentos são ferramentas complementares para a avaliação clínica, sendo que esses podem ser classificados em duas classes distintas, a saber: instrumentos de exploração flexível, que se referem a tarefas neuropsicológicas adaptadas e construídas para os casos em específico, e instrumentos de exploração objetiva e sistemática que consistem em baterias de testes. No processo de investigação neuropsicológica as baterias utilizadas podem ser flexíveis ou fixas. As baterias fixas incluem um constante grupo de testes agrupados previamente, destinados à aplicação completa em qualquer indivíduo avaliado e interpretados a partir de normas preestabelecidas, apresentando como vantagens principais a aprendizagem mais rápida da aplicação, e o desenvolvimento de uma base de dados normativos ampla. As baterias flexíveis constituem-se de testes agrupados segundo a demanda de avaliação e o caso examinado, e apresentam a vantagem de seleção de testes e/ou tarefas para avaliar áreas específicas de funções de acordo com a queixa do paciente (Pawlowski, 2011). Ressalta-se, entretanto, a importância de buscar estudos que validem as tarefas utilizadas e contem com medidas adequadas para avaliar o desempenho (Natale, Teodoro, Barreto & Haase, 2008).

Além dos testes psicológicos, a Neuropsicologia utiliza-se, atualmente, de diferentes e avançados procedimentos de imagem para diagnóstico. As principais técnicas utilizadas para o exame neurológico são: a Eletroencefalografia (EEG); os exames estruturais ou anatômicos, como a Tomografia Computadorizada (TC) e a Ressonância Magnética (MRI); e os exames funcionais, como a Tomografia por Emissão de Pósitrons (PET), a Tomografia Computadorizada por Emissão de Fóton Único (SPECT) e a Ressonância Magnética Funcional (fMRI) (Pawlowski, 2011). Esses instrumentos conseguem evidenciar com precisão a presença de lesão cerebral. Apesar disso, quando deparados com estágios iniciais de condições como a demência, é possível que os exames se apresentem normais, enquanto os testes cognitivos já apontam indícios de anormalidade, possibilitando a realização de diagnóstico precoce.

Os testes neuropsicológicos também podem auxiliar no planejamento do tratamento e na identificação de que áreas foram afetadas ou preservadas em caso de lesão, de modo a permitir o planejamento vocacional, ou seja, a reinserção do paciente no âmbito de trabalho. Podem ainda ser utilizados na determinação dos efeitos cognitivos de um tratamento médico ou de uma nova droga (Hogan, 2006).

Contexto educacional

Entre as demandas para avaliação psicológica identificadas no contexto escolar, pode-se citar a investigação de altas habilidades ou das dificuldades de aprendizagem de alunos. Salienta-se, no entanto, que na prática esse tipo de avaliação é realizado através do Psicodiagnóstico em contexto clínico. No entanto, existem atualmente diversos instrumentos que podem ser utilizados por psicólogos e professores no âmbito educacional, como avaliações preliminares de leitura-escrita, desempenho escolar, aspectos afetivo-emocionais, habilidades sociais, interações comportamentais, orientação vocacional, criatividade, motivação acadêmica etc. (Oliveira et al., 2007).

Os instrumentos podem ter enfoque no contexto ou na realização/aptidão acadêmica. Instrumentos que enfocam o contexto podem, por exemplo, auxiliar no diagnóstico de depressão, a partir da resposta de professores, de modo a facilitar o encaminhamento de alunos e a relação destes com a equipe e colegas (Andriola & Cavalcante, 1999), ou investigar a satisfação acadêmica, com o objetivo de motivar ações diretas e a reestruturação da instituição, quando necessário, aumentando a eficácia do processo educacional (Schleich, Polydoro & Santos, 2006). Os instrumentos que enfocam a realização/aptidão acadêmica avaliam, além de questões cognitivas, temáticas como a motivação, uma vez que aproximadamente 45 a 75% da variabilidade encontrada na realização acadêmica de estudantes não pode ser explicada pela inteligência, apontando para a influência de outros fatores (Martinelli & Bartholomeu, 2007).

Testagem para avaliações forenses

A avaliação psicológica pericial ou perícia psicológica forense diferencia-se de outras formas de avaliação psicológica, pois tem como meta auxiliar decisões legais. Dessa forma, as técnicas aplicadas pelo psicólogo na avaliação deverão ser direcionadas com vistas a responder aos objetivos judiciais, limitando-se a eles (Jung, 2014). Outro aspecto particular na avaliação forense refere-se ao sigilo dos dados, que terão de vir a conhecimento do agente jurídico que requereu a perícia. Segundo Taborda (2004) e Rovinski (2003), a inclusão deste "terceiro" no *setting*, pode provocar uma distorção nos dados e fatos que são comunicados ao perito, sendo comum que ocorra simulação e/ou dissimulação, pois o examinando poderá omitir as informações que possam prejudicá-lo, e maximizar as que acredita que o possam favorecer. Nesse contexto, os testes projetivos costumam ser bastante utilizados, pois são menos suscetíveis à manipulação ou adulteração de respostas.

A perícia psicológica pode ser solicitada em questões relacionadas ao Direito de Família (avaliação para estabelecimento de guarda e regulamentação de visitas), ao Juizado da Infância e Juventude (avaliação de características psicológicas de candidatos à adoção e de adolescentes autores de ato infracional que estão internados em regime de privação de liberdade), ao Direito Civil (avaliar a presença de danos psíquicos causados por fato traumatizante e analisar a incapacidade para exercer atos da vida civil – interdição), ao Direito Penal (investigação de periculosidade em detentos, da sanidade mental de um sujeito no momento do crime e de indivíduos que receberam medida de segurança, entre outras) e ao Direito do Trabalho (avaliar se há nexo causal entre possíveis danos psicológicos causados pelo ambiente de trabalho ou por acidentes ocorridos neste local, analisar solicitações de aposentadoria, entre outros) (Jung, 2014). Os resultados dos testes psicológicos ainda auxiliam na determinação da natureza e extensão de um determinado abuso (Hogan, 2006), e, no contexto prisional, podem ser utilizados como ferramentas na predição de comportamentos violentos ou arriscados, subsidiando o Judiciário para concessão de progressão de regime, livramento condicional e outros benefícios (Hogan, 2006; Matsumoto et al., 2011).

No Brasil, os instrumentos aplicados nas perícias psicológicas são praticamente os mesmos utilizados nas avaliações clínicas, já que no país são escassos os instrumentos criados especificamente para avaliar aspectos subjetivos que se relacionem com as questões legais (Rovinski, 2003). Apesar disso, esforços para desenvolvimento de ferramentas para essa área merecem ser destacados como no caso do Sistema de Avaliação do Relacionamento Parental (SARP), que consiste em um conjunto de técnicas para avaliação da qualidade do relacionamento de pais e filhos. Essas técnicas foram construídas para utilização em perícias judiciais que tem como meta investigar situações de disputa de guarda e estabelecer regulamentação de visitas (Lago & Bandeira, 2013).

Nesse contexto forense, a construção do plano de avaliação e estabelecimento da bateria de testes e técnicas se dará a partir da leitura prévia dos autos processuais e das entrevistas realizadas (Jung, 2014). Ainda, é importante que não se opte pela elaboração de listas com instrumentos recomendados ou pela divulgação de procedimentos técnicos a serem aplicados, especialmente neste âmbito. De acordo com as Referências Técnicas para atuação do psicólogo em Varas de Família, "não se trata, simplesmente, de perguntar como fazer ou quais instrumentos utilizar, mas, antes de tudo, para quê" (CFP, 2010).

Contexto laboral

A testagem psicológica no contexto de trabalho abarca diversos objetivos, podendo-se destacar a seleção de pessoal e a análise e melhoria de aspectos relacionados ao trabalho. A testagem no contexto de seleção de pessoal tem como meta avaliar características de personalidade e conhecimentos e competências do candidato no momento em que ele concorre a uma vaga, buscando-se predizer o desempenho que ele teria em atividades específicas associadas ao trabalho pretendido (Pereira, Primi & Cobêro, 2003).

No que se refere à escolha dos instrumentos, é importante que o psicólogo seja capaz de estabelecer um perfil de competências e atividades do cargo e coletar informações acerca do planejamento estratégico e da realidade da organização, pois, apesar de existirem instrumentos voltados especificamente para o contexto organizacional, não existem testes construídos para esta ou aquela profissão (Trevizan, 2011; Pasquali, 1999). Pasquali (1999) salienta que o profissional da psicologia que atua na área de seleção de pessoal deve investigar na literatura especializada os melhores instrumentos disponíveis para cada objetivo almejado e, principalmente, avaliar as características psicométricas dos instrumentos a serem utilizados (evidências de validade, fidedignidade e a existência de normas específicas e atualizadas para a população brasileira).

Os testes utilizados nas avaliações realizadas no contexto laboral podem incluir medidas de capacidade mental geral, de habilidades específicas ao emprego (como testes de habilidades espaciais, motoras) e para análise das características de personalidade (Urbina, 2007). Existe ainda a possibilidade de se utilizar testes na análise de aspectos inerentes ao trabalho, como o fenômeno do *burnout*, o impacto de mudanças tecnológicas, a otimização da organização do tempo de trabalho, a influência do ambiente físico de trabalho, aspectos institucionais, entre outros. Tais avaliações podem servir de embasamento para a realização de intervenções no local de trabalho ou com os próprios trabalhadores, como a realocações de funcionários (Figueroa, 2001). Dentre os instrumentos construídos para essa área, pode-se citar como exemplo, a Escala de Vulnerabilidade ao Estresse no Trabalho (EVENT) que analisa o quanto as situações do dia a dia do trabalho se vinculam a medidas de estresse em profissionais (Sisto, Baptista, Noronha & Santos, 2007). No entanto, é imprescindível atentar para os problemas éticos que a má utilização dos testes podem causar nessa área, como, por exemplo, transformarem-se em ferramenta de exclusão e discriminação (Pereira, Primi & Cobêro, 2003).

Psicologia do Esporte

No contexto do esporte, a avaliação psicológica objetiva conhecer aptidões psicológicas, condutas e atitudes dos atletas (ex.: autoconfiança, determinação, vigor, controle emocional, concentração, liderança, motivação, entre outros), auxiliando para seu aprimoramento profissional (Rubio, 2007). Além disso, possibilita a identificação de fenômenos como o *overtraining*, caracterizado como o desequilíbrio entre a recuperação e o estresse competitivo e extracompetitivo (Símola, Samulski & Prado, 2007).

Nessa área, a avaliação psicológica pode ser tanto individual quanto coletiva, sendo comum essa última quando se tratar de esportes realizados em equipe, como o futebol. De acordo com Rubio (2007), na avaliação individual, utilizam-se entrevistas, observações do comportamento do atleta em treinamento e competição e aplicação de instrumentos psicológicos. Esses instrumentos buscam a coleta de dados a respeito das potencialidades e fraquezas que influenciam no desenvolvimento da função do atleta. A autora ainda destaca que na avaliação coletiva podem ser usados recursos como a sociometria, observações do comportamento grupal e aplicação de inventários. De uma forma geral, os processos avaliativos no campo esportivo fornecem subsídios para a criação de programas de intervenção voltados às necessidades específicas de um único atleta ou de um grupo de atletas, com vistas ao aprimoramento e busca de melhores resultados (Cardenas, Bridi & Rodríguez, 2010).

Psicologia Social

Segundo a Resolução CFP n. 005/2003, que reconhece a Psicologia Social como especialidade, esta área é "fundamentada na compreensão da dimensão subjetiva dos fenômenos sociais e coletivos, com o objetivo de problematizar e propor ações no âmbito social". De acordo com essa Resolução, na área da Psicologia Social, o psicólogo pode atuar em diversos ambientes institucionais e comunitários, podendo-se citar a saúde, a educação, o trabalho, o lazer, o meio ambiente, a comunicação social, a justiça, a segurança e a assistência social. Seu trabalho abrange proposições de políticas e ações ligadas à comunidade em geral e aos movimentos sociais de grupos étnico-raciais, religiosos, de gênero, geracionais, de orientação sexual, de classes sociais, entre outros, objetivando a realização de projetos da área social e/ou definição de políticas públicas.

Devido à amplitude do contexto, há uma infinidade de propósitos para o uso de testes na Psicologia Social como, por exemplo, na avaliação de programas sociais, podendo-se citar programas de inserção ocupacional para jovens desempregados (Sarriera, Câmara & Berlim, 2000) e a avaliação da competência social de crianças que vivem em situação de risco (Cecconello & Koller, 2003). Os resultados dessas avaliações podem servir de embasamento no planejamento de programas de intervenção e políticas públicas que visem o desenvolvimento dessas populações (Cecconello & Koller, 2003). A testagem nesse contexto também é muito utilizada na identificação e prevenção de fenômenos, em nível social, tais como: violência, abuso etc. Ela permitiria conhecer as variáveis envolvidas na sua manifestação, repetição e/ou agravamento, além da avaliação de intervenções e tratamentos, possibilitando analisar progressos e necessidades de mudanças (Bérgamo et al., 2009).

Psicologia do Trânsito

A avaliação no contexto do trânsito surgiu como estratégia para restringir o acesso de pessoas propensas a se envolver em acidentes de trânsito ao volante. O processo de avaliação psicológica descrito pelo código de trânsito atual define como "uma etapa preliminar, obrigatória, eliminatória e complementar para todos os candidatos à obtenção da habilitação, assim como na renovação desse documento no caso dos motoristas que trabalham exercendo atividade remunerada conduzindo veículos" (Brasil, 2009, p. 52). Sendo assim, o objetivo da avaliação psicológica na área do trânsito é analisar se os candidatos a motorista apresentam condições psicológicas mínimas para dirigir. Dentre essas condições estão a capacidade de dirigir sem riscos para a própria segurança e de terceiros (Silva & Alchieri, 2010).

A Resolução n. 267/2008 do Conselho Nacional de Trânsito (Conselho Nacional de Trânsito, 2008) identifica cinco grandes blocos de características psicológicas a se avaliar na obtenção da Carteira Nacional de Habilitação (CNH): tomada de informação, processamento de informação, tomada de decisão, comportamento, autoavaliação do comportamento e traços de personalidade. Além disso, a entrevista psicológica é indicada como procedimento obrigatório. Com relação à capacitação do psicólogo, a Resolução estabelece que, desde 2013, todos os psicólogos que realizam a avaliação psicológica para CNH devem possuir o título de especialista reconhecido pelo CFP (Rueda, 2011).

Na área do Trânsito, já existem baterias e testes construídos especificamente para esse contexto e que buscam avaliar capacidades importantes para a condução de um veículo como a atenção concentrada (Tonglet, 2003), atenção difusa e discriminativa (Tonglet, 2002), raciocínio lógico (Tonglet, 2001), memória (2000), entre outras. Além disso, outros instrumentos vêm sendo criados com fins a predizer a possibilidade de infrações entre os motoristas (Silva & Alchieri, 2010), e analisar o estresse no trânsito (Santos, Cardoso & Santos, 2012), entre outros fatores.

Orientação e/ou aconselhamento vocacional e/ou profissional e planejamento de carreira

A área vocacional e de planejamento de carreira adquire uma importância nos dias de hoje que vai além do momento da escolha da profissão. Durante todo o percurso profissional as pessoas irão se confrontar com questões relativas à construção de sua carreira que podem envolver: a inserção ou permanência no mercado de trabalho, desenvolvimento e transição de carreira, desligamento e aposentadoria. Assim, essa área mostra-se dinâmica, exigindo dos sujeitos constantes reflexões e reposicionamentos (Brasil, Felipe, Nora & Favretto, 2012).

A orientação vocacional é um processo que busca ser um facilitador no momento de escolha profissional. Esse processo inclui a compreensão de questões como a situação específica de vida da pessoa da qual fazem parte aspectos pessoais, familiares e sociais. Ou seja, três questões são primordiais no processo de orientação: conhecimento de si mesmo, conhecimento das profissões e a escolha propriamente dita (Noronha, Freitas & Ottati, 2003).

No Brasil a orientação profissional surgiu vinculada à educação, de modo que a criação dos serviços de orientação profissional nasceu dentro das escolas técnicas e as intervenções, tradicionalmente, cabem tanto ao psicólogo quanto ao educador (Bardagi, 2007). No âmbito da Psicologia, aparece em três domínios: Psicologia do Trabalho, vinculada à Seleção de Pessoal, Psicologia Educacional e Aconselhamento (Melo-Silva, Lassance & Soares, 2004). Com relação ao público atendido, a orientação vocacional tem sido vinculada a jovens em dúvida sobre a escolha da carreira universitária. A procura de atendimento por parte de adultos, no entanto, tem-se acentuado no Brasil na última década, muito por razão de situações de instabilidade no trabalho, emprego precário e desemprego. Entre as características desse público está a busca de reorientação e redefinição do projeto de vida, sendo algumas dessas pessoas aposentadas ou em processo de aposentadoria. Outra particularidade que pode ser percebida nas pessoas que procuram esse tipo de orientação são questões psicológicas que acentuam as dificuldades de resolução da escolha da carreira, inserção e permanência no trabalho (Melo-Silva, Lassance & Soares, 2004).

Os testes psicológicos aplicados ao contexto de orientação vocacional são ferramentas que podem auxiliar na identificação de talentos e na mensuração de características psicológicas como aptidões, interesses e preferências profissionais, de modo a conhecer as compatibilidades entre essas características e os ambientes e funções ocupacionais. Dentre os testes, pode-se destacar os inventários de interesses que exploram aspectos da personalidade, já que a personalidade possui impacto importante sobre a realização educacional e ocupacional. Outros construtos avaliados são as relações interpessoais, as atividades de lazer e outras fases relevantes da vida (Urbina, 2007; Melo-Silva, Lassance & Soares, 2004; Anastasi & Urbina, 2000).

O planejamento de carreira implica traçar metas relacionadas ao futuro profissional e no desenvolvimento de um plano para alcançá-las. Assim, esse tipo de planejamento é concebido como o conjunto de esforços na busca de maior autoconhecimento, envolvimento em atividades exploratórias e na estruturação de uma carreira de forma realística. Sendo assim, planejar a carreira mostra-se como uma forma de orientar-se para o futuro, assumindo uma postura ativa frente ao trabalho e profissão desenvolvida (Ourique & Teixeira, 2012).

Apesar de o planejamento de carreira ser um processo que ocorre de forma continuada ao longo da vida, mostra-se especialmente útil durante as fases de transição profissional (Zikic & Klehe, 2006). Os instrumentos aplicados a essa área são para avaliação de questões como maturidade profissional, atitude com relação ao desenvolvimento de carreira, qualidade e quantidade de comportamento exploratório vocacional, consciência e uso dos recursos percebidos (amigos, familiares, professores, materiais), busca de possibilidades de trabalho e de estudos e, ainda, medidas que investigam o quanto a ocupação elegida relaciona-se com as habilidades, interesses e valores e estilo de vida do sujeito (Ourique & Teixeira, 2012).

Pesquisa

Instrumentos psicológicos são amplamente empregados em pesquisas de diferentes áreas da Psicologia. Eles podem ser utilizados para medir construtos próprios da Psicologia ou para descrever uma amostra, como no estudo realizado por Serafini e Bandeira (2009), onde foram utilizados instrumentos que avaliaram o efeito das variáveis rede de relações, neuroticismo e estratégias de *coping* sobre a variável satisfação de vida em jovens soropositivo. Também são realizadas pesquisas que investigam questões pertinentes aos próprios instrumentos, como em estudos de tradução e adaptação transcultural de questionários, como por exemplo o Questionário de Comportamentos Agressivos e Reativos entre Pares (Borsa & Bandeira, 2014), de adaptação, validação e normatização de instrumentos estrangeiros, como o WAIS-III (Nascimento, 1998) e de desenvolvimento, validação e normatização de novos instrumentos como a Bateria para Avaliação de Ajustamento Psicológico em Adolescentes (Reppold & Hutz, 2005). Pode-se considerar assim, esse um contexto muito amplo, já que pode agrupar todas áreas anteriormente citadas, pois as pesquisas podem envolver a utilização ou desenvolvimento de instrumentos que serão aplicados na clínica, no ambiente hospitalar, no trânsito, nas organizações, em contextos sociais etc.

Considerações finais

Nos últimos anos, diversos avanços têm ocorrido na área da avaliação psicológica. Dentre eles, destacam-se as resoluções n. 25/2001 e 02/2003, do CFP, que regulamentam o uso e a comercialização dos testes psicológicos. Na primeira relação do SATEPSI, em torno de 30 instrumentos foram listados, hoje; a lista conta com 156 instrumentos, representando um crescimento significativo em relação às últimas décadas (Noronha & Reppold, 2010). Pode-se perceber também um aumento de interesse pela área, o que é ilustrado por um crescente número de congressos específicos, debates entre pesquisadores e a criação de novos laboratórios na área vinculados a universidades. Também se deve mencionar o

desenvolvimento e estabelecimento do Instituto Brasileiro de Avaliação Psicológica (IBAP) (Noronha & Freitas, 2005).

No entanto, algumas questões merecem atenção, em especial com relação à formação e capacitação no uso dos testes. As práticas avaliativas podem trazer informações mais aprofundadas sobre as pessoas e diversas vezes têm o objetivo de ajudar em processos decisórios, pode-se citar como exemplo os concursos públicos que possuem a avaliação psicológica como critério eliminatório, o psicotécnico realizado para obtenção de CNH ou no sistema prisional, onde o psicólogo pode participar de decisões que envolvem a privação da liberdade e/ou diminuição da pena, ou mesmo estabelecimento de guarda. Essas são questões importantes por estarem relacionadas com o desenvolvimento e bem-estar individual e social das pessoas e, se manejadas de forma imprópria, podem causar injustiças, ferindo seus direitos (Hutz, 2011).

Esta constatação nos remete a outro importante ponto, que se refere à formação profissional: a importância do preparo técnico e ético no uso das metodologias avaliativas. De acordo com Primi (2011), o que difere uma prática na qual o psicólogo utiliza os resultados de um teste de forma inadequada, causando discriminações sociais, daquela em que o profissional consegue compreender as diferenças individuais de cada sujeito, será a competência do psicólogo para o uso dos testes e técnicas na avaliação psicológica.

A *American Psychological Association* (APA) instituiu alguns princípios éticos norteadores da formação e atuação dos psicólogos, entre aqueles que se relacionam com a competência profissional, pode-se citar a atualização científica e prática constantes, e a responsabilidade científica e profissional. Essa responsabilidade se refere à busca de técnicas específicas que possam contemplar diferentes tipos de clientela e suas especificidades (Wechsler, 2001).

No entanto, a formação em avaliação psicológica obtida nos cursos de graduação em Psicologia têm sido insuficiente, necessitando de maior aprofundamento teórico e prático, especialmente com a compreensão dos limites e do alcance de cada uma das técnicas (Trevizan, 2011). Reppold e Serafini (2010) destacam que nos últimos anos várias instituições de ensino diminuíram em seu currículo o número de disciplinas vinculadas ao ensino da avaliação psicológica. Tal realidade reflete em um treinamento superficial para o uso de testes e outras técnicas, e, especialmente, um olhar fragmentado do processo de avaliação psicológica. Além disso, o conteúdo que tem sido construído nos cursos de graduação acaba se restringindo à aplicação e à avaliação de determinadas técnicas sem, muitas vezes, contextualizá-las em uma discussão crítica sobre o seu uso e desenvolvimento. Sendo assim, um grande número de psicólogos brasileiros não têm sido formados para pesquisar ou construir ferramentas de avaliação (Noronha & Reppold, 2010).

A formação continuada também é aspecto importante nesse processo. Os psicólogos em geral não costumam acessar a literatura científica na área, tampouco publicações em livros (Hutz, 2011). Wechsler (2001) aponta ainda que a atualização científica e prática não tem ocorrido nem entre os docentes que ensinam as técnicas de avaliação psicológica nas universidades brasileiras. Esse quadro é agravado pelos dados de um estudo realizado por Frizzo (2004), que apontou que as denúncias de maior frequência com relação as infrações éticas cometidas pelos psicólogos inscritos no CRP se referem ao exercício da avaliação psicológica (46,15% entre 1994 e 2003). Ressalta-se ainda a importância de que o profissional pondere os limites do que pode fazer. Aparentemente, existe uma concepção equivocada de que os anos de graduação permitem que o profissional domine as quase infinitas esferas da ciência psicológica.

Levando os aspectos de formação e responsabilidade ética no campo de avaliação psicológica apresentados em consideração, é preciso que os órgãos representativos de classe discutam de forma mais fundamentada a criação do título de Especialista em avaliação psicológica, que tem sido defendida pelo IBAP e por outras associações da área de avaliação psicológica desde 2009 (Noronha & Reppold, 2010). Noronha e Reppold (2010) salientam que a reserva de mercado para utilização dos testes psicológicos só deve ser garantida se esses profissionais demonstrarem condições de entender a complexidade de um processo avaliativo e adquirirem conhecimentos que lhes permitam compreender as situações as quais uma avaliação pode ser aplicada, quais os melhores instrumentos para uso em cada caso, e como interpretar, de forma contextualizada, os dados obtidos através da avaliação (Noronha & Reppold, 2010).

Referências

Affonso, R.M.L. (2005). A importância da epistemologia no ensino da avaliação psicológica no processo psicodiagnóstico. *Avaliação Psicológica*, 4 (2), 183-193.

Alchieri, J.C. & Bandeira, D.R. (2002). Ensino da avaliação psicológica no Brasil. In: R. Primi (ed.). *Temas em avaliação psicológica* (p. 35-39). Campinas: Ibap.

American Educational Research Association, American Psychological Association, National Council on Measurement in Education (1999). *Standards for educational and psychological testing*. Washington, DC: American Educational.

Anastasi, A. (2011). *Testes psicológicos*. São Paulo: EPU.

Andriola, W.B. (2003). Uso de computadores na avaliação psicológica: estudo de sua influência sobre o desempenho individual em um teste de raciocínio numérico (RN). *Interações*, 8 (15), 105-124.

Andriola, W.B. & Cavalcante, L.R. (1999). Avaliação da depressão infantil em alunos da pré-escola. *Psicologia: Reflexão e Crítica*, 12 (2), 419-428.

Arzeno, M.E.G. (2003). *Psicodiagnóstico clínico*. Porto Alegre: Artes Médicas.

Bandeira, D.R., Trentini, C.M., Winck, G.E. & Lieberknetch, L. (2006). Considerações sobre as técnicas projetivas no contexto atual. In: A.P.P. Noronha, A.A.A. Santos & F.F. Sisto (eds.). *Facetas do fazer em avaliação psicológica* (p. 125-139). São Paulo: Vetor Editora Psicopedagógica.

Barbieri, V., Jacquemin, A. & Alves, Z.M.M.B. (2004). Alcances e limites do psicodiagnóstico interventivo no tratamento de crianças antissociais. *Paideia*, 14 (28), 153-167.

Bardagi, M.P. (2007). *Evasão e comportamento vocacional de universitários: estudos sobre o desenvolvimento de carreira na graduação*. Tese de doutorado. Universidade Federal do Rio Grande do Sul.

Bellak, L. & Bellak, S.S. (1991). *Manual do Teste de Apercepção Infantil: Figuras de Animais (CAT-A)*. Campinas: Livro Pleno.

Bérgamo, L.P.D. (2009). O inventário de potencial de maus-tratos infantil: estudo de precisão e validade. *Avaliação Psicológica*, 8 (3), 425-435.

Borsa, J.C. & Bandeira, D.R. (2014). Adaptação transcultural do questionário de comportamentos agressivos e reativos entre pares no Brasil. *Psico-USF*, 12 (2), 287-296.

Brasil (2009). *Código de trânsito brasileiro*. Brasília: Senado Federal.

Brasil, V., Felipe, C., Nora, M.M. & Favretto, R. (2012). Orientação profissional e planejamento de carreira para universitários. *Cadernos Acadêmicos*, 4 (1), p.117.

Buck, J.N. (2003). *H-T-P: Casa-Árvore-Pessoa – Técnica projetiva de desenho: manual e guia de interpretação*. São Paulo: Vetor Editora Psicopedagógica.

Capitão, C.G., Scortegagna, S.A. & Baptista, M.N. (2005). A importância da avaliação psicológica na saúde. *Avaliação Psicológica*, 4 (1), 75-82.

Cardenas, R.N., Bridi, I.C. & Rodríguez, T.D.M. (2010). Estudo das emoções dos atletas juvenis de futsal durante treinamentos e competições. *Lecturas Educación Física y Deportes* (Buenos Aires), 15, 1-7.

Cecconello, A.M. & Koller, S.H. (2003). Avaliação da competência social em crianças em situação de risco. *Psico-USF*, 8 (1), 1-9.

Chiodi, M.G. & Wechsler, S.M. (2008). Avaliação psicológica: contribuições brasileiras. *Boletim – Academia Paulista de Psicologia*, 28 (2), 197-210.

Conselho Federal de Psicologia (2003). *Resolução n. 002, de 24 de março de 2003*.

Conselho Federal de Psicologia (2005) *Código de ética profissional*. Brasília.

Conselho Federal de Psicologia (2010). *Referências técnicas para atuação do psicólogo em varas de família*. Brasília: CFP.

Conselho Federal de Psicologia (2012). *Resolução n. 005, de 24 de fevereiro de 2012*.

Conselho Nacional de Trânsito (2008). *Resolução n. 267/2008*. Brasília: CONTRAN.

Coutinho, G., Mattos, P., Araújo, C. & Duchesne, M. (2007). Transtorno do déficit de atenção e hiperatividade: contribuição diagnóstica de avaliação computadorizada de atenção visual. *Revista de Psiquiatria Clínica*, 34 (5), 215-222.

Cunha, J.A. (2000). *Psicodiagnóstico – V*. Porto Alegre: Artmed.

Cunha, J.A. (2001). *Manual da versão em português das Escalas Beck*. São Paulo: Casa do Psicólogo.

Exner, J.E. (1999). *Manual de classificação do Rorschach para o sistema compreensivo*. São Paulo: Casa do Psicólogo.

Figueroa, N.L., Schufer, M., Muiños, R., Marro, C. & Coria, E.A. (2001). Um instrumento para a avaliação de estressores psicossociais no contexto de emprego. *Psicologia: Reflexão e Crítica*, 14 (3), 653-659.

Frizzo, N.P. (2004). *Infrações éticas, formação e exercício profissional em psicologia*. Dissertação de Mestrado, Programa de Pós-Graduação em Psicologia, Centro de Filosofia e Ciências Humanas. Florianópolis: Universidade Federal de Santa Catarina.

Gioia-Martins, D.F., Medeiros, P.C.S. & Hamzeh, S.Á. (2009). Avaliação psicológica de depressão em pacientes internados em enfermaria de hospital geral. *Psicologia: Teoria e Prática*, 11 (1), 128-141.

Hogan, T.P. (2006). *Introdução à prática de testes psicológicos*. Rio de Janeiro: LTC.

Joly, M.C.R.A., Welter, G.M.R., Martins, R.X., Marini, J., Montiel, J.M., Lopes, F. & Carvalho, M.R. (2005). Sistema de avaliação para testes informatizados (SAPI): estudo preliminar. *Psic: Revista da Vetor Editora*, 6 (2), 51-60.

Hutz, C. (2011). Manuais especificando seus contextos de aplicação e âmbitos de ação. In: Conselho Federal de Psicologia (org.). *Ano da avaliação psicológica:* textos geradores, 49-52.

Joly, M.C.R.A. & Reppold, C.T. (2010). *Testes informatizados para a avaliação psicológica e educacional*. São Paulo: Casa do Psicólogo.

Jung, F.H. (2014). Avaliação psicológica pericial : áreas e instrumentos. *Revista on-line IPOG*, 01, 1-17.

Lago, V.M. & Bandeira, D.R. (2013). *Sistema de Avaliação do Relacionamento Parental – SARP*: manual técnico. São Paulo: Casa do Psicólogo.

Martinelli, S.C. & Bartholomeu, D. (2007). Escala de motivação acadêmica: uma medida de motivação extrínseca e intrínseca. *Avaliação Psicológica*, 6 (1), 21-31.

Matsumoto, C.A. et al. Reflexões sobre a avaliação psicológica no sistema prisional. In: Conselho Federal de Psicologia (org.). *Ano da avaliação psicológica:* textos geradores, 79-83.

Melo-Silva, L.L., Lassance, M.C.P. & Soares, D.H.P. (2004). A orientação profissional no contexto da educação e trabalho. *Revista Brasileira de Orientação Profissional*, 5 (2), 31-52.

Menezes, M., Moré, C.L., Ocampo, O. & Cruz, R. M. (2008). O desenho como instrumento de medida de processos psicológicos em crianças hospitalizadas. *Avaliação Psicológica*, 7 (2), 189-198.

Murray, H.A. (2005). *TAT – Teste de Apercepção Temática*: manual. São Paulo: Casa do Psicólogo.

Nascimento, E. (1998). Adaptação da terceira edição da escala Wechsler de inteligência para adultos (WAIS-III) para uso no contexto brasileiro. *Temas em Psicologia*, 6 (3), 263-270.

Nascimento, R.S.G.F. (2001). Contribuições do método de Rorschach no campo da psicoterapia. *Psicologia: Teoria e Prática*, 3 (1), 85-91.

Natale, L.L., Teodoro, L.M. & Haase, B. (2008). Propriedades psicométricas de tarefas para avaliar funções executivas em pré-escolares. *Psicologia em Pesquisa*, 2 (02), 23-35.

Noronha, A. & Freitas, F. (2005). Testes psicológicos, usos e conhecimento. *Psico*, 36 (1), 21-28.

Noronha, A.P.P., Freitas, F.A & Ottati, F. (2003). Análise de instrumentos de avaliação de interesses profissionais. *Psicologia: Teoria e Pesquisa*, 19 (3), 287-291.

Noronha, A.P.P. & Reppold, C.T. (2010). Considerações sobre a avaliação Psicológica no Brasil. *Psicologia: Ciência e Profissão*, 30 (n. esp.), 192-201.

Nunes, C.H.S.S., Hutz, C.S. & Nunes, M.F.O. (2010). *Bateria Fatorial de Personalidade (BFP)*: manual. São Paulo: Casa do Psicólogo.

Nunes, C.H. & Primi, R. (2010). Aspectos técnicos e conceituais da ficha de avaliação dos testes psicológicos. In: Conselho Federal de Psicologia (org.). *Avaliação psicológica*: diretrizes na regulamentação da profissão (p. 101-128). Brasília: CFP.

Nunes, C. (2011). Manuais especificando seus contextos de aplicação e âmbitos de ação. *Ano da avaliação psicológica*: textos geradores, 59-63.

Ocampo, M.L.S. Arzeno, M.E.G. & Piccolo, E.G. (2005). *O processo psicodiagnóstico e as técnicas projetivas*. São Paulo: Martins Fontes.

Oliveira, K.L., Santos, A.A.A., Noronha, A.P.P., Boruchovitch, E., Cunha, C.A., Oliveira, J.H.A. & Yoshida, E.M.P. (2009). Avaliação psicológica de obesos grau III antes e depois de cirurgia bariátrica. *Psicologia: Reflexão e Crítica*, 22 (1), 12-19.

Ourique, L.R. & Teixeira, M.A.P. (2012). Autoeficácia e personalidade no planejamento de carreira de universitários. *Psico-USF*, 17 (2), 311-321.

Pasquali, L. (1999). *Instrumentos psicológicos*: manual prático de elaboração. Brasília: LabPAM.

Pasquali, L. (2001). Testes psicológicos: conceitos, história, tipos e usos. In: L. Pasquali (org.). *Técnicas de exame psicológico – TEP* (p. 171-193). São Paulo: Casa do Psicólogo.

Pasquali, L. (2009). Psicometria. *Revista da Escola de Enfermagem da USP*, 43 (n. esp.), 992-999.

Pasquali, L. (2010). *Instrumentação psicológica: fundamentos e práticas*. Porto Alegre: Artmed.

Pawlowski, J. (2011). *Instrumento de Avaliação Neuropsicológica Breve NEUPSILIN*: evidências de validade de constructo e de validade incremental à avaliação neuropsicológica. Tese de doutorado. Universidade Federal do Rio Grande do Sul.

Pereira, F.M., Primi, R. & Cobêro, C. (2003). Validade de testes utilizados em seleção de pessoal segundo recrutadores. *Psicologia: Teoria e Prática*, 5 (2), 83-98.

Pinto, E.R. (2014). Conceitos fundamentais dos métodos projetivos. *Ágora*, 17 (1), 135-153.

Primi, R. (2011). Manuais especificando seus contextos de aplicação e âmbitos de ação. In: Conselho Federal de Psicologia (org.). *Ano da avaliação psicológica*: textos geradores, 53-57.

Reppold, C.T. & Hutz, C.S. (2005). *Construção, validação e normatização de uma bateria de cinco escalas para avaliação de ajustamento psicológico em adolescentes*. Tese de doutorado em Psicologia. Universidade Federal do Rio Grande do Sul.

Reppold, C.T. & Serafini, A.J. (2010). Novas tendências no ensino da avaliação psicológica. *Avaliação Psicológica*, 9 (2), 323-329.

Rovinski, S.L.R. (2003). Perícia psicológica na área forense. In: Cunha, J.A. (org.). *Psicodiagnóstico – V* (p. 183-195). Porto Alegre: Artmed.

Rubio, K. (2007). Da psicologia do esporte que temos à psicologia do esporte que queremos. *Revista Brasileira de Psicologia do Esporte*, 1 (1), 1-13.

Rueda, F. (2011). Manuais especificando seus contextos de aplicação e âmbitos de ação. In: Conselho Federal de Psicologia (org.). *Ano da avaliação psicológica*: textos geradores, 103-113.

Santos, M.M., Cardoso, H.F. & Santos, T.M.M. (2012). Avaliação dos estressores no trânsito: desenvolvimento da Escala de Estressores Trânsito (ESET). *Estudos e Pesquisas em Psicologia*, 12 (1), 175-187.

Sarriera, J.C., Câmara, S.G. & Berlim, C.S. (2000). Elaboração, desenvolvimento e avaliação de um programa de inserção ocupacional para jovens desempregados. *Psicologia: Reflexão e Crítica*, 13 (1), 189-198.

Schleich, A.L.R., Polydoro, S.A.A.J. & Santos, A.A.A. (2006). Escala de satisfação com a experiência acadêmica de estudantes do Ensino Superior. *Avaliação Psicológica*, 5 (1), 11-20.

Serafini, A.J. & Bandeira, D.R. (2009). Jovens vivendo com HIV/Aids: a influência da rede de relações, do coping e do neuroticismo sobre a satisfação de vida. *Revista de Psiquiatria do Rio Grande do Sul*, 31 (1), 51-59.

Serafini, A.J., Fonseca, R.P., Bandeira, D.R. & Parente, M.A.P.M. (2008). Panorama nacional da pesquisa sobre avaliação neuropsicológica de linguagem. *Psicologia, ciência e profissão*, 28 (1), 34-49.

Silva, F.H.V.C. & Alchieri, J.C. (2010). Validade preditiva de instrumentos psicológicos usados na avaliação psicológica de condutores. *Psicologia: Teoria e Pesquisa*, 26 (4), 695-706.

Símola, R.A.P., Samulski, D.M. & Prado, L.S. (2007). Overtraining: uma abordagem multidisciplinar. *Revista Iberoamericana de Psicología del Ejercicio y el Deporte*, 2, 61-76.

Sisto, F.F., Baptista, M.N., Noronha, A.P. & Santos, A.A. (2007). *Escala de Vulnerabilidade ao Estresse no Trabalho – EVENT*: manual. São Paulo: Vetor Editora Psicopedagógica.

Tabaquim, M.D.L.M., Lima, M.P.D. & Ciasca, S.M. (2012). Avaliação neuropsicológica de sujeitos com lesão cerebral: uma revisão bibliográfica. *Psicopedagogia*, 29 (89), 236-243.

Taborda, J.G.V. Exame pericial psiquiátrico. In: J.G.V Taborda, M. Chalub & E. Abdalla-Filho (orgs.). *Psiquiatria Forense*. Porto Alegre: Artmed, 2004.

Tardivo, L.S.P.C. (2007). Psicodiagnóstico interventivo: uma proposta de ensino em atendimento clínico. *Mudanças – Psicologia da Saúde*, 15 (2), 128-134.

Tavares, M. (2003). Validade clínica. *PsicoUSF*, 8 (2), 125-136.

Tonetto, A.M. & Gomes, W.B. (2007). Competências e habilidades necessárias à prática psicológica hospitalar. *Arquivos Brasileiros de Psicologia*, 59 (1), 38-50.

Tonglet, E.C. (2000). *Bateria de funções mentais para motorista – BFM 2*: teste de memória. São Paulo: Vetor Editora Psicopedagógica.

Tonglet, E.C. (2001). *Bateria de funções mentais para motorista – BFM 3*: teste de raciocínio lógico. São Paulo: Vetor Editora Psicopedagógica.

Tonglet, E.C. (2002). *Bateria de funções mentais para motorista – BFM 1:* testes de atenção. São Paulo: Vetor Editora Psicopedagógica.

Tonglet, E.C. (2003). *Bateria de funções mentais para motorista – BFM 4*: testes de atenção concentrada. São Paulo: Vetor Editora Psicopedagógica.

Trevizan, M. (2011). Manuais especificando seus contextos de aplicação e âmbitos de ação. In: Conselho Federal de Psicologia (org.). *Ano da avaliação psicológica*: textos geradores, 121-125.

Urbina, S. (2007). *Fundamentos da testagem psicológica*. Porto Alegre: Artmed.

Vendramini, C.M.M., Bueno, J.M.P. & Barrelin, E.C.P. (2011). Evidências de validade da Escala Informatizada de Atitudes frente à estatística – eSAS-Português: um estudo correlacional. *Psico-USF*, 16 (3), 357-365.

Vianna, A.M.S.A. (2004). Avaliação psicológica de pacientes em reconstrução de mama: um estudo piloto. *Estudos de Psicologia* (Campinas), 21 (3), 203-210.

Wechsler, S.M. (2001). Princípios éticos e deontológicos na avaliação psicológica. In: L. Pasquali (org.). *Técnicas de exame psicológico – TEP*, p. 171-193. São Paulo: Casa do Psicólogo.

Wechsler, D. (2004). *Escala Wechsler de Inteligência para Adultos – WAIS-III*: manual para administração e avaliação. São Paulo: Casa do Psicólogo.

Wechsler, D. (2013). *Escala Wechsler de Inteligência para Crianças – WISC-IV*: manual de instruções para aplicação e correção. São Paulo: Casa do Psicólogo.

Wechsler, D. (2014). *Escala Wechsler Abreviada de Inteligência – WASI:* manual de instruções para aplicação e correção. São Paulo: Casa do Psicólogo.

Yates, D.B., Trentini, C.M., Tosi, S.D., Corrêa, S.K., Poggere, L.C. & Valli, F. (2006). Apresentação da Escala de Inteligência Wechsler abreviada (WASI). *Avaliação Psicológica*, 5 (2), 227-233.

Zikic, J. & Klehe, U.C. (2006). Job loss as a blessing in disguise: the role of career exploration and career planning in predicting reemployment quality. *Journal of Vocational Behavior*, 69, 391-409.

5
Instrumentos psicológicos informatizados

Caroline Tozzi Reppold
Léia Gonçalves Gurgel

O presente capítulo objetiva tratar sobre a informatização na área da avaliação psicológica e os processos que envolvem a construção e o desenvolvimento de testes informatizados. Pretende-se expor as vantagens, as desvantagens e a aplicabilidade dos mesmos, além de realizar um apanhado histórico sobre o uso deste tipo de teste na Psicologia. Por fim, serão realizadas breves considerações sobre a evolução dos softwares aliados à Teoria de Reposta ao Item (TRI), e sobre as tendências futuras na área da avaliação psicológica informatizada.

Os testes informatizados serão entendidos aqui como instrumentos psicológicos em que o computador (Prieto, 2010) ou outros recursos eletrônicos, tais como os aplicativos em *tablets* e celulares (Alchieri & Nachtigall, 2003), são utilizados como base para a aplicação e/ou correção do teste. Neste conceito são incluídas etapas como o oferecimento das instruções, a apresentação dos itens, o registro e o armazenamento dos dados, a análise das respostas, a contabilização dos escores e a geração de relatórios personalizados. A discussão sobre a inclusão desta ferramenta na Psicologia já vem de algum tempo, como pode ser visto no texto clássico de Lukin et al. (1985). Desde então, observa-se a maior disponibilidade de computadores e outros

recursos tecnológicos, e um aumento do uso dos mesmos no processo de avaliação psicológica.

Nesse contexto, Prado (2005) aponta que o computador e a informática estão cada vez mais tomando posição central na atuação do profissional da saúde, incluindo os psicólogos, especialmente na área da avaliação. Pietro (2010) refere que, nas últimas duas décadas, pôde ser observado um crescimento importante dos estudos em Psicologia envolvendo a informatização da avaliação, com o objetivo de determinar as melhores condições para o uso desta ferramenta. Nesse sentido, Alchieri e Nachtigall (2003) buscaram verificar o estado da arte da avaliação informatizada brasileira e encontraram, além de instrumentos convencionais informatizados, também 15 aplicativos de correção de testes.

Os estudos voltados para o tema apresentam discrepância em torno da época exata de início do uso do computador na área da avaliação psicológica. Joly et al. (2005), citando Olea e Hontangas (1999), apontam que os primeiros usos de testes psicológicos baseados no método informatizado aconteceram por volta de 1930. Andriola (2003), por sua vez, refere que este início ocorreu nos Estados Unidos, em 1950, com o objetivo de padronizar os resultados e facilitar a soma de escores. Lukin et al. (1985) comentam que as primeiras tentativas de administração de testes psicológicos no modelo informatizado aconteceram no final da década de 1960 e início da década de 1970, incluindo testes como *Wechsler Adult Intelligence Scale*, Teste de Vocabulário por Imagens *Peabody* e Matrizes Progressivas de Raven, representando esforços consistentes de uso do computador e da informática, de modo geral. Russel et al. (2003) também apontam o início dos anos de 1970 como um marco, em que os militares e psicólogos clínicos norte-americanos foram os pioneiros na construção e no uso de testes informatizados. Em seguida, entre os anos de 1970 e 1985, passaram a ser desenvolvidos estudos que comparavam versões tradicionais e versões computadorizadas de instrumentos, voltados para a avaliação de diversos construtos, especialmente personalidade e inteligência. Independentemente da data de início, tem-se criado, desde então, uma série de softwares relacionados com a avaliação de construtos psicológicos, como descrito ao longo do presente capítulo.

O crescimento do uso de testes informatizados é simultâneo ao aumento do uso de computadores pessoais, datando da década de 1970 (Prieto, 2010). No entanto, foi na década de 1980 que houve o desenvolvimento mais frequente de instrumentos nesta modalidade (Joly et al., 2005). Seguindo este interesse pela construção de instrumentos de avaliação psicológica baseados no uso do computador, em 1986, a *American Psychological Association* (APA) gerou um importante documento normatizador para a aplicação destes testes (Prieto, 2010). Este material apresenta importantes diretrizes para a administração adequada dos testes informatizados (Russel, 2003), como o fato de este tipo de avaliação fornecer, pelo menos, o mesmo nível de *feedback* que seria dado no caso de uma aplicação tradicional, além

da possibilidade de rever as respostas anteriores ao longo da realização do teste. Ainda, o documento trata sobre a importância da equivalência de pontuações entre a versão computadorizada e a versão tradicional, conferindo confiabilidade a todas as versões do teste.

Segundo Prado (2005), o Conselho Federal de Psicologia (CFP) tem estado mais atento aos recursos computadorizados e relacionados à informática. Este fato ocorre, especialmente, em razão do fortalecimento da internet, e da realização de eventos como o I Seminário Brasileiro de Psicologia e Informática (realizado em 1998) e o II Seminário Brasileiro de Psicologia e Informática (realizado em 2003). A Resolução 011/2000 (CFP, 2000) possibilita a oferta de produtos informatizados, como softwares e licenças de uso. Ainda, considera que os produtos informatizados devem apresentar informações referentes à versão, linguagem de programação, ambiente operacional, configurações mínimas necessárias, *driver* de áudio, formato das imagens, quantidade de instalações e de execuções. Especialmente em relação à área da avaliação psicológica, no Anexo 1 da Resolução 002/2003 (CFP, 2003), o CFP deixa clara a possibilidade de realização de correções informatizadas dentre os critérios de avaliação de testes psicológicos, com uso ou não de internet para aplicação, correção ou interpretação dos escores.

No contexto nacional, tem-se observado que uma maior atenção tem sido dada aos processos de aprimoramento das tecnologias utilizadas pelo psicólogo, além de um maior cuidado em relação aos critérios de precisão e validade dos instrumentos desenvolvidos (Noronha, Freitas & Otatti, 2002). Primi et al. (2010) apontam, em relação à área de avaliação psicológica nos últimos 25 anos no Brasil, que existe um avanço considerável na área. Os estudos estão usando, cada vez mais, recursos tecnológicos refinados voltados para as testagens psicológicas como, por exemplo, a produção de relatórios via internet, facilitando a correção e a análise de escores. A internet também favorece a possibilidade de oferecimento de maiores recursos multimídia, aumentando a interatividade dos testes, tornando estes mais vantajosos em relação aos demais métodos de avaliação considerados tradicionais. Uma extensa discussão sobre as vantagens e desvantagens do uso de testes informatizados poderá ser observada ao final deste capítulo.

Joly et al. (2004), em uma revisão de literatura voltada para a avaliação informatizada em Psicologia, observaram, no período de 2000 a 2004, equivalência entre a produção internacional e a nacional na área, em se tratando de quantidade. Joly et al. (2007), em outro estudo, analisaram a produção científica dos três congressos nacionais de avaliação psicológica realizados até 2007, por meio dos resumos dos painéis apresentados. Observaram que a maior parte dos estudos incluiu instrumentos objetivos. Na área da avaliação neuropsicológica, De Macedo et al. (2007) observam a existência de diversos instrumentos com versões computadorizadas, como o Teste de Maturidade para Leitura, Teste de Prontidão para Leitura, Teste *Boston* para Diagnóstico Diferencial das Afasias e Escala de Maturidade Mental Colúmbia, demonstrando um crescimento nesta área específica da Psicologia. No entanto, atualmente, apenas este último encontra-se na lista de testes favoráveis para uso no Sistema de Avaliação de Testes Psicológicos (SATEPSI). A Escala de Maturidade Mental Colúmbia avalia o raciocínio geral dos sujeitos de 3 anos e 6 meses a 9 anos e 11 meses e consiste em selecionar, dentre um grupo de desenhos, aquele que não se relaciona com os demais.

Observa-se, portanto, que há consenso na literatura sobre a progressão e interesse na construção e fornecimento de instrumentos de avaliação psicológica informatizada, realizada por meio de computadores e/ou internet. Isso porque este tipo de recurso tende a favorecer a maior uniformização das testagens, se comparado com as avaliações no modelo tradicional. É importante também estar atento, quando a avaliação for baseada na internet, aos cuidados voltados para a autenticidade das informações, à segurança dos dados coletados e à qualidade dos instrumentos construídos (Simões, 2005). Na seção seguinte, serão apresentadas algumas diretrizes para a construção adequada deste tipo de instrumento e alguns documentos norteadores da área.

O processo de construção e desenvolvimento de testes informatizados

Existem alguns documentos norteadores da construção e uso de testes informatizados na área da avaliação psicológica. Dentre estes, pode-se citar o documento da APA, descrito anteriormente, intitulado *"Guidelines for computer-based tests and interpretation"* (APA, 1986) e o documento *Guidelines for the Development and Use of Computer-based Assessments,* criado pelo *Psychological Testing Centre*, da *British Psychological Society* (2002). No entanto, atualmente tem-se, como principal guia, o documento da *International Test Commission* (ITC, 2005), intitulado *"Guidelines on computer-based and internet-delivered testing"*.

O documento denominado *Guidelines for the Development and Use of Computer-based Assessments,* criado pelo *Psychological Testing Centre*, da *British Psychological Society* (2002), foi construído com o objetivo de ser um guia voltado para o desenvolvimento e uso de testes informatizados e outras produções voltadas a este tema. Foi um dos documentos consultados para a organização do documento norteador da ITC e retrata importantes considerações. Especificamente, este documento descreve quatro aspectos integrantes da avaliação psicológica informatizada, sendo eles:

1) Desenvolvimento do instrumento: atualmente, pode-se considerar os recursos digitais para o desenvolvimento mais preciso de provas de avaliação, marcando um avanço no controle da qualidade e custos da criação de instrumentos de avaliação psicológica.

2) Administração das avaliações: a possibilidade de uso de computadores para a aplicação, a pontuação e a correção dos escores de testes gera maior controle sobre a aplicação e uma maior padronização do teste, uma vez que há a redução dos vieses de aplicação gerados pela versão tradicional como, por exemplo, erros de anotação por parte do avaliador.

3) Avaliação e interpretação da pontuação: os softwares já se constituem importantes ferramentas para análise dos escores dos testes, além de gerarem relatórios de resultados, semelhantes ao escrito por avaliadores humanos, auxiliando nas interpretações dos resultados e nas decisões, relacionadas à prática profissional do Psicólogo, a serem tomadas.

4) Armazenamento, recuperação e transmissão dos dados coletados: os testes informatizados fornecem a possibilidade de um armazenamento de dados mais eficiente do que em papel, reduzindo custos e dando maior flexibilidade e rapidez ao acesso dos dados.

Por fim, os autores ainda preconizam alguns princípios necessários à prática da avaliação psicológica por meios informatizados, como a utilização da melhor prática possível, informando o avaliando sobre as técnicas utilizadas. É importante também a consideração dos requisitos mínimos para a aplicação de provas informatizadas, especialmente aqueles voltados para a habilidade do avaliador no manuseio dos recursos e interpretação das informações e resultados gerados pelo teste. Finalmente, segundo os autores, a avaliação informatizada deve ter uma base teórica sólida e reconhecida, por meio de evidências científicas válidas, assim como a avaliação tradicional.

O documento da ITC (2005), por sua vez, aponta que, com o aumento da produção e comercialização de testes informatizados, é importante que boas práticas de construção e validação dos mesmos sejam seguidas. Foi nesse contexto que este documento foi proposto, sendo destinado aos criadores e usuários de testes neste formato, e fornecendo diretrizes para a garantia da qualidade dos instrumentos. Para isso, inicialmente, é importante o uso de tecnologia que garanta bom funcionamento de hardwares e softwares. Em seguida, atenção deve ser dada para a qualidade dos testes, em relação às suas características psicométricas, como evidências de validade e confiabilidade.

O ITC é claro, especialmente, nos cuidados voltados à segurança e garantia da privacidade. Em relação à segurança, o documento salienta a necessidade de redução das possibilidades de cópia e download dos itens dos testes e resultados. Além disso, é necessária a proteção contra vírus e outros tipos de acessos não autorizados. Para testes construídos para uso via internet, é importante estar atento ao desenvolvimento de políticas de acesso qualificado ao teste, do controle da distribuição do instrumento e da proteção adequada de senha e login de usuários. O software pode, por exemplo, desativar funções do menu como "copiar" e "colar" e apresentar recursos como o firewall, que protegem o sistema e estão associados a bancos de dados relacionados a vírus e hackers. A importância de realização adequada e frequente de backups, a fim de manter os arquivos sempre disponíveis, também é evidenciada, além da manutenção de ferramentas de garantia da confidencialidade, como dispositivos de criptografia e senhas. Por fim, todas as diretrizes relatadas no documento disponível no site do ITC contemplam aspectos tecnológicos ligados ao computador e à internet, voltadas aos profissionais responsáveis pelo desenvolvimento e publicação dos testes e para os usuários.

Ainda sobre a construção e aplicação dos instrumentos informatizados, Joly et al. (2005), com base nas diretrizes da ITC (2005), salientam que os instrumentos informatizados, inclusive aqueles construídos para serem utilizados via internet, devem ser adequados para uso offline e online. Em relação ao modo de aplicação, são apontados quatro modos diferentes:

• Aplicação aberta: realizada sem a supervisão direta do avaliador ao longo da aplicação;

• Aplicação controlada: utilizada por meio da identificação do usuário e utilização de senha de acesso, sem supervisão do avaliador;

• Aplicação supervisionada: apresenta supervisão durante a aplicação, além de necessitar de permissão de acesso do avaliando ao teste;

• Aplicação administrada: apresenta alta supervisão e controle ao longo da aplicação do instrumento.

Os textos mencionados anteriormente são norteadores e devem ser levados em conta, em sua íntegra. Quando na situação de escolha entre versões de um mesmo instrumento, devem ser realizados alguns questionamentos antes da aplicação do instrumento. Estes também devem ser realizados por profissionais clínicos, pesquisadores e estudantes de Psicologia quando se depararem com a necessidade de construção e desenvolvimento de um instrumento informatizado, como descrito por Al-Amri (2007):

• A possibilidade da confiabilidade e validade dos testes ser influenciada pelo modo de administração. Ou seja, se o modo de administração do instrumento pode influenciar a capacidade de o teste mensurar o que, de fato, ele se propõe a mensurar (validade), ou a possibilidade de mensuração sem erro (confiabilidade e precisão do teste) (Pasquali, 2009).

• A chance da familiaridade com o computador afetar o desempenho e as respostas dos participantes, uma vez que nem todos os sujeitos tem a mesma quantidade de contato e habilidade com esta ferramenta.

• Qual das versões é mais acessível aos respondentes e com qual se sentem mais a vontade para realização do teste. Por exemplo, pessoas com menos acesso aos recursos tecnológicos terão menos habilidade de manuseio das ferramentas informatizadas de forma geral (computador, mouse, teclado, tablets), podendo este ser um empecilho para a realização do teste. Outros sujeitos, no entanto, podem se apresentar mais persistentes e concentrados, demonstrando maior interesse pela tarefa, como na pesquisa de Dias et al. (2011).

Considerações éticas também cabem nas discussões sobre o uso de instrumentos informatizados. Reppold e Serafini (2013), citando o Código de Ética Profissional da Psicologia (CFP, 2005), salientam o princípio que revela a necessidade dos psicólogos trabalharem visando a promoção da saúde e qualidade de vida dos indivíduos. Para tanto, o SATEPSI vem atuando como promotor desta busca pelos direitos humanos e práticas éticas na área da avaliação psicológica. Este foi criado em 2003, com a responsabilidade de organizar critérios para a avaliação da qualidade dos instrumentos psicológicos. Atualmente existe apenas um instrumento informatizado favorável para uso pelo SATEPSI: o Teste Computadorizado de Atenção: versão visual (TCA visual), de Schimidt e Manhães (2001), para avaliação da atenção visual central, impulsividade motora, tempo de reação visual e variabilidade do tempo de reação visual (Schlindwein-Zanini et al., 2013). Este fato demonstra a necessidade de esforços na construção e busca de evidências de validade de instrumentos nesta modalidade.

Recursos como o SATEPSI são construídos e utilizados para que os profissionais possam ter acesso aos instrumentos que foram aprovados ou não para uso dos psicólogos. Assim, o profissional pode ter mais segurança na escolha dos instrumentos em sua prática. Na seção seguinte, serão apresentados alguns aspectos favoráveis e desfavoráveis das versões informatizadas dos testes psicológicos.

Vantagens e desvantagens dos testes informatizados

Segundo Andriola (2003), com o aumento da construção de instrumentos informatizados, e da frequência do uso dos mesmos, encontram-se duas opiniões diferentes sobre a utilização destas ferramentas, dividindo os usuários entre aqueles que recusam e aqueles que encontram aspectos favoráveis no uso destes. Dentre as vantagens, o referido autor aponta que a versão informatizada ou digital do teste, de maneira geral, oferece uma aplicação mais rápida e padronizada do instrumento, facilitando a correção e a consideração dos escores.

Segundo Silva (2011) e Gress et al. (2010), como vantagens, também se pode considerar a maior praticidade e a economia de recursos financeiros e de tempo. Isso ocorre porque não há uso do lápis e papel, e assim há a redução da necessidade da digitação dos dados e, por consequência, dos erros de digitação e mensuração. Joly e Reppold (2010) apontam que, a partir das ferramentas informatizadas, favorece-se o uso de testes mais dinâmicos. Estes usam mais estímulos auditivos e visuais, podendo ser mais interativos, e geram maior precisão nos cálculos de tempo de realização e de reação dos respondentes. Esta redução nos tempos de aplicação e correção é vantajosa, especialmente, quando se trata da área da pesquisa (De Macedo et al., 2007). Há também, na versão informatizada, maior facilidade de monitoramento e análise detalhada do progresso do examinando (Gress et al., 2010), além da facilitação do desenvolvimento, inclusive, de estratégias para estabelecimento e fortalecimento da educação a distância. Paula e Enumo (2007) apontam que os estudantes preferem testagens computadorizadas, se comparadas com a escrita, por serem mais objetivas e interessantes, gerando menos estresse ao longo da aplicação. Por consequência, aumenta-se a motivação, a concentração e a curiosidade do aluno, favorecendo a autorregulação dos mesmos. No entanto, os sujeitos podem se sentir inseguros em relação ao uso de testagens baseadas no uso do computador, caso não possuam, por exemplo, experiência com o uso deste tipo de ferramenta (Terzis & Economides, 2011).

Outra questão apontada por Pietro (2010) é em relação à padronização, favorecida especialmente pela informatização das testagens, uma vez que a correção é menos sensível a vieses gerados, por exemplo, por ser independente de fatores como a atenção e concentração do avaliador. Segundo o autor, instrumentos informatizados fornecem maior rapidez e capacidade de armazenamento, facilidade e rapidez na pontuação, além de obtenção imediata de relatórios com os resultados padronizados dos respondentes.

No entanto, alguns aspectos desfavoráveis para o uso deste tipo de instrumento também podem ser elencados, tais como o fato de, se o examinando não tem familiaridade com os softwares e o computador, isto pode influenciar negativamente seu desempenho e o resultado no teste (Andriola, 2003). Prieto (2010) refere que se tem discutido, atualmente, o custo-benefício de testes informatizados, uma vez que o custo financeiro de computadores para aplicação coletiva, por exemplo, é alto, incluindo os custos para manutenção dos equipamentos e aquisição de acessórios extras necessários para uso, como fones de ouvido. Por outro lado, estas aplicações podem trazer redução de custos e economia efetiva, como no uso de material impresso e de recursos humanos, como equipe de avaliadores, no caso de pesquisas.

Como limitações ainda a serem consideradas da avaliação computadorizada, De Macedo et al. (2007) referem que há uma impessoalidade maior nesta modalidade de avaliação, uma vez que, em alguns casos, o avaliador está mais distante fisicamente. Desse modo, algumas respostas podem ser inibidas e pode haver também a redução do envolvimento na tarefa. Outras desvantagens, segundo Vendramini et al. (2011), estão relacionadas com as eventuais dificuldades de acesso ao computador e à internet, a falta de conhecimento e prática para trabalhar com recursos informatizados e a dificuldade de interpretação do respondente. Além disso, diversas outras variáveis podem influenciar nestas dificuldades apresentadas pelo avaliando, como a idade, o sexo e o gênero dos mesmos (Vendramini et al., 2011). É necessário, portanto, bom-senso do avaliador no momento da escolha e aplicação do instrumento.

Por fim, como exemplo, De Macedo et al. (2007), em seu estudo de comparação entre a versão tradicional e a computadorizada do Teste *Token* (teste que avalia compreensão de linguagem por meio de comandos verbais), observaram que, quando comparado com a versão tradicional, a versão computadorizada apresentou pontuação inferior. Os autores consideraram algumas razões para tal fato, como a qualidade acústica do estímulo, o acesso ao estímulo restrito à audição, a redução da proximidade com o avaliador e a ausência de pistas indiretas que são oferecidas no modo tradicional da testagem. Ainda, os autores ressaltaram, como dito anteriormente, que quando se utiliza o computador, é necessário que o respondente apresente manejo suficientemente adequado dos recursos tecnológicos, como o mouse e a digitação no teclado quando necessários. Este fato, segundo De Macedo et al. (2007), demanda uma série de outras funções práxicas não previstas na versão tradicional da testagem.

Apesar dos pontos favoráveis e desfavoráveis dos testes informatizados, o crescimento do uso desses recursos nas práticas do psicólogo, em contextos variados pôde ser observado por diversos autores (Prieto, 2010; Primi, 2010; Joly, 2005). Este fato gera, também, um aprimoramento instrumental, uma vez que a tecnologia digital avança rapidamente.

A criação de aplicativos em *tablets* e celulares também está, timidamente, evoluindo. Fichman et al. (2014), em se tratando da área neuropsicológica, afirmam que o uso destes recursos ainda é mais explorado na reabilitação neuropsicológica do que na avaliação. Intervenções em outras áreas por meio do uso de *tablets* também podem ser vistas no estudo de Freitas e Del Prette (2013) com crianças com necessidades educacionais especiais. Alguns reflexos da evolução dos testes computadorizados também são vistos nos softwares de análise de itens, que auxiliam na construção de instrumentos com bases psicométricas cada vez mais sólidas. Um exemplo será visto na seção seguinte.

Testes informatizados e a Teoria de Resposta ao Item

A Teoria de Resposta ao Item (TRI) surgiu, e vem sendo elaborada, desde a década de 1950, com o objetivo de solucionar alguns problemas oriundos da Teoria Psicométrica Clássica (TCT) e das medidas em Psicologia, de forma geral. Estes problemas, segundo Pasquali e Primi (2003) estão, basicamente, relacionados com:

- A dependência, que os parâmetros dos itens apresentam, da amostra em que foram aplicados;

- A discriminação dos itens, que é realizada com base no escore total do teste;

- A premissa de que os erros de medida são os mesmos para todos os testandos;

- O fato de que os testes com base na teoria clássica são produzidos para avaliar, basicamente, indivíduos com habilidades medianas.

A TRI tem, como base, aspectos importantes, como a forma das curvas características dos itens, a independência local e a unidimensionalidade. Esta teoria apresenta dois postulados básicos, sendo o primeiro relacionado ao desempenho do avaliando em determinado item do teste, que pode ser predito por meio de um traço latente, e o segundo com relação ao desempenho do examinando e o traço latente que pode ser descrito numa curva chamada de Curva Característica do Item (CCI) (Vieira et al., 2009).

Pasquali (2009), quando realiza um comparativo entre a TCT e a TRI, refere que a primeira é interessada no resultado final total das respostas aos itens, buscando a construção de testes de qualidade. A segunda, por sua vez, busca os itens do instrumento, analisando a probabilidade e aspectos relacionados com o erro e o acerto de cada um dos itens. Na TRI, procura-se construir itens que apresentam qualidade, permitindo a construção de um banco de itens, por exemplo, para avaliação dos traços latentes pretendidos.

Os bancos de itens possibilitam a união e organização de grupos de itens adequados a cada respondente, permitindo avaliações mais rigorosas. A escolha da TRI para a construção dos bancos de itens é uma tendência e mostra-se como ideal para este fim, reduzindo a preocupação com normas regionalizadas, uma vez que há uma invariância das mensurações; permite a organização de testes paralelos, possibilita análises mais profundas dos itens e das respostas dadas, em geral reduz o tempo de aplicação do teste, já que o respondente não responderá itens fáceis ao extremo para sua habilidade (evitando que este menospreze o teste), e nem muito difíceis (evitando que este se frustre ao longo da aplicação) (Andriola, 1998). Em relação à possibilidade de criação de um banco de itens, a partir do uso da TRI, destaca-se a importância do computador e da informatização para tal fim. O computador, no entanto, não é capaz de criar os itens e os testes. Os softwares, neste processo, ficam responsáveis pela análise das características e propriedades dos itens. O profissional psicólogo é quem vai elaborar os itens, com base em seu conhecimento e nas suas necessidades. Nesse caso, o banco de itens, apesar de trabalhoso, representa uma promessa para o futuro, e já vem se mostrando como uma importante ferramenta para pesquisadores na área da avaliação psicológica (Pasquali, 2009).

A inclusão destas tecnologias na área da avaliação psicológica, aliada a metodologias como a TRI, permite a criação de testes ainda mais rebuscados e de bancos de itens. Favorece-se, assim, uma melhor adaptação do instrumento de avaliação às necessidades e habilidades do testando, sendo esta testagem mais precisa (Primi, 2010).

Considerações finais e perspectivas futuras

Como observado ao longo do presente capítulo, os testes informatizados estão cada vez mais frequentes no contexto da Psicologia, especialmente na avaliação psicológica. Prieto (2010) afirma que o uso de instrumentos informatizados tem sido aceito e valorizado em diversas áreas da avaliação psicológica, como na seleção de pessoal em recursos humanos, na educação e no exército. Abaixo serão apresentadas algumas pesquisas na área da Psicologia, envolvendo os diversos contextos de uso da informática e do computador. No entanto, este uso segue restrito à pesquisa, uma vez que apenas um instrumento, mencionado anteriormente neste capítulo, é aprovado pelo SATEPSI.

No contexto da Psicologia do Trabalho, Katsurayama et al. (2012) apontam, por exemplo, que testes informatizados ainda são pouco usados. Os autores observaram que há escassez e dificuldade no acesso a recursos tecnológicos e de conhecimento dos testes relacionados com a avaliação e recrutamento de pessoal em recursos humanos. Provavelmente, este fato, segundo os autores, se deva à pequena divulgação destes recursos nos cursos de formação em Psicologia, gerando pouco contato dos profissionais com este tipo de recurso.

As tecnologias da informação e a avaliação geral baseada no computador têm sido cada vez mais utilizadas no âmbito escolar e da aprendizagem, como no estudo de Terzis e Economides (2011). Esse crescimento também pode ser visto na avaliação neuropsicológica de funções executivas, como descrito por Capovilla (2006), onde já foram desenvolvidas uma série de versões computadorizadas de instrumentos de avaliação dos construtos relacionados. Dentre estes, pode-se citar o Teste de *Stroop*, Teste de Geração Semântica, Testes de Memória de Trabalho Auditiva e de Memória de Trabalho Visual, além do Teste de Fluência Verbal. Segundo a autora, estas versões informatizadas garantem maior precisão das medidas de tempo. Há ainda um acréscimo na qualidade da padronização dos testes e no controle das condições de aplicação ou coleta de dados.

Como visto no presente capítulo, Silva (2011) aponta que existe uma tendência crescente voltada para o uso de ferramentas informatizadas na área de avaliação psicológica, nacional e internacionalmente. Nos Estados Unidos e na Europa, por exemplo, esta prática está se tornando cada vez mais comum (Katsurayama et al., 2012). A tecnologia vem sendo empregada nos processos avaliativos especialmente por meio do uso do computador e da internet. Além disso, esforços vêm sendo realizados a fim de verificar o impacto da tecnologia sobre a qualidade desta avaliação, especialmente sobre as propriedades psicométricas dos testes (Al-Amri, 2007).

Ressalta-se que, apesar de estudos que comparam versões de testes (tradicionais x informatizadas), a generalização não é possível. Não se pode afirmar, genericamente, que uma versão é melhor que outra. Isto porque os testes variam grandemente em função do construto a ser avaliado, da população para a qual foi construído, do contexto a ser aplicado e das propriedades psicométricas originais de cada instrumento.

A área da avaliação psicológica informatizada, portanto, tem crescido rapidamente e, por isso, é necessário que a produção de estudos que apontem evidências de validade destes instrumentos seja realizada na mesma quantidade e velocidade. Assim, estes testes serão, de fato, válidos para a prática profissional. Para tanto, como exposto por Noronha e Reppold (2010), ressalta-se que mais tópicos sobre a avaliação psicológica devem ser incluídos nos programas das disciplinas, especialmente sobre a avaliação informatizada e a validade dos instrumentos.

Além disso, é importante também considerar métodos de pontuação e análise dos resultados de testes em formatos diferentes. É necessário que se dê atenção para a modificação das normas em relação às diferentes versões dos testes, necessitando-se que estas sejam diferenciadas. Nesse sentido, considera-se que o avaliador, o profissional psicólogo, segue sendo soberano sobre o resultado da avaliação, uma vez que o computador fornece uma informação bruta, estando o profissional responsável pela análise do significado das informações geradas (Andriola, 2003).

Neste contexto, segundo Primi (2010), observa-se um grande investimento dos profissionais em relação à produção de relatórios de testes via web, demonstrando uma tendência para o futuro. O computador mostra-se cada vez mais como uma ferramenta importante para a avaliação psicológica, gerando uma série de novas possibilidades para os testes, acréscimo de novas mídias e aprimoramento de testagens tradicionais. No entanto, é importante lembrar que a evolução destas testagens depende também do desenvolvimento e aprimoramento dos softwares já existentes e da permanência dos esforços dos profissionais que trabalham efetivamente na área da avaliação psicológica.

Por fim, para a aplicação de qualquer instrumento informatizado, é importante que sejam analisadas as possibilidades do respondente para o manuseio dos recursos informatizados e as vantagens e desvantagens da aplicação do instrumento em relação a cada sujeito. Como referido por Nunes et al. (2012), é importante salientar que, antes de qualquer tipo de procedimento, seja ele de intervenção ou de avaliação, é preciso analisar o funcionamento geral do sujeito, de modo que suas demandas sejam, de fato, atendidas. Assim, o momento de avaliação torna-se, de fato, proveitoso e fornece informações de qualidade sobre os indivíduos avaliados.

Referências

Al-Amri, S. (2007). Computer-based vs. Paper-based Testing: Does the test administration mode matter? *Proceedings of the BAAL Conference*, 101-110.

Alchieri, J.C. & Nachtigall, V.B. (2003). Testes psicológicos informatizados: a situação brasileira. *Boletim de Psicologia*, 53 (119), 187-200.

American Psychological Association, Committee on Professional Standards and Committee on Psychological Tests and Assessment (1986). *Guidelines for computer-based tests and interpretations*. Washington, DC: Autor.

Andriola, W.B. (1998). Utilização da Teoria da Resposta ao Item (TRI) para a Organização de um Banco de Itens Destinados a Avaliação do Raciocínio Verbal. *Psicologia: Reflexão e Crítica*, 11 (2).

Andriola, W.B. (2003). Uso de computadores na avaliação psicológica: estudo de sua influência sobre o desempenho individual em um teste de raciocínio numérico (RN). *Interações*, 8 (15), 105-124.

British Psychological Society, Psychological Testing Centre (2002). *Guidelines for the Development and Use of Computer-based Assessments*. Leicester: British Psychological Society.

Burgmeister, B.B., Blum, L.H. & Lorge, I. (1999). *Escala Colúmbia de Maturidade Mental*. (Trad. e adap.: A. Rodrigues & J.M.P. Rocha). Rio de Janeiro: CEPA.

Capovilla, A.G.S. (2006). Desenvolvimento e validação de instrumentos neuropsicológicos para avaliar funções executivas. *Avaliação Psicológica*, 5 (2), 239-241.

Conselho Federal de Psicologia (2000). *Resolução CFP n. 011/2000 de 20 de Dezembro de 2000* [Disponível em http://site.cfp.org.br/wp-content/uploads/2000/12/resolucao2000_11.pdf – Acesso em 31/12/2014].

Conselho Federal de Psicologia (2003). *Resolução CFP n. 002/2003 de 24 de março de 2003* [Disponível em http://site.cfp.org.br/wp-content/uploads/2003/03/resolucao2003_02_Anexo.pdf – Acesso em 31/12/2014].

Conselho Federal de Psicologia (2005). *Código de Ética Profissional do Psicólogo* [Disponível em http://www.crpsp.org.br/portal/orientacao/codigo/fr_codigo_etica_new.aspx – Acesso em 07/10/2015]

De Macedo, E.C., Firmo, L.S., Duduchi, M. & Capovilla, F.C. (2007). Avaliando linguagem receptiva via Teste Token: versão tradicional *versus* computadorizada. *Avaliação Psicológica*, 6 (1), 61-68.

Dias, T.L., Paula, K.M.P., Enumo, S.R.F. & Ferrão, E.S. (2011). Avaliação assistida em crianças com problemas de comunicação e de aprendizagem em contexto de intervenção. *Psico*, 42 (3), 362-371.

Fichman, H.C., Uehara, E. & Santos, C.F. (2014). New technologies in assessment and neuropsychological rehabilitation. *Temas em Psicologia*, 22 (3), 539-553.

Freitas, L.C. & Del Prette, Z.A.P. (2013). Habilidades sociais de crianças com diferentes necessidades educacionais especiais: avaliação e implicações para intervenção. *Avances en Psicología Latinoamericana*, 31 (2), 344-362.

Gress, C.L.Z., Fior, M., Hadwin, A.F. & Winne, P.H. (2010). Measurement and assessment in computer-supported collaborative learning. *Computers in Human Behavior*, 26, 806-814.

International Test Commission (ITC) (2005). *International Test Comission* – Guidelines on computer-based and internet-delivered testing [Disponível em http://www.intestcom.org/].

Joly, M.C.R.A. & Reppold, C.T. (2010). *Testes informatizados para a avaliação psicológica e educacional*. São Paulo: Casa do Psicólogo.

Joly, M.C.R.A., Silva, M.C.R., Nunes, M.F.O. & Souza, M.S. (2007). Análise da produção científica em painéis dos congressos brasileiros de avaliação psicológica. *Avaliação Psicológica*, 6 (2), 239-252.

Joly, M.C.R.A., Martins, R.X., Abreu, M.C., Souza, P.R.R. & Cozza, H.F.P. (2004). Análise da produção científica em avaliação psicológica informatizada. *Avaliação Psicológica*, 3 (2), 121-129.

Joly, M.C.R.A., Welter, G.M.R., Martins, R.X., Marini, J., Montiel, J.M., Lopes, F. & Carvalho, M.R.

(2005). Sistema de avaliação para testes informatizados (SAPI): estudo preliminar. *Psic – Psicologia Integrada*, 6 (2), 51-60.

Katsurayama, M., Silva, S.R., Eufrázio, W.N., Souza, R.S.A. & Becker, M.A.A. (2012). Testes informatizados como auxílio na seleção em recursos humanos. *Psicologia: Teoria e Prática*, 14 (2), 141-151.

Lukin, M.E., Dowd, E.T., Plake, B.S. & Kraft, R.G. (1985). Comparing Computerized versus Traditional Psychological Assessment. *Computer in Human Behavior*, 1, 49-58.

Noronha, A.P.P., Freitas, F.A. & Ottati, F. (2002). Parâmetros psicométricos de testes psicológicos de inteligência. *Interação em Psicologia*, 6 (2), 195-200.

Noronha, A.P.P. & Reppold, C.T. (2010). Considerações sobre a avaliação psicológica no Brasil. *Psicologia: Ciência e Profissão*, 30 (n. esp.), 192-201.

Nunes, M.F.O., Muniz, M., Reppold, C.T., Faiad, C., Bueno, J.M.H. & Noronha, A.P.P. (2012). Diretrizes para o ensino de avaliação psicológica. *Avaliação Psicológica*, 11 (2), 309-316.

Olea, J. & Hontangas, P. (1999). Tests informatizados de primera generación. In: J. Olea, V. Ponsod & G. Prieto (orgs.). *Testes informatizados*: fundamentos y aplicaciones (p. 111-126). Madri: Pirámide.

Pasquali, L. (2009). *Psicometria*: Teoria dos Testes na psicologia e educação. Petrópolis: Vozes.

Pasquali, L. (2009). Psychometrics. *Revista da Escola de Enfermagem USP*, 43 (n. esp.), 992-999.

Pasquali, L. & Primi, R. (2003). Fundamentos da Teoria de Resposta ao Item – TRI. *Avaliação Psicológica, 2* (2), 99-110.

Paula, K.M.P. & Enumo, S.R.F. (2007). Avaliação assistida e comunicação alternativa: procedimentos para a educação inclusiva. *Revista Brasileira de Educação Especial*, 13 (1), 3-26.

Prado, O.Z. (2005). Softwares para Psicologia: regulamentação, produção nacional e pesquisas em Psicologia Clínica. *Boletim de Psicologia*, 55 (123), 177-188.

Prieto, G. (2010). Testes Informatizados. In: L. Pasquali. *Instrumentação psicológica*: fundamentos e práticas. Porto Alegre: Artmed.

Primi, R. (2010). Avaliação psicológica no Brasil: fundamentos, situação atual e direções para o futuro. *Psicologia: Teoria e Pesquisa*, 26 (n. esp.), 25-35.

Reppold, C.T. & Serafini, A. (2013). Avaliação psicológica, ética e direitos humanos. In: Conselho Federal de Psicologia (org.). *Relatório do Ano Temático da Avaliação Psicológica 2011/2012* (p. 25-29). Brasília: Conselho Federal de Psicologia.

Russell, M., Goldberg, A. & O'Conner, K. (2003). Computer-based testing and validity: a look back into the future. *Assessment in Education*, 10 (3), 279-293.

Schlindwein-Zanini, R., Sotili, M., Todeschini, C., Silva, D.Z.C. & Conte, R.F. (2013). Avaliação neuropsicológica e deficiências físicas: revisão de instrumentos viáveis no Brasil. *Contextos Clínicos*, 6 (1), 33-40.

Schimidt, S.L. & Manhães, A.C. (2001). Teste Computadorizado de Atenção Visual (TCA Vis). Rio de Janeiro: Cognição.

Silva, M.A. (2011). Testes informatizados para a avaliação psicológica e educacional. *Psico-USF*, 16 (1), 127-129.

Simões, M.R. (2005). Potencialidades e limites do uso de instrumentos no processo de avaliação psicológica. *Psicologia, Educação e Cultura*, IX (2), 237-264.

Terzis, V. & Economides, A.A. (2011). The acceptance and use of computer based assessment. *Computers & Education*, 56, 1.032-1.044.

Vendramini, C.M.M., Bueno, J.M.P. & Barrelin, E.C.P. (2011). Evidências de validade da Escala Informatizada de Atitudes frente à Estatística – eSAS-Português: um estudo correlacional. *Psico-USF*, 16 (3), 357-365.

Vieira, M.J., Ribeiro, R.B. & Almeida, L.S. (2009). As potencialidades da Teoria de Resposta ao Item na validade dos testes – Aplicação a uma prova de dependência-independência de campo. *Análise Psicológica*, 27 (4), 455-462.

6
Critérios para escolha de testes psicológicos

Lucas de Francisco Carvalho
Rodolfo A.M. Ambiel

O processo de avaliação psicológica é caracterizado pelo uso de procedimentos distintos, que possibilitam ao profissional levantar características psicológicas relevantes sobre a pessoa, por meio de fontes de naturezas diversas (APA, AERA & NCME, 1999, 2014). Considerar o uso de procedimentos com diferentes formatos, isto é, heterogêneos em sua natureza, é importante na tentativa de não abarcar no processo avaliativo vieses similares. Isto é, o uso de ferramentas com naturezas distintas possibilita uma avaliação mais ampla dos construtos relevantes, diminuindo a possibilidade de perda de informação para o processo avaliativo. Em outras palavras, levando em conta que qualquer fonte de informação (testes psicológicos, relato verbal, entrevistas, entre outros) é incompleta e apresenta "sujeira" na informação acessada (i.é, erro de medida), é necessário que o psicólogo utilize procedimentos de naturezas distintas para realizar a avaliação dos aspectos psicológicos.

Entre as amplas possibilidades de escolha para os procedimentos a serem utilizados em avaliação psicológica, encontram-se os testes psicológicos. Estes são procedimentos sistemáticos que permitem ao profissional acessar características psicológicas de interesse por meio de padrões de resposta, compreendidos como uma amostra do funcionamento do avaliado (APA, AERA & NCME, 2014; Urbina, 2007).

No Brasil, os testes psicológicos podem somente ser utilizados na prática profissional por psicólogos, de acordo com a Resolução do Conselho Federal de Psicologia (CFP) n. 02/2003. Há alguma discordância desse preceito, isto é, do uso estrito dos testes psicológicos, já que a Lei n. 4.119 de 1962, que regulamenta a profissão, sinaliza que o uso privativo dos testes psicológicos se constitui em quatro situações específicas, sendo, diagnóstico psicológico, orientação e seleção profissional, orientação psicopedagógica e solução de problemas de ajustamento. Isto é, para outras demandas avaliativas (p. ex., diagnóstico psiquiátrico), a Lei (cujo peso jurídico é maior em relação a uma Resolução) não sinaliza qualquer restrição de uso para outros profissionais. Assim sendo, com base nessa Lei, outros profissionais podem utilizar instrumentos psicológicos para escopos distintos dos presentemente listados.

Nesse sentido, levando em conta a Resolução do CFP n. 02/2003 e a Lei n. 4.119 de 1962, a restrição profissional para o uso de testes psicológicos deve considerar a finalidade de uso dos testes, de modo que no caso das quatro amplas finalidades listadas neste parágrafo, somente psicólogos podem fazer uso dessas ferramentas. Para outros casos, como diagnósticos psiquiátricos ou neurológicos, outros profissionais podem utilizar os testes psicológicos. O uso por outros profissionais dos testes considerados pelo CFP como psicológicos pode, em muitos casos, instrumentalizar adequadamente profissionais, com preparo suficiente, de ferramentas relevantes para uso na prática profissional. Apesar disso, faz parte da postura ética profissional garantir o conhecimento e prática suficientes para uso de ferramentas avaliativas. Contudo, essa discussão é ainda incipiente na literatura nacional.

Há um conjunto expressivo de testes psicológicos disponíveis para uso profissional no Brasil, cuja lista é disponibilizada pelo CFP por meio do site do Sistema de Avaliação de Testes Psicológicos (SATEPSI). Trata-se de um Conselho Consultivo formado por profissionais reconhecidos em avaliação psicológica, que avalia a adequação dos manuais dos testes psicológicos, no Brasil, a serem utilizados profissionalmente (Para mais informações, vide http://satepsi.cfp.org.br/). Frente a esse montante de ferramentas psicológicas, o profissional se depara com uma importante tomada de decisão: Qual teste psicológico escolher para uso em determinada situação avaliativa? Para responder essa questão, é necessário que o profissional tenha clareza dos critérios relevantes para escolha do teste psicológico (APA, AERA & NCME, 2014).

Neste capítulo serão considerados seis critérios amplos para a escolha, sendo, o construto e sua faixa avaliativa, o público-alvo, a natureza e formato do instrumento, o contexto da avaliação, as propriedades psicométricas dos testes, e as habilidades do profissional. É de suma importância que o psicólogo responsabilize-se pela escolha do teste a ser utilizado. Tal qual expres-

so na Resolução do CFP n. 010/05, tratando do Código de Ética Profissional do Psicólogo, a tomada de decisão acerca dos procedimentos avaliativos a serem utilizados é de responsabilidade específica do profissional. A inadequação na escolha das ferramentas de avaliação pode prejudicar as pessoas que procuram pelo serviço do psicólogo, além de configurar prática inadequada da profissão (do que pode incorrer ter o registro no CFP, cassado).

Do construto e sua faixa avaliativa

Os testes psicológicos se diferenciam a partir de um conjunto amplo de características, que devem ser consideradas no momento de decisão acerca da ferramenta que será utilizada (Cunha, 2000; Urbina, 2007). O primeiro critério que deve guiar o profissional na escolha do teste psicológico refere-se ao construto que se pretende avaliar. Isto é, para a tomada de decisão, deve-se ter clareza do que se deseja mensurar e, mais que isso, se aquele construto é relevante para avaliação naquele contexto e/ou caso específico. Nesse mesmo sentido, deve-se considerar que na psicologia, o mesmo construto pode apresentar diferentes definições e compreensões a depender da perspectiva teórica subjacente, o que também deve ser observado pelo profissional. Por exemplo, se o profissional atua na área do trânsito, a avaliação da atenção é comum. Contudo, é necessário que esse profissional tenha clareza do embasamento para realizar tal avaliação, isto é, existem estudos sugerindo que avaliar esse construto nessa área é relevante? É relevante para o que exatamente na área? Quais elementos constitutivos da atenção? Que tipo de atenção, se difusa, sustentada, dividida, alternada...? E assim por diante.

Ao lado disso, tão importante quanto a clareza sobre o construto a ser avaliado, é a faixa do construto que se pretende avaliar, ou seja, considerando que dificilmente uma só ferramenta avaliativa é capaz de acessar todos os níveis do construto. Por exemplo, um só teste de inteligência dificilmente é capaz de avaliar deficiências cognitivas (níveis extremamente baixos), níveis baixos, moderados, altos e superdotação (níveis extremamente altos). Por isso, o profissional deve se atentar para a delimitação em termos de intensidade ou severidade aos quais o instrumento se destina.

Por exemplo, um profissional na clínica recebe um paciente que sinaliza questões importantes quanto às expectativas sobre o futuro. É possível que o profissional considere relevante avaliar o nível de esperança/desesperança desse paciente. Contudo, o profissional deve notar que existem instrumentos mais focados nos níveis de esperança da pessoa e outros mais focados no polo oposto do *continuum*, ou seja, nos níveis de desesperança. Assim, além da tomada de decisão quanto ao construto avaliado (p. ex., no caso, esperança/desesperança), o profissional deve decidir também qual ou quais faixas do construto são importantes a serem avaliadas naquele caso. Se no exemplo o paciente apresentar sintomas depressivos, que incluem geralmente a falta de esperança quanto ao futuro, o foco do profissional deve ser mais na desesperança do que em níveis mais altos de esperança.

Ainda, de acordo com Pedregon, Farley, Davis, Wood e Clark (2012), um importante aspecto avaliativo sobre o construto que o profissional deve considerar é o nível de desejabilidade social implicado na avaliação. Segundo os autores, a desejabilidade social diz respeito a demandas culturais e/ou pessoais que enviesam a resposta da pessoa frente a situação de testagem. Por exemplo, avaliar características da personalidade no contexto clínico parece implicar níveis baixos de desejabilidade social, pois no geral as pessoas que buscam a clínica estão mais propensas a serem honestas sobre si; já a mesma avaliação em um contexto de seleção profissional para vaga em uma empresa parece acarretar níveis mais altos de desejabilidade, nos quais as pessoas demonstram maior dificuldade para se manter honestas ao longo de todo processo avaliativo. Existem algumas técnicas e procedimentos para lidar com a desejabilidade social (p. ex., escolha-forçada, discutida neste capítulo), mas ainda não são conhecidos modos de eliminar completamente esse fenômeno.

Do público-alvo

Uma vez estabelecido o construto a ser avaliado, considerando a relevância de sua avaliação para determinado contexto, bem como a faixa do construto que deve ser avaliada, a escolha do teste psicológico deve ser também guiada pelo público-alvo a quem o instrumento se destina frente a demanda profissional. Do mesmo modo que a maior parte dos instrumentos não se destina a avaliar toda faixa do construto latente, dificilmente uma única ferramenta avaliativa apresenta estímulos destinados a toda e qualquer possível faixa etária. Assim, o profissional deve se atentar para qual faixa etária determinado teste foi desenvolvido. Por exemplo, instrumentos desenvolvidos para avaliação de aspectos psicológicos em crianças não devem ser aplicados em adultos, e vice-versa.

Além da idade, outros aspectos devem ser observados, que dependem do formato do teste psicológico e de especificidades do construto a ser mensurado. Por exemplo, em situações em que o avaliando é analfabeto, instrumentos implicando elementos verbais não devem ser utilizados; o mesmo vale para sujeitos com proficiência em desenho, casos em que o profissional deve ponderar sobre vieses no uso de técnicas gráficas de avaliação, já que o que se pretende avaliar são construtos psicológicos e não a habilidade para desenhar; entre outros. Vale atentar também para casos de populações específicas (Campos & Nakano, 2014), como deficiência visual e/ou intelectual, casos de transtornos de personalidade, e superdotação, em que demandas avaliativas ainda mais específicas podem se fazer presentes. Por exemplo, em casos de deficiência visual, o profissional deve-se atentar para não utilizar testes que impliquem leitura ou visualização de estímulos, e deve verificar a possibilidade de leitura para o paciente (em caso de testes verbais) ou da aplicação de outros formatos de ferramentas (desenvolvidas especificamente para esse público).

Ainda, outro ponto que deve ser considerado pelo profissional, e que está relacionado com a pessoa que irá passar pelo processo de avaliação, se refere ao conhecimento da pessoa sobre o teste (ou os testes) que será utilizado. É necessário que o profissional saiba se a pessoa tem alguma informação prévia sobre o teste e ponderar se essa informação pode trazer prejuízos para a avaliação. Por exemplo, no caso de se avaliar o nível de inteligência da pessoa, um respondente que já realizou o teste algumas vezes, pode apresentar uma pontuação mais alta do que realmente apresentaria, por já conhecer as tarefas do teste. Diferentemente, em uma avaliação sobre o nível de empatia da pessoa, o conhecimento do respondente sobre o teste, em que ele deve dizer o quanto afirmações são verdadeiras para

ele (p. ex., "Procuro dizer para as pessoas o que estou pensando"), pode não trazer qualquer tipo de prejuízo para a avaliação, já que não se trata de um teste de desempenho (acerto e erro).

Da natureza e do formato do instrumento

São encontradas na literatura diferentes formas de se agrupar os testes psicológicos, dependendo do que se destinam a mensurar. Por exemplo, Cronbach (1996) dividiu os testes em de desempenho máximo, sendo aqueles em que se espera a melhor resposta possível do respondente, e de desempenho típico, representados por testes em que não há certo ou errado; entre outros agrupamentos disponíveis na literatura. Anastasi e Urbina (2000) os agrupou em testes de habilidades, inventários de personalidade de autorrelato, testes de interesses e atitudes e técnicas projetivas; e de maneira similar, com base na finalidade avaliativa, Urbina (2007) os agrupou em três categorias, testagem padronizada no contexto educacional, testagem de pessoal e orientação vocacional e testagem clínica.

Mais atualmente encontra-se na literatura outras propostas de compreensão sobre os testes psicológicos, observados de acordo com a natureza de sua avaliação, isto é, o método de avaliação e o formato de resposta (Bornstein, 2007; Meyer & Kurtz, 2006). De acordo com a proposta de Meyer e Kurtz (2006), mais voltada para área da personalidade, mas que pode ser cuidadosamente ampliada para outras áreas, os instrumentos se distinguem em razão do nível de estruturação, variando entre aqueles prioritariamente não estruturados (p. ex., entrevistas clínicas abertas), com algum nível de estruturação (p. ex., as técnicas expressivas ou projetivas) até aqueles instrumentos mais estruturados (p. ex., os inventários de personalidade ou testes de inteligência).

Nessa concepção o nível de estruturação do instrumento está diretamente relacionado com o nível de estruturação dos estímulos ou itens, o que, por sua vez, é determinado pela sua objetividade ou clareza. Por exemplo, no caso do teste de Rorschach, observa-se que ele tem uma estrutura, uma vez que é composto de 10 pranchas, cada uma com uma mancha de tinta diferente, e que os avaliandos devem responder o que eles veem naquelas manchas, qual sua localização etc. Apesar da estruturação da tarefa, existem possibilidades ilimitadas de respostas, uma vez que elas dependerão da experiência particular de cada pessoa, sendo que cada resposta é possível de receber interpretações diferentes (ainda que não muito) por parte de diferentes psicólogos. Por outro lado, ao se avaliar um teste de inteligência, o nível de estruturação em todo o processo é alto, uma vez que os estímulos não são ambíguos, ou seja, são propositalmente construídos para avaliar uma determinada variável específica e tampouco podem ser interpretados de diferentes formas, uma vez que há crivos indicando as respostas certas e erradas. Para um maior aprofundamento acerca da natureza e diferenciação dos tipos de testes, consulte o capítulo 4 deste livro.

Um tipo de instrumento bastante utilizado em avaliações psicológicas são os de autorrelato. Essas ferramentas são caracterizadas pela autoaplicação, ou seja, o respondente tem todas as informações necessárias para responder o teste. Além disso, há sempre um número limitado de respostas possível às quais o avaliado pode assinalar. Também no formato de relato, são encontrados na literatura testes que devem ser

respondidos por uma pessoa que tenha contato próximo (p. ex., um familiar, um professor ou um amigo) com aquele que está sendo avaliado; são chamados testes de heterorrelato. Na Tabela 1 estão apresentados alguns dos vieses comuns atrelados ao formato de relato, auto e hétero.

Tabela 1 Vieses típicos de acordo com o formato de relato

Vieses	Autorrelato	Heterorrelato
Desejabilidade social	X	
Influência das relações sociais		X
Expectativas externas sobre o indivíduo		X
Nível de conhecimento sobre si	X	
Compreensão	X	X

Tal qual relatado anteriormente, a desejabilidade social é uma problemática possível em alguns contextos de avaliação psicológica, principalmente naqueles que pode implicar perdas para a pessoa que passa pelo processo avaliativo (p. ex., em processos seletivos para cargos em empresas). Já no caso de heterorrelato, a desejabilidade social não é geralmente esperada. Ainda no caso do heterorrelato, o tipo de vínculo estabelecido entre a pessoa que está sendo avaliada e o informante externo (p. ex., um familiar ou um amigo íntimo) pode impactar nas respostas dadas, o que inclui (terceiro viés listado na tabela) expectativas que o informante pode ter sobre o avaliado, que podem ser irreais em alguns casos. O penúltimo viés se refere a quanto o avaliado conhece sobre si próprio, mais do que o quanto ele está disposto a ser sincero, o que também pode trazer informações equivocadas sobre suas características psicológicas. Isto é, pessoas com diferentes níveis de conhecimento sobre si podem apresentar pontuações distintas em um mesmo teste mais em função do nível de conhecimento e menos em função do construto, o que prejudica a avaliação realizada. O último viés apresentado na Tabela 1 diz respeito a problemas na avaliação decorrentes da (falta ou insuficiente) compreensão do avaliado ou do informante em relação ao material apresentado (p. ex., o teste pode apresentar palavras que o respondente não conhece).

Ainda para o caso de testes com base no relato, auto ou heterorrelato, diferentes formatos para responder podem ser encontrados. Alguns testes de relato utilizam escalas de graduação como formato de resposta, largamente nomeadas de escalas graduais ou tipo *Likert* (neste último caso, rigorosamente a escala *Likert* deve ter cinco pontos, qualquer outro número de categorias deve ser referenciado como "tipo *Likert*"), que variam entre três categorias de resposta (e.g., "nunca", "às vezes" e "sempre") até um número maior de categorias, como sete ou dez. A ideia é que o avaliado escolha uma das categorias de resposta para cada questão apresentada. Diferente das escalas graduais, outro formato possível de resposta é o dicotômico, no qual o respondente tem somente duas opções de resposta (p. ex., "sim" e "não"). Ainda, também existem testes psicológicos cujo formato para resposta é dado por *forced choice* (Christiansen, Burn & Montgomery, 2005). Esse formato trata dos casos em que a pessoa é obrigada a optar por uma categoria de resposta, meio a outras possíveis, sem a opção de não escolher nenhuma entre as apresentadas.

A escolha com base na natureza e formato dependem da demanda a ser atendida. Em casos nos quais conhecidamente os respondentes tendem a ser pouco ou menos honestos nas respostas dadas, por exemplo, instrumentos de natureza menos estruturadas são apropriados, bem como testes cujo formato de resposta é o *forced choice*. Já os formatos implicando acerto e erro são demandados para casos em que se deseja avaliar construtos relacionados a habilidades e/ou funções executivas (como inteligência, criatividade e memória). Em outros casos, em que se deseja fazer diagnóstico de transtornos psiquiátricos, muitas vezes coleta-se o relato do paciente (autorrelato), mas também o relato profissional (heterorrelato) são de grande valia (Gorenstein, Andrade & Zuardi, 2000). Há uma gama bastante vasta de exemplos que podem ser dados, sendo de maior relevância que o profissional aprofunde seus conhecimentos nas áreas avaliativas de interesse, tornando possível a escolha adequada quanto ao formato do teste psicológico.

Do contexto da avaliação

Um importante fator, ao lado dos já descritos, é também o contexto em que a avaliação psicológica será realizada e, portanto, a aplicação dos testes psicológicos selecionados. Por exemplo, uma bateria de testes avaliando atenção, que leva aproximadamente duas horas para aplicação, pode ser utilizada em um processo de avaliação neuropsicológica, no qual o profissional tem algumas sessões para realizar o processo. Entretanto, ilustrativamente, a mesma bateria não poderia ser utilizada no contexto do trânsito, para avaliação pericial dos candidatos para obtenção da Carteira Nacional de Habilitação (CNH), já que é comum que nesse contexto diversos construtos, além da atenção, sejam avaliados, e o tempo disponível é geralmente reduzido. Nesse sentido, é necessário que o profissional escolha as ferramentas avaliativas também com base nas especificidades do contexto em que o processo irá ocorrer.

Além do tempo de execução dos instrumentos selecionados, o propósito atrelado ao contexto deve ser considerado pelo profissional. A Resolução do CFP n. 02/2003 lista cinco propósitos distintos para o procedimento avaliativo, sendo, descrição (breve interpretação dos resultados mais expressivos com base em preceitos teóricos), classificação diagnóstica (descrição do resultado a partir de classificação taxonômica), predição (interpretação dos resultados para finalidade de previsão de outras características psicológicas ou comportamentos), planejamento de intervenções (interpretação dos resultados para melhor compreensão sobre possíveis intervenções) e monitoramento (levantar dados ao longo do tempo para rastrear as características psicológicas).

Muitos instrumentos permitem que se realize um perfil psicológico sobre a pessoa, sem implicar diagnóstico ou prever comportamentos. Por exemplo, pode-se avaliar o perfil de personalidade de uma pessoa, somente com finalidade de descrever suas características, o que configura um propósito avaliativo de descrição. Em outros casos em que se pretende diagnosticar o sujeito, o propósito é de classificação diagnóstica, e deve-se utilizar instrumentos que possibilitem o profissional a estabelecer se a pessoa se enquadra ou não em determinada categoria diagnóstica (p. ex., se a pessoa tem depressão ou não). No caso do propósito de predição, o profissional deve utilizar ferramentas que lhe permitam prever comportamentos futuros da pessoa. Por exemplo, a avaliação psicológica realizada no contexto do trânsito, para a obtenção da CNH, enquadra-se nesse propósito, já que se pretende prever se aquela pessoa será um condutor adequado ou não. Já no caso de planejamento de

intervenções, os testes utilizados devem auxiliar o profissional na decisão das intervenções a serem realizadas com a pessoa (p. ex., no contexto hospitalar, decidir se a pessoa é indicada ou não, do ponto de vista psicológico, para a cirurgia bariátrica). E, por último, a finalidade de monitoramento é relativa a casos em que se necessita levantar repetidas vezes as mesmas características psicológicas da pessoa, ao longo do tempo, permitindo observar eventuais mudanças ou estabilidade nessas características.

Partindo dos cinco propósitos, por exemplo, o profissional deve ponderar se há uma demanda por estabelecer um diagnóstico a partir da avaliação psicológica realizada (classificação diagnóstica). Nesses casos, o profissional deve buscar selecionar um conjunto de ferramentas que lhe forneçam informações suficientes para chegar a um diagnóstico frente a demanda. Contudo, nem sempre instrumentos diagnósticos estão disponíveis, devendo o psicólogo ponderar sobre as conclusões possíveis de serem alcançadas, dado o montante de informação coletada na situação avaliativa. Em contrapartida, é também frequentemente relevante que o clínico levante informações psicológicas sobre o paciente (descrição), mas sem que exista finalidade diagnóstica, mas de compreensão sobre aquela pessoa. Assim, o profissional deve ser capaz de identificar nos manuais dos testes psicológicos elementos que sinalizem a quais propósitos determinado teste se destina.

Das propriedades psicométricas dos testes

Apesar da inequívoca relevância da escolha dos testes psicológicos a serem utilizados em um processo a partir do construto a ser mensurado, o público-alvo, a natureza e formato do instrumento e o contexto da avaliação, um dos fatores de maior impacto na escolha refere-se às características próprias do teste, nomeadamente, as propriedades psicométricas. A verificação das propriedades psicométricas de um teste psicológico diz respeito à investigação de determinados atributos, do ponto de vista da psicometria, de uma dada ferramenta avaliativa. É esperado que um teste apresente propriedades psicométricas adequadas relativas à fidedignidade, validade e normatização (APA, AERA & NCME, 2014). Nesta obra, as propriedades psicométricas fidedignidade e validade estão detalhadamente discutidas no capítulo 8 e a normatização no capítulo 9, sendo aqui apresentadas somente de maneira mais descritiva.

Apesar das três propriedades serem distintas entre si, há uma coerência em se buscar e conhecer tais propriedades (AERA, APA & NCME, 2014). Ao se escolher um teste psicológico, espera-se que essa ferramenta avalie prioritariamente o construto a que se destina (fidedignidade). Por exemplo, deve-se investigar se um teste para avaliação da inteligência está, de fato, levantando principalmente informações relativas à inteligência da pessoa e não sobre outros construtos (p. ex., memória e atenção). Observado que o instrumento avalia prioritariamente um construto, é importante garantir que esse construto que está sendo avaliado é de fato o construto esperado que o teste avalie e, além disso, estabelecer quais atributos desse construto estão e não estão sendo avaliados (validade, i.é, verificar a adequação das interpretações realizadas com base nas respostas dadas a um teste psicológico). Por exemplo, para verificar se um teste avalia de fato extroversão, é necessário que se compare as respostas de pessoas nesse teste com outros aos quais já se sabe que medem a extroversão; ou, investigar se pessoas que são consideradas como extrovertidas por outras fontes (p. ex., relatos de conhecidos) apresentam pontuações maiores no teste em relação a pessoas consideradas introvertidas.

A partir disso, existindo evidências de que o instrumento avalia prioritariamente um mesmo construto e que o construto avaliado é o pretendido, o passo seguinte refere-se ao estabelecimento de uma escala métrica e normas que possibilitem identificar a localização de um determinado sujeito no construto avaliado (normatização). A normatização de um teste psicológico é geralmente realizada com base no chamado grupo normativo. Esse grupo deve ser composto por um número mínimo de pessoas e com características tais que possa ser considerado como representativo de um grupo maior. Por exemplo, para o teste de extroversão hipotético, caso se deseje normatizá-lo para o Brasil, idealmente deve-se utilizar um grupo normativo com uma quantidade mínima de pessoas que permita representar a diversidade do país e, ainda, essas pessoas devem apresentar características diversas (p. ex., de diversas regiões do país), que reflitam a distribuição (nessas características) da população brasileira.

Além da verificação das propriedades psicométricas apresentadas, é importante também que o profissional conheça e utilize os procedimentos de padronização do teste psicológico. A padronização está relacionada com a uniformidade no uso das ferramentas avaliativas. Tipicamente, a padronização se refere ao momento da aplicação dos testes. Isto é, diz respeito ao grupo de regras estabelecidas para determinar como um teste deve ser utilizado e, mais especificamente, aplicado.

Das habilidades do psicólogo

Por último, é essencial que o profissional garanta ter os conhecimentos necessários para administrar determinada ferramenta psicológica. Alguns testes psicológicos apresentam um nível de complexidade para uso bastante pequeno (p. ex., muitas das escalas e inventários), de modo que a leitura atenta do manual e algumas aplicações do teste em si já conferem ao profissional habilidade suficiente para seu uso. Contudo, existem diversos casos em que a leitura do manual e algumas aplicações ficam aquém do necessário para o uso devido do teste psicológico. Por exemplo, o Rorschach, um teste psicológico composto por 10 pranchas, cada uma contendo uma mancha de tinta, não deve ser utilizado profissionalmente por psicólogos que não tenham formação específica nesse teste, dada sua complexidade para aplicação, correção e interpretação. Ressalta-se que a formação em psicologia não deve formar técnicos que aplicam e corrigem testes (Nunes, Muniz, Reppold, Faiad, Bueno & Noronha, 2012), mas capacitar o profissional ao uso adequado de qualquer ferramenta, o que implica também considerar as próprias limitações.

Ao lado disso, o profissional deve ponderar que o conhecimento sobre a ferramenta psicológica não é suficiente para seu uso devido. É também necessário conhecimento sobre o construto subjacente, isto é, as pesquisas e teorias que embasam o construto mensurado pelo teste, bem como as pesquisas realizadas na área, com o teste especificamente, e com o construto, elucidando ao profissional as limitações e pontos fortes do instrumento e as especificidades na avaliação daquele construto especificamente.

Nesse ínterim, faz-se necessário que o profissional demonstre habilidade para leitura íntegra do manual. Tal leitura deve contemplar também uma avaliação crítica acerca das propriedades psicométricas do instrumento, quais sejam fidedignidade, validade e normatização. Nesse sentido, o conhecimento em estatística e mais especificamente em psicometria é condição necessária para a escolha adequada dos testes psicológicos utilizados em um processo avaliativo. Para tanto, o profissional deve partir da lista de testes com parecer favorável no SATEPSI, mas deve considerar que os testes aprovados variam quanto ao grau de qualidade de suas propriedades psicométricas, cabendo ao psicólogo verificar qual o teste disponível mais apropriado.

Caso ilustrativo

Apresenta-se aqui um caso hipotético para ilustrar o processo de escolha do teste psicológico para uma demanda específica. Neste caso hipotético, o profissional encontra-se no contexto clínico, em sua clínica particular, e recebe um paciente (mulher, 25 anos de idade) encaminhado por um Centro de Atenção Psicossocial (CAPS) com suspeita de funcionamento histriônico clinicamente relevante, que pode se configurar como transtorno da personalidade histriônico ([DSM-5]; APA, 2013). Segundo o DSM-5, o funcionamento patológico histriônico está relacionado com uma necessidade exagerada de ter atenção das pessoas ao redor, com comportamentos típicos de sedução e demonstração exacerbada dos próprios sentimentos, sendo mais prevalente em mulheres.

A partir dos relatos da paciente em duas sessões, o psicólogo notou uma necessidade expressiva da paciente de ser constantemente o centro das atenções em situações sociais (como festas e em sala de aula na faculdade), além de comportamentos demasiadamente sedutores e sexualizados. As verbalizações eram frequentemente dramatizadas e os relatos de suas emoções eram intensos. De fato, essas informações sugeriam um funcionamento histriônico clinicamente relevante. Observando esses comportamentos, o profissional buscou na lista de testes aprovados pelo SATEPSI, alguma ferramenta que pudesse auxiliá-lo com a hipótese levantada sobre o funcionamento da paciente.

Partindo da lista do SATEPSI, o profissional selecionou um instrumento para aplicação, o Inventário de Personalidade NEO ([NEO-PI-R]; Costa Jr. & McCrae, 2009). Trata-se de um teste de autorrelato baseado no Modelo dos Cinco Grandes Fatores, ou *Five-Factor Model*, considerando cinco dimensões da personalidade (Neuroticismo, Extroversão, Agradabilidade, Conscienciosidade e Abertura à Experiência) e respectivas facetas.

O que guiou o profissional na escolha do teste, inicialmente, foi o construto a ser avaliado (i.é, características da personalidade) e para adultos (público-alvo). Também foi dada preferência ao formato autorrelato (natureza/formato), já que na clínica a desejabilidade social é menos recorrente em comparação a outros contextos, além da facilidade na administração de ferramentas de autorrelato, não necessitando de treinamento mais aprofundado para aplicação e, no geral, podendo ser aplicadas dentro do tempo disponível na clínica. O contato do profissional com o manual do NEO-PI-R possibilitou-o observar um número suficiente de estudos com o teste, inclusive tratando também do funcionamento histriônico (p. ex., Costa Jr. & Widiger, 1994). Além disso, as facetas que compõem os fatores do NEO-PI-R podem auxiliar no estabelecimen-

to do perfil de personalidade da paciente, o que seria de relevância clínica ao profissional para rastreio de suas dificuldas. O psicólogo optou por esse teste, entre outras possibilidades de um conjunto de testes de autorrelato, por concordar com o modelo subjacente (Modelo dos Cinco Grandes Fatores). Nesse sentido, o profissional buscou utilizar informações de fontes com diferentes naturezas, as informações provenientes do CAPS (relato externo sobre a pessoa), entrevista aberta na clínica (observação do psicólogo) e teste de personalidade (autorrelato).

Após a aplicação do NEO-PI-R, o psicólogo observou pontuações mais elevadas nas facetas Ansiedade e Impulsividade (Neuroticismo), Gregarismo, Atividade e Busca de Sensações (Extroversão) e mais baixa em Ponderação (Agradabilidade). O perfil descrito pelo teste sugere que a paciente tem tendências a preocupar-se com o futuro e a não ponderar suas ações, tende a preferir estar entre outras pessoas e a expressar suas emoções, além de uma clara tendência a se expressar abertamente aos outros e uma predisposição a falar sobre si próprio.

Por um lado, o perfil informado a partir do teste aplicado sugeriu ao clínico que a hipótese sobre a paciente estava correta; por outro, o profissional observou que a pontuação alta no teste não necessariamente sugeria funcionamentos patológicos, já que o NEO-PI-R não foi construído para avaliação de níveis patológicos mais extremos de funcionamento da personalidade. Por isso, o profissional buscou outros instrumentos na lista do SATEPSI que poderiam auxiliá-lo em uma compreensão mais aprofundada acerca do funcionamento da paciente. Contudo, o profissional não encontrou nenhum instrumento psicológico aprovado que avaliasse as características tipicamente relacionadas ao funcionamento histriônico, sobretudo, em sua versão mais patológica (transtorno da personalidade histriônico).

O psicoterapeuta, então, propôs-se a verificar testes disponíveis no Brasil de acordo com a literatura científica. Entre os poucos instrumentos psicológicos escassos desenvolvidos no país ou adaptados, foi encontrado o Inventário Dimensional Clínico da Personalidade ([IDCP]; Carvalho & Primi, 2015), para avaliação de características patológicas da personalidade, entre elas, as dimensões Instabilidade Emocional e Necessidade de Atenção, relacionadas com o funcionamento histriônico, segundo os autores (Carvalho & Primi, 2015, 2016). Além disso, o teste cumpriu os demais critérios tal qual o NEO-PI-R.

Contudo, considerando a Resolução do CFP n. 02/2003, os psicólogos no Brasil podem utilizar profissionalmente somente testes psicológicos submetidos e aprovados pelo SATEPSI, o que não ocorreu com o instrumento (i.é, não foi submetido), impossibilitando o uso clínico do IDCP pelo profissional naquela situação. Frente a isso o profissional optou por encaminhar a paciente para um profissional com expertise no Rorschach, um instrumento de autoexpressão que apresenta indicadores que podem estar relacionados com algumas características do funcionamento histriônico (Blais & Hilsenroth, 1998). Uma outra alternativa, mas que pode gerar questionamentos na área, seria a aplicação do IDCP pelo profissional em caráter de pesquisa (caso ele mesmo tivesse um projeto aprovado em um comitê de ética em pesquisa ou participasse de um projeto aprovado) que utilizasse as informações coletadas pelo instrumento como indicadores extra-avaliação. Nesse caso o profissional deveria ponderar sobre as limitações dos dados coletados, além de cuidar para não caracterizar uma ação antiética em sua prática profissional. Ressalta-se que não é intento neste capítulo sugerir o uso desse procedimento, mas levantar possibilidades e fomentar o debate para casos atípicos em que o profissional se depara com a escassez de ferramentas avaliativas.

Considerações finais

Buscou-se no presente capítulo elucidar critérios fundamentais na escolha dos testes psicológicos mais adequados para uso na prática profissional, quais sejam, construto que se pretende mensurar, público-alvo, natureza e formato do teste, contexto da avaliação, propriedades psicométricas e habilidades do psicólogo. Não se tentou esgotar o tema, mas ainda assim entende-se que os critérios aqui levantados são fundamentais para uma escolha adequada e ética.

Ressalta-se a importância de o profissional manter a clareza sobre a própria responsabilidade quanto à adequação do serviço prestado à comunidade. Nesse sentido, deve esse profissional garantir tomadas de decisões adequadas frente às demandas de quem busca por seus serviços, seja em qualquer contexto de atuação. A tomada de decisão adequada depende, entre outros fatores, da constante atualização e reciclagem do profissional acerca dos construtos e ferramentas avaliativas disponíveis, bem como sobre as especificidades típicas da avaliação nas áreas e construtos específicos.

Referências

APA, AERA & NCME (2014). *Standards for psychological and educational testing.* Nova York: American Educational Research Association.

Blais, M.A. & Hilsenroth, M.J. (1998). Rorschach correlates of the DSM-IV histrionic personality disorder. *Journal of Personality Assessment*, 70 (2), 355-364.

Campos, C.R. & Nakano, T.C. (org.) (2014). *Avaliação psicológica direcionada a populações específicas*: técnicas, métodos e estratégias. Vol. 1. São Paulo: Vetor, 236 p.

Carvalho, L.F. & Primi, R. (2016). Prototype Matching of Personality Disorders – Prototypes withe the Dimensional Clinical Personality Inventory. *Psicologia: Teoria e Pesquisa*, 32, 1-9.

Christiansen, N.D., Burns, G.N. & Montgomery, G.E. (2005). Reconsidering forced-choice item formats for applicant personality assessment. *Human Performance*, 18 (3), 267-307.

Costa Jr., P.T. & McCrae, R. (2009). *NEO-PI-R – Inventário de Personalidade NEO Revisado:* Manual. São Paulo: Vetor.

Cunha, J.A. (2000). *Psicodiagnóstico V*. 5. ed. rev. e ampl. Porto Alegre: Artes Médicas.

Fraser, M.T.D. & Gondim, S.M.G. (2004). Da fala do outro ao texto negociado: discussões sobre a entrevista na pesquisa qualitativa. *Paideia*, 14 (28), 139-152.

Gorenstein, C., Andrade, L.H.S.G. & Zuardi, A.W. (2000*). Escalas de avaliação clínica em psiquiatria e psicofarmacologia.* São Paulo: Lemos.

Meyer, G.J., Finn, S.E., Eyde, L.D., Kay, G.G., Moreland, K.L., Dies, R.R., Eisman, E.J., Kubiszyn, T.W. & Reed, G.M. (2001). Psychological testing and psychological assessment: a review of evidence and issues. *American Psychologist*, 56, 128-165.

Meyer, G.J. & Kurtz, J.E. (2006). Advancing personality assessment terminology: Time to retire "objective" and "projective" as personality test descriptors. *Journal of Personality Assessment*, 87, 223-225.

Pedregon, C.A., Farley, R.L., Davis, A., Wood, J.M. & Clark, R.D. (2012). Social desirability, personality questionnaires, and the "better than average" effect. *Personality and Individual Differences*, 52 (2), 213-217.

Urbina, S. (2007). *Fundamentos da testagem psicológica*. Porto Alegre: Artmed.

7
Competências e cuidados para a administração da avaliação psicológica e dos testes psicológicos

Monalisa Muniz

O presente capítulo tem o objetivo de fornecer informações que auxiliem na formação e prática do profissional psicólogo no que se refere a um melhor conhecimento da administração da avaliação psicológica e de testes psicológicos. Ao pontuar separadamente a administração da avaliação com a dos testes, não significa que há uma utilização do teste separada da avaliação, mas sim ressaltar o cuidado que o psicólogo deve ter ao usar o teste no processo de avaliação psicológica. Essa separação meramente didática se faz importante para que o leitor entenda a especificidade dessas atividades, mas também compreenda que o teste deve sempre estar inserido em um contexto de avaliação psicológica, o qual será beneficiado com a utilização adequada dos testes psicológicos.

A administração de um teste psicológico consiste em um conjunto de ações e conhecimentos que engloba o antes, o durante e o depois no processo de avaliação psicológica. A utilização do teste pressupõe que o usuário apresente competências para realizar um processo de avaliação psicológica. Esse instrumento psicológico deve ser utilizado somente dentro desse processo, o qual permitirá a contextualização dos resultados do teste com demais informações sobre o indivíduo ou grupo, contribuindo para uma melhor compreensão do funcionamento cognitivo, emocional e social do ser humano.

Já há documentos, artigos e capítulos de livros que abordam como e o que deve ser feito para realizar uma avaliação psicológica, quais competências são necessárias para o avaliador, mas a maioria tende a abordar questões mais relacionadas ao uso dos testes psicológicos. Tais informações podem ser obtidas, por exemplo, em AERA, APA, NCME (1999), APA (2000), Cartilha da Avaliação Psicológica (2013), Cunha (2002), ITC (2000) e Urbina (2007). Entretanto, mais do que pontuar como deve ser realizada a administração, quais as competências necessárias, pretende-se, neste capítulo, tornar mais compreensivo o porquê de tantos cuidados com as variáveis envolvidas na administração da avaliação psicológica e de testes psicológicos. Além disso, o texto levará em consideração o atual contexto brasileiro em relação à área da avaliação psicológica, pois documentos internacionais (AERA, APA, NCME, 1999; APA, 2000; ITC, 2000; Urbina, 2007) não estão contextualizados com o cenário brasileiro da avaliação psicológica, apesar de auxiliarem em diversos momentos da história da avaliação psicológica no Brasil, inclusive servindo como base para a construção dos próprios documentos brasileiros. Assim, inicialmente se faz necessário apresentar como ocorre o processo de avaliação psicológica. Para tanto, serão apresentadas as competências importantes para o desenvolvimento do processo de avaliação e, por fim, se fará uma consideração final pontuando o quão imprescindível é a formação do psicólogo na área da avaliação psicológica.

Conforme a descrição do Conselho Federal de Psicologia – CFP (2013):

> A avaliação psicológica é um processo técnico e científico realizado com pessoas ou grupos de pessoas que, de acordo com cada área de conhecimento, requer metodologias específicas. Ela é dinâmica e constitui-se em fonte de informações de caráter explicativo sobre os fenômenos psicológicos, com a finalidade de subsidiar os trabalhos nos diferentes campos de atuação do psicólogo, dentre eles a saúde, educação, trabalho e outros setores que ela se fizer necessária. Trata-se de um estudo que requer um planejamento prévio e cuidadoso, de acordo com a demanda e fins para os quais a avaliação se destina (p. 13).

Como pode ser observada na definição, a avaliação psicológica é importante para nortear o trabalho do psicólogo, e é um procedimento que precisa ser programado. Segundo Cunha (2003), há alguns passos a serem considerados para a realização da avaliação psicológica. Na verdade, a referida autora pontua as etapas de um psicodiagnóstico, mas que são válidas para a avaliação psicológica, pois o psicodiagnóstico é o nome utilizado para a avaliação psicológica realizada especificamente com a finalidade clínica. Os passos elencados pela autora são: levantar perguntas sobre o motivo da consulta e assim formular hipóteses iniciais e o objetivo da avaliação; fazer um planejamento, seleção e utiliza-

ção dos instrumentos psicológicos; realizar uma busca de dados por meio quantitativo e qualitativo; fazer uma análise dos dados, integrando as informações obtidas e inferir uma compreensão do sujeito tendo como base as hipóteses iniciais e os objetivos da avaliação; e comunicar sobre os resultados advindos da avaliação, orientando as próximas etapas do caso e finalizar o processo.

Além dos passos, Cunha (2003) também pontua alguns comportamentos que o psicólogo deve desempenhar para a realização da avaliação: identificar a razão do encaminhamento e as questões iniciais; fazer um levantamento de dados psicológicos, sociais, médicos, profissionais, escolares, entre outros que se fizerem necessários sobre o sujeito e pessoas significativas, sendo muitas vezes necessária a informação de terceiros (pais, professores, médicos etc.) e demais fontes; investigar a história clínica e pessoal do sujeito procurando similaridades com a situação atual; realizar um exame do estado mental de maneira subjetiva e objetiva; obter uma hipótese inicial e o objetivo da avaliação; fazer o planejamento da avaliação; propor um contrato de trabalho; administrar testes, instrumentos e técnicas psicológicas; fazer um levantamento de dados tanto quantitativos quanto qualitativos; integrar as informações obtidas de forma organizada e relevante tendo como referência o objetivo da avaliação; comunicar os resultados, quando necessário por meio de documentos, mas sempre com uma entrevista devolutiva na qual, caso pertinente, sejam feitos encaminhamentos para o benefício do sujeito; e finalização do processo.

Esses passos e comportamentos relacionados pela autora são norteadores, mas não há um formato fechado de como deve ser realizada a avaliação psicológica, tanto que na definição sobre avaliação, um dos pontos é a flexibilidade do processo, pois tudo irá depender da demanda, dos objetivos, da população, do contexto etc. No entanto, independente do formato e conteúdo da avaliação, não há como negar sua complexidade, pois exige do avaliador um aprofundamento psicológico sobre o indivíduo e grupo, bem como das diversas técnicas, instrumentos e testes psicológicos que podem ser utilizados. Dentre os recursos possíveis no processo de avaliação, o teste psicológico tem um destaque, já que é uma ferramenta objetiva com diversos estudos que comprovam sua validade, precisão e normatização. Porém, os testes são ferramentas complexas, uns mais, outros menos, mas todos demandam conhecimento vasto e consistente sobre a utilização de testes e os construtos a serem mensurados, bem como expertise em avaliação psicológica.

Pensando nas competências que um psicólogo precisa apresentar para efetuar uma avaliação psicológica, bem como para o uso de testes psicológicos, pesquisadores da área no Brasil, com apoio do Instituto Brasileiro de Avaliação Psicológica – IBAP, elaboraram um documento contendo diretrizes para a formação em avaliação psicológica e que contempla, mas não esgotam, as competências necessárias para se efetuar uma avaliação psicológica adequada (Nunes, Muniz, Reppold, Faiad, Bueno & Noronha, 2012). A seguir serão elencadas as 26 competências e descrita uma breve explicação da sua importância para a administração do processo de avaliação psicológica e dos testes psicológicos. Esses apontamentos explicativos não constam no documento supracitado de 2012, foram construídos para o presente capítulo, mas sem a pretensão de abranger todas as variáveis para elucidar a contribuição de cada competência para a administração do processo de avaliação psicológica e de testes psicológicos, pois, para isso, seria ne-

cessária a compilação em um livro. No entanto são apontamentos que já demonstram o porquê tais competências são imprescindíveis.

1) *Conhecer os aspectos históricos da avaliação psicológica em âmbito nacional e internacional*. Para o avaliador, tal conhecimento contribui para que se possa compreender melhor a função da avaliação psicológica na atuação do psicólogo, bem como ter ciência de erros já cometidos em processos de avaliação e não os empreender novamente, mas sim identificar o que pode ser aprimorado, inclusive observando ações de outros países. Esse argumento também se aplica para o uso dos testes, e ainda ressalta a importância de o psicólogo saber diferenciar teste e avaliação psicológica, que muitas vezes, ainda são utilizados como sinônimos.

2) *Conhecer a legislação pertinente a avaliação psicológica (Resoluções do CFP, Código de Ética Profissional do Psicólogo, histórico do Sistema de Avaliação dos Testes Psicológicos – SATEPSI e as políticas do CFP para a Avaliação Psicológica)*. A atuação do psicólogo, inclusive no processo de avaliação psicológica precisa contemplar o que as resoluções normatizam para a prática. Caso a legislação seja infringida, podem ocorrer penalidades ao profissional. Porém, o mais importante ao seguir as legislações, resoluções e políticas de ações, é que elas procuram assegurar que o psicólogo atue de forma responsável e respeitosa com o ser humano. Sobre todas essas atividades, o psicólogo precisa sempre estar atualizado, pois são ações que vão se modificando e sendo construídas conforme a necessidade da profissão diante as mudanças da sociedade e novos achados científicos.

3) *Considerar os aspectos éticos na realização da avaliação psicológica*. Em qualquer relação é necessária uma conduta ética, e para a prática do

psicólogo, assim como de qualquer profissão, há um Código de Ética que orienta a relação do psicólogo com o ser humano e a sociedade. O psicólogo precisa ter conhecimento e atuar conforme os preceitos éticos envolvidos na avaliação psicológica, e que estão estipulados no Código. Mais do que agir dentro da ética para evitar punição, caso infrinja o Código, é imprescindível que o psicólogo tenha consciência que o comportamento ético é vital para boas relações interpessoais e o funcionamento da sociedade. Referente ao uso dos testes, há condutas éticas peculiares para situações de testagem, além das que envolvem o processo da avaliação psicológica. Alguns pontos do código de ética são mais específicos para a administração da avaliação psicológica e de testes psicológicos. Quanto à responsabilidade do psicólogo, pode-se observar no código: prestar serviço utilizando conhecimentos e técnicas reconhecidamente fundamentadas na ciência psicológica; fornecer informações sobre o objetivo do trabalho que será realizado; fornecer informações, a quem de direito, sobre os resultados de serviço psicológico prestado, transmitindo somente o que for necessário para tomada de decisão que afetem o usuário ou beneficiário; e zelar pela guarda, empréstimo, comercialização, aquisição e doação de material privativo do psicólogo. Já sobre o que é vedado ao psicólogo: emitir documento sem qualidade técnico-científica; interferir na validade e fidedignidade de instrumentos e técnicas psicológicas, adulterar seus resultados ou fazer declarações falsas; ser perito avaliador ou parecerista em situações que há vínculos pessoais ou profissionais; realizar diagnósticos, divulgar procedimentos ou resultados que exponham pessoas, grupos ou organizações; preservar o sigilo das informações; e não divulgar, ensinar, ceder, emprestar ou vender a leigos instrumentos e técnicas psicológicas que

permitam ou facilitem o exercício ilegal da profissão (CFP, 2005).

Ainda, quanto aos testes psicológicos, apenas poderão ser utilizados na prática profissional os que apresentarem requisitos mínimos que estão previstos na Resolução CFP 005/2012 que alterou a 002/2003. Então, ao planejar a aplicação de testes psicológicos no processo de avaliação psicológica, o psicólogo deve consultar a lista dos testes aprovados pelo CFP que está disponível on-line em http://satepsi.cfp.org.br/, e verificar quais testes aprovados são adequados para o objetivo da testagem no processo de avaliação. A Resolução, ao ser modificada, incluiu o artigo 20-A:

> ao psicólogo, na produção, validação, tradução, normatização, comercialização e aplicação de testes psicológicos é vedado: a) realizar atividades que caracterizem negligência, preconceito, exploração, violência, crueldade ou opressão; b) induzir a convicções políticas, filosóficas, morais, ideológicas, religiosas, raciais, de orientação sexual; c) favorecer o uso de conhecimento da ciência psicológica e normatizar a utilização de práticas psicológicas como instrumentos de castigo, tortura ou qualquer forma de violência.

Ressalta-se que os testes com parecer favorável para a utilização do psicólogo foram avaliados por uma comissão especialista na área da avaliação psicológica que faz parte do SATEPSI, e que certificou a qualidade do instrumento quanto a sua validade, precisão e normatização. Esse cuidado garante ao profissional maior segurança e qualidade para usar os dados, obtidos por meio do teste, na avaliação psicológica.

4) *Saber avaliar se há condições de espaço físico adequadas para a avaliação e estabelecer con-*

dições suficientes para tal. A avaliação psicológica pode ocorrer em diversos ambientes (escola, organização, clínica etc.), mas é necessário que se garanta um espaço físico que comporte confortavelmente os envolvidos no processo, com materiais adequados para a aplicação das técnicas que serão utilizadas, que seja um ambiente iluminado, ventilado, livre de ruídos e interrupções, e com privacidade para o desenvolvimento do processo. Todos esses fatores apontados, quando não garantidos, tendem a interferir negativamente no processo da avaliação psicológica, pois o avaliado pode se sentir incomodado e com dificuldades de se atentar ao processo, o que prejudicará o levantamento das informações. Por exemplo, em um ambiente que é pouco ventilado, o sujeito pode começar a sentir muito calor, e até mesmo dificuldade para respirar, inviabilizando um processo tranquilo de avaliação psicológica. Para as aplicações dos testes também são recomendadas as mesmas variáveis da avaliação psicológica, além de o sujeito conhecer o teste que irá aplicar, pois há testes que demandam materiais específicos e/ou um espaço maior para aplicação. Além disso, caso o ambiente não seja adequado para a utilização de um determinado teste, e não há a possibilidade de outro ambiente, é necessário repensar os testes, buscando algo que seja apropriado para o ambiente.

5) *Ser capaz de compreender a avaliação psicológica enquanto processo, aliando seus conceitos às técnicas de avaliação*. A avaliação psicológica é um levantamento, síntese e articulação de inúmeras informações sobre o sujeito ou grupo, que devem ser obtidas por meio de diversas técnicas com a finalidade de compreender substancialmente o funcionamento cognitivo, emocional e social, e o teste é uma das técnicas que pode ou não ser utilizada. Quando se fizer o uso

do teste, e é sempre recomendável que se faça, é necessário que os resultados sejam analisados com as demais informações obtidas por meio de outras técnicas. O psicólogo e a sociedade precisam saber que avaliação psicológica não se faz, por exemplo, apenas com aplicação de testes psicológicos, mas com um conjunto de técnicas e conhecimentos da ciência psicológica.

6) *Ter conhecimento sobre funções, origem, natureza e uso dos testes na avaliação psicológica*. Complementando a competência anterior, a avaliação psicológica é um processo no qual se pode utilizar testes para contribuir com a melhor compreensão do indivíduo ou grupo. Porém, é necessário ter conhecimento sobre qual tipo de teste (construto avaliado, forma de aplicação, tempo de aplicação, tipo de item, público-alvo) será mais adequado com o objetivo e peculiaridades da avaliação que será desenvolvida. Para que o psicólogo possa utilizar um teste, ele precisa conhecê-lo muito bem tanto de forma teórica quanto prática, pois somente assim é que poderá julgar se o teste será adequado para a avaliação psicológica que está sendo realizada. Como exemplo pode-se pensar em uma avaliação psicológica dentro de um processo seletivo que contemplará 15 candidatos. O psicólogo que fará o processo precisará verificar o recurso financeiro disponível para compra do material de teste, o prazo para finalizar o processo, as características a serem avaliadas para o cargo, as particularidades do grupo de participantes e a sua própria habilidade para utilizar determinados testes. Considerando esses elementos, o psicólogo deverá julgar se aplicará um ou mais testes e quais construtos serão contemplados, bem como precisará decidir se utilizará um teste objetivo, como as escalas de personalidade ou expressivos.

7) *Ter conhecimento sobre o processo de construção de instrumentos psicológicos.* Na avaliação psicológica esse conhecimento é importante, pois propicia uma compreensão mais aprofundada sobre os testes, como por exemplo, os tipos de itens e quais as vantagens e desvantagens de utilizar testes com itens de respostas construídas ou respostas selecionadas, qual tipo de teste (objetivo/expressivo) irá contribuir para determinada avaliação, se as evidências de precisão e validade irão contribuir para o objetivo da avaliação psicológica, entre outras questões. Para o uso dos testes, essa competência de como se constrói um teste, os passos a serem desenvolvidos, as diversas possibilidades de busca por evidências de validade e precisão, a composição da amostra normativa, entre outros pontos, possibilita o psicólogo, por exemplo, ao ler o manual, identificar se o teste contempla somente os requisitos mínimos exigidos para aprovação ou se demonstra sustentação teórica e empírica com mais fundamentação, comprovações científicas, resultados robustos etc.

8) *Ter conhecimento sobre validade, precisão, normatização e padronização de instrumentos psicológicos.* Para que se possa escolher o(s) teste(s) mais adequado(s) para a avaliação psicológica, além de ter clareza do objetivo da avaliação, deve-se: observar para quais contextos e populações as interpretações do teste apresentam validade; qual a precisão da mensuração para a população que seu sujeito ou grupo se encaixa; se há normas específicas para o sujeito ou grupo que está sendo avaliado; se a padronização para a aplicação, correção e interpretação do teste são apropriadas para a avaliação que está sendo efetuada; e se o aplicador tem competência para aplicar, corrigir e interpretar o teste. Sem tais conhecimentos o psicólogo pode aplicar um teste construído para avaliar comportamentos de adultos que trabalham em organizações em uma adolescente que está realizando uma orientação profissional. Tal teste não é condizente com o contexto e população para o qual foi elaborado. O mesmo deve ser cuidado com testes de inteligência nos quais há tabelas para sujeitos que estudaram em escola pública ou particular, pois é necessário fazer uma interpretação de acordo com os pares da pessoa que está sendo avaliada.

9) *Saber escolher e interpretar tabelas normativas dos manuais de testes psicológicos.* Caso o psicólogo faça uma escolha e/ou interpretação inadequada das tabelas normativas, o resultado do teste será alterado e será feita uma compreensão equivocada das informações do teste, prejudicando a análise junto aos demais dados da avaliação psicológica. Geralmente os testes tendem a apresentar tabelas normativas para diferentes populações, por exemplo, sexo, idade, tipo de escola. É necessário saber qual tabela será mais apropriada para o sujeito ou grupo que está sendo avaliado.

10) *Ter capacidade crítica para refletir sobre as consequências sociais da avaliação psicológica.* A avaliação psicológica só deve ser realizada se for gerar um benefício para o sujeito ou grupo avaliado. Muitas situações podem gerar o malefício, mas cabe ao psicólogo detectar esse tipo de situação e agir de forma ética. Por exemplo, uma empresa pode pedir a avaliação psicológica de um grupo de funcionários e utilizar os resultados para demiti-los. Essa é uma situação na qual a consequência é o malefício, e não deve ser endossada pelo psicólogo. Tal competência é importante também para o uso dos testes, pois a utilização errada de um teste quanto ao objetivo da mensuração, a forma inadequada de aplicação, ou a inabilidade para correção e interpretação, pode contribuir para uma compreensão equivocada do sujeito ou grupo avaliado, induzindo a decisões que serão prejudiciais para o ser humano, como, por exemplo, a indicação de estratégias de intervenção inadequadas.

11) *Saber avaliar fenômenos humanos de ordem cognitiva, afetiva e comportamental em diferentes contextos.* A avaliação psicológica é realizada para que se possa obter uma melhor compreensão do indivíduo ou grupo, e para isso é necessário que o psicólogo tenha conhecimentos de diversas áreas da Psicologia, entre elas aprendizagem, desenvolvimento, psicopatologia, personalidade e processos cognitivos, pois somente assim é possível entender o ser humano de maneira mais global. No entanto, é necessário integrar todos esses aspectos às questões sociais e históricas do indivíduo ou grupo, pois são variáveis que interferem no processo de constituição das pessoas. Sobre a utilização dos testes, não é diferente, pois estes contribuem para a avaliação desses fenômenos, mas seus resultados também precisam ser analisados em conjunto com as variáveis sociais e históricas. Ao se obter o resultado de um teste, o psicólogo precisa se perguntar, investigar e compreender o que faz com que tal dado tenha surgido, e para isso é necessário considerar o contexto sócio-histórico.

12) *Ter conhecimento sobre a fundamentação teórica de testes psicométricos e do fenômeno avaliado.* Para que um teste contribua na avaliação psicológica é imprescindível compreender a fundamentação teórica que embasa o construto avaliado pelo teste. Por exemplo, o psicólogo precisa avaliar a questão da agressividade e irá utilizar um determinado teste, então precisará entender qual teoria da agressividade está fundamentando esse construto avaliado, pois a interpretação dos resultados estará embasada em uma teoria, e o próprio psicólogo pode discordar de tal teoria ou não possuir conhecimento suficiente para compreendê-la, então será mais apropriado utilizar outro teste.

13) *Ter conhecimento sobre a fundamentação teórica de testes projetivos e/ou expressivos e do fenômeno avaliado.* O argumento para a importância dessa competência é o mesmo para a competência anterior.

14) *Saber administrar, corrigir, interpretar e redigir os resultados de testes psicológicos e outras técnicas de avaliação.* A condução errada dos testes e técnicas, em qualquer etapa da utilização desses recursos, levará o psicólogo a ter compreensões inadequadas do indivíduo ou grupo, comprometendo o resultado da avaliação psicológica, o que consequentemente prejudicará o avaliado. Especificamente sobre os testes, estes são instrumentos padronizados, isso implica que sua administração, correção, interpretação e redação dos resultados seguem regras a serem cumpridas por qualquer psicólogo, ou seja, todos devem gerenciar da mesma maneira a aplicação, correção e interpretação, pois é isso que garante a validade e precisão do instrumento, contribuindo com as informações de demais técnicas. Caso o psicólogo necessite modificar a aplicação por causa de demandas peculiares do sujeito a ser avaliado, por exemplo, pessoas com deficiência física, o profissional não poderá comparar os resultados do sujeito com a tabela de normatização e deverá fazer uma interpretação qualitativa dos resultados e do processo de aplicação dos testes. Mais à frente, neste mesmo capítulo, será mais bem detalhado esse ponto ao se abordar a administração da avaliação psicológica e do teste psicológica em pessoas com deficiência.

15) *Saber selecionar instrumentos e técnicas de avaliação de acordo com objetivos, públi-*

co-alvo e contexto. A avaliação psicológica é um processo flexível que permite a conciliação de diversas técnicas que sejam mais apropriadas ao objetivo da avaliação, ao público que será avaliado e ao contexto. O psicólogo precisa ter o conhecimento aprofundado de diversas técnicas e instrumentos para que possa ter o discernimento de quais serão adequados diante determinada situação de avaliação, por exemplo, em uma avaliação com criança, a depender da motivação, aderência ao processo, entre outros fatores, o psicólogo poderá verificar que não será possível a aplicação de testes psicológicos, justamente porque a criança não coopera com a atividade. Quanto à seleção de testes psicológicos, além das competências já destacadas neste capítulo, é necessário que o psicólogo tenha conhecimento de diversos testes. Um avaliador precisa ter competência na administração de diversos instrumentos, justamente para que possa escolher o melhor dependendo do objetivo, público-alvo e contexto da avaliação. Ter o conhecimento restrito a poucos testes tende a prejudicar a avaliação, pois um teste pode ser ótimo para determinado contexto, por exemplo, clínico, mas não ser adequado para o organizacional por diversas razões, entre elas o tempo de aplicação, correção e interpretação, e o próprio objetivo da avaliação psicológica.

16) *Saber planejar uma avaliação psicológica de acordo com objetivo, público-alvo e contexto.* Como mencionado anteriormente, a avaliação psicológica é um processo flexível. A duração, as técnicas e instrumentos utilizados, a sequência das sessões, as avaliações de outros profissionais (ex.: médicos, fonoaudiólogos) e possíveis entrevistas com terceiros (ex.: professores) dependerá do objetivo, público-alvo e contexto. Ao planejar a avaliação é preciso identificar

se o teste psicológico será utilizado, e, se sim, qual(is) será(ão) mais adequado(s). Conforme descrito no início do texto citando Cunha (2003) há alguns passos e atitudes a serem desempenhados pelo avaliador, no entanto, apesar de o planejamento inicial ser importante, a cada sessão o psicólogo tem a oportunidade de reestruturar o planejamento se adequando ao que foi percebido com as informações trazidas pelo sujeito. As competências anteriormente citadas precisam estar presentes para que o sujeito saiba planejar a avaliação psicológica.

17) *Planejar processos avaliativos e agir de forma coerente com os referenciais teóricos adotados.* O planejamento da avaliação psicológica precisa ser embasado em um referencial teórico que norteará a análise dos dados obtidos e a compreensão do funcionamento cognitivo, emocional e social do indivíduo ou grupo. O referencial teórico também orienta a escolha de técnicas e instrumentos a serem utilizados. Por exemplo, se o psicólogo utiliza um referencial da abordagem cognitivo-comportamental, a compreensão dos dados e do funcionamento do sujeito, bem como as técnicas e instrumentos escolhidos, deverão ser coerentes com esse referencial. Essa mesma postura deve ser adotada ao se utilizar os testes, pois também precisam ser condizentes com o referencial teórico escolhido; então, caso o referencial seja cognitivo-comportamental, ficará inadequada a utilização de testes projetivos, que são fundamentados na psicanálise, pois exigirá que o profissional demonstre competência e conhecimento aprofundado da teoria psicanalítica.

18) *Identificar e conhecer peculiaridades de diferentes contextos de aplicação da avaliação psicológica.* A configuração da avaliação tende a ser modificada dependendo do contexto que está inserida. Por exemplo, no contexto infantil são

utilizadas técnicas, instrumentos que diferem do contexto da avaliação de um adulto, até mesmo as pessoas envolvidas tendem a diferir, no caso de crianças, além dos pais e/ou responsáveis, muitas vezes é necessária a entrevista com professores. Então o psicólogo precisa estar atento a essas peculiaridades de cada contexto para que a avaliação psicológica seja desenvolvida de forma adequada ao seu contexto de aplicação. Assim, no que se refere aos testes, ao identificar e conhecer as peculiaridades dos diferentes contextos, o psicólogo também deve saber escolher o teste mais apropriado. Por exemplo, em um contexto de seleção de pessoas, no qual diversos candidatos, ao mesmo tempo e juntos, serão submetidos a alguns testes, não se deve utilizar teste de aplicação individual, bem como facilitará o processo a utilização de testes menos complexos que possibilitam rápida compreensão das instruções.

19) *Saber estabelecer* rapport *no momento da avaliação*. O *rapport* é fundamental para a condução de uma avaliação psicológica. Por meio do *rapport* procura-se estabelecer um vínculo com o sujeito ou grupo que será avaliado. É um momento que o psicólogo utiliza para gerar sentimentos de confiança, acolhimento e colaboração do avaliado. Antes das aplicações com os testes também é importante o *rapport*, mas é importante lembrar que o *rapport* bem conduzido nas entrevistas iniciais da avaliação, auxilia positivamente os momentos de aplicação de teste, pois já haverá um vínculo de confiança entre psicólogo e cliente.

20) *Conhecer teorias sobre entrevista psicológica e saber conduzi-las*. A entrevista é essencial em um processo de avaliação psicológica, mas desde que o psicólogo saiba que tipo de entrevista deve ser utilizada (estruturada, semiestruturada, livres) e tenha a competência de conduzi-la

respaldado no objetivo da avaliação e pautado na teoria e ciência psicológica. Assim, junto com demais informações obtidas por outras técnicas e instrumentos, a entrevista contribuirá significativamente para a avaliação psicológica. Aliar os resultados da entrevista com os do teste psicológico e demais técnicas, potencializa o fechamento adequado de uma avaliação psicológica com maior benefício para o avaliado. A entrevista é uma técnica que ajuda significativamente o psicólogo a compreender melhor os resultados de um teste. Também é importante saber que informações obtidas nas entrevistas podem levantar hipóteses a serem melhores verificadas com auxílio de testes e vice-versa.

21) *Conhecer teorias sobre observação do comportamento e saber conduzi-la*. Idem ao tópico anterior, mas relacionado à teoria e prática da observação. Ressaltando que entrevista e observação são técnicas, e não devem ser realizadas "de qualquer jeito", são respaldadas em procedimentos, teoria e ciência.

22) *Identificar as possibilidades de uso e limitações de diferentes técnicas de avaliação psicológica, analisando-as de forma crítica*. A avaliação psicológica, apesar de constituída por diversas técnicas, algumas podem ser mais adequadas e outras menos dependendo do objetivo, contexto, público-alvo etc. Mas algo que deve ficar claro, é que a utilização de somente uma técnica diminui a possibilidade de uma compreensão mais adequada e aprofundada do avaliado, pois todas as técnicas e instrumentos têm limitações e potencialidades e uma tende a complementar a outra. Referente aos testes, estes também apresentam mais limitações ou mais potencialidades dependendo da situação. Por isso é importante conhecer diferentes testes para saber identificar qual será o mais apropriado para a

avaliação psicológica que será realizada, e sempre lembrando de nunca utilizar somente teste psicológico.

23) *Saber comparar e integrar informações de diferentes fontes obtidas na avaliação psicológica.* A análise e síntese de todas as informações obtidas por meio de diferentes técnicas e instrumentos é o que possibilitará a melhor compreensão possível do funcionamento cognitivo, emocional e social do sujeito ou grupo. É por meio desse raciocínio clínico de unir, integrar, analisar e sintetizar as informações, que se chega a um fechamento sólido e embasado na avaliação psicológica. Específico aos testes é imprescindível integrar e analisar os resultados advindos desses instrumentos com os dados obtidos por outras técnicas. Resultados de testes isolados ou descontextualizados de um processo de avaliação psicológica pouco, ou nada, contribuem para a compreensão do funcionamento do avaliado.

24) *Fundamentar teoricamente os resultados decorrentes da avaliação psicológica (ex.: cuidado com achismos, vieses de avaliação, excesso de subjetividade e ênfase em informações isoladas).* As análises e sínteses na avaliação psicológica devem ser respaldadas e argumentadas por meio da teoria e ciência psicológica. Todas as interpretações realizadas precisam ter um embasamento empírico, um alicerce na ciência psicológica, caso contrário, o psicólogo não estará sendo ético e os resultados da avaliação psicológica não serão confiáveis. Os testes por serem padronizados, devem ser aplicados, corrigidos e interpretados de acordo com o que está descrito no manual e que já traz uma fundamentação teórica para o construto mensurado. É essa padronização, junto com a competência do psicólogo, que garante a validade e precisão nas interpretações advindas do teste.

25) *Saber elaborar laudos e documentos psicológicos, bem como sua aplicação a cada contexto.* Por meio da avaliação psicológica podem ser elaborados alguns documentos que diferem em seus objetivos e conteúdos. A construção desses documentos deve seguir as orientações do Manual de documentos advindos da avaliação psicológica e que é disponibilizado pelo CFP (Resolução 007/2003). Outro ponto importante é o cuidado ao elaborar laudos para diferentes solicitantes, pois a forma de escrita e o conteúdo irão depender de quem irá receber e o objetivo da solicitação. Um laudo enviado à pedagoga de uma escola tende a diferir do emitido a um profissional da saúde ou um juiz, por exemplo. O psicólogo precisa ter o discernimento das informações a serem contempladas para diferentes solicitantes. Nunca se deve elaborar um documento psicológico baseado apenas em testes psicológicos. No entanto os resultados dos testes serão contemplados no laudo junto com as demais informações da avaliação psicológica.

26) *Saber comunicar resultados decorrentes da avaliação psicológica aos envolvidos no processo, por meio de devolutiva verbal.* A comunicação verbal sobre o processo e fechamento da avaliação psicológica é essencial. Nesse momento o psicólogo verbaliza de forma clara e acessível ao avaliado e demais pessoas envolvidas, caso necessário, sobre o que foi compreendido do funcionamento cognitivo, emocional e social, respondendo as queixas iniciais, e apontando características positivas, bem desenvolvidas, e as que precisam ser mais bem trabalhadas, e quando apropriado, indica as intervenções necessárias. Lembrando que os resultados dos testes contribuíram para as informações dadas pelo psicólogo e não são repassados resultados isolados.

Por meio das 26 competências pontuadas pode-se observar os conhecimentos e habilidades necessários para uma condução adequada da avaliação psicológica e da aplicação dos testes psicológicos, além dos cuidados a serem tomados para o bom desenvolvimento dessas atividades. Os aspectos discutidos envolvem o antes, o durante e o depois da realização de uma avaliação psicológica. Como exemplo cita-se: (1) "o possuir *a priori* o conhecimento teórico e prático de diversas técnicas e testes psicológicos", que é uma competência determinante no momento anterior da avaliação; (2) "ter a capacidade de repensar a condução da avaliação e a utilização de um teste de acordo com as informações que surgem dentro do processo de avaliação", que são competências importantes para o desenvolvimento do processo; (3) por fim "ser responsável pelas consequências da avaliação realizada", que se refere a uma competência relacionada ao término da avaliação, pois por meio dos dados da avaliação, ações estarão repercutindo na vida do sujeito ou grupo avaliado, já que os resultados tendem a orientar outras práticas, como uma intervenção psicológica ou a conquista de um emprego. No entanto, pode ocorrer de o psicólogo ser questionado quanto o trabalho realizado, e precisará responder embasado nas suas ações e decisões durante o processo de avaliação psicológica.

Tavares (2012) também aponta demais fatores que podem influenciar no processo de avaliação psicológica e na utilização dos instrumentos de testagem. Optou-se por descrever esses fatores separadamente das competências acima, pois são variáveis bem específicas em relação à demanda, mas as quais também podem ser outras competências a se unirem com as descritas acima. Embora o texto descrito pelo autor aborde o contexto clínico e as técnicas projetivas, as variáveis mencionadas e discutidas contribuem para qualquer processo de avaliação psicológica

e procedimento de testagem. Três fatores principais são destacados: conhecer a demanda por meio da perspectiva do profissional que solicita a avaliação; contextualizar a demanda pela perspectiva do sujeito e a qualidade da relação; e as características pessoais do avaliador. O primeiro aborda casos de pacientes encaminhados por outro profissional, sendo necessário que o avaliador compreenda claramente a demanda desse profissional, o que faz com que encaminhe o sujeito para uma avaliação, qual a percepção desse profissional sobre a avaliação e a demanda explicitada, obtendo essas informações antes de iniciar a avaliação, pois pode-se constatar que o processo da avaliação psicológica não será necessário.

O segundo fator, referente a contextualizar a demanda, diz respeito a compreender as questões a partir da pessoa que será avaliada, mesmo quando forem pontos já bem esclarecidos pelo profissional que encaminhou o sujeito. Compreender a percepção do avaliado sobre a demanda, como se sente e como age perante ela, quais as expectativas etc., possibilita o psicólogo ter um entendimento mais global da queixa inicial, e propiciar elementos para uma relação de acolhimento e confiança.

Por fim, o terceiro fator, características pessoais do avaliador, menciona que o trabalho depende do contato entre avaliado e avaliador, e há aspectos pessoais e profissionais do avaliador que precisam ser considerados, pois ele é elemento significativo no processo. Nesse ponto é abordada a formação geral e qualidade do avaliador para desenvolver o processo e utilizar os procedimentos de testagem, destacando a importância de os psicólogos buscarem supervisões em avaliação psicológica. Outras características como idade, sexo, gênero, aparência, personalidade também são apontados como elementos que podem influenciar a relação e fazer com que o paciente se porte de alguma maneira específica. Cabe ao avaliador ter a sensibilidade de perceber tais influências e saber trabalhar diante dessas peculiaridades.

Administração da avaliação psicológica e testes psicológicos para pessoas com deficiência

Esse é um ponto que se encaixa em diversas competências do avaliador que consideram a demanda da população, peculiaridades da população, bem como a competência *saber administrar, corrigir, interpretar e redigir os resultados de testes psicológicos e outras técnicas de avaliação*. Julga-se necessário dar destaque para essa situação da administração da avaliação psicológica e dos testes psicológicos em pessoas com deficiência, pois ainda há escassez sobre esse tema e que atinge uma população específica que merece e tem o direito de ser mais bem avaliada.

Todos os apontamentos descritos acima devem ser considerados para a administração da avaliação psicológica e testes psicológicos dessa população, mas exigindo do profissional ainda mais cuidado para reconhecer se é capaz e se tem conhecimentos necessários para avaliar tais pessoas. Por exemplo, avaliar uma pessoa com baixa visão, demandará do psicólogo habilidades e competências para saber e aplicar técnicas que sejam apropriadas, e até mesmo adaptadas, além disso, o profissional precisa entender sobre a deficiência que essa pessoa tem, quais são as peculiaridades advindas dessa necessidade etc. No entanto, em relação aos testes psicológicos, só poderão ser utilizados testes que sejam apropriados às características dessas pessoas, ou seja, que

tenham sido validados para essas populações. De acordo com a Nota Técnica do CFP publicada em 19/02/2013 caso não seja adequada a utilização de testes psicológicos devido a características do indivíduo avaliado, é necessário que o psicólogo faça uso de outros recursos que sejam reconhecidos pela Psicologia.

Os documentos do ITC (2000) e APA, AERA, NCME (1999) apontam alguns cuidados ao se utilizar testes para pessoas com deficiências. Nas diretrizes do ITC podem ser observados pontos importantes como: o psicólogo consultar especialistas para saber quais as possibilidades de rendimento diferente no teste por causa da deficiência; modificar procedimentos de avaliação para os que sejam mais adequados a necessidade; pedir auxílio de especialista, caso modificações no teste não sejam de conhecimento e competência do avaliador; tais modificações precisam ser planejadas para se adequar a necessidade e para que a validade das pontuações não sejam muito afetadas; e comunicar as modificações efetuadas para não ocorrer interpretações equivocadas. Assim como apontado no documento do ITC, no APA, AERA, NCME (1999) é destacado que modificações podem comprometer as pontuações e interpretações do teste.

Compreender a construção de testes psicológicos ajuda o psicólogo, a saber, que uma simples mudança na aplicação interfere no resultado. O teste é uma ferramenta padronizada, construído com base em uma fundamentação teórica, uma população-alvo e uma forma de como será aplicado. Esses elementos contribuem para os itens ou estímulos serem elaborados de forma adequada ao tipo de população que irá responder, e considerando o formato de aplicação. Assim, os estudos para a busca de precisão, validade e normatização do teste, já explicitam a padronização da aplicação, pois não se pode comparar resultados de teste que foram obtidos de formas diferentes. Por exemplo, um sujeito que realizou a tarefa sem tempo estipulado e com a explicação do aplicador, irá obter um resultado que não pode ser comparado com o de um indivíduo que foi orientado a efetuar a tarefa dentro de um limite de tempo e com explicações escritas em um computador, sem a interferência do aplicador. Somente a questão do tempo já é uma variável a ser considerada para analisar os resultados obtidos. Pense em duas pessoas respondendo um teste de inteligência com 20 tarefas, no formato lápis e papel, mas uma teve a chance de realizar o teste em 15 minutos e a outra não teve limite de tempo. A que fez em 15 minutos não conseguiu terminar o teste, fez 15 tarefas e acertou 12. A outra, sem o tempo estipulado, fez tudo, e acertou 15. Como saber se foi a primeira ou segunda pessoa que obteve melhor desempenho? Será que se a primeira tivesse tempo ilimitado também acertaria 15 ou mais? Será que se não tivesse a pressão do tempo a primeira pessoa teria acertado mais?

Uma simples modificação pode alterar, e muito, a realização do teste, a correção e interpretação de um resultado, impossibilitando uma comparação normativa. Então, é imprescindível que se siga a orientação do CFP em utilizar outras técnicas, caso o teste não seja apropriado para o avaliado, ressaltando que caso seja feito o uso de testes inapropriados, o psicólogo estará infringindo o Código de Ética e poderá sofrer penalidades. No entanto, em alguns casos, como em avaliações neuropsicológicas, pode ser necessária a flexibilidade da aplicação, que segundo Lezak et al. (2004) é um ponto central nesse tipo de avaliação, mas a comparação normativa não

poderá ser feita, e sim deve ser realizada uma observação mais qualitativa das respostas do sujeito, verificando como ele respondeu, possíveis dificuldades e facilidades percebidas no desempenho do sujeito. E claro, diante desse tipo de situação, todas essas modificações e a forma de utilização do teste, sem comparação normativa, deve estar especificado e claro no laudo. Ressalta-se que esse tipo de utilização do teste, exige ainda mais competência, experiência, conhecimento aprofundado e bom-senso do profissional diante do instrumento e as demandas do paciente.

Sobre essa questão de testes apropriados para pessoas com deficiência, o que realmente precisa ocorrer no Brasil é a construção, adaptação e validação de instrumentos para essa população, ou melhor, populações, pois as necessidades são variadas. Os testes que hoje estão aprovados para uso, foram construídos, adaptados e validados para pessoas sem considerar as populações específicas com deficiências. A nota técnica do CFP de 19/02/2013 orienta como deve ocorrer a Construção, adaptação e validação de instrumentos para esse público. Dentro desse contexto o artigo "Desenho universal e avaliação psicológica na perspectiva dos direitos humanos" (Oliveira, Nuernberg & Nunes, 2013) contribui para a reflexão do desenho universal (materiais e ambientes projetados para serem acessíveis a pessoas com ou sem deficiência) aplicado para a pesquisa e prática em avaliação psicológica, incluindo os testes psicológicos.

Considerações finais

O usuário de teste é o principal responsável pelo uso apropriado e interpretação correta desse instrumento (AERA, APA, NCME, 1999), essa afirmação pode ser estendida para a administração da avaliação psicológica. Como já citado, há diversos documentos que pontuam como deve ser realizada uma avaliação psicológica e a administração de testes nesse processo, no entanto, este capítulo teve o objetivo de contribuir para uma melhor compreensão sobre os cuidados que envolvem a realização de uma avaliação psicológica e utilização de testes psicológicos. A competência para realizar tais atividades apenas estará presente quando, além de saber e fazer, o profissional entenda e perceba como significativa a importância de todos esses cuidados.

Para que as competências e os cuidados sempre estejam presentes na administração da avaliação psicológica e dos testes psicológicos, é necessária formação de qualidade no curso de gradua-ção do psicólogo e após, por meio, por exemplo, de uma especialização. Hutz (2009) aponta que é preciso formar melhor o psicólogo para que ocorra a prática da avaliação psicológica de maneira que beneficie mais as pessoas, desempenhando um papel socialmente relevante e propiciando maior qualidade de vida aos sujeitos avaliados. A melhoria da formação, de acordo com Primi (2011), poderá ser promovida ao tornar a área da avaliação uma especialidade. No mais, aliado a todos esses fatores que podem propiciar uma adequada avaliação psicológica e administração de testes psicológicos, deve estar presente a motivação do profissional em querer ajudar e fazer o bem a pessoa ou grupo que está sendo avaliado, tendo consciência que a finalidade do seu trabalho é possibilitar bem-estar ao próximo.

Referências

American Educational Research Association, American Psychological Association, National Council on Measurement in Education (1999). *Standards for educational and psychological testing.* Washington, DC: Autor.

American Psychological Association (2000). *Test user qualifications* [Disponível em https://www.apa.org/science/programs/testing/qualifications.pdf – Acesso em 08/01/2015].

Anache, A. & Reppold, C.T. (2010). Avaliação psicológica: implicações éticas. In: Conselho Federal de Psicologia (org.). *Avaliação psicológica*: diretrizes na regulamentação da profissão (p. 57-85). Brasília: Autor.

Conselho Federal de Psicologia (2003). *Resolução CFP n. 002/2003* – Define e regulamenta o uso, a elaboração e a comercialização de testes psicológicos e revoga a Resolução CFP n. 025/2001 [Disponível em http://site.cfp.org.br/wp-content/uploads/2003/03/resolucao2003_02_Anexo.pdf – Acesso em 08/01/2015].

Conselho Federal de Psicologia (2003). *Resolução CFP n. 007/2003* – Manual de elaboração de documentos advindos da avaliação psicológica [Disponível em http://site.cfp.org.br/wp-content/uploads/2003/06/resolucao2003_7.pdf – Acesso em 08/01/2015].

Conselho Federal de Psicologia (2005). *Resolução CFP n. 010/2005* – Aprova o Código de Ética Profissional do Psicólogo [Disponível em http://www.crpsp.org.br/portal/orientacao/codigo/fr_ctp_010-05.aspx – Acesso em 08/01/2015].

Conselho Federal de Psicologia (2012). *Resolução CFP n. 005/2012* – Altera a Resolução CFP n. 002/2003, que define e regulamenta o uso, a elaboração e a comercialização de testes psicológicos [Disponível em http://site.cfp.org.br/wp-content/uploads/2012/03/Resolucao_CFP_005_12_1.pdf–Acessoem08/01/2015].

Conselho Federal de Psicologia (2013). *Cartilha Avaliação Psicológica.* Brasília: Autor.

Conselho Federal de Psicologia (2013). *Nota técnica* – Construção, adaptação e validação de instrumentos para pessoas com deficiência: construção e adaptação de testes para deficientes [Disponível em http://site.cfp.org.br/documentos/nota-tecnica-construcao-adaptacao-e-validacao-de-instrumentos-para-pessoas-com-deficiencia/ – Acesso em 08/01/2015].

Conselho Federal de Psicologia (2014). *Notícia CFP:* CFP e CFFa sinalizam parceria para avaliação de processos cognitivos [Disponível em http://site.cfp.org.br/neupsilin/ – Acesso em 08/01/2015].

Cunha, J.A. (2000). *Psicodiagnóstico-V* – Revisto e ampliado. Porto Alegre: Artmed.

Frizzo, N.P. (2004). *Infrações éticas, formação e exercício profissional em Psicologia*. Dissertação de Mestrado. Programa de Pós-Graduação em Psicologia, Centro de Filosofia e Ciências Humanas. Florianópolis: Universidade Federal de Santa Catarina.

Hutz, C.S. (2009). Ética na avaliação psicológica. In: C.S. Hutz (org.). *Avanços e polêmicas em avaliação psicológica* (p. 297-310). São Paulo: Casa do Psicólogo.

International Test Commission (2001). International Guidelines for Test Use. *International Journal of Testing*, 1 (2), 93-114.

Lezak, M.D., Howieson, D.B. & Loring, D.W. (2004). *Neuropsychological assessment*. 4 ed. Nova York: Oxford University Press.

Nunes, M.F.O., Muniz, M., Reppold, C.T., Faiad, C., Bueno, J.M.H. & Noronha, A.P.P. (2012). Diretrizes para o ensino de avaliação psicológica. *Avaliação Psicológica*, 11 (2), 309-316.

Oliveira, C.M., Nuernberg, A.H. & Nunes, C.H.S.S. (2013). Desenho universal e avaliação psicológica na perspectiva dos direitos humanos. *Avaliação Psicológica*, 12 (3), 421-428.

Primi, R. (2011). Responsabilidade e ética no uso dos padrões de qualidade profissional na avaliação psicológica. In: Conselho Federal de Psicologia (org.). *Ano da avaliação psicológica*: textos geradores (p. 53-58). Brasília: Autor.

Rochele, P.F., Salles, F.S. & Parente, A.M.P.P. (2009). *Coleção Neupsilin* – Instrumento de avaliação neuropsicológica breve. São Paulo: Vetor Editora Psicopedagógica.

Tavares, M. (2012). Considerações preliminares à condução de uma avaliação psicológica. *Avaliação Psicológica*, 11 (3), 321-334.

Urbina, S. (2007). *Fundamentos da testagem psicológica*. Porto Alegre: Artes Médicas.

* * *

Agradecimento

A autora agradece com muito carinho e admiração aos professores-doutores Maiana Farias Oliveira Nunes, Caroline Tozzi Reppold, Cristiane Faid, José Maurício Hass Bueno e Ana Paula Porto Noronha, que são parceiros no artigo "Diretrizes para o ensino de avaliação psicológica". Sem as inúmeras trocas de ideias, competência e ensinamentos de vocês, com certeza este capítulo não existiria.

8
Validade e precisão de instrumentos de avaliação psicológica

Rodolfo A.M. Ambiel
Lucas de Francisco Carvalho

No dia a dia, a maioria das pessoas convive, trabalha, depende ou simplesmente tem algum contato com instrumentos ou métodos de medida nos mais diversos contextos da vida. Por exemplo, um marceneiro necessita saber a medida exata de uma parede para fazer um armário. Uma pessoa hipertensa precisa verificar sua pressão arterial para poder controlá-la adequadamente. Quando há suspeita de febre em uma criança, o termômetro logo é utilizado para poder medir a temperatura corporal. Em uma viagem, para não levar uma multa, deve-se ficar atento aos radares. Na cozinha, as medidas em colheres de sopa, de sobremesa ou em xícaras, é uma forma eficiente de medir os ingredientes para a receita não desandar. Até mesmo quando há suspeita de gravidez, é possível comprar em qualquer farmácia um teste de gravidez, um medidor de hormônios, que quase instantaneamente poderá tirar qualquer dúvida.

Nesses exemplos, que certamente permitem pensar em vários outros, nota-se a presença de medidas de grandezas físicas, relacionadas ao tamanho de uma área, quantidade de massa de um corpo ou o peso de alguma substância. Ainda que não se conheça a fundo as teorias, conceitos, fórmulas e cálculos da física, por serem cotidianas, a maioria das pessoas consegue pensar e

compreender essas medidas de maneira intuitiva, quase natural. Além disso, de forma geral, são medidas objetivas de coisas que existem, concretamente, na realidade – ainda que não se possa ver a olho nu, como é o caso dos hormônios.

Contudo, constata-se que, embora as coisas existam na realidade física, suas medidas não são naturais: as unidades de medida (seja lá do que for) são invenções humanas, feitas a partir de longas e detalhadas observações da natureza. A título de exemplo, dizer que um prédio mede 20 metros de altura só é possível atualmente por que em um dado momento da história, o governo francês cansou-se de julgar litígios entre cidadão e cobradores de impostos locais por conta da discordância em relação ao tamanho das propriedades (e dos impostos). Então, pediu a um grupo de cientistas que propusesse uma saída e a solução encontrada foi definir o metro como medida padrão de cumprimento, sendo que um metro equivale à distância "percorrida pela luz no vácuo, durante o intervalo de tempo correspondente a 1/299 792 458 segundo" (*Bureau international des poids et mesures* & *Organisation intergouvernementale de la Convention du Mètre*, 2006, p. 22). Como essa informação não faz o menor sentido para a grande maioria das pessoas, os responsáveis guardam, desde 1799, uma barra de platina iridiada de exatamente um metro nos arquivos do governo francês. Mais tarde, em 1875, foi assinado um tratado internacional entre 17 países concordando com essa medida, em um documento conhecido como a Convenção do Metro (http://www.forp.usp.br/restauradora/pg/metrologia/metrologia_eletric/si.html).

Uma questão que emerge a partir desse exemplo é: Se as unidades de medida são convenções criadas por pessoas, a partir de observações da natureza, como saber se essas medidas estão corretas? Elas realmente estão informando o que precisamos saber? Como pode-se garantir que uma trena (i.e., um instrumento de medida do cumprimento) mede exatamente o número que está informando? As mesmas perguntas cabem para quaisquer outras unidades de medidas físicas. Quando um termômetro mostra que a temperatura corporal da criança é de 37°, acredita-se que 1) aquela informação é relativa à temperatura do corpo e não um número aleatório e 2) que o instrumento de medida está certo. Essas suposições, ainda que de forma não consciente, subentendem um conhecimento intuitivo, quase de senso comum, ainda que sejam baseadas em algumas décadas, talvez séculos, de história e de estudos científicos que permitiram a popularização dos instrumentos de medida.

Contudo, tal conhecimento (e confiança) popular acerca dos instrumentos de medidas físicas parece não ser compartilhado pelos instrumentos de atributos psicológicos ou mentais. Os testes psicológicos ou instrumentos de avaliação psicológica, ferramentas que buscam, de forma padronizada e sistemática, coletar amostras de comportamentos das pessoas (Urbina, 2007), parecem povoar um outro departamento do imaginário popular, mais direcionado às fantasias, que acabam atribuindo aos testes uma aura mágica, misteriosa, com um "poder" certamente muito maior do que de fato tem. Mesmo dentro da psicologia, os testes enfrentam uma série de críticas, muitas delas infundadas ou, no mínimo, desatualizadas, das quais minam resistências por parte dos estudantes e de profissionais de algumas áreas. Por isso, e por conta da responsabilidade com que a avaliação deve ser realizada, o estudo das bases científicas que sustentam e dão confiabilidade aos resultados dos instrumentos é de extrema necessidade. Dessa forma, o presente capítulo tem a intenção de apresentar ao leitor dois conceitos básicos para compreensão das possibilidades, alcances e limitações dos instrumentos de medida de características psicológicas, os testes psicológicos. Os conceitos de validade e precisão, aqui, serão apresentados com intenção informativa, visando contribuir com um conhecimento aplicável na prática, por exemplo, ao guiar o estudante ou o profissional na escolha de qual teste usar, tal como referido no capítulo seis deste livro.

Validade

Compreender os limites e alcances de uma técnica, especialmente àquelas que buscam auxiliar na compreensão do funcionamento psicológico de uma pessoa, é uma atitude, acima de tudo, ética. Assim, é importante se compreender que os parâmetros psicométricos dos testes psicológicos não são meras formalidades técnicas, mas dados que objetivamente informam ao profissional quais decisões ele pode ou não pode tomar com base nos resultados de um instrumento.

Nessa direção, uma compreensão que se faz necessária é que, diferente dos exemplos dados no início do texto, os testes psicológicos não avaliam fenômenos físicos, que podem ser observados diretamente. Quando se trata da observação de fenômenos psicológicos, o processo é inferencial: um psicólogo não mede a inteligência ou a personalidade diretamente, mas as infere com base na observação de comportamentos, analisados à luz de teorias previamente concebidas. Assim, pode-se intuir que a construção de um instrumento de avaliação deve, antes de qualquer coisa, estar fundamentada teoricamente a fim de se selecionar ou elaborar as amostras de comportamentos (itens) que serão aplicados, de forma padronizada, a fim de proporcionar inferências adequadas (Urbina, 2007).

Contudo, apenas a base teórica não é suficiente para atestar que o instrumento esteja funcionando. É necessário que haja clareza de que as interpretações sugeridas a partir dos resultados do teste estejam fundamentadas também em evidências empíricas, científicas, que informem os limites e alcances das interpretações dos resultados, bem como o quão livre de erros de medida são os resultados.

De acordo com os *Standards for Educational and Psychological Testing* (AERA, APA & NCME, 2014), um importante guia na área de testagem psicológica desenvolvido por três instituições norte-americanas, validade é o grau em que as interpretações propostas para os resultados (escores) de um teste são suportadas pela teoria e por evidências verificadas a partir de dados de pesquisa, vinculadas aos usos propostos de um teste. Por exemplo, um inventário que "promete" avaliar traços de extroversão e foi construído com base em uma teoria sobre o construto, precisa conseguir informar ao psicólogo que uma determinada pontuação está vinculada, na realidade, a um certo rol de comportamentos característicos de pessoas extrovertidas. Ou seja, a

interpretação proposta para a pontuação precisa ter correlatos com a realidade.

Deve-se notar com mais ênfase aqui que a validade refere-se às interpretações propostas e não ao teste em si. Portanto, é errada a afirmação de "o teste é válido" ou "o teste está validado". Trata-se de um processo cumulativo de evidências que vão dando suporte para as interpretações. Como disse Messick (1995), trata-se de uma sindicância científica a fim de se estabelecer significados para as pontuações em um teste. Essa noção é importante uma vez que o foco sai do instrumento e recai sobre a utilização prática do teste. Disso, decorre que o processo de validação deve ser amplamente vinculado aos contextos e situações nos quais o instrumento será efetivamente utilizado para tomada de decisões. O processo de validação deve estabelecer pontes entre os estímulos padronizados componentes do teste e a experiência subjetiva da pessoa avaliada em um dado contexto.

Cabe ressaltar que existem diversos modos de se buscar evidências de validade para as interpretações realizadas utilizando um instrumento, isto é, diversas fontes de evidências de validade, de acordo com o *Standards for Educational and Psychological Testing* (AERA, APA, NCME, 2014). Vale ressaltar que não necessariamente todos os testes devem ter evidências provenientes de todas as fontes: a decisão sobre quais fontes podem ser mais adequadas caberá ao autor do instrumento, com base em seus objetivos, metodologia de pesquisa, formato do instrumento e na intenção de aplicabilidade do mesmo para diferentes amostras e contextos. Contudo, deve-se manter em mente a ideia de processo de validação, ou seja, o acúmulo de evidências provenientes de diferentes estratégias de pesquisas e fontes de validade para sustentar as interpretações. A seguir cada uma das fontes de evidências de validade será brevemente conceituada (Tabela 1) e ilustrada em seguida com a descrição de pesquisas brasileiras.

Tabela 1 Fontes de evidência de validade

Fonte	Conceito
Evidências baseadas no conteúdo.	Verificar a relação entre o conteúdo (itens) de um instrumento de avaliação e o conceito teórico (construto) que se quer avaliar.
Evidências baseadas na estrutura interna.	Verificar empiricamente a relação entre os itens de um instrumento e o quanto eles representam a composição teórica de um construto.
Evidências baseadas nas relações com variáveis externas.	Verificar as relações entre um construto (avaliado por um teste psicológico) e outros construtos; ou, verificar a capacidade preditiva de um teste em relação a variáveis-critério.
Evidências baseadas no processo de resposta.	Verificar se os processos cognitivos utilizados pelo respondente ao responder um teste corresponde aos processos especulados teoricamente.
Evidências baseadas nas consequências da testagem.	Verificar o impacto dos resultados de uma avaliação para um indivíduo ou um sistema (organização, escola etc.).

Em relação às evidências baseadas no conteúdo de um teste, o que está em questão é quão bem as amostras de comportamentos (itens) selecionadas ou construídas correspondem à variável psicológica ou construto (teoria) que se pretende avaliar. Trata-se prioritariamente de um processo qualitativo, no qual pessoas que já tenham estudado muito um assunto ou teoria dão seu parecer em relação à correspondência dos itens com a teoria. Uma forma bem comum de se realizar esse processo é a chamada análise de juízes e deve ocorrer logo no início do processo de construção ou adaptação de um instrumento.

Por exemplo, Nakano e Siqueira (2012) adaptaram para o Brasil a versão escolar da *Gifted Rating Scale*, utilizada para identificação de estudantes com altas habilidades cognitivas a partir da percepção dos professores. Esse instrumento, composto por 72 afirmações, originalmente

está no idioma inglês, então as autoras precisaram fazer a tradução e pequenas adaptações na redação dos itens para que fizessem sentido em português. Após esse processo, seis estudantes de pós-graduação (mestrado e doutorado), da área de avaliação psicológica e com conhecimento no assunto, foram convidados para atuarem como juízes, sendo que cada um deles deveria "ler cada um dos itens que compõem a escala, julgando em qual das seis facetas ele se enquadra, marcando-se um x na coluna correspondente" (p. 128), tendo sido oferecidas definições de cada faceta[1], referentes a capacidade intelectual, capacidade acadêmica, criatividade, talento artístico, liderança e motivação. Os resultados mostraram que houve concordância, no mínimo, entre 80% dos juízes em 54 dos 72 itens em relação a faceta que estavam representando. Entretanto, cinco itens mostraram problemas graves de concordância

---

1. O termo faceta é usado aqui para identificar um conjunto de itens que tem como objetivo avaliar um traço em comum. Para mais detalhes, cf. o item evidências de validade baseadas na estrutura interna.

e precisarão ser refeitos em estudos futuros, segundo as autoras.

A segunda fonte de evidências de validade listada na Tabela 1 diz respeito à estrutura interna dos instrumentos. Como o próprio nome diz, é uma verificação da disposição ou agrupamento dos itens em componentes maiores. Embora haja outras formas de se verificar esse tipo de informação, mais comumente essa fonte é verificada por meio de análise fatorial que, em termos bastante gerais, tem o objetivo de agrupar itens a partir da correlação entre eles (para se aprofundar nessa análise, cf. Damásio, 2012). A lógica é que, ao se analisar o padrão de resposta de um grupo de pessoas a um conjunto de itens, deverá haver correlação importante entre itens que tenham conteúdos comuns e, portanto, a resposta a eles seria influenciada por uma mesma característica latente. Assim, ao se agrupar diversos itens em fatores (ou facetas, dimensões, componentes etc.) possibilita-se uma maior interpretabilidade das pontuações.

Um interessante exemplo é o estudo de Sbicigo, Bandeira e Dell'Aglio (2010), no qual relatam a busca por evidência de validade baseada na estrutura interna da versão brasileira da Escala de Autoestima de Rosenberg. Esse instrumento é composto por dez itens, sendo que quatro deles teoricamente avaliam visão negativa de si e seis, a visão positiva. Foram analisadas as respostas de mais de 1.000 adolescentes entre 11 e 17 anos, de todas as regiões do Brasil. Os resultados empíricos, ou seja, obtidos a partir das respostas de todos os participantes da pesquisa, mostraram que os itens "Sinto que sou uma pessoa de valor como as outras pessoas", "Sou capaz de fazer tudo tão bem como as outras pessoas", "Eu acho que tenho muitas boas qualidades", "Eu tenho motivos para me orgulhar na vida", "De um modo geral, eu estou satisfeito(a) comigo mesmo(a)" e "Eu tenho uma atitude positiva com relação a mim mesmo(a)" correlacionaram-se entre si de forma importante e agruparam-se em um fator. Por outro lado, os itens "Eu sinto vergonha de ser do jeito que sou", "Às vezes, eu penso que não presto para nada", "Levando tudo em conta, eu me sinto um fracasso" e "Às vezes, eu me sinto inútil" também se correlacionaram entre si, formando um outro agrupamento. Nesse caso, a teoria previa a avaliação da autoestima em dois fatores, um positivo e outro negativo, o que foi observado na prática: percebe-se que o conteúdo dos itens agrupados informam sobre uma certa forma de se perceber. Dessa forma, essa é uma evidência de que, entre adolescentes, a escala estudada é capaz de avaliar a autoestima e os resultados do instrumento podem ser interpretados tal como sugerido teoricamente.

A terceira fonte listada, que diz respeito às evidências baseadas nas relações com variáveis externas, é bastante comum tanto em manuais de testes quanto em artigos sobre os instrumentos. Diferente da fonte anterior, que informa sobre a relação entre os componentes do próprio teste, essa fonte busca estabelecer padrões de relações entre os escores em um teste e outros indicadores externos, que podem ser as pontuações de outros testes ou medidas de desempenhos em tarefas da vida real. Assim, é importante fazer uma distinção entre duas vertentes dessa fonte. A primeira é a que busca estabelecer relações entre o construto avaliado por um teste com outros construtos, avaliados por outros testes, a chamada evidência convergente e discriminante (AERA, APA & NCME, 2014). Novamente, as questões teóricas são de extrema importância aqui para guiar a escolha da medida de construtos a serem relacionados e as consequentes hipóteses. A discriminação (ou divergência) e a convergência, nesse caso, estão ligadas a quanto os construtos estão correlacionados, sendo que correlações mais fortes indicam convergência, ou seja, possibilidade de se estar avaliando construto semelhantes ou ao menos relacionados, e correlações baixas ou próximas de zero indicam discriminação (ou divergência), ou seja, de que os instrumentos avaliados avaliam construtos diferentes.

O estudo de Bighetti, Alves e Baptista (2014) relata um estudo correlacional que buscou verificar evidências de validade entre um instrumento para a avaliação de depressão (Escala Baptista de Depressão – EBADEP) e outro, para a avaliação da personalidade, no modelo dos Cinco Grandes Fatores, por meio de adjetivos marcadores. Após uma longa revisão da literatura sobre as interações entre personalidade e depressão, os autores constataram que traços de neuroticismo, ou instabilidade emocional, tendem a ser alta e positivamente correlacionados com depressão, enquanto que os traços de Socialização parecem ser negativamente relacionados aos sintomas. Portanto, os estudos anteriormente realizados mostraram evidências acumuladas de que há uma expectativa teórica sobre a relação entre os construtos. Os autores relataram que, em seu estudo, encontraram um correlação de 0,74 entre depressão e neuroticismo, tal como previsto pela teoria, denotando que tratam-se de construtos bastante relacionados, ou seja, de que há evidência de validade convergente para a EBADEP em relação ao fator neuroticismo. Por outro lado, também como esperado, a correlação com socialização foi de -0,28, mostrando uma tendência à divergência entre esses construtos.

Uma outra vertente da validade com base em relações externas tem a ver com as relações teste-critério. De acordo com o *Standards*, critério aqui é compreendido como a medida de algum atributo ou resultado real, operacionalmente diferente, mas relacionado, com o desempenho no teste. A validade de critério tem a ver com predição, ou com a capacidade que o resultado de um teste tem de prever um comportamento efetivo futuro. Na prática, o critério pode ser concorrente (quando o teste e o desempenho são observados num mesmo momento) ou preditiva (quando o teste é aplicado antes de o desempenho ocorrer). Independente da nomenclatura, ambas as estratégias podem fornecer predições, com diferentes níveis de qualidade.

Um exemplo dessa fonte é o estudo de Baumgartl e Primi (2006), cujo objetivo foi verificar a capacidade preditiva da Bateria de Provas de Raciocíno (BPR-5) para o contexto de seleção de pessoal, mais especificamente de funcionários de uma empresa de energia elétrica. Os autores constataram na literatura científica sobre o tema, que a inteligência é uma das variáveis psicológicas que mais explicam (ou que estão mais associadas) ao desempenho no trabalho. No caso da empresa em questão, a quantidade de acidentes sofridos é um bom indicativo da habilidade do trabalhador e de seu desempenho, então os autores recorreram aos registros de acidentes de 79 pessoas ao longo de dois anos. Os resultados mostraram que a relação entre ocorrência de acidentes e a pontuação geral na BPR-5 foi moderada e negativa, especialmente para as pessoas com menos tempo na função. Por outro lado, Silva e Alchieri (2010) avaliaram a inteligência de 68 motoristas profissionais em dois momentos, com intervalo de cinco anos. Além das avaliações, os pesquisadores tiveram acesso ao prontuário de infrações desses condutores. Os resultados não mostraram diferenças importantes nas pontuações dos testes de inteligência entre os grupos de infratores e não infratores, tampouco houve correlações sequer baixas (ou seja, todas nulas, muito próximas a zero) entre as pontuações e as quantidades de infrações. Assim, com base nos dois estudos relatados, é possível concluir que um sugere uma evidência positiva do poder preditivo da inteligência em relação a acidentes no trabalho no contexto específico citado, ou seja, quanto maior a inteligência menor a quantidade de acidentes de trabalho, mas não em relação aos acidentes de trânsito.

A quarta fonte de validade relatada diz respeito às evidências obtidas por meio do processo de resposta da pessoa aos estímulos do teste. Essa evidência, bastante rara na literatura nacional, trata-se de um olhar compreensivo sobre o desempenho do respondente, especialmente (mas não só) utilizado em testes cognitivos, importando mais o processo que o mesmo adotou para responder a tarefa do que o resultado final em si. Entre os métodos possíveis para se obter evidências de validade relacionadas a essa fonte, Padilla e Benítez (2014) destacam as entrevistas, grupos focais, avaliação do tempo de resposta aos itens e o registro de movimentos oculares (*eye tracking*). Sobre esse último método, Orsati, Mecca, Schwartazman e Macedo (2009) fizeram um estudo sobre a habilidade de reconhecimento de faces em crianças e adolescentes com Transtorno Invasivo do Desenvolvimento (TID). Os autores mostraram um sequência de 24 fotos de pessoas que não estavam expressando qualquer emoção para 20 crianças e jovens, sendo que metade do grupo tinha o diagnóstico citado e a outra metade, não. Além disso, foi utilizado também um equipamento que permite mapear os movimentos que as pessoas fazem com os olhos (direção, altura etc.) quando estão olhando para alguma imagem. Os resultados indicaram que os partici-

pantes diagnosticados se fixaram menos tempo nas faces, principalmente na região dos olhos, comportamento associado a dificuldade de interação social típica de pessoas com TID. Portanto, um processo de resposta esperado na tarefa em questão.

No que se refere à última fonte de evidência de validade contemplada na tabela, evidências baseadas nas consequências da testagem, os estudos são ainda mais escassos. Esse fato é esperado, uma vez que, conforme lembram Primi, Muniz e Nunes (2009, p. 259) "esse tipo de evidência não informa propriamente sobre a validade técnica do instrumento", mas uma dimensão ética, na qual se busca observar os efeitos da avaliação na vida das pessoas ou de instituições e seus efeitos colaterais, intencionais ou não, positivos ou negativos (Carvalho & Ambiel, 2012). Dessa forma, pode-se considerar como um exemplo as avaliações educacionais em larga escala, tais como o Exame Nacional do Ensino Médio (ENEM), cujos resultados têm como objetivo provocar melhorias na estrutura e funcionamento do Ensino Médio nacional, sendo essa uma consequência social importante dos resultados da avaliação. Do ponto de vista pessoal, os resultados podem ter como consequência para um jovem a entrada em uma universidade.

Precisão

Além da busca pelas evidências de validade para as interpretações realizadas a partir das respostas dadas a um teste psicológico, é de igual importância verificar se a avaliação realizada para acessar um dado construto é livre o suficiente do chamado "erro de medida". O erro de medida é um termo muito relacionado com o tópico que aqui será tratado nos próximos parágrafos, qual seja, a precisão (ou fidedignidade). Mas o que é erro de medida? Qual a relação com a precisão? E, afinal de contas, o que é precisão?

Para entender esses conceitos, primeiro é necessário compreender que qualquer instrumento de medida tem alguma quantidade de algum tipo de erro. Será que toda trena fabricada no mundo tem exatamente a mesma medida da barra de platina iridiada francesa? É bem pouco provável.

No que se aplica especificamente aos testes psicológicos, importa conhecer um dos pressupostos da Teoria Clássica dos Testes (TCT), que diz que toda e qualquer avaliação realizada por meio de qualquer teste ou técnica psicológica implicará erro. Ou seja, quando um psicólogo faz uma observação de uma criança brincando, entrevista um paciente com diagnóstico psiquiátrico, aplica um teste para avaliação da personalidade, e assim por diante, existem fatores que impedem o profissional de acessar perfeitamente, sem nenhum viés, o construto psicológico desejado. Esses fatores são chamados de erro de medida.

Portanto, toda avaliação de construtos psicológicos implica erro de medida, o que pode ser ou não um problema no momento de interpretar os dados obtidos (na observação, no teste, na entrevista, entre outros). Assim, por um lado, é esperado que exista alguma quantidade de erro na avaliação realizada, por outro, é igualmente esperado que essa quantidade de erro seja limitada e conhecida.

Para ilustrar, segue um exemplo. Um indivíduo respondeu a um instrumento de avaliação de personalidade e teve pontuação igual a 4 na dimensão neuroticismo (equivalente ao percentil 75, o que indicaria que ele apresenta um nível de neuroticismo igual ou maior que 75% da amostra normativa do instrumento). Com essa informação, espera-se acessar as características

da personalidade daquela pessoa, ou melhor dizendo, a quantidade *verdadeira* de cada uma das características da personalidade que o instrumento avalia. Essa "quantidade verdadeira" é chamada em psicometria de escore verdadeiro.

Acontece que o escore verdadeiro nunca é atingido em uma situação de testagem psicológica, já que sempre existe erro implicado nessas situações. Portanto, o que se consegue acessar realmente, considerando o exemplo, é o valor mais próximo possível da quantidade verdadeira de características da personalidade da pessoa. Esse valor é chamado de escore observado. Isto é, é o escore verdadeiro mais o erro de medida.

Uma vez tendo compreendido o que significa erro de medida, compreender a precisão fica simples. A precisão diz respeito ao grau em que as pontuações obtidas em um teste são livres de erro de medida (Urbina, 2007). Ou seja, tudo que é erro de medida não é precisão, e vice-versa. Assim, um teste nunca é completamente preciso, e nem se espera que seja, mas ele deve ser o mais livre de erro possível e o erro existente na medida deve ser conhecido. Para tanto, existem padrões para se determinar se o teste é suficientemente preciso ou não. De maneira similar à validade, pode-se obter índices de precisão por meio de variados métodos e nem sempre todos os métodos são necessários para se atestar a precisão da medida, ficando a critério do pesquisador utilizar um ou mais métodos quando julgar necessário. Esses métodos estão apresentados na Tabela 2.

O primeiro método relatado tem sido amplamente aplicado para a verificação da precisão de instrumentos que demandem alguma subjetividade no julgamento da resposta por parte do psicólogo. Rueda, Suehiro e Silva (2008) fizeram um estudo para investigar esse tipo de precisão do teste Bender (Sistema de Pontuação Gradual).

Tabela 2.
Métodos para obtenção do índice de fidedignidade

Métodos	Erro avaliado
Por avaliadores.	Subjetividade dos avaliadores.
Teste-reteste.	Estabilidade dos resultados em mais de uma aplicação.
Formas alternadas; metades (*split half*).	Conteúdo dos itens.
Consistência interna (α e KR-20).	Homogeneidade do grupo de itens.

Nesse teste, que avalia a inteligência de crianças, é pedido que o respondente veja um conjunto de nove cartões, cada um com uma figura, e que as reproduza em um papel em branco. Na correção, o psicólogo deve avaliar cada reprodução e dar uma nota, de zero a três, sendo que quanto maior a nota, menos semelhante ao original está a cópia. No artigo em questão, os autores relatam que dois psicólogos avaliaram independentemente protocolos de 80 crianças e as correlações entre as notas dadas por eles foi na casa de 0,90, ou seja, nesse caso, quase não há erro de medida, já que a concordância entre os avaliadores foi muito forte.

No caso do teste-reteste, como o próprio nome sugere, o erro que se busca conhecer é relacionado a estabilidade da medida ao longo do tempo, ou seja, o quanto o teste é suscetível às mudanças temporais desde que, obviamente, os participantes não tenham sido submetidos a intervenções com o objetivo de modificar o traço avaliado. Uma parte do estudo de Mansão e Yoshida (2006) se deu com essa intenção. Na ocasião, as autoras estavam estudando as características psicométricas do *Self Directed Search* (SDS – Questionário de Busca Autodirigida), que avalia os interesses profissionais de estudantes do

Ensino Médio. O teste-reteste foi realizado com 122 jovens, com um intervalo de uma semana entre as aplicações e a correlação entre as pontuações variaram entre 0,82 no fator Convencional e 0,91 no fator Artístico. Os dados sugerem que nesse intervalo, o instrumento apresenta um bom nível de precisão.

Diferentemente, no método das metades (*split half*) a lógica é identificar se há erro de medida proveniente da distribuição dos itens ao longo do teste. Em geral, o que se faz é dividir o teste ao meio (p. ex., itens pares e ímpares) e correlacionar as partes, esperando que sejam encontradas correlações próximas a 1. Deve-se atentar, contudo, que alguns tipos de instrumentos, tais como os de desempenho (p. ex., inteligência), podem ter seus itens distribuídos pelo seu índice de dificuldade, não sendo esperado que todos os avaliandos cheguem até o final do teste. Nesses casos, incongruências no resultado não devem ser interpretadas como erro de fato, mas precisarão ser analisadas mais detidamente.

Por fim, possivelmente a estimativa de precisão mais utilizada, a consistência interna, em geral informada pelo coeficiente Alfa de Cronbach (α). Nesse método, o que se avalia é a possibilidade de existência de itens que eliciem respostas muito diferentes dos demais, causando inconsistências na interpretação, uma vez que o valor de Alfa é a média da covariância entre todos os itens (em pares) e desses, com o escore total, ou seja, da somatória de todos os itens. Seu valor pode variar de zero a 1 e de acordo com Kline (2000) valores entre 0,60 e 0,70 são aceitáveis, entre 0,70 e 0,90 são bons e acima de 0,90, excelentes. É importante não confundir a evidência de validade baseada na estrutura interna com precisão por consistência interna. Basicamente, a diferença entre elas é que a validade baseada na estrutura interna tem o objetivo de verificar como os itens se agrupam. Depois de isso estar definido, informa-se o quanto a resposta a esse conjunto específico de itens, agrupado por meio de análise fatorial, eliciam respostas consistentes do avaliando ao longo dos itens. Por exemplo, no estudo Sbicigo et al. (2010) as autoras relatam inicialmente como os itens se agruparam (um fator com itens sobre a visão positiva de si mesmo, e outro com a visão negativa) e, posteriormente, informam que o primeiro fator apresentou um Alfa de 0,76 e no segundo, 0,77, portanto, bons.

Conclusão

Este capítulo teve a intenção de mostrar ao leitor uma breve introdução sobre validade e precisão dos testes psicológicos, com uma abordagem prática que intenta ser útil para o profissional (ou futuro profissional) que fará uso dos instrumentos em suas práticas. Contudo, há muito o que se aprofundar. Conforme já mencionado, validade e precisão, assim como normatização e padronização não são formalidades ou exigências sem sentido, mas dados que informam os limites das conclusões a que o profissional pode chegar com o uso de um teste. Assim, o estudo constante e a leitura cuidadosa dos manuais poderão facilitar a compreensão e uma extração de informações cada vez mais úteis na prática. Além disso, o aprofundamento em psicometria também pode proporcionar um conhecimento de todo o processo de construção e validação de um teste, o que, além de ser uma experiência muito interessante, certamente chamará a atenção do leitor para detalhes que o farão valorizar ainda mais os instrumentos de avaliação.

Referências

AERA, APA & NCME (2014). *Standards for educational and psychological testing*. Washington, DC: Autor.

Baumgartl, V.O. & Primi, R. (2006). Evidências de validade da Bateria de Provas de Raciocínio (BPR-5) para seleção de pessoal. *Psicologia: Reflexão e Crítica*, 19 (2), 246-251.

Bighetti, C.A., Alves, G.A.S. & Baptista, M.N. (2014). Escala Baptista de Depressão (EBADEP-A): evidências de validade com o *Big Five*. *Avaliação Psicológica*, 13 (1), 29-36.

Bureau International des Poids et Mesures & Organisation Intergouvernementale de la Convention du Mètre (2006). *Le système international d'unités*. 8. ed. Paris: Autor.

Carvalho, L.F. & Ambiel, R.A.M. (2011). Direitos humanos na avaliação psicológica: considerações sobre o papel da validade consequencial. In: Conselho Federal de Psicologia. *Prêmio Profissional "Avaliação Psicológica na Perspectiva dos Direitos Humanos", do Ano Temático da Avaliação Psicológica*. Brasília: CFP.

Damásio, B.F. (2012). Uso da análise fatorial exploratória em psicologia. *Avaliação Psicológica*, 11 (2), 213-228.

Kline, P. (2000). *The Handbook of Psychometric Testing*. 2. ed. Londres: Routledge.

Mansão, C.S.M. & Yoshida, E.M.P. (2006). SDS – Questionário de busca autodirigida: precisão e validade. *Revista Brasileira de Orientação Profissional*, 2 (1), 67-79.

Messick, S. (1995). Validity of psychological assessment. *American Psychologist*, 50, 741-749.

Nakano, T.C. & Siqueira, L.G.G. (2012). Validade de conteúdo da Gifted Rating Scale (versão escolar) para a população brasileira. *Avaliação Psicológica,* 11 (1), 123-140.

Orsati, F.T., Mecca, T., Schwartzman, J.S. & Macedo, E.C. (2009). Percepção de faces em crianças e adolescentes com Transtorno Invasivo do Desenvolvimento. *Paideia*, 19 (44), 349-356.

Padilla, J.L. & Benítez, I. (2014). Validity evidence based on response processes. *Psicothema*, 26, 136-144.

Primi, R., Muniz, M. & Nunes, C.H.S.S. (2009). Definições contemporâneas de validade de testes psicológicos. In: C.S. Hutz (org.). *Avanços e polêmicas em avaliação psicológica* (p. 243-265). São Paulo: Casa do Psicólogo.

Rueda, F.J.M., Suehiro, A.C.B. & Silva, M.A. (2008). Precisão entre avaliadores e pelo método teste-reteste no Bender: sistema de pontuação gradual. *Psicologia: Teoria e Prática*, 10 (1), 25-35.

Sbicigo, J.B., Bandeira, D.R. & Dell'Aglio, D.D. (2010). Escala de Autoestima de Rosenberg (EAR): validade fatorial e consistência interna. *Psico-USF*, 15 (3), 395-403.

Silva, F.H.V.C. & Alchieri, J.C. (2010). Validade preditiva de instrumentos psicológicos usados na avaliação psicológica de condutores. *Psicologia: Teoria e Pesquisa*, 26 (4), 695-706.

Urbina, S. (2007). *Fundamentos da testagem psicológica*. Porto Alegre: Artmed.

9
Padronização e interpretação de resultados

Fabiano Koich Miguel

Introdução

A prática de avaliação psicológica não se resume a uma simples observação de fenômenos e interpretação fortuita. O psicólogo utiliza-se de procedimentos que são amparados por um corpo de conhecimento científico. Quando se trata do instrumental, deve ser dada atenção à qualidade e utilidade dos recursos empregados para que se possa chegar a uma conclusão sólida que irá amparar a decisão final. É nesse momento que compreender o que é validade, precisão, padronização e interpretação torna-se indispensável.

Neste capítulo, serão apresentados os conceitos de padronização e interpretação de resultados. Tradicionalmente, o primeiro diz respeito aos procedimentos executados durante a avaliação, enquanto o segundo trata das análises possíveis sobre o que foi observado.

Padronização

Como foi visto nos capítulos anteriores – particularmente nos capítulos 6 e 7 – no processo de avaliação é de importância a escolha dos métodos que serão utilizados para se chegar a uma apreciação psicológica do sujeito, grupo ou instituição analisada. Os métodos de avaliação fazem parte do instrumental disponível para que o psicólogo, com base em seu conhecimento teórico, possa compreender o que está provocando a situação atual e quais suas possíveis consequências, para então elaborar estratégias de intervenção.

Essa situação tem caráter de ciência: tanto os procedimentos quanto as interpretações não são formulados ao acaso, mas seguem padrões estabelecidos em pesquisas anteriores que confirmam sua eficácia. Por exemplo, ao avaliar a maturidade dos mecanismos de defesa do ego de uma pessoa, o psicólogo de formação psicanalítica segue a definição estrita do que é negação, deslocamento, regressão, racionalização etc.; ao realizar uma análise funcional, o psicólogo de formação comportamental segue as definições estritas do que são consequências reforçadoras, variáveis causais etc. Ao atender um indivíduo, o psicólogo não pode compreender um conceito de uma maneira e alterar a definição desse conceito, abrandando-o ou sendo mais rígido, ao avaliar outro indivíduo. Se assim o fizesse, estaria escapando do respaldo científico das técnicas utilizadas, incorrendo em falta ética. Eis, portanto, o fundamento e a importância da padronização: a utilização de procedimentos padronizados com o propósito de que as inferências e interpretações feitas sobre o fenômeno observado possam ser cientificamente apoiadas (Rabelo, Brito & Rego, 2011; Urbina, 2007).

Como se pode perceber, o conceito de padronização diz respeito não apenas a testes psicológicos, mas à própria prática da Psicologia como ciência. Existem maneiras definidas para se realizar uma observação, uma entrevista, um jogo infantil, uma dinâmica de grupo, e assim por diante. Se assim não fosse – ou seja, cada profissional administrasse esses procedimentos da maneira que lhe conviesse – o que se avalia não poderia ser referendado pelo conhecimento científico cauteloso. Tal é sua importância que o atual código de ética profissional nomeia como princípio fundamental a responsabilidade no "desenvolvimento da Psicologia como campo científico de conhecimento e de prática" (Conselho Federal de Psicologia – CFP, 2005, p. 7). Neste capítulo, o foco será nos instrumentos de avaliação e na importância de se seguir os procedimentos de padronização durante sua aplicação.

O propósito dos testes psicológicos está em utilizar o desempenho de uma pessoa ou grupo de pessoas como um parâmetro para compreender como elas se manifestam na vida (Anastasi & Urbina, 2000; Cohen, Swerdlik & Sturman, 2014). Embora muitas dessas técnicas pareçam incomuns às pessoas que são submetidas a avaliação – apresentando cubos em rotação, manchas de tinta abstratas, sequências numéricas etc. – elas têm o propósito de mensurar uma ou mais características psicológicas, como capacidade de reter informações, de perceber adequadamente o ambiente, de gerenciar os estados emocionais, habilidades no contato interpessoal, preferências pessoais e profissionais, entre muitas outras. Conforme foi desenvolvido no capítulo 8 sobre validade e precisão, a validade da interpretação que se faz do desempenho no teste é verificada

em diversos tipos de pesquisas científicas. Portanto, ao responder um teste psicológico, o indivíduo que obtiver certo padrão de resultados demonstra elevada probabilidade de manifestar as características psicológicas associadas. Essa informação será então utilizada pelo psicólogo em conjunto com outras fontes de dados no processo de avaliação para que se chegue a uma conclusão.

A mesma cautela que se tem na utilização de outras técnicas psicológicas deve ser utilizada na aplicação dos instrumentos. Para que isso ocorra, os manuais dos testes possuem informação quanto ao preparo do material e do ambiente, as instruções que são transmitidas, a forma de se entregar o material e, em alguns casos, até a postura e as verbalizações que devem ser adotadas. Esse preparo e roteiro não são aleatórios; eles foram escolhidos para facilitar o foco nos construtos que o teste avalia e reproduzem as condições criadas nas pesquisas que demonstraram seu adequado funcionamento (Anastasi & Urbina, 2000; Rabelo et al., 2011; Urbina, 2007).

Administrar um teste psicológico de outra maneira que não seja o procedimento padronizado pode levar a resultados imprevistos. Ao se alterar a sequência de entrega dos cartões de mancha de tinta, ou as instruções dadas a um inventário de personalidade, ou ainda a quantidade de itens de uma prova de raciocínio, por exemplo, pode fazer com que o desempenho do sujeito seja diferente do que seria se o teste fosse aplicado da maneira correta. Além do formato do teste em si, outros desvios de padronização podem ocorrer, como a utilização de fotocópia do material original que, além de consistir em dano ao direito autoral da editora responsável, pode alterar o estímulo visual que faz parte da tarefa, ou mesmo atrapalhar o raciocínio devido à perda de qualidade da cópia. Há ainda instrumentos que dependem de controle do tempo e que podem produzir resultados irreais se esse limite não for respeitado. Ou mesmo testes de aplicação individual que podem ter sua interpretação prejudicada se forem aplicados coletivamente. Portanto, distanciar-se da padronização de aplicação pode introduzir mais erros de medida, além daqueles que já são inerentes ao próprio instrumento (Anastasi & Urbina, 2000).

Obviamente, mesmo que o psicólogo siga à risca os procedimentos, pode acontecer de o sujeito avaliado apresentar uma resposta que não é adequada ao teste ou que não foi prevista anteriormente. Por exemplo, nas escalas de inteligência Wechsler há alguns anos era frequente que crianças respondessem à pergunta "O que significa S.O.S.?" dizendo que era a sigla de uma conhecida escola de informática. Ou ainda, em uma técnica de desenho a mão livre, o sujeito pode querer utilizar algum material de apoio ao desenho, como uma régua. Nesses casos, até mesmo o imprevisto deve seguir instruções determinadas, não só para que o profissional possa tomar uma decisão quanto à pertinência do que está acontecendo, mas também para que seja mantida a validade aparente do teste. Por isso, o psicólogo deve estar consciente dessas possibilidades e examinar o manual do instrumento. Embora as possibilidades de imprevistos sejam virtualmente infinitas, manuais de testes mais robustos e completos apresentam instruções de como proceder nessas situações. Nesse sentido, a administração de alguns instrumentos pode ser tão complexa que há necessidade de cursos apenas para se aprender sobre sua aplicação e interpretação, como as próprias escalas Wechsler, as manchas de tinta de Rorschach, entre tantos outros.

Mas não é apenas na aplicação que se deve seguir uma padronização. O desempenho dos sujeitos nos testes será transformado de alguma maneira em informação interpretável (Anastasi & Urbina, 2000; Urbina, 2007). Na maioria dos casos, isso se dá por meio de uma pontuação, ou seja, um valor numérico, também chamado de escore. Esse procedimento faz parte igualmente da padronização do instrumento, e está diretamente relacionado às pesquisas que o embasam. Por exemplo, somar 1 ponto cada vez que o sujeito apresenta certa resposta contribui para uma pontuação final, e em pesquisas verificou-se que tal pontuação está relacionada a certa característica psicológica, como raciocínio espacial, extroversão, esquizofrenia etc. Esse é um exemplo típico de testes em que a pessoa responde assinalando alternativas. Mas as técnicas de avaliação podem ter formatos diversos e a pontuação final ser feita sobre outras formas de registro, como o relato verbal, um desenho, manipulação de quadrados coloridos etc. Nesses casos, a pontuação pode não ser tão objetiva quanto a simples somatória de notas, e costuma-se utilizar o encaixe em categorias predefinidas e estudadas. Esse é o procedimento típico das técnicas de autoexpressão ou projetivas (que será retomado no capítulo 11). Por exemplo, nas manchas de tinta de Rorschach, se uma resposta dada pela pessoa possui dois ou mais objetos em interação e essa interação é benéfica ou cooperativa, atribui-se código COP. Mas não são apenas os testes projetivos que utilizam essa forma de pontuação. Por exemplo, nas escalas Wechsler de inteligência, na tarefa de compreensão de soluções para problemas, existem critérios para atribuir pontuação 0, 1 ou 2 dependendo da elaboração da resposta dada. Portanto, em instrumentos que utilizam essas formas de pontuação, é de extrema importância que o critério para atribuição das categorias seja claro e muito bem definido. Isso vai fazer com que o teste de uma pessoa seja interpretado sempre da mesma maneira, mesmo por psicólogos diferentes, assegurando a padronização.

Algumas escalas podem ter pontuações tão complexas que o psicólogo precisa prestar bastante atenção no seu cálculo, pois, por um breve desvio de atenção ou de raciocínio aritmético, o resultado final pode ser alterado. Uma forma de se minimizar esse tipo de erro vem se desenvolvendo cada vez mais na Psicologia, que é a utilização da versão informatizada de instrumentos. Nesses casos, o computador é o responsável pelos cálculos das pontuações (Adánez, 1999). No Brasil, mesmo que alguns instrumentos não estejam informatizados – devido inclusive ao próprio formato do teste que não permite uma versão em computador – é possível encontrar formulários de tabulação e cálculo das pontuações disponibilizados pelas editoras responsáveis pela comercialização.

Interpretação de resultados

Após as etapas de coleta de dados e pontuação ou categorização das respostas, finalmente se chega à interpretação dos resultados, que também é padronizada nos testes. Para a maioria dos casos, a interpretação é feita em cima de uma pontuação final ou então diversas pontuações que dizem respeito aos vários aspectos psicológicos avaliados pelo instrumento. Os manuais apresentam a compreensão psicológica para os resultados encontrados, de acordo com as pesquisas conduzidas. Assim, uma pontuação elevada poderia estar associada a maior capacidade de perceber e compreender as emoções e gerenciá-las para promover uma interação adequada com os outros, como seria o caso de um teste que avaliasse inteligência emocional. A forma mais comum de interpretação é por meio da normatização.

A nomenclatura normatização diz respeito à utilização de uma norma padronizada para interpretação. Tradicionalmente essa norma tem sido vinculada à utilização da curva normal, embora outras maneiras existam, como será visto adiante. A curva é uma representação gráfica das frequências dos resultados que as pessoas obtiveram no teste, e tem a aparência mostrada na Figura 1. Trata-se de uma representação completamente empírica, ou seja, a distribuição nesse formato não foi inventada, mas sim descoberta; diz respeito a uma tendência das capacidades psicológicas se distribuírem da mesma maneira que a curva normal, ou seja, com um número grande de pessoas demonstrando um nível mediano daquela característica, um número pequeno de pessoas com nível baixo e um número pequeno de pessoas com nível alto. Desde o início da Psicologia como ciência, na primeira metade do século XIX, esse fenômeno já era conhecido (Goodwin, 2005; Schultz & Schultz, 2009).

Quando se está realizando estudos de construção de um teste psicológico e se pretende que ele seja utilizado na população geral, seria inviável ter uma amostra composta por todas as pessoas que existem. Os pesquisadores, então, tomam o cuidado de coletar dados de um número grande de sujeitos, de maneira que eles representem o melhor possível a população: proporção semelhante de homens e mulheres, idades, situação econômica, nível educacional etc. Essas pessoas serão usadas como referência para se conhecer o que é típico daquela população naquilo que o teste avalia. Esse grupo é então chamado de amostra normativa (Ambiel,

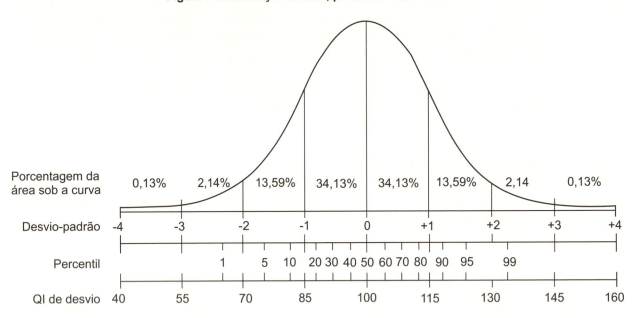

Figura 1 Distribuição normal, percentis e QI de desvio

Andrade, Carvalho & Cassepp-Borges, 2011; Anastasi & Urbina, 2000; Cohen et al., 2014; Urbina, 2007). Ao se comparar o desempenho de alguém com essa amostra representativa, acaba-se comparando com a população geral que ela representa.

A curva normal tem características próprias, e as principais utilizadas na interpretação de testes são a média e o desvio-padrão. Em uma distribuição normal perfeita, a média é a pontuação do teste que divide as pessoas em dois grupos: metade tem uma pontuação menor (ou igual) e metade tem uma pontuação maior (ou igual). É importante compreender que essa pontuação média das pessoas não necessariamente coincide com a pontuação média possível no teste. Por exemplo, um teste com 100 questões teria uma pontuação média possível de 50. Contudo, se esse for um teste com questões muito difíceis, é provável que a maioria das pessoas tenha notas 30, 35 ou 40, com poucas pessoas ultrapassando 50.

Como se pode perceber, esse procedimento fornece uma interpretação para o resultado do teste por meio da localização do sujeito em relação às outras pessoas, em vez da simples pontuação final bruta. Para exemplificar essa ideia, tome-se o caso de um psicólogo que atende uma pessoa com queixa de sentir-se muito agitada e ansiosa. A fim de fazer uma avaliação mais precisa do nível de ansiedade, esse psicólogo escolhe administrar um teste e, ao pontuar as respostas da pessoa, encontra uma pontuação final de 23. Esse número isoladamente traz pouca informação ao psicólogo. Contudo, ao consultar as normas daquele teste, ele encontra a tabela normativa, ilustrada na Tabela 1.

Nesse teste hipotético, percebe-se que há três tipos de normas: geral, por gênero e por cidade onde o teste foi pesquisado. Supondo que o

Tabela 1 Tabela normativa de um teste hipotético para avaliar ansiedade

Pontuação final	Amostra geral	Masculino	Feminino	São Paulo	Fortaleza
14	10	10	5	5	10
15	20	20	10	10	20
16	30	30	20	20	30
17	40	40	30	30	50
18	45	50	40	35	60
19	50	60	50	40	70
20	60	70	60	45	80
21	70	80	70	50	90
22	80	90	80	75	95
23	90	95	90	90	99
24	95	99	95	95	99,9

psicólogo esteja interessado em entender o nível de ansiedade daquela pessoa em relação aos outros homens, ele então escolhe a coluna "Masculino" na tabela e verifica o percentil equivalente à pontuação de 23, encontrando percentil 95. Essa informação indica que 95% das pessoas do sexo masculino na amostra normativa obteve uma pontuação inferior ou igual a 23, o que leva à interpretação de que o sujeito avaliado demonstrou um nível de ansiedade maior do que 95% dos homens mostram. Nesse exemplo, diz-se que o sujeito está no percentil 95. Percentil é o nome atribuído à posição na curva normal de certa pontuação no teste. Assim, a média da curva seria o percentil 50. Na parte inferior da Figura 1 estão apresentados vários percentis.

O percentil 95 indicaria também que ainda existe 5% de homens na amostra normativa com pontuações maiores que o sujeito avaliado, ou seja, com níveis de ansiedade superiores. Devido à facilidade de se verbalizar esse tipo de inter-

pretação, o percentil é bastante utilizado como forma de interpretação nos manuais dos instrumentos de avaliação. A maioria dos manuais apresenta tabelas que convertem a pontuação bruta para o percentil correspondente, assim como nesse exemplo. De fato, trata-se de uma informação que as pessoas, mesmo não psicólogas, têm facilidade de compreender (Anastasi & Urbina, 2000; Cohen et al., 2014; Rabelo et al., 2011; Urbina, 2007).

Apesar dessa facilidade, existe um potencial problema para a utilização de percentis, que é a má utilização da informação por uma visão equivocada do seu significado. A curva normal não é uma distribuição linear, e por isso o aumento nas pontuações do teste não é acompanhado de aumento equivalente no percentil. Para as pontuações próximas da média, ter um escore de 1 ponto a mais significa superar uma quantidade grande de pessoas. Já nas regiões próximas das pontas da curva, 1 ponto a mais significa superar uma quantidade pequena de pessoas. Isso pode ser facilmente percebido ao se visualizar a Figura 1. Existe um espaço grande entre os percentis 1 e 5 (diferença de 4), sendo esse espaço menor entre os percentis 5 e 10 (diferença de 5), e ainda menor entre os percentis 40 e 50 (diferença de 10).

Essa situação pode causar um impacto negativo no público quando se informa apenas o percentil, especialmente nos casos em que o desempenho no teste tem elevada importância na vida do sujeito (conseguir ou não um emprego, receber ou não educação especial, receber ou não tratamento psiquiátrico etc.). Por exemplo, dizer para os pais de uma criança que a capacidade de raciocínio abstrato dela é superior a 25% (percentil 25) das outras crianças e, portanto, inferior a 75% delas, pode ser recebido como se a criança sofresse de algum déficit intelectual grave. Eis aqui a importância de também se considerar o desvio-padrão ao se fazer esse tipo de avaliação.

Visualmente, o desvio-padrão se situa onde existe uma mudança na curva normal. Observando-se da esquerda para a direita, tem-se a impressão de que a curva vai aumentando e, a partir de certo momento, ela "desacelera". Esse ponto de inflexão à esquerda da média representa 1 desvio-padrão abaixo da média, assim como o ponto à direita representa 1 desvio-padrão acima da média. Na Figura 1, esses pontos estão representados por -1 e +1 desvio-padrão. Nota-se aqui uma diferença em relação aos percentis: a distância entre dois desvios-padrão consecutivos é sempre a mesma ao longo da curva.

Ao se inspecionar os manuais de testes disponíveis, é unânime que se considere a faixa de -1 a +1 desvio-padrão como representativa de um nível mediano naquela característica psicológica. Em alguns casos existe a consideração de "médio baixo" para a faixa de -1 a 0 e "médio

alto" para a faixa de 0 a +1. Não obstante, ainda não se considera representativo de alterações significativas naquele construto, no sentido de se considerar dificuldades graves ou superdotação, por exemplo. Assim, ao se levar em consideração que pouco mais de 68% das pessoas se encontram entre -1 e +1 desvio-padrão, encontra-se que os percentis de 16 a 84 podem ser considerados de nível mediano. Isso apresenta um novo olhar sobre aquele exemplo da criança no percentil 25.

A utilização do desvio-padrão como referência para a interpretação implica uma forma de se interpretar os resultados no teste diferente dos percentis. Em relatos de pesquisa é comum a utilização do chamado escore z, que é uma representação da posição na curva normal de acordo com desvio-padrão. Um escore z de -1,5 indicaria então a posição de 1,5 desvio-padrão abaixo da média. Portanto, na Figura 1, o escore z coincidiria com os desvios-padrão.

A fim de tornar esses valores mais compreensíveis, algumas derivações do escore z são encontradas na literatura. Uma das mais comuns é o chamado QI de desvio ou escore padrão normalizado, que atribui o valor de 100 à média e o valor de 15 ao desvio-padrão, também ilustrado na parte inferior da Figura 1. Um QI de 130, portanto, indicaria 2 desvios-padrão acima da média, enquanto um QI de 55 indicaria 3 desvios-padrão abaixo da média. O benefício das interpretações baseadas no desvio-padrão está numa percepção linear da norma, contudo não são tão facilmente compreendidas pelo público em geral como os percentis (Anastasi & Urbina, 2000; Cohen et al., 2014; Urbina, 2007).

Por causa dessas possíveis complicações, ao se comunicar os resultados de um teste ao público, provavelmente seja mais interessante transformar o resultado, tanto em percentil quanto em escore padrão, em uma linguagem acessível. Nesse sentido, é bastante frequente que os manuais de testes psicológicos apresentem uma sugestão de termos. Um exemplo hipotético de teste de raciocínio poderia ser o apresentado na Tabela 2.

Tabela 2 Exemplo hipotético de interpretação de um teste

Escore padrão	Desvio-padrão	Percentil	Interpretação
< 55	< -3	< 0,1	Dificuldades graves
55 a 70	-3 a -2	0,1 a 2	Desempenho muito inferior
70 a 85	-2 a -1	2 a 16	Desempenho inferior
85 a 115	-1 a +1	16 a 84	Desempenho mediano
115 a 130	+1 a +2	84 a 98	Desempenho superior
130 a 145	+2 a +3	98 a 99,9	Desempenho muito superior
> 145	> +3	> 99,9	Superdotação/ altas habilidades

É claro que nem todos os testes necessitam de normas que representem a população geral. Dependendo do objetivo do instrumento, sua amostra normativa pode ser outra. Esse é o caso em que se utiliza normas específicas de grupos (Anastasi & Urbina, 2000; Cohen et al., 2014). Por exemplo, um psicólogo pode estar interessado em saber exatamente onde dentro do espectro do autismo se encontra um indivíduo, então se compara o indivíduo apenas com as outras pessoas com esse quadro; ou então conhecer a distribuição de características psicológicas dos funcionários de uma empresa. Nesses casos, comparar com a população geral pode não ser

interessante, pois não haveria tanto refinamento e detalhe nos resultados. Por outro lado, desenvolver testes que são exclusivos para uma amostra específica pode consumir muito tempo e recursos para uma aplicabilidade bastante restrita. De fato, tais tipos de normas são pouco comuns no Brasil.

Outro tipo de normas que se encontra na literatura são as desenvolvimentais, ou seja, aquelas que comparam o resultado do indivíduo com aspectos esperados do desenvolvimento humano (Anastasi & Urbina, 2000; Cohen et al., 2014; Urbina, 2007). Tais características costumam ser habilidade motora, nível de desenvolvimento cognitivo, série escolar, e similares. Quando são utilizados no contexto da psicologia escolar, esses testes frequentemente se baseiam em teóricos do desenvolvimento humano como Piaget e Gesell.

Além disso, outras interpretações também podem ser encontradas nos instrumentos que não dependem de uma expectativa normativa, ou mesmo a distribuição daquela característica nem sequer segue uma curva normal. Esses são os casos baseados em critério (Almeida, 1999; Anastasi & Urbina, 2000; Cohen et al., 2014). Em vez de a interpretação ser feita com base no percentil ou escore padronizado, é feita com base em uma nota de corte. Por exemplo, numa hipotética escala de depressão, uma pontuação até 10 poderia indicar ausência de depressão ou níveis leves e não preocupantes, enquanto 11 a 20 indicaria depressão moderada e acima de 21 indicaria nível grave. Semelhante ao critério existe também a interpretação baseada em domínio, encontrada tradicionalmente em testes de desempenho cognitivo (Almeida, 1999; Anastasi & Urbina, 2000; Cohen et al., 2014; Urbina, 2007). Nesses casos, a interpretação é feita com base na maestria do indivíduo, ou seja, ter atingido ou não um desempenho esperado, não interessando com que frequência aquilo ocorre na população. Esse tipo de instrumento é o mais frequente nas escolas e universidades, onde o professor atribui uma nota ao conhecimento mostrado pelo estudante. Outro exemplo de aplicação poderia ser um teste de conhecimentos mecânicos a fim de operar certo maquinário de uma fábrica.

É possível encontrar situações em que tanto normas quanto critério são utilizados em conjunto. Esse é o caso dos testes aplicados em exame para habilitação de motorista ou em concursos. Embora a maioria dos instrumentos utilizados nesses contextos sejam baseados em normas, costuma-se estabelecer um critério mínimo de desempenho para seleção. Por exemplo, pode-se definir que um candidato deva apresentar um nível máximo de impulsividade equivalente ao percentil 80.

Os testes de autoexpressão ou projetivos também podem se afastar da utilização de pontuações numéricas e escalas normativas, dada a natureza da tarefa. Em alguns casos, é possível a utilização de números (p. ex., na frequência de categorias COP em um teste de manchas de tinta, ou na frequência da cor verde no teste das pirâmides coloridas), contudo na maioria dos casos o que se encontra são diversas categorias que compõem um perfil a ser analisado, sem uma pontuação específica para isto. Deve-se ressaltar que a ausência de uma pontuação final não isenta o instrumento de apresentar pesquisas que deem suporte às suas interpretações.

Por fim, outra possibilidade de interpretação que difere das normas e do critério é a utilização dos parâmetros da Teoria de Resposta ao Item (TRI). A TRI aborda os instrumentos de uma maneira diferente ao analisar os índices de dificuldade dos itens individualmente, em vez da pontuação final no teste. Como esses índices estão diretamente relacionados com o nível do traço psicológico avaliado, o resultado do teste informa em que posição do construto o indivíduo está. Embora num primeiro momento esse procedimento pareça se assemelhar à interpretação baseada em normas, a diferença está em que o indivíduo não é comparado com outros sujeitos, mas com as dificuldades dos itens. Dessa maneira, a interpretação não se baseia em afirmar que o sujeito possui desempenho superior a tantas pessoas, mas sim em exatamente o que o sujeito tem ou não de capacidade.

Por exemplo, em um teste de percepção emocional que utiliza interpretação baseada em TRI, uma pessoa pode obter um resultado de 0,16. Normativamente, esse resultado pode indicar um percentil 60, ou seja, um desempenho mediano. Mas isso pouco informa sobre exatamente o que essa pessoa consegue perceber e quais são suas dificuldades. Com a TRI, pode-se comparar esse resultado com as dificuldades dos itens e então se perceber, por exemplo, que os itens de percepção de emoções bastante expressivas (como uma gargalhada na alegria ou testa franzida, olhos saltados e boca tensa na raiva) são mais fáceis, com dificuldades inferiores a 0,16. Já expressões emocionais mais brandas (como um leve sorriso na alegria ou contração das pálpebras na raiva) podem ser mais difíceis, com índices superiores a 0,16. Dessa maneira, pode-se concluir que a pessoa tem facilidade para perceber emoções mais expressivas, mas dificuldade para reconhecer expressões emocionais mais sutis.

Considerações finais

Este capítulo fez uma breve revisão dos conceitos de padronização e interpretação de resultados, mostrando que o procedimento mais comum nesse último caso é a normatização, embora existam outras interpretações que podem contribuir dependendo do contexto de avaliação. Tanto os procedimentos de aplicação quanto a pontuação e interpretação dos testes psicológicos são padronizados no sentido de que são executados de uma maneira prevista e unificada. O propósito disso é permitir que os resultados encontrados sejam utilizáveis e generalizáveis, baseados nas pesquisas conduzidas cientificamente, resguardando os direitos humanos na avaliação.

O psicólogo que se afasta da padronização de suas técnicas, alterando para além do que é previsto, acaba colocando em risco a própria prática profissional por dois motivos. Primeiro porque, como a avaliação foi conduzida de uma maneira diferente daquela estudada, a interpretação pode não ser mais a mesma e estar se observando um fenômeno diferente. Segundo porque se incorre em falta prevista no código de ética profissional nos artigos 1c (é dever utilizar apenas técnicas cientificamente reconhecidas) e 2h (é vedada interferência na validade dos testes). Na prática, pode ser comum um profissional se interessar em novas formas de trabalho e até elaborar novas técnicas de avaliação. No entanto, é importante que essas novas propostas sejam divulgadas e investigadas com o devido rigor científico, seja por meio de pesquisas publicadas em periódicos, congressos ou eventos da área, e com a devida apreciação e aprovação pelo CFP, a fim de que se chegue à conclusão da real aplicabilidade daquele procedimento, e não se constitua apenas "gosto pessoal" que pode acabar prejudicando o atendimento.

A padronização e a utilização de um procedimento de interpretação são tão importantes quanto os conceitos de validade e precisão, tanto que estão previstos nos critérios de avaliação dos testes psicológicos segundo a Resolução 002/2003 do CFP (2003), atualizada pela Resolução 005/2012. Portanto, é de suma importância que o psicólogo conheça o manual do instrumento que está utilizando, assim como a qualidade das suas pesquisas de validade, para que possa compreender de onde vieram as interpretações do teste e qual o limite de sua utilização.

Um limite que frequentemente pode ser ignorado ou não compreendido é o contexto em que o teste foi padronizado. No exemplo hipotético do teste de ansiedade, a tabela normativa apresentava apenas duas cidades onde o teste teria sido estudado: São Paulo e Fortaleza. A rigor, a utilização desse teste em quaisquer outras cidades não seria indicada, pois não se sabe se nesses outros lugares os níveis de ansiedade se distribuem da mesma maneira. Infelizmente, em um país de larga extensão como o Brasil, é muito raro que os testes psicológicos tenham estudos de padronização e normatização com amostras representativas de todos os estados ou mesmo regiões, o que restringe sua aplicabilidade. O mesmo pode ser considerado para faixas etárias, nível socioeconômico, nível educacional etc.

A solução para esse problema está no maior investimento em pesquisas, especialmente nas regiões Norte, Nordeste e Centro-Oeste, que costumam estar sub-representadas nas pesquisas de normatização. Apenas com o resultado desses estudos amplos é possível se verificar a adequação de um instrumento para dada região, e até se encontrar surpresas, como na pesquisa de Villemor-Amaral, Pianowski e Gonçalves (2008). Cientes da possibilidade de influências culturais de região, as autoras estudaram diferenças em amostras do Sudeste e do Nordeste para o teste das pirâmides coloridas de Pfister. As análises indicaram poucas diferenças significativas, não justificando a utilização de normas diferenciadas para as duas regiões.

Referências

Adánez, G.P. (1999). Testes informatizados. In: L. Pasquali (ed.). *Instrumentos psicológicos: Manual prático de elaboração* (p. 209-230). Brasília: LabPAM.

Almeida, L.S. (1999). Testes centrados em critério (CRT). In: L. Pasquali (ed.). *Instrumentos psicológicos – Manual prático de elaboração* (p. 189-208). Brasília: LabPAM.

Ambiel, R.A.M., Andrade, J.M., Carvalho, L.F. & Cassepp-Borges, V. (2011). "E viveram felizes para sempre": a longa (e necessária) relação entre psicologia e estatística. In: R.A.M. Ambiel, I.S. Rabelo, S.V. Pacanaro, G.A.S. Alves & I.F.A.S. Leme (eds.). *Avaliação psicológica*: guia de consulta para estudantes e profissionais de Psicologia (p. 49-80). São Paulo: Casa do Psicólogo.

Anastasi, A. & Urbina, S. (2000). *Testagem psicológica*. Porto Alegre: Artes Médicas.

CFP – Conselho Federal de Psicologia (2003). *Resolução n. 02/2003*. Brasília: Conselho Federal de Psicologia.

CFP – Conselho Federal de Psicologia (2005). *Código de ética profissional do psicólogo*. Brasília: Conselho Federal de Psicologia.

Cohen, R.J., Swerdlik, M.E. & Sturman, E.D. (2014). *Testagem e avaliação psicológica*. 8. ed. Porto Alegre: AMGH.

Goodwin, J.C. (2005). *História da psicologia moderna*. São Paulo: Cultrix.

Rabelo, I.S., Brito, L. & Rego, M.G.S. (2011). Padronização e normatização de testes psicológicos: simplificando conceitos. In: R.A.M. Ambiel, I.S. Rabelo, S.V. Pacanaro, G.A.S. Alves & I.F.A.S. Leme (eds.). *Avaliação psicológica:* guia de consulta para estudantes e profissionais de Psicologia (p. 129-161). São Paulo: Casa do Psicólogo.

Schultz, D.P. & Schultz, S.E. (2009). *História da psicologia moderna*. São Paulo: Cengage Learning.

Urbina, S. (2007). *Fundamentos da testagem psicológica*. Porto Alegre: Artmed.

Villemor-Amaral, A.E., Pianowski, G. & Gonçalves, C.M.T.S. (2008). Estudo normativo com o Pfister: uma amostra da região nordeste brasileira. *Avaliação Psicológica*, 7 (2), 181-188.

10
A importância da psicometria na avaliação psicológica: conceitos básicos, fundamentos epistemológicos da validade e uma análise ilustrativa do *National Intelligence Tests*

Hudson F. Golino

Introdução

A avaliação psicológica é a área da psicologia destinada a coleta, integração e interpretação de dados e informações, por meio de instrumentos padronizados construídos para avaliar construtos psicológicos, ou por meio de outros métodos menos estruturados como a entrevista, a observação comportamental, dentre outros (Cohen, Swerdlick & Sturman, 2012). Em um nível de análise mais abrangente, é a avaliação psicológica a responsável pela operacionalização das teorias psicológicas em eventos observáveis (Primi, 2010), desempenhando um papel importante na cientificidade das teorias e modelos psicológicos. No entanto, é a psicometria que possibilita a refutação das hipóteses e a investigação de postulados sobre a natureza dos construtos psicológicos, tais como a sua estrutura e organização, seu papel na explicação de comportamentos e atitudes, sua relação com outras variáveis, e assim por diante. O presente capítulo tem como objetivo apresentar ao leitor um conjunto de conceitos, definições e bases filosóficas da psicometria que auxiliem o leitor a compreender que a avaliação psicológica e a testagem, que se baseiem apenas nos postulados teóricos sobre os construtos psicológicos, se enquadram no campo da especulação e não da ciência. É necessário realizar uma ponte entre os postulados teóricos e os achados empíricos, de forma que esses últimos ou sustentem os primeiros, aumentando a confiança do seu poder explicativo sobre os fenômenos estudados, ou os refutem, levando a um aprimoramento da teoria e da compreensão sobre os fenômenos. Após essa breve introdução, serão apresentadas as principais etapas do desenvolvimento do campo que estuda a validade dos instrumentos e construtos psicológicos, centrais para a falseabilidade de hipóteses (Muniz, 2004). Por último, será apresentado um exemplo ilustrativo, para que o leitor compreenda a importância de acoplar a psicometria à avaliação psicológica e à testagem.

Definições importantes

Os primeiros indícios do uso de instrumentos que possuem alguma relação com variáveis psicológicas empregados em um contexto que envolve tomada de decisão remontam à antiga China (Kaplan & Sacuzzo, 2012). Processos rudimentares de avaliação eram utilizados para selecionar membros para os exércitos e para selecionar novos integrantes dos templos religiosos, em especial os de base budista. Ao longo do tempo, os estudos sobre os componentes da arquitetura psíquica humana foram sendo realizados quase que exclusivamente na análise contemplativa ou lógica da filosofia, em especial no campo denominado *filosofia da mente*. No final do século XIX as análises filosóficas sobre a psique humana deixaram de ser as únicas fontes de estudo sobre o tema, principalmente com o surgimento do laboratório de Psicologia Experimental de Wundt, na Alemanha. É a partir desse período que as análises filosóficas sobre a arquitetura psíquica humana, e que os procedimentos avaliativos rudimentares, ganham um salto em termos de qualidade e de operacionalidade, uma vez que começa-se a desenvolver e a criar novas tecnologias e procedimentos reprodutíveis para investigar a psicologia. De forma curiosa, nesse mesmo período (final do século XIX), desenvolvia-se, na Inglaterra, os princípios de análise de correlação, proposto inicialmente por Karl Pearson com o nome de *coeficiente de correlação produto-momento* em uma publicação de 1896 (Stanton, 2001). Já em 1901, inicia-se o emprego de técnicas de correlação em pontuações de testes psicológicos desenvolvidos no Reino Unido e na Alemanha, formando a base e a origem do campo da psicometria e da testagem psicológica (Markus & Borsboom, 2013), duas importantes ferramentas para a avaliação.

Há um conjunto de autores que utilizam os termos *testagem*, *avaliação* e *medida* como intercambiáveis. Apesar de serem conceitos próximos, e parte integrante de uma mesma área do conhecimento humano, cada um dos termos possui um significado específico, que será empregado ao longo do presente texto. Por esse motivo, não é apenas importante, mas sim necessário defini-los para que a argumentação a seguir seja coerente. Testagem é o emprego de qualquer técnica sistemática que envolva a observação e pontuação de respostas eliciadas por meio de um instrumento padronizado. Avaliação, como apresentado acima, é o processo de coletar e integrar informações e dados psicológicos por meio de procedimentos tais como testes, questionários, entrevistas, observações comportamentais, dentre outros, com a finalidade de responder ou explorar uma pergunta, ou realizar uma caracterização ou descrição do indivíduo ou grupo.

O conceito de medida, por sua vez, possui duas interpretações básicas. A primeira delas (amplamente utilizada nos livros didáticos) sustenta que medir e quantificar são sinônimos, e podem ser definidas como a atribuição de números aos objetos, pessoas, processos etc., de acordo com uma regra (Pasquali, 2009). Essa regra, segundo definição criada por S.S. Stevens (1921), é genérica e, nesse sentido, qualquer ato de usar números para representar objetos ou fenômenos é considerado uma medida. Stevens (1921) introduz, dentro dessa definição, as chamadas *escalas de medida*, englobando escalas categóricas nominais e ordinais, escalas intervalares e escalas de razão. A diferença entre elas diz respeito ao nível e qualidade de informações geradas. As escalas categóricas nominais apenas apontam diferenças simples entre categorias, como *presente* ou *ausente* (em termos de algum sintoma), *forte* ou *fraco*, *positivo* ou *negativo*, *homem* ou *mulher*, e assim por diante. Geralmente são categorias representadas pelos números 0 e 1 ou 1 e 2. As escalas categóricas ordinais representam categorias com intensidades diferentes, como *pouco presente*, *presente* e *muito presente* (para algum sintoma), ou *discordo fortemente*, *discordo* ou *concordo*. Essas categorias ordinais são representadas por números crescentes como 1, 2 e 3, seguindo a ordem de intensidade usada. Já as escalas intervalares apresentam grandezas lineares e contínuas, sendo representadas por números reais. As escalas intervalares apresentam espaçamentos iguais representando alterações iguais na quantidade do atributo medido. Além disso, as escalas intervalares possuem um ponto central arbitrário, e o zero não possui nenhum significado que denote *ausência* do atributo medido. Já nas escalas de razão, o zero representa a ausência total do atributo medido, sendo não arbitrário. Ademais, razões entre os pontos da escala são significativos e representam fidedignamente diferentes razões da quantidade medida. Exemplos de escalas categóricas nominais são aquelas que representam categorias simples sem distinção de intensidade, como *sexo*, presença ou ausência de sintomas, dentre outros. Escalas categóricas ordinais representam a grande maioria das escalas utilizadas em psicologia e áreas correlatas, e podem ser exemplificadas como nas escalas Beck de Depressão, nas pontuações dos subtestes do WISC e do WAIS etc. Elas representam diferentes *graus* ou *níveis* do atributo, como depressão e inteligência. Já as escalas intervalares são exemplificadas como a escala Celsius de temperatura, ou as transformações estatísticas nos escores dos testes, como a conversão do escore bruto em escore padronizado (obtido pelo resultado da subtração da média dos escores do escore total da pessoa, dividido pelo desvio-padrão da amostra) ou os escores gerados por meio das técnicas de teoria de resposta ao item. Já a escala de razão só é possível na escala Kelvin de temperatura (na qual o zero representa ausência de temperatura ou ausência de velocidade cinética média de moléculas de um sistema), e na escala *Lexile* de Stenner, Burdick, Sanford e Burdick (2006) que representa

unidades do repertório léxico das pessoas (sendo o zero a ausência de repertório léxico).

Apesar de amplamente difundida, a definição de medida adotada por Stevens (1946), que medir equivale a atribuir números aos fenômenos de acordo com alguma regra, não é adequada e leva à problemas lógicos insuperáveis (cf. Golino & Gomes, 2015a). A segunda definição de medida é diferente da exposta acima, sendo compreendida como o processo de mapeamento de um sistema de relações qualitativas observáveis em um sistema numérico que preserve as características do fenômeno medido (Golino & Gomes, 2015a). Para se obter uma medida, nessa abordagem denominada de *teoria de conjuntos aditivos de medida* (Krantz, Luce, Suppes & Tversky, 1971), não basta apenas utilizar números para representar os fenômenos, como na teoria clássica da medida de Stevens (1946). As regras a serem seguidas no processo de mapeamento do sistema relacional no sistema numérico são estritas e devem seguir um conjunto de quatro axiomas (Borsboom, 2005; Golino & Gomes, 2015). Suponha que se esteja interessado em medir um atributo, como a inteligência. Esse atributo é estudado apenas por meio da realização conjunta de duas dimensões (variáveis independentes), a habilidade das pessoas e a dificuldade dos itens ou tarefas construídas para avaliar a inteligência. A realização conjunta dessas dimensões (i.e., o encontro das pessoas com os itens) gera uma terceira variável, dependente, que é a resposta das pessoas. Quando há um mapeamento adequado do sistema de relações qualitativas verificado na variável dependente (resposta das pessoas, desempenho ou *performance*) em um sistema numérico que represente essas relações, tem-se quatro consequências. A primeira delas é que o valor de uma das dimensões (p. ex. habilidade) pode ser escolhido sem se afetar o valor da outra dimensão (p. ex. dificuldade dos itens ou tarefas). Nesse sentido, há uma separação entre o que se está medindo e o objeto de medida, condição necessária para uma medida dos atributos (Thurstone, 1931). A habilidade de uma pessoa não pode afetar a estimativa de dificuldade de um item, nem a dificuldade de um item pode afetar a estimativa de habilidade de uma pessoa. A segunda consequência, que é oriunda diretamente da primeira, é que haverá um ordenamento independente da habilidade e da dificuldade ao longo da variável latente (que será definida a seguir). Em outras palavras, pessoas com maior habilidade terão uma posição maior na escala de medida do que pessoas de menor habilidade, independentemente dos itens que foram utilizados para aferir essa habilidade. De forma análoga, itens mais difíceis terão uma posição maior na escala de medida do que itens menos difíceis, independentemente de quais pessoas responderam e acertaram esses itens. A terceira consequência é que um aumento quantitativo na variável latente irá produzir efeitos específicos na habilidade e na dificuldade, mas de forma independente uma da outra. A quarta consequência é que as habilidades das pessoas são comparáveis, i.e., a diferença entre os escores (posições nas variáveis latentes) das pessoas possuem um significado que reflete diferenças reais nas habilidades. Da mesma forma, as dificuldades dos itens são comparáveis, i.e., a diferença nos escores dos itens refletem diferenças reais de dificuldade entre eles. Essas consequências só são possíveis quando há um processo rigoroso no estabelecimento das medidas, geralmente só alcançáveis em psicologia por meio do tratamento estatístico das pontuações das pessoas nos testes e questionários via o emprego da família de modelos Rasch (cf. Golino, Gomes, Amantes & Coelho, 2015).

Continuando com as definições de termos na área, itens são estímulos individuais incorporados em testes com a finalidade de eliciar comportamentos das pessoas (respostas). A resposta das pessoas aos itens (representadas pelos números atribuídos às respostas, p. ex. zeros e uns em uma tabela) só se realiza com o encontro dos agentes com os objetos. Os agentes são os eliciadores dos comportamentos, isto é, os itens. Os objetos, por sua vez, são os que têm o comportamento eliciados pelos estímulos dos itens: as pessoas (Andrich, 1988). Não há a resposta se não houver o estímulo para eliciá-la, o que significa que, para que o fenômeno exista, há que ocorrer o encontro do objeto com o agente, ou da pessoa com o item. A capacidade que uma pessoa tem de responder aos itens, denominada *habilidade,* e o grau de demanda, de esforço, de exigência para a resolução que os itens têm, chamado de *dificuldade*, não podem ser definidos isoladamente. Habilidade e dificuldade são o que os filósofos da ciência chamam de definições constitutivas, ou seja, são conceitos complementares que são definidos em termos de um e do outro ao mesmo tempo (Andrich, 1988, 2004).

As respostas das pessoas são as variáveis observáveis, enquanto a habilidade e a dificuldade são as chamadas variáveis latentes. A diferença entre variáveis observáveis e latentes é de natureza epistemológica. Geralmente, a literatura define as variáveis latentes como sendo construtos teóricos não diretamente observáveis, ou como variáveis subjacentes às observações (Borsboom, 2005). Mas, o que são variáveis observadas? Dizer que uma variável é observada porque se olha para ela não é adequado, e não pode ser a definição conceitual a ser adotada. Como aponta Golino e Gomes (2015b):

"as respostas das quatro pessoas aos quatro itens são observadas porque vemos a opção que elas marcaram, ou a resposta que elas colocaram no papel", ou então ainda "é o que está na tabela, são os zeros e os uns", mas definir conceitos por meio de exemplos não é adequado (p. 115).

Por exemplo, no lugar de respostas aos itens, pense no sexo e na idade das pessoas. Se utilizar números discretos (1 e 2, p. ex.) para representar o sexo feminino e o sexo masculino, e o conjunto de números inteiros para representar as idades, isso tornaria sexo e idade variáveis observáveis? Pode-se até argumentar que o sexo é observável no sentido de que é possível verificar, via exame físico, os órgãos genitais de uma pessoa. Na mesma linha, pode-se argumentar que a idade é observável, pois é a contagem do número de vezes que a Terra gira ao redor do sol, desde o nascimento da pessoa até a presente data, por exemplo. Mais uma vez, ambos argumentos não seriam adequados epistemologicamente, apesar de bastante comuns de encontrar, já que tanto sexo quanto idade são construções teóricas.

> Dimensões [ou construções] teóricas não se encaixam na categoria de coisas observáveis. Portanto, quando alguém descobre, ao questionar os irmãos gêmeos João e Jane, que João é 15 minutos mais velho que Jane, não se pode afirmar que observou-se assim a variável idade. Com base na informação sobre João e Jane, a pessoa fez uma inferência sobre a posição relativa de ambos na dimensão idade, mas não é, dessa forma, verdade que a pessoa observou a idade em si (Borsboom, 2008, p. 28).

Borsboom (2008) argumenta que exemplos como os colocados acima apontam que variáveis observáveis e variáveis latentes têm mais em comum do que geralmente supõe-se. Por exemplo, na literatura sobre avaliação psicológica é consenso o argumento que o escore de uma pessoa em um teste de inteligência *não é* a inteligência. O escore do teste é um indicador da inteligência, mas não o construto teórico em si, uma vez que esse é uma variável latente! O mesmo raciocínio pode ser empregado para apontar que o número 1 representando o sexo não é, de fato, o sexo da pessoa. É inimaginável pensar que o sexo de alguém é um número em uma tabela de dados. Faz tão pouco sentido como dizer que o escore de um teste é o construto que ele indica (Borsboom, 2008). O autor continua seu argumento apontando que em ambos os casos realiza-se uma inferência sobre padrões observados dos dados terem ou não uma determinada propriedade. E é nessa inferência que reside uma definição mais robusta de variáveis observáveis e latentes do que as definições apontadas anteriormente (Golino & Gomes, 2015). No caso das variáveis observáveis, a inferência é realizada com certeza a partir dos dados, desde que o processo de coleta de dados tenha sido correto. A estrutura do dado reflete a estrutura do fenômeno, no sentido em que posições distintas na variável (ser do sexo masculino ou ser do sexo feminino, p. ex.) são representadas por posições distintas na estrutura do dado (um ou dois na matriz de dados). Essa representação do fenômeno na estrutura de dado ocorre sem resíduo final. Ao representar o sexo de Cecília com o número 1 e o de Bruno com o número 2, não há como realizar uma inferência equivocada sobre o fenômeno representado, no caso o sexo de ambos. Há uma equivalência isomórfica entre a estrutura do fenômeno e a estrutura do dado (Borsboom, 2008). Já no caso das variáveis latentes, o processo inferencial não pode ser feito com certeza a partir dos dados em mãos. A inferência sobre o nível de inteligência de uma pessoa, ou seja, a sua posição na variável *inteligência,* possui um erro intrínseco. Esse erro é oriundo da natureza do processo inferencial: não se pode ter certeza sobre a *real* localização da pessoa naquela dimensão (inteligência), o que há é uma estimativa dessa localização. E essa estimativa envolve um erro. Por isso, mesmo que diferentes posições na variável sejam representadas por diferentes posições na estrutura do dado, essa representação envolve um resíduo final, um erro de representação. Em suma, as variáveis não são inerentemente observáveis ou latentes. Elas se tornam uma ou outra devido à natureza da inferência realizada sobre elas (Borsboom, 2008; Golino & Gomes, 2015b).

Fases epistemológicas dos processos avaliativos e seus impactos no estudo da validade dos testes

Agora que já foi realizada uma definição pormenorizada de alguns conceitos, onde se argumentou que quantificar e medir não são equivalentes (para uma revisão cf. Golino & Gomes, 2015a) e se definiu variáveis observáveis e variáveis latentes, serão apresentados a seguir as principais fases epistemológicas do estudo sobre a validade dos instrumentos de avaliação em psicologia. Do ponto de vista epistemológico pode-se dividir a história dos processos avaliativos em quatro grandes momentos, que ocorreram em diferentes períodos, e as vezes de forma concomitante (Markus & Borsboom, 2013). São eles o *empiricismo descritivo,* o *empiricismo explicativo* e o *construtivismo realista.* Será adicionada, à proposta de Markus e Borsboom (2013) outro recorte adotado, que será aqui denominado de *realismo teórico.* Cada um desses cortes episte-

mológicos influenciou de forma significativa no desenvolvimento dos processos avaliativos em psicologia, no geral, e impactou profundamente a construção e estudo de validade dos testes e técnicas avaliativas, em particular.

O empiricismo pode ser definido como o foco central nos dados e nas observações para a construção de teorias e modelos. Os construtos, sob esse foco epistemológico, são ficções úteis para compreender as leis subjacentes às diferentes observações realizadas. O período que Markus e Borsboom (2013) denominam de *empiricismo descritivo* teve início no final do século XIX, e se confunde com o início da psicologia enquanto campo científico. Como já apontado anteriormente, em 1896 Karl Pearson desenvolve o coeficiente de correlação produto-momento. Já em 1901 inicia-se o uso do coeficiente de correlação nas pontuações dos primeiros testes psicológicos. Vinte anos mais tarde surge o conceito de *validade* dos testes psicológicos, amplamente dependente do coeficiente de correlação, sendo definida como "a extensão na qual um teste mede o que se propõe" (Kelley, 1927). Essa definição é oriunda da correlação que um teste psicológico, ou um item integrante de um teste, tem com um critério externo. Suponha que esteja em 1920, e que deseje investigar o impacto do raciocínio lógico no desempenho escolar. Um teste construído para medir o raciocínio lógico seria analisado por meio da correlação que esse apresenta com provas escolares de matemática, por exemplo. Quanto maior a correlação, mais *validade* o teste apresentaria. É nesse sentido que surge o conceito de *validade de critério,* ou seja, quão bem um instrumento mede o que se propõe de acordo com um critério externo ao teste. O mesmo conceito geral de validade, exposto acima, se aplica aos itens, ou perguntas, de um teste. Se o objetivo é avaliar a habilidade verbal, por exemplo, os itens ou perguntas desse instrumento tem que ser representativos desse domínio (raciocínio verbal). Surge, nesse interim, o conceito de *validade de conteúdo*, que é a evidência de que um teste de conteúdo (p. ex., de álgebra) possui itens representativos do campo investigado. A validade de conteúdo é geralmente verificada pelo julgamento de peritos no domínio em questão. Tanto o conceito geral de validade, i.e., a extensão na qual um instrumento mede o que se propõe, como os conceitos oriundos deste (validade de critério e validade de conteúdo) surgem e têm seu uso intensificado até o início da década de 1950.

A segunda fase epistemológica encontrada na história dos processos avaliativos em psicologia é denominada de *empiricismo explicativo*. Nessa fase, observa-se que os conceitos de validade de conteúdo e validade de critério não seriam suficientes para abarcar todo o universo de situações de testagem. No campo da inteligência, por exemplo, o corpo de pesquisadores da área descobre um fenômeno chamado de *positive manifold*, que é a presença de correlações positivas entre testes de inteligência e um número muito grande de tarefas. Nesse período, aproximadamente no início da década de 1950, surge uma nova concepção sobre validade: nenhum critério serve como padrão ouro. No ano de 1955, Cronbach e Meehl desenvolvem o conceito de validade de construto, para lidar com essa questão. Enquanto a validade de critério e a validade de conteúdo operacionalizam o que o teste mede em termos do conteúdo (itens representativos do domínio) e em termos de critério (relação preditiva com um critério externo), a validade de construto tem outro foco. Neste, articula-se o que o teste mede em termos da relação encon-

trada na rede de observáveis, que por sua vez são obtidos de acordo com a teoria que embasa a construção do instrumento. Os construtos são pensados como eminentemente teóricos, o que proporciona múltiplas operacionalizações do mesmo. Essa abordagem contrasta com a anterior (adotada na fase do empirismo descritivo, antes de 1950) cuja operacionalização se dava em uma única fonte (critério ou conteúdo). Assim, a validade de um instrumento deixa de ser a conjunção dos seus itens ou tarefas enquanto representantes do domínio investigado ou a relação dos mesmos com um critério externo, e passa a ser verificado por meio de uma rede de observáveis que objetivam mensurar o mesmo construto teórico. Dessa forma, argumentam Markus e Borsboom (2013), um conjunto grande de observações passa a embasar a avaliação empírica de uma teoria. Cada nova evidência, obtida por diversas fontes de informação, adiciona elementos sobre um construto, contribuindo para a análise da sua validade.

A mudança do empiricismo descritivo para o empiricismo explicativo reflete mudanças em modelos empíricos de ciência. No primeiro, a validade é uma questão de identidade entre o domínio do teste e o domínio foco de investigação. No segundo, construtos hipotéticos são explicativos das respostas dos testes. Como nada se autoexplica, separa-se a resposta aos itens dos testes dos construtos hipotéticos. Essa separação leva à criação de outros tipos de validade, principalmente a convergente e a discriminante. A validade convergente busca verificar relações positivas entre diferentes escores de um mesmo construto geral. Ela pode ser dividida em duas frentes, uma denominada *validade de traços* e outra denominada *validade nomológica*. Na validade convergente de traços, os escores são indicadores de um mesmo construto, enquanto na validade nomológica as comparações são realizadas em escores de construtos próximos, semelhantes. Já a validade divergente busca verificar relações negativas ou menores entre diferentes escores de diferentes construtos.

Para exemplificar esses tipos de validade, suponha que queira investigar a validade do construto *raciocínio lógico dedutivo*. Caso esse instrumento fictício apresente uma adequada validade convergente de traços, terá uma correlação positiva forte, ou no mínimo moderada, com escores de outros instrumentos que também sejam utilizados para avaliar o raciocínio lógico dedutivo. Caso o instrumento também apresente uma adequada validade nomológica, será possível encontrar relações positivas moderadas ou fortes com escores de testes de raciocínio lógico indutivo, abdutivo, raciocínio inferencial, dentre outros. Isso porque todos esses tipos de raciocínio são indicadores de uma habilidade geral de resolução de problemas de forma relativamente independente do conhecimento prévio, denominado de *inteligência fluida*. Continuando com o exemplo, uma validade discriminante adequada desse instrumento fictício de raciocínio lógico dedutivo apontaria correlações fracas ou negativas com escores de testes que avaliem diferentes construtos, como a memória episódica, a personalidade, o estilo de pensamento, e assim por diante.

Outros tipos de validade surgem no período do empiricismo explicativo. A validade incremental verifica o impacto de uma variável em um critério (ou em uma variável dependente) em termos da explicação de variância, na presença de outras variáveis explicativas fortes. Por exemplo, um dos construtos psicológicos mais importantes na predição do desempenho educacional é a inteligência fluida. No entanto, uma série de pesquisas mostra que adicionar outras variáveis, como a capacidade de controle executivo, como a metacognição e como a personalidade, *aumenta* o percentual de explicação da variância do desempenho educacional, para além da explicação usualmente encontrada pela inteligência (cf., p. ex., Gomes, Golino & Menezes, 2014). Quando variáveis preditivas aumentam a capacidade de explicação ou predição de uma variável dependente, para além da explicação obtida por um preditor forte, estabelece-se que essas variáveis possuem validade incremental sobre o preditor mais robusto. Esse nome é usado porque essas variáveis aumentam ou incrementam o poder de explicação sobre a variável dependente. A validade ecológica também é um conceito que aparece nesse período epistemológico do empiricismo explicativo. Ela verifica a capacidade de generalização que é feita da situação de testagem para a situação real da vida das pessoas. Já a validade populacional, que é outro tipo de validade desenvolvida no mesmo período, verifica a qualidade da generalização da interpretação dos escores e das inferências realizadas a partir desses, além da estabilidade do modelo (ou invariância do modelo), em diferentes populações participantes da testagem.

Esse tipo de validade faz parte de um conceito ainda mais geral de validade denominada validade estrutural, que diz respeito à estrutura encontrada na relação entre os itens de um teste e suas variáveis latentes. Existem cinco grandes tipos de estruturas, usualmente verificadas por meio do emprego de técnicas de análise fatorial confirmatória (Reise, Moore & Haviland, 2010). O primeiro tipo de estrutura é chamado de *unidimensional*. Nele, um único traço (variável) latente explica diretamente os itens do instrumento. Imagine um teste de inteligência geral com 18 itens, por exemplo. Se esse instrumento possuir uma estrutura unidimensional, então se ajustará aos dados um modelo com uma variável latente, i.e., *inteligência geral*, que explica diretamente os itens desse instrumento. Em um primeiro momento, pode parecer estranho o uso da expressão *uma variável latente explicando diretamente os itens de um instrumento*. Essa é uma característica estatística dos modelos de traço latente do tipo reflexivo. Nos modelos reflexivos, uma variável latente causa a variabilidade encontrada nos seus indicadores (itens; cf. Figura 1).

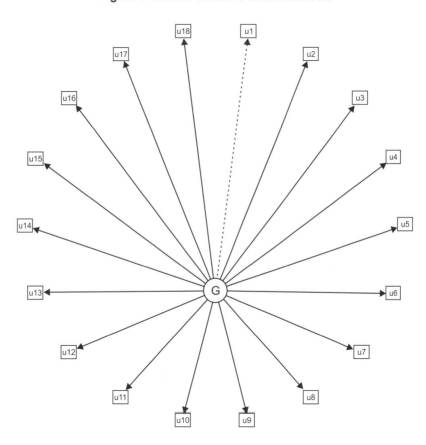

Figura 1 Modelo reflexivo unidimensional

Essa interpretação causal tem como consequência o pressuposto estatístico da independência dos indicadores, ou dos itens, uma vez que, dado um elemento de causa comum, as correlações observadas restantes entre os indicadores são espúrias (fruto de erro aleatório), desde que o modelo seja unidimensional. Para ilustrar essa propriedade dos modelos reflexivos, Markus e Borsboom (2013) fornecem um exemplo bastante ilustrativo. Há uma correlação forte entre o número de bebês que nascem em vilas da Macedônia e o número de cegonhas. Quanto mais cegonhas, maior o número de bebês. No entanto, o aumento do número de cegonhas não *causa* o aumento visto no número de bebês que nascem: ambos são oriundos de uma causa comum. A causa comum da correlação entre o número de cegonhas e de bebês é o *tamanho das vilas*. Vilas maiores possuem mais moradores, que fazem mais bebês e que possuem mais chaminés que são utilizadas pelas cegonhas para fazer ninhos. No entanto, condicionando no tamanho das vilas, as correlações desaparecem, e o que sobra é a variância do erro, i.e., diferenças aleatórias entre as vilas (Markus & Borsboom, 2013). Assim como no caso das cegonhas e dos bebês, nos modelos de traço latente reflexivos, condicionando a probabilidade de uma resposta na variável latente, a correlação entre os itens deixa de existir, e o que sobra são diferenças aleatórias entre os itens, ou erros específicos.

O segundo tipo de estrutura é denominado *modelo de traços correlacionados*. No lugar de apenas uma variável latente, existem *n* variáveis latentes, cada uma explicando um conjunto de itens. Essas variáveis, por sua vez, se correlacionam. Isso pode indicar, por exemplo, a intensidade e direção de relação entre as variáveis latentes, o que pode impactar tanto a teoria que orienta a construção desse instrumento (caso o padrão de correlações encontrados seja diferente do esperado) quanto a interpretação e análise do próprio instrumento.

Figura 2 Modelo reflexivo de traços correlacionados

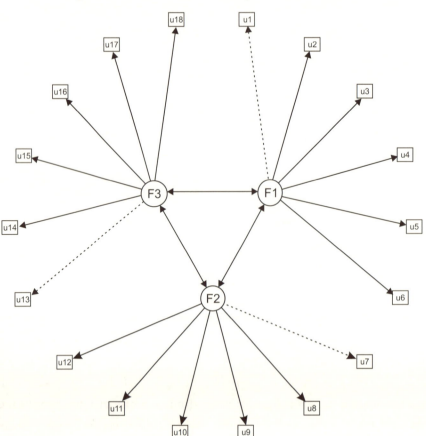

O terceiro tipo de estrutura verificada em instrumentos psicológicos é o chamado de *modelo de traços não correlacionados*. É um modelo bastante parecido com o anterior, mas que difere desse por não permitir que as variáveis latentes se correlacionem. Em outras palavras, "trava-se" as variáveis latentes para que elas não correlacionem entre si. O nome desse procedimento é *ortogonalização*. Por isso, pode-se também chamar esse tipo de estrutura de *modelo de traços ortogonais*.

Figura 3 Modelo reflexivo de traços não correlacionados

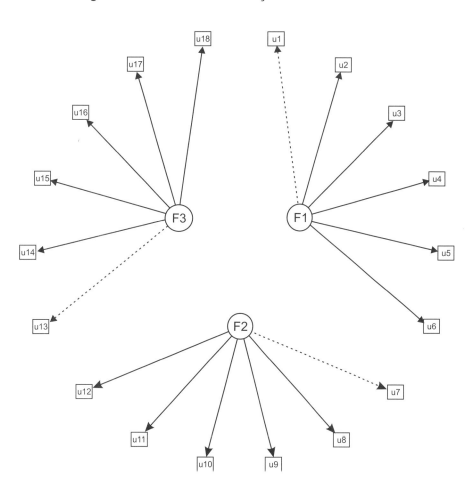

O quarto tipo de estrutura verificada em instrumentos psicológicos é chamado de *modelo hierárquico*. Nele há diferentes níveis de variáveis latentes. Uma versão mais simples desse modelo envolve um conjunto de variáveis latentes de primeiro nível, que explicam os itens do instrumento, e uma variável latente, geral, de segundo nível que explica diretamente as variáveis latentes de primeiro nível. Devido essa hierarquia de traços latentes, dos mais específicos aos mais gerais, essa estrutura é chamada de *hierárquica*.

Figura 4 Modelo reflexivo hierárquico

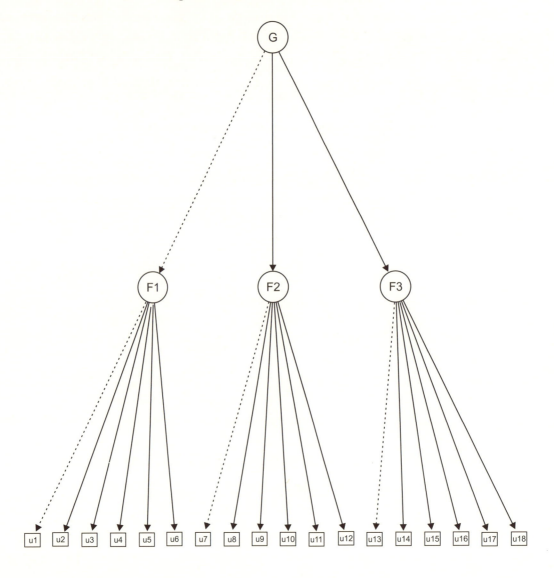

O último tipo de estrutura geralmente verificada nos instrumentos psicológicos é o chamado *modelo bifatorial*. Esse modelo difere de todos os demais devido às suas características singulares. O modelo bifatorial envolve um conjunto de variáveis latentes de primeiro nível, explicando diretamente os itens do instrumento, mais uma variável geral também de primeiro nível que explica todos os itens do instrumento. As variáveis latentes são todas não correlacionadas, e isso gera uma situação muito rica do ponto de vista psicométrico: a variável geral compete com as variáveis específicas na explicação da variância dos itens!

Figura 5 Modelo reflexivo bifatorial

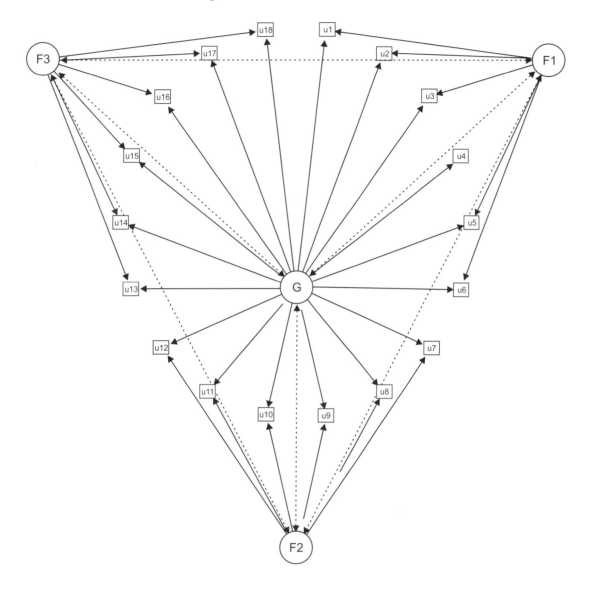

Na Figura 5, as linhas pontilhadas entre os fatores representam correlações iguais a zero. Reise, Moore e Haviland (2010) apontam que instrumentos complexos se beneficiam da aplicação de modelos bifatoriais, se comparados com modelos mais tradicionais como o unidimensional, de traços correlacionados ou modelos hierárquicos. O benefício vem da estratégia do modelo bifatorial: ele permite a estimação de uma variável latente geral, mas também controla a variância que emerge de fatores específicos adicionais. Portanto, o uso do modelo bifatorial é uma estratégia mais apropriada para investigar se os itens de um instrumento avaliam um fator único comum, uma vez que o fator geral e os específicos competem pela explicação da variância. Se o fator geral explicar uma parcela grande da variância, mesmo na presença de fatores específicos de primeiro nível que expliquem a variância comum adicional para grupos de itens, então esses itens podem ser considerados bastante adequados para estimar uma dimensão comum. Em suma, Reise, Moore e Haviland (2010) argumentam que o modelo bifatorial é mais adequado do que outros modelos confirmatórios para verificar: "(a) se os itens do instrumento medem uma dimensão comum única, (b) quão bem esses itens refletem essa dimensão comum, (c) o efeito da multidimensionalidade na escala gerada, e (d) a viabilidade da aplicação de um modelo unidimensional da teoria de resposta ao item na presença de dados multidimensionais" (p. 547).

Como apontado anteriormente, essas estruturas são usualmente verificadas por meio de uma técnica estatística chamada de análise fatorial confirmatória. Essa análise busca verificar se um modelo teórico (como os cinco apontados acima) se ajustam aos dados coletados via os instrumentos psicológicos. Existe um número grande de técnicas para verificar o ajuste dos modelos aos dados. Alguns dos mais comuns são o *root mean-square error of approximation* (RMSEA), o *comparative fit index* (CFI: Bentler, 1990), o *normed fit index* (NFI) e o *nonnormed fit index* (NNFI: Bentler & Bonett, 1980). Um bom ajuste dos modelos aos dados é indicado por um RMSEA menor ou igual a 0,05 (Browne & Cudeck, 1993), um CFI igual ou maior que 0,95 (Hu & Bentler, 1999), e um NFI e NNFI maior que 0,90 (Bentler & Bonett, 1980).

Todos esses cinco modelos fazem parte de um tipo específico de validade, denominado

validade estrutural. Essa validade, por sua vez, é um braço da validade convergente de traços, apresentada anteriormente. Todos esses tipos de validade apresentados nessa seção surgem no período epistemológico do empirismo explicativo. Como apontado anteriormente, a visão empirista implica a ideia que as observações servem de elementos básicos para o desenvolvimento de teorias (daí a importância de se verificar o ajuste dos modelos aos dados nas análises fatoriais confirmatórias, e não vice-versa). Nessa visão epistemológica, os construtos são "ficções úteis", que ajudam a organizar e simplificar leis ou padrões subjacentes às várias observações realizadas. Portanto, é possível interpretar tanto os conceitos de validade apresentados quanto as estruturas dos instrumentos psicológicos, a partir da ideia de que as evidências oriundas das observações são centrais, e as teorias irão servir para dar sentido a elas. Enquanto no empiricismo explicativo os construtos são hipotéticos, no empiricismo descritivo eles são uma *descrição* do fenômeno observado.

As mesmas evidências e as mesmas estruturas podem ser interpretadas tendo como base uma visão epistemológica específica. Markus e Borsboom (2013) apontam uma terceira via na epistemologia dos processos avaliativos em geral, e dos testes em particular, a qual denominam de *construtivismo realista*. Nessa abordagem o foco encontra-se nas propriedades não observáveis do mundo, e os construtos (e.g. inteligência, ansiedade, personalidade, depressão etc.) existem como atributos das pessoas, independente do esforço para avaliá-los e medi-los. Na passagem da visão empirista para a visão realista, as observações deixam de ser centrais. Como não há um "manual" sobre o que existe no mundo e na natureza, o processo científico começa com suposições. À medida que as investigações científicas vão avançando, correções nas trajetórias do conhecimento vão sendo realizadas. No construtivismo realista, os construtos científicos são vistos como *aproximações* dos "atributos reais". Como apontado na introdução, a psicometria é a forma que se tem de testar as suposições e postulados sobre os construtos psicológicos. Por meio da psicometria pode-se verificar se essas suposições e postulados se sustentam frente aos dados empíricos, fazendo avançar o conhecimento sobre os fenômenos psicológicos.

Por último, há uma outra visão epistemológica, diferente das demais apresentadas anteriormente, denominada genericamente de *realismo teórico*. Enquanto o empirismo descritivo, o empirismo explicativo e o construtivismo realista apresentam um diálogo entre dados empíricos e teoria, no realismo teórico basta a estrutura argumentativa interna, a coerência teórica, para que os construtos sejam considerados como válidos. Nessa visão, não há necessidade de contraposição das suposições teóricas com os dados empíricos coletados por meio de procedimentos reproduzíveis e padronizados. A interpretação do pesquisador, ou do profissional, à luz da sua teoria, basta para "compreender" os fenômenos. Enquanto os testes, escalas e questionários padronizados são, no geral, aliados aos procedimentos estatísticos ou matemáticos robustos dentro das abordagens epistemológicas empiristas e construtivista realista, no realismo teórico há apenas o emprego de instrumentos e a interpretação de base teórica do resultado. Essa abordagem é nociva à Psicologia, pois impede o avanço da compreensão sobre os fenômenos estudados. Qualquer postulado teórico *tem que ser submetido a provas empíricas*. As teorias são um produto das especulações, postulados e hipóteses desenvolvidas, ajustadas pelos achados empíricos que vão possibilitando a refutação/teste dessas ideias iniciais, gerando avanço no conhecimento.

Exemplo ilustrativo: analisando o subteste de raciocínio aritmético do *National Intelligence Tests*

Após fazer a revisão sobre os conceitos básicos na primeira seção, apresentar os caminhos epistemológicos sobre a validade dos instrumentos e construtos psicológicos na segunda seção, será apresentada uma série de análises em dados reais para ilustrar algumas possibilidades de testar os postulados teóricos sobre os construtos psicológicos, de forma a buscar a sua refutação ou o seu aprimoramento. Para tanto, serão analisados alguns itens do *National Intelligence Tests* (NIT), um teste de lápis e papel clássico desenvolvido por Haggerty, Terman, Thorndike, Whipple e Yerkes (1920) para avaliar a inteligência de crianças em idade escolar. A forma *A* do NIT é composta por 5 subtestes: 1) Raciocínio Aritmético; 2) Completar Sentenças; 3) Conceitos; 4) Igual e Diferente; 5) Símbolo-Dígito. Os dados completos da versão Estoniana do NIT foram disponibilizados recentemente por Must e Must (2014) para uso em pesquisas. São esses dados que serão utilizados nesta seção, sendo que serão empregados apenas os itens do primeiro subteste: Raciocínio Aritmético. Esse subteste é composto por 16 itens que demandam ao participante que encontre uma solução para uma tarefa envolvendo cálculos aritméticos. Por exemplo: "Quantas cadeiras há em 7 salas, sendo que cada sala possui 30 cadeiras?" O modelo teórico subjacente a esse teste é de que ele mensura uma única dimensão, i.e., Raciocínio Abstrato.

Amostra

Os dados analisados nesta seção foram coletados na Estônia nos anos de 1936 e 2006. Participaram do estudo 1.802 crianças e adolescentes com idades variando entre 10 e 16 anos de idade (M = 13,42; DP = 1,09), sendo 55% meninas.

Análise de dados

De forma a exemplificar como a Psicometria pode ser utilizada para testar hipóteses e postulados sobre os construtos, três estratégias de análise de dados serão empregadas. A primeira delas envolve verificar o número de dimensões presente nos dados do subteste de Raciocínio Aritmético por meio de análise paralela. A análise paralela é uma técnica que foi desenvolvida por Horn (1965), e envolve comparar os autovalores observados da matriz de correlação dos itens com autovalores simulados a partir de amostras aleatórias que simulem a distribuição dos dados originais, em termos do número de variáveis e tamanho da amostra. O número de dimensões ou fatores a ser retido é igual ao número de autovalores reais maiores que os autovalores aleatórios. A análise paralela foi implementada por meio do pacote *psych* (Revelle, 2014) do software de computação estatística R (R Core Team, 2013). A segunda estratégia envolve verificar a possível estrutura do subteste de Raciocínio Aritmético por meio da análise fatorial exploratória de eixos principais, com número de fatores igual ao número sugerido via análise paralela. A análise fatorial exploratória também foi aplicada utilizando-se o pacote *psych* (Revelle, 2014). A terceira estratégia envolve comparar diferentes modelos via análise

fatorial confirmatória. Os modelos testados dependem do resultado da análise paralela, uma vez que caso seja apontado a existência de mais de uma dimensão, o modelo subjacente ao subteste de Raciocínio Aritmético (modelo unidimensional), pode ser comparado com modelos alternativos: modelo de traços correlacionados; modelo de traços não correlacionados; modelo hierárquico e modelo bifatorial. As análises fatoriais confirmatórias foram implementadas por meio do pacote *lavaan* (Rossell, 2012), utilizando o estimador WLSMV, adequado para dados dicotômicos. Para comparar os diferentes modelos confirmatórios foram utilizados o *root mean-square error of approximation* (RMSEA), o *comparative fit index* (CFI: Bentler, 1990), o *normed fit index* (NFI) e o *nonnormed fit index* (NNFI: Bentler & Bonett, 1980). Como apontado anteriormente, um bom ajuste dos modelos aos dados é indicado por um RMSEA menor ou igual à 0,05 (Browne & Cudeck, 1993), um CFI igual ou maior que 0,95 (Hu & Bentler, 1999), e um NFI e NNFI maior que 0,90 (Bentler & Bonett, 1980). Por último, é importante apontar que os dados faltantes foram tratados como respostas erradas.

Resultados

A análise paralela apontou que o subteste de Raciocínio Aritmético possui duas dimensões, ou dois fatores (Figura 6). A análise fatorial exploratória aponta que esses fatores são divididos entre os itens de 1 a 11 e de 12 a 16. As cargas fatoriais padronizadas estão na Tabela 1.

A partir da análise fatorial exploratória, foram gerados cinco modelos estruturais, de for-

Figura 6 Resultado da análise paralela: autovalores observados e simulados

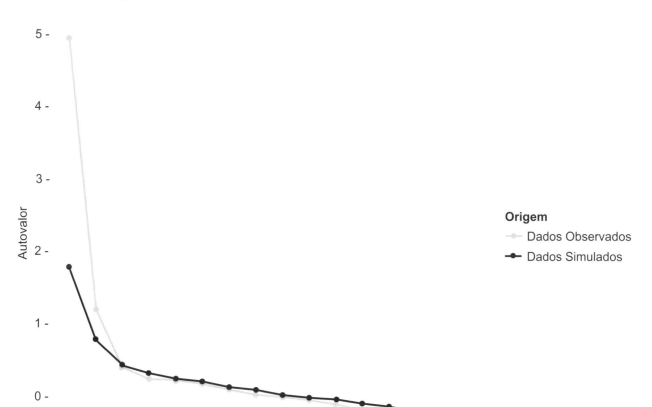

ma a verificar aquele que melhor se ajusta aos dados empíricos. O modelo unidimensional, que reflete o postulado teórico sobre o subteste de Raciocínio Aritmético, apresentou adequado grau de ajuste aos dados [χ^2 (104) = 241,45; p = 0,00; CFI = 0,96; RMSEA = 0,03; NFI = 0,93; NNFI = 0,95]. A Figura 7 apresenta as cargas fatoriais do modelo unidimensional, que variaram entre 0,11 (item ar4) e 0,48 (item ar11). A confiabilidade do fator de Raciocínio Aritmético no modelo unidimensional é de 0,66, calculado por meio do índice ômega (Raykov, 2001) e de 0,66 calculado por meio do alfa de Cronbach (Cronbach, 1951).

Tabela 1 Matriz de padrões – cargas fatoriais padronizadas

Item	Fator 1	Fator 2
ar1	0,47	
ar2	0,42	
ar3	0,25	
ar4	0,19	
ar5	0,4	0,12
ar6	0,42	
ar7	0,43	
ar8	0,21	
ar9	0,42	
ar10	0,26	0,26
ar11	0,31	0,24
ar12		0,34
ar13		0,57
ar14		0,53
ar15		0,36
ar16		0,33

O modelo com dois fatores correlacionados apresentou um ajuste ainda melhor [χ^2 (103) = 181,23; p = 0,00; CFI = 0,98; RMSEA = 0,02; NFI = 0,95; NNFI = 0,97]. A Figura 8 apresenta as cargas fatoriais padronizadas do modelo com dois fatores correlacionados. A correlação entre os fatores foi de 0,56, e a carga fatorial dos itens variou entre 0,11 (item ar4) 0,48 (item ar11) no fator RA1 e de 0,20 (item ar16) até 0,61 (item ar13) no fator RA2. A confiabilidade do fator de RA1 é de 0,63 calculado por meio do índice ômega (Raykov, 2001) e de 0,62 calculado por meio do alfa de Cronbach (Cronbach, 1951). Já a confiabilidade do fator RA2 é de 0,54 (ômega) e 0,50 (alfa).

Figura 7 Cargas fatoriais padronizadas do modelo unidimensional

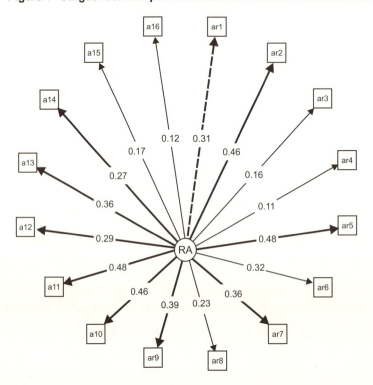

Figura 8 Cargas fatoriais padronizadas do modelo com dois fatores correlacionados

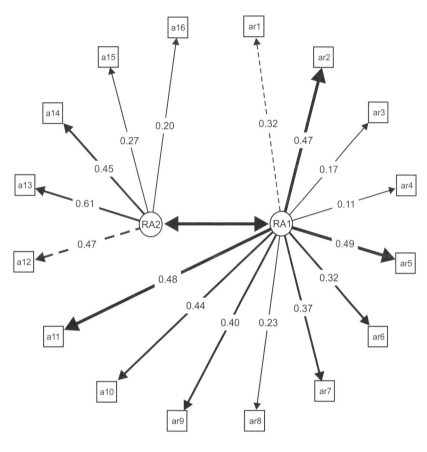

O modelo com dois fatores não correlacionados (ou ortogonais) não apresentou um ajuste adequado aos dados empíricos [χ^2 (104) = 1366; p = 0,00; CFI = 0,68; RMSEA = 0,08; NFI = 0,60; NNFI = 0,55]. Já o modelo hierárquico apresentou um grau de ajuste aos dados semelhante ao modelo com dois fatores correlacionados [χ^2 (102) = 181,23; p = 0,00; CFI = 0,98; RMSEA = 0,02; NFI = 0,95; NNFI = 0,97]. A Figura 9, abaixo, apresenta as cargas fatoriais padronizadas no modelo hierárquico. O fator geral de segundo nível (RAG) explica aproximadamente 70% da variância dos fatores de primeiro nível, calculado por meio da confiabilidade ômega (ω = 0,70) para fatores de segundo nível. Por último, o modelo bifatorial não será apresentado, pois sua estimação não convergiu.

Conclusão

Na introdução deste trabalho, argumentou-se que a avaliação psicológica é a responsável pela operacionalização das teorias psicológicas em eventos observáveis (Primi, 2010), e que por isso desempenha um importante papel na cientificidade das teorias e modelos psicológicos. Por outro lado, a avaliação psicológica sem a psicometria perde a instrumentalização que lhe proporciona a cientificidade dos seus postulados e hipóteses sobre a natureza construtos

Figura 9 Cargas fatoriais padronizadas do modelo hierárquico

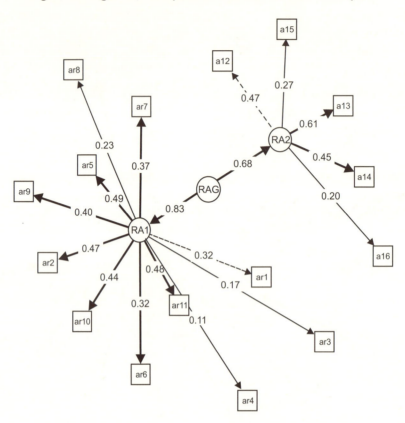

psicológicos, tais como a estrutura e a organização dos construtos, seu papel na explicação de comportamentos e atitudes, sua relação com outras variáveis, dentre outros. No presente capítulo apresentou-se ao leitor um conjunto de conceitos, definições e bases filosóficas da psicometria que o auxiliará na compreensão sobre a avaliação psicológica e a testagem. Como argumentado anteriormente, é necessário realizar uma ponte entre os postulados teóricos e os achados empíricos, de forma que esses últimos ou sustentem os primeiros, aumentando a confiança do seu poder explicativo sobre os fenômenos estudados, ou os refutem, levando a um aprimoramento da teoria e da compreensão sobre os fenômenos. Foram apresentadas quatro visões epistemológicas sobre a validade dos instrumentos psicológicos, desde o empirismo descritivo da primeira metade do século XX até o construtivismo realista pós-1950. Foram apresentados os principais conceitos de validade, e, por último, um exemplo ilustrativo com o subteste de Raciocínio Aritmético do *National Intelligence Tests* de Haggerty e colaboradores (1920). Esse subteste tem como postulado teórico a identificação de uma única variável latente de raciocínio aritmético. No entanto, após utilizar a análise paralela para verificar o número de dimensões, a análise fatorial exploratória e a análise fatorial confirmatória, comparando cinco modelos diferentes, foi possível verificar que o postulado sobre o construto do teste, mais especificamente sobre a sua estrutura, não se sustenta frente aos dados empíricos. Apesar de o modelo unidimensional se ajustar aos dados, esse modelo torna-se menos robusto quando comparado com outros modelos concorrentes, especificamente os modelos com dois fatores correlacionados e o modelo hierárquico com um fator geral de segundo nível e dois fatores de primeiro nível, uma vez que estes últimos apresentam melhor ajuste aos dados. Dessa forma, é importante rever o modelo teórico que embasa o *National Intelligence Test*, uma vez que, pelo menos nesse subteste investigado, a estrutura do construto avaliado é mais complexa do que se julgava inicialmente.

As consequências práticas desse achado são bastante claras. Não é adequado representar o desempenho das crianças e adolescentes que respondem ao subteste de Raciocínio Aritmético com apenas um escore geral, como é feito tradicionalmente. Deve-se utilizar escores para o fator RA1, que pode ser interpretado como um fator mais focado na resolução de problemas de aritmética em si, e escores para o fator RA2, que pode ser interpretado como um fator indicador da velocidade de resolução de problemas, além

do escore do fator geral de Raciocínio Aritmético (RAG). A interpretação do RA2 deve-se ao fato de que esse fator engloba os últimos quatro itens do instrumento, exatamente aqueles que podem ser menos respondidos, ou respondidos mais de forma errada, devido à pressão do tempo, ou à falta de tempo para a sua correta execução.

Portanto, ao verificar a validade estrutural do subteste de Raciocínio Aritmético, verificou-se a necessidade de se mudar a forma como o teste é corrigido e interpretado. Ele não identifica uma única dimensão, mas três: duas de primeiro nível, e uma geral de segundo nível. Quando foi afirmado, no início deste capítulo, que sem a psicometria, a avaliação psicológica, em particular, e a psicologia no geral, podem acabar ficando restrita ao reino da especulação, era exatamente sobre a necessidade de realizar esse tipo de investigação que estava se apontando. Deve-se sempre colocar em prova os postulados e hipóteses dos modelos teóricos adotados ou dos instrumentos utilizados. Com a busca pela refutação desses postulados e modelos, o resultado é sempre o avanço da psicologia enquanto campo científico.

Referências

Bentler, P.M. & Bonett, D.G. (1980). Significance tests and goodness of fit in the analysis of covariance structures. *Psychological Bulletin*, 88 (3), 588.

Bentler, P.M. (1990). Comparative fit indexes in structural models. *Psychological Bulletin,* 107 (2), 238-246.

Borsboom, D. (2005). *Measuring the mind:* Conceptual issues in contemporary psychometrics. Cambridge: Cambridge University Press.

Browne, M.W. & Cudeck, R. (1993). Alternative ways of assessing model fit. In: K.A. Bollen & J.S. Long (eds.). *Testing structural equation models* (p. 136-162). Newbury Park: Sage.

Cohen, R.J., Swerdlik, M. & Sturman, E. (2012). *Psychological Testing and Assessment:* an introduction to tests and measurement. 8. ed. McGraw-Hill.

Cronbach, L.J. (1951). Coefficient alpha and the internal structure of tests. *Psychometrika*, 16, 297-334.

Cronbach, L.J. & Meehl, P.E. (1955). Construct validity in psychological tests. *Psychological Bulletin*, 52 (4), 281.

Golino, C., Gomes, M., Amantes, A. & Coelho, G. (2015). *Psicometria contemporânea:* compreendendo os Modelos Rasch. São Paulo: Casa do Psicólogo/ Pearson.

Golino, H.F. & Gomes, C.M. (2015a). Teoria da Medida e o Modelo Rasch. In: H.F. Golino, C.M. Gomes, A. Amantes & G. Coelho. *Psicometria contemporânea*: compreendendo os modelos Rasch (p. 13-41). São Paulo: Casa do Psicólogo/Pearson.

Golino, H.F. & Gomes, C.M. (2015b). O modelo logístico simples de Rasch para dados dicotômicos. In: H.F. Golino, C.M. Gomes, A. Amantes & G. Coelho. *Psicometria contemporânea:* compreendendo os modelos Rasch (p. 13-41). São Paulo: Casa do Psicólogo/Pearson.

Gomes, C.M.A., Golino, H.F. & Menezes, I.G. (2014). Predicting School Achievement Rather than Intelligence: Does Metacognition Matter? *Psychology*, 5 (9), 1.095.

Haggerty, M., Terman, L., Thorndike, E., Whipple, G. & Yerkes, R. (1920). *National Intelligence Tests* – Manual of Directions: For Use with Scale A, Form 1 and Scale B, Form 1. Nova York: World Book.

Horn, J. (1965). A rationale and test for the number of factors in factor analysis. *Psychometrika*, 30, 179-185.

Hu, L. & Bentler, P.M. (1999). Cutoff criteria for fit indexes in covariance structure analysis: conventional criteria versus new alternatives. *Structural Equation Modeling*, 6 (1), 1-55.

Kaplan, R. & Saccuzzo, D. (2012). *Psychological testing:* Principles, applications, and issues. Cengage Learning.

Kelley, T.L. (1927). *Interpretation of educational measurements*. Nova York: Macmillan.

Krantz, D.H., Luce, R.D., Suppes, P. & Tversky, A. (1971). *Foundations of measurement*. Vol. I. Nova York: Academic Press.

Markus, K.A. & Borsboom, D. (2013). *Frontiers of test validity theory:* Measurement, causation, and meaning. Routledge.

Muniz, J. (2004). La validación de los tests. *Metodología de las Ciencias del Comportamiento*, 5, 121-141.

Must, O. & Must, A., (2014). Data from "Changes in test-taking patterns over time" concerning the Flynn Effect in Estonia. *Journal of Open Psychology Data*, 2 (1), p. 1-2.

Pasquali, L. (2009). *Psicometria* – Teoria dos Testes na psicologia e na educação. Petrópolis: Vozes.

Primi, R. (2010). Avaliação psicológica no Brasil: fundamentos, situação atual e direções para o futuro. *Psicologia: Teoria e Pesquisa*, 26, 25-36.

Raykov, T. (2001). Estimation of congeneric scale reliability using covariance structure analysis with nonlinear constraints. *British Journal of Mathematical and Statistical Psychology*, 54, 315-323.

Revelle, W. (2014). *Psych:* Procedures for Personality and Psychological Research. Evanston, Ill,: Northwestern University [Disponível em http://CRAN.R-project.org/package=psych Version = 1.4.8].

R. Core Team (2013). *R:* A language and environment for statistical computing. Viena: R. Foundation for Statistical Computing [Disponível em http://www.R-project.org/].

Rosseel, Y. (2012). Lavaan: An R. Package for Structural Equation Modeling. *Journal of Statistical Software*, 48 (2), 1-36 [Disponível em http://www.jstatsoft.org/v48/i02/].

Stanton, J.M. (2003). Galton, Pearson and the Peas: a brief history of linear regression for statistics instructors. *Journal of Statistics Education*, 9 (3).

Stenner, A.J., Burdick, H., Sanford, E.E. *&* Burdick, D.S. (2006*).* How Accurate are Lexile Text Measures? *Journal of Applied Measurement*, 7 (3), 307-322.

Stevens, S.S. (1946). On the theory of scales of measurement. *Science*, 103, 667-680.

Thurstone, L.L. (1931). The measurement of social attitudes. *The Journal of Abnormal and Social Psychology*, 26 (3), 249.

11
Critérios de cientificidade dos métodos projetivos

Lucila Moraes Cardoso
Anna Elisa Villemor-Amaral

A importância dada às qualidades psicométricas dos testes psicológicos, fundamentada nos capítulos anteriores, evidencia os avanços e o reconhecimento dos instrumentos de avaliação psicológica do ponto de vista científico. Os estudos que visam assegurar as qualidades psicométricas são relevantes para garantir que os profissionais possam contar com ferramentas confiáveis quando usadas adequadamente. Acompanhando essa tendência psicométrica, o Conselho Federal de Psicologia (CFP), por meio da Resolução n. 002/2003, definiu que todos os testes psicológicos devem obedecer a requisitos mínimos e obrigatórios relativos a sua padronização, normatização, validade e precisão para serem considerados adequados para uso profissional.

Essa normativa do CFP, que visa o rigor psicométrico, tem sido alvo de polêmica na área de avaliação psicológica, em especial quando se trata dos métodos projetivos. O termo "projetivo" tradicionalmente é atribuído às tarefas em que é dada uma instrução relativamente aberta e cujos estímulos, suficientemente vagos ou ambíguos, impõem à pessoa avaliada a necessidade de se utilizar de referenciais próprios para estruturar sua resposta, externalizando desse modo características pessoais (Meyer & Kurtz, 2006). As diversas tarefas propostas a partir desses métodos,

tais como dizer com que manchas de tinta se parecem, fazer desenhos, montar esquemas de pirâmides, contar histórias, entre outros, estimulam respostas que vêm impregnadas de informações sobre o que se passa internamente com a pessoa. O examinando executa a tarefa a partir de seus recursos e habilidades, ao mesmo tempo em que expressa, indiretamente, significados simbólicos, necessidades, angústias e fantasias que habitam seu mundo interno, sem que tenha plena consciência disso (Fensterseifer & Werlang, 2008).

Este capítulo tem o objetivo de sistematizar algumas das particularidades envolvidas nos estudos sobre as qualidades psicométricas dos métodos projetivos. Antes, entretanto, é necessário contextualizar o tema tendo em vista as polêmicas que envolvem esses métodos, a começar pela histórica e amplamente divulgada dicotomia dos instrumentos de avaliação da personalidade agrupando-os como testes objetivos e projetivos, hoje já questionada. Essa divisão procurava distinguir aqueles testes em que o rigor psicométrico prepondera, uma vez que demandam respostas diretamente quantificáveis e comparáveis com medidas estatísticas. A própria construção dos itens dos chamados testes objetivos é feita com base em estratégias estatísticas rigorosas. Por outro lado, considerava-se a maioria dos chamados testes projetivos pouco rigorosos do ponto de vista psicométrico e pautados em análises mais qualitativas, a partir do pressuposto teórico da projeção.

Ainda que os termos objetivo e projetivo sejam adotados em artigos científicos e livros didáticos, Meyer e Kurtz (2006) defendem que essas nomenclaturas sejam revistas, pois trazem uma conotação diferente do que se concebe sobre esses instrumentos. A dicotomia objetivo *vs.* projetivo conduz a diversos equívocos, incluindo uma precipitada dedução de que os métodos projetivos seriam radicalmente opostos aos testes objetivos no que tange ao grau de objetividade dos resultados. O grande engano inclui a ilusão de que os dados obtidos por meio dos testes objetivos teriam maior aproximação da realidade do construto avaliado e de sua veracidade, enquanto os métodos projetivos envolveriam um grau extremo de subjetividade. Outro equívoco frequente é vincular os testes projetivos à teoria psicanalítica, quando essa é apenas uma das alternativas de respaldo teórico para a interpretação dos resultados. É possível analisar e interpretar o desempenho de uma pessoa nas técnicas projetivas sob pontos de vista teóricos diferentes do da psicanálise, como é o caso da teoria sistêmica, para citar apenas um exemplo. Entretanto, ao contrário da simplificação que essa dicotomia propunha, conforme já sinalizaram Meyer e Handler (1997), ambos os tipos de instrumentos apreendem aspectos distintos de um mesmo estado motivacional, traço ou necessidade, sendo antes complementares do que opostos.

O termo objetivo, além do rigor psicométrico na construção do instrumento, também considera como objetivo o processo de resposta e a análise da mesma. Isso considerando o fato de que o estímulo é uma proposição ou pergunta, cabendo ao examinando escolher se aquilo se aplica ou não à sua pessoa ou em que medida aquilo melhor descreve sua personalidade. A suposta objetividade neste procedimento está no fato de que não é preciso confiar na classificação ou na interpretação do examinador, pois a resposta em si será "contabilizada", com base no relato do próprio examinando. No entanto, nesta perspectiva, desconsidera-se a subjetividade existente na autopercepção. Meyer e Kurtz (2006) chamam a atenção para o nível de subjetividade implicada no ato de responder sobre si mesmo em um inventário de personalidade.

Para esses autores a própria noção de objetividade, implícita nos instrumentos objetivos, seria questionável na medida em que, se de fato fossem objetivos, dispensariam os diversos e relevantes estudos sobre estilos de resposta, sobre as possíveis manipulações dos examinandos, sobre as limitações em relação ao autoconhecimento e autopercepção, entre outros. Equívocos dessa natureza também ocorrem no âmbito dos métodos projetivos, cujo nome pode levar a uma compreensão errônea de que a projeção seria o único, ou talvez o principal, mecanismo contido nas respostas dadas a esses métodos. Isso faria perder de vista, por exemplo, que processos cognitivos importantes estão na base das respostas, de modo que algumas delas permitem apenas compreender esses mecanismos, e nada sobre temas, fantasias, conflitos ou preocupações subjacentes da pessoa, considerados, genuinamente, como material projetivo. Entretanto é preciso lembrar que a projeção, em seu sentido amplo, é "um fenômeno que integra outros processos psicológicos em seu dinamismo, tais como a identificação e a introjeção, que participam da estruturação do mundo interno do sujeito e o auxiliam, igualmente, a modelar sua impressão e percepção do meio externo" (Fensterseifer & Werlang, 2008, p. 17). É com base nesse sentido mais amplo que o termo continua sendo usado com certa legitimidade, apesar da polêmica bastante pertinente.

Os estudos de teste-reteste realizados com o Método de Rorschach pela equipe de John Exner, por exemplo, possibilitaram compreender que mesmo que as respostas fornecidas constituam uma representação indireta das operações psicológicas da pessoa avaliada, isso não significa que cada resposta ou partes dela sejam produto de projeção. Isto é, a projeção é possível, mas não inevitável na formulação de uma resposta. Assim, o funcionamento psíquico observado a partir desses métodos não se restringe à projeção, já que por vezes a resposta fornecida tem mais relação com o estilo de resolução de problemas do que com a projeção em si. Um bom exemplo disso são as respostas populares, aquelas que estão tão próximas do formato da mancha que a maioria das pessoas as identifica naquela área bastando para isso ter uma boa adequação perceptiva.

Os estímulos dos métodos projetivos devem, portanto, ser pouco estruturados, viabilizando desse modo a manifestação de aspectos do funcionamento interno do indivíduo e dificultando que este se refugie em dados externos facilmente controláveis (Fensterseifer & Werlang, 2008). O material apresentado como estímulo precisa ser bastante impreciso ou indefinido de modo a permitir que, ao responder às instruções dadas, a pessoa defina o estímulo à sua própria maneira, revelando mais de si mesma e de sua subjetividade. Se o material fosse claramente definido, ao falar sobre ele a pessoa estaria bem próxima de uma descrição objetiva da realidade externa e sua percepção seria puramente cognoscitiva

(Bellak, 1967, apud Cunha & Nunes, 2010), ancorada na realidade do estímulo propriamente dito. A premissa básica no caso é a de que, diante das indefinições do material, a pessoa está mais propensa a expressar seu mundo interior, seu modo de enfrentar e solucionar problemas, associado inevitavelmente aos registros mnêmicos de experiências vividas. Isso permite, por meio da interpretação e atribuição de sentidos, imprimir contornos mais precisos à ambiguidade externa, carregando-a de mais subjetividade. Em resumo, pode-se dizer que as pontuações em medidas autoatribuídas, tais como os inventários de personalidade, geram respostas daquilo que é reconhecido como próprio, isto é, trata-se de respostas intencionais e conscientes para quem as relata, enquanto que o desempenho nas medidas projetivas fornece informações mais subjetivas e motivadas por necessidades implícitas (Villemor-Amaral & Pasqualini-Casado, 2006).

No âmbito dessa discussão, uma nova e importante questão se impõe aos pesquisadores da área e os debates atuais incluem a pergunta "Qual seria a nomenclatura mais adequada para substituir o termo projetivo?" Na literatura, há algumas tentativas de denominação, tais como "intuitivas" (Cunha, 2000), "impressionistas" (Pasquali, 2001) e mais recentemente "técnicas de desempenho", "de resposta livre", "expressivas", "implícitas" (Meyer & Kurtz, 2006) ou "Métodos de autoexpressão" (Rietzler, 2006). Cada uma das propostas representa parcialmente algum aspecto contemplado por esse tipo de método, nem sempre exclusivos a eles. Reconhece-se, portanto, que é improvável que qualquer um desses vocábulos satisfaça a todos os especialistas, pois a complexidade está em encontrar um termo que represente a essência comum a todos esses instrumentos, respeitando as distintas modalidades e suas funções.

As peculiaridades e a complexidade dos métodos projetivos carregam outras polêmicas, para além da nomenclatura, que envolvem a própria natureza do objeto de estudo e o caráter idiográfico do fenômeno apreendido pela técnica, o que remete à aplicabilidade das exigências relativas às propriedades psicométricas desses métodos. Krugman (1938) e Ainsworth (1954) citados por Weiner (2000), por exemplo, preocupavam-se com a dificuldade em demonstrar a precisão e a validade dos resultados do Rorschach e defendiam que esse método poderia ter seu valor avaliado segundo sua utilidade e produtividade ao invés de ser submetido a procedimentos de análise estatística de suas propriedades psicométricas. O conceito de validade consequencial, tal como postulado por Messick (1995) parece no momento o caminho mais promissor. Isso significa que o resultado e o efeito que esse resultado produz poderá ser a melhor demonstração de validade. Essa controvérsia prevalece nos dias atuais, conforme descrito por Cunha e Nunes (2010, p. 371-372) "o problema da validade das técnicas projetivas não é simples e parece não ter solução à vista, pelo menos em termos que possam ser satisfatórios para a tradição psicométrica mais ortodoxa".

Outros pesquisadores, como Meyer e Kurtz (2006), Villemor-Amaral e Pasqualini-Casado (2006) e Miguel (2014) defendem que uma outra clássica dicotomia projetivos *vs.* psicométricos precisa também ser repensada, uma vez que não se justifica opor os dois termos. Desde sua origem, tomando o Rorschach como exemplo, os instrumentos projetivos buscaram atingir os critérios de cientificidade fundados na psicometria, nas teorias da medida e em normas estatísticas. Fensterseifer e Werlang (2008), Finn (2011) argumentam que tanto os instrumentos projetivos quanto os objetivos são importantes para o estudo da personalidade humana, não competem mas se complementam, sendo preciso que existam técnicas de validação científica adequadas à qualificação de ambos. Assim, diversos autores defendem que tanto o caráter idiográfico, melhor captado em uma abordagem clínica, quanto o nomotético, que pressupõe dados estatísticos, são importantes e complementam-se, não podendo ser desconsiderados para uma completa e profunda compreensão sobre a pessoa (Güntert, 2000; Tavares, 2003; Villemor-Amaral & Pasqualini-Casado, 2006; Fensterseifer & Werlang, 2008).

Para suscintamente exemplificar como acontece a integração entre os aspectos idiográficos e nomotéticos na avaliação da personalidade, cita-se o Método de Rorschach que, mesmo com os diversos sistemas de análise e interpretação existentes, todos incluem escalas e índices que funcionam a maneira dos testes e medem várias características com referência à norma de um grupo. Portanto há uma perspectiva nomotética ao mesmo tempo em que envolve mais do que avaliações quantitativas, pois estimula respostas cujas peculiaridades vão desde o comportamento do examinando enquanto responde à tarefa até a relação singular entre as informações que compõem o conjunto, numa configuração dinâmica e idiográfica. Lilienfeld, Wood e Garb (2000) já destacaram a importância de se conhecer as capacidades e limitações de cada uma das técnicas projetivas, sugerindo a relevância de pesquisas contínuas. Fensterseifer e Werlang (2008), como visto acima, também destacaram a necessidade de se investir em pesquisas e reforçam a relevância dos estudos de validade dos métodos projetivos para superar a ideia equivocada de que a baixa cientificidade e pouca confiabilidade são características inerentes a esse tipo de método.

Estudos de precisão e evidências de validade dos métodos projetivos

Considerando-se que para estudar a confiabilidade de um instrumento de avaliação psicológica deve-se identificar quais seriam as possíveis fontes de erro do mesmo, destaca-se que as possíveis fontes de erros dos métodos projetivos se referem à subjetividade do avaliador na codificação das respostas ou às situações adversas que podem interferir no desempenho do examinando durante a realização da tarefa proposta. Por isso, os estudos de precisão mais indicados para esses métodos são de precisão entre avaliadores, que considera a concordância entre avaliadores ao classificarem e interpretarem os protocolos dos mesmos sujeitos de maneira independente, e precisão teste-reteste, que analisa a estabilidade das respostas do mesmo examinando em momentos distintos.

Os demais índices de precisão não tem aplicabilidade com os métodos projetivos devido às características próprias do estímulo e da tarefa. Por exemplo, conforme foi apontado por Fensterseifer e Werlang (2008), a verificação da precisão baseada na consistência interna do instrumento (coeficiente alfa) não é um procedimento estatístico adequado, já que o tipo de estímulo demanda respostas que não correspondem às tarefas como a escolha de itens em um inventário.

Dentre os diversos tipos de estudos psicométricos que buscam por evidências de validade dos instrumentos psicológicos, o mais comumente utilizado com os métodos projetivos se refere às evidências baseadas nas relações com outras variáveis. Neste tipo de evidências de validade, levantam-se os dados sobre os padrões de correlação entre os escores do teste e variáveis externas que medem a mesma característica, validade

concorrente, e as características diferentes, validade divergente (Alves, Souza & Baptista, 2011).

Entretanto, para Fensterseifer e Werlang (2008), o uso de correlação com critérios externos é contrário à natureza dos testes projetivos, que considera a personalidade como um sistema dinâmico de elementos em intercorrelação. Assim, busca-se sobretudo a compreensão entre as relações em detrimento da identificação de relações conforme os ditames estatísticos. Além disso, Villemor-Amaral e Pasqualini-Casado (2006) justificam que as baixas correlações entre os métodos projetivos e os inventários de personalidade podem ocorrer justamente pelas diferenças entre os métodos usados, isto é, por características próprias dos estímulos.

Outra crítica que se faz sobre a validade dos métodos projetivos refere-se ao alto índice de casos que recebem um diagnóstico que não existe (falso positivo) ou deixa de ser atribuído um diagnóstico existente (falso negativo) quando os critérios externos adotados são sintomas ou diagnósticos avaliados por medidas de psicopatologia. Villemor-Amaral e Pasqualini-Casado (2006) contra-argumentam ao explicar que os métodos projetivos visam descrever características de personalidade e que por vezes essas podem corresponder a padrões psicopatológicos descritos como sintomas em manuais de diagnóstico psicopatológico. Destaca-se que os métodos projetivos tem como foco compreender a dinâmica intrapsíquica e não necessariamente a pretensão de fornecer uma medida específica de sintomas psicopatológicos, que muitas vezes estão distantes da trama interna, constituindo apenas a ponta do iceberg (Villemor-Amaral, 2008).

Não se pode negar que o rigor psicométrico garante, indiscutivelmente confiabilidade aos métodos projetivos e, portanto, é um quesito necessário a estes instrumentos. No entanto, "a validade do enfoque clínico nas interpretações dos resultados, correlacionada a outros dados provenientes de várias fontes sobre o mesmo indivíduo é mais condizente com a complexidade da natureza humana, com a busca da compreensão global e da dinâmica de sua singularidade e com uma via mais eficaz para propostas interventivas nos vários campos de atuação do psicólogo" (Villemor-Amaral & Pasqualini-Casado, 2006, p. 190). No mesmo sentido, Tavares (2003), ao introduzir o conceito de validade clínica, enfatizou a relevância do raciocínio clínico e a importância do treinamento clínico supervisionado para utilização dos métodos projetivos em geral, defendendo que são esses aspectos que promovem a compreensão completa e integrada dos indivíduos.

Padronização e normatização dos métodos projetivos

Além das questões relacionadas à precisão e às evidências de validade das técnicas projetivas, Cunha e Nunes (2010) apontam que um dos principais problemas relacionados à utilização dos métodos projetivos consiste em que, por vezes, a hipótese interpretativa baseia-se na observação de casos clínicos isolados ou em indícios pesquisados apenas em pacientes psiquiátricos. Dados como esses ratificam a relevância dos estudos de normatização e da uniformidade de aplicação.

O desenvolvimento do Sistema Compreensivo do Rorschach (Exner, 1999), por exemplo, foi motivado pela demanda de um método de avaliação que tivesse uma aplicação e codificação homogênea e padrões normativos rigorosos do ponto de vista psicométrico. Para tal, foram

excluídos dos sistemas de análise do Rorschach anteriores, todos os dados que não foram considerados suficientemente precisos ou válidos, dando maior ênfase ao rigor científico. Os cuidados ao estabelecer a padronização e a normatização para o Sistema Compreensivo do Rorschach permitiram romper com certas inconsistências dos sistemas antecessores, tais como indicadores que não possuíam suficientes evidências de sua validade (Villemor-Amaral & Pasqualini-Casado, 2006).

Ao realizar os estudos de padronização da aplicação e codificação do Rorschach pelo Sistema Compreensivo, a equipe de Exner demonstrou que esse atende substancialmente aos requisitos psicométricos (Weiner, 2000), o que trouxe uma importante contribuição para o método em si e demonstrou que estudos psicométricos podem ser realizados, instaurando assim uma nova perspectiva ao *status* científico dos métodos projetivos. No entanto, a realização de estudos desse porte com os métodos projetivos não é tarefa fácil e envolve diversas dificuldades que vão desde a coleta de dados até o complexo sistema de interpretação das informações obtidas.

Os métodos projetivos, assim como qualquer outro instrumento, exigem uniformidade nos procedimentos de administração. No entanto, diferem da maioria dos testes psicológicos na medida em que seus estímulos são menos estruturados e as instruções são mais abertas e genéricas, permitindo que o examinado expresse sua maneira de resolver problemas na relação com o estímulo e instrução propostos (Fensterseifer & Werlang, 2008). Essa livre-expressão de si é fundamental no uso desses métodos, inclusive sendo sugerido que durante o *rapport* o psicólogo esclareça ao examinando sobre a inexistência de respostas certas ou erradas, deixando-o mais à vontade para se expressar livremente. Toda resposta é um ponto de partida para uma interpretação e não um fim em si mesma.

Outra característica, ainda sobre a relação do examinando com o estímulo, trata do fato de que embora o objetivo mais amplo, que é o de conhecer melhor sua personalidade, seja comunicando ao examinando, o modo como isso será feito permanece inacessível, de modo que dificilmente o respondente sabe como suas respostas serão avaliadas e interpretadas (Fensterseifer & Werlang, 2008). Essa característica é importante na medida em que diminui as possibilidades de manipulação durante a execução da tarefa. Além disso, o não saber o que se espera de seu desempenho, faz com que o examinando tenha menos controle consciente de suas ações, possibilitando que externalize conteúdos ou características mais encobertas, menos influenciado pela desejabilidade social.

Essa liberdade que é dada ao examinando não se estende ao examinador que deve seguir as orientações estritas de uso desses métodos. Nos manuais dos testes projetivos há recomendações sobre como o material deve ser manuseado, sobre como as instruções devem ser passadas ao examinando, sobre controle do tempo, a posição do examinador em relação ao examinando, a sequência a ser seguida na apresentação dos estímulos e assim por diante.

Uma das críticas comuns a esse tipo de instrumento é de que "as respostas do sujeito estariam demasiadamente influenciadas pelo examinador, assinalando para a impossibilidade de o profissional não deixar marcas de sua própria personalidade sobre a técnica por ele empregada" (Fensterseifer & Werlang, 2008, p. 23). Ainda que de fato examinadores com pouca experiência nos métodos projetivos possam deixar essas marcas,

assim como em qualquer outro tipo de teste, ao seguir rigorosamente as recomendações contidas no manual esse viés é minimizado.

Cunha e Nunes (2010) por sua vez, apontaram que a necessidade de administração individual, bem como a infinidade de respostas possíveis são complicadores para o estabelecimento de normas para os métodos projetivos. Esses aspectos têm relação direta com o caráter idiográfico dos resultados e, portanto, as pesquisas requisitam um longo tempo para compor uma amostra representativa em termos de quantidade. Além disso, essa demanda por administrações individuais cria uma série de situações que requerem uma convergência de diversos fatores favoráveis à coleta de dados, como, por exemplo, inúmeros trâmites para ter acesso ao local onde a coleta será realizada e, consequentemente, aos participantes que se adequem aos critérios de inclusão das pesquisas (Villemor-Amaral et al., 2014).

Análise dos estudos sobre as qualidades psicométricas de alguns métodos projetivos

Na medida em que no Brasil se tenta avançar nas dificuldades relacionadas ao desenvolvimento de pesquisas e que existe uma variedade limitada de bons testes psicológicos, os pesquisadores da área de avaliação psicológica despendem esforços na perspectiva de resgatar a legitimidade e o *status* dos instrumentos padronizados (Noronha, Freitas, Sartori & Ottati, 2002). Vale lembrar que "o *status* de um instrumento de avaliação psicológica determina-se a partir de: (a) suas propriedades psicométricas, (b) proposta presumidas em suas aplicações práticas e (c) frequência com que é aplicado e valores atribuídos pelos usuários" (Villemor-Amaral & Pasqualini-

-Casado, 2006, p. 189), esses últimos atrelados ao conceito de Messick (1995) de validade consequencial, conforme já mencionado.

Cronbach (1996) sugere que os profissionais, antes de escolherem os instrumentos a serem utilizados ou comprados, consultem os respectivos manuais e guias técnicos, tais como o Buros ou *Mental Measurement Yearbook* (MMY), que ofereçam revisões com informações sobre construção, aplicação e parâmetros psicométricos de diversos instrumentos. Embora no Brasil não se tenha um manual único que abarque tais informações sobre todos os instrumentos, no que se refere aos métodos projetivos há o livro *Atualizações em métodos projetivos para avaliação psicológica*, que sistematiza algumas das principais pesquisas com os projetivos mais estudados e usados no Brasil. Nesse livro organizado por Villemor-Amaral e Werlang (2008), há uma proposta didática de agrupamento dos métodos projetivos em quatro grandes categorias de acordo com a tarefa proposta. Dessa forma, pode-se citar aqueles em que a tarefa envolve (1) a percepção de estímulos não estruturados, tais como o Rorschach e o Zulliger; (2) o contar histórias a partir de estímulos temáticos, como os testes de apercepção temática tais como Teste de Apercepção Temática (TAT) para adultos e jovens ou o Teste de Apercepção Infantil Figuras de Animais (CAT-A) para crianças, as Técnicas de Apercepção para Idosos (SAT) ou ainda o Teste de Apercepção Familiar (FAT); (3) os métodos gráficos como o *House, Tree and Person* (HTP) e o Desenho da Figura Humana (DFH) entre outros e (4) os métodos de estímulos diversos, como o Teste de Fotos de Profissões (BBT) e o Teste das Pirâmides Coloridas de Pfister (TPC).

Neste capítulo optou-se por selecionar um método de cada um dos grupos acima citados para fazer uma breve descrição sobre os estudos psicométricos dos mesmos. O que se procura esboçar é uma síntese que exemplifique como estão sendo desenvolvidas as qualidades psicométricas de alguns métodos projetivos para que, a partir disso, se possa argumentar sobre o *status* dos métodos projetivos no campo da avaliação psicológica. Os métodos de Zulliger, CAT-A, HTP e TPC servirão como exemplos.

Teste de Zulliger

O teste de Zulliger está inserido no grupo das técnicas com estímulos não estruturados na medida em que a tarefa do examinando consiste em observar três cartões com manchas de tinta e dizer, a seu ver, com que tais manchas se parecem. Após dar todas suas respostas aos três cartões, o examinando é questionado sobre qual foi a área da mancha em que viu o que disse e o que na mancha fez parecer com aquilo. Há três versões do Zulliger que foram submetidas para apreciação do Sistema de Avaliação de Testes Psicológicos (SATEPSI), a saber, o Z-Teste de Freitas (1996), o Z-Teste – forma coletiva (Vaz, 1998) e o teste de Zulliger no Sistema Compreensivo – ZSC aplicação individual (Villemor-Amaral & Primi, 2009). As duas últimas versões possuem parecer favorável para uso.

O Zulliger tem como objetivo fornecer informações sobre a dinâmica de personalidade da pessoa avaliada, proporcionando informações sobre seu modo de tomada de decisão, autopercepção, afetividade, relacionamento interpessoal e sobre seu funcionamento cognitivo (Villemor-Amaral & Primi, 2009). Trata-se de um método indicado para uso na clínica, pois é útil para auxiliar no diagnóstico e intervenções terapêuticas, e também tem sido amplamente adotado no contexto organizacional (Villemor-Amaral & Franco, 2008). Além disso, há relatos de uso do Zulliger para porte de armas (Caneda & Teodoro, 2012).

Em um levantamento da literatura nacional, Gomes, Pinheiro e Cardoso (2014) analisaram a produção de artigos sobre o teste de Zulliger nas bases de dados completas da Biblioteca Virtual de Saúde em Psicologia (BVS-Psi) e encontraram dezessete artigos publicados no período entre 2003 e 2013. Desses estudos, dez (58,82%) buscavam por evidências de validade para o Zulliger, dois (11,78%) tratavam da precisão do teste e um (5,88%) envolvia a padronização ou normatização. A somatória dessas pesquisas indica que treze (76,48%) dos estudos realizados com o Zulliger visavam assegurar suas qualidades psicométricas, enquanto que os outros (23,52%) se referiam ao uso desse método em algum contexto específico. Destaca-se que a maioria desses estudos tinha como público-alvo somente adultos (n = 14, 82,36%) e dois (11,76%) envolviam crianças.

CAT-A

O CAT-A é uma técnica de apercepção temática publicada por Leopold Bellak e Sorel Bellak, em 1949, composto por 10 pranchas que contêm gravuras de animais em cenas típicas de humanos. Para realização do CAT-A, o examinador mostra, uma a uma, as pranchas à criança e pede que ela conte uma história a partir da imagem (Tardivo & Xavier, 2008).

O CAT-A se fundamenta em três proposições básicas, a saber, a projeção inclui aspectos adaptativos e defensivos; o referencial teórico da psicanálise fundamenta a escolha das figuras que representam os conflitos típicos das fases do de-

senvolvimento da criança e o favorecimento da identificação mais espontânea das crianças com personagens animais ao invés de figuras humanas (Tardivo & Xavier, 2008). No ano de 2013, o SATEPSI atribuiu parecer favorável para uso do CAT-A.

Schelini e Benczik (2010) realizaram um levantamento de pesquisas com o CAT-A nas bases *PsycINFO*, *Scientific Eletronic Library Online*, *Medline* e *Indexpsi periódicos*. Foram obtidos seis estudos que contribuíram para compreensão de aspectos interpretativos do CAT-A e dez relacionados às qualidades psicométricas, sendo três de precisão entre avaliadores e sete de evidências de validade. Dos estudos que contribuíram à interpretação do CAT-A três criaram novas categorias de análise, um identificou indicadores relacionados a abuso sexual, outro considerou inadequado o uso do CAT-A como instrumento projetivo com crianças menores que cinco anos e meio.

Dos sete estudos citados por Schelini e Benczik (2010) que visavam estudar as evidências de validade do CAT-A, um obteve validade concorrente entre o CAT-A, HTP e Escala Multidimensional de Auto-Estima (EMAE-A) e seis contribuíram para evidências de validade por grupo contrastante seja com crianças com problemas de conduta e adaptadas à escola, dificuldade de aprendizagem e sem tais problemas, enuréticas e não enuréticas, inibidas ou não, com e sem histórico de abuso sexual, com e sem diagnóstico de TDAH. Já os três estudos de precisão indicaram elevado grau de concordância entre avaliadores.

Para além desse levantamento, há o estudo de Xavier e Villemor-Amaral (2013), que buscou por evidências de validade do CAT-A para avaliação do funcionamento cognitivo em crianças, obtendo convergência entre os indicadores cognitivos no CAT-A, Desenho da Figura Humana e Rorschach no Sistema Compreensivo. Ademais, no manual do instrumento são relatadas outras pesquisas que apresentam bons índices de qualidade psicométricas culminando no parecer favorável para uso pelo SATEPSI.

HTP

O HTP, também conhecido como teste casa-árvore-pessoa, é um método que avalia a personalidade a partir do grafismo. A tarefa proposta no HTP é de que o examinando realize desenhos de uma casa, uma árvore e uma pessoa, sempre nesta ordem, e posteriormente responda a um inquérito com perguntas sobre cada um de seus desenhos. Duas versões do HTP foram avaliadas pelo CFP via SATEPSI, sendo elas o Manual Prático de Avaliação do HTP e Família (Retondo, 2000) e o Manual e Guia de Interpretação (Buck, 2003). Apenas a segunda versão possui parecer favorável para uso.

A aplicabilidade do HTP fundamenta-se no pressuposto que o indivíduo expressa pelas qualidades do grafismo características de sua personalidade ao mesmo tempo em que inclui em seus desenhos conteúdos do seu mundo interno revelando também seu modo de interagir com as pessoas e com o ambiente (Buck, 2003). O HTP tem sido usado em pesquisas que buscam avaliar autoestima, imagem corporal e outros aspectos psicológicos no contexto clínico (Silva, 2008).

Buscou-se, por meio da BVS-Psi, os estudos que envolviam o teste HTP e foram encontrados oito artigos, que foram publicados entre 1999 e 2014. Das publicações obtidas, seis tinham o objetivo de avaliar aspectos específicos da dinâmica emocional de pacientes ou grupos clínicos (Franco, 2012; Hazin, Frade & Falcão, 2010;

Jacob, Loureiro, Marturano, Linhares & Machado, 1999; Pereira, Menegatti, Percegona, Aita & Riella, 2007; Silva, Silva, Nascimento & Santos, 2010; Siqueira, Doro & Santos, 2003). Em um dos artigos, o HTP foi adotado para auxiliar na busca de precisão e evidências de validade do TPC (Farah, Cardoso & Villemor-Amaral, 2014) e em outro foi feita uma análise crítica sobre o uso dessa técnica (Borsa, 2010).

TPC

No TPC, a tarefa proposta consiste no preenchimento de três esquemas de pirâmides com quadrículos coloridos. Há duas versões do TPC submetidas para avaliação no SATEPSI e ambas foram aprovadas, sendo uma versão para adultos (Villemor-Amaral, 2005) e outra para crianças e adolescentes (Villemor-Amaral, 2014). O TPC fornece prioritariamente informações sobre a dinâmica emocional e contribui para compreensão do funcionamento cognitivo do examinando. Trata-se de um instrumento usado com maior frequência no contexto clínico, auxiliando nos diagnósticos diferenciais (Cardoso & Franco, 2005), embora também haja relatos de seu uso no contexto do trânsito (Tawamoto & Capitão, 2010).

Silva e Cardoso (2012) realizaram uma análise dos doze artigos completos sobre o TPC que foram publicados na BVS-Psi entre 2001 e 2011. As pesquisadoras identificaram que nove (74,9%) analisavam as qualidades psicométricas do instrumento, sendo sete (58,3%) de evidências de validade e dois (16,6%) de normatização. Dos sete estudos que buscavam por evidências de validade, seis trabalharam com grupos contrastantes e um com a correlação entre o TPC e o DFH. Três estudos (25,1%) tratavam de situações de uso do TPC em algum contexto específico. Desses estudos, apenas um tinha como público-alvo crianças.

Para atualizar o levantamento feito por Silva e Cardoso (2012), foram realizados os mesmos procedimentos buscando desta vez identificar as produções científicas que ocorreram entre os anos de 2012 até 2014. Verificou-se que neste período foram publicados mais oito artigos, sendo três para avaliação de aspectos clínicos e cinco para análise das qualidades psicométricas do instrumento. Destaca-se que dos estudos sobre as qualidades psicométricas, um estabeleceu padrões normativos para idosos (Bastos-Formighieri & Pasian, 2012), um identificou boa precisão entre avaliadores e obteve evidências de validade por meio da comparação entre um grupo de crianças que apresentou estabilidade emocional e outro que não demonstrou estabilidade emocional por meio do HTP (Farah, Cardoso & Villemor-Amaral, 2014), outros dois contribuíram para evidências de validade do TPC para uso com crianças (Villemor-Amaral, Pardini, Tavella, Biasi & Migoranci, 2012; Villemor-Amaral & Quirino, 2013) e um sugeriu validade incremental entre TPC e ZSC (Franco & Villemor-Amaral, 2012).

Considerações finais

Ao tratar dos testes projetivos, muitas críticas centralizam-se na suposta ausência de rigor científico durante a construção do instrumento e daqueles que os utilizam (Fensterseifer & Werlang, 2008). É importante lembrar que, como todo e qualquer teste, os métodos projetivos são submetidos à avaliação de uma comissão consultiva de avaliação psicológica, que apoia o CFP nas decisões sobre os instrumentos que receberão parecer favorável ou não para uso pelos psicólogos. Os métodos projetivos que possuem parecer favorável para uso atendem aos critérios científicos indicados como pré-requisito para se considerar um instrumento adequado.

Ao fazer uma breve leitura dos estudos com os quatro métodos projetivos selecionados, verificou-se que os testes de Zulliger, CAT-A e TPC apresentaram estudos de precisão além dos contidos nos manuais desses instrumentos. O teste de Zulliger possuía dois estudos, sendo um de concordância entre avaliadores e outro de teste-reteste, o CAT-A tinha três estudos de concordância entre avaliadores e o TPC um estudo, também de concordância entre avaliadores. O fato de o CAT-A e o TPC para crianças e adolescentes não apresentar estudos de confiabilidade temporal se justifica pelo fato de eles destinarem-se ao uso com crianças, podendo o resultado ser bastante influenciado pelas rápidas mudanças que ocorrem nesse período do desenvolvimento humano (Tardivo & Xavier, 2008).

No que se refere às pesquisas de evidências de validade, o Zulliger, o CAT-A e o TPC acumulam diversos estudos que contribuem às evidências de validade, sendo para tal adotados principalmente procedimentos de grupos contrastantes e validade concorrente e destinados majoritariamente para o diagnóstico diferencial, isto é, utilização em contexto clínico. Embora alguns desses instrumentos estejam sendo adotados em diversos contextos como o porte de arma de fogo, trânsito ou mesmo organizacional, nota-se que foram escassas as pesquisas de evidências de validade para tal. Destaca-se que o parecer favorável do SATEPSI não necessariamente significa que um instrumento está adequado para uso em todos esses contextos, sendo preciso que os profissionais se mantenham atualizados sobre quais métodos têm estudos de evidências de validade para cada contexto.

Ao tratar dos estudos de padronização e normatização, obteve-se um número ainda mais reduzido de publicações, sugerindo que a investigação dessas qualidades psicométricas está restrita quase que exclusivamente à produção dos manuais. É importante destacar que, conforme Resolução CFP n. 06/2004, esse tipo de estudo precisa ser revisto a cada 15 anos.

Estudos constantes sobre as qualidades psicométricas dos métodos projetivos são necessários no sentido de aprimorar os métodos e elevar seu *status* científico. O conjunto de dados obtidos evidencia que as pesquisas com o ZSC, CAT-A e TPC estão sendo realizadas e têm apontado resultados que contribuem para o uso desses instrumentos. É indispensável, no entanto, que se compreenda que estudos nomotéticos não podem ser superestimados ou compreendidos como única perspectiva de compreensão dos métodos projetivos, pois o ponto de vista idiográfico que é inerente à proposta desses métodos também deve ser valorizado enquanto ciência. É a perspectiva idiográfica desses métodos que permite o aprofundamento na compreensão daquilo que é singular no examinando, possibilitando compreender a pessoa em seus aspectos únicos.

Como as pesquisas de cunho mais idiográfico buscam investigar as peculiaridades de cada um, nem sempre os dados gerados são passíveis de serem replicados como é esperado nas pesquisas numa perspectiva nomotética (Villemor-Amaral, 2008), mas de modo algum a ausência da replicabilidade do que é particular pode ser considerado como algo que desqualifique o instrumento. Além disso, esse caráter idiográfico permite que não se vincule esses métodos a uma única teoria, uma vez que os fenômenos observados podem ser interpretados à luz de perspectivas teóricas distintas (Villemor-Amaral, 2008), o que amplia seu alcance.

Compreende-se que os métodos projetivos são caracterizados por um alto grau de complexidade que requer profundos conhecimentos teóricos o que, conforme já apontado por Miguel (2014), demanda uma formação sólida que permita aos psicólogos compreenderem e se utilizarem corretamente das informações geradas sobre o examinando. Portanto, fica clara a responsabilidade do profissional da Psicologia no uso dos instrumentos psicológicos pois, além de dever estar sempre atualizado sobre os estudos relacionados às qualidades psicométricas dos métodos projetivos, deve também estar ele qualificado para sua utilização profissional e ética, evitando assim os riscos aos quais a imperícia conduz.

Referências

Alves, G.A, Souza, M.S. & Baptista, M.N. (2011). Validade de precisão dos testes psicológicos. In: R.A.M. Ambiel, I.S. Rabelo, S.V. Pacanaro, G.A.S. Alves & I.F.A.S. Leme (Orgs.). *Avaliação psicológica*: guia de consulta para estudantes e profissionais de Psicologia. São Paulo: Casa do Psicólogo.

Bastos-Formighieri, M.S. & Pasian, S.R. (2012). O Teste de Pfister em idosos. *Avaliação Psicológica*, 11 (3), 435-448.

Borsa, J.C. (2010). Considerações sobre o uso do Teste da Casa-Árvore-Pessoa – HTP. *Avaliação Psicológica*, 9 (1), p. 151-154.

Buck, J.N. (2003). *HTP: Manual e Guia de Interpretação*. [Trad. de Renato Cury Tardivo]. São Paulo: Vetor.

Caneda, C.R.G. & Teodoro, M.L.M. (2012). Contribuições da avaliação psicológica ao porte de arma: uma revisão de estudos brasileiros. *Aletheia*, 38, 162-172.

Cardoso, L.M. & Franco, R.R.C. (2005). Psicodiagnóstico diferencial e psicopatologia. In: A.E. Villemor-Amaral (Eds.). *As pirâmides coloridas de Pfist*er (p. 119-129). São Paulo: Casa do Psicólogo.

Conselho Federal de Psicologia (2003). *Resolução n. 002/2003*. Brasília.

Conselho Federal de Psicologia (2004). *Resolução CFP n. 006/2004*. Brasília.

Cronbach, L. (1996). *Fundamentos da testagem psicológica*. Porto Alegre: Artes Médicas.

Cunha, J.A. (2000). *Psicodiagnóstico V*. Porto Alegre: Artmed.

Cunha, J.A. & Nunes, M.L.T. (2010). Medida projetiva. In: L. Pasquali et al. *Instrumentação psicológica* (p. 357-375). Porto Alegre: Artmed.

Farah, F.H.Z., Cardoso, L.M. & Villemor-Amaral, A.E. (2014). Precisão e validade do Pfister para avaliação de crianças. *Avaliação Psicológica*, 13 (2), 187-194.

Fensterseifer, L. & Werlang, B.S.G. (2008). Apontamentos sobre o *status* científico das técnicas projetivas. In: A.E. Villemor-Amaral & B.S.G. Werlang (2008). *Atualizações em métodos projetivos para avaliação psicológica* (p. 15-33). São Paulo: Casa do Psicólogo.

Franco, R.R.C. (2012). Estudo de caso pelo método fenômeno-estrutural. *Avaliação Psicológica*, 11 (3), 347-360.

Freitas, A.M.L. (1996). *Teste Zulliger:* aplicação e avaliação. São Paulo: Casa do Psicólogo.

Gomes, G.V.A., Pinheiro, F.P. & Cardoso, L.M. (2014). Análise dos artigos sobre o Teste de Zulliger – Sistema compreensivo no período 2003-2013. In: *Anais da XIX Semana Universitária da Universidade Estadual do Ceará* (UECE). Fortaleza.

Güntert, A.E.V.A. (2000). Técnicas projetivas: o geral e o singular em avaliação psicológica. In: F.F. Sisto, E.T.B. Sbardelini & R. Primi (orgs.). *Contextos e questões em avaliação psicológica* (p. 77-84). São Paulo: Casa do Psicólogo.

Hazin, I., Frade, C. & Falcão, J.T.R. (2010). Autoestima e desempenho escolar em matemática: contribuições teóricas sobre a problematização das relações entre cognição e afetividade. *Educar em Revista*, 36, 39-54.

Jacob, A.V., Loureiro, S.R., Marturano, E.M., Linhares, M.B.M. & Machado, V.L.S. (1999). Aspectos afetivos e o desempenho acadêmico de escolares. *Psicologia: Teoria e Pesquisa*, 15 (2), 153-162.

Lilienfeld, S.O., Wood, J.M. & Garb, H.N. (2000). The scientific status of Projective Techniques. *Psychological Science in the Public Interest*, 1 (2), 27-67.

Messick, S. (1995). Validity of Psychological Assessment: validation of inferences from persons' responses and performances as scientific inquiry into score meaning. *American Psychologist*, 50 (9), 741-749.

Meyer, G.J. & Handler, L. (1997). The ability of the Rorschach to predict subsequent outcome: Metaanalyis of the Rorschach Prognostic Rating Scale. *Journal of Personality Assessment*, 69, 1-38.

Meyer, G.J. & Kurtz, J.E. (2006). Advancing personality assessment terminology: time to retire "objective" and "projective" as personality test descriptors. *Journal of Personality Assessment*, 87 (3), 223-225.

Miguel, F.K. (2014). Mitos e verdades no ensino de técnicas projetivas. *Psico-USF*, 19 (1), 97-106.

Noronha, A.P.P., Freitas, F.A., Sartori, F.A. & Ottati, F. (2002). Informações contidas nos manuais de testes de personalidade. *Psicologia em Estudo*, Maringá, 7 (1), 143-149.

Pasquali, L. (2001) *Técnicas de Exame Psicológico – TEP: manual*. São Paulo: Casa do Psicólogo/Conselho Federal de Psicologia.

Pereira, E., Menegatti, C., Percegona, L., Aita, C.A., Riella, M.C. (2007). Aspectos psicológicos de pacientes diabéticos candidatos ao transplante de ilhotas pancreáticas. *Arquivos Brasileiros de Psicologia*, 59 (1), 62-71.

Retondo, M.F.N.G. (2000). *Manual Prático da Avaliação da HTP (Casa-Árvore-Pessoa) e Família*. São Paulo: Casa do Psicólogo.

Rietzler, B. (2006). Aplicações culturais do Rorschach, testes de apercepção e desenho de figuras. In: N. Abreu & D.M. Amparo (orgs.). *Métodos projetivos – Instrumentos atuais para a investigação psicológica e da cultura*. São Paulo: Vetor.

Schelini, P.W. & Benczik, E.P. (2010). Teste de apercepção infantil: o que foi e o que precisa ser feito. *Boletim de Psicologia*, 60 (132), 85-96.

Silva, F.M.A.M., Silva, S.M.M., Nascimento, M.D.S.B. & Santos, S.M. (2010). Cuidado paliativo: benefícios da ludoterapia em crianças hospitalizadas com câncer. *Boletim da Academia Paulista Psicologia*, 30 (1), 168-183.

Silva, L.M. & Cardoso, L.M. (2012). Revisão de pesquisas brasileiras sobre o Teste de Pfister. *Avaliação Psicológica*, 11 (3), 449-460.

Silva, M.C.V.M. (2008). A técnica da casa-árvore-pessoa (HTP) de John Buck. In: A.E. Villemor-Amaral & B.S.G. Werlang (orgs.). *Atualizações em métodos projetivos para avaliação psicológica* (p. 247-266). São Paulo: Casa do Psicólogo.

Siqueira, S.D.M., Doro, W.F. & Santos, E.O. (2003). Desenhando a realidade interna. *PSIC – Revista de Psicologia da Vetor Editora*, 4 (2), 70-76.

Tardivo, L.S.P.C. & Xavier, M.F. (2008). O teste de apercepção temática infantil com figuras de animais (CAT-A). In: A.E. Villemor-Amaral & B.S.G. Werlang (orgs.). *Atualizações em métodos projetivos para avaliação psicológica* (p. 147-162). São Paulo: Casa do Psicólogo.

Tavares, M. (2003). Validade clínica. *Psico-USF*, 8 (2), 125-136.

Tawamoto, J.M. & Capitão, C.G. (2010). Evidências de validade do Teste de Pfister: agressividade e irritabilidade em motoristas. *Estudos Interdisciplinares em Psicologia*, 1 (1), 40-65.

Vaz, C.E. (1998). *Zulliger – A técnica de Zulliger como forma coletiva*. São Paulo: Casa do Psicólogo.

Villemor-Amaral, A.E. (2005). *As pirâmides coloridas de Pfister*. São Paulo: CETEPP.

Villemor-Amaral, A.E. (2008). A validade teórica em avaliação psicológica. *Psicologia: Ciência e Profissão*, 28 (1), 98-109.

Villemor-Amaral, A.E. (2014). *Teste das Pirâmides Coloridas de Pfister* – Versão para crianças e adolescentes. São Paulo: Casa do Psicólogo.

Villemor-Amaral, A.E., Cardoso, L.M., Pavan, P.M.P., Tavella, R.R., Biasi, F.C. & Miguel, F.K. (2014). Estudo normativo com crianças de 6 a 12 anos. In: A.E. Villemor-Amaral (orgs.). *As Pirâmides Coloridas de Pfister* – Versão para crianças e adolescentes. São Paulo: Casa do Psicólogo.

Villemor-Amaral, A.E. & Franco, R.R.C. (2008). O Teste de Zulliger no sistema compreensivo. In: A.E. Villemor-Amaral & B.S.G. Werlang (orgs.). *Atualizações em métodos projetivos para avaliação psicológica* (p. 121-132). São Paulo: Casa do Psicólogo.

Villemor-Amaral, A.E. Pardini, P.M., Tavella, R.R., Biasi, F.C. & Migoranci, P.B. (2012). Evidências de validade do Teste de Pfister para avaliação de crianças. *Avaliação Psicológica*, 11 (3), 423-434.

Villemor-Amaral, A.E. & Pasqualini-Casado, L. (2006). A cientificidade das técnicas projetivas em debate. *Psico-USF*, 11 (2), 185-193.

Villemor-Amaral, A.E. & Primi, R. (2009). *Teste de Zulliger no sistema compreensivo – ZSC*: forma individual. São Paulo: Casa do Psicólogo.

Villemor-Amaral, A.E. & Quirino, G.S. (2013). Estudo comparativo entre indicadores afetivos das técnicas de Pfister e Zulliger. *Avaliação psicológica*, 12 (1), 1-7.

Xavier, M.F. & Villemor-Amaral, A.E. (2013). Avaliação do funcionamento cognitivo por meio do CAT-A: evidências de validade. *Psicologia: Reflexão e Crítica*, 26 (1), 38-46.

Villemor-Amaral, A.E. & Werlang, B.S.G. (2008). *Atualizações em métodos projetivos para avaliação psicológica*. São Paulo: Casa do Psicólogo.

Weiner, I.B. (2000). *Princípios de interpretação do Rorschach*. São Paulo: Casa do Psicólogo.

12
Documentos decorrentes da avaliação psicológica

Vivian de Medeiros Lago

A maioria dos processos de avaliação psicológica demanda, ao seu final, a produção de documentos, os quais representam uma das formas de devolução deste trabalho do psicólogo. Mesmo nos casos em que é feita apenas uma devolução verbal ao avaliado, é recomendável produzir um relatório correspondente ao processo de avaliação realizado. No momento de redigir um documento psicológico, é comum que surjam dúvidas acerca de que itens devem ser contemplados e quais as informações mais relevantes, ou seja, como colocar no papel os achados que respondam à queixa que originou o trabalho de avaliação psicológica de forma clara, técnica e eficaz. Com o objetivo de auxiliar e orientar os psicólogos nessa difícil tarefa de emitir documentos, o Conselho Federal de Psicologia (CFP) elaborou algumas normativas, como a Resolução n. 30/2001, revogada pela Resolução n. 17/2002, posteriormente revogada pela Resolução n. 07/2003. Portanto, atualmente a Resolução n. 07/2003, que instituiu o Manual de Elaboração de Documentos Escritos produzidos pelo psicólogo, decorrentes de avaliação psicológica, é a referência mais atualizada disponível para os profissionais da Psicologia.

A referida Resolução fornece diretrizes básicas sobre os tipos de documentos psicológicos, suas finalidades e estruturas. Entretanto, muitas dúvidas não são respondidas por esse manual, especialmente quando há a necessidade de redação de documentos para contextos mais específicos, como o forense ou o organizacional, por exemplo. Assim sendo, o presente capítulo tem como objetivo revisar os documentos psicológicos decorrentes da avaliação psicológica, conforme apresentados na referida Resolução do CFP, tecendo críticas e comentários, a fim de auxiliar estudantes e profissionais da Psicologia na produção desses registros.

A Resolução n. 07/2003, conforme já referido, instituiu o Manual de Elaboração de Documentos Escritos, produzidos por psicólogos, a partir de avaliações psicológicas. Em seu artigo 3º deixa explícito que toda e qualquer comunicação por escrito decorrente de avaliação psicológica deverá orientar-se pelas diretrizes ali dispostas, sob pena de falta ético-disciplinar. Portanto, é de suma importância que estudantes e profissionais de Psicologia que trabalham com avaliação conheçam essa Resolução e fiquem atentos às orientações ali expostas, para que desempenhem seu trabalho de forma ética.

O Manual de Elaboração de Documentos Escritos (CFP, 2003) está organizado em cinco seções: a) princípios norteadores da elaboração documental, b) modalidades de documentos, c) conceito/finalidade/estrutura, d) validade dos documentos, e) guarda dos documentos. Neste capítulo, segue-se essa mesma organização, de forma a facilitar o entendimento do que está disposto na normativa e os consequentes comentários.

Princípios norteadores da elaboração documental

Os princípios da elaboração documental incluem as técnicas da linguagem escrita e os princípios éticos, técnicos e científicos da profissão. Em relação às técnicas da linguagem escrita, é indispensável que o psicólogo consiga comunicar, efetivamente, os resultados de seu trabalho. Para tanto, é necessária uma redação bem estruturada, decorrente de frases gramaticalmente corretas e com um encadeamento ordenado e lógico de parágrafos. Essas orientações constam no Manual. Contudo, são diretrizes bastante difíceis de serem postas em prática, e essa é a queixa mais frequentemente evidenciada tanto por meio dos estudantes que estão iniciando suas práticas profissionais quanto dos próprios psicólogos que buscam supervisão dos casos que estão avaliando. Como transcrever para o papel a história relatada, o entendimento do caso e as conclusões decorrentes são as tarefas mais complexas nessa finalização do trabalho de avaliação psicológica.

Atender às técnicas da linguagem escrita é algo que deve ser constantemente desenvolvido pelo profissional. A prática supervisionada é uma das formas de aperfeiçoar essa escrita. Em alguns casos, contudo, pode ser necessário recorrer ao auxílio de um profissional *expert* na língua portuguesa. Essa busca de auxílio/supervisão não deve ser vista como uma tarefa a ser delegada a outro profissional nem tampouco como algo embaraçoso. Pelo contrário, deve ser tratada como um investimento na formação do profissional, pois os conhecimentos adquiridos por meio desse auxílio servirão para a confecção de documentos e registros psicológicos em diferentes contextos.

A Resolução n. 07/2003 indica, ainda, que a comunicação dos documentos deve apresentar qualidades como clareza, concisão e harmonia, com utilização de expressões próprias da linguagem profissional. É importante comentar, nesse sentido, que o uso de linguagem técnica deve considerar a quem o documento será encaminhado, ou seja, termos muito específicos da Psicologia poderão exigir um esclarecimento, de forma que o destinatário do documento possa compreender o que está ali descrito. O psicólogo não precisa descaracterizar-se de sua linguagem técnica, deixando de fazer uso de termos mais específicos para explicar quadros diagnósticos, por exemplo. Conforme aponta Cunha (2000), os dados que emergem da testagem geram uma terminologia científica que precisa ser decodificada, ajustando-se à identidade e à qualidade do receptor, seja em uma devolução escrita ou verbal.

No que se refere aos princípios éticos e técnicos, a Resolução n. 07/2003 aponta a necessidade de observância dos princípios e dispositivos do Código de Ética Profissional do Psicólogo. A ética deve estar presente em todo e qualquer trabalho desenvolvido, e na área de avaliação psicológica não poderia ser diferente, especialmente porque os resultados são descritos em documentos que, caso não atendam aos princípios exigidos pela profissão, podem produzir uma prova contra o próprio psicólogo em processos éticos.

Portanto, o psicólogo deve estar atento aos seus deveres "nas suas relações com a pessoa atendida, ao sigilo profissional, às relações com a justiça e ao alcance das informações" (CFP, 2003, p. 4).

É importante que seja estabelecido um contrato (seja verbal ou escrito) entre avaliador e avaliado logo no início do processo de avaliação psicológica, para que sejam esclarecidos os objetivos e papéis de cada um, bem como os limites da confidencialidade. Especialmente no caso de avaliações para o contexto forense, conforme orienta Rovinski (2004), é preciso esclarecer a diferença entre psicoterapia e avaliação psicológica, explicando que as informações que forem pertinentes à elucidação do caso serão levadas ao conhecimento do juiz, por meio do laudo pericial. Ressalta-se, contudo, que esse cuidado com a pertinência das informações que serão descritas no documento é válido para os diferentes contextos de avaliação psicológica, e vai ao encontro do disposto na alínea *g* do artigo 1º do Código de Ética Profissional do Psicólogo (2005), que estabelece como dever fundamental do psicólogo "informar, a quem de direito, os resultados decorrentes da prestação de serviços psicológicos, transmitindo somente o que for necessário para a tomada de decisões que afetem o usuário ou beneficiário" (p. 8).

Por fim, os princípios técnicos retomam dois importantes aspectos: a) que a avaliação psicológica considere a natureza dinâmica e não cristalizada do seu objeto de estudo, b) que os documentos psicológicos baseiem-se exclusivamente em instrumentais que se configurem como métodos e técnicas psicológicas. Os dados levantados por meio de uma avaliação psicológica são, na verdade, um recorte da realidade evidenciada naquele momento, ou seja, estão sujeitos a trans-

formações. Não se trata de informações estagnadas, mas sim suscetíveis a mudanças, tendo em vista a natureza dinâmica do ser humano. Ao conduzir um processo de avaliação psicológica, o profissional deve sempre considerar o meio em que o avaliado está inserido, sua história de vida, condições sociais, econômicas e políticas, integrando essas informações às obtidas por meio das técnicas aplicadas. Uma interpretação isolada de um teste psicológico, por exemplo, sem considerar todo o contexto envolvido, ou seja, sem apresentar um entendimento do resultado obtido a partir da análise do caso, prejudica a validade da avaliação psicológica. Tavares (2012) discute a complexidade da avaliação psicológica, como um processo que resulta de uma demanda, da compreensão que o avaliador tem sobre ela e dos objetivos que traça para desenvolver o processo. Ademais, o autor aponta que não se pode desconsiderar a influência do contexto de vida do indivíduo e da qualidade da relação entre avaliador e avaliado.

Em relação ao uso de métodos e técnicas psicológicas é importante apontar que a Resolução n. 07/2003 orienta que os documentos escritos "devem se basear exclusivamente nos instrumentais técnicos (entrevistas, testes, observações, dinâmicas de grupo, escuta, intervenções verbais) que se configuram como métodos e técnicas psicológicas para a coleta de dados" (p. 4). Assim sendo, cabe observar que caso o psicólogo opte por utilizar testes psicológicos em seu processo de avaliação, ele deverá ater-se apenas aos listados pelo SATEPSI (Sistema de Avaliação de Testes Psicológicos – http://satepsi.cfp.org.br/). Entretanto, os testes não são imprescindíveis em uma avaliação, ou seja, o psicólogo poderá basear seus resultados em outros instrumentais técnicos, como entrevistas, observações e dinâmicas de grupo.

Uma última informação contida nos Princípios Norteadores na Elaboração de Documentos (CFP, 2003) e que, às vezes, passa despercebida pelos profissionais, é a exigência de rubricar todas as laudas do documento psicológico (exceto a última, em que constará a assinatura do profissional). Essa recomendação aplica-se a todas as modalidades de documentos com mais de uma página. A rubrica é essencial para dar validade ao documento, evitando que informações possam ser adulteradas. A numeração das páginas é uma orientação que também auxilia nesse processo de autenticidade, embora não seja uma obrigatoriedade.

Modalidades de documentos: conceito, finalidade, estrutura

A Resolução n. 07/2003 define quatro modalidades de documentos psicológicos: 1) Declaração, 2) Atestado psicológico, 3) Relatório / Laudo psicológico, 4) Parecer psicológico. Destaca, na sequência, que "a Declaração e o Parecer psicológico não são documentos decorrentes da avaliação psicológica, embora muitas vezes apareçam desta forma" (p. 5). A seguir serão comentados cada um dos tipos de documentos.

a) Declaração

A Declaração é descrita como um documento que tem como objetivo informar a ocorrência de fatos ou situações objetivas relacionados ao atendimento psicológico. Esse tipo de documento tem o propósito de declarar, exemplificativamente: a) Comparecimentos do atendido e/ ou do seu acompanhante; b) Acompanhame ›

psicológico do atendido; c) informações sobre as condições do atendimento (tempo de acompanhamento, dias ou horários). Há, ainda, a indicação taxativa de não registrar sintomas, situações ou estados psicológicos.

A Declaração seria, por exemplo, o tipo de documento fornecido à mãe que trouxe seu filho para um atendimento psicológico e precisa comprovar esse comparecimento no seu local de trabalho. Outro exemplo seria o de um paciente que deseja uma comprovação de que está em psicoterapia há um determinado tempo e, para isso, solicita um documento ao seu psicoterapeuta. Um avaliado pode, ainda, solicitar uma comprovação de comparecimento para atendimento psicológico (decorrente de processo de avaliação psicológica) para justificar sua falta ou atraso no local de trabalho.

A estrutura da Declaração é relativamente simples, visto que se trata de um documento objetivo. A ela aplica-se uma orientação que é comum às quatro modalidades de documentos: que sejam emitidos em papel timbrado ou apresentem na subscrição o carimbo, com nome, sobrenome e número da inscrição do Conselho Regional de Psicologia (CRP) do psicólogo. Em relação ao seu conteúdo, deve: conter nome e sobrenome do solicitante; especificar sua finalidade; registrar as informações solicitadas em relação ao atendimento; registrar local e data da expedição da declaração, assinatura do psicólogo acima de sua identificação ou do carimbo.

Com o objetivo de ilustrar as informações descritas acima, apresenta-se a seguir um exemplo de uma Declaração solicitada por um periciado para justificar seu atraso no local de trabalho em razão do comparecimento para perícia psicológica forense. Importante destacar que não se trata de um modelo a ser copiado, mas uma mera demonstração desse tipo de documento.

DECLARAÇÃO

Nome completo
Psicóloga (CRP 00/00000), *solicitada pelo Sr. Elton Menezes*[1], *para fins de comprovação.*

Declaro que o Sr. Elton Menezes compareceu ao meu consultório psicológico, no dia 28 de janeiro de 2015, às 9h, para atendimento decorrente de perícia psicológica determinada em virtude do Processo Judicial n. 12345678. O atendimento teve duração de 1h30min.

Porto Alegre, 28 de janeiro de 2015.

Assinatura

Nome completo

Psicóloga

CRP 00/00000

---

b) Atestado

O atestado psicológico é um documento que certifica uma determinada situação ou estado psicológico. É bastante semelhante à declaração em termos de finalidade e estrutura, sendo seu diferencial justamente o registro de situações psicológicas, o que não deve ocorrer na declaração. O atestado visa a: a) justificar faltas e/ou impedimentos; b) justificar aptidão ou não para atividades específicas; c) solicitar afastamento e/ou dispensa.

No que diz respeito a sua estrutura, o atestado deve restringir-se à informação solicitada pelo requerente, contendo expressamente o fato constatado. Deve cumprir as formalidades já descritas a respeito da Declaração, de identificação do psicólogo emitente do documento. O atestado deve conter: registro do nome e sobrenome do cliente; finalidade do documento; registro da informação do sintoma, situação ou condições psicológicas que justifiquem o atendimento, afastamento ou falta; registro do local e data da expedição do atestado; assinatura do psicólogo acima de sua identificação.

Em relação ao registro de sintoma, situação ou condição psicológica, é facultativa a indicação do código da CID (Classificação Internacional de Doenças), ou seja, fica a critério do psicólogo a necessidade ou não de discriminar o código da patologia do paciente, em havendo um diagnóstico. A Resolução indica, ainda, que os registros sejam transcritos de forma corrida, ou seja, separados apenas pela pontuação, sem parágrafos. Caso seja necessário utilizar parágrafos, os espaços devem ser preenchidos com traços. Tais orientações objetivam evitar adulterações no documento.

Outra importante orientação sobre o atestado é a de que, quando elaborado para comprovar a aptidão ou não para atividades específicas, o psicólogo deverá guardar o relatório/laudo correspondente ao processo de avaliação psicológica que justifica tal atestado. Sendo o atestado um documento que descreve as informações de forma mais objetiva, é importante que o psicólogo mantenha seus registros como um respaldo de suas afirmações no atestado. Dito de outra forma, ao atestar, por exemplo, que o paciente apresenta um Transtorno de Estresse Pós-traumático, é necessário que o profissional tenha sob

---

1. Os nomes utilizados nos exemplos de documentos são todos fictícios.

sua guarda os instrumentais decorrentes do processo de avaliação psicológica que permitiram com que ele chegasse a tal diagnóstico.

Da mesma forma que a Declaração, será apresentado abaixo um exemplo de atestado. O documento foi fornecido a uma paciente para justificar o afastamento de suas atividades laborais.

ATESTADO PSICOLÓGICO

Nome completo
Psicóloga (CRP 00/00000), *solicitada por* Maria das Graças Ferreira[2], *para fins de solicitação de afastamento do trabalho.*

Atesto, para fins de comprovação junto à empresa XXXX, que Maria das Graças Ferreira tem apresentado sintomas de insônia, ansiedade e irritabilidade. Portanto, a paciente necessita, no momento, de três dias de afastamento de suas atividades laborais para acompanhamento da evolução do quadro e consequente conclusão do processo de avaliação psicológica.

Porto Alegre, 28 de janeiro de 2015.

Assinatura
Nome completo
Psicóloga
CRP 00/00000

Uma última observação em relação à emissão de atestados psicológicos merece destaque. Há muitos questionamentos sobre a validade de atestados emitidos por psicólogos para solicitação de afastamento do trabalho para tratamento de saúde. A Resolução do CFP n. 15/1996, que institui e regulamenta a Concessão de Atestado Psicológico para tratamento de saúde por problemas psicológicos, é explícita em relação a essa possibilidade. Ressalta-se, entretanto, que é necessário existir um diagnóstico psicológico, devidamente comprovado, que justifique essa necessidade de afastamento das atividades laborais. Tendo em vista que muitas empresas aceitam apenas atestados médicos, é interessante que os psicólogos mencionem a referida Resolução, para fundamentar a oficialidade do documento. Há decisões de juristas que reconhecem a legitimidade e validade do atestado psicológico, fazendo referência inclusive à Resolução n. 15/1996 do CFP (http://www.jusbrasil.com.br/diarios/49485162/trt-7-10-12-2012-pg-70).

c) Relatório ou laudo psicológico

O relatório ou laudo é, dentre os documentos psicológicos, o mais complexo, e que frequentemente suscita dúvidas nos profissionais no momento de sua redação. Conforme apontam Guzzo e Pasquali (2001), o laudo psicológico apresenta uma conclusão sobre uma avaliação e, portanto, a partir daí consequências importantes podem ser geradas para o planejamento adequado do tratamento ou, contrariamente, podem não haver resultados efetivos, apenas constatando o que parecia óbvio. É um documento que expressa a competência profissional, de acordo com os referidos autores.

A Resolução n. 07/2003 do CFP reforça que o laudo, assim como todo documento, deve ser subsidiado em dados colhidos e analisados à luz de um instrumental técnico. Nele devem constar os procedimentos utilizados pelo profissional, as

---

2. Os nomes utilizados nos exemplos de documentos são todos fictícios.

conclusões geradas e possíveis encaminhamentos, além do diagnóstico e prognóstico.

Os laudos respondem a questões como "o que", "quanto", "como", "por que", "para que" e "quando" e, por isso, costumam ser mais extensos, abrangentes e minuciosos (Cunha, 2000). A elaboração de um laudo demanda a apresentação de um resultado conclusivo de acordo com o propósito da avaliação, seguindo as normas técnicas de um documento (Cruz, 2002). Visando a atender esses objetivos, a Resolução n. 07/2003 propôs uma estrutura mínima de itens que esse tipo de documento deve contemplar: identificação, descrição da demanda, procedimento, análise e conclusão. A seguir, cada um desses itens será discutido e serão apresentadas sugestões de acréscimos à estrutura proposta pelo CFP, a fim de tornar essa comunicação escrita do psicólogo mais efetiva.

Identificação

Nesse item, a Resolução refere-se a identificar quem é o autor ou relator do documento (psicólogo), quem é o solicitante (ex.: próprio paciente, empresa, juiz, escola) e qual o assunto ou finalidade do relatório/laudo. Esses itens de identificação são imprescindíveis, entretanto, não há orientação de identificar o(s) avaliado(s), informando dados importantes como nome, data de nascimento, idade, escolaridade e profissão. Da mesma forma, se o avaliado em questão é uma criança ou adolescente, é relevante identificar os dados de seus genitores e/ou responsáveis. Essa seria, então, uma primeira sugestão de acréscimo à estrutura mínima apresentada na Resolução.

Descrição da demanda

É a seção destinada a descrever as informações referentes à queixa apresentada e os moti-

vos e expectativas que levaram à solicitação do documento. Esse é um item indispensável em um laudo, pois deve-se contextualizar o porquê da demanda pela avaliação psicológica, proporcionando um consequente encadeamento de procedimentos, resultados (análise) e conclusão (resposta à demanda). Cabe a observação de que essa seção do relatório/laudo pode vir sob outras nomenclaturas, como por exemplo "motivo da consulta", "queixa apresentada", "objetivo da avaliação". Não há problema em utilizar expressões sinônimas, desde que o conteúdo em si não deixe de ser apresentado, ou seja, quais as necessidades do solicitante.

Procedimentos

Refere-se à apresentação dos instrumentos técnicos utilizados para coletar as informações, incluindo o número de encontros realizados e as pessoas que foram ouvidas. Aqui, novamente, cabe uma sugestão: a de acrescentar à descrição dos procedimentos adotados também a indicação do período em que a avaliação foi realizada. Alguns profissionais preferem identificar a data de início e de término, ao passo que outros preferem identificar a data em que cada procedimento foi realizado. Independentemente da opção que o profissional adotar, o que importa é que conste no documento o período em que a avaliação foi feita, pois apenas a data ao final do laudo não é suficiente para essa identificação. Muitas vezes o laudo é concluído algumas semanas (ou até meses) após o término dos atendimentos. Além do período, sugere-se que o local da avaliação também possa ser identificado: se em consultório particular, serviço-escola, empresa, instituição do judiciário. Guzzo e Pasquali (2001) sugerem a descrição das variáveis ambientais, apontando condições de iluminação e ventilação do local. Essas características podem ser mencionadas se há uma justificativa, ou seja, se de alguma forma interferiram na condução da avaliação psicológica.

Análise

É a seção que contempla a "exposição descritiva de forma metódica, objetiva e fiel dos dados colhidos e das situações vividas relacionados à demanda em sua complexidade" (p. 8). A Resolução n. 07/2003 faz referência, ainda, com respeito à fundamentação teórica que sustenta o instrumental técnico utilizado, aos princípios éticos e às questões relativas ao sigilo das informações.

Essa seção do relatório/laudo, no entendimento desta autora, é a que mais poderia sofrer modificações, sendo desmembrada em outros itens e, assim, facilitando não apenas a redação, mas também tornando a leitura do documento mais fluida. Guzzo e Pasquali (2001) recomendam registros como "impressão geral obtida durante o *rapport*" e "comportamento do examinando", os quais abarcariam informações verbais e não verbais, concentração do examinando, nível de ansiedade, relacionamento estabelecido entre avaliado e avaliador. Esses dados não estão contemplados na descrição de "Análise" da Resolução n. 07/2003.

Outro aspecto muito importante para o entendimento de um caso é a história do sujeito, que poderá vir discriminada como "história pregressa", "histórico familiar" ou "histórico clínico", por exemplo. A Resolução n. 07/2003 tampouco deixa explícita a importância de descrever esse histórico. Portanto, a sugestão é a de que os dados do histórico do examinando possam vir discriminados em um item separado dos resultados de testes e técnicas utilizados. Nessa

seção constariam os dados trazidos pelas partes, não havendo responsabilidade do avaliador pela veracidade dos mesmos. No momento em que se relatam os dados da história de vida do sujeito, não se realizam inferências ou interpretações, mas apenas os fatos conforme descritos. O entendimento do que o sujeito informou, aliado às demais técnicas utilizadas, será exposto no item "análise", cuja finalidade se presta justamente a essa articulação dos dados coletados, com embasamento técnico-científico.

Dando sequência à seção da Análise, outra sugestão é a de que, à semelhança da estrutura de artigos científicos, possa haver uma subdivisão entre "resultados" e "discussão". Nem sempre essa subdivisão é aplicável ou necessária, porém há situações mais complexas que a justificariam. Nesse caso, na seção "resultados" constariam os dados obtidos por meio das técnicas e testes psicológicos e na seção "discussão" seria apresentado o entendimento dinâmico do caso, a partir do cruzamento das informações e das observações do avaliador.

Conclusão

É a seção do documento que apresenta o resultado da investigação, podendo incluir sugestões e encaminhamentos. Não é recomendado que a conclusão seja extensa, pois é no item "análise" que os dados são discutidos e o entendimento do caso é apresentado. Na conclusão o que se tem é realmente o fechamento do caso, dando uma resposta ao motivo do encaminhamento para a avaliação, apresentado no item "descrição da demanda". Em alguns casos, o avaliador pode preferir acrescentar um item específico, após a conclusão, para discriminar as indicações. Contudo, nada impede que esses encaminhamentos sejam feitos no próprio item "conclusão".

Após a discussão apresentada, é oferecida na tabela abaixo uma proposta de estrutura de Relatório/Laudo mais detalhada que a descrita na Resolução n. 07/2003. São sugestões para ampliar a estrutura mínima exigida na referida Resolução, e é importante que o psicólogo avalie qual o melhor formato de estrutura para seu documento, de acordo com a demanda apresentada e os dados levantados.

Tabela 1 Proposta de estrutura de relatório/laudo psicológico

Itens do relatório/laudo	Informações a serem contempladas
Identificação	Autor/relator Solicitante Finalidade
Dados de identificação do avaliado	Nome completo Sexo Data de nascimento Idade Escolaridade Profissão Dados dos responsáveis (no caso de crianças e adolescentes)
Descrição da demanda	
Procedimentos	Período e local de avaliação Técnicas utilizadas
Impressão geral obtida	Percepções do avaliador acerca da motivação e comportamentos verbal e não verbal do avaliado
História pregressa	História de vida conforme relato do avaliado
Resultados da avaliação	Resultados das testagens e/ou técnicas utilizadas
Análise/discussão	Entendimento dinâmico do caso avaliado, a partir da articulação das informações levantadas
Conclusão	
Indicações	

d) Parecer

De acordo com a Resolução n. 07/2003, parecer é definido como "um documento fundamentado e resumido sobre uma questão focal do campo psicológico cujo resultado pode ser indicativo ou conclusivo" (p. 9). O parecer objetiva esclarecer uma questão-problema no campo do conhecimento psicológico. É uma resposta a uma consulta feita a especialistas que tem competência no assunto.

Um parecer poderia ser emitido, por exemplo, em uma situação em que um juiz solicita a opinião técnica de um psicólogo acerca da fidedignidade do depoimento de uma criança de três anos (a partir do conhecimento técnico, e não com base em um caso específico). Ou, ainda, uma consulta feita por uma escola para saber se problemas envolvendo *bullying* podem interferir no processo de aprendizagem. Nesse exemplo, não se trata de avaliar a criança em si, mas emitir um parecer embasado no que a ciência psicológica pode dizer a respeito do questionamento levantado.

Em relação à estrutura do parecer, esta é bastante semelhante à do laudo, sem a exigência do item "procedimentos". A seção intitulada "descrição da demanda" é aqui chamada de "exposição de motivos", embora o conteúdo em si seja idêntico, isto é, a descrição dos motivos que levaram à solicitação do parecer.

Na descrição do parecer, a Resolução n. 07/2003 menciona a possibilidade da existência de quesitos, isto é, perguntas encaminhadas pelo solicitante da avaliação. Orienta que "havendo quesitos, o psicólogo deverá respondê-los de forma sintética e convincente, não deixando nenhum quesito sem resposta" (p. 10). Diante da falta de elementos suficientes para emitir uma resposta mais categórica, orienta-se utilizar a expressão "sem elementos de convicção". Se o quesito estiver malformulado, pode-se afirmar "prejudicado", "sem elementos" ou "aguarda evolução". Entretanto, não se deve deixar nenhum quesito sem resposta.

A existência de quesitos é um ponto que merece comentários. Os quesitos seriam questões sobre as quais se espera uma resposta ou esclarecimento. A prática da autora revela ser pouco frequente a apresentação de quesitos, ao menos sob a forma de questionamentos, em outros contextos que não o jurídico. As perícias forenses, pelo contrário, comumente apresentam quesitos, que podem ser elaborados pelo Juiz de Direito, pelo Promotor de Justiça e/ou os advogados das partes.

Embora o foco do presente capítulo não seja o de avaliações no contexto forense, é válida uma observação em relação à divergência de nomenclatura entre a Resolução do CFP e o que está disposto no Código de Processo Civil (CPC). Este conhecimento é importante ser trazido até mesmo para os psicólogos que não atuam diretamente como peritos, pois tem sido frequente a solicitação de documentos a psicólogos clínicos, para serem utilizados no contexto do Judiciário.

O CPC (1973) dispõe em seu artigo 145 que "quando a prova do fato depender de conhecimento técnico ou científico, o juiz será assistido por perito, segundo o disposto no artigo 421". Nesse caso, o perito pode ser de áreas diversas, como Medicina, Contabilidade, Serviço Social, Psicologia. Profissionais de nível universitário, devidamente inscritos no órgão de classe competente, que forem nomeados pelo juiz para esclarecer uma questão que exija conhecimento técnico ou científico especializado, serão considerados peritos judiciais. Em seu artigo 421, o CPC menciona que "o juiz nomeará o perito, fixando de imediato o prazo para a entrega do laudo". Assim sendo, a combinação das informações apresentadas pelos artigos 145 e 421 permite concluir que os peritos emitem um laudo. Percebe-se, portanto, uma divergência entre as nomenclaturas da Psicologia e do Direito. Conforme o conceito de parecer da Resolução do CFP, os peritos emitiriam um parecer, pois este é um "documento fundamentado e resumido sobre uma questão focal do campo psicológico cujo resultado pode ser indicativo ou conclusivo" (p. 9). Responderiam, ainda, aos quesitos apresentados pelas partes e pelos operadores do Direito. A Resolução n. 17/2012 do CFP (dispõe sobre a atuação do psicólogo como perito nos diversos contextos) corrobora esse conflito de terminologias. Seu artigo 8° dispõe que "em seu parecer, o psicólogo perito apresentará indicativos pertinentes à sua investigação [...]".

Não bastasse a confusão acerca do nome do documento que o perito deve produzir: laudo (de acordo com o CPC) ou parecer (de acordo com o CFP), há ainda a orientação do CPC de que os assistentes técnicos produzem um parecer crítico. O parágrafo único do art. 433 do CPC determina: "Os assistentes técnicos oferecerão seus pareceres no prazo comum de 10 (dez) dias, após intimadas as partes da apresentação do laudo". A divergência nas orientações das duas áreas gera dúvidas entre os psicólogos, e também leva à emissão de documentos com identificações errôneas. Válido lembrar que a Resolução n. 07/2003 do CFP contém orientações genéricas, que se aplicam para a avaliação psicológica, sem especificar um contexto. Assim, cabe ao psicólogo que atua a serviço do Judiciário adequar-se à nomenclatura orientada no CPC, mais apropriada às especificidades do contexto.

Apenas para finalizar o comentário em relação às diferenças no contexto jurídico aponta-se que, quando houver quesitos, o perito deve acrescentar a estrutura de seu laudo o item "resposta aos quesitos", após a "conclusão", antes de datar e assinar o documento (Rovinski, 2004). Essa informação não consta na Resolução do CFP.

A seguir, é apresentado um exemplo de parecer que foi solicitado por um advogado, cujo questionamento envolvia o que seria mais indicado, em relação à guarda, para uma criança de um ano de idade. A família não foi avaliada, e o parecer foi emitido com base no conhecimento técnico do psicólogo e também em orientações da literatura concernente na área.

PARECER PSICOLÓGICO

Nome completo

Psicóloga (CRP 00/00000), *solicitada por Dr. Daniel Torres, advogado na área de Direito de Família, para emitir parecer acerca de recomendação de guarda para crianças de um ano de idade.*

Exposição de motivos

Dr. Daniel Torres está acompanhando um casal em processo de divórcio, com um filho de 1 ano e 3 meses de idade. Tendo em vista a tenra idade da criança, o advogado solicitou a emissão de um parecer psicológico que aponte considerações técnicas a respeito do que seria o mais indicado em relação à guarda do menor.

Análise

O acesso contínuo de filhos de pais separados a ambos os genitores é fundamental para o bom desenvolvimento das crianças e adolescentes. A frequência com que as visitas ocorrem para crianças pequenas, que estão em processo de desenvolvimento e ainda têm capacidades cognitivas e emocionais limitadas para lidar com mudanças, é bastante relevante[3]. Vale apontar a importância de que as visitas aconteçam em dias e horários preestabelecidos, de forma a oferecer uma constância no relacionamento e evitando ao máximo alterações na rotina dos infantes.

Separações repetidas no início da vida podem ser confusas para crianças pequenas, uma vez que podem gerar insegurança emocional[4]. Os autores

---

3. Hodges, Landis, Day e Odelberg (1991); Horner e Guyer (1993), in: Ram, A., Finzi, R. e Cohn, O. (2002). The non-custodial parent and his infant. *Journal of Divorce and Remarriage*, 36 (3/4), p. 41-55.

4. Solomon e Biringen (2001); Biringen et al. (2002), in: Cashmore, J. e Parkinson, P. (2008). Overnight stays and children's relationships with resident and nonresident parents after divorce. *Journal of Family Issues*, 29 (6), p. 707-733.

Baris e Garrity[5] escreveram um livro que é comumente citado em decisões judiciais americanas para questões de guarda e visitação. Na referida obra, a indicação é para que crianças menores de dois anos e meio de idade tenham cuidados consistentes de um genitor, sendo apropriados os pernoites com o genitor não guardião a partir dos dois anos e meio ou três anos de idade.

A literatura aponta ainda que entre os 15 e 18 meses de vida as crianças não conseguem distinguir o significado da separação conjugal de abandono. Portanto, é importante que nesse período o genitor não guardião possa manter um horário de visitação constante. A maioria dos clínicos sugere que nesse período a criança ainda não pernoite fora de casa. A partir dos três anos de idade as crianças podem passar períodos mais longos afastadas do genitor guardião, permitindo assim pernoites e viagens[6].

Conclusão

Atendendo ao parecer técnico solicitado, e de acordo com indicações da literatura científica acerca do tema dos ajustes de convivência pós-divórcio, recomenda-se que crianças de um ano de idade possam desfrutar de uma atenção consistente de seu cuidador primário, de forma a garantir-lhes um apego seguro. Contudo, a presença e envolvimento constantes de ambos os genitores na vida dos filhos é igualmente importante para seu desenvolvimento, para que o eventual afastamento do genitor não guardião não seja sentido como um abandono.

Porto Alegre, 28 de janeiro de 2015.

Assinatura
Nome completo
Psicóloga
CRP 00/00000

Validade e guarda dos documentos

A Resolução n. 07/2003 dispõe que o prazo de validade do conteúdo dos documentos psicológicos deverá considerar a legislação vigente nos casos já definidos. Em não havendo definição legal, o psicólogo poderá indicar o prazo de validade do conteúdo no documento. É importante que disponha dos fundamentos para tal indicação, apresentando-os quando solicitado. A legislação que versa sobre validade de documentos usualmente está associada a avaliações solicitadas por instituições públicas, para averiguar a aptidão ao trabalho. Um exemplo é o da normativa que trata da aptidão psicológica para o manuseio de arma de fogo e para o exercício da profissão de vigilante. Conforme a Instrução Normativa da Polícia Federal n. 78, de 10 de fevereiro de 2014, a comprovação da aptidão psicológica exigida deverá ser realizada em período não superior a 01 (um) ano do respectivo requerimento, quando perderá sua validade. Quando não existe uma legislação específica, cabe ao psicólogo definir seu tempo de validade, como acontece na área clínica. A necessidade de uma reavaliação fica condicionada às necessidades do cliente, à reavaliação do tratamento, e à ocorrência de novos eventos que podem ter modificado as características de quem foi avaliado.

Em relação à guarda, a orientação é a de que os documentos e todo o material que os fundamentou (p. ex., registros dos atendimentos, folhas de resposta dos testes) sejam mantidos pelo prazo mínimo de cinco anos. O cumprimento dessa orientação deve ser seguido tanto pelo psi-

---

5. Barris, M.A. e Garrity, C.B. (1988). *A Developmental approach to residence and visitation.* DeKalb, IL: Psytec Corp.

6. Ram, A., Finzi, R. e Cohn, O. (2002). The non-custodial parent and his infant. *Journal of Divorce and Remarriage*, 36 (3/4), p. 41-55.

cólogo quanto pela instituição em que ocorreu a avaliação psicológica. Pode haver ampliação deste prazo, nos casos previstos em lei, por determinação judicial, ou em casos específicos em que seja necessária a manutenção da guarda por maior tempo.

Em havendo interrupção do trabalho do psicólogo, ele deverá responsabilizar-se pelo destino dos seus arquivos confidenciais. Conforme preceituam os parágrafos do artigo 15 do Código de Ética do Psicólogo (2005), em caso de demissão ou exoneração, o psicólogo deverá repassar os materiais ao seu substituto. No caso de extinção do Serviço de Psicologia, essa informação deverá ser levada ao conhecimento do Conselho Regional de Psicologia, que providenciará a destinação dos arquivos confidenciais.

Considerações finais

O presente capítulo teve como objetivo revisar os documentos decorrentes de avaliação psicológica, a partir das orientações do Manual de Elaboração de Documentos Escritos (Reso-

lução CFP n. 07/2003). Por meio de críticas e comentários, alguns exemplos de documentos e uma nova proposta de estrutura para o Relatório/Laudo foram apresentados. Espera-se que as considerações aqui feitas possam contribuir para auxiliar estudantes e profissionais da Psicologia e também para melhorar a qualidade de seus documentos.

A Resolução, assim como este capítulo, não abrange todas as situações em que pode haver a solicitação de emissão de documentos. Há configurações que não se enquadram nas definições estabelecidas no Manual, devendo atender a normas próprias de uma instituição, por exemplo. Outras vezes pode ser necessário recorrer aos próprios Conselhos Regionais de Psicologia, buscando orientação.

Por fim, vale ressaltar que o aprimoramento da qualidade desses documentos se dá ao longo da experiência do psicólogo. A constante prática da escrita, aliada à busca por formação continuada por meio de cursos de extensão, participação em congressos e supervisão, tornam mais simples a tarefa de elaboração de documentos.

Referências

Brasil. *Código de Processo Civil Brasileiro* [Disponível em http://www.planalto.gov.br/ccivil_03/leis/l5869.htm – Acesso em 29/01/2015].

Conselho Federal de Psicologia – CFP (1996). *Resolução CFP n. 15/1996* – Institui e regulamenta a concessão de atestado psicológico para tratamento de saúde por problemas psicológicos [Disponível em http://site.cfp.org.br/wp-content/uploads/1996/12/resolucao1996_15.pdf – Acesso em 29/01/2015].

Conselho Federal de Psicologia – CFP (2001). *Resolução CFP n. 30/2001* – Institui o manual de elaboração de documentos, produzidos pelo psicólogo, decorren-

tes de avaliações psicológicas [Disponível em http://www.crprs.org.br/upload/legislacao/legislacao48.pdf – Acesso em 29/01/2015].

Conselho Federal de Psicologia – CFP (2002). *Resolução CFP n. 17/2002* [Disponível em http://www.crp11.org.br/legislacao/resolucoes/federais/2002/resolucao2002_17.PDF – Acesso em 29/01/2015].

Conselho Federal de Psicologia – CFP (2003). *Resolução CFP n. 007/2003* – Institui o manual de elaboração de documentos escritos produzidos pelo psicólogo, decorrentes de avaliação psicológica e revoga a Resolução CFP n. 17/2002 [Disponível em http://site.cfp.org.br/

wp-content/uploads/2003/06/resolucao2003_7.pdf – Acesso em 28/01/2015].

Conselho Federal de Psicologia – CFP (2005). *Resolução CFP n. 010/2005* – Aprova o Código de Ética Profissional do Psicólogo [Disponível em http://site.cfp.org.br/wp-content/uploads/2012/07/codigo_etica.pdf – Acesso em 29/01/2015].

Conselho Federal de Psicologia – CFP (2012). *Resolução CFP n. 17/2012* – Dispõe sobre a atuação do psicólogo como perito nos diversos contextos [Disponível em http://site.cfp.org.br/wp-content/uploads/2013/01/Resolu%C3%A7%C3%A3o-CFP-n%C2%BA-017-122.pdf – Acesso em 29/01/2015].

Cunha, J.A. (2000). Passos do processo psicodiagnóstico. In: J.A. Cunha (org.). *Psicodiagnóstico-V* (p. 105-138). Porto Alegre: Artes Médicas.

Guzzo, R.S.L. & Pasquali, L. (2001). Laudo psicológico: a expressão da competência profissional. In: L. Pasquali (org.). *Técnicas de exame psicológico – TEP*: Manual (p. 155-170). São Paulo: Casa do Psicólogo.

Rovinski, S.L.R. (2004). *Fundamentos da perícia psicológica forense*. São Paulo: Vetor.

Tavares, M. (2012). Considerações preliminares à condução de uma avaliação psicológica. *Avaliação Psicológica*, 11 (3), 321-334.

13
Aspectos éticos na avaliação psicológica

Fernanda Queiroz
Joice Dickel Segabinazi
Juliane Callegaro Borsa

O presente capítulo pretende discutir aspectos do conceito de ética aplicados à prática profissional da avaliação psicológica (AP). O texto complementa as ideias de vários outros autores brasileiros que já se debruçaram sobre a questão (p. ex., Anache & Reppold, 2010; Hutz, 2002, 2009; Wechsler, 2001). Buscou-se debater problemas vinculados ao exercício profissional da AP, ressaltando que a ética profissional deve suplantar o estabelecimento de regras para a conduta. Depois de uma breve revisão da terminologia empregada, faz-se um levantamento histórico da profissão no Brasil e as principais medidas tomadas pelo Conselho Federal de Psicologia (CFP) para regulamentar a prática da AP no país. Ao final, discutem-se aspectos sobre a prática profissional inadequada em AP e são apresentados exemplos de erros profissionais, em especial, imperícias, imprudências e negligências. O capítulo tem, portanto, o objetivo de alertar sobre a responsabilidade do profissional que pretende atuar na área da AP.

Conceitos de ética e bioética aplicados à psicologia

Segundo Marcondes (2007) etimologicamente a palavra "ética" origina-se do termo grego *ethos*, que significa o conjunto de costumes, hábitos e valores de uma determinada sociedade ou cultura. Segundo o autor, esse termo foi traduzido pelos romanos para o latim *mos, moris*, cujo significado grego se mantém, e de onde deriva a palavra moral em português. De acordo com De La Taille (2006), a convergência dos termos *ethos* e *moris* justifica o fato de que atualmente não há o costume de distinguir ética de moral, sendo estes "habitualmente empregados como sinônimos, ambos referindo-se a um conjunto de regras de conduta consideradas como obrigatórias" (p. 25).

As bases do pensamento ético têm origem no século V a.C. com Platão, principal discípulo de Sócrates. Seu objetivo primordial era formar homens com princípios morais elevados, preparados para exercer funções políticas de destaque (Ribeiro Jr., 2008). Ao longo dos séculos, diversos pensadores refletiram sobre este tema, que é tradicionalmente um dos mais importantes da filosofia. Entre estes intelectuais podem ser citados Aristóteles, Santo Agostinho, Descartes, Kant, Nietzsche, Freud e Foucault (Marcondes, 2007). A maioria desses autores concorda que algo ético, é algo "bom", "correto" e que coincide com os valores, comportamentos e atitudes adotados historicamente por um grupo (Moore, 1975).

Assim, pensar sobre ética significaria refletir sobre o cotidiano dos indivíduos de uma determinada comunidade. Para tanto, é necessário limitar tal conceito a um contexto, a uma cultura específica e a um intervalo temporal, ou seja, refere-se a uma reflexão compartilhada sobre a adequação das ações, o que é melhor expresso pela noção trazida no conceito de Bioética. Bioética, do alemão *Bioethik* foi utilizado inicialmente por Jahr (1927, apud Goldim & Protas, 2008) para designar obrigações éticas perante os outros seres humanos, mas também frente a todos os seres vivos. Hoje, o conceito é melhor entendido como sendo uma reflexão conjunta de indivíduos de diferentes disciplinas que trocam saberes e opiniões, sendo complexa, pois não se baseia em relações lineares do tipo causas e consequências e envolvem as ações humanas nas questões da vida (Goldim & Protas, 2008).

A importância de uma ética estrutural na Psicologia se deve pelo fato de o Brasil estar hoje entre os países com maior número de psicólogos no mundo, contando com mais de 240 mil profissionais, sendo o Rio de Janeiro o estado do país com o segundo maior número de profissionais (CRP-RJ, 2014). Com as diversas atualizações na classe desde que foi reconhecida pela Classificação Brasileira de Ocupações, em 1992, e o aumento do número de profissionais da área, o psicólogo pode ter dificuldade em lidar com as situações enfrentadas em questões práticas, sobretudo no que se refere à conduta ética frente às diferentes demandas vivenciadas no dia a dia. Neste sentido, destaca-se a criação do Código de Ética Profissional do Psicólogo no ano de 1971, como sendo uma das atribuições do Conselho Federal de Psicologia (CFP), regulamentado pela Resolução n. 002/87. Este documento foi um importante marco para a profissão e representa um significativo avanço na garantia de uma prática profissional qualificada e comprometida com os direitos humanos (Hutz, 2009). O Código de Ética do Psicólogo, assim como os códigos de éticas de diversas profissões, visa assegurar os valores contidos na Declaração Universal de Direitos Humanos, aprovada na Assembleia Geral da Organização das Nações Unidas em 1948, que defende a igualdade, a dignidade e a aplicação destes a todos os cidadãos do planeta, sem discriminação (ONU, 1948).

Em 2005, o CFP, à luz dos princípios éticos previamente indicados pela Associação Americana de Psicologia (APA, 1992), revisou o Código de Ética da Profissão. Foram acrescentados os preceitos de competência, integridade, preocupação com o bem-estar do outro e responsabilidade científica, profissional e social (CFP, 2010), que se referem à conscientização do indivíduo sobre as consequências de sua prática, em uma esfera pessoal e coletiva (CFP, 2005). O princípio de competência refere-se à busca de atualização contínua por parte do psicólogo, sempre reconhecendo os limites de sua competência para, assim, proporcionar aos envolvidos um trabalho de excelência. Já o preceito de integridade refere-se a uma atuação honesta, justa e respeitosa, sempre atenta (refere-se à atuação) para que valores pessoais não interfiram no trato com o cliente. A preocupação com o bem-estar do outro é a consciência de que o psicólogo ocupa uma posição de autoridade na relação, procurando evitar engano ou exploração dos envolvidos. Reconhecer a importância de seu comportamento e atuação entende-se como responsabilidade científica. Para isso o psicólogo deve, sempre que possível, colaborar com outros colegas e instituições para atender as necessidades de seu cliente, utilizando-se de técnicas cientificamente comprovadas que estejam em consonância com as peculiaridades da população atendida (Weschler, 2001).

Além disso, o Código de Ética procura ser um instrumento de reflexão, em vez de um conjunto de normas rígidas a serem seguidas. Assim, busca assegurar os valores que são relevantes para a sociedade, devido ao fato de ela se encontrar em constante desenvolvimento. Dadas as constantes modificações encontradas no corpo social, os códigos que orientam as profissões são, de tempos em tempos, repensados (CFP, 2005). É por isso que, como ressalta Hutz (2009), a atitude ética do psicólogo deve existir antes e acima do código escrito. Para uma conduta profissional com atitudes de teor moral, é necessário que o indivíduo que utiliza o código seja também um sujeito ético (Pereira, 1991). Em conformidade com essa proposição, o novo Código de Ética do Psicólogo recomenda que o psicólogo assuma responsabilidade profissional somente por aquilo que ele esteja capacitado a exercer, como citado no 1º art., letra b, procurando deste modo minimizar possíveis falhas técnicas e, portanto, também éticas, já que estas não podem ser vistas de forma dissociada, sendo uma consequência da outra (CFP, 2005). A seguir, será realizada uma breve revisão sobre o desenvolvimento da área da AP, para então debater a ética no exercício profissional da AP.

A ética na AP

A AP é um segmento específico da Psicologia e um dos mais antigos da área (Primi, 2010), sendo uma prática exclusiva do psicólogo e que contribui para sua inserção em diversos campos de atuação (Dos Santos, 2011). Pode-se defini-la como um processo técnico-científico amplo de investigação, que promove a integração de infor-

mações provenientes de interpretações e coleta de dados, originárias de diversas fontes (Pellini & Leme, 2011). Durante o processo da AP o psicólogo deve lançar mão de diversas técnicas, por exemplo, entrevistas, observação, testes psicológicos, dinâmicas de grupo, observação lúdica, provas situacionais e outras (CRP, 2007). A AP é um processo limitado no tempo, embasado teoricamente, que identifica e avalia a questão colocada pelo requerente (Cunha, 2003), tendo como objetivo fornecer subsídios para o processo de tomada de decisão em diferentes contextos (CFP, 2013).

Em decorrência da Resolução n. 002/2003 do CFP, que dispôs sobre a regulamentação dos procedimentos referentes aos testes psicológicos e do clamor para o aprimoramento dos processos de AP realizados no Brasil, surgiu o Sistema de Avaliação dos Testes Psicológicos (SATEPSI). O grupo de psicólogos e pesquisadores que compôs o SATEPSI estabeleceu critérios mínimos de qualidade para a elaboração e utilização dos testes no contexto brasileiro (Ambiel & Pacanaro, 2011) e teve como propósito fornecer informações sobre os testes psicológicos à comunidade e aos psicólogos (CFP, 2015). É possível encontrar no site, por exemplo, se um teste está favorável ou não para uso no contexto brasileiro, a data de sua publicação e editora (Borsa, 2016; Pellini & Leme, 2011). Ressalta-se que a utilização de um teste não reconhecido pelo CFP constitui em uma falha ética, como consta no artigo 2º, alínea f, do atual Código de Ética (CFP, 2005). A importância desta criação se dá porque a Resolução define:

> Art. 16 – Será considerada falta ética, conforme disposto na alínea c do Art. 1º e na alínea m do art. 2º do Código de Ética Profissional do Psicólogo [de 1987], a utilização de testes psicológi-

cos que não constam na relação de testes aprovados pelo CFP, salvo os casos de pesquisa (CFP, 2003, p. 8).

Além da falta ética decorrente da utilização dos testes que não constam na lista do SATEPSI, o psicólogo deve ter familiaridade com o instrumento para que o examinado não seja prejudicado no processo. É necessário o conhecimento técnico e teórico prévio da ferramenta que se pretende utilizar na avaliação, dada a importância de um planejamento com cautela, levando-se em consideração o motivo da solicitação e a finalidade à qual se destina a avaliação (Dos Santos, 2011). Ainda, é importante considerar que a avaliação psicológica é um processo, e não uma ação pontual, pois objetiva ter uma visão da vida do indivíduo avaliado como um todo. Para que isto ocorra, é considerado o contexto no qual ele está inserido, as relações que compõem o universo deste sujeito, o que faz da avaliação um conjunto de ações que visam amparar a mudança de um cenário original (Siqueira & Oliveira, 2011).

Entende-se que AP produz um conjunto de informações com potencial de alterar de maneira importante a vida de indivíduos. O objetivo da avaliação deve sempre ser ajudar ao indivíduo avaliado, e por isso é necessário se ter atenção ao processo como um todo, desde o planejamento, a análise, reunião e devolução de informações coletadas durante o processo de construção do conhecimento sobre os aspectos psicológicos (CFP, 2010). Para realizar a AP, é necessário que se conheça o contexto, as características e dimensões que constituem o indivíduo para que se possa pensar nos procedimentos a serem conduzidos. É uma ação contínua, sequencial, onde há a tentativa de consideração de todos os ângulos possíveis, inclusive o vínculo realizado pelo psicólogo com o avaliando (Siqueira & Oliveira, 2011).

Para Wechsler (2001), as etapas da AP envolvem atividades e decisões que requerem condutas éticas e que vão muito além da seleção de instrumentos a serem utilizados, incluindo também diversos aspectos sobre a aplicação, correção, e interpretação dos resultados dos testes, até elaboração de laudos e devolução dos resultados colhidos. Nesse sentido, os cuidados devem começar antes mesmo de o psicólogo aceitar realizar uma avaliação. A começar pela reflexão sobre as seguintes questões: As disciplinas de AP cursadas durante a graduação o habilitaram a realizar processos de AP? Você acredita que possui os conhecimentos necessários para efetuar um processo de AP? Você se sente seguro(a) para interpretar escores padronizados de testes? Sabe diferenciar os propósitos e as características dos diferentes documentos psicológicos? Possui conhecimentos complementares sobre AP obtidos em cursos de extensão, aperfeiçoamento, especialização, mestrado e doutorado? E ainda que para todas as questões anteriores você tenha respondido sim: buscou supervisão de um(a) profissional com conhecimentos em AP? Essas questões foram discutidas por Bandeira (2011), ao ter ressaltado as alterações pelas quais a formação em Psicologia passou nas últimas décadas, principalmente quanto aos testes ensinados e ao entendimento da avaliação psicológica como um processo. A proposta apresentada pela autora foi a seguinte: para trabalhar com determinados tipos de testes, os profissionais da psicologia deveriam credenciar-se, sendo exigido um período de treinamento em AP após a graduação. Apesar da importância de tal proposta, esta já tinha sido discutida anteriormente por Primi e Nunes (2010), ainda não parece repercutir em termos de ações do Sistema de Conselhos, das instituições de formação e das editoras que comercializam os testes no Brasil para regular a atuação na área. Sendo o psicólogo deixado à "própria sorte" para decidir se está ou não preparado para realizar uma AP, e por isso faz-se necessário discutir quais aspectos devem nortear as escolhas dos profissionais que pretendem atuar na área da AP.

Regulação da prática da avaliação psicológica

Uma pesquisa sobre as principais infrações éticas cometidas pelos psicólogos, desenvolvida com os profissionais inscritos no Conselho Regional de Psicologia do Paraná, no período de 1994 a 2003, observou que 46,15% delas estavam relacionadas à prática da avaliação psicológica e, de forma mais específica, à falha na realização da perícia psicológica. Tal equívoco envolve diversos pontos, como falhas técnicas no processo de elaboração da perícia psicológica, a qualidade da própria perícia, a fidedignidade dos resultados, a quebra de sigilo, a prestação de falsas declarações ou ainda a negação na devolutiva de resultados (Frizzo, 2004).

É provável, como ressaltaram Anache e Reppold (2010), que a maior incidência de processos éticos ligados à atividade de AP em relação às demais se deve ao fato de que essa prática tem forte expressão em situações que impactam a vida das pessoas a ela submetida, como a seleção de pessoal em instituições públicas e privadas, a habilitação para conduzir veículos, a guarda de menores, o porte de armas, entre outros. Nesse sentido, é provável que parte da responsabilidade por atuações profissionais impróprias esteja na formação deficitária nos cursos de psicologia do país, com disciplinas não padronizadas, bibliografia desatualizada, carga horária insuficiente e professores sem formação na área, de forma que o ensino da AP tem sido considerado

um problema central na formação do psicólogo (Borsa, 2016; Paula, Pereira & Nascimento, 2007; Primi, 2010; Bardagi, Teixeira, Segabinazi, Schelini & Nascimento, 2015).

Atualmente, todos os psicólogos brasileiros que possuem CRP podem comprar e utilizar a totalidade dos testes aprovados pelo SATEPSI e realizar processos de AP, mesmo que se saiba que algumas técnicas apresentam uma grande complexidade nos processos de aplicação, levantamento e interpretação, como é o caso das técnicas projetivas. Aqui convém citar o exemplo dos Estados Unidos, país no qual existe um sistema de certificações dos profissionais que pretendem trabalhar com AP (Urbina, 2004). O sistema americano propõe três camadas de testes: inferior, intermediária e superior, com qualificações específicas necessárias em cada uma delas para utilizar determinados grupos de testes: níveis A, B e C (Tabela 1).

Nos Estados Unidos, uma das formas pelas quais o monitoramento da distribuição dos testes acontece é no ato da compra. Por exemplo, é obrigatório que as empresas que comercializam testes requeiram a documentação que comprova a qualificação do profissional que pretende utilizar o teste. Dessa forma, se exerce um controle maior sobre as competências necessárias para utilizar determinados testes em situações específicas. No Brasil, as empresas que comercializam os testes psicológicos exigem o cadastro do psicólogo no ato da compra. No entanto, essa prática não é fiscalizada, de modo a apresentar falhas. De fato, o conjunto de infrações éticas cometidas por profissionais no uso de instrumentos no Brasil ou em outras questões que perpassam a AP apontam para a necessidade de criar um sistema de classificação e fiscalização semelhante no país.

Tabela 1 Níveis de qualificação para utilização dos testes no contexto norte-americano
(Urbina, 2004, traduzido e adaptado pelas autoras)

	Camada inferior (nível A)	Camada intermediária (nível B)	Camada superior (nível C)
Tipo de instrumentos aos quais esse nível se aplica	Limitada variedade de instrumentos, tais como testes da área educacional podem ser administrados, levantados e interpretados seguindo as instruções presentes nos manuais dos testes.	Instrumentos que requerem treinamento especializado em construção de testes e uso na área específica que eles serão aplicados, tais como inventários de personalidade.	Instrumentos que requerem uma extensa familiaridade com os princípios da testagem e da avaliação, bem como com o campo da psicologia ao qual os instrumentos pertencem, tais como avaliação da inteligência e técnicas projetivas.
Qualificações necessárias para comprar materiais neste nível	Alguns editores não requerem nenhuma credencial para a compra de materiais deste nível. Outros podem requerer a formação na graduação em um campo específico.	É requerido uma formação em nível de Mestrado em Psicologia (ou em campo relacionado) ou experiência comprovada na área de testagem e avaliação.	É requerida comprovação de treinamento avançado e experiência supervisionada adquirido em nível de Doutorado, ou licença profissional no campo pertinente ao uso dos instrumentos, ou ambos.

No que se refere aos progressos da ética na prática profissional e, especificamente, na AP, este ponto no Brasil ainda é bastante insatisfatório (Hutz, 2009). Em 2001, Pasquali e Alchieri já apontavam para o número insuficiente de profissionais qualificados na área e o currículo universitário deficiente, com poucas disciplinas de AP oferecidas no curso de Psicologia. Treze anos após a afirmação, Borsa (2014) ainda aponta para a carência de profissionais com a qualificação necessária para a atuação em AP, o que gera consequências negativas no entendimento da área por outros psicólogos e pelo mercado.

O exercício profissional da psicologia

De acordo com Martin (1994), qualquer profissional sempre será responsável por seus atos, porém nem sempre será culpado, diferenciando responsabilidade de culpabilidade. O autor propõe que os erros profissionais podem ser resumidos em três grandes tipos: a imperícia, a imprudência e a negligência, sendo difícil distinguir as diferenças entre cada um deles, pois existem situações práticas nas quais uma ação, ou omissão, pode ser enquadrada em mais de um tipo de erro. Nos parágrafos a seguir, discute-se cada um dos três tipos de erros profissionais, conforme a proposta do referido autor, aplicando-os a exemplos clínicos provenientes da experiência clínica e de pesquisa na área de AP das autoras.

A **imperícia** pode ocorrer quando um psicólogo que não possui a qualificação devida assume a responsabilidade de realizar a AP em um determinado caso. Ressalta-se, como já discutido anteriormente neste capítulo, que o fato de ser graduado em Psicologia, na maioria das vezes, não garante a qualificação necessária para utilizar testes que avaliam construtos psicológicos como inteligência, principalmente utilizando escalas bastante complexas como as Escalas Wechsler, e personalidade, sobretudo com sistemas como o da técnica de Rorschach, ou a avaliação com populações com necessidades especiais e em contextos específicos, como situações de suspeita de abuso sexual. Assim, a imperícia pode ser caracterizada pela exposição do paciente a riscos desnecessários.

Nesse sentido, é frequente observar na prática clínica que psicólogos que realizam a avaliação da inteligência utilizando as Escalas Wechsler cometem erros que podem comprometer os resultados das avaliações. Como exemplo, não é incomum que, ao se revisar os critérios de pontuação e levantamento durante as sessões de supervisão, os profissionais tenham somado incorretamente os escores brutos, tenham utilizado tabelas normativas inadequadas para a idade do paciente, e, por fim, tenham obtido resultados de Quociente Intelectual (QI) incorretos e que acabavam sendo um fator de confusão e levando a erros de diagnóstico. É ainda mais assustador pensar que os erros possam ter sido cometidos em todas as avaliações que os profissionais realizaram até procurar a supervisão.

Outra situação bastante comum é aquela na qual psicólogos escrevem laudos nos quais descrevem o comportamento de crianças que estão sendo atendidas em um contexto clínico. Tais laudos muitas vezes são utilizados indiscriminadamente por familiares da criança em processos de disputa de guarda para acusar outra pessoa de suspeita de abuso sexual. Dessa forma, nas mãos dos juízes, os documentos acabam por determinar o afastamento de um dos genitores ou de famílias inteiras do convívio da criança. Então por que esperar que erros sejam cometidos? Quem deve ser responsabilizado pelos laudos e pareceres escritos com dados imprecisos? Como ficam as crianças, adolescentes e adultos que podem ter tido seus destinos alterados em função da imperícia do psicólogo que trabalha com AP?

Isso leva a discussão da **imprudência** que pode ocorrer quando o psicólogo, abandonando a sua humildade e os limites inerentes de cada técnica de AP, supõe ter o domínio pleno da situação. Nesse sentido, não é incomum, entre os professores de AP, receber e-mails de psicólogos com mensagens semelhantes a essas:

Exemplo 1:

Assunto: *"Teste"*

Mensagem: *"Gostaria de saber se a senhora tem teste que dê para avaliar paciente Paralisado Cerebral ou uma escala que dê para avaliar. São crianças e adolescentes que estou tentando fazer uma pesquisa na instituição onde trabalho. Obrigada desde já pela sua atenção. Aguardo retorno".*

Exemplo 2:

Assunto: *"Avaliação Zulliger"*

Mensagem: *"Por favor, gostaria de saber como faço para levantar os dados do teste de Zulliger. Apliquei na semana passada, mas não consegui entender as informações do Manual para interpretar as respostas. Existe alguma apostila que a senhora possa me enviar no e-mail mesmo para ajudar? Agradeço a atenção".*

Ressalta-se que o bom exercício profissional requer a atualização dos conhecimentos e aprimoramento constantes, obtidos mediante formação continuada. Enquanto o sistema de regulação da prática em AP não é devidamente implementado no Brasil, aqueles psicólogos que pretendem atuar na área deveriam imediatamente ingressar em cursos de especialização na área ou procurar um profissional com ampla experiência em AP para realizar supervisões. Também se recomenda que os profissionais não busquem sanar suas dúvidas por meio de mensagens eletrônicas. Os e-mails não resolverão os problemas, não garantirão que o profissional realize o processo de AP com o devido cuidado na verificação de pré-requisitos pessoais e profissionais para a atividade. Aliás, nem mesmo a supervisão garantirá isso, mas pelo menos nesse caso os riscos terão sido minimizados e as chances de agir com responsabilidade terão sido maximizadas.

Na experiência das autoras, há ainda um fenômeno de imprudência iminente e que decorre do amplo uso dos *smartphones* e da prática moderna de fotografar "tudo o que se vê pela frente". Nas atividades feitas em aula utilizando manuais de testes psicológicos, é cada vez mais frequente perceber que os alunos tentam fotografar tabelas normativas ou partes dos testes para uso em suas atividades, mesmo já tendo sido explicado que a reprodução dos protocolos e manuais dos testes é uma falta ética grave na área. E isso tem ocorrido tanto na graduação quanto na pós-graduação. Até mesmo professores com longa trajetória acadêmica muitas vezes caem no erro de divulgar indevidamente os testes e manuais na internet. Outro fato importante são as condições básicas do ambiente e do próprio paciente para se realizar uma testagem que represente as capacidades do avaliando. Qual a confiabilidade dos dados obtidos a partir de uma sessão na qual foram testadas funções cognitivas, como a atenção concentrada, em um paciente que trabalha como vigilante e que estava saindo do seu plantão noturno? Ou ainda, avaliar a memória de uma paciente que é enfermeira e que acaba de finalizar o seu plantão?

Por último, é importante mencionar situações nas quais não se observa o cumprimento dos deveres profissionais, as quais referem-se ao conceito de **negligência**. Geralmente, a negligência ocorre quando um paciente necessita de um atendimento ou procedimento, porém não é atendido. Na experiência prática das autoras, é possível identificar situações nas quais psicólogos que trabalham com AP negligenciam necessidades, por exemplo, quando diagnósticos deixam de ser dados por desconhecimento dos critérios presentes nos manuais diagnósticos, ou por experiência clínica insuficiente. Assim, muitos pacientes podem acabar sendo privados de atendimentos que melhorariam a sua condição naquele momento. Nesses casos, também é frequente encontrar-se laudos que não referem indicações terapêuticas (e que deveriam apresentar naquela determinada situação). Ainda na organização dos documentos psicológicos, são comuns laudos nos quais inexiste uma seção denominada de Conclusão, sendo bruscamente finalizados com escores brutos, escores padronizados e percentis. Sabe-se que a Resolução n. 007/2003 do CFP (CFP, 2003) refere a importância de apresentar sugestões e projetos de intervenção integrem as variáveis envolvidas no caso. Em consonância com as ideias apresentadas na Resolução entende-se que os laudos deveriam ajudar a organizar intervenções possíveis para o caso em questão, contribuindo assim de forma significativa para o profissional que requisitou a avaliação. Ainda, ressalta-se que o profissional que trabalha com AP deve possuir um conhecimento mínimo de abordagens psicoterapêuticas, de reabilitação e terapia ocupacional, além de observar também a necessidade de avaliações que complementem a compreensão do caso, como avaliações de profissionais da Psiquiatria, Neurologia, Genética, Fonoaudiologia. Nesse sentido, retoma-se a posição da Professora Susana Urbina (2011, comunicação pessoal) *se a avaliação psicológica não servir para fazer a diferença na vida das pessoas que passam por ela, por que fazer avaliação afinal?*

Considerações finais

O presente capítulo discutiu a ética aplicada à prática profissional da AP. Não foi objetivo esgotar o tema, tão complexo, mas sim levantar alguns pontos importantes para auxiliar o leitor na reflexão sobre a postura ética que o psicólogo deve assumir ao trabalhar na área da AP. Esta é uma prática importante da Psicologia e configura-se como uma área em plena expansão. No entanto, a AP ainda sofre com a falta de profissionais tecnicamente qualificados. Do mesmo modo, são comuns os problemas éticos referentes ao uso inadequado dos testes psicológicos e à má condução do processo da avaliação como um todo. Tais problemas poderiam ser sanados ou, ao menos, reduzidos se a formação básica e continuada em AP fosse oferecida de forma qualificada (Borsa, 2016).

É importante que o psicólogo tenha consciência de que o papel que ele irá exercer na prática da AP requer responsabilidades e implica importantes consequências para o indivíduo avaliado e que se estendem a toda sociedade. O trabalho adequado e que proporcione benefícios, exige que o psicólogo tenha conhecimento técnico e teórico sobre as diversas técnicas e procedimentos adotados ao longo do processo da AP. Entende-se que, na prática profissional, a técnica e a ética caminham de mãos dadas e não devem ser vistas como separadas. Em outras palavras, se o psicólogo não conduz seu trabalho de forma tecnicamente qualificada ele estará, por consequência, prejudicando o avaliando e ferindo o Código de Ética do Psicólogo (CFP, 2005).

Para que o psicólogo atue de forma competente e efetiva, a qualificação profissional é de fundamental importância. Nesse sentido, é imperativo que exista formação adequada, além de ferramentas de qualidade disponíveis para uso por parte dos psicólogos atuantes na área (Borsa, 2016). A boa prática profissional deve ser sempre prezada e para tanto é fundamental que os psicólogos que pretendem atuar na área procurem cursos de especialização em AP ou realizem supervisões contínuas com profissionais com reconhecida formação acadêmica e conhecimento prático na área de AP. Faz-se necessário, também, o empenho contínuo por parte de docentes e instituições, especialmente nos cursos de graduação em Psicologia, para o entendimento da AP, enquanto processo complexo e importante, de modo a atuar preventivamente, evitando que os problemas tão frequentes continuem ocorrendo.

Referências

Ambiel, R.A.M. & Pacanaro, S.V. (2011). Da testagem à avaliação psicológica: aspectos históricos e perspectivas futuras. In: R.A.M. Ambiel et al. *Avaliação psicológica*: guia de consulta para estudantes e profissionais de psicologia (p. 11-28). São Paulo: Casa do Psicólogo.

American Psychological Association (APA). (1992). *Ethics Code* [Disponível em http://www.apa.org/ethics/code/index.aspx?item=3 – Acesso em 23//09/2014].

Anache, A.A. & Corrêa, F.B. (2010). As políticas do Conselho Federal de Psicologia para a avaliação psicológica. In: Conselho Federal de Psicologia. *Avaliação psicológica* – Diretrizes na Regulamentação da profissão. (p. 19-30). Brasília: CFP, 2010.

Anache, A.A. & Reppold, C.T. (2010). Avaliação psicológica: Implicações éticas. In: Conselho Federal de Psicologia. *Avaliação psicológica* – Diretrizes na regulamentação da profissão (p. 57-86). Brasília: CFP.

Bandeira, D.R. (2011). Repensando a formação em avaliação psicológica no Brasil In: Conselho Federal de Psicologia. *Ano da avaliação psicológica*: textos geradores (p. 129-132). Brasília: CFP.

Bardagi, M.P., Teixeira, M.A.P., Segabinazi, J.D., Schelini, P.W. & Nascimento, E. (2015). O ensino da avaliação psicológica no Brasil: levantamento com docentes de diferentes regiões. *Avaliação Psicológica* 14 (2), XX-XX.

Borsa, J.C. (2014). Mesa redonda: O ensino da avaliação psicológica nos cursos de graduação da Psicologia no Rio de Janeiro, 06 nov. 2014. Jornada *A Psicologia na UERJ e no Rio de Janeiro*. Rio de Janeiro: UERJ.

Borsa, J.C. (2016). Considerações sobre a formação e a prática em avaliação psicológica no Brasil. *Temas em psicologia*, 24(1), 131-143.

Brasil (1962). *Lei n. 4.119, de 27 de agosto de 1962 – * Dispõe sobre os cursos de formação em psicologia e regulamenta a profissão de psicólogo [Disponível em http://legis.senado.gov.br/legislacao/ListaPublicacoes.action?id=113975 – Acesso em 11/12/2014].

Brasil (1977). *Lei n. 79.822, de 17 de junho de 1977 – * Regulamenta a Lei n. 5.766, de 20 de dezembro de 1971, que criou o Conselho Federal e os Conselhos Regionais de Psicologia e dá outras providências [Disponível em http://www.planalto.gov.br/ccivil _03/decreto/1970-1979/D79822.htm – Acesso em 15/12/2014.

Conselho Federal de Psicologia (2003). *Resolução n. 002/2003 –* Define e regulamenta o uso, a elaboração e a comercialização de testes psicológicos e revoga a Resolução CFP n. 025/2001. Brasília: CFP.

Conselho Federal de Psicologia (2003). *Resolução n. 007/2003 –* Institui o manual de elaboração de documentos escritos produzidos pelo psicólogo, decorrentes de avaliação psicológica e revoga a Resolução CFP n. 17/2002. Brasília: CFP.

Conselho Federal de Psicologia (2005). *Código de Ética Profissional do Psicólogo*. Brasília: CFP.

Conselho Federal de Psicologia (2010). *Avaliação psicológica*: diretrizes na regulamentação da profissão. Brasília: CFP.

Conselho Federal de Psicologia (2013). *Cartilha Avaliação Psicológica 2013*. Brasília: CFP.

Conselho Federal de Psicologia (2015). *Sistema de conselhos* [Disponível em http://site.cfp.org.br/cfp/sistema-conselhos/ – Acesso em 29/01/2015].

Conselho Regional de Psicologia – Paraná (2007). *Manual de Avaliação Psicológica –* Coletânea Conexão Psi, Série Técnica [Disponível em http://crppr.org.br/download/165.pdf – Acesso em 29/03/2015].

Conselho Regional de Psicologia – Rio de Janeiro (2014). *Jornal do Conselho Regional de Psicologia do Rio de Janeiro*, ano 8, vol. 36, fev.-abr. [Disponível em http://www.crprj.org.br/publicacoes/jornal/jornal36.pdf – Acesso em 07/12/2014].

Conselho Regional de Psicologia – Rio Grande do Sul (2012). *Profissão Psicólogo –* Caderno de perguntas e respostas [Disponível em http://www.crprs.org.br/upload/edicao/arquivo11.pdf – Acesso em 08/12/2014].

Cunha, J.A. (2003). Fundamentos do psicodiagnóstico. In: *Psicodiagnóstico V* (p. 23-31). Porto Alegre: Artmed.

De la Taille, Y. (2006). Moral e ética. In: *Moral e ética*: dimensões intelectuais e afetivas (p. 11-69). Porto Alegre: Artmed.

Dos Santos, A.A.A. (2011). O possível e o necessário no processo da avaliação psicológica. In: Conselho Federal de Psicologia. *Ano da avaliação psicológica*: textos geradores (p. 13-16). Brasília: CFP.

Frizzo, N.P. (2004). *Infrações éticas, formação e exercício profissional em psicologia* [Dissertação de mestrado]. Florianópolis: Programa de Pós-Graduação em Psicologia, Centro de Filosofia e Ciências Humanas, Universidade Federal de Santa Catarina [Disponível em http://fatorhumano.paginas.ufsc.br/files/2010/12/N%C3%A1dia-Paula-Frizzo.pdf].

Goldim, J.R. (1997). *Código de Nuremberg* [Disponível em http://www.ufrgs.br/bioetica/helsin1.htm – Acesso em 03/12/2014].

Goldim, J.R. (1998). *Paternalismo* [Disponível em http://www.ufrgs.br/bioetica/paternal.htm – Acesso em 03/09/2014].

Goldim, J.R. (2003). *Princípios éticos* [Disponível em http://www.bioetica.ufrgs.br/princip.htm – Acesso em 03/09/2014].

Goldim, J.R. (2004). *Princípio do respeito à pessoa ou da autonomia* [Disponível em http://www.ufrgs.br/bioetica/autonomi.htm – Acesso em 03/12/2014].

Goldim, J.R. & Protas, J.S. (2008). Psicoterapias e bioética. In: A.V., Cordioli (org.). *Psicoterapia: abordagens atuais* (p. 809-829). Porto Alegre: ArtMed.

Hutz, C.S. (2002). Responsabilidade ética, social e política da avaliação psicológica. *Avaliação Psicológica*, Porto Alegre, v. 1, n. 2, nov. 2002 [Disponível em http://pepsic.bvsalud.org/scielo.php? script=sci_arttext&pid=S1677-04712002000200001&lng=pt&nrm=isso – Acesso em 10/10/2014].

Hutz, C.S. (org.). (2009). *Avanços e polêmicas em avaliação psicológica* (318 p.). São Paulo: Casa do Psicólogo.

Martin, L.M. (1994). O erro médico e a má prática nos códigos brasileiros de ética médica. *Bioética*, 2 (2), p. 163-173.

Marcondes, D. (2007). *Textos básicos de ética*: de Platão a Foucault. 2. ed. (157 p.). Rio de Janeiro: Zahar.

Morrison, J. (2010). *Entrevista inicial em saúde mental*. 3. ed (304 p.). Porto Alegre: Artmed.

Moore, G.E. (1975). *Princípios éticos*. São Paulo: Abril.

Organização das Nações Unidas (ONU). (1948). *Declaração Universal dos Direitos Humanos* [Disponível em http://www.dudh.org.br/declaracao/ – Acesso em 11/06/2014].

Pasquali, L. & Alchieri, J.C. (2001). Os testes psicológicos no Brasil. In: L. Pasquali (org.). *Técnicas de Exame Psicológico* – TEP: manual (p. 195-221). São Paulo: Casa do Psicólogo/Conselho Federal de Psicologia.

Paula, A.V., Pereira, A.S. & Nascimento, E. (2007). Opinião de alunos de psicologia sobre o ensino em avaliação psicológica. *Psico-USF*, 12, 33-43.

Pellini, M.C.B.M. & Leme, I.F.A.S. (2011). A ética no uso de testes no processo de avaliação psicológica. In: R.A.M. Ambiel et al. *Avaliação psicológica*: guia de consulta para estudantes e profissionais de psicologia (p. 163-180). São Paulo: Casa do Psicólogo.

Pereira, R.C. (1991). O código de ética e a ética do código: algumas considerações jurídicas. *Psicologia: Ciência e Profissão*, 11 (1-4), 32-35 [Disponível em http://www.scielo.br/scielo.php?script=sci_arttext&pid=S1414-98931991000100006&lng=en&tlng=pt. 10.1590/S1414-98931991000100006 – Acesso em 10/06/2014].

Primi, R. (2010). Avaliação psicológica no Brasil: fundamentos, situação atual e direções para o futuro. *Psicologia: Teoria e Pesquisa*, 26 (n. esp.), 25-35 [Disponível em http://www.scielo.br/scielo.php?script=sci_arttext&pid=S0102-37722010000500003&lng=pt&tlng=pt. 10.1590/S0102-37722010000500003 – Acesso em 15/06/2014].

Primi, R. & Nunes, C.H.S. (2010). O Satepsi: desafios e propostas de aprimoramento. In: Conselho Federal de Psicologia. *Avaliação psicológica*: diretrizes na regulamentação da profissão (p. 129-146). Brasília: CFP.

Ribeiro JR., W.A. (2008). *Platão*. Portal Graecia Antiqua. São Carlos [Disponível em www.greciantiga.org/arquivo.asp?num=0336 – Acesso em 03/09/2014].

Siqueira, I.L.S.M. & Mari, A.C. (2011). O processo de avaliação psicológica. In: Conselho Federal de Psicologia. *Ano da avaliação psicológica*: textos geradores (p. 43-48). Brasília: CFP.

Urbina, S. (2004). Essentials of Psychological Testing. In: A.S. Kaufman & N.L. Kaufman (orgs.). *Essentials of Behavioral Sciences*. Nova Jersey: John Wiley & Sons.

Urbina, S. (2011). Comunicação pessoal – V Congresso Brasileiro de Avaliação Psicológica. *Avaliação Psicológica: avanços e desafios*, 31 de maio a 4 de junho de 2011. Bento Gonçalves.

Weschler, S.M. (2001). Princípios éticos e deontológicos na avaliação psicológica. In: L. Pasquali (org.). *Técnicas de Exame Psicológico* – TEP: manual (p. 171-193). São Paulo: Casa do Psicólogo / Conselho Federal de Psicologia.

14
A formação em avaliação psicológica no Brasil*

Juliane Callegaro Borsa
Joice Dickel Segabinazi

Introdução

A avaliação psicológica é uma das áreas mais antigas da Psicologia e vem contribuindo para a inserção do psicólogo nos mais diversos contextos de atuação profissional. Por meio da avaliação psicológica é possível investigar, descrever e/ou mensurar características e processos psicológicos, como emoção, afeto, cognição, inteligência, motivação, personalidade, atenção, memória, percepção, entre outros (Conselho Federal de Psicologia, CFP, 2003). No entanto, apesar da sua reconhecida relevância, a sua prática ainda apresenta importantes problemas, frutos da formação desqualificada e, consequentemente, do despreparo técnico e teórico de alguns psicólogos que atuam na área (CFP, 2011, 2013). Por isso, é crescente a preocupação quanto à capacitação dos psicólogos que realizam avaliações psicológicas (Noronha, Carvalho, Miguel, Souza & Santos, 2010; Reppold & Serafini, 2010). Do mesmo modo, a formação daqueles que ministram disciplinas relacionadas a avaliação psicológica carece de uma ampla e profunda discussão.

No Brasil, integrantes do Grupo de Trabalho "Pesquisa em Avaliação Psicológica" da Associação Nacional de Pesquisa e Pós-graduação em Psicologia (ANPEPP) realizaram uma investigação sobre o perfil dos professores e das disciplinas de avaliação psicológica nos cursos de graduação com amostras das cinco regiões do país (Bardagi, Teixeira, Segabinazi, Schelini & Nascimento, 2015). Os resultados indicaram que apesar de grande parte dos participantes possuírem pós-graduação (90%), a avaliação psicológica era uma das principais áreas de formação para apenas 30% dos respondentes. Em relação às dificuldades, alguns dos principais aspectos ressaltados pela pesquisa foi a carência de atividades práticas que contribuam efetivamente para a formação nessa área da Psicologia. Os professores reforçaram ainda que essas atividades por vezes estavam pouco relacionadas à aplicação efetiva da avaliação psicológica fora do contexto de formação, ou seja, em ambientes semelhantes aos que os alunos enfrentariam após a graduação, restringindo-se a atividades como aplicação e correção de testes.

---

* Partes deste capítulo foram publicadas em Borsa, J.C. (2016). Considerações sobre a formação e a prática em avaliação psicológica no Brasil. *Temas em Psicologia*, 24 (1), 131-143. As mesmas estão sendo parcialmente reproduzidas com a devida autorização da revista.

Nesse sentido, a formação e a qualificação dos psicólogos que atuam na área, seja no ensino ou na prática, ainda apresentam importantes lacunas. As mudanças necessárias para a qualificação dessa prática dependem, sobretudo, da qualidade da formação oferecida nos cursos de graduação em Psicologia. E quanto a este aspecto, ainda há um longo caminho a ser percorrido. Anache e Reppold (2010) apontam que a maior parte das infrações éticas denunciadas ao CFP diz respeito ao mau exercício da avaliação psicológica. Dentre as infrações mais comuns está o uso de testes e técnicas psicológicas inadequadas ou não reconhecidas, a falta de qualidade das ferramentas utilizadas, a ausência de orientações sobre encaminhamentos adequados e a emissão de documentos sem adequada fundamentação teórica (Anache & Reppold, 2010; Frizzo, 2004; Noronha, 2002).

As dificuldades encontradas apontam para a necessidade de se repensar a qualidade do ensino da avaliação psicológica nos cursos de graduação em Psicologia e para a importância do aprimoramento e da formação complementar e continuada na área – tanto dos professores quanto dos alunos. Assim, o presente capítulo tem por objetivo refletir e apresentar caminhos possíveis para a formação em avaliação psicológica no Brasil. Para tanto, serão discutidas algumas particularidades e dificuldades que vêm marcando a área, bem como tentativas de pesquisadores de sistematizar o emprego de melhorias nas disciplinas oferecidas nos cursos de graduação em Psicologia no Brasil. De forma inovadora, será apresentada brevemente uma proposta de ensino denominada de simulação. Ao final, será debatido o papel das instituições de ensino superior na qualificação e aprimoramento de seus professores com vistas a garantir a formação de psicó-

logos devidamente capacitados para atuação na avaliação psicológica nos seus diferentes campos de inserção.

Considerações sobre a formação em avaliação psicológica

A formação em avaliação psicológica apresenta limitações incluindo desde a carga horária muito restrita, até a falta de qualificação dos professores. Outro problema frequente refere-se à visão fragmentada, desatualizada e limitada da avaliação psicológica a qual, muitas vezes, é reduzida à aplicação e correção de testes (Fonseca, 2011; Noronha & Reppold, 2010; Noronha, Oliveira et al., 2002; Noronha & Alchieri, 2004). Uma proposta de conteúdos desejáveis para as disciplinas de avaliação psicológica ministradas nos cursos de graduação em Psicologia foi publicada por Nunes et al., em 2012. O documento era dividido em quatro partes e a primeira delas referia-se às competências mínimas a serem alcançadas na formação do aluno do Curso de Psicologia na temática de avaliação psicológica.

Segundo os autores do documento, ao longo do processo de formação o aluno deveria desenvolver 27 competências básicas, dentre elas: história da avaliação psicológica; legislação da avaliação psicológica; ética na avaliação psicológica; conhecimento sobre psicometria e fundamentos dos testes psicológicos; conhecimento sobre a prática da avaliação psicológica; impacto social da avaliação psicológica para os indivíduos; noções sobre fundamentos e aplicabilidade de diferentes instrumentos psicométricos e técnicas projetivas, entre outros. Na segunda parte, os autores apresentaram propostas de disciplinas e conteúdos programáticos fundamentais na grade curricular dos cursos de graduação em Psicologia: 1) Avaliação psicológica I (história, legislação, ética, fundamentos da avaliação psicológica etc.); 2) Avaliação psicológica II (teoria dos testes psicométricos, aplicação, correção, interpretação dos testes cognitivos etc.); 3) Avaliação psicológica III (instrumentos de autorrelato, aplicação, correção, interpretação dos testes cognitivos para avaliação afetiva e comportamental etc.); 4) Avaliação psicológica IV (fundamentos e aplicação, correção, interpretação dos testes projetivos e expressivos etc.); 5) Avaliação psicológica V (planejamento da avaliação psicológica, técnicas de entrevista, elaboração de documentos etc.); e 6) Estágio supervisionado em avaliação psicológica (aplicação prática dos conhecimentos por meio da condução do processo de avaliação psicológica) (Nunes et al., 2012). Ao final desta seção, os autores ressaltaram que os conteúdos podem ser reorganizados de acordo com as especificidades de cada Instituição de Ensino Superior (IES), respeitando as particularidades da grade curricular de cada curso.

A terceira parte do documento discutiu a estrutura do ensino da avaliação psicológica, incluindo aspectos físicos (criação de locais específicos para armazenamento dos testes, criação de laboratórios de avaliação psicológica e investimento em livros atualizados), métodos de ensino (incluindo aulas expositivas e dialogadas, atividades práticas, entre outros), formação docente (formação compatível, atualização contínua e experiência profissional na área). Os autores também apresentam algumas recomendações importantes como a necessidade de cuidado no armazenamento de testes e outros materiais privativos do psicólogo e a oferta de estágios supervisionados em diferentes contextos em que a avaliação psicológica se insere. Por fim, a quar-

ta parte do documento apresenta sugestões de referências bibliográficas para as disciplinas na área da avaliação psicológica, incluindo livros de autores nacionais e internacionais e as principais resoluções do CFP até aquele ano e que eram referentes à avaliação psicológica. A versão integral do documento pode ser acessada no site do Instituto Brasileiro de Avaliação Psicológica (IBAP) (http://www.ibapnet.org.br/docs/ensino_de_avaliacao_psicologica.pdf).

Utilizando documentos internacionais de referência na área, Noronha et al. (2010) apresentaram critérios a serem considerados no processo de aprendizagem da avaliação psicológica, incluindo conteúdo, infraestrutura, métodos de ensino apropriados, possibilidades de avaliações informatizadas, validade clínica dos instrumentos psicológicos, entre outros. Do mesmo modo, a proposta recente de Nunes et al. (2012) apresenta importantes aspectos teóricos, científicos e técnicos fundamentais para o ensino da avaliação psicológica nos cursos de graduação. Assim, a preocupação com as diretrizes para a formação em avaliação psicológica tem sido o foco dos trabalhos desenvolvidos por Noronha e colaboradores, os quais servem como importantes referências para consulta (Noronha, 2002; Noronha & Alchieri, 2004; Noronha et al., 2010; Noronha et al., 2002; Noronha & Reppold, 2010).

Caminhos possíveis para a formação em avaliação psicológica

Dificilmente os cinco anos do curso de graduação em Psicologia preparam o aluno para a prática em todas as áreas de conhecimento, o que é compreensível, dado o caráter generalista da formação em Psicologia proposta pela Lei n. 4.119, que dispõe sobre a Profissão de Psicólogo (Brasil, 1962). Além disso, levando em conta a duração dos cursos de graduação em Psicologia, a oferta de um número consistente de disciplinas de avaliação psicológica nem sempre se apresenta como uma opção viável para as IES (Bandeira, 2011). É importante referir que, embora a avaliação psicológica seja um direito garantido a todo psicólogo, nem todo psicólogo possui qualificação para o exercício desta prática. Nesse sentido, parece que a especialização se torna um recurso necessário, já que a carga horária oferecida nos cursos de Psicologia não é suficiente para oferecer todo o conhecimento teórico e prático necessário para uma atuação adequada em avaliação psicológica.

A necessidade da especialização em avaliação psicológica para atuar na área vem sendo amplamente discutida na atualidade (Bandeira, 2011; Noronha & Reppold, 2010; Primi, 2010). Os debates são intensos e giram em torno do fato da avaliação psicológica ser uma atividade específica ou um conhecimento básico pertinente ao psicólogo como um todo. Dessa forma, enquanto alguns autores argumentam que a avaliação psicológica não corresponde a uma atividade profissional específica, mas sim um conhecimento que perpassa todas as atividades desenvolvidas pelo psicólogo nas mais diversas áreas (Primi, 2010), outros ressaltam que dada a característica generalista dos cursos de graduação em Psicologia, somente a especialização em avaliação psicológica seria capaz de proporcionar aos psicólogos o aprofundamento teórico e prático necessário para a adequada atuação na área (Bandeira, 2011).

As discussões sobre a especialização em avaliação psicológica são atuais e necessitam de maior reflexão e aprofundamento por parte de instituições, profissionais e pesquisadores. É

necessário, por exemplo, discutir se o título de especialista habilitaria o psicólogo para toda e qualquer avaliação ou se seria necessário existir especialidades para finalidades e contextos específicos. Também é importante discutir sobre a possibilidade de haver certificações para práticas específicas. Por exemplo, certificações para uso de escalas, para uso de testes projetivos, para avaliações clínicas, para avaliações em contexto de seleção de pessoal, para perícia no contexto jurídico etc., conforme propostas já empregadas em outros países (Urbina, 2004) e discutidas por nós em outro capítulo deste livro.

Pode-se perceber que a prática e a formação em avaliação psicológica no Brasil vêm sendo muito discutidas e propostas de qualificação do seu ensino vêm sendo realizadas, tanto no âmbito da graduação como da pós-graduação, e incluem tópicos como pertinência da grade curricular, qualidade da infraestrutura e qualificação do corpo docente. Como aponta Noronha et al. (2010), as IES devem proporcionar aos alunos o desenvolvimento de habilidades e competências tanto para a atuação profissional generalista quanto, especificamente, para a realização da avaliação psicológica. Um aspecto importante para a melhoria da formação em avaliação psicológica é, sem dúvida, a prática profissional (Ministério da Educação, MEC, 2011). Entende-se a relevância da formação aplicada de modo a complementar os fundamentos teóricos que, obviamente, são essenciais para a formação de psicólogos habilitados em avaliação psicológica. O contato com as diferentes técnicas e o treinamento na aplicação, no levantamento e correção e, acima de tudo, na interpretação dos testes psicológicos é essencial para a qualidade da formação. Sobretudo, o ensino de avaliação psicológica não deve se resumir ao ensino de testes e técnicas isoladas e deve proporcionar aos estudantes a integração entre teoria e prática, permitindo o desenvolvimento de competências para uma atuação autônoma. História e fundamentos da testagem psicológica e legislação, aspectos éticos e consequências sociais da avaliação psicológica são alguns dos conteúdos obrigatórios que deveriam estar presentes em todos os currículos dos cursos de Psicologia (Bandeira, 2011; Nunes et al., 2012).

Em 2011, o MEC instituiu as Diretrizes Curriculares Nacionais para Cursos de Graduação em Psicologia referentes tanto à formação básica quanto à ênfase na formação do psicólogo (MEC, 2011). O núcleo comum da formação em Psicologia estabelece uma base homogênea para a formação no Brasil e uma capacitação básica para lidar com os conteúdos da Psicologia, enquanto campo de conhecimento e de atuação. O art. 5º, por exemplo, propõe que os cursos de graduação em Psicologia devem articular os conhecimentos, habilidades e competências quanto aos procedimentos para a investigação científica e a prática profissional, de forma a garantir tanto o domínio de instrumentos e estratégias de avaliação e de intervenção quanto à competência para selecioná-los, avaliá-los e adequá-los a problemas e contextos específicos de investigação e ação profissional.

O art. 8º, por sua vez, dispõe sobre as competências do psicólogo e recomenda que a formação deve garantir o domínio básico de conhecimentos psicológicos e a capacidade de utilizá-los em diferentes contextos de aplicação. Dentre as competências são elencadas a capacidade de a) escolher e utilizar instrumentos e procedimentos de coleta de dados em Psicologia tendo em vista a sua pertinência; b) avaliar fenômenos humanos de ordem cognitiva, comportamental e afetiva, em diferentes contextos; c) realizar diagnóstico

e avaliação de processos psicológicos de indivíduos, de grupos e de organizações; d) saber buscar e usar o conhecimento científico necessário à atuação profissional, entre outros.

Ainda quanto à relevância da formação prática nos cursos de graduação em Psicologia, o art. 19 dispõe que o planejamento acadêmico deve assegurar, em termos de carga horária e de planos de estudos, o envolvimento do aluno em atividades individuais e de equipe que incluam exercícios em laboratórios, práticas didáticas como parte de disciplinas ou integradas a outras atividades acadêmicas e aplicação e avaliação de estratégias, técnicas, recursos e instrumentos psicológicos. As diretrizes do MEC (2011) não se referem, especificamente, à formação em avaliação psicológica, de modo que foi apresentado aqui um recorte das disposições que parecem estar diretamente relacionadas com a formação nesta área. Entende-se que a prática é um aspecto primordial da formação em Psicologia como um todo e não deve ser diferente no que se refere à avaliação psicológica.

Propostas para o aprimoramento do ensino da avaliação psicológica

O documento de Nunes et al. (2012) já apontava a importância do uso de diferentes estratégias e técnicas de ensino, como forma de desenvolver diferentes habilidades. Citam, por exemplo, a realização de atividades práticas que utilizem os conceitos teóricos aprendidos em sala de aula, a apresentação de estudos de caso, as oficinas de elaboração de documentos psicológicos, a realização de pesquisas científicas sobre avaliação psicológica e a oferta de estágios supervisionados. Do mesmo modo, salientam que o contato com os instrumentos e o treinamento na aplicação, no levantamento e na correção dos testes psicológicos é essencial para a qualidade da formação do psicólogo e deve permitir o desenvolvimento de competências para uma atuação autônoma e qualificada. Para tanto, é essencial que o curso de graduação em Psicologia conte com uma estrutura física minimamente adequada para o bom desenvolvimento da prática da avaliação psicológica.

Um importante meio de proporcionar a prática supervisionada da avaliação psicológica clínica é a criação de clínicas-escola especializadas. As clínicas-escola de Psicologia são serviços obrigatórios segundo a Lei n. 4.119 (Brasil, 1962) que dispõe sobre os cursos de formação e regulamenta a profissão de psicólogo no Brasil. Em linhas gerais, o objetivo das clínicas-escola é possibilitar um espaço adequado à formação profissionalizante, assim como consolidar e articular as competências centrais desenvolvidas nas graduações em Psicologia (Borsa, Oliveira, Yates & Bandeira, 2013; Borsa, Segabinazi, Sternert, Yates & Bandeira, 2013).

No Brasil, as clínicas-escola de Psicologia oferecem diferentes modalidades de atendimento, contudo, o que se pode observar é que nem todos os locais oferecem a prática da avaliação psicológica, fator limitante para a formação dos alunos e preocupante no que se refere à crescente demanda por estes serviços. Entende-se que a prática em avaliação psicológica nas clínicas-escola pode proporcionar o aprendizado mais aprofundado da complexidade do processo. Além disso, um serviço de avaliação psicológica pode proporcionar diagnósticos mais apurados, otimizando os encaminhamentos a serem realizados para os diferentes serviços de saúde, como a psicoterapia, psiquiatria, neurologia, psicopedagogia, fonoaudiologia, terapia ocupacional,

entre outros, e reduzindo as taxas de não aderência e de abandono de psicoterapia (Borsa et al., 2013; Borsa, 2014).

Percebe-se que diferentes propostas objetivam aprimorar a qualidade do ensino da avaliação psicológica nos cursos de graduação em Psicologia no Brasil, porém, elas ainda mantêm certa distância da vivência prática dos psicólogos no mundo real e não chegam a abordar todos os contextos de aplicação da área. Na maioria das vezes, as atividades práticas em sala de aula ou nas clínicas não contemplam nem uma pequena parte das possibilidades da avaliação psicológica na atualidade. Outros problemas identificados por meio de relatos de experiências docentes e pelo retorno dos alunos das atividades propostas referem-se à falta de homogeneidade nas práticas orientadas ofertadas aos alunos e a pouca ou nenhuma repetição de procedimentos que na vida real seriam comuns ou mesmo da vivência de eventos que seriam raros. Ainda que seja possível encontrar discussões sobre as competências e habilidades relacionadas à avaliação psicológica que devem ser desenvolvidas pelo psicólogo durante a graduação (Primi et al., 2001; Santos, Kienen, Viecili, Botomé & Kubo, 2009), na prática docente são frequentes as queixas dos alunos (mesmo em nível de pós-graduação em avaliação psicológica) em relação a carência e, muitas vezes, a ausência de atividades práticas ofertadas pelos professores nessas disciplinas.

Nesse sentido, diferentes escolas de saúde internacionais (Bolesta & Chmil, 2014; Paige et al., 2009, 2014; Robinson et al., 2011) e nacionais (Araujo & Quilici, 2012) vêm desenvolvendo propostas com o objetivo de aperfeiçoar a aprendizagem dos alunos por meio do enfrentamento de situações que se aproximam da realidade vivenciada pelos profissionais da saúde, tais como a simulação. A simulação é um método de aprendizagem no qual o professor cria um roteiro que descreve uma situação em que os alunos experimentam e representam um evento que se aproxima de um evento real. O propósito da simulação é variável, podendo exigir que o aluno pratique, aprenda e avalie ações humanas. A simulação faz uso de simuladores, que podem ser atores, alunos treinados, ou simulador de paciente humano, para a reprodução de tarefas clínicas, de forma estruturada e em ambiente controlado e pretende replicar cenários próximos aos reais. É importante que ela seja realizada em uma sala de espelhos para que os alunos possam observar a simulação sem interferir durante a sua realização. Tal método coloca o aluno no centro do processo de aprendizagem, pois permite ao estudante vivenciar determinadas situações em um ambiente seguro e sob supervisão ativa de um professor (Araujo & Quilici, 2012). Existem diversos artigos e capítulos de livros internacionais (Diekmann, Friiss & Ostergaard 2007; Llanes & Mendonza, 2010) que disponibilizam informações sobre a metodologia da simulação, entretanto, em avaliação psicológica nenhum material foi encontrado até o momento.

Na experiência das autoras, a incorporação da simulação nas disciplinas de avaliação psicológica pode contribuir para o desenvolvimento de competências necessárias em diversas situações, tais como, o treino de habilidades para a aplicação de testes e baterias, a realização de anamnese e entrevistas em diferentes contextos, tais como a clínica neuropsicológica ou a entrevista devolutiva no contexto organizacional. Assim, nos próximos parágrafos, será apresentada uma proposta que foi discutida e aplicada em sala de aula anteriormente (M.L. Malta, comunicação pessoal, 19/05/2015) e que pretende demons-

trar a aplicação do método de simulação para o ensino de competências e habilidades relacionadas à avaliação psicológica, integrando ainda os conhecimentos de duas disciplinas relacionadas. Em complemento, serão discutidos alguns aspectos práticos para o bom andamento da atividade.

A simulação proposta aqui exigiria que um dos objetivos de aprendizagem da disciplina de "Avaliação Psicológica I" fosse: "Realizar entrevista devolutiva de avaliação psicológica". Ou seja, ao final da atividade proposta, o aluno deveria ser capaz de realizar esse tipo de entrevista. Ainda, poder-se-ia propor um cenário (uma situação simulada, mas que poderia acontecer na prática profissional) integrando com um dos objetivos de aprendizagem da disciplina "Psicopatologia do Adulto" que poderia ser: "Diagnosticar Transtorno Bipolar". A comunicação entre esses dois objetivos de aprendizagem levaria a um terceiro objetivo que seria comum a ambas: "Realizar entrevista devolutiva de avaliação psicológica a um paciente diagnosticado com Transtorno Bipolar". Esse pode ser o objetivo de aprendizagem de um cenário de simulação, por exemplo. Então, a partir disso, os professores definiriam e descreveriam a cena (quem é o paciente, quantos anos ele tem, local no qual está sendo realizada a entrevista etc.). Ressalta-se que esse não seria um cenário no qual o estudante precisaria diagnosticar o transtorno, ou seja, ele já saberia de antemão qual é o quadro do paciente com quem ele precisaria realizar uma entrevista devolutiva. Ainda, é importante ressaltar que a simulação é um recorte, portanto, não deve durar mais do que 15 minutos para que os alunos não se dispersem, nem deve ter muitos objetivos de aprendizagem para que os professores não percam o foco no chamado *debriefing* (etapa de reflexão) que será explicada mais à frente.

É importante que a aplicação da atividade seja precedida pelo *briefing* (etapa de explicação) dos atores e dos estudantes. Para os atores, o professor deve fornecer o máximo possível de informações sobre como cada um deve se comportar durante a cena. Por exemplo, se a devolução for uma entrevista com membros da família de um adulto que está sendo diagnosticado com Transtorno Bipolar, eles devem parecer desesperados, apáticos, revoltados, questionadores? No meio da cena, devem mudar de atitude? Qual a história de vida do paciente? Qual o histórico do caso clínico? É relevante que ele traga informações sobre história familiar? Medicamentos que está tomando? Que informações os atores vão fornecer ao "profissional"? Pode-se descrever os diálogos que os atores deverão desenvolver tanto entre si quanto com o "profissional" (que será vivenciado pelo aluno). Esses diálogos deverão conduzir aos objetivos de aprendizagem. O sucesso do cenário depende, em boa parte, de um bom *briefing*. Importante lembrar que o estudante que atuará como profissional não pode ser ator. Portanto, ele não receberá as mesmas instruções. O professor também pode convidar estudantes do mesmo curso, mas de períodos anteriores. Assim, proporciona ao estudante mais novo o contato com conteúdos futuros (o que pode tornar os conteúdos atuais mais significativos), a familiarização com a prática de sua formação e a participação no processo de profissionalização do colega.

Já durante o *briefing* para os estudantes o professor deve comunicar que a partir daquele momento eles irão presenciar o caso de um paciente que receberá o diagnóstico de Transtorno Bipolar. Os alunos que apenas assistirão a atividade poderão ser convidados pelo professor a se familiarizar com o ambiente (no caso de a atividade

ser realizada na clínica-escola de Psicologia), por exemplo, prestando atenção aos detalhes da clínica, na organização do ambiente, mas também às atitudes do aluno que representará o psicólogo que dará o diagnóstico de Transtorno Bipolar para a família de um paciente. Ao aluno que irá realizar o atendimento, o professor deverá fornecer as informações relativas ao caso que sejam coerentes com os objetivos de aprendizagem. O professor deve ter em mente quais são as informações que o seu aluno precisa ter para, ao realizar o atendimento do caso em questão, atingir os objetivos de aprendizagem. Lembrando-se que o seu papel como facilitador não é o de detalhar o passo a passo do atendimento para o aluno.

No *debriefing* a intenção deve ser reconstruir o evento junto com os alunos para que eles reflitam sobre pontos fracos e fortes de cada um dos indivíduos que participaram da simulação. É indicado que a simulação seja gravada em vídeo o que permite uma avaliação mais acurada, pois é nesse momento, que os alunos são incentivados a analisar diferentes perspectivas, relacionar a teoria e a prática, orientar a experiência e avaliar se os objetivos de aprendizagem foram alcançados após a atividade. Adicionalmente, pretende-se propiciar uma "mudança de conduta" nos estudantes através de pontos para reflexão, analisar aspectos atitudinais, emocionais e a aprendizagem e o como seria o desempenho dos alunos em situações similares na vida real (Araujo & Quilici, 2012). Nessa etapa o professor fará perguntas ao aluno que realizou o atendimento, mas, também, aos observadores que, certamente, se colocaram no lugar dele. O professor deve considerar a possibilidade de manter o ator em sala no momento do *debriefing*, especialmente na primeira fase. Assim com o vídeo do atendimento, o ator pode auxiliar o aluno a tomar consciência do que fez no cenário. Ressalta-se que o professor deve obedecer a ordem de cada fase, visto que essa ordem tem um papel didático: primeiro, o aluno se dá conta do que fez e do que sentiu (descrição/reação), para poder, em seguida, analisar e compreender o que ele fez, sendo capaz de dizer o que foi bom e o que poderia melhorar, fazendo conexões com a prática real (análise/compreensão), para, por fim, ser capaz de alcançar o objetivo máximo do *debriefing* que é poder perceber o que aprendeu com a situação vivida (síntese/avaliação). O *debriefing* deve ser planejado com base nos objetivos e nas ações esperadas durante o cenário, de modo que o aluno chegue às conclusões que precisa. As perguntas apresentadas a seguir em conjunto com cada etapa do *debriefing* são genéricas e apontam para o tipo de questionamento pertinente em cada fase, entretanto, o professor deve encorajar-se a usar a sua criatividade e elaborar as perguntas de modo a contemplar os objetivos de aprendizagem desenhados para cada cenário.

Na primeira fase, chamada de descrição/reação serão feitas perguntas que auxiliam o aluno a perceber o que fez, o que sentiu e como o que sentiu influenciou o seu atendimento. O professor deve lembrar-se de que esta fase serve para ele certificar-se que o aluno percebeu o que fez durante a simulação e que ele consiga descrever. Exemplos: O que aconteceu nesta cena? O que vocês fizeram? O que levou vocês a tomarem essas decisões? Como vocês se sentiram durante a cena? Algum sentimento, em especial, foi vivenciado? De que maneira esses sentimentos influenciaram nas tomadas de decisão?

Já a segunda fase, denominada análise/compreensão o professor deve planejar perguntas que conduzam, obrigatoriamente, aos objetivos de aprendizagem, sendo importantes perguntas

que permitam a percepção do que foi bom e o que pode melhorar, questionamentos que estimulem o raciocínio clínico, discussão de hipótese diagnóstica, possíveis encaminhamentos, reflexões acerca da interdisciplinaridade e interprofissionalidade etc. Exemplos: Que conexões vocês encontram entre o que vivenciaram aqui e o mundo real? O que vocês acham que foi muito bom na atuação de vocês aqui? Quais foram os pontos fortes do atendimento? O que vocês fariam diferente? O que vocês fariam melhor? Possuem outra hipótese diagnóstica? Que encaminhamentos poderiam ser dados a esse caso? Por quê? Que outros conhecimentos poderiam ajudar neste atendimento? Que outros profissionais poderiam contribuir para a condução deste caso? Na terceira e última fase, a síntese/avaliação, são feitas perguntas que norteiam a realidade profissional, ou seja, após essa experiência, como o aluno irá atuar? Exemplos de perguntas pertinentes a essa terceira fase: O que vocês aprenderam hoje com a situação vivida? O que vocês levam para a prática profissional? Em que essa experiência de hoje ajudará vocês na prática profissional?

Considerações finais

Mesmo com os avanços ocorridos na área, a avaliação psicológica ainda sofre com a falta de profissionais qualificados do ponto de vista técnico e teórico. Do mesmo modo, não são incomuns os problemas éticos referentes ao mau uso dos testes psicológicos e a má condução do processo da avaliação como um todo. Tais problemas poderiam ser sanados ou, ao menos, reduzidos se a formação em avaliação psicológica fosse oferecida de forma qualificada. Sabe-se, no entanto, que a maioria dos cursos de graduação em Psicologia está muito longe de alcançar os requisitos mínimos para a adequada formação em avaliação psicológica.

Nos últimos anos têm sido constantes os debates sobre a formação em avaliação psicológica. As diretrizes curriculares dos cursos de graduação precisam garantir que as competências na área sejam, de fato, desenvolvidas. Nesse sentido, é importante que as IES invistam na qualidade da formação ainda nos cursos de graduação, de modo a garantir o conhecimento mínimo necessário para a prática da avaliação psicológica. Do mesmo modo, é necessário que as IES possam oferecer cursos de especialização, treinamentos e cursos de extensão para profissionais que desejam buscar o aprimoramento e a atualização dos aspectos teóricos e práticos concernentes à avaliação psicológica.

Por fim, reitera-se a relevância da formação prática, de modo a complementar os fundamentos teóricos que, obviamente, são essenciais para a formação de psicólogos devidamente capacitados para atuação em avaliação psicológica (Nunes et al., 2012). Entende-se que a oferta de estágios nas clínicas-escola de Psicologia pode proporcionar aos alunos de graduação uma formação mais completa e qualificada na área, permitindo a integração entre teoria e prática. Como aponta Noronha e Reppold (2010), somente assim os psicólogos poderão sair das universidades preparados para conduzir avaliações psicológicas adequadas.

Em complemento, existem propostas inovadoras, como a simulação, apresentada neste capítulo de forma bastante sucinta e que pretende aproximar ainda mais o aluno de experiências práticas e a aprendizagem ativa nas salas de aula. Quanto mais a formação em avaliação psicológica for, de fato, valorizada ao longo de toda a formação de graduação e pós-graduação em Psicologia, mais será possível qualificar a atuação na área, diminuindo o preconceito e os problemas ainda presentes na atualidade. Ao final, ressalta-se a importância da formação complementar, continuada e supervisionada para a atuação na área da avaliação psicológica, pois curso algum garante a boa atuação profissional para sempre. Além disso, acredita-se que à medida que professores e alunos puderem ensinar os pressupostos teóricos que cada contexto de avaliação psicológica exige e em conjunto propor e executar atividades práticas em sala de aula, tais como a simulação, as chances de uma atuação mais responsável e reflexiva será aumentada.

Referências

Anache, A. & Reppold, C.T. (2010). Avaliação psicológica: implicações éticas. In: Conselho Federal de Psicologia. *Avaliação psicológica*: diretrizes na regulamentação da profissão (p. 57-85). Brasília: Conselho Federal de Psicologia.

Araujo, A.L. & Quilici, A.P. (2012). O que é simulação e por que simular? In: A.P. Quilici, K.C. Abrão, S. Timerman & F. Gutierrez. In: *Simulação clínica do conceito à aplicabilidade* (p. 1-15). São Paulo: Atheneu.

Bandeira, D.R. (2011). Repensando a formação em avaliação psicológica no Brasil. *Ano da avaliação psicológica* – Textos geradores (p. 129-132). Brasília: Conselho Federal de Psicologia.

Bardagi, M.P., Teixeira, M.A.P., Segabinazi, J.D., Schelini, P.W. & Nascimento, E. (2015). O ensino da avaliação psicológica no Brasil: levantamento com docentes de diferentes regiões. *Avaliação Psicológica*, 14 (2), 253-260.

Brasil. *Lei n. 4.119, de agosto de 1962, que dispõe sobre a profissão de psicólogo* [Disponível em http://site.cfp.org.br/wp-content/uploads/2008/08/lei_1962_4119.pdf – Acesso em 20/10/2014].

Bolesta, S. & Chmil, J.V. (2014). Interprofessional Education Among Student Health Professionals Using Human Patient Simulation. *American Journal of Pharmaceutical Education*, 78 (5), article 94, 1-9.

Borsa, J.C. (abr./2014). Avaliação dos problemas de comportamentos na infância: exemplos práticos da clínica à pesquisa. In: A.E. Villemor-Amaral. *Psicopatologia, saúde mental e avaliação psicológica* – Simpósio conduzido em VII Congresso da Associação Brasileira de Rorschach e Métodos Projetivos. Ribeirão Preto.

Borsa, J.C., Oliveira, S.E.S., Yates, D.B. & Bandeira, D.R. (2013). Centro de Avaliação Psicológica – CAP: uma clínica-escola especializada em avaliação e diagnóstico psicológico. *Psicologia Clínica*, 25 (1), 101-114.

Borsa, J.C., Segabinazi, J.D., Sternert, F., Yates, D.B. & Bandeira, D.R. (2013). Caracterização da clientela infanto-juvenil de uma clínica-escola de avaliação psicológica de uma universidade brasileira. *Revista Psico*, 44 (1), 73-81.

Conselho Federal de Psicologia – CFP (1997). Câmara de testes é formada para qualificar instrumentos. *Jornal do CFP*, ano XII, n. 50.

Conselho Federal de Psicologia (2003). *Resolução CFP n. 002/2003* – Define e regulamenta o uso, a elaboração e a comercialização de testes psicológicos e revoga a Resolução CFP n. 025/2001 [Disponível em http://site.cfp.org.br/wp-content/uploads/2003/03/resolucao2003_02_Anexo.pdf – Acesso em 22/10/2014].

Conselho Federal de Psicologia (2011). *Ano da avaliação psicológica:* textos geradores. Brasília: Conselho Federal de Psicologia.

Conselho Federal de Psicologia (2013). *Relatório do Ano Temático da Avaliação Psicológica 2011/2012.* Brasília: Conselho Federal de Psicologia [Disponível em http://site.cfp.org.br/publicacao/relatorio-do-ano-tematico-da-avaliacao-psicologica-20112012/ – Acesso em 05/12/2014].

Diekmann, P., Friiss, M. & Ostergaard, D. (2007). The art and science of debriefing in simulation: Ideal and Practice. *Medical Teacher*, 31 (7), 287-294.

Fonseca, S.M.S.M.S. (2011). Avaliação psicológica e suas vicissitudes: a formação do psicólogo como foco. In: Conselho Federal de Psicologia. *Ano da Avaliação Psicológica:* textos geradores (p. 133-138). Brasília: Conselho Federal de Psicologia.

Frizzo, N.P. (2004). *Infrações éticas, formação e exercício profissional em psicologia* [Dissertação de mestrado]. Florianópolis: Programa de Pós-Graduação em Psicologia, Centro de Filosofia e Ciências Humanas, Universidade Federal de Santa Catarina.

Llanes, M.E.M. & Mendonza, A.B. (2010). La educación en valores desde el enfoque ciencia-tecnologia-sociedad: la simulación educativa como herramienta didáctica avanzada. *Didasc@lia: Didáctica y Educación*, 4, 31-46.

Ministério da Educação, Conselho Nacional de Educação, Câmara de Educação Superior (2011). *Resolução n. 5, de 15 de março de 2011* – Institui as Diretrizes Curriculares Nacionais para os cursos de graduação em Psicologia [Disponível em http://portal.mec.gov.br/cne/arquivos/pdf/CES1314.pdf – Acesso em 05/11/2014].

Noronha, A.P.P. (2002). Os problemas mais graves e mais frequentes no uso dos testes psicológicos. *Psicologia: Reflexão e Crítica*, 15 (1), 135-142.

Noronha, A.P. & Alchieri, J.C. (2004). Conhecimento em avaliação psicológica. *Estudos de Psicologia Campinas*, 21 (1), 43-52.

Noronha, A.P.P., Carvalho, L.F., Miguel, F.K., Souza, M.S. & Santos, M.A. (2010). Sobre o ensino de avaliação psicológica. *Avaliação Psicológica*, 9 (1), 139-146.

Noronha, A.P.P. & Reppold, C.T. (2010). Considerações sobre a avaliação psicológica no Brasil. *Psicologia Ciência e Profissão*, 30 (n. esp.), 192-201.

Noronha, A.P.P., Ziviani, C., Hutz, C.S., Bandeira, D.R., Custódio, E.M., Alves, I.B., Alchieri, J.C. & Domingues, S. (2002). Em defesa da avaliação psicológica. *Avaliação Psicológica*, 1 (2), 173-174.

Nunes, M.F.O., Muniz, M., Reppold, C.T., Faiad, C., Bueno, J.M.H. & Noronha, A.P.P. (2012). Diretrizes para o ensino da avaliação psicológica. *Avaliação Psicológica*, 11 (2), 309-316.

Paige, J.T., Garbee, D.D., Kozmenko, V., Yu, Q., Kozmenko, L., Yang, T., Bonanno, L. & Swartz, W. (2014). Getting a Head Start: High-Fidelity, Simulation-Based Operating Room Team Training of Interprofessional Students. *Journal of American College of Surgeons*, 218, 140-149.

Paige, J.T., Kozmenko, V., Yang, T., Gururaja, R.P., Hilton, C.W., Cohn Jr., I. & Chauvin, S.W. (2009). High-fidelity, simulation-based, interdisciplinary operating room team training at the point of care. *Surgery*, 145 (2), 138-146.

Primi, R. (2010). Avaliação psicológica no Brasil: fundamentos, situação atual e direções para o futuro. *Psicologia: Teoria e Pesquisa*, 26 (n. esp.), 25-35.

Primi, R., Santos, A.A.A., Vendramini, C.M., Taxa, F., Muller, F.A., Lukjanenko, M.F. & Sampaio, I.S.S. (2001). Competências e habilidades cognitivas: dife-rentes definições dos mesmos construtos. *Psicologia: Teoria e Pesquisa*, 17 (2), 151-159.

Reppold, C.T. & Serafini, A.J. (2010). Novas ten-dências no ensino da avaliação psicológica. *Avaliação Psicológica*, 9 (2), 323-329.

Robinson, J.D., Bray, B.S., Willson, M.N., Weeks, D.L. (2011). Using Human Patient Simulation to Prepare Student Pharmacists to Manage Medical Emergencies in an Ambulatory Setting. *American Journal of Pharmaceutical Education*, 75 (1), 1-6.

Santos, G.C., Kienen, N., Viecili, J., Botomé, S.P. & Kubo, O.M. (2009). "Habilidades" e "competências" a desenvolver na capacitação de psicólogos: uma con-tribuição da análise do comportamento para o exame das diretrizes curriculares. *Interação em Psicologia*, 13 (1), 131-145.

Urbina, S. (2004). Essentials of Psychological Testing. In: A.S. Kaufman & N.L. Kaufman (orgs.). *Essentials of Behavioral Sciences*. Nova Jersey: John Wiley & Sons.

Parte II

15
Avaliação de crianças e adolescentes: aspectos cognitivos

Emmy Uehara Pires

O desenvolvimento humano é um processo multidimensional que se estende continuamente ao longo da vida dos indivíduos, sendo fortemente influenciado por fatores hereditários e socioambientais. As maturações cerebrais, por exemplo, ocorrem em momentos, níveis e velocidades distintas, atingindo sua maturidade completa somente ao final da adolescência e início da vida adulta (Johnson, 1998). Por outro lado, as vivências do cotidiano, as interações sociais, culturais e familiares moldam a identidade, os valores e as relações de pertencimento que o indivíduo apresenta no grupo. Embora o desenvolvimento físico, cognitivo, emocional e social seja considerado separadamente, um indivíduo é mais do que apenas a soma destas partes isoladas; ele é resultado de um processo unificado e dinâmico.

A infância é um período marcado por um grande desenvolvimento. Aquisições motoras, cognitivas, emocionais, sociais e adaptativas são observadas à medida que as regiões cerebrais vão amadurecendo e as circuitarias se fortalecendo. Do mesmo modo, as experiências modificam e aprimoram as habilidades formando um sistema integrado que participa ativamente na aquisição dessas novas competências (Papalia, Olds & Feldman, 2009). Assim como na infância, a adolescência é também compreendida por intensas transformações, acompanhada de mudanças hormonais e físicas, e das psicossociais relacionadas ao comportamento de risco, seu papel dentro do círculo social, necessidade de autonomia sobre a própria vida, que influenciam de maneira direta no bem-estar e na qualidade de vida do adolescente.

De maneira ampla, pode-se dizer que a Cognição, também definida como "funções mentais superiores" por Luria (1966), refere-se à aquisição, transformação e aplicação do conhecimento. Inclui uma gama de processos relacionados à capacidade de percepção, atenção, memória, linguagem, habilidades visuoconstrutivas, processos intelectuais e funções executivas. A partir da integração destas habilidades, a cognição humana se constitui como um fenômeno onde o ser, o fazer e o conhecer são aspectos indissociáveis do comportamento (Pires, 2010). Padrões de comportamento e pensamento inicialmente simples se complexificam, dando espaço à metacognição, pensamento abstrato e melhora qualitativa no processamento de informações. Da infância à adolescência, a cognição é constantemente influenciada e influencia diversos outros aspectos essenciais para garantir um desempenho adequado na vida cotidiana, na escola, no trabalho. Dessa forma, investigar e compreender o funcionamento cognitivo permite a identificação de déficits e o planejamento de intervenções, seja na prática clínica ou em pesquisas.

Neste capítulo, são abordados aspectos teóricos e práticos do processo de avaliação em crianças e adolescentes, além dos principais instrumentos para a avaliação cognitiva utilizados no contexto brasileiro.

O processo avaliativo em crianças e adolescentes

De acordo com o Conselho Federal de Psicologia – CFP (2003), a avaliação psicológica é um processo técnico-científico de coleta de dados, estudos e interpretação de informações a respeito dos fenômenos e características psicológicas como a cognição, a emoção, a personalidade, entre outros. Para alcançar este fim, diversos instrumentos e técnicas, como os testes psicológicos, configuram-se como ferramentas capazes de levantar informações. Por meio da avaliação, o psicólogo traz consigo questões éticas que visam o respeito e a imparcialidade no processo, e a preservação da integridade do cliente. Cabe ressaltar a natureza ampla e flexível deste processo, sendo modificado de acordo com o contexto o qual é inserido, com os propósitos, os constructos psicológicos investigados, bem como a adequação das características dos instrumentos aos indivíduos avaliados, a fim de prover resultados suficientes para a tomada de decisão em variados campos de atuação (CFP, 2013).

A avaliação psicológica de crianças e adolescentes é uma prática profissional bastante requisitada, especialmente nos âmbitos clínico e educacional. A articulação com outras áreas pode fornecer uma perspectiva integrada com vistas ao tratamento desses indivíduos e promover uma rede de suporte aos familiares. Dentre as principais solicitações, tem-se o mapeamento dos principais domínios (forças e fraquezas) cognitivos, comportamentais e emocionais; a prevenção e identificação precoce de déficits; a identificação de superdotação/altas habilidades; o diagnóstico diferencial; o auxílio no tratamento de transtornos do neurodesenvolvimento; a construção de intervenções terapêuticas; a instrumentalização de diferentes profissionais; e principalmente, a compreensão de todo o processo de desenvolvimento e aprendizagem daquele indivíduo (Semrud-Clikeman & Ellison, 2009).

Diferente da avaliação realizada em adultos, o profissional deve estar atento às especificidades da criança/adolescente que estão em pleno processo de desenvolvimento e maturação cerebral. Espera-se um conhecimento sobre o desenvolvimento típico e atípico, os marcos maturacionais e os períodos críticos do desenvolvimento humano, bem como reconhecer os principais transtornos acometidos nesta faixa etária. Assim, o profissional pode atuar sobre as possíveis alterações decorrentes de uma lesão ou comprometimento, antever o desenvolvimento atípico ou até auxiliar em mudanças no prognóstico. Dentre os campos existentes que investigam as questões supracitadas, a neuropsicologia do desenvolvimento, por exemplo, tem se destacado no estudo do ciclo vital e sua relação com o funcionamento neurobiológico, neurocognitivo e neurocomportamental ao longo dos anos (Spreen, Risser & Edgell, 1995).

Como toda avaliação psicológica, a de crianças/adolescente, também é um processo complexo, onde alguns passos devem ser percorridos. Abaixo serão descritos brevemente as etapas mais relevantes e características particulares presentes na avaliação desta faixa etária.

Preparação e cuidados a serem tomados

Ao longo de todo processo avaliativo, alguns fatores podem influenciar o desempenho do indivíduo durante a sessão, sejam eles inerentes ao sujeito e/ou ao contexto. Por exemplo, ao avaliar crianças pequenas, o profissional poderá ter dificuldades e interrupções decorrentes da troca de fraldas, timidez, falta de entrosamento ou até ansiedade de separação, choro ou sono excessivo ("hora do soninho"), nascimento de dentes, agitação psicomotora, fixação por um objeto específico. Nesta idade, é de suma importância que todo o material seja higienizado antes e depois da aplicação, pois as crianças tendem a jogá-lo no chão ou levá-los à boca. Insegurança, desconfiança ou associações negativas com médicos e hospitais podem estar presentes no início da avaliação. Portanto, uma maior flexibilidade é necessária na avaliação de crianças em anos iniciais do desenvolvimento (Aylward, 2013).

Quanto às questões fisiológicas e motivacionais, certifique-se de que a criança/adolescente não esteja com sono, cansado, sede, fome ou necessite ir ao banheiro. Uma opção é avisar os responsáveis no primeiro encontro sobre a necessidade de a criança/adolescente dormir as horas necessárias na noite anterior e de se alimentar antes da sessão com o psicólogo. Dessa forma, evita-se desconfortos durante os encontros e interrupções por esses fatores. Além disso, também é preciso explicar sobre o processo avaliativo; este pode ser um motivador no caso das crianças mais velhas e adolescentes. Saber o porquê de estarem sendo avaliadas pode auxiliar no engajamento, empenho e responsabilidade em cada atividade.

Em relação à linguagem e às instruções, sente-se na mesma altura que o examinando, utilize um linguajar apropriado para a idade, apresentando as instruções lentamente, sem modificá-las; sempre observando se a criança está engajada e estabelecendo um contato visual e atenção compartilhada – salvo em casos de Transtorno do Espectro do Autismo (TEA), onde há dificuldades nestes aspectos. Caso esteja na dúvida sobre a assimilação da informação, peça para a criança explicar o que deve ser feito e se o instrumento permitir, repita as instruções.

Uma precaução a ser tomada com crianças pequenas é o nível de desenvolvimento motor. O uso de lápis e papel-ofício em certas idades pode ser impraticável. Devido à habilidade motora fina não estar totalmente desenvolvida nos anos iniciais, é necessário a utilização de materiais mais adequados, que proporcionem movimentos mais amplos e com menor destreza, tais como o giz de cera e as folhas de papel pardo. Como dito anteriormente, nesta faixa etária, existem limitações quanto ao tempo de duração do teste/sessão; elas não conseguem ficar sentadas nem sustentar sua atenção por longos intervalos de tempo.

Outro fator relevante a ser observado é o nível atencional e motivacional das crianças e dos adolescentes. A atenção é uma das funções cognitivas mais complexas e multifacetadas, que dá suporte a outros processos de aprendizagem e/ou cognitivos, como a percepção, a memória e as funções executivas (Helene & Xavier, 2003). Isto é, se o nível de atenção estiver flutuante ou rebaixado, o desempenho nos instrumentos aplicados nesta sessão poderá ser prejudicado. Por exemplo, ao diminuir a duração da sessão, aumentando o número total de sessões, ou disponibilizar mais intervalos de descanso, o indivíduo poderá retomar seu nível atencional possibilitando a continuidade do atendimento. A atenção do examinador também deve estar preservada, pois um erro do profissional poderá influenciar as anotações e os resultados dos testes. Como há variações atencionais ao longo do dia, pergunte aos pais qual seria o melhor horário para o atendimento de acordo com os hábitos e atividades desempenhadas, assim as sessões podem ser potencializadas. Ainda, evite sessões muito longas ou repletas de atividades exaustivas.

A preparação do *setting* de avaliação também é fundamental para que o cliente se sinta seguro psicologicamente, bem como confortável fisicamente. Durante a aplicação dos instrumentos, recomenda-se a remoção de possíveis elementos que possam causar distração, tais como janelas abertas, potes com canetas e objetos decorativos. O uso de materiais para desenho e alguns brinquedos podem tornar o ambiente mais acolhedor, porém, não podem ser usados em demasia.

Entrevista clínica e anamnese

A entrevista clínica, segundo Tavares (2000), consiste em um conjunto de técnicas de investigação, de tempo delimitado, dirigido por um entrevistado treinado, utilizando conhecimentos psicológicos em uma relação profissional. Através dela, o psicólogo irá obter maiores informações sobre o histórico do cliente, visando um melhor planejamento da avaliação, seleção de instrumentos, análise dos resultados e futuras recomendações, encaminhamentos ou intervenções. Além dos pais/responsáveis, o relato dos professores e de outros profissionais tornará a entrevista mais completa e com múltiplas perspectivas. Por esses motivos, é considerada uma das etapas de maior importância no processo avaliativo.

No que diz respeito à estrutura, não há um roteiro, nem uma ordem de perguntas pré-estabelecidas, porém, certos aspectos do desenvolvimento e do histórico clínico da criança/

adolescente são essenciais para obtenção de um panorama do funcionamento ao longo dos anos. Abaixo seguem alguns pontos norteadores que podem ser abordados durante a primeira entrevista com os pais/responsáveis:

- Informações gerais do cliente e dos pais: nome completo, endereço e telefones, data e local de nascimento, sexo, lateralidade, escola (tipo de escola, série/ano), irmãos (quantos, posição de nascimento), medicamento (dosagem, motivo, tempo), estado civil, escolaridade e ocupação dos pais.

- Demanda: profissional e motivo do encaminhamento, queixa principal, histórico da queixa.

- Desenvolvimento: gestação, acompanhamento pré-natal, parto, amamentação, alimentação e alergias, controle do esfíncter, sono, motricidade (sentar, engatinhar, andar), falar, menarca, tiques ou manias, hábitos marcantes, uso e abuso de drogas.

- Histórico: histórico médico da criança (doenças, medicamentos já administrados, tratamentos, hospitalizações e cirurgias), exames (exames de vista, audiometria, ressonância), acompanhamento com outros profissionais, histórico familiar de doenças, condições médicas, alcoolismo ou outras drogas.

- Características marcantes: personalidade, humor habitual, relacionamento interpessoal, relação com os pais e irmãos, atitudes e posturas no cotidiano, expectativas de futuro.

- Vida escolar: ingresso na escola, alfabetização, desempenho acadêmico, repetências e transferências escolares, queixas comuns dos professores, rotina, atividades diárias e de lazer, nível de funcionamento pré-mórbido e atual.

- Levantamento breve de sintomas cognitivos, emocionais e comportamentais.

- Observações adicionais e nome e assinatura da pessoa responsável pelas informações.

Sessão livre e atividades lúdicas

O primeiro encontro é um momento oportuno para tentar estabelecer (e manter) um bom *rapport* com a criança ou o adolescente. Em alguns casos, as crianças já presenciaram muitas formas de preconceito e encontram-se fragilizadas e inseguras, sendo papel do psicólogo propiciar um ambiente calmo, seguro e uma postura incentivadora, ressalta Tavares (2012). Neste momento, pode ser útil realizar perguntas para compreender como o examinando vê o encaminhamento, quais as principais preocupações e ansiedades, como se relaciona com sua família, professores e pares em seu dia a dia. Também é um momento em que o psicólogo realiza o contrato psicológico: deve explicar melhor sobre a avaliação (objetivo, questões sobre o sigilo, duração das sessões, dúvidas), estabelecer certas regras para o bom convívio ("não quebrar ou jogar materiais e brinquedos", "não bater no psicólogo", "não correr ou gritar"). Para minimizar o sentimento de falha ou frustração de algumas crianças, Semrud-Clikeman e Ellison (2009) sugerem o esclarecimento de que determinadas tarefas serão mais fáceis que outras, mas que o mais importante é se esforçar.

Iniciar com uma sessão mais livre e menos estruturada contendo uma atividade mais lúdica é sempre um bom começo. Nela, é possível observar como a criança se comporta, como lida com a frustração e como estabelece o vínculo, podendo ainda, verificar certos comportamentos diante de uma tarefa simples, como por exemplo, sensação de ansiedade, desatenção nas instruções, impulsividade, cansaço e/ou desinteresse. Ao utilizar brinquedos, fantoches, massinhas e desenhos como mediadores, a criança se expressa e vivencia experiências do cotidiano num espaço acolhedor através do brincar espontâneo (Arzeno, 1995). A hora do jogo diagnóstica, como também é intitulada esta técnica, propicia acesso ao mundo interno consciente e inconsciente da criança (Aberastury, 1992).

Seleção e administração de técnicas e instrumentos

Para a adequada realização de uma avaliação, é fundamental que os instrumentos utilizados atendam aos critérios relativos à idade e à demanda. Os recursos utilizados na avaliação psicológica são variados; vão desde a entrevista de anamnese até o uso de testes e baterias psicológicas. Procedimentos informais como elaboração de exercícios, observação dos cadernos e avaliações da escola, gravações disponibilizadas pelos pais, documentos pessoais (poemas, histórias, desenhos) podem ser benéficos quando usados com cautela. Assim, a integração destas informações precisa ser suficientemente ampla para dar conta dos objetivos pretendidos pelo processo de avaliação, não sendo recomendada a utilização de apenas uma técnica ou um instrumento durante a avaliação. Além disso, é recomendado que os instrumentos sejam usados de maneira complementares e não, isoladamente. Sendo assim, a qualidade do conhecimento alcançado depende da escolha de instrumentos que potencializem o processo investigativo da avaliação psicológica (CFP, 2013; Cunha, 2000).

Ao escolher os instrumentos para iniciar a etapa da testagem, sugere-se começar com tarefas mais fáceis e divertidas, assim a criança/adolescente poderá se acostumar aos poucos com esse novo ambiente. À medida que há uma maior interação entre o psicólogo e o examinando, tarefas mais desafiadoras podem ser inseridas no processo. Ao finalizar as sessões, se houver possibilidade, termine também com uma tarefa mais simplificada, com a qual o examinando vá se sentir bem e obter sucesso. Dessa forma, a possível sensação de frustração e de fracasso podem ser evitadas. Do mesmo modo, forneça um *feedback* de como ele se comportou e executou as tarefas naquele dia. Caso haja um próximo encontro, pode ser interessante lembrar, por exemplo, dizendo *"Te vejo em X dias"*, *"Nos vemos na próxima semana"*, como aconselham Semrud-Clikeman e Ellison (2009).

Análise e integração das informações

Após a aplicação e correção dos instrumentos, você deverá interpretar os resultados obtidos. Lembre-se que seu foco é obter um panorama das competências e não somente das limitações. Assim, é indispensável que a análise possua um olhar contextualizado, que se estenderá para além daquele indivíduo, conhecendo sua dinâmica familiar, relações entre pares, aspecto socioeconômico e ambiente no qual está inserido. Para garantir uma apreciação global das informações, é imprescindível realizar uma interpretação de cunho mais quantitativo, ou seja, uma análise dos dados padronizados e normativos dos testes (ex.: escores, percentis, médias, analisadas de acordo com uma amostra específica), mas, em especial, de uma interpretação dos aspectos qualitativos (ex.: observação durante as sessões, estratégias usadas em cada tarefa, ênfase no processo e não apenas no resultado final).

Lezak, Howieson e Loring (2004) afirmam que mais importante do que saber se houve um erro ao realizar um teste, deve-se investigar quais os motivos de o erro ter ocorrido.

Normalmente, é considerada uma das etapas mais desafiadoras deste processo, pois avaliar não é apenas aplicar um teste e corrigir, mas sim, analisar minuciosamente as informações, relacionando-as aos demais achados. Psicólogos com pouca experiência clínica podem ter uma maior dificuldade na integração das informações; porém, realizar um treinamento e supervisão proporcionam uma maior segurança e confiança, sentindo-se mais confortáveis em outras ocasiões.

Entrevista devolutiva

A entrevista devolutiva é a última etapa da avaliação. Nela, o laudo ou relatório psicológico é apresentado e discutido com os responsáveis. Na maioria das vezes, a devolução dos resultados também pode ser dada à escola. Consiste no fechamento da avaliação e a abertura de orientações e encaminhamentos, se houver necessidade. Em outras palavras, não deve ser um momento exclusivo para o fornecimento de informações coletadas, mas, principalmente, promover um diálogo sobre as possíveis intervenções, sanando todas as dúvidas que surgirem. Neste momento, os aspectos mais relevantes (com ou sem dados numéricos) são descritos, cujas alterações observadas são explicitadas através de exemplos concretos, contendo situações práticas cotidianas. Um panorama sobre as funções preservadas e comprometidas (áreas de forças e fraquezas) é apresentado minuciosamente (Cunha, 2000). E, como último tópico, orientações e indicações para o cliente e sua família são fornecidas para nortear uma ação futura.

Deve-se ter em mente que, por se tratar de um documento oficial, o laudo psicológico necessita ser bem redigido, de acordo com a norma culta e conter os termos apropriados da área. Entretanto, estes devem ser esclarecidos aos responsáveis, pois alguns deles podem evitar quaisquer questionamentos por medo ou por vergonha (para revisão, cf. Manual de Elaboração de Documentos Escritos produzidos pelo psicólogo, Resolução n. 007/2003 publicado pelo Conselho Federal de Psicologia).

Por fim, é importante ressaltar que o processo de avaliação psicológica possui uma natureza dinâmica e não definitiva do objeto de estudo; seu resultado possui um caráter situacional e momentâneo (Machado & Morona, 2007). Nesse sentido, as informações decorrentes da avaliação possuem uma validade, principalmente, por esse indivíduo estar em constante desenvolvimento. Novas avaliações deverão ser solicitadas dependendo da demanda e da patologia vigente. Com o intuito de ressaltar pontos relevantes inerentes à avaliação psicológica, alguns cuidados e recomendações foram listados no quadro abaixo.

Quadro 1 Dez recomendações para realizar uma boa avaliação psicológica

1) Estabelecer (e manter) um bom *rapport*, fornecendo um ambiente seguro e acolhedor;

2) Formar parcerias com responsáveis, professores e outros profissionais;

3) Investigar questões sensoriais (ex.: problemas visuais e auditivos) previamente;

4) Realizar uma entrevista clínica completa para melhor compreensão da história de vida, identificação das primeiras hipóteses e planejamento inicial das sessões;

5) Potencializar o desempenho nas sessões, escolhendo uma duração e horário mais adequados;

6) Estar atento às especificidades da faixa etária ao escolher os instrumentos (habilidades linguísticas, desenvolvimento motor, nível atencional, hábitos fisiológicos);

7) Utilizar as técnicas e os instrumentos de maneira complementar, e não isoladamente (nenhum instrumento é completo);

8) Analisar os dados através de uma interpretação de cunho quantitativo e qualitativo (olhar unificado e contextualizado);

9) Fornecer um panorama sobre os principais pontos observados na devolutiva (esclareça dúvidas, ilustre com exemplos concretos, construa quadros e tabelas, se julgar necessário); e

10) Acima de tudo, ter empatia e respeito durante todo o processo avaliativo.

Avaliação cognitiva: técnicas e instrumentos

Na avaliação psicológica, um dos domínios fundamentais a serem investigados é a cognição. Em sua avaliação, independentemente da idade, é preciso que um conjunto de habilidades necessárias na aquisição e manutenção do conhecimento sejam abrangidas, dentre algumas delas estão a atenção, memória, linguagem, inteligência e funções executivas. A avaliação neuropsicológica é um tipo de avaliação psicológica que investiga as funções cognitivas e o comportamento e sua relação com o sistema nervoso (Lezak, Howieson & Loring, 2004). Combinada com outros recursos, a avaliação neuropsicológica com ênfase cognitiva pode fornecer informações sobre os processos de aprendizagem e o fracasso escolar, identificar áreas potenciais, déficits e sua extensão funcional, bem como reconhecer queixas comportamentais e socioafetivas associadas a disfunções de cunho cognitivo (Miranda, Borges & Rocca, 2010).

Os recursos utilizados na avaliação devem ser selecionados de acordo com as necessidades do examinador e proporcionando maior benefício ao cliente, tais como demanda, tempo disponível, local de avaliação e características do indivíduo, como idade e escolaridade. É essencial uma investigação precisa, com hipóteses e questões claras para identificar os domínios cognitivos preservados e comprometidos. Para alcançar este objetivo, o psicólogo pode lançar mão de diversas técnicas e instrumentos, como os testes psicológicos, as observações comportamentais, as tarefas ecológicas, entre outras. Utilizadas em conjunto, complementam a compreensão das habilidades a serem investigadas.

O teste psicológico é um instrumento de medida padronizada de uso exclusivo do psicólogo, que auxilia na mensuração de características, fenômenos e/ou processos psicológicos, fornecendo amostras de comportamentos relacionados a uma variável psicológica (Anastasi & Urbina, 2000). Conforme descrito na Resolução n. 002/2003 (CFP, 2003a), documento que regulamenta o uso, a elaboração e comercialização de testes psicológicos, estes instrumentos devem apresentar fundamentação teórica adequada, evidências empíricas de validade e precisão das interpretações propostas, sistema de correção e interpretação dos escores, além da descrição clara dos procedimentos de aplicação e correção. Essas medidas asseguram a qualidade dos instrumentos, e consequentemente, a qualidade da avaliação psicológica realizada. Apesar dos esforços de distintos grupos de pesquisas na validação e normatização de instrumentos, a quantidade existente de testes psicológicos favoráveis pelo Sistema de Avaliação de Testes Psicológicos – SATEPSI (CFP, 2009) ainda é escasso no que diz respeito à avaliação cognitiva em crianças e adolescentes. Por exemplo, vários testes psicológicos não possuem normas para todo o contexto brasileiro, tendo que ser utilizado com muita cautela por certas regiões do país ou apenas para fins de pesquisa. Outro desafio a ser driblado é o efeito de prática/aprendizado dos testes. Como há poucos instrumentos que contém formas diferenciadas de aplicação (forma A e B), deve-se evitar a reaplicação antes de 6 meses da última avaliação.

Segundo Bentzen (2012), a observação consiste em ver determinadas coisas e registrar isto que se vê, de forma que possa ser usado posteriormente em um propósito particular. No entanto, anotar observações significativas e úteis não é uma tarefa fácil. Fatores como a falta de sensibilidade, fadiga, viés e/ou projeção de sentimentos do avaliador podem influenciar o registro. A observação durante as sessões permite focar em comportamentos específicos, determinando sua frequência e duração, em como a criança/adolescente funciona em situações que requerem planejamento, raciocínio, tomada de decisão, ou até identificar fatores que estão contribuindo para manutenção de um comportamento disfuncional. Ao observá-los no consultório, Sattler (2001) sugere alguns questionamentos: "*o comportamento X ocorre em todos os testes?*", "*o comportamento Y ocorre no início, meio ou final do encontro?*", ou "*como o cliente reage quando o comportamento Z acontece?*" Observar comportamentos não verbais como expressões faciais, postura, gestos, tiques, vocalizações podem indicar um pouco sobre o humor, a abertura ou distanciamento para comunicação e padrões de sintomas do cliente. A observação em outros contextos pode contribuir na obtenção de informações sobre o desempenho funcional nas atividades diárias e das habilidades adaptativas e de enfrentamento (*coping*) diante dos problemas (Sattler, 2001).

A elaboração de tarefas se faz necessária quando há a impossibilidade de estar presente em outros contextos ou quando os testes padronizados não podem ser aplicados, seja devido a dificuldades inerentes ao material ou necessidades especiais de cada criança/adolescente. Um exame mais informal e desenvolvido de acordo com as alterações cognitivas a serem investigadas pode prover um quadro compreensivo do processo, das estratégias e do funcionamento em si (Golsdtein & Scheerer, 1941). O uso de tarefas ditas ecológicas aproxima e oferece maior sensibilidade as situações de testagem dos problemas enfrentados pelo cliente em seu dia a dia, ou seja, mais semelhantes às demandas reais. Atividades como desenhos, cópias, descrições de imagens, ditados, leitura, redação, recordação de histórias, cálculos, colagem de figuras, classificação de objetos, sequência de movimentos, execução de comandos são comumente usadas para diversos fins. Contudo, o domínio teórico e a experiência clínica do psicólogo são fundamentais na construção de uma atividade que intenciona acessar determinada função cognitiva de forma investigativa. Caso contrário, todo o esforço terá sido em vão e os resultados não serão válidos nem representativos.

Os métodos apresentados acima e ao longo do texto são os principais referenciados na literatura e na prática clínica. Com intuito de oferecer um material didático, é apresentada a seguir uma descrição sumária da função, bem como sugestões de instrumentos que podem ser empregados especificamente na avaliação cognitiva em crianças e adolescentes (cf. Tabela 1). No processo de escolha, foi dada preferência a instrumentos aprovados pelo SATEPSI (CFP, 2009) e técnicas amplamente citadas na literatura. É importante lembrar que a avaliação destas funções não se esgota nestes métodos, nem tampouco sugere que outros instrumentos sejam menos eficazes em sua investigação.

Como avaliar a atenção?

A atenção é um fenômeno multifacetado que está em constante monitoramento com o ambiente, modulando outros processos cognitivos tais como percepção, memória e motivação. Os mecanismos atencionais atuam de modo dinâmico, podendo ser classificados a partir dos seguintes aspectos clínicos: estado de alerta (responsividade global e pré-requisito para a atenção em si), seletividade (seleção de informações relevantes em detrimento de outras), alternância (alternar o foco entre um estímulo e engajar-se em outro), divisão (divisão entre duas tarefas distintas simultaneamente) e sustentação (manter o foco de determinado estímulo durante período mais prolongado e com o mesmo padrão de consistência da resposta) (Coutinho, Mattos & Abreu, 2010).

Instrumentos

• Atenção seletiva: Teste de Atenção Seletiva (TAS), Subteste de cancelamento, Códigos, Procurar símbolos (Escala de Inteligência Wechsler para Crianças – WISC-IV).

• Atenção sustentada, dividida e alternada: Bateria Psicológica para Avaliação da Atenção (BPA).

• Outras habilidades relacionadas (concentração, inibição, velocidade de processamento, tempo de reação): Teste de Atenção Concentrada (d-2), Teste dos Cinco Dígitos (FDT), Paradigma experimental Go/No-Go e de Performance Contínua (CPT), Tarefa de Stroop.

Tarefas

• Passatempos como Jogo dos 7 erros, Caça-palavras, Labirintos; Contar e recontar histórias; Construção de lista de tarefas e de um mural de rotinas, Busca de objetos no consultório.

Observações comportamentais

• Olhar compartilhado entre o avaliador e a tarefa; Responde quando é chamado; Presta atenção exclusivamente em sons específicos do consultório; Aguarda até a finalização das instruções; Interrupção frequente; Alta distratibilidade; Velocidade de processamento; Esgotamento; Uso de escalas comportamentais em pais e professores.

Recomendações

• Prestar atenção no nível atencional do examinando e do examinador.

• Sugere-se aplicar testes atencionais no início da sessão como uma forma de evitar a influência do cansaço ou sonolência no desempenho dos testes.

• Lembrar que a atenção é flutuante, o baixo desempenho em um momento isolado não implica um comprometimento significativo dessa função.

• Verificar a integridade da percepção visual e auditiva antes de administrar testes atencionais.

Como avaliar a aprendizagem e memória?

A memória, assim como a atenção, é uma das funções cognitivas mais importantes, pois é através dela que se forma a base para o processo de aprendizagem. A memória não é um armazenador unitário, existindo vários sistemas e subsistemas, cada qual com sua especificidade, tempo de duração e conteúdo (Squire & Schacter, 2002). Os processos de codificação, armazenamento e evocação das informações se dão através de dois tipos de memória: memória de curto prazo e operacional/de trabalho, e memória de longo prazo. A *memória operacional/de trabalho* mantém, retém e manipula, por um curto período de tempo, a informação que está sendo processada, antes de desaparecerem por completo. É composta por quatro componentes: o *executivo central* (controla o fluxo de informação da memória, da atenção e da ação), a *alça fonológica* (processa informações verbais), o *esboço visuo-espacial* (realiza o processamento de informações visuais e espaciais) e o *retentor episódico* (integração da informação verbal e visual e comunicação com a memória de longo prazo). Já a *memória de longo prazo* retém de forma definitiva a informação, permitindo sua evocação, sendo dividida em *memória explícita/declarativa* (do tipo episódica ou semântica) e a *memória implícita/não declarativa*. A memória explícita episódica relaciona-se com fatos contextuais e autobiográficos (eventos que já assistimos ou participamos), enquanto a memória explícita semântica diz respeito aos conceitos e significados, responsável pelos conhecimentos gerais. As *memórias implícitas* são adquiridas sem que ocorra a tomada de consciência, relacionam-se aos hábitos, habilidades motoras e aprendizado não associativo.

Instrumentos

• Memória de curto prazo e operacional/de trabalho: Subtestes Dígitos e Sequência de número e letras (Escala de Inteligência Wechsler para Crianças – WISC-IV), Subteste Memória visual de curto prazo, Ordenamento ascendente de dígitos e Span auditivo de palavras em sentenças (Instrumento de Avaliação Neuropsicológica Breve – NEUPSILIN), testes de extensão/span de dígitos, palavras, sílabas (ordem direta e inversa), Cubos de corsi.

• Memória de longo prazo: Figuras complexas de Rey, Subteste Memória Episódica Verbal e Semântica – Evocação imediata, tardia e reconhecimento, Memória Prospectiva (NEUPSILIN), Teste de Aprendizagem Auditivo-Verbal de Rey (RAVLT),

Tarefa neuropsicológica de Fluência verbal fonológica e semântica, Torre de Hanói (TOH) e Londres (TOL).

Tarefas

• Contação de história; Relembrar desenhos; Relacionar o que leu/aprendeu/ouviu com o que está lendo/aprendendo/ouvindo) agora; Fazer cálculos mentais.

Observações comportamentais

• Muitas perguntas ou repetição de instruções; Dificuldades em engajar-se novamente na tarefa por esquecimento; Influência dos efeitos de primazia e recência durante as atividades.

Recomendações

• É importante lembrar que nem toda informação registrada na memória de trabalho, é armazenada na memória de longa duração.

• Problemas de leitura, soletração, resolução de problemas matemáticos e cálculos mentais podem ser indicativos de déficits na memória de trabalho.

• Verificar a integridade da percepção visual e auditiva, atenção, orientação e nível de consciência antes de administrar testes de memória.

Como avaliar a linguagem?

A linguagem é uma forma de comportamento que consiste na representação, expressão e comunicação de pensamentos e/ou ideias por meio do uso e da combinação de um sistema de signos. Os processos de compreensão da linguagem são divididos em *linguagem emitida/expressiva* (ex.: falar, emitir sinais, escrever) e *linguagem recebida/receptiva* (ex.: ver, ler, escutar). De maneira mais aprofundada, Pereira (2004) classificou a linguagem em quatro dimensões: a *fonológica* (produção e percepção da fala), a *semântica* (aquisição de vocabulário e compreensão do conteúdo), a *morfossintaxe* (organização estrutural da linguagem, incluindo a formação e função das palavras) e a *pragmática* (utilização da linguagem em contexto social, suas habilidades conversacionais e função comunicativa). A avaliação da escrita, leitura e aritmética complementam os demais aspectos linguísticos descritos acima.

Instrumentos

• Habilidades linguísticas: Consciência Fonológica Instrumento de Avaliação Sequencial (CONFIAS), Subteste Semelhanças, Vocabulário, Informação e Compreensão (Escala de Inteligência Wechsler para Crianças – WISC-IV), Subteste Nomeação, Repetição, Linguagem automática, Compreensão oral e Processamento de inferências (Instrumento de Avaliação Neuropsicológica Breve – NEUPSILIN), Teste Token, Teste de Nomeação de Boston, Tarefa neuropsicológica de Fluência verbal fonológica e semântica.

• Habilidades acadêmicas (escrita, leitura e aritmética): Teste do Desempenho Escolar (TDE), Provas de Avaliação dos Processos de Leitura (PROLEC), Subteste leitura em voz alta, compreensão de escrita, escrita espontânea, copiada e ditada (NEUPSILIN).

Tarefas

• Escrever algumas palavras ou uma pequena redação, um ditado ou poesia; Interpretar um provérbio; Fazer rimas; Ler e interpretar uma história ouvida ou lida silenciosamente e em voz alta, soletrar palavras; Passatempos como palavras cruzadas e forcas; Nomear objetos; Repetição de palavras e sentenças; Reconhecimento de símbolos e sons.

Observações comportamentais

• Acréscimo, omissões ou substituições de letras, sílabas ou palavras; Tamanho e integridade das letras; Margens e orientação espacial na folha; Conversação espontânea ou responder apenas quando solicitado; Prosódia; Presença de gagueira ou mutismo; Repetição de sons ou sílabas emitidas por ela mesma ou pelo avaliador; Gesticula mais do que fala; Capacidade de nomear objetos e de escolher palavras corretamente; Compreensão das palavras de maneira literal; Mudança de assunto repentina ou interrupções.

Recomendações

• Solicitar ao responsável os cadernos, apostilas, exercícios e avaliações da criança.

• Trabalhar em parceria com um profissional da fonoaudiologia para investigar os mecanismos da linguagem de maneira mais aprofundada.

• Verificar os resultados de exames audiométricos e processamento auditivo central (PAC).

• Investigar o desenvolvimento da linguagem durante a entrevista clínica (primeiras palavras, histórico de otites, distúrbios da voz e da fala, tolerância a ruídos, presença de gagueira).

Como avaliar as habilidades visuoconstrutivas?

Zuccolo, Rzezak e Góis (2010) definem as habilidades visuoconstrutivas (ou praxia construtiva) como a capacidade de realizar atividades formativas ou construtivas, relacionada à habilidade de montar ou manejar partes físicas organizadamente, formando um objeto ou imagem única. Isto é, qualquer tipo de ação em que a manipulação resulte em um produto final desejado, combinando a resposta motora e o componente espacial. No período da infância e adolescência, o desenho pode ser um meio de comunicação eficiente para expressão gráfica das ideias e reflexo do desenvolvimento intelectual e emocional. Investigar conjuntamente as habilidades *visuoperceptivas* (análise e síntese visual, reconhecimento de faces e cores) e *visuoespaciais* (orientação topográfica, localização de pontos no espaço, julgamento de direção e distância) auxilia na obtenção de um quadro mais completo dessas habilidades afins à visuoconstrução.

Instrumentos

• Habilidades visuoperceptivas, espaciais e construtivas: Figuras complexas de Rey, Teste Gestáltico Visomotor de Bender (B-SPG), Bateria Piaget-Head de Orientação Direita- -Esquerda, Subteste Completar figuras e Cubos (Escala de Inteligência Wechsler para Crianças – WISC-IV), Subteste Verificação de igualdade e diferença de linhas e Heminegligência visual (Instrumento de Avaliação Neuropsicológica Breve – NEUPSILIN), Desenho da Figura Humana (DFH-III e DFH- -Escala Sisto).

Tarefas

• Desenhos livres; Cópia traços, figuras geométricas ou objetos (bidimensionais ou tridimensionais); Cobrir linhas pontilhadas; Reproduzir letras e palavras escritas; Montagem de blocos, peças ou pinos de encaixe; Quebra-cabeças; Brincadeiras com sucatas.

Observações comportamentais

• Sinais de dificuldades motoras grossa e fina (andar, correr, chutar, movimento de pinça e preensão do lápis, uso de tesoura, virar uma folha); Movimentos estereotipados; Comandos verbais e de imitação.

Recomendações

• Solicitar aos pais/responsáveis desenhos antigos da criança/adolescente; as primeiras experiências gráficas podem auxiliar na compreensão do seu desenvolvimento.

• Procurar sempre apresentar objetos em três modalidades: verbal, visual e tátil.

• Verificar a integridade da percepção visual, atenção, orientação, comportamento motor, raciocínio espacial e monitoramento antes de administrar testes para avaliar as habilidades visuoconstrutivas.

Como avaliar as funções executivas?

As funções executivas englobam uma série de habilidades inter-relacionadas e de alto nível de funcionamento que nos permitem executar ações necessárias para atingir uma meta. Dentre elas estão o controle atencional e inibitório, memória de trabalho, flexibilidade mental, organização e planejamento, fluência verbal. Essas habilidades executivas apresentam relevante valor adaptativo para o indivíduo, permitindo uma mudança rápida e flexível do comportamento frente às novas exigências do ambiente (Zelazo, Craik & Booth, 2004).

Instrumentos

• Controle inibitório: Teste dos Cinco Dígitos (FDT), Tarefa de Stroop, Paradigma experimental Go/No-Go e Performance Contínua (CPT).

• Organização e planejamento: Figuras Complexas de Rey, Subteste Cubos (Escala de Inteligência Wechsler para Crianças – WISC-IV), Torres de Hanói (TOH) e Londres (TOL).

• Flexibilidade mental: Teste de Classificação de Cartas Wisconsin (WCST), Teste de Trilhas.

• Memória de trabalho e fluência verbal: já descritas anteriormente.

Tarefas

• Passatempos como ligue os pontos, jogo dos 7 erros, labirintos; Classificação de cartas; Tangran; Interpretação de provérbios; Sequência de movimentos e de cópia de formas geométricas.

Observações comportamentais

• Perseveração de pensamentos ou respostas comportamentais; Desorganização de pensamento, da fala ou da ação; Dificuldade de estabelecer prioridades, Problemas para se adaptar a novas situações ou no estabelecimento de novos repertórios comportamentais; Requer incentivo para iniciar a tarefa; Frequente troca de tarefas e de assunto; Baixo automonitoramento; Prejuízo no julgamento; Pensamento concreto.

Recomendações

• O ambiente controlado do consultório ou a boa estruturação e organização dos testes administrados pode mascarar déficits executivos suscetíveis de aparecer em situações diárias.

• Medidas executivas podem apresentar baixa confiabilidade teste-reteste, já que somente novas tarefas serão sensíveis ao quesito de novidade das demandas executivas.

• O baixo desempenho em testes que avaliem funções executivas, não demonstra necessariamente rebaixamento em medidas de quociente intelectual (QI).

Como avaliar os processos intelectuais?

O conceito de inteligência e as teorias que fundamentam este constructo sofreram mudanças ao longo dos anos, e, consequentemente, a maneira de avaliá-las também foi modificada. Pode-se dizer, de maneira geral, que os processos intelectuais abrangem a capacidade de pensar racionalmente, resolver problemas, relacionar as novas informações com as já apreendidas. De uma maneira dicotômica, Raymond Cattell, John Horn e John Carroll por meio do modelo CHC representam a inteligência como fluida e cristalizada (Schelini, 2006). A inteligência fluida (*Cf*) diz respeito às operações utilizadas frente a uma tarefa relativamente nova e que não podem ser executadas de forma automática. Normalmente, são associadas a componentes não verbais e pouco dependentes da cultura. A inteligência cristalizada (*Gc*), também conhecida como "inteligência social", inclui conhecimento gerais e específicos adquiridos ao longo da vida, auxiliando na resolução de problemas do cotidiano a partir de experiências anteriores. De outra forma, teorias baseadas em análises fatoriais sustentam a hipótese de uma multiplicidade de fatores que agregam o constructo da inteligência, sendo bastante utilizadas em baterias psicológicas e neuropsicológicas, tais como as Escalas Wechsler.

Instrumentos

• Inteligência e raciocínio: Teste Não Verbal de Inteligência (SON-R), Escala de Maturidade Mental Colúmbia (CMMS), Desenho da Figura Humana – Escala Sisto (DFH-Escala Sisto), Desenho da figura humana (DFH-III), Teste não verbal de inteligência para crianças (R-2), Teste Não Verbal de Raciocínio para Crianças (TNVRI), Teste de Inteligência Não Verbal (TONI-3), Teste Matrizes de Viena (WMT-2).

• Baterias: Escala de Inteligência Wechsler para Crianças (WISC-IV), Escala de Inteligência Wechsler Abreviada (WASI) e Instrumento de Avaliação Neuropsicológica Breve (NEUPSILIN).

Tarefas

• Passatempos como jogos de tabuleiro, lógica, resolução de problemas; Provas Piagetianas; Atividades de leitura e interpretação.

Observações comportamentais

• Insegurança, fadiga, apatia e rebaixamento atencional; Tendências controladoras; Padrões de respostas; Aguardar confirmação da resposta dada; Estratégias usadas durante as tarefas; Criatividade na resolução de um problema.

Recomendações

• Mesmo que a criança ou adolescente tenha cometido um erro, questione sobre os tipos de estratégias usadas ou os outros tipos de alternativas que poderiam ser aplicados à resolução da tarefa.

- Consultar o nível de escolaridade dos pais e o tempo que interagem com a criança/adolescente.
- Fornecer um panorama de todos possíveis processos intelectuais envolvidos e não apenas o funcionamento global.

Tabela 1 Sugestão de instrumentos a serem empregados na avaliação cognitiva de crianças e adolescentes

Função/domínios	Instrumentos	Autores/ano de publicação	Público-alvo	Situação SATEPSI
Atenção	Subteste Cancelamento, Códigos, Procurar símbolos (WISC-IV).	Nelimar Ribeiro de Castro, Acácia A. Angeli dos Santos, Fabián Javier Marín Rueda, Maria de Lourdes D.T. da Silva, Ana Paula Porto Noronha e Fermino F. Sisto (2011).	6-16 anos e 11 meses.	Favorável.
	Bateria Psicológica para Avaliação da Atenção (BPA).	Fabián Javier Marín Rueda (2012).	6-82 anos.	Favorável.
	Teste dos Cinco Dígitos (FDT).	Jonas Jardim de Paula e Leandro Fernandes Malloy (2015).	6-92 anos.	Favorável.
	Teste de Atenção Concentrada (d-2).	Mara Silvia Bolonhezi Bittencourt (2000).	9-52 anos.	Favorável.
	Teste de Atenção Seletiva (TAS).	Fábio Camilo da Silva (2011).	15-60 anos.	Favorável.
	Tarefa Stroop*.	John Ridley Stroop (1935) e Charles Golden (1978).	6-90 anos.	Não submetido para avaliação.
	Paradigma experimental Go/No-go*.	Franciscus C. Donders (1868/1969).	Recomendável a partir de 6 anos.	Não submetido para avaliação.
	Paradigma experimental Performance Contínua (CPT)*.	Haldor Rosvold, Allan Mirsky, Irwin Sarason, Edwin Bransom e Lloyd Beck (1956).	Recomendável a partir de 6 anos.	Não submetido para avaliação.

Continua →

	Figuras Complexas de Rey .	Margareth da Silva Oliveira e Maisa dos Santos Rigoni (2009).	4-88 anos.	Favorável.
Aprendizagem e Memória.	Subteste Dígitos e Sequência de números e letras (WISC-IV).	Nelimar Ribeiro de Castro, Acácia A. Angeli dos Santos, Fabián Javier Marín Rueda, Maria de Lourdes D.T. da Silva, Ana Paula Porto Noronha e Fermino F. Sisto (2011).	6-16 anos e 11 meses.	Favorável.
	Subteste Memória visual de curto prazo, Ordenamento ascendente de dígitos e Span auditivo de palavras em sentenças, Memória episódica verbal e semântica – evocação imediata, tardia e reconhecimento, Memória prospectiva (NEUPSILIN).	Maria Alice de M.P. Parente, Jerusa Fumagalli de Salles e Rochele Paz Fonseca (2009).	12-90 anos.	Favorável.
	Cubos de Corsi*.	Brenda Milner (1971) e Phillip Corsi (1972).	Recomendável a partir de 6 anos.	Não submetido para avaliação.
	Torre de Londres (TOL)*.	Tim Shallice (1982).	Recomendável a partir de 4 anos.	Não submetido para avaliação.
	Torre de Hanói (TOH)*.	Édouard Lucas (1883).	Recomendável a partir de 5 anos.	Não submetido para avaliação.
	Fluência verbal fonológica e semântica*.	Arthur Benton (1968).	Recomendável a partir de 6 anos.	Não submetido para avaliação.
	Teste de Aprendizagem Auditivo verbal de Rey (RΛVLT).	Andre Rey (1958).	Recomendável a partir de 7 anos.	Não submetido para avaliação.
Habilidades linguísticas e acadêmicas.	Consciência Fonológica Instrumento de Avaliação Sequencial (CONFIAS).	Sonia Moojen, Regina Lamprecht, Rosangela M. Santos, Gabriela M. Freitas, Raquel Brodacz, Maity Siqueira, Adriana Corrêa Costa e Elizabeth Guarda (2007).	A partir de 4 anos.	Não privativo de psicólogos.

Continua →

Função/ domínios	Instrumentos	Autores/ano de publicação	Público-alvo	Situação SATEPSI
	Subteste Semelhanças, Vocabulário, Informação e Compreensão (WISC-IV).	Nelimar Ribeiro de Castro, Acácia A. Angeli dos Santos, Fabián Javier Marín Rueda, Maria de Lourdes D.T. da Silva, Ana Paula Porto Noronha e Fermino F. Sisto (2011).	6-16 anos e 11 meses.	Favorável.
	Teste de Desempenho Escolar (TDE).	Lilian Milnitsky Stein (1994).	Escolares 1ª-6ª séries.	Não privativo de psicólogos.
	Provas de avaliação dos processos de leitura (PROLEC).	Simone Capellini, Adriana Marques e Fernando Cuetos (2010).	Escolares 2º-5º anos.	Não privativo de psicólogos.
	Subteste Nomeação, Repetição, Linguagem automática, Compreensão oral, Processamento de inferências e Subteste leitura em voz alta, compreensão de escrita, escrita espontânea, copiada e ditada (NEUPSILIN).	Maria Alice de M.P. Parente, Jerusa Fumagalli de Salles e Rochele Paz Fonseca (2009).	12-90 anos.	Favorável.
	Teste Token*.	Ennio De Renzi e Luigi Vignolo (1962).	Recomendável a partir de 3 anos.	Não submetido para avaliação.
	Teste de nomeação de Boston*.	Edith Kaplan, Harold Goodglass e Sandra Weintraub (1983).	Recomendável a partir de 5 anos.	Não submetido para avaliação.
	Fluência verbal fonológica e semântica*.	Arthur Benton (1968).	Recomendável a partir de 6 anos.	Não submetido para avaliação.

Continua →

15 Avaliação de crianças e adolescentes: aspectos cognitivos — Parte II

Habilidades visuoconstrutivas, perceptivas e espaciais.	Figuras complexas de Rey.	Margareth da Silva Oliveira e Maisa dos Santos Rigoni (2009).	4-88 anos.	Favorável.
	Teste Gestáltico Visomotor de Bender (B-SPG).	Fermino Fernandes Sisto, Ana Paula Porto Noronha, e Acácia A.A. dos Santos (2005).	6-10 anos.	Favorável.
	Bateria Piaget-Head.	Plínio Marco de Toni (2006).	6-13 anos.	Favorável.
	Subteste Completar Figuras e Cubos (WISC-IV).	Nelimar Ribeiro de Castro, Acácia A. Angeli dos Santos, Fabián Javier Marín Rueda, Maria de Lourdes D.T. da Silva, Ana Paula Porto Noronha e Fermino F. Sisto (2011).	6-16 anos e 11 meses.	Favorável.
	Desenho da Figura Humana (DFH-III).	Solange M. Weschler (2003).	5-12 anos.	Favorável.
	Desenho da Figura Humana (DFH-Escala Sisto).	Fermino F. Sisto (2005).	5-10 anos.	Favorável.
	Subteste Verificação de igualdade e diferença de linhas e Heminegligência visual (NEUPSILIN).	Maria Alice de M.P. Parente, Jerusa Fumagalli de Salles e Rochele Paz Fonseca (2009).	12-90 anos.	Favorável.

Continua →

Função/ domínios	Instrumentos	Autores/ano de publicação	Público-alvo	Situação SATEPSI
	Subteste Dígitos, Sequência de números e letras e Cubos (WISC-IV).	Nelimar Ribeiro de Castro, Acácia A. Angeli dos Santos, Fabián Javier Marín Rueda, Maria de Lourdes D.T. da Silva, Ana Paula Porto Noronha, e Fermino F. Sisto (2011).	6-16 anos e 11 meses.	Favorável.
Funções executivas.	Teste de Classificação de Cartas Wisconsin (WCST).	Jurema Alcides Cunha, Clarissa Marceli Trentini, Margareth da Silva Oliveira, Blanca Guevara Werlang, Irani de Lima Argimon e Rita Gomes Prieb (2004).	6 anos e 6 meses-89 anos.	Favorável.
	Teste dos Cinco Dígitos (FDT).	Jonas Jardim de Paula e Leandro F. Malloy (2015).	6-92 anos.	Favorável.
	Children Gambling Task (CGT).	Aurora Kerr e Philip D. Zelazo (2004).	3-5 anos.	Não submetido para avaliação.
	Iowa Gambling Task (IGT)*.	Antonio Damásio, Hanna Damásio e Steven Anderson (1994).	A partir de 8 anos.	Não submetido para avaliação.
	Torre de Londres (TOL)*.	Tim Shallice (1982).	Recomendável a partir de 4 anos.	Não submetido para avaliação.
	Torre de Hanói (TOH)*.	Édouard Lucas (1883).	Recomendável a partir de 5 anos.	Não submetido para avaliação.
	Paradigma experimental Go/No-go*.	Franciscus C. Donders (1868/1969).	Recomendável a partir de 6 anos.	Não submetido para avaliação.
	Paradigma experimental Performance Contínua (CPT)*.	Haldor Rosvold, Allan Mirsky, Irwin Sarason, Edwin Bransom e Lloyd Beck (1956).	Recomendável a partir de 6 anos.	Não submetido para avaliação.
	Fluência verbal fonológica e semântica*.	Arthur Benton (1968).	Recomendável a partir de 6 anos.	Não submetido para avaliação.
	Teste de Trilhas.	Ralph Reitan (1979).	Recomendável a partir de 8 anos.	Não submetido para avaliação.

Continua →

Processos intelectuais e raciocínio.	Teste Não Verbal de Inteligência (SON-R)	Girlene R. de Jesus, Camila A. Karino, Peter J. Tellegen e Jacob A. Laros (2011).	2 anos e 6 meses-7 anos e 11 meses.	Favorável.
	Escala de Maturidade Mental Colúmbia (CMMS).	Iraí Cristina Boccato Alves e José Luciano M. Duarte (2001).	3 anos e 6 meses-9 anos e 11 meses.	Favorável.
	Desenho da Figura Humana (DFH-Escala Sisto).	Fermino Fernandes Sisto (2005).	5-10 anos.	Favorável.
	Teste Não Verbal de Inteligência para Crianças (R-2).	Helena Rinaldi Rosa e Iraí Cristina Boccato Alves (2000).	5-11 anos.	Favorável.
	O desenho da figura humana (DFH-III).	Solange Muglia Weschler (2003).	5-12 anos.	Favorável.
	Teste Não Verbal de Raciocínio para Crianças (TNVRI).	Luiz Pasquali (2005).	5 anos e 9 meses-13 anos e 3 meses.	Favorável.
	Teste de Inteligência Não Verbal (TONI-3).	Ana Paula Noronha, Acácia Santos e Fermino Sisto (2006).	6-10 anos.	Favorável.
	Escala de Inteligência Wechsler para Crianças (4. ed.) (WISC-IV).	Nelimar Ribeiro de Castro, Acácia A. Angeli dos Santos, Fabián Javier Marín Rueda, Maria de Lourdes D.T. da Silva, Ana Paula Porto Noronha, e Fermino F. Sisto (2011).	6-16 anos e 11 meses.	Favorável.
	Escala de Inteligência Wechsler Abreviada (WASI).	Denise Balem Yates, Vanessa Stumpf Heck e Clarissa Marceli Trentini (2011).	6-89 anos.	Favorável.
	Teste Matrizes de Viena (WMT-2).	Carlos Guilherme Schlottfeldt, Danilo Assis Pereira, Leandro Fernandes Malloy-Diniz, Giselle Müller Roger Welter e Alysson Massote Carvalho (2012).	14-69 anos.	Favorável.
	Instrumento de Avaliação Neuropsicológica Breve (NEUPSILIN).	Maria Alice de M.P. Parente, Jerusa Fumagalli de Salles e Rochele Paz Fonseca (2009).	12-90 anos.	Favorável.

* Por se tratar de tarefas neuropsicológicas clássicas e paradigmas experimentais, devem ser analisados de maneira qualitativa, enfatizando os processos e as estratégias utilizadas pelo examinando. Sua faixa etária de aplicação varia de acordo com a versão/variação da tarefa.

Considerações finais

A avaliação cognitiva de crianças e adolescentes requer cuidados específicos para que a identificação e descrição correta do funcionamento nesta população seja possível. É um processo complexo e dinâmico constituído por diversos métodos, tais como a entrevista clínica, observações comportamentais, atividades lúdicas, testes psicológicos, que devem ser analisados à luz de parâmetros quantitativos e qualitativos. Para o manejo adequado desses instrumentos e técnicas, é essencial que o psicólogo realize uma boa formação profissional, seja através de treinamentos e supervisões de cada etapa do processo avaliativo, bem como no estudo aprofundado de cada instrumento (Tavares, 2012).

Embora a área da avaliação psicológica e neuropsicológica tenham se expandido nos últimos anos, ainda se tem acesso a poucos instrumentos com evidências de validade e precisão disponíveis para o uso em pesquisas, e principalmente, na prática clínica. Espera-se que as informações contidas neste capítulo, contribuam para a reflexão e incentivem a promoção e o maior desenvolvimento da área no Brasil.

Referências

Aberastury, A. (1992). *A criança e seus jogos*. Porto Alegre: Artmed.

Anastasi, A. & Urbina, S. (2000). *Testagem psicológica*. 7. ed. Porto Alegre: Artes Médicas.

Arzeno, M.E.G. (1995). *Psicodiagnóstico clínico*: novas contribuições. Porto Alegre: Artmed.

Aylward, G. (2013). Infant and early childhood assessment. In: M.G. Tramontana & S.R. Hooper (eds.). *Assessment issues in child neuropsychology* (p. 225-246). Nova York: Springer Science/Business Media.

Bentzen, W.R. (2012). *Guia para observação e registro do comportamento infantil*. São Paulo: Cengage Learning.

Conselho Federal de Psicologia (2003a). *Resolução CFP n. 002/2003* [Disponível em http://www.pol.org.br – Acesso em 02/02/2016].

Conselho Federal de Psicologia (2003b). *Resolução CFP n. 007/2003* [Disponível em http://www.pol.org.br – Acesso em 02/02/2016].

Conselho Federal de Psicologia (2009). *Sistema de Avaliação de Testes Psicológicos (SATEPSI)* [Disponível em http://www.pol.org.br – Acesso em 02/02/2016].

Conselho Federal de Psicologia (2013). *Cartilha de Avaliação Psicológica* [Disponível em http://www.pol.org.br – Acesso em 02/02/2016].

Coutinho, G., Mattos, P. & Abreu, N. (2010). Atenção. In: L.F. Malloy-Diniz et al. (orgs.). *Avaliação Neuropsicológica* (p. 86-93). Porto Alegre: Artmed.

Cunha, J.A. (2000). *Psicodiagnóstico-V* – Revista e ampliada. Porto Alegre: Artmed.

Goldstein, K. & Scheerer, M. (1941). Abstract and concrete behaviour an experimental study with special tests. *Psychological Monographs*, 53 (2), 1941.

Helene, A.F. & Xavier, G.F. (2003). A construção da atenção a partir da memória. *Revista Brasileira de Psiquiatria*, 25 (supl. II), 12-20.

Johnson, M.H. (1998). *Developmental Cognitive Neuroscience*: An Introduction. Oxford: Blackwell.

Lezak, M.D., Howieson, D.B. & Loring, D.W. (2004). *Neuropsychological assessment*. 4. ed. Nova York: Oxford University Press.

Luria, A.R. (1966). *Higher Cortical Functions in man*. Londres: Tavistock.

Machado, A.P. & Morona, V.C. (2007). *Manual de Avaliação Psicológica*. Curitiba: Unificado.

Miranda, M.C., Borges, M. & Rocca, C.C.A. (2010). Avaliação neuropsicológica infantil. In: L.F. Malloy--Diniz et al. (orgs.). *Avaliação Neuropsicológica* (p. 221-233). Porto Alegre: Artmed.

Papalia, D.E., Olds, S.W. & Feldman, R.D. (2009). *O mundo da criança*: da infância à adolescência. Porto Alegre: AMGH.

Pereira, M.P. (2004). Desenvolvimento da linguagem. In: C. Coll, A. Marchesi & J. Palácios (eds.). *Desenvolvimento psicológico e educação* – Psicologia Evolutiva. Porto Alegre: Artmed.

Pires, E.U. (2010). *Ontogênese das funções cognitivas*: uma abordagem neuropsicológica (Dissertação de mestrado). Rio de Janeiro: Pontifícia Universidade Católica do Rio de Janeiro.

Sattler, J.M. (2001). *Assessment of children; Cognitive applications*. Califórnia: Jerome M. Sattler.

Semrud-Clikeman, M. & Ellison, P.A.T. (2009). *Child neuropsychology:* Assessment and interventions for neurodevelopmental disorders. Nova York: Springer Science/Business Media.

Schelini, P.W. (2006). Teoria das Inteligências Fluida e Cristalizada: início e evolução. *Estudos de Psicologia* (Natal), 11 (3), 323-332.

Spreen, O., Risser, A.H. & Edgell, D. (1995). *Developmental neuropsychology*. Oxford University Press.

Squire, L.R. & Schacter, D.L. (2002). *Neuropsychology of memory*. Nova York: Guilford.

Tavares, M. (2012). Considerações preliminares à condução de uma avaliação psicológica. *Avaliação Psicológica*, 11 (3), 321-334.

Tavares, M. (2000). Entrevista clínica. In: Cunha, J.A. *Psicodiagnóstico-V* – Revista e ampliada (p. 45-56). Porto Alegre: Artmed.

Zelazo, P.D., Craik, F.I. & Booth, L. (2004). Executive function across the life span. *Acta Psychologica*, 115 (2), 167-183.

Zuccolo, P.F., Rzekak, P. & Góis, J. (2010). Praxias e visuoconstrução. In: L.F. Malloy-Diniz et al. (orgs.). *Avaliação Neuropsicológica* (p. 114-122). Porto Alegre: Artmed.

16
Avaliação infantojuvenil: emoções, afetos e comportamentos

Paula Argemi Cassel
Alice Einloft Brunnet
Adriane Xavier Arteche

Há crescente e intenso interesse científico na investigação empírica das emoções e suas repercussões comportamentais (Bariola, Gullone & Hughes, 2011), uma vez que as emoções são componentes essenciais na definição de trajetórias do desenvolvimento socioafetivo, cognitivo e comportamental. Este capítulo tem como objetivo apontar os testes, métodos e técnicas psicológicas utilizadas para mensuração de emoções, afetos e comportamentos de crianças e adolescentes. Para tanto, será apresentada breve contextualização do que são emoções, seguida da discussão acerca da trajetória desenvolvimental das emoções e comportamentos ao longo da infância e adolescência, da caracterização acerca do funcionamento das emoções e comportamentos em psicopatologias da infância e adolescência e da apresentação de instrumentos de avaliação psicológica para emoções, afetos e comportamentos.

O que são emoções?

As emoções desempenham importante papel ao longo da vida, estando no cerne de processos essenciais ao desenvolvimento humano, como o estabelecimento de vínculos sociais, bem-estar, saúde mental e física, e adaptação às normas sociais, relacionando-se, assim, tanto ao funcionamento adaptativo quanto não adaptativo dos sujeitos (Baron-Cohen et al., 1999; Damásio, 1998). As emoções são, de modo geral, compreendidas a partir de uma proposta dimensional (LeDoux, 2000), constituindo-se em sentimentos que envolvem avaliação subjetiva, processos psicológicos, fisiológicos e crenças cognitivas. Assim, as emoções determinam respostas imediatas comportamentais, experienciais e fisiológicas a eventos ambientais (Gross & Thompson, 2007), organizando comportamentos motivados e ações decorrentes acerca das informações dos estímulos externos ou internos como atacar, fugir, ingerir alimentos, entre outros (Ledoux, 2012).

Na visão fisiológica das emoções, sistemas como expressão facial, tônus muscular, tom de voz, sistema nervoso autônomo e sistema endócrino são alterados (Ekman & Davidson, 1994). E, na visão cognitiva, há alteração na atenção, ativação de circuitos de memória, influência na tomada de decisão, e modificações comportamentais (Harlé, Shenoy & Paulus, 2013). As emoções influenciam, portanto, os processos cognitivos e comportamentais (Gross & Thompson, 2007) e são de grande ajuda em nosso cotidiano, pois podem dirigir a atenção para as principais características do ambiente, otimizar o consumo sensorial, adequar tomadas de decisão, promover respostas comportamentais esperadas e adaptadas, facilitar interações sociais, e melhorar o armazenamento e recuperação da memória (Gross, 2013; Wilker, Elbert & Kolassa, 2013). No entanto, as emoções também podem prejudicar, especialmente quando são do tipo, intensidade ou duração inadequada para determinada situação (Gross, 2013). Por exemplo, quando a criança sente intensa ansiedade ao pensar em ir para a escola, sentindo respiração ofegante e suor nas extremidades.

As emoções primárias (alegria, tristeza, raiva, medo, nojo, surpresa) são foco principal dos estudos de avaliação de reconhecimento emocional, pois são consideradas integrantes do sistema emocional do ser humano, diferentemente das emoções autoconscientes e avaliativas (vergonha, orgulho, culpa) que surgem posteriormente às emoções primárias e juntamente com o desenvolvimento da consciência, ainda na infância, contribuindo para o crescimento da autorregulação do comportamento. Contudo, para a criança conseguir controlar seu comportamento ela precisa regular suas emoções, especialmente as negativas, ou seja, há conexão direta entre manifestação comportamental e regulação emocional (Eisenberg, Hofer, Sulik & Spinrad, 2014).

A avaliação das emoções perpassa a avaliação do processamento emocional que inclui a percepção de emoções através da face, e em especial a acurada identificação do estímulo e a correta atribuição da intensidade do mesmo, ou seja, o grau que o estímulo está sendo apresentado. O processo emocional e a cognição social são fundamentais no desenvolvimento emocional e comportamental adequado, uma vez que o processamento emocional refere-se à capacidade de identificar, avaliar, entender e regular emoções, sejam estas geradas por estímulo interno ou externo (Phillips, Drevets, Rauch & Lane, 2003), e a cognição social por ser um processo cognitivo complexo (Maat, Fett, Derks & Investigators, 2012), dirigido pelos processos psicológicos básicos e por depender de diferentes funções cognitivas, dentre eles, a habilidade em interpretar comportamentos e intenções em outras pessoas, bem como a capacidade de processamento emocional (Maat, Fett, Derks & Investigators, 2012). O processamento emocional, no entanto, somente ocorre se associado à habilidade do indivíduo em reconhecer, identificar e diferenciar as emoções (Leahy, 2007).

Mas, afinal, como ocorre o desenvolvimento emocional nas crianças e adolescentes? Quais as implicações do desenvolvimento emocional? E do reconhecimento de faces? Para que e como avaliar a emoção e os comportamentos? Quais as ligações entre esses conceitos? Esses são alguns questionamentos dos próximos itens.

Emoções, afetos e comportamentos no desenvolvimento infantojuvenil

Na infância e na adolescência ocorrem constantes e importantes aquisições nas diferentes áreas do desenvolvimento humano: neurológica, cognitiva, social e afetiva. Dentre as aquisições primordiais para um bom funcionamento está o aprendizado da regulação de respostas emocionais e comportamentais a diferentes eventos. As emoções não são simplesmente experienciadas de forma passiva pelos indivíduos e eles aprendem sobre elas ao longo de seu desenvolvimento (Gunning-Dixon et al., 2003). Desde o nascimento os bebês transmitem e reagem à emoção. Pesquisas apontam que as crianças possuem a habilidade de categorizar algumas emoções já durante seu primeiro ano de vida (Herba, Landau, Russell, Ecker & Phillips, 2006). O bebê aos dois meses expressa sua emoção com o sorriso para pessoas familiares e aos três é responsivo a expressões faciais conhecidas. Entre três e sete meses são capazes de categorizar algumas emoções e distinguir faces conhecidas (Nelson & de Haan, 1997). Aos cinco, atentam mais para sorrisos do que expressões neutras (Bazhenova, Stroganova, Doussard-Roosevelt, Posikera & Porges, 2007). As crianças de seis meses são capazes de diferenciar alegria e tristeza em faces conhecidas, e com um ano de idade já discriminam e utilizam expressões faciais na intenção de dirigir comportamentos maternos. Com dois anos as crianças falam sistematicamente sobre emoções. Aos três, já sabem distinguir expressões faciais de alegria, tristeza, raiva e medo, apontando ou nomeando, com maior precisão a de alegria. Além da identificação correta, são hábeis em verbalizar como um boneco se sentiria em determinada situação envolvendo as emoções primárias (Strand, Cerna & Downs, 2008).

A capacidade das crianças para interpretar reações emocionais tem consequências específicas para elas: o desempenho acurado na identificação de emoções aumenta conforme o aumento da idade, indicando que a interpretação precisa de emoções continua a amadurecer durante o avanço das faixas etárias (MacDonald, Kirkpatrick & Sullivan, 1996). O desenvolvimento de uma interpretação mais acurada das emoções ocorre entre os três e seis anos de idade (Widen & Russell, 2003) e a capacidade de reconhecimento de expressões emocionais em faces passa por um processo mais intenso de aprimoramento entre os seis e os quinze anos e na adultez (Vicari, Reilly, Pasqualetti, Vizzotto & Caltagirone, 2000). Salienta-se que as experiências vivenciadas nos três primeiros anos de vida são primordiais para a plasticidade e habilidade adequada de reconhecimento de expressões faciais (Cassia et al., 2009; Hills, 2012).

O desenvolvimento emocional e comportamental, portanto, percorre sistemas mais simples até aos mais complexos e acompanha aquisições dependentes da maturação neuronal, aprendizagem social, processamento emocional, cognição social, regulação emocional e reconhecimento de faces. As mudanças sofridas pelas crianças e adolescentes ao longo do desenvolvimento em relação à emoção e ao comportamento relacionam-se com a maturação da amígdala subjacente e do córtex pré-frontal (Herba et al., 2006). Conforme o crescimento das crianças, os substratos neurais subjacentes de processamento de emoção desenvolvem-se (Herba & Phillips, 2004).

O desenvolvimento do córtex pré-frontal desempenha função fundamental na maturação das capacidades cognitivas superiores, isto é, na habilidade em filtrar e excluir informações desnecessárias e tomar decisões e ações adequadas tendo em vista o controle cognitivo frente aos estímulos, bem como nos processos emocionais (Damásio, 1998; Esslen et al., 2004). No entanto, não há consenso na literatura a respeito do que é estimado para cada fase do desenvolvimento humano, principalmente na infância, em relação ao reconhecimento de faces, o que interfere em como identificar facilidades e dificuldades envolvidas no reconhecimento de faces, e assim, em psicopatologias que envolvem esses processos.

O sucesso ou o fracasso do processamento emocional depende da capacidade do indivíduo em saber quais emoções sente, quais consegue controlar de forma mais eficaz e rápida, quais deve sentir em determinadas situações e em qual intensidade e quais são menos adaptativas (Leahy, 2002; 2005). Além disso, a compreensão de emoções desempenha importante papel em auxiliar as crianças a se relacionarem de forma mais sensível, principalmente com outras crianças. Um dos componentes da compreensão das emoções é a habilidade em identificar reações emocionais típicas e atípicas em diferentes situações, elemento este que interfere diretamente na cognição social (Harris, 2008).

As alterações no domínio cognitivo, emocional, e neurológico na infância e, principalmente, na adolescência, provocam maior habilidade no uso das estratégias de regulação emocional, além de promoverem aumento da necessidade de uso de tais estratégias de modo eficaz (Steinberg, 2005). Para tanto, as crianças e adolescentes precisam de agentes externos, que os auxiliem a compreenderem suas emoções e comportamentos decorrentes para que tenham sucesso efetivo na regulação emocional e comportamental (Bariola, Gullone & Hughes, 2011). A regulação emocional, assim, pode estar ligada ao bom funcionamento e à psicopatologia (Silk, Steinberg & Morris, 2003). A (des)regulação emocional orienta o entendimento da etiologia, expressão e curso de psicopatologias (Southam-Gerow & Kendall, 2002), como por exemplo no transtorno de espectro autista (Leung, Vogan, Powell, Anagnostou & Taylor, 2015).

Déficits na compreensão e no processamento emocional podem ocasionar expressivas dificuldades interacionais. Assim, avaliar componentes da emoção, como regulação emocional, reconhecimento facial de emoções, é essencial para compreender as manifestações comportamentais e a competência social da criança e adolescente, auxiliando no processo de identificação de psicopatologia.

Figura 1 Resumindo conceitos principais

Emoção	Regulação Emocional	Comportamento
As emoções determinam respostas imediatas comportamentais, experienciais e fisiológicas a eventos ambientais, e são reações afetivas momentâneas, desencadeadas por estímulos significativos, ou seja, a emoção é um estado afetivo de curta duração.	Capacidade da criança e do adolescente em gerar, manter, e manejar os estados emocionais. Inclui a habilidade de estratégias de monitoramento, avaliação, produção e manutenção de reações emocionais.	Reações em resposta a determinados estímulos. São influenciados pelos estados emocionais, interpretação cognitiva e maturação cerebral.

Emoções, afetos e comportamentos nas psicopatologias da infância e adolescência

A habilidade de regulação emocional está diretamente ligada aos comportamentos emitidos pela criança ou adolescente, pois, muitas vezes, estes podem ser utilizados como estratégias para enfrentar as emoções desagradáveis. Por exemplo, um adolescente que está se sentindo triste pode beber para se sentir "anestesiado" (Leahy, 2013). Pode-se considerar que a desregulação emocional está associada tanto com os transtornos internalizantes como os externalizantes. No entanto, o tipo de emoção que predomina pode indicar a classe de comportamento que a criança ou o adolescente mais emite. Por exemplo, crianças que predominantemente sentem raiva, frustração ou hostilidade tendem a ter comportamentos externalizantes como agressões, condutas opositoras etc. (Einsenberg et al. 2001). Uma criança que frequentemente sente raiva em contextos ambíguos é mais propensa a possuir intenções hostis e escolher soluções agressivas para o problema (Schultz, Izard & Ackerman, 2000), conforme a teoria do processamento da informação (Stenberg, 2005). Os achados trazidos na pesquisa de Schultz, Izard e Ackerman (2000) são corroborados por aqueles trazidos na revisão sistemática elaborada por Trentacosta e Fine (2009): a dificuldade em compreender quais emoções são adequadas a diversas situações ou em situações ambivalentes pode levar a apresentação desregulada de raiva e ações agressivas em situações sociais. Ainda, a dificuldade de compreensão emocional adaptada também está associada com transtornos graves do desenvolvimento, como o transtorno do espectro autista (Baron-Cohen, 2002).

Já as crianças e adolescentes que experienciam predominantemente emoções como tristeza, ansiedade, medo e culpa tendem a apresentar comportamentos internalizantes, como o isolamento social (Einsenberg et al., 2001). As crianças e adolescentes que apresentam ansiedade social/fobia social podem possuir dificuldades em compreender as emoções como resultado de déficits na interação social (McClure & Nowicki, 2001). Portanto, emoções e comportamentos estão intimamente interligados e são interdependentes.

Ressalta-se, ainda que apesar de algumas crianças e adolescentes serem mais propícios a emitirem determinados comportamentos e sentirem predominantemente algumas emoções, sabe-se que aquelas com problemas externalizantes também apresentam sintomas internalizantes e vice-versa e que, em muitos casos, as duas classes de sintomas estão relacionadas. Por exemplo, uma criança que tem tendência a se isolar dos demais pode emitir um comportamento agressivo quando seus pais tentam fazê-la ir a uma festa

(Einsenberg et al., 2001). Ainda, crianças com problemas externalizantes podem muitas vezes experienciar tristeza e ansiedade, uma vez que tendem a ser rejeitadas pelos colegas e acabam ficando isoladas dos demais (Asher, Parkhurst, Hymel & Williams, 1990; Rubin, Lemare & Lollis, 1990). Independentemente de a criança ou adolescente possuir problemas de comportamento internalizantes ou externalizantes, ao longo do tempo, há uma tendência em manter os padrões comportamentais desadaptativos em decorrência da desregulação na compreensão das emoções, uma vez que as relações entre cognição – emoção – comportamento formam-se de modo inapropriado, mantendo, assim, dificuldades sociais significativas e padrões duradouros de emoções negativas (Fine et al., 2003) (cf. Figura 2).

Figura 2 Exemplos de transtornos internalizantes e externalizantes

Caracterizando conceitos	
Transtornos internalizantes	Transtornos externalizantes
• Sintomas de depressão (choro, agressão, irritabilidade etc.).	• Sintomas de TDAH (desatenção, agitação motora etc.).
• Sintomas de ansiedade (medos, roer unhas, timidez etc.).	• Sintomas de Transtorno de Conduta (roubar, desafiar adultos, agressividade e agressões a pessoas e animais etc.).
• Transtornos somáticos (acne, psoríase, alergias etc.).	• Sintomas de transtornos relacionados ao controle de impulsos (agressividade, uso de substâncias, exibicionismo, comer compulsivo etc.).
• TEPT (pesadelos, revivências da experiência traumática etc.).	
• Ideação suicida.	

A Figura 3 ilustra o processo entre a situação vivenciada e o comportamento emitido. A interpretação que a criança ou adolescente associa ao evento está relacionada com o tipo e a valência da emoção que, por sua vez, acarreta em diferentes formas de se comportar. Por exemplo, níveis mais baixos de raiva podem fazer com que a criança consiga apenas conversar com o colega que pegou o brinquedo, enquanto que níveis mais altos podem fazer com que ela agrida o amigo. Tais comportamentos se associam tanto com a avaliação cognitiva (saber o que está se sentindo) que a criança ou adolescente realiza quanto ao grau de manifestação no comportamento da emoção sentida. Nesse sentido, crianças e adolescentes que possuem maior habilidade em compreender as pistas emocionais nas situações sociais conseguem se desenvolver melhor, ou seja, de forma mais adaptativa, suas habilidades de resoluções de problemas e de habilidades sociais. Exemplo disso é quando a criança ou adolescente identifica a tristeza em um colega que foi excluído do jogo de futebol e pode, então, ser empático com este colega, tentando incluí-lo de algum modo na atividade, como por exemplo, exercendo papel de juiz do jogo (Halberstadt, Denham & Dunsmore, 2001).

Figura 3 Processo entre situação, emoção e comportamento

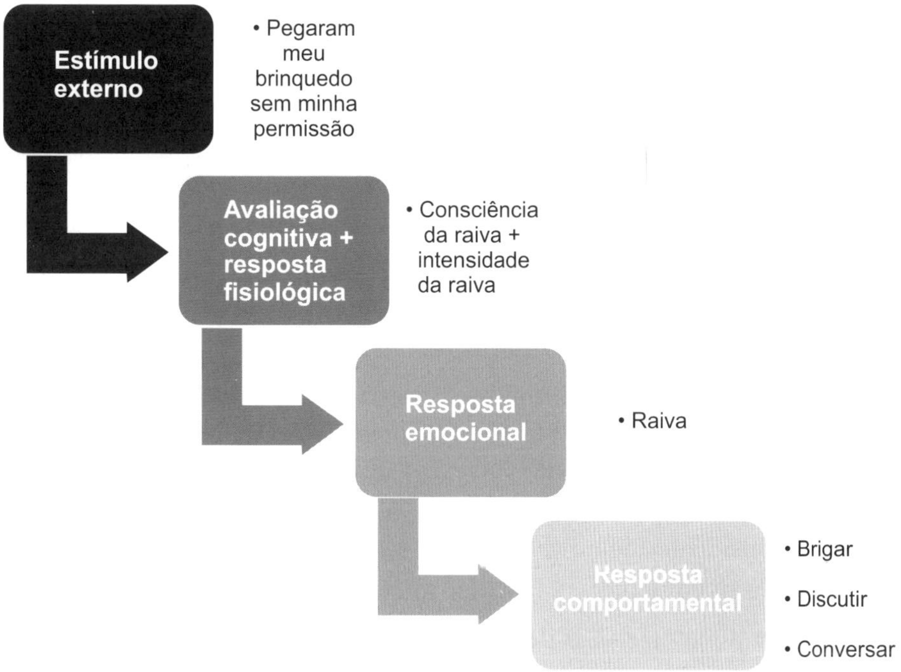

A avaliação das emoções é importante para diferenciar o desenvolvimento típico e atípico, a fim de identificar psicopatologias e realizar diagnósticos diferenciais, uma vez que muitos transtornos do desenvolvimento apresentam comportamentos semelhantes, contudo, em termos de processamento cognitivo e emocional há diferenças significativas. Por exemplo, a criança pode manifestar irritabilidade (comportamento) e esta pode estar associada tanto a transtornos externalizantes (ex.: transtorno de conduta) como internalizantes (ex.: depressão), o que marca a diferença entre um e outro são as emoções subjacentes a esta manifestação comportamental.

O processo de avaliação das emoções, afetos e comportamentos na infância e adolescência

Atualmente, estão à disposição do clínico diversos instrumentos para a avaliação das emoções e dos comportamentos na infância e adolescência, desde as técnicas projetivas, testes psicométricos, até escalas. Os instrumentos (Tabela 1) precisam ser cuidadosamente escolhidos, uma vez que não são todos que possuem aprovação pelo Sistema de Avaliação de Testes Psicológicos (SATEPSI) do Conselho Federal de Psicologia (CFP). O acesso à lista de testes aprovados pelo CFP está disponível no site da instituição, sendo recomendado aos psicólogos leitura constante da mesma, uma vez que é passível de alterações ao longo do tempo. A disposição de instrumentos amplamente utilizados em pesquisa indica o que na área se procura atingir e se tem avançado cientificamente, contudo salienta-se que em consultório privado (ou outros contextos de atuação do psicólogo) o uso de tais instrumentos é considerado inapropriado e fere os deveres éticos do psicólogo.

Além disso, o clínico pode fazer uso de instrumentos ecológicos e tarefas ecológicas, tanto para avaliação como para posterior intervenção (Chaytor & Schmitter-Edgecombe, 2003). As tarefas ecológicas objetivam verificar o funcionamento do paciente em situações semelhantes à sua vida cotidiana. Portanto, a aplicação padronizada (testes padronizados aprovados pelo CFP) vinculada a tarefas que simulam situações

diárias do paciente em situações de demanda da avaliação (tarefas ecológicas) são considerados instrumentos ecológicos de avaliação. Exemplo de tarefa ecológica é ir à escola da criança ou adolescente e no local realizar tarefa de reconhecimento emocional (Zimmermann et al., 2014).

Para a escolha do método de avaliação e a construção de um plano que mais se adeque à criança ou adolescente deve-se levar em consideração a etapa do desenvolvimento em que ele(a) se encontra. Crianças muito pequenas têm mais dificuldade de verbalizar as suas emoções, pensamentos e comportamentos e, por isso, o clínico deve utilizar técnicas mais observacionais do comportamento (ex.: jogos e brincadeiras estruturadas), tarefas ecológicas para a avaliação das emoções e também técnicas projetivas (ex.: Teste de Apercepção Infantil, CAT, Bellak & Bellak, 1991). A partir da alfabetização já se pode utilizar escalas de autorrelato que possuam evidências de validade para o contexto brasileiro e para a faixa etária em questão (ex.: Escala de Stress Infantil, ESI, Lucarelli & Lipp, 2005).

Além disso, para crianças e adolescentes de todas as idades, é importante que o clínico entre em contato com diversas fontes de informação, principalmente os pais e a escola, para compreender como o avaliando se comporta em cada ambiente. Alguns instrumentos são específicos para professores (cf. Tabela 1), mas, de uma forma geral, é importante que o clínico colete informações com relação à socialização da criança ou adolescente com os pares, de eventuais problemas de comportamento, do desempenho escolar e outras questões que estejam associadas à queixa trazida pela família (Cunha, 2005; Schelini, Gomes & Wescheler, 2006).

Na entrevista com a família, deve-se investigar o desenvolvimento motor e emocional da criança ou adolescente, a forma como o avaliando socializa com os pais e os irmãos, como os pais lidam com as emoções e os comportamentos apresentados e quando os sintomas referentes à queixa iniciaram (Cunha, 2005; Schelini, Gomes & Wescheler, 2006). É importante também levar em consideração que os pais e a escola são melhores informantes de comportamentos externalizantes, e muitas vezes negligenciam sintomas internalizantes, os quais devem ser melhor explorados com a própria criança (Greenwald & Rubin, 1999; Muris, Meesters & Spinder, 2003).

É importante que o clínico possa ir aos locais de socialização da criança, pois investigar a demanda do paciente em seu ambiente é imprescindível para a fidedignidade dos resultados, já que as demandas ambientais e funcionamento cotidiano podem se modificar entre as situações e não serem refletidas no desempenho da criança ou adolescente nos testes padronizados (Paraná, 2013). Ademais, é preciso verificar a concordância entre as respostas dos informantes aos questionários, a fim de constatar os comportamentos relatados pela família e escola, pois muitas vezes o relato por terceiros dos comportamentos das crianças e adolescentes são enviesados. Exemplo disso são os estudos com o instrumento *Child Behavior Checklist* – CBCL (Tabela 1) que investigam a concordância das respostas entre os informantes parentais e indicam que a concordância fornecidas por pais e mães é de baixa a moderada (Achenbach, McConaugh & Howell, 1987; Borsa & Nunes, 2008; Kerr, Lunkenheimer & Olson, 2007). A concordância entre pais e professores quando se realiza análise de correlação entre as respostas é baixa, mas significativa (Achenbach et al., 1987). A revisão de Bandeira, Borsa, Segabinazi e Arteche (2010) adverte que as crianças e adolescentes referem mais proble-

mas internalizantes, ao oposto dos pais que indicam no CBCL de forma mais intensa problemas externalizantes. Tais achados não indicam, necessariamente, que o instrumento possui problemas, mas alertam quanto ao estado afetivo do próprio respondente e ao modo como se relaciona com a criança ou adolescente (Rey, Schrader & Morris-Yates, 1992).

Os estudos sobre o acesso à emoção e ao processamento emocional têm focado no reconhecimento de expressões faciais (Buck, 1985; Herba & Phillips, 2004), enfatizando as emoções primárias (Buck, 1985). A razão desse foco é a dificuldade em estudar o desenvolvimento de informações emocionais através de outros meios, devido às interferências de processos cognitivos e sociais, como a habilidade verbal (Herba & Phillips, 2004). Ademais, as expressões faciais indicam fortes dados sobre as emoções (Ekman, 2009). Para tanto, a utilização de softwares contendo expressões faciais de bebês, crianças (Romani-Sponchiado et al., 2015), adolescentes (Vasconcellos, Salvador-Silva, Gauer & Gauer, 2014; Novello, 2014) é utilizado na avaliação do reconhecimento emocional em diferentes tempos, estes, determinados pelo aplicador da tarefa.

Pesquisas indicam que crianças possuem maior precisão no reconhecimento de faces adultas em comparação com rostos de outras idades (Cassia, 2011; Cassia, Pisacane & Gava, 2012; Marusak, Carré & Thomason, 2013). Assim, ao se realizar tarefas de reconhecimento de faces, como identificação em faces de outras pessoas (bebês, crianças, adolescentes, adultos) com crianças é preciso levar em consideração este dado para evitar resultados falsos positivos ou falsos negativos. Igualmente, é necessário atentar que as emoções básicas como alegria, medo, tristeza, raiva, nojo, surpresa são identificadas de forma mais acurada do que as emoções mais complexas como surpresa, vergonha, culpa. Também é preciso levar em conta, na avaliação, diferentes tempos de exposição do estímulo (tempo que a foto da expressão facial fica disponível para a visualização do avaliando), pois as pessoas que possuem velocidade lenta de processamento da informação facial podem possuir dificuldades significativas de comunicação social (De Soneville et al., 2010), sendo, então, o tempo de exposição fator indicador de possível psicopatologia.

A avaliação das emoções exige necessariamente a integração de diferentes métodos, instrumentos e níveis de análise para o entendimento da experiência emocional e comportamental associada (Salomon, 2002). De tal modo, há crescente demanda no uso das tarefas ecológicas nas avaliações, uma vez que traduzem situações bastante próximas e semelhantes ao cotidiano da criança ou adolescente (Goel et al., 1997). Somado a isso, sabe-se que é preciso integrar os instrumentos padronizados com tarefas mais complexas, que reflitam o dia a dia da criança e adolescente e possam se assemelhar aos seus desempenhos reais (Chan, Shum, Touloupoulou & Chen, 2008; Renison et al., 2012; Zimmermann et al., 2014).

Tabela 1 Instrumentos para avaliação de emoções, afetos e comportamentos em crianças e adolescentes

Child Behavior Checklist (CBCL)	Questionário composto por 118 itens que avaliam problemas de conduta e 20 itens que avaliam habilidades sociais em crianças e adolescentes, de 4 a 18 anos, a partir de dados informados pelos pais e/ou professores, respondidos através de uma escala *Likert* de 3 pontos – 0 a 2.	Versão original: Achenbach (1991). Versão brasileira: Bordin, Mari e Caeiro (1995).	Não favorável para uso profissional*.
Strengths and Difficulties Questionnaire (SDQ)	Questionário realizado por pais ou professores, que permite rastrear características comportamentais e emocionais em crianças de 4 a 16 anos. Constitui-se de 25 itens divididos em cinco subescalas, contendo cinco itens cada uma: sintomas comportamentais pró-sociais, hiperatividade/desatenção, sintomas emocionais, problemas de conduta e de relacionamento com colegas.	Versão original: Goodman (1997). Versão brasileira: Fleitlich, Cortazar e Goodman (2000).	Não favorável para uso profissional*.
Child Depression Inventory (CDI)	O CDI é uma adaptação do Inventário de Depressão de Beck, para crianças e adolescentes com idades entre 7 e 17 anos. A escala de autorrelato é composta por 20 itens e tem como objetivo verificar a presença e a severidade dos sintomas depressivos.	Versão original: Kovacs (1992, 2003). Versão brasileira: Wathier, Dell'Aglio e Bandeira (2008).	Não favorável para uso profissional*.

Continua →

Spence Children's Anxiety Scale (SCAS)	A SCAS é uma escala de autorrelato para crianças e adolescentes que tem por objetivo mensurar sintomas de ansiedade. Entre os sintomas investigados estão os obsessivos-compulsivos, ansiedade de separação, fobia social, pânico/agorafobia, ansiedade generalizada e medos relacionados a doenças físicas ou machucados. A escala possui uma versão para criança ou adolescente e outra para os pais. As duas versões possuem 44 itens.	Versão original: Spence (1997). Versão brasileira: De Sousa et al. (2012).	Não favorável para uso profissional*.
Beck Depression Inventory-II (BDI-II)	O BDI-II é uma escala de autorrelato que tem por objetivo mensurar a presença e a gravidade de sintomas depressivos em indivíduos com 10 anos ou mais. O instrumento é composto por 21 itens.	Versão original: Beck, Steer e Brown (1996). Versão brasileira: Gorenstein, Pang, Argimon e Werlang (2011).	Favorável para uso profissional*.
Baralho das Emoções	O Baralho das Emoções é um instrumento composto de dois grupos de 21 cartas com diferentes emoções representadas pela expressão facial/corporal de uma criança em forma de desenho (todas as emoções possuem uma versão feminina e uma masculina). O instrumento pode ser utilizado como uma tarefa ecológica para a avaliação do conhecimento da criança com relação às diversas emoções.	Caminha e Caminha (2008).	Tarefa ecológica.
MTA-SNAP-IV	O instrumento é utilizado para o diagnóstico do Transtorno de Déficit de Atenção/Hiperatividade em crianças e adolescentes. Auxilia na avaliação dos sintomas externalizantes apresentados pela criança e/ou adolescente. É importante na avaliação de comportamentos adaptativos e não adaptativos em diferentes contextos.	Versão original: Swanson et al. (2001). Versão brasileira: Mattos, Serra-Pinheiro, Rohde e Pinto (2006).	Não favorável para uso profissional*.
Escala de Stress Infantil (ESI)	A escala de autorrelato ESI avalia sintomas de *stress* em crianças com idades entre 6 e 14 anos através de 35 itens, os quais são agrupados em quatro fatores. Reações Físicas (RF), Reações Psicológicas (RP), Reações Psicológicas com Componente Depressivo (RPCD) e Reações Psicofisiológicas (RPF). Além disso, classifica o nível de *stress*: fase de alerta, fase de resistência, fase de quase exaustão e fase de exaustão.	Lucarelli e Lipp (2005).	Favorável para uso profissional*.

Continua →

Escala de Stress para Adolescentes	Escala de autorrelato que tem por objetivo avaliar sintomas de stress físico e psicológico em adolescentes com idades entre 14 e 18 anos. O instrumento possui quatro fatores: sintomas psicológicos, sintomas cognitivos, sintomas fisiológicos e sintomas interpessoais. Assim como a ESI, classifica a fase do *stress* em que o adolescente se encontra.	Tricolli e Lipp (2006).	Favorável para uso profissional*.
Inventário de Habilidades Sociais Para Adolescentes (IHSA-Del Prette)	O IHSA-Del Prette é uma escala de autorrelato que tem como objetivo avaliar o repertório de habilidades sociais de adolescentes com idades entre 12 e 17 anos. O instrumento possui 38 itens e seis subescalas.	Del Prette e Del Prette (2009).	Favorável para uso profissional*.
Sistema Multimídia de Habilidades Sociais de Crianças (SMHSC-Del Prette)	O Inventário Multimídia de Habilidades Sociais para Crianças (IMHSC-Del Prette) inclui uma avaliação do repertório de habilidades sociais das crianças por elas mesmas ou pelo professor. O inventário possui tanto uma versão informatizada, em que são apresentados vídeos para as crianças de situações em que uma pessoa tem uma reação habilidosa, uma não habilidosa passiva e outra ativa e a criança deve escolher entre as três e determinar a adequação do comportamento, com que frequência ela emite aquele tipo de comportamento e qual o nível de dificuldade que ela encontra para realizá-lo.	Del Prette e Del Prette (2005).	Favorável para uso profissional*.
Inventário de Habilidades Sociais, Problemas de Comportamento e Competência Acadêmica para Crianças (SSRS-BR)	O SSRS-BR reúne a autoavaliação da criança, a avaliação dos pais e dos professores. A escala para as crianças tem como objetivo avaliar as habilidades sociais através de 34 questões em que o avaliando deve relatar a frequência da ocorrência de determinado comportamento. A versão para os pais possui duas escalas, uma para a avaliação das habilidades sociais (38 questões) e outra para avaliação dos comportamentos problemáticos (17 questões). Os professores respondem a um instrumento com três escalas: habilidades sociais (38 questões), comportamentos problemáticos (17 questões) e competência acadêmica (com base no desempenho do restante da turma).	Versão original: Gresham e Elliott (1990). Versão brasileira: Bandeira, Del Prette, Del Prette e Magalhães (2009).	Favorável para uso profissional*.

---

* Consulta realizada no Sistema de Avaliação de Testes Psicológicos (SATEPSI) em dezembro de 2015.

Considerações finais

A avaliação das emoções e comportamentos associados em crianças e adolescentes é importante, pois o reconhecimento e a regulação das emoções predizem trajetórias de desenvolvimento. A identificação precoce de prejuízos nessas áreas pode auxiliar na realização do diagnóstico clínico e no desenvolvimento de intervenções preventivas. Assim promovendo estratégias mais adaptativas de expressão, reconhecimento e regulação das emoções. Dessa forma, quanto mais cedo se identifica as dificuldades e se realiza uma intervenção, maiores as chances de reduções de impactos negativos no desenvolvimento socioafetivo.

Nesse sentido, o processo de avaliação e a descrição dos resultados encontrados deve ser reunido de forma que fique explícito o uso adequado dos testes psicológicos validados pelo SATEPSI, bem como a apropriação teórico-técnica tanto dos testes quanto dos conceitos por eles avaliados. O psicólogo deve embasar teórica e tecnicamente as escolhas dos métodos de avaliação, além de considerar a realidade do avaliando. Deve considerar os resultados da avaliação como partes integrantes do cotidiano do sujeito, ou seja, integrar os achados com as dificuldades e facilidades diárias, direcionando possibilidades para o paciente.

Referências

Achenbach, T.M. (1991). *Child behavior checklist/4-18*. Burlington: University of Vermont.

Achenbach, T.M., McConaughy, S.H. & Howell, C.T. (1987). Child/adolescent behavioral and emotional problems: implications of cross-informant correlations for situational specificity. *Psychological Bulletin,* 101 (2), 213.

Asher S.R., Parkhurst J.T., Hymel, S. & Williams, G.A. (1990). Peer rejection and loneliness in childhood. In: S.R. Asher & J.D. Coie (eds.). *Peer rejection in childhood* (p. 253-273). Cambridge: Cambridge University Press.

Bandeira, D.R., Borsa, J.B., Arteche, A.X. & Segabinazi, J.D. (2010). Avaliação de problemas de comportamento infantil através do Child Behavior Checklist (CBCL). In: C.S. Hutz (org.). *Avanços em avaliação psicológica e neuropsicológica de crianças e adolescentes* (p. 101-122). Porto Alegre: Casa do Psicólogo.

Bandeira, M., Del Prette, Z.A.P., Del Prette, A. & Magalhães, T. (2009). Validação das escalas de habilidades sociais, comportamentos problemáticos e competência acadêmica (SSRS-BR) para o Ensino Fundamental. *Psicologia: Teoria e Pesquisa,* 25 (2), 271-282.

Bariola, E., Gullone, E. & Hughes, E.K. (2011). Child and adolescent emotion regulation: The role of parental emotion regulation and expression. *Clinical Child and Family Psychology Review,* 14, 198-212.

Baron-Cohen, S. (2002). The extreme male brain theory of autism. *Trends in cognitive sciences,* 6 (6), 248-254.

Baron-Cohen, S., Ring, H.A., Wheelwright, S., Bullmore, E.T., Brammer, M.J., Simmons, A. & Williams, S.C. (1999). Social intelligence in the normal and autistic brain: an fMRI study. *European Journal of Neuroscience,* 11 (6), 1.891-1.898.

Bazhenova, O.V., Stroganova, T.A., Doussard-Roosevelt, J.A., Posikera, I.A. & Porges, S.W. (2007). Physiological responses of 5-month-old infants to smiling and blank faces. *International Journal of Psychophysiology,* 63 (1), 64-76.

Beck, A.T., Steer, R.A., Brown, G.K. (1996). *Manual for the Beck Depression Inventory.* 2. ed. Santo Antônio, TX: The Psychological Corporation.

Bellak, L. & Bellak, S.S. (1991). *Manual do Teste de Apercepção Infantil* – Figuras de animais [*Children's Apperception Test* CAT-A]. Campinas: Livro Pleno.

Bordin, I.A.S., Mari, J.J., Caeiro, M.F. (1995). Validação da versão brasileira do Child Behavior Checklist (CBCL) (Inventário de Comportamentos da Infância e Adolescência): dados preliminares. *Revista da Associação Brasileira de Psiquiatria*, 17 (2), 55-66.

Borsa, J.C. & Nunes, M.L.T. (2008). Concordância parental sobre problemas de comportamento infantil através do CBCL. *Paideia*, 18 (40), 317-330.

Buck, R. (1985). Prime theory: An integrated view of motivation and emotion. *Psychological Review*, 92 (3), 389.

Caminha, R.M. & Caminha, M.G. (2008). Baralho das emoções: acessando a criança no trabalho clínico. Porto Alegre: Synopse.

Cassia, V. (2011). Age biases in face processing: The effects of experience across development. *British Journal of Psychology*, 102 (4), 816-829.

Cassia, V.M., Kuefner, D., Picozzi, M. & Vescovo, E. (2009). Early experience predicts later plasticity for face processing evidence for the reactivation of dormant effects. *Psychological Science*, 20 (7), 853-859.

Cassia, V., Pisacane, A. & Gava, L. (2012). No own--age bias in 3-year-old children: More evidence for the role of early experience in building face-processing biases. *Journal of Experimental Child Psychology*, 113 (3), 372-382.

Chan, R.C.K., Shum, D., Toulopoulou, T. & Chen, E.Y.H. (2008). Assessment of executive functions: review of instruments and identification of critical issues. *Archives of Clinical Neuropsychology*, 23, 201-216.

Chaytor, N. & Schmitter-Edgecombe, M. (2003). The ecological validity of neuropsychological tests: A review of the literature on everyday cognitive skills. *Neuropsychology Review*, 13 (4), 181-197.

Cunha, J.A. (2005). *Psicodiagnóstico-V*. 5 ed. rev. e amp. Porto Alegre: Artes Médicas.

Damasio, A.R. (1998). Emotion in the perspective of an integrated nervous system. *Brain Research Reviews*, 26 (2), 83-86.

Darwin, C. (1872). *The expression of the emotions in man and animals*. [S.l.]: Murray.

De Sonneville, L.M.J., Verschoor, C.A., Njiokiktjien, C., Op het Veld, V., Toorenaar, N. & Vranken, M. (2002). Facial Identity and Facial Emotions: Speed, Accuracy, and Processing Strategies in Children and Adults. *Journal of Clinical and Experimental Neuropsychology*, 24 (2), 200-213.

De Sousa, D.A., Petersen, C.S., Behs, R., Manfro, G.G. & Koller, S.H. (2012). Brazilian Portuguese version of the Spence Children's Anxiety Scale (SCAS-Brasil). *Trends in Psychiatry and Psychotherapy*, 34 (3), 147-153.

Del Prette, A. (2009). *Inventário de habilidades sociais para adolescentes (IHSA-Del Prette):* manual de aplicação, apuração e interpretação. São Paulo: Casa do Psicólogo.

Del Prette, Z.A.P. & Del Prette, A. (2005). *Sistema multimídia de habilidades sociais de crianças (SMHSC-Del Prette):* manual. São Paulo: Casa do Psicólogo.

Eisenberg, N., Cumberland, A., Spinrad, T.L., Fabes, R.A., Shepard, S.A., Reiser, M. & Guthrie, I.K. (2001). The relations of regulation and emotionality to children's externalizing and internalizing problem behavior. *Child development*, 72 (4), 1.112-1.134.

Eisenberg, N., Hofer, C., Sulik, M.J. & Spinrad, T.L. Self-Regulation (2014). Effortful Control and Their Socioemotional Correlates. In: *Gross Handbook of Emotion Regulation* (p. 157-186). Nova York: The Guilford Press.

Ekman, P. (2003). Darwin, deception, and facial expression. *Annals of the New York Academy of Sciences*, 1.000 (1), 205-221.

Ekman, P. (2009). Darwin's contributions to our understanding of emotional expressions. *Philosophical Transactions of the Royal Society B: Biological Sciences*, 364 (1.535), 3.449-3.451.

Ekman, P., Soreson, R., Friesen, W. (1969). Pancultural elements in facial display of emotions. *Science*, 164 (3.875), 86-88.

Ekman, P.E. & Davidson, R.J. (1994). *The nature of emotion:* Fundamental questions. Oxford: Oxford University Press.

Esslen, M., Pascual-Marqui, R.D., Hell, D., Kochi, K. & Lehmann, D. (2004). Brain areas and time course of emotional processing. *NeuroImage*, 21 (4), 1.189-1.203.

Fine, S.E., Izard, C.E., Mostow, A.J., Trentacosta, C.J. & Ackerman, B.P. (2003). First grade emotion knowledge as a predictor of fifth grade self-reported internalizing behaviors in children from economically-disadvantaged families. *Development and Psychopathology*, 15, 331-345.

Fleitlich, B., Cortázar, P.G. & Goodman, R. (2000). Questionário de capacidades e dificuldades (SDQ). *Infanto: Revista de Neuropsiquiatria da Infancia e da Adolesc.*, 8 (1), 44-50.

Formiga, N.S. & Mello, I. (2000). Testes psicológicos e técnicas projetivas: uma integração para um desenvolvimento da interação interpretativa indivíduo-psicólogo. *Psicologia: Ciência e Profissão*, 20 (2), 12-19.

Gazzaniga, M.S. & Heatherton, T.F. (2005). *Ciência psicológica:* mente, cérebro e comportamento. Porto Alegre: Artmed.

Goel, V., Grafman, J., Tajik, J., Gana, S. & Danto, D. (1997). A study of the performance of patients with frontal lobe lesions in a financial planning task. *Brain*, 120, 1.805-1.822.

Goodman, R. (1997). The Strengths and Difficulties Questionnaire: a research note. *Journal of Child Psychology and Psychiatry*, 38 (5), 581-586.

Greenwald, R. & Rubin, A. (1999). Assessment of Posttraumatic Symptoms in Children: Development and Preliminary Validation of Parent and Child Scales. *Research on Social Work Practice*, 9 (1), 61-75.

Gresham, F.M. & Elliott, S.N. (1984). Assessment and classification of children's social skills: A review of methods and issues. *School Psychology Review*, 13, 292-301.

Gross, J.J. (2013). Emotion regulation: taking stock and moving forward. *Emotion*, 13 (3), 359.

Gross, J.J. & Thompson, R.A. (2007). Emotion regulation: Conceptual foundations. *Handbook of Emotion Regulation*, 3, 24.

Gunning-Dixon, F.M., Gur, R.C., Perkins, A.C., Schroeder, L., Turner, T., Turetsky, B.I. & Gur, R.E. (2003). Age-related differences in brain activation during emotional face processing. *Neurobiology of Aging*, 24 (2), 285-295.

Halberstadt, A.G., Denham, S.A. & Dunsmore, J.C. (2001). Affective social competence. *Social Development*, 10 (1), 79-119.

Harlé, K.M., Shenoy, P. & Paulus, M.P. (2013). The influence of emotions on cognitive control: feelings and beliefs where do they meet? *Frontiers in human neuroscience*, 7.

Harris, P.L. (2008). Children's Understanding of Emotion. In: M. Lewis, J. Haviland-Jones & L.F. Barrett (eds.). *Handbook of emotions*. 3. ed. (p. 320-331). Nova York: The Guilford Press.

Herba, C. & Phillips, M. (2004). Annotation: Development of facial expression recognition from childhood to adolescence: Behavioural and neurological perspectives. *Journal of Child Psychology and Psychiatry*, 45 (7), 1.185-1.198.

Herba, C.M., Landau, S., Russell, T., Ecker, C. & Phillips, M.L. (2006). The development of emotion-processing in children: effects of age, emotion, and intensity. *Journal of Child Psychology and Psychiatry*, 47 (11), 1.098-1.106.

Hills, P.J. (2012). A developmental study of the own-age face recognition bias in children. *Developmental Psychology*, 48 (2), 499-508.

Kerr, D.C., Lunkenheimer, E.S. & Olson, S.L. (2007). Assessment of child problem behaviors by multiple informants: A longitudinal study from preschool to school entry. *Journal of Child Psychology and Psychiatry*, 48 (10), 967-975.

Kovacs, M. (1992). *Children's Depression Inventory Manual*. Los Angeles: Western Psychological Services.

Kovacs, M. (2003). *Children's Depression Inventory (CDI):* Technical Manual Update. Toronto: Multhi-Health.

Leahy, R.L. (2002). A model of emotional schemas. *Cognitive and Behavioral Pratice*, 9, 177-191.

Leahy, R.L. (2005). A social-cognitive model of validation. *Compassion: Conceptualisations, research and use in psychotherapy*, 195-217.

Leahy, R.L. (2007). Emotion and psychotherapy. *Clinical Psychology: Science and Practice*, 14 (4), 353-357.

Leahy, R.L. (2007). Emotional schemas and resistance to change in anxiety disorders. *Cognitive and Behavioral Pratice*, 14, 36-45.

Leahy, R.L., Tirch, D. & Napolitano, L.A. (2013). *Regulação emocional em psicoterapia* – Um guia para o terapeuta cognitivo-comportamental. Porto Alegre: Artmed.

LeDoux, J. (2000). Cognitive-emotional interactions: Listen to the brain. *Cognitive Neuroscience of Emotion*, 129-155.

LeDoux, J. (2012). Rethinking the emotional brain. *Neuron*, 73 (4), 653-676.

Lipp, M.E.N. & Lucarelli, M.D.M. (2005). *ESI – Escala de Stress Infantil*. São Paulo: Casa do Psicólogo.

Leung, R.C., Vogan, V.M., Powell, T.L., Anagnostou, E. & Taylor, M.J. (2015). The role of executive functions in social impairment in autism spectrum disorder. *Child Neuropsychology*, 1-9.

Maat, A., Fett, A.K., Derks, E. & Group Investigators (2012). Social cognition and quality of life in schizophrenia. *Schizophrenia Research*, 137 (1), 212-218.

MacDonald, P.M., Kirkpatrick, S.W. & Sullivan, L.A. (1996). Schematic drawings of facial expressions for emotion recognition and interpretation by preschool-aged children. *Genetic, Social, and General Psychology Monographs*, 122 (4), 377-388.

Marusak, H.A., Carré, J.M. & Thomason, M.E. (2013). The stimuli drive the response: An fMRI study of youth processing adult or child emotional face stimuli. *NeuroImage*, 83, 679-689.

Mattos, P., Pinheiro, M.A., Rohde, L.A.P. & Pinto, D. (2006). Apresentação de uma versão em português para uso no Brasil do instrumento MTA-SNAP-IV de avaliação de sintomas de transtorno do déficit de atenção/hiperatividade e sintomas de transtorno desafiador e de oposição. *Revista de Psiquiatria do Rio Grande do Sul*, Porto Alegre, 28 (3), 290-297.

McClure, E.B. & Nowicki Jr., S. (2001). Associations between social anxiety and nonverbal processing skill in preadolescent boys and girls. *Journal of Nonverbal Behavior*, 25 (1), 3-19.

Muris, P., Meesters, C. & Spinder, M. (2003). Relationships between child- and parent-reported behavioural inhibition and symptoms of anxiety and depression in normal adolescents. *Personality and Individual Differences*, 34 (5), 759-771.

Nelson, C.A. & de Haan, M. (1997). A neurobehavioral approach to the recognition of facial expressions in infancy. *The Psychology of Facial Expression*, 176-204.

Novello, B.M. (2014). *Processamento de expressões faciais na adolescência* – Construção de um banco de imagens e investigação de efeitos moderadores (Projeto de dissertação de mestrado). Faculdade de Psicologia, Programa de Pós-Graduação em Psicologia, Área de Cognição Humana, Pontifícia Universidade Católica do Rio Grande do Sul.

Paraná, C.M. (2013). *Avaliação neuropsicológica de funções executivas em adultos após traumatismo cranioencefálico* (Dissertação de mestrado). Universidade Federal do Paraná.

Phillips, M.L., Drevets, W.C., Rauch, S.L. & Lane, R. (2003). Neurobiology of emotion perception II: Implications for major psychiatric disorders. *Biological Psychiatry*, 54 (5), 515-528.

Renison, B., Ponsford, J., Testa, R., Richardson, B. & Brownfield, K. (2012). The ecological construct validity of a newly developed measure of executive function: The virtual library task. *Journal of the International Neuropsychological Society*, 18, 440-450.

Rey, J.M., Schrader, E. & Morris-Yates, A. (1992). Parent-child agreement on children's behaviours reported by the Child Behaviour Checklist (CBCL). *Journal of Adolescence*, 15 (3), 219-230.

Romani-Sponchiado, A., Sanvicente-Viera, B., Mottin, C., Hertzog-Fonini, D. & Arteche, A. (2015). Child Emotions Picture Set (CEPS): Developmental of a database of children's emotional expressions. *Psychology & Neuroscience*, vol. 8(4), 467-478.

Rubin, K.H., LeMare L.J. & Lollis, S. (1990). Social withdrawal in childhood: Developmental pathways to peer rejection. In: S.R. Asher & J.D. Coie J.D. (eds.). *Peer rejection in childhood* (p. 217-249). Cambridge: Cambridge University Press.

Salmon, G. (2002). Salmon's Five-Step Model. *Educational Technology & Society*, 5, 4.

Schelini, P.W., Gomes, V.T., Wescheler, S.M. (2006). Avaliação psicológica infantil: aspectos cognitivos e neuropsicológicos. In: A.P.P. Noronha, A.A.A. Santos & F.F. Sisto (orgs.). *Facetas do fazer em avaliação psicológica* (p. 81-94). São Paulo: Vetor.

Schultz, D., Izard, C.E. & Ackerman, B.P. (2000). Children's anger attribution bias: Relations to family environment and social adjustment. *Social Development*, 9 (3), 284-301.

Silk, J.S., Steinberg, L. & Morris, A.S. (2003). Adolescents' emotion regulation in daily life: Links to depressive symptoms and problem behavior. *Child development*, 74 (6), 1.869-1.880.

Southam-Gerow, M.A. & Kendall, P.C. (2002). Emotion regulation and understanding: Implications for child psychopathology and therapy. *Clinical Psychology Review*, 22 (2), 189-222.

Spence, S.H. (1998). A measure of anxiety symptoms among children. *Behaviour Research and Therapy*, 36 (5), 545-566.

Steinberg, L. (2005). Cognitive and affective development in adolescence. *Trends in Cognitive Sciences*, 9 (2), 69-74.

Sternberg, R.J. (2000). *Psicologia Cognitiva*. Porto Alegre: ArtMed.

Strand, P.S., Cerna, S. & Downs, A. (2008). Shyness and emotion processing skills in preschoolers: A 6-month longitudinal study. *Infant and Child Development*, 17 (2), 109-120.

Swanson, J.M., Kraemer, H.C., Hinshaw, S.P., Arnold, L.E., Conners, C.K., Abikoff, H.B. & Wu, M. (2001). Clinical relevance of the primary findings of the MTA: success rates based on severity of ADHD and ODD symptoms at the end of treatment. *Journal of the American Academy of Child & Adolescent Psychiatry*, 40 (2), 168-179.

Trentacosta, C.J. & Fine, S.E. (2010). Emotion Knowledge, Social Competence, and Behavior Problems in Childhood and Adolescence: A Meta-analytic Review. *Social Development*, 19 (1), 1-29.

Tricoli, V.A.C. & Lipp, M.E.N. (2006). *Escala de Estresse para Adolescentes – ESA*. São Paulo: Casa do Psicólogo.

Vasconcelos, J.S.L., Salvador-Silva, R., Gauer, V. & Gauer, G.J.S. (2014). Psychopathic Traits in Adolescents and Recognition of Emotion in Facial Expressions. *Psychology – Psicologia, Reflexão e Crítica*, 27 (4), 768-774.

Vicari, S., Reilly, J.S., Pasqualetti, P., Vizzotto, A. & Caltagirone, C. (2000). Recognition of facial expressions of emotions in school-age children: the intersection of perceptual and semantic categories. *Acta Paediatrica*, 89 (7), 836-845.

Wathier, J.L., Dell'Aglio, D.D. & Bandeira, D.R. (2008). Análise fatorial do Inventário de Depressão Infantil (CDI) em amostra de jovens brasileiros. *Avaliação Psicológica*, 7 (1), 75-84.

Widen, S.C. & Russell, J.A. (2003). A closer look at preschoolers' freely produced labels for facial expressions. *Developmental Psychology*, 39 (1), 114.

Wilker, S. & Kolassa, I.T. (2013). The Formation of a Neural Fear Network in Posttraumatic Stress Disorder Insights From Molecular Genetics. *Clinical Psychological Science*.

Zimmermann, N., Cardoso, C.O., Kochhann, R., Jacobsen, G. & Fonseca, R.P. (2014). Contributions of the Ecological Approach to the Neuropsychology of Executive Functions. *Trends in Psychology – Temas em Psicologia*, 22 (3), 639-654.

17
Avaliação psicológica de crianças e adolescentes com suspeita de abuso sexual

Ana Celina Garcia Albornoz

Abuso sexual

O abuso sexual (AS) é um dos mais graves crimes cometidos contra crianças e adolescentes. Trata-se de toda atividade em que o perpetrador – um indivíduo que se encontra em um estágio de desenvolvimento mais avançado do que a criança ou adolescente envolvido – busca a sua satisfação sexual no contato com a vítima. A situação pode se estabelecer mediante diferentes atos abusivos, como estimulação, exibição, manipulação, exposição, penetração, entre outros, envolvendo conteúdos sexuais, e não necessariamente implicando uma relação genital completa ou em contato sexual direto. O AS nem sempre é conduzido com violência, podendo ocorrer por meio de sedução ou de indução da vontade. Mesmo que a criança ou o adolescente consinta com o abuso, isso em nada exime o abusador da sua responsabilidade pela atividade delituosa. O AS pode estar associado ou não a outros tipos de vitimização, como o abuso físico, o abuso psicológico, o abandono e a negligência (Albornoz, 2006; Amazarry & Koller, 1998; Kendall-Tackett et al., 1993; Oates, 2004).

O AS produz um impacto negativo no desenvolvimento da criança e do jovem, pois pode desencadear sintomas emocionais, comportamentais, sociais e cognitivos, como baixa autoes-tima, agressividade, desconfiança, hipersexualidade, enurese, isolamento, bloqueios, medos, pesadelos, entre outros (Albornoz, 2006, 2011; Amazarry & Koller, 1998; Kendall-Tackett et al., 1993; Oates, 2004; Tyler, 2002). No entanto, não existe uma síndrome específica do AS (Dammeyer, 1998), pois as reações das vítimas podem variar caso a caso: algumas podem estar assintomáticas, em outras, os sintomas apresentados podem parecer ter pouca relevância. Independente da presença ou não de sintomas, o AS promove grande sofrimento, mesmo que os seus efeitos não sejam evidentes (Amazarry & Koller, 1998).

A infância e a adolescência, pela condição peculiar de desenvolvimento e de vulnerabilidade em que se encontram, requerem proteção especial, portanto, não deveriam sofrer intromissões de nenhum tipo de vivência abusiva, no entanto, a violência sexual contra crianças e adolescentes é muito comum. O AS intrafamiliar é o mais frequente e também o mais danoso à criança e ao adolescente, justamente porque o perpetrador é alguém que deveria inspirar afeto e proteção (Albornoz, 2006, 2011; Furniss, 1993; Holhendorf, ND; Lalor, 2004). Nos casos em que os próprios pais são os principais violadores dos direitos fundamentais das crianças e jovens, oferecendo riscos ao invés de proteção, os prejuízos emocionais são imensos e podem esgotar as possibilidades de felicidade das vítimas (Paulo & Vilhena, 2012). A situação se torna ainda mais grave porque as experiências vivenciadas pelas crianças com seus pais são marcantes e servem como modelo de vida, tendendo a ser repetidas posteriormente no tipo de parentalidade exercida pelo indivíduo ora abusado com relação aos seus filhos no futuro. Dessa forma, pode se estabelecer um ciclo de violência familiar difícil de ser encerrado (Albornoz, 2006, 2011; Roberts et al., 2004).

O AS mexe com tabus, valores e regras sociais, despertando um interesse geral da sociedade, especialmente com relação a sua abordagem diagnóstica, terapêutica e jurídica. Todo o cidadão que obtiver conhecimento de um fato dessa natureza, seja através da sua própria observação ou de uma declaração por parte de uma vítima ou de um infrator, tem o dever legal de comunicá-lo às autoridades competentes. Em geral, os locais de referência para esse tipo de denúncia são o Disque 100, o Conselho Tutelar (CT) do município e a Delegacia de proteção à criança e adolescente (DPCA) da região (Brasil, 1990). A partir desses locais, os casos serão devidamente encaminhados para centros de avaliação e de atendimento especializados em AS infantojuvenil, com o objetivo de serem atendidos nos seus aspectos protetivos, terapêuticos e legais. Os locais de referência para a avaliação e atendimento de crianças e adolescentes suspeitos de vitimização por AS contam com equipes especializadas.

O AS envolve uma problemática complexa e multifatorial, especialmente quando intrafamiliar, de difícil resolução. O seu entendimento requer abordagens integradas de diferentes especialidades, tais como: o direito, por tratar-se de um crime; a psicologia, pelo impacto emocional que causa; o serviço social, pelos aspectos socio-

familiares envolvidos; a medicina, pelos prejuízos físicos que ocasiona, dentre outras. Nenhuma abordagem deverá se sobrepor à outra, pois a complementaridade favorecerá o entendimento e o atendimento das necessidades das vítimas. Uma abordagem fragmentada, incompleta ou inadequada poderá resultar na falta de compreensão do caso, em manejos ineficazes, em equívocos nos encaminhamentos e na possibilidade de impor novos danos à vítima. Por esse motivo, é muito importante que uma criança ou adolescente vítima de AS seja avaliado e atendido preferencialmente em centros especializados em AS, que congregam profissionais habilitados para empregar ou demandar os recursos jurídicos, de saúde e de proteção necessários ao caso.

Como se trata de um crime, o judiciário é uma das peças centrais nos casos de AS. Ao buscar disciplinar os desdobramentos fáticos das relações humanas, das violações, da quebra da harmonia familiar e do desamor, as autoridades buscam usufruir do conhecimento de outras disciplinas, com o objetivo de melhor compreender as dinâmicas envolvidas nesses desfechos (Simão, 2012). Essa perspectiva abriu espaço aos psicólogos nas questões de foro legal, que, amparados no seu Código de Ética (Conselho Federal de Psicologia [CFP], 2015), passaram a colaborar com a justiça.

Avaliação psicológica

A avaliação psicológica (AP) é uma das modalidades de intervenção psicológica mais empregada pelos psicólogos na assessoria ao direito (Brito, 1999), especialmente nos casos de vitimização. Além da AP, existem outras atividades utilizadas com esse fim, exercidas também por psicólogos, como as entrevistas forenses e o Depoimento Especial. As entrevistas forenses são realizadas com o objetivo de obter informações objetivas e detalhadas a respeito da realidade relacionada a um processo. Essas entrevistas diferem das entrevistas clínicas, pois tem um foco bem definido e buscam obter informações que respondam questões previamente estabelecidas, ou seja, têm caráter pericial (Rovinski & Stein, 2009). Já o Depoimento Especial, caracteriza-se como a tomada de depoimento da criança mediante uma escuta adaptada, que deve ocorrer numa sala privada, na presença de um profissional especializado no assunto, que conduzirá a abordagem através de intervenções menos invasivas, como estratégia para minimizar a exposição e o sofrimento da criança diante da necessidade processual da sua oitiva (Cézar, 2007; Dobke, 2001). Essas últimas não são intervenções exclusivas dos psicólogos. São intervenções específicas de foro, recursos processuais utilizados com objetivos específicos e predeterminados. Em geral, são mais breves do que o processo de AP, e podem coexistir em um mesmo processo.

Nos casos de suspeita de AS contra crianças e adolescentes, a AP poderá ser indicada nas seguintes situações: como uma medida prévia à judicialização do caso, quando existem suspeitas ou indicadores ainda pouco específicos de AS, que não foram lançados à justiça pelo médico, pela escola, por um profissional do direito ou de outras áreas, ou pelos próprios responsáveis; poderá ser indicada como uma medida decorrente de uma denúncia ou de um processo judicial constituído, ou poderá ser indicada por motivos diversos, como por exemplo, uma queixa escolar.

Avaliação psicológica como medida prévia à judicialização do caso

Nesse caso, a AP poderá ser solicitada, por exemplo, por um médico, pelos familiares ou pela escola, quando forem percebidas alterações no comportamento ou no ambiente da criança ou do adolescente, que indicam a possibilidade de alguma problemática emocional, sexual ou de outra natureza. Nesse caso, um psicólogo da comunidade poderá ser procurado para realizar a AP e empregará os recursos técnicos mais indicados à avaliação do caso, cujo uso é permitido pelo CFP (2015). Cabe salientar que qualquer psicólogo regularmente inscrito no Conselho Regional de Psicologia (CRP, 2015) poderá realizar uma AP com o objetivo de identificar aspectos saudáveis e patológicos da personalidade e do comportamento de uma criança ou adolescente, inclusive, vivências de AS. No entanto, é essencial que esse profissional esteja suficientemente qualificado e seja detentor de conhecimentos sobre o desenvolvimento normal e patológico na infância e adolescência e sobre técnicas de avaliação. Dessa forma, será capaz de diferenciar comportamentos típicos e atípicos nessa população, e identificar diferentes problemáticas, inclusive, àquelas relacionadas ao AS.

O psicólogo que aceitar o encargo de realizar uma AP, sejam quais forem os motivos do encaminhamento, e especialmente nos casos de suspeita de AS, deverá ter plena consciência da obrigatoriedade da denúncia caso alguma situação de violação de direitos contra crianças ou adolescentes venha a se confirmar. Dessa forma, sempre que a AP resultar numa suspeita consistente de AS, o psicólogo deverá comunicar o resultado do seu trabalho a um órgão oficial da comunidade, como o CT ou a DPCA, onde serão conduzidos os procedimentos e encaminhamentos decorrentes da denúncia, entre eles, os procedimentos legais, médicos e psicológicos focados no AS. Nesse contexto, será realizada uma avaliação geral do caso, podendo incluir uma nova

AP, realizada pela equipe do órgão de referência como parte de um procedimento oficial.

O psicólogo que realizou a primeira avaliação e encaminhou a denúncia de AS poderá ser chamado a contribuir, tanto no processo de AP oficial quanto no processo judicial decorrente. Muito embora a denúncia dos casos de AS seja um dever legal e esteja em consonância com as leis vigentes no país, é recomendável que o psicólogo consulte o CRP de sua região para obter informações e esclarecimentos a respeito das recomendações profissionais para esses procedimentos.

Avaliação psicológica a partir de uma denúncia de AS

Quando a solicitação de AP for decorrente de uma denúncia de AS, por tratar-se de um grave crime contra crianças e adolescentes envolvendo questões de ordem judicial, é recomendável que o processo de AP seja realizado por psicólogos que tenham um profundo conhecimento e experiência no assunto, e preferencialmente que estejam vinculados aos centros especializados em AS reconhecidos oficialmente. Nesse caso, há uma denúncia de AS formalizada junto a um órgão oficial, e o encaminhamento da criança ou do adolescente à equipe especializada em AS é um dos procedimentos decorrentes da denúncia. Dessa forma, a AP será realizada pelo profissional habilitado nesse tipo de exame, através do conhecimento de técnicas específicas, como por exemplo, entrevistas para o diagnóstico de AS. Dessa forma, as medidas adotadas poderão ser aproveitadas no processo, e a vítima não precisará ser excessivamente exposta ao passar pela mesma intervenção (AP) repetidamente. Além disso, o material ficará mais protegido de alterações, como as falsas memórias, que podem ser ocasionadas, por exemplo, por perguntas equivocadas ou malformuladas, ou mesmo, pelos estímulos à rememoração da situação por parte de um profissional pouco experiente no assunto.

Pode ocorrer também que o encaminhamento para AP seja realizado durante um processo judicial corrente, por exemplo, sobre a guarda dos filhos ou definição de poder familiar, em que surja uma denúncia de AS contra uma criança ou um adolescente. Nesse caso, a própria autoridade judicial, ou um profissional do direito ligado ao processo, poderá requerer uma AP de uma criança ou adolescente, indicando o local para a sua realização. Geralmente são indicados o próprio juizado ou os centros especializados oficialmente reconhecidos. No entanto, o profissional do direito, defensor dos interesses de uma das partes do processo, ou as partes envolvidas (mãe, pai, ou outros) no processo, também poderão indicar um psicólogo particular para o procedimento. Tal AP terá como objetivo subsidiar o referido processo judicial.

A AP com o objetivo de avaliar uma criança ou adolescente com suspeita de AS, mesmo que solicitada pela instância judicial, será realizada prévia ou paralelamente às audiências, em contexto independente delas, diferenciando-se da escuta jurídica, e poderá compor os autos do processo através de parecer, laudo ou relatório psicológico emitido pelo profissional habilitado para tal. Um laudo resultante de uma AP realizada por um profissional particular não nomeado pelo juiz, eleito por uma das partes, poderá ser acrescido aos autos do processo, e ser considerado ou não no julgamento do mesmo.

A habilidade para a realização de uma AP de suspeita de AS requer uma formação apropriada, somada à experiência profissional. É essencial que o profissional apresente pleno conhecimento sobre o assunto, como comportamentos típicos, dinâmicas familiares específicas, técnicas avaliativas e resultados comuns às dinâmicas do AS. Além disso, a interlocução com outros profissionais é muito importante às definições diagnósticas. Portanto, a realização de uma AP nos casos de suspeita de AS tende a ser melhor conduzida quando realizada por profissionais inseridos em equipes especializadas no assunto.

Avaliação psicológica por motivos diversos

Uma situação inusitada pode ocorrer quando a revelação do AS consistir num achado imprevisto de uma AP solicitada por motivos diversos, tais como queixas clínicas ou escolares. Nesse caso, a criança ou o jovem, baseado no vínculo de confiança estabelecido com o psicólogo que realiza a AP, em busca de ajuda, aproveita a oportunidade para revelar espontaneamente o abuso. Também podem ocorrer casos em que uma criança ou um adolescente faz um relato espontâneo sobre AS à mãe, ao pai, à professora, a uma amiga, à sua terapeuta, ao médico, à vizinha, entre outros.

O desfecho do caso dependerá do grau de credibilidade e do destino que a pessoa que recebeu a denúncia designará à mesma. Trata-se de um dever legal de todos os cidadãos conduzir adequadamente essa situação, ou seja, encaminhar a revelação a um fórum adequado, como o CT ou a DPCA da região. Assim, a situação poderá ser investigada, e quando confirmado o AS, a criança poderá ser protegida e o abusador responderá pela sua atitude. No entanto, pode acontecer que não seja dado crédito à criança (Paiva, 2000) devido a interesses pessoais, como a necessidade

de encobrir o próprio abusador, propiciando que a situação se prolongue, até que a criança encontre proteção ou ela mesma desenvolva condições de autoproteção. Como por exemplo, no caso de uma menina de 11 anos, que revelou à orientadora da escola que era abusada pelo padrasto desde os 5 anos de idade, já tendo contado à mãe, que não lhe concedera crédito, supostamente porque o padrasto era o mantenedor da casa. Com o avanço do desenvolvimento de seus recursos de linguagem e de sua capacidade crítica, a menina conseguiu buscar auxílio verbalizando a situação à pessoa de sua confiança, no caso a orientadora escolar, que tomou as medidas adequadas, encaminhando o caso ao CT. Nessas situações, se explica à criança ou ao adolescente que o comportamento do adulto é inadequado e prejudicial a ela e que seus pais ou responsáveis serão informados sobre o assunto, além de outras pessoas que poderão ajudá-la.

A revelação espontânea do AS por parte da criança ou do jovem nem sempre é uma realidade, mas quando ocorre, deverá ser avaliada na sua veracidade. Apesar de a fala da criança ser peça essencial na AP decorrente de suspeita de AS, a conclusão do profissional implicado nessa tarefa não deve se limitar a ela devido à complexidade da situação. Outros indicadores, como a subjetividade da criança, o contexto sociofamiliar que a envolve (Teixeira, 2012), o brinquedo, o jogo e as suas pautas de conduta devem ser considerados. Falsas memórias e mentiras deliberadas sobre AS são comuns e embasam falsas denúncias (Lipian et al., 2004) oriundas de conflitos, confusões, culpas e dilemas familiares, como por exemplo, nos casos de relatos decorrentes do fenômeno de Alienação Parental, quando um dos genitores apresenta falsa denúncia de AS contra o outro genitor, com o objetivo de prejudicar a relação da criança ou adolescente com o mesmo (Brasil, 2010). Essa possibilidade deve ser considerada na análise do caso.

A avaliação psicológica propriamente dita

Uma grande dificuldade para se identificar o AS em crianças e adolescentes ocorre porque a maioria dos casos não envolve violação física e a presença de lesões, sendo indetectável ao exame físico (Feix & Pergher, 2010; Pillai, 2005). A presença de materiais (sêmen/esperma), exames laboratoriais positivos para doenças sexualmente transmissíveis e para o vírus HIV, alterações físicas inesperadas (hemorragias) e dores (no órgão genital, no abdômen, durante a micção ou evacuação), são importantes indicadores de AS quando excluídas outras possibilidades de alteração (Aded, 2005; Junqueira & Deslandes, 2003). Contudo, a materialidade física nem sempre é constatada no exame de corpo delito, gerando dificuldades para a identificação ou comprovação do AS (Rios, 2009). Nesse contexto, torna-se fundamental a adequada identificação das marcas psíquicas do AS através da AP.

A AP é um processo técnico e científico, que constitui uma importante fonte de informações de caráter explicativo sobre os fenômenos psicológicos, podendo subsidiar diferentes campos de atuação do psicólogo. Os instrumentos e técnicas psicológicas empregados na AP são capazes de apreender dinâmicas psicossociais geralmente complexas e difíceis de serem diagnosticadas (CFP, 2015), típicas das histórias de AS, e propor a melhor condução nesses casos. O psicólogo, detentor de um arcabouço de conhecimentos técnicos, é o profissional capacitado a facilitar a revelação e a intervir diante de experiências traumáticas, considerando a sua complexidade e os seus efeitos no psiquismo.

A AP é um processo baseado em um planejamento prévio e cuidadoso, com um foco mais ou menos abrangente, dependendo da demanda inicial. O seu objetivo precisa estar bem definido, pois a partir dele serão estabelecidas as estratégias que serão adotadas em todo o processo. Em geral, a AP busca apreender características globais ou específicas da personalidade do indivíduo e sua dinâmica de funcionamento, a fim de detectar seus aspectos saudáveis e patológicos, bem como os possíveis indicadores de experiências invasivas. Para isso, o profissional que a realiza deve levar em conta a complexidade envolvida em cada caso, abordando os seus diferentes aspectos, de forma ética, profunda e não tendenciosa.

Diante da suspeita de AS, necessita-se alcançar um amplo conhecimento do caso. Para isso, a AP deve se valer de todos os materiais e fontes de informações possíveis, como entrevistas com familiares, observações escolares, avaliações médicas, entre outros, a fim de tecer uma teia a respeito dos acontecimentos e poder apontar indicadores, quando for o caso, de vivências nesse sentido.

Os psicólogos devem considerar os elementos fornecidos pela avaliação do contexto de vida da possível vítima e seus detalhes e, pela avaliação da narrativa, sua fluidez, contradições, pontos cegos, falta de nexo. Será necessário captar elementos sobre a história prévia da criança ou do jovem (história dos pais), seus aspectos trans e intergeracionais, sobre o histórico de vida, a rotina prévia e pós suspeita de AS, sobre a dinâmica familiar envolvida, sobre o histórico escolar, de lazer e cultural, sobre pareceres de outros profissionais (quando houver), e sobre o contexto do abuso e da revelação, bem como sobre as circunstâncias do processo corrente (quando houver), como acusações, provas, contestações, exames, oitivas, perícias solicitadas ou realizadas, entre outros. Além da criança ou do jovem, outras pessoas podem ser ouvidas durante o processo de AP. Todos os dados devem ser relacionados entre si e com os conteúdos apresentados pelo avaliando e demais participantes durante o processo de AP, gerando um entendimento geral do caso.

O comportamento da criança na AP dependerá da dinâmica da situação abusiva, da idade, das suas condições atuais, do tipo de abuso, do grau de parentesco com o abusador e do emprego ou não de violência no abuso. No entanto, cabe observar que ela também poderá estar sofrendo os efeitos de abordagens e procedimentos decorrentes das situações processuais pelas quais passou (exames, inquirições, avaliações) antes de chegar à AP. O fato de estar passando por uma situação investigativa com teor sexual é muito impactante para a criança ou jovem, e por si só é suficiente para interferir no seu comportamento e produzir fantasias e receios com relação à AP, interferindo no processo, mesmo que a situação de violência não venha a se confirmar.

O ambiente e a comunicação

Qualquer ambiente de AP envolvendo suspeita de AS de crianças e adolescentes, seja ele judicial ou clínico, deverá atender prioritariamente às necessidades humanas dos mesmos. O bem-estar da criança e do jovem deve ser considerado prioridade absoluta. É essencial que o profissional que realiza a AP consiga estabelecer uma espécie de *holding* (Winnicott, 1988) com o avaliando, adotando uma postura empática, tolerante e tranquilizadora diante do sofrimento da criança ou do jovem. Isso inclui respeitar os seus limites para falar, calar, seguir adiante ou parar.

Inicialmente deve ser realizado um enquadre, com uma linguagem apropriada e acessível à criança ou ao adolescente, abordando o motivo dos encontros, onde e como ocorrerão, e os procedimentos que serão realizados. É importante esclarecer ao avaliando que o sigilo será mantido na medida em que a sua segurança não estiver em risco, conforme preconiza o Artigo 10 do Código de Ética dos Psicólogos (CFP, 2015).

O profissional deverá buscar estabelecer um vínculo de confiança com a criança, de modo que ela suporte abordar o assunto sem tanto sofrimento. No entanto, essa não é uma tarefa fácil, pois as crianças com suspeita de terem vivenciado AS chegam desconfiadas, assustadas e resistentes, especialmente quando se trata de AS intrafamiliar. Elas temem perder as pessoas ou o amor das pessoas envolvidas no caso, mostrando-se resistentes à AP.

O ambiente da AP deve ser acolhedor à criança ou adolescente, e deve oferecer diversos recursos para facilitar a comunicação, como brinquedos (bonecas, utensílios domésticos, casinha e mobiliário, animais, entre outros), jogos (memória, varetas, mico, entre outros), material gráfico, revistas, entre outros (Albornoz, 2006). O brinquedo livre propicia conhecer a percepção da criança sobre suas vivências, sobre os seus relacionamentos positivos e negativos e os seus afetos para com as pessoas com quem convive. Incorporar personagens durante a brincadeira poderá ser útil (Brandt, 2012).

As intervenções verbais do profissional devem ser sempre muito claras, cuidadosas e respeitantes do ritmo do avaliando, para que não pareçam invasivas e insuportáveis a ele. Esse cuidado é necessário também para que as intervenções do profissional não interfiram no curso da memória e do pensamento da criança ou do jovem, de modo que não distorçam o conteúdo explorado através da produção de falsas memórias. Quando necessárias intervenções do profissional, Furniss (1993) sugere que as perguntas realizadas sejam abertas, não sugestivas e utilizem os termos empregados pelo avaliando, favorecendo a expressão de experiências mais realísticas.

Especificamente quanto à suspeita de AS, é importante considerar que tanto o material produzido numa avaliação com esse objetivo, assim como a falta de produção de material, são dados importantes e reveladores da problemática em questão. Assim como a fala, a utilização dos brinquedos e os desenhos são reveladores, os silêncios, bloqueios e resistências frente a esses recursos poderão expressar as mais diversas experiências, tornando-se dados esclarecedores sobre o fenômeno do AS.

Um aspecto importante a ser considerado, é a necessidade de se valorizar tanto as comunicações verbais como as não verbais. Deve-se deixar espaço para que a criança revele as suas experiências com as suas palavras. É recomendável que se tome as expressões da criança como tentativas de comunicação, explorando cada detalhe emergente, mesmo que inicialmente possa parecer algo simples, comum ou sem sentido.

As crianças mais novas também são capazes de expor as suas experiências (Sanderson, 2005). Para isso, elas costumam usar uma linguagem verbal pobre e fragmentada e frases curtas e pouco detalhadas. Muitas vezes, elas têm mais facilidade para mostrar do que para contar o que lhes ocorreu. Nesses casos, perguntas diretas poderão ser necessárias como um meio de aproximação com a realidade (Brandt, 2012).

Um exemplo ocorrido no atendimento clínico de uma criança de 4 anos, sem suspeita de AS, ilustra como o comportamento das crianças pequenas é revelador. Durante um jogo de memória, neutro quanto às questões de sexualidade, um comentário espontâneo da paciente e a observação atenta da terapeuta, demonstram que a criança pequena pode pedir ajuda, consciente ou inconscientemente, de diversas formas. Cabe aos profissionais decodificá-las, auxiliando a dar forma a esse pedido, sem interferir no conteúdo latente ou manifesto. No caso citado, a menina refere que não gosta de um tio. Ao ser indagada pela terapeuta sobre o por que disso, a menina refere que ele lhe faz "cosquinha", algo que ela também diz não gostar. A terapeuta atenta, pergunta em que lugar ele lhe faz cócegas, e a menina abre as suas próprias pernas e manipula o seu órgão genital, dramatizando claramente uma cena sexualmente invasiva. Esse diálogo simples e sutil, imprevisto no tratamento clínico em curso, soou como um pedido de ajuda da criança, e alertou a profissional da possibilidade de risco ao qual a criança estava exposta. A criança foi informada da inadequação do comportamento do adulto e da necessidade de quebra de sigilo para sua proteção. O conteúdo direcionou a terapeuta a uma conduta de intervenções extraclínicas (informação aos responsáveis e encaminhamento), visando à proteção da menina, prioridade no momento.

O comportamento da criança é uma importante fonte de informações e deve ser observado. Algumas condutas, quando somados aos dados provenientes de outras fontes, podem ser considerados indicadores de vivências de experiências sexualmente invasivas (Albornoz, 2006; Sanderson, 2005), tais como relatos utilizando termos ou frases incompatíveis com a idade apresentada (discurso adulto), o conhecimento detalhado sobre o corpo do adulto (Albornoz, 2006) e sobre a atividade sexual (Albornoz, 2006; O'Keefe, 2004), a tentativa de estabelecer um contato invasivo/sedutor com o profissional (Albornoz, 2006), colocações de cunho sexual espontâneas, ingênuas e repetitivas, reencenações espontâneas (Sanderson, 2005), fala contida e pobre associada ao retraimento, mutismo relacionado a assuntos sexuais, mudanças súbitas de comportamento (Amazarry & Koller, 1998; Gerko et al., 2005), masturbação compulsiva, atitude sexualmente abusiva para com outras crianças ou animais e o uso sexual de objetos (Albornoz, 2006).

Algumas expressões da criança também poderão sinalizar interferências externas nos conteúdos manifestos, como pouca coerência, contradições ou incongruências presentes no discurso, assim como frases repetidas de forma mecânica e sem tom emocional. Quando avaliados em conjunto com outros dados, esses podem ser considerados indicadores de ideias implantadas, muito comuns nos casos de alienação parental. Tais situações podem ser detectáveis na AP, porque mesmo quando programadas ou sugestionadas, as crianças não produzem relatos dotados de emoção, não conseguindo dissimular com espontaneidade. Além disso, crianças não têm capacidade para reter por muito tempo uma história implantada. Nos casos em que as crianças são sugestionadas ou persuadidas, seu comportamento é contido, pouco espontâneo e inexpressivo (Brandt, 2012).

Uma abordagem adequada nos casos de AS requer um amplo conhecimento acerca do tema. O manejo apropriado no contexto da AP poderá minimizar os riscos de interferências nos registros mnêmicos das vítimas e na provável distorção da realidade decorrente destas; poderá também evitar uma possível revitimização das crianças e dos adolescentes envolvidos, que de outra forma, sofreriam as consequências de inabilidades profissionais, como perguntas ou atitudes inapropriadas. Uma abordagem satisfatória nesses casos também reduzirá os riscos de pareceres baseados em resultados falsos positivos ou negativos, e resultará numa indicação mais próxima da realidade vivida.

Os instrumentos

A literatura enfatiza que o sucesso da AP nos casos de vitimização de crianças e adolescentes depende em grande parte do uso de instrumentos adequados para esse fim (Albornoz, 2011; Lago & Bandeira, 2008; Patrian, Rios & Willians, 2013; Serafini, Ávila & Bandeira, 2005). Na AP de crianças e adolescentes com suspeita de AS podem ser utilizadas diferentes técnicas, tais como entrevistas, escalas, inventários e testes psicológicos. Embora muitas técnicas psicológicas estejam sendo desenvolvidas atualmente, entraves ainda obstaculizam a AP nos casos de AS. Psicólogos que trabalham com crianças e adolescentes vitimizados referem que há uma grande carência de instrumentos validados para a realidade da vulnerabilidade social, o que causa prejuízos ao seu desempenho profissional e à sua eficiência (Albornoz, 2011; Lago & Bandeira, 2008; Patrian, Rios & Willians, 2013; Serafini, Ávila & Bandeira, 2005). Estudos internacionais alertam que investigar evidências de validade dos testes que avaliam traumas infantis é uma questão essencial a ser demonstrada nas pesquisas (Bernstein et al., 2003; Brieré et al., 2001).

Ao longo da história constatam-se grandes dificuldades na abordagem a essa temática. Na década de 1980, os estudos sobre AS eram retrospectivos, realizados com adultos que haviam sofrido abuso na infância. Os seus resultados dependiam da possibilidade de acesso às memórias desses indivíduos, que poderiam estar alteradas pela simples passagem do tempo ou pelo acúmulo de outras experiências, de modo que os escores de um sujeito poderiam não se manter em diferentes períodos de tempo, dificultando o conhecimento da realidade. Por esse motivo, a fidedignidade dos instrumentos de AP baseados no acesso retrospectivo dos traumas infantis é considerada controversa pela literatura, suscitando a necessidade de outras alternativas avaliativas (Albornoz, 2011).

Na década de 1990, as pesquisas voltadas à construção de testes psicológicos para avaliação de AS eram baseadas em fontes indiretas. Os dados eram coletados através de observações de sintomas comportamentais e dos heterorrelatos, como por exemplo, os relatos dos cuidadores, o que também gerava resultados pouco confiáveis. Os heterorrelatos podem enriquecer a AP de AS na medida em que são mais uma fonte de informação, no entanto, devem ser vistos com cautela, pois a definição de realidade do material apresentado depende da subjetividade de quem os produz, sofrendo interferências de experiências, tabus e valores pessoais dos relatantes (Albornoz, 2011).

Outro entrave que ocorria e ainda ocorre na compreensão e abordagem ao AS se deve à utilização inadequada de métodos incertos ou pouco sensíveis para avaliar o abuso, baseados em objetivos pouco específicos ou estratégias inadequadas a esse fim. Um exemplo disso é o emprego do *Child Behavior Checklist* (CBCL) – instrumento internacional que não consta da lista do SATEPSI (Sistema de Avaliação de Testes Psicológicos) – construído com outros objetivos, como

instrumento central na avaliação do AS, apenas por que apresenta algumas questões que indagam acerca da sexualidade da criança (Bernstein et al., 2003; Brieré et al., 2001; Orbach et al., 2000; Uchison, 2007). Essa prática contraria a orientação do CFP (CFP, 2015).

A realidade do AS ainda é pouco conhecida no Brasil devido às dificuldades encontradas, tanto quanto à falta de denúncia de muitos casos, como aos equívocos na sua apreensão. A falta de informações mais precisas sobre esse fenômeno dificultam o desenvolvimento de instrumentos psicológicos apropriados à sua avaliação e dificultando a AP nesses casos (Albornoz, 2011).

Há consenso na literatura de que existe a necessidade de maior capacitação dos profissionais que trabalham com crianças e adolescentes vítimas de AS e com as suas famílias, de modo que os modelos científicos empregados na AP possam levar a abordagens mais adequadas e profícuas e resultar numa maior proteção às crianças e adolescentes vítimas na sociedade brasileira (Albornoz, 2011; Pelisoli, 2014; Hoehendorf, ND). Atualmente, importantes comunidades científicas mundiais vêm desenvolvendo pesquisas buscando produzir e adequar instrumentos específicos capazes de diagnosticar os quadros de vitimização, porém ainda há uma grande dificuldade quanto à adequação dos instrumentos e medidas nessa área (Bérgamo, Pasian, Mello & Bazon, 2009).

A AP nos casos de suspeita de AS requer uma avaliação mais ampla da personalidade da criança e do jovem, podendo ser necessária a avaliação da área intelectual, da percepção, da memória, da atenção, da linguagem, da orientação, da capacidade para discriminar entre fantasia e realidade, dos indicadores de desenvolvimento emocional, dos mecanismos de defesa, da força do ego, da organização do superego, bem como dos registros e da percepção da criança sobre as suas experiências de vida. É necessária a contextualização do caso, levando em conta a idade e as condições pessoais e culturais de cada um. Na avaliação dos diferentes aspectos da personalidade poderão ser empregados instrumentos comumente utilizados na AP de crianças e adolescentes, como o WISC-IV – Escala Wechsler de Inteligência para Crianças (Castro et al. 2011), o Matrizes Progressivas Coloridas (Angelini et al., 1999), o DFH-III – O desenho da figura humana: avaliação do desenvolvimento (Wechsler, 2003), o R2 – Teste não Verbal de Inteligência para Crianças (Rosa & Alves, 2000), o Desenho da Figura Humana – Escala Sisto (Sisto, 2005), o CAT-A – Teste de Apercepção Temática para Crianças (Tardivo, Moraes & Tosi, 2010), o TAT – Teste de Apercepção Temática (Werneck, 1995), o HTP – Casa, Árvore e Pessoa (Buck, 2003), entre outros, próprios para crianças ou adolescentes, com ou sem suspeita de AS, desde que constem como aprovados na lista do SATEP-SI (CFP, 2015). Para a apreensão das características de personalidade e da dinâmica emocional, os brinquedos e os jogos, como a família, animais, soldadinhos, carrinhos, entre outros, são recursos essenciais, pois através deles, a criança comunica o seu mundo interno (Aberastury, 2004; Albornoz, 2006).

O emprego de técnicas projetivas favorece a AP, pois através delas, a criança pode reproduzir o seu mundo interno sem tantas resistências, já que não percebe uma relação direta entre os estímulos e a sua realidade, expressando livremente os seus conflitos (Cohen-Liebman, 1999; Veltman & Browne, 2002). Dentre as técnicas projetivas utilizadas com crianças e jovens, destacam-se as técnicas gráficas, como o DFH, o Desenho da Família e o HTP. As técnicas proje-

tivas gráficas são bastante utilizadas devido à facilidade de aplicação e à sua proximidade com o universo infantil, o que favorece a sua aceitação. O seu caráter não estruturado permite a cada um produzir respostas muito particulares, reveladoras da interpretação subjetiva da própria experiência. Os desenhos podem revelar o que ainda não pode ser expresso através das palavras e da escrita (Veltman & Browne, 2002). Além destas, outras técnicas projetivas bastante utilizadas na AP de crianças e adolescentes no Brasil são o CAT-A e o TAT.

A controvérsia levantada aponta que as técnicas gráficas são ricas na produção de hipóteses, mas não contam com uma avaliação objetiva, o que torna questionáveis os seus resultados (Duarte & Bordin, 2000). A despeito das críticas sofridas, a literatura tem apontado alguns resultados favoráveis no uso dessas técnicas para avaliação do AS, pois considera que as técnicas projetivas ajudam na recuperação da lembrança de importantes eventos, podem ser úteis na avaliação global das angústias da criança e são capazes de identificar crianças vítimas de maus-tratos (Veltman & Browne, 2002; West, 1998), como por exemplo, o DFH.

Um estudo conduzido por West (1998) concluiu que o DFH apresenta elevada sensibilidade para diferenciar corretamente crianças abusadas, e mostra-se útil na identificação desses casos. No entanto, a autora pondera que o DFH não deve ser o único instrumento para diagnóstico de AS, porque ele apresenta altos índices de falsos positivos, ou seja, podendo indicar como vítimas de AS crianças não vítimas. O estudo de Fonseca e Capitão (2005), que investigou a potencialidade do DFH para identificar AS, também apresentou resultados indicativos de que o instrumento se mostrou sensível para detectar o AS.

Albornoz (2011) investigou a presença de indicadores de vitimização no DFH de 378 crianças gaúchas e constatou que esse instrumento apresenta um importante potencial para detectar indicadores de vivências de vitimização em crianças. O estudo encontrou diversos itens no DFH que, em conjunto, podem sugerir vivências dessa ordem, tais como, rosto sombreado, omissão dos pés, ênfase incomum em cosméticos, pernas com linhas esboçadas, entre outros. Um achado importante dessa pesquisa diz respeito ao "clássico" indicador de AS, qual seja, a *presença de genitais no desenho*. Ao contrário do que muitas vezes aponta a literatura (Hibbard, Roghmann & Hoekekelman, 1987) e o senso comum, esse não se mostrou um indicador significativo para AS. A pesquisa serve como um alerta quanto ao risco do uso de itens únicos para hipotetizar sobre AS, pois essa conduta pode gerar altos riscos de falsos positivos e negativos falsos. Somente a presença conjunta de alguns itens previamente estipulados por estudos científicos específicos podem servir como diretrizes válidas e confiáveis nesse sentido (Albornoz, 2011). Ávila e Rodriguez-Sutil (1985) também recomendam que não se atribua valores absolutos aos indicadores do DFH, porque existem poucas pesquisas na comunidade científica mundial que os fundamentem.

A literatura internacional aponta que existem poucos recursos elaborados especificamente para avaliar a suspeita de AS. Nos Estados Unidos da América, os instrumentos padronizados e normatizados para uso com crianças vitimizadas mais conhecidos são o *Trauma Symptom Checklist Behavior for Children* (TSCC), para crianças com idade mínima de oito ano, e o *Child Sexual Behavior Inventory* (CSBI), aplicado nos cuidadores (Brieré et al., 2001). Outros instrumentos conhecidos são o *The Metropolitan Toronto Special Committee on Child Abuse* (1995), entrevista visando obter o relato do AS, mapear a frequência e a dinâmica dos episódios abusivos a partir da percepção da vítima, traduzida para o português e adaptada por Kristensen (1996); e o *Children's Attributions and Perceptions Scale* (CAPS), entrevista semiestruturada, desenvolvida para mensurar questões específicas sobre o abuso em crianças, respondida pelas mesmas (Mannarino, Cohen & Berman, 1994).

Instrumentos menos específicos também são utilizados na avaliação de crianças com suspeita de AS, como a Escala de Estresse Infantil (ESI), que avalia as reações ao estresse em crianças entre seis e catorze anos; o Inventário de Ansiedade Traço-Estado para crianças (IDATE-C), composto por duas escalas autoavaliativas, que avaliam a ansiedade traço e estado, elaborado por Spielberger em 1970, e adaptado para uso no Brasil por Biaggio e Spielberger (1983); e a Entrevista estruturada com base no DSM-IV/SCID, que avalia o transtorno do estresse pós-traumático e busca identificar a presença, a intensidade e a frequência dos seus sintomas (reexperienciação do evento traumático; esquiva de estímulos associados com o trauma; e sintomas de excitabilidade aumentada), traduzida para o português por Del Bem et al. (2001). Cabe salientar que antes de se utilizar um instrumento no processo de AP, sempre se deve verificar se ele consta na lista do SATEPSI e tem seu uso permitido pelo CFP aos psicólogos, caso contrário, o psicólogo poderá estar incorrendo em falha ética passível de punição (CFP, 2015).

No Brasil, um dos instrumentos mais utilizados para diagnóstico de AS em crianças é o CBCL, considerado limitado para essa finalidade (Albornoz, 2011; Kendall-Tackett et al., 1993; Uchison, 2007), especialmente porque o seu objetivo central não é investigar o AS. Ele apenas contém algumas questões pertinentes ao comportamento sexual das crianças, que são respondidas pelos seus responsáveis (Bernstein et al., 2003; Brieré et al., 2001; Orbach et al., 2000; Uchison, 2007). Algumas tentativas relevantes para desenvolver instrumentos de avaliação do AS em crianças têm sido feitas no Brasil, como por exemplo, a versão brasileira do *Child Abuse Potential Inventory* (CAP), que busca identificar o risco potencial dos pais agredirem seus filhos (Bérgamo et al., 2009), considerado uma boa ferramenta para avaliar intervenções na área dos maus-tratos contra crianças e adolescentes (Patrian, Rios & Willians, 2013), no entanto ainda contam com poucos estudos.

Em função da carência de instrumentos nacionais voltados à avaliação de AS em crianças, os psicólogos brasileiros se servem de instrumentos estrangeiros, muitas vezes com uma adaptação pouco adequada, não atendendo integralmente as necessidades técnicas de uma AP tão complexa e criteriosa (Albornoz, 2011) e contrariando o que preconiza o CFP (2015). Essa prática é equivocada, pois instrumentos estrangeiros, embora válidos em seus países de origem, podem não se aplicar à AP no Brasil (Borsa, 2012).

A *Van Hutton Diagnostic Scale*, elaborada a partir das técnicas HTP e DFH, foi proposta por Van Hutton (1994) como sistema de avaliação quantitativo, objetivo e fácil de usar, específico e sensível ao abuso, e não meramente reflexivo de distúrbios emocionais. No entanto, essa escala foi testada no Brasil por Albornoz, Elgues e Bandeira (2011) e não se mostrou válida para a população avaliada. Enquanto que numa pesquisa conduzida na França, o sistema de Van Hutton (1994) teve confirmada a sua proposta (Blanchouin, Oli-

vier, Lighezzolo & Tychey, 2005). É importante considerar que os divergentes resultados das pesquisas podem ser decorrentes de que o AS é um fenômeno universal, mas que apresenta variações devido aos diversos padrões culturais presentes nos diferentes países (Korbin, 2002).

A falta de instrumentos padronizados para avaliar crianças com menos de oito anos de idade, que ainda não têm um desenvolvimento cognitivo avançado, também é um problema presente na área de AP, principalmente porque muitas crianças são vítimas de abuso bem antes dessa idade. Como resultado dessa carência, as crianças que chegam aos recursos de atendimento por exposição ao trauma, com menos de oito anos de idade, não podem ser avaliadas com maior eficácia. Em geral, elas são avaliadas através dos problemas clínicos apresentados durante o diagnóstico ou através dos sintomas relatados por familiares. Esse tipo de avaliação corre risco de demasiada interferência da subjetividade (Brieré et al., 2001).

Cabe salientar que o tema AS de crianças e jovens causa grande impacto no avaliador. Na medida em que a eficácia da avaliação depende também da sua percepção, além da sua habilidade e treinamento, caso o mesmo esteja muito contaminado pelos sentimentos, a AP sofrerá grande interferência nesse sentido. Esse é outro entrave à sua eficiência.

O registro

Os resultados da AP poderão constituir um parecer, relatório ou laudo psicológico, baseado nos modelos estabelecidos pelo CFP (CFP, 2015), e de acordo com o objetivo da comunicação, que por fim informará os achados alcançados. O registro decorrente de uma AP deve incluir o que o avaliador julgar necessário ao esclarecimento do caso em si, excluindo detalhes desnecessários à compreensão do caso, conforme dita orientação do CFP (CFP, 2015). No documento, cabe ao psicólogo destacar objetivamente os pontos relacionados ao AS, como forma de expor a realidade constatada.

Através do somatório de informações apreendidas, e de esquemas de interpretação de fundamentação hermenêutica, próprios das ciências humanas e sociais, o profissional apresentará uma possibilidade da verdade. Nesse contexto, as provas psicológicas têm validade científica estabelecida conforme critérios da psicologia e servem como elementos processuais, tanto no processo civil como penal (Gomes, 2012).

O laudo psicológico não se classifica em nenhum tipo de prova específica dos Códigos de Processos Brasileiros, pois tem regulamentação própria. Não é prova documental de ocorrência de um fato, nem tampouco é uma prova pericial, que oferece ao juiz dados, informações e conhecimentos técnicos e científicos especializados. Não se caracteriza também como prova testemunhal, que oferece ao julgador seu conhecimento pessoal sobre os fatos. O laudo psicológico pode ser considerado uma prova científica autônoma ou uma prova pericial *sui generis* com regramento distinto (Gomes, 2012). No entanto, o psicólogo poderá ser intimado a participar do processo para prestar declarações a respeito do seu conhecimento sobre o caso.

Os documentos decorrentes da AP refletem uma avaliação global da criança, sua dinâmica emocional, seu contexto familiar, cultural e social, bem como as suas potencialidades, desvios e sintomatologias (desenvolvimento atípico). Quando a AP for solicitada para compor um processo judicial sobre AS, como uma forma de esclarecer

os fatos, o relatório deverá apontar se através da AP foi possível constatar a presença de indicadores suficientes para apoiar ou refutar a hipótese de AS no caso avaliado.

É importante ressaltar que mesmo quando a AP não for solicitada com o objetivo de investigar uma suspeita de AS, mas durante o processo ocorrer uma revelação espontânea ou forem detectados indicadores de experiências dessa natureza, é dever legal do profissional responsável pela AP mencioná-los no registro e realizar os encaminhamentos necessários à proteção da criança. No Brasil, assim como na comunidade internacional (Cross et al., 2007), existem centros especializados para encaminhamento jurídico e clínico dos casos de AS, como por exemplo, o Centro de Referência no Atendimento Infantojuvenil do Hospital Materno Infantil Presidente Vargas (CRAI) de Porto Alegre.

O material resultante de uma AP poderá ser utilizado pelas partes na defesa dos seus interesses e pela autoridade judicial para embasamento decisório. Um registro esclarecedor quanto à suspeita de AS poderá ter uma participação decisiva no desfecho processual e na vida pessoal dos envolvidos.

Considerações finais

A AP é uma atividade que não encerra em si um cunho investigativo, e em muito, diferencia-se dos procedimentos da área do direito. Não tem como foco buscar a produção de provas, mas sim apreender uma determinada realidade e seus prováveis condicionantes. Através da abordagem ao avaliando, que pode envolver técnicas como entrevistas, escalas e testes, o psicólogo avalia os indicadores apresentados nas produções do avaliando em consonância com a sua história de vida e contextos cultural e sociofamiliar. A AP pode contribuir com esclarecimentos referentes ao caso e embasar encaminhamentos terapêuticos e jurídicos nos casos de AS. Seus resultados têm grande relevância decisória nos casos de suspeita de AS. A abordagem através da AP proporciona a obtenção de dados mais precisos e realistas acerca do AS em crianças e jovens, o que reforça ainda mais a importância desse processo. Cabe salientar que, quando utilizados com adequação científica, os recursos da AP prestam grande serviço à comunidade. Outrossim, processos avaliativos malconduzidos podem resultar em pareceres dúbios, inconclusivos ou equivocados.

Há que se considerar a gravidade dos equívocos de uma AP nos casos de AS, uma vez que as decorrências de um processo de AP inadequado podem resultar num potencial dano adicional às crianças e adolescentes, revitimizando-as através de manejos profissionais equivocados. Além disso, e não menos grave, os seus resultados podem contribuir para manter uma vítima desprotegida ou para levar um indivíduo inocente à condenação judicial.

Ressalta-se que a aplicação dos instrumentos para fins de AP deve seguir rigorosamente as diretrizes técnicas de procedimentos padronizados e a criteriosa adequação de condições ambientais preconizadas pelos seus respectivos manuais. Caso estas condições não sejam rigo-

rosamente respeitadas, será grande o risco de interferências nos seus resultados, de modo que o uso do instrumento para fins diagnósticos será inviabilizado.

Além da boa utilização dos recursos técnicos disponíveis à AP nos casos de AS em crianças e jovens, o avaliador deve possuir um amplo conhecimento teórico e prático sobre o desenvolvimento normal e sobre os indicadores de vitimização, de modo que possa ter uma visão integral do caso através de um cruzamento de dados entre o que é observado, o que é esperado, e o que pode ser considerado um indicador de AS. Um conhecimento apropriado sobre o desenvolvimento infantil e adolescente, normal e patológico, e sobre as características comuns aos casos de AS no Brasil, é um fator indispensável a uma boa avaliação.

O profissional apto à realização da AP nos casos de AS deverá ser capaz, com base nos seus conhecimentos, de identificar os instrumentos mais adequados para avaliar o AS. Aponta-se a triangulação de técnicas como a melhor opção para a AP nos casos de suspeita de AS, pois somar esforços provenientes de vários recursos de avaliação psicológica possibilita a realização de um cruzamento de ideias acerca do caso e uma ampla e profunda visualização do mesmo (Albornoz, 2011), evitando assim uma judicialização desnecessária da vida humana.

Referências

Aberastury, A. (2004). *Psicanálise da criança*: teoria e técnica. Porto Alegre: Artmed.

Aded, N.L.O. (2005). Síndrome da Criança Espancada, In: H. Hércules (ed.). Medicina Legal: texto e atlas (p. 641-652). Rio de Janeiro: Atheneu.

Albornoz, A.C. (2006). *Psicoterapia com crianças e adolescentes institucionalizados*. São Paulo: Casa do Psicólogo.

Albornoz, A.C.G. (2011). *Desenho da figura humana*: indicadores de abandono, abuso sexual e abuso físico em crianças (Tese de doutorado não publicada). Porto Alegre: Programa de Pós-Graduação em Psicologia, Universidade Federal do Rio Grande do Sul.

Albornoz, A.C., Nogueira, M., Elgues, M. & Bandeira, D. (2011). *Estudo de validade da Escala Van Hutton para abuso sexual infantil* (Paper apresentado no Congresso Nacional de Práticas em Psicologia, São Paulo).

Amazarray, M.R. & Koller, S.H. (1998). Alguns aspectos observados no desenvolvimento de crianças vítimas de abuso sexual. *Psicologia: Reflexão & Crítica* (Porto Alegre), v. 11, n. 3, p. 559-578.

Angelini, A.L., Alves, I.C., Custódio, E.M., Duarte, J.L. & Duarte, W.F. (1999). *Teste de Raven* – Matrizes progressivas coloridas: padronização brasileira. São Paulo: Casa do Psicólogo.

Ávila, A. & Rodriguez-Sutil, C. (1985). Evaluación psicológica forense. In: M. Clemente. *Fundamentos de la psicología jurídica*. Madri: Pirâmide.

Bérgamo, L.P.D., Pasian, S.R., Mello, I.L.M.A. & Bazon, M.R. (2009). O inventário de potencial de maus-tratos infantil: estudo de precisão e validade. *Avaliação Psicológica*, v. 8, n. 3, dez. [Disponível em http://pepsic.bvs-psi.org.br/scielo.php?script=sci_arttext&pid=S1677-04712009000300014 – Acesso em 19/04/2011].

Bernstein, D., Steisn, J., Newcomb, M., Walker, E., Pogge, D., Ahluvalia, T., Stokes, J., Handelsman, L., Medrano, M., Desmond, D. & Zule, W. (2003). Development and validation of a brief screening version of the Childhood Trauma Questionnaire. *Child Abuse & Neglect*, 27, 169-190.

Biaggio, A. & Spielberger, C.D. (1983). *Inventário de ansiedade traço-estado-Idate-C*: manual. Rio de Janeiro: CEPA.

Blanchouin, C., Olivier, M.C. & Lighezzolo, J. (2005). Dysharmonic children, sexual abuse and drawing: a comparative approach with the Van Hutton's diagnostic scale. *Annales Medico-Psychologiques*, 163, 465-475.

Borsa, J.C. (2012). *Avaliação em Foco* – Entrevista com especialista. Por Rodolfo A.M. Ambiel em Conselho Federal de Psicologia (CFP) [Disponível em http://site.cfp.org.br/ – Acesso em set.2013]

Brandt, E. (2012). Pequenas vítimas: o desafio. In: B.M. Paulo (coord.). *Psicologia na prática jurídica – A criança em foco*. 2. ed. (p. 273-290). São Paulo: Saraiva.

Brasil (1990). *Lei 8.069 de 11 de julho de 1990, que dispõe sobre o Estatuto da Criança e do Adolescente [ECA]*. Brasília.

Brasil (2010). *Lei 12.318, de 13 de agosto de 2010*. Dispõe sobre a alienação parental e altera o art. 236 da Lei n. 8.069, de 13 de julho de 1990 [Disponível em http://www.planalto.gov.br/ccivil 03/ ato 2007-2010/2010/2010/lei/12318.htm].

Brieré, J., Johnson, K., Bissada, A., Damon, L., Crouch, J., Gil, E., Hanson, R. & Ernest, V. (2001). The Trauma Symptom Checklist for Young Children (TSCYC): reliability and association with abuse exposure in a multi-site study. *Child Abuse & Neglect*, 25, 1.001-1.014.

Brito, L.M. (1999). *Temas de Psicologia Jurídica*. Rio de Janeiro: Relume Dumará.

Buck, J.N. (2003). *Manual e guia de interpretação H-T-P*: casa-árvore-pessoa. (Trad. de R.C. Tardivo). Cubatão: Vetor.

Castro, N.R., Santos, A.A.A., Rueda, F.J.M., Silva, M.L.D.T., Noronha, A.P.P. & Sisto, F.F. (2011). *Escala de inteligência Wechsler para crianças*: WISC-IV. 4. ed. São Paulo: Casa do Psicólogo.

Cézar, J.A.D. (2007). *Depoimento sem dano* – Uma alternativa para inquirir crianças e adolescentes nos processos judiciais. Porto Alegre: Livraria do Advogado Editora.

Cohen-Liebman, M.S. (1999). Draw and tell: drawings within the context of child sexual abuse investigations. *The Arts in Psychotherapy*, 26, 185-194.

Cross, T.P., Jones, L.M., Walsh, W.A., Simone, M. & Kolko, D. (2007). Child forensic interviewing in Children's Advocacy Center: Empirical data on a practice model. *Child Abuse & Neglect*, 31, 1.031-1.052.

Dammeyer, M. (1998). The assessment of child sexual abuse allegations: Using research to guide clinical decision making. *Behavioral Sciences and the Law*, 16, 21-34.

Del Ben, C.M., Vilela, J.A., Crippa, J.A., Hallak, J.E., Labate, C.M. & Zuardi, A.W. (2001). Confiabilidade da entrevista estruturada para o DSM-IV – Versão clínica traduzida para o português. *Revista Brasileira de Psiquiatria*, 23 (3), 156-159.

Dobke, V. (2001). *Abuso sexual: a inquirição das crianças* – Uma abordagem interdisciplinar. Porto Alegre: Ricardo Lenz.

Duarte, C. & Bordin, I. (2000). Instrumentos de avaliação. *Revista Brasileira de Psiquiatria*, 22 (II), 55-58.

Feix, L.F. & Pergher, G.K. (2010). Memória em julgamento – Técnicas de entrevista para minimizar as falsas memórias. In: L.M. Stein (ed.). *Falsas memórias* – Fundamentos científicos e suas aplicações jurídicas (p. 209-227). Porto Alegre: ArtMed.

Fonseca, A.R. & Capitão, C.G. (2005). Abuso sexual na infância: um estudo de validade de instrumentos projetivos. *Psic.*, 6 (1), 27-34.

Furniss, T. (1993). *Abuso sexual da criança*. Porto Alegre: Artes Médicas.

Gerko, K., Hughes, M.L., Hamil, M. & Waller, G. (2005). Reported childhood sexual abuse and eating--disordered cognitions and behavior. *Child Abuse & Neglect*, 29 (4), 375-382.

Gomes, D.A. (2012). Algumas (breves) questões sobre o laudo psicológico e sua utilização judicial. In: B.M. Paulo (coord.). *Psicologia na prática jurídica* – A criança e foco. 2. ed. (p. 215-226). São Paulo: Saraiva.

Hibbard, R.A. & Hartman, G.L. (1990). Emotional indicators in human figure drawings of sexually victimized and non abused children. *Journal of Clinical Psychology*, 2, 211-219.

Hibbard, R.A., Roghmann, K. & Hoekekelman, R.A. (1987). Genitalia in children's drawings: An association with sexual abuse. *Pediatrics*, 79, 129-137.

Hohendorff, J. (no prelo). *Análise documental de casos de violência sexual contra meninos*.

Junqueira, M.F.P.S. & Deslandes, S.F. (2003). Resiliência e maus-tratos à criança. *Cadernos de Saúde Pública* 19 (1), 227-235.

Kendall-Tackett, K.A., Willians, L.M. & Finkelhor, D. (1993). Impact of Sexual Abuse on Children: A Review and Synthesis of Recent Empirical Studies. *Psychological Bulletim*, 113, 164-180.

Korbin, J.E. (2002). Culture and child maltreatment: cultural competence and beyond. *Child Abuse & Neglect*, 26, 637-644.

Kristensen, C.H. (1996). *Abuso sexual em meninos* (Dissertação de mestrado não publicada). Porto Alegre: Curso de Pós-Graduação em Psicologia do Desenvolvimento, Universidade Federal do Rio Grande do Sul.

Lago, V.M. & Bandeira, D.R. (2008). As práticas em avaliação psicológica envolvendo disputa de guarda no Brasil. *Avaliação Psicológica*, 7, 223-234.

Lalor, K. (2004). Child sexual abuse in Tanzania and Kenya. *Child Abuse Negl.*, 28 (8), 833-844.

Lipian, M.S., Mills, M.J. & Brantmman, A. (2004). Assessing the verity of children's allegations of abuse: A psychiatric overview. *International Journal of Law and Psychiatry*, 27, 249-263.

Mannarino, A.P., Cohen, J.A. & Berman, S.R. (1994). The children's attributions and perceptions scale: A new measure of sexual abuse-related factors. *Journal of Clinical Child Psychology*, 23 (2), 204-211.

Oates, R.K. (2004). Sexual abuse and suicidal behavior. *Child Abuse & Neglect*, 28, 487-489.

O'Keefe, M. (2004). A case of suspected child sexual abuse. *Journal of Clinical Forensic Medicine*, 11, 316-320.

Oliveira (2012). In: B.M. Paulo (coord.). *Psicologia na prática jurídica* – A criança em foco (p. 273-290). São Paulo: Saraiva.

Orbach, Y., Hershkowitz, I., Lamb, M., Sternberg, K., Esplin, P. & Horowttz, D. (2000). Assessing the value of structured protocols for forensic interviews of alleged child abuse victims. *Child Abuse & Neglect*, 24, 733-752.

Paiva, R.M. (2000). *A dimensão de gênero na violência doméstica contra a infância* [Disponível em http://www.cfch. ufrj.br/jor_p4/Relacge2/dimegene.html].

Patrian, A.C.A., Rios, K.S.A. & Williams, L.C.A. (2013). Validade de Critério do Inventário de Potencial para Abuso Infantil (CAP). *Paideia*, 23 (54), 43-51.

Paulo, B.M. & Vilhena, J. (2012). O mito da família biológica, a homofobia e outros preconceitos que afetam o direito da criança e do adolescente à convivência familiar. In: B.M. Paulo (coord.). *Psicologia na prática jurídica* – A criança em foco. 2. ed. (p. 124-158). São Paulo: Saraiva.

Pelisoli, C.L. (2013). *Psicologia e as relações com a justiça* – Práticas, conhecimento e tomada de decisão em situações de abuso sexual (Tese de doutorado não publicada). Porto Alegre: Programa de Pós-Graduação em Psicologia, Universidade Federal do Rio Grande do Sul.

Pillai, M. (2005). Forensic examination of suspected child victims of sexual abuse in the UK: a personal view. *Journal of Clinical Forensic Medicine*, 12, 57-63.

Rios, A. (2009). *Violência infantil* – Levantamento de perícias realizadas em crianças e adolescentes vítimas de violência doméstica e sexual no período entre 2007 e 2009 (Trabalho de conclusão do Curso de Especialização em Psiquiatria). Porto Alegre: Centro de Estudos José de Barros Falcão, Universidade Federal de Ciências da Saúde.

Roberts, R., O'Connor, T., Dunn, J. & Golding, J. (2004). The ALSPAC study Team – The effects of child sexual abuse in later family life; mental health, parenting and adjustment of offspring. *Child Abuse & Neglect*, 28, 525-545.

Rosa, H.R. & Alves, I.C.B. (2000). *R-2*: Teste de Inteligência Não Verbal para Crianças.

Rovinski, S.L.R. & Stein, L.M. (2009). O uso da entrevista investigativa no contexto da psicologia forense. In: S.L.R. Rovinski & R.M. Cruz (eds.). *Psicologia Jurídica*: perspectivas teóricas e processos de intervenção (p. 67-74). São Paulo: Vetor.

Sanderson, C. (2005). *Abuso sexual em crianças* Fortalecendo pais e professores para proteger crianças de abusos sexuais. São Paulo: M. Books do Brasil.

Serafini, A., Ávila, M.T. & Bandeira, D.R. (2005). Teste das Fábulas: comparando respostas comuns de crianças abrigadas e respostas populares da amostra padronizada. *Psico*, 36, 251-257.

Simão, R.B.C. (2012). A imprescindível atuação interdisciplinar para uma justiça de família, infância e juventude mais efetiva. In: B.M. Paulo (coord.). *Psicologia na prática jurídica* – A criança em foco. 2. ed. (p. 21-47). São Paulo: Saraiva.

Sisto, F. (2005). *O desenho da figura humana* – Escala Sisto. São Paulo: Vetor.

Tardivo, L.S.L.C., Moraes, M.C.V. & Tosi, S.M.V.D. (2010). *Teste de apercepção infantil* – Figuras de animais. São Paulo: Vetor (Originalmente publicado em 1949: *Children's Apperception Test CAT-A*).

Teixeira, D.M. (2012). Contribuições da psicologia e considerações sobre o papel ético-político do psicólogo na efetivação de direitos de crianças e adolescentes. In: B.M. Paulo (coord.). *Psicologia na prática jurídica* – A criança em foco. 2. ed. (p. 205-214). São Paulo: Saraiva.

The Metropolitan Toronto Special Committee on Child Abuse (1995). *Child sexual abuse protocol* (3. ed.). Toronto: Autor.

Tyler, K.A. (2002). Social and emotional outcomes of childhood sexual abuse: a review of recent research. *Aggression and Violent Behavior*, 7 (6), 567-589.

Uchison, T.J. (2007). *Using the CBCL to screen for maltreatment in young children Dissertation* – Antioch New England Graduate School (Dissertation-Abstracts-International).

Van Hutton, V. (1994). *House - Tree - Person and Draw - A Person as Measures of Abuse in Children* – A Quantitative Scoring System. Odessa, FL: Psychological Assessment Resources.

Veltman, M.W.M. & Browne, K.D. (2002). The Assessment of Drawings from Children Who Have Been Maltreated: A Systematic Review. *Child Abuse Rewiew*, 11, 19-37.

Wechsler, S.M. (2003). *DFH III* – O desenho da figura humana; avaliação do desenvolvimento. São Paulo: LAMP.

Werneck, J.S.M. (1995). *Teste de Apercepção Temática*. São Paulo: Casa do Psicólogo.

West, M.M. (1998). Meta-Analysis of studies assessing the efficacy of projective techniques in discriminating child sexual abuse. *Child Abuse & Neglect*, 11, 1.151-1.166.

Winnicott, D. (1988). *O ambiente e os processos de maturação*. Porto Alegre: Artes Médicas.

18
Avaliação do autismo: do rastreamento ao diagnóstico

Mariana de Miranda Seize
Juliane Callegaro Borsa

Autismo: breve histórico de um conceito em evolução

O termo autismo foi cunhado em 1911 pelo psiquiatra suíço Eugen Bleuler para descrever o quadro de pacientes esquizofrênicos que apresentavam dificuldades de estabelecer contato com o mundo externo (Kaufmann, 1996). No entanto, foi o psiquiatra austríaco Leo Kanner que, em 1943, classificou pela primeira vez o autismo como uma síndrome (Kanner, 1943). Em 1978, Michael Rutter, médico psiquiatra, sintetizou o trabalho original de Kanner e propôs uma definição do autismo com base em quatro critérios: (a) atraso e desvio social (independente da condição de retardo mental), (b) problemas de comunicação, (c) comportamentos incomuns e (d) início antes dos 30 meses de idade (Rutter, 1978; Klin, 2006).

Até 1980, o autismo não era considerado uma entidade distinta da esquizofrenia (Gadia, Tuchman & Rotta, 2004). Somente na terceira edição do Manual Diagnóstico e Estatístico de Transtornos Mentais – DSM-III (*American Psychological Association* – APA, 1980) é que o mesmo passou a ser reconhecido oficialmente e ganhou *status* de diagnóstico, passando a ser nomeado Autismo Infantil. O Autismo Infantil, juntamente com o Transtorno Invasivo do De-senvolvimento com início na infância, e o Transtorno Invasivo do Desenvolvimento atípico, passaram a integrar uma nova classe de transtornos, os chamados Transtornos Invasivos do Desenvolvimento (Volkmar et al., 2014).

Em 1994, a APA lançou a quarta edição do manual diagnóstico, o DSM-IV, onde classificou os Transtornos Invasivos do Desenvolvimento em: Transtorno Autista, Síndrome de Asperger, Síndrome de Rett, Transtorno Desintegrativo da Infância e Transtorno Invasivo do Desenvolvimento Sem Outra Especificação. Na quinta e mais recente edição do manual, o DSM-5 (APA, 2013), estas categorias foram descartadas, passando a existir apenas a categoria do Transtorno do Espectro Autista (TEA), pois tais transtornos pertenceriam a uma mesma condição apenas com gradação de sintomas, não havendo vantagens diagnósticas ou terapêuticas na antiga divisão (Araújo & Neto, 2014).

Etiologia e epidemiologia

Na formulação inicial de Kanner (1943) o autismo é caracterizado como um distúrbio de contato afetivo e, em seu trabalho de 1956, ele descreve o quadro autístico como um tipo de psicose (Kanner, 1956). Por alguns anos a visão dominante foi a de que o autismo tinha uma causa psicológica (Bryson et al., 2003). Durante os anos de 1950 e 1960, acreditava-se que pais emocionalmente não responsivos "causavam" autismo em seus filhos (hipótese da "mãe geladeira") (Klin, 2006). Esse cenário modificou-se a partir dos anos de 1960, quando em função de diversos estudos o autismo começou a ser visto como um transtorno neurológico que afetava o desenvolvimento do cérebro e suas funções (Bryson et al., 2003; Klin, 2006).

Atualmente, o autismo é considerado um transtorno do neurodesenvolvimento (Ibañez, Stone & Coonrod, 2014; Lord & Bishop, 2010) e não mais um distúrbio mental (psicose ou esquizofrenia) (Lampreia, 2013a). O que o diferencia de outros transtornos do desenvolvimento é que há um desvio no processo do desenvolvimento e não um atraso do mesmo (Lampreia & Lima, 2011). O prejuízo das habilidades linguísticas no autismo, por exemplo, difere muito daquele presente em crianças com problemas no desenvolvimento da linguagem, pois na criança autista há falhas em habilidades que antecedem a linguagem, como o balbucio e a imitação (Lampreia, 2004). O desenvolvimento da linguagem no autismo remete a um desvio e não a um atraso ou retardo relativo ao tempo (Perissinoto, 2003a).

A etiologia do autismo ainda é desconhecida, porém estudos sugerem que os genes desempenham um papel importante (Carvalheira, Vergani & Brunoni, 2004; Folstein & Rosen-Sheidley, 2001). Embora se reconheça o caráter hereditário desse transtorno, os determinantes genéticos ainda são em grande parte desconhecidos (Pinto et al., 2010) e não há marcadores biológicos (Filipek et al., 2000).

Os primeiros estudos epidemiológicos do autismo foram conduzidos em meados dos anos de 1960 na Inglaterra (Lotter, 1966, 1967) e, no que diz respeito aos dados globais de prevalência, houve um aumento significativo nos últimos anos. De acordo com um estudo conduzido nos Estados Unidos pela *Centers for Disease Control and Prevention* – CDC (2010), 1 em cada 68 crianças possui autismo. Essa estimativa é 30% maior que os dados de 2008 (1 em 88), 60% maior que os dados de 2006 (1 em 110) e 120% maior que os de 2002 e 2000 (1 em 150). No entanto, não é possível afirmar se esses dados representam um real aumento na prevalência ou se é apenas resultado de mudanças nos critérios de diagnóstico do transtorno (Anagnostou et al., 2014).

De acordo com o estudo da CDC (2010), a prevalência do autismo é maior em meninos do que em meninas (1 em 42 meninos e 1 em 189 meninas foram identificados com o transtorno). A razão desta prevalência maior em meninos não é conhecida. Entre as hipóteses estão a possibilidade de que as meninas precisariam de um dano cerebral maior para ter autismo, devido a uma diferença de limiar para disfunções cerebrais, e a possibilidade do autismo possuir alguma ligação genética com o cromossomo x (tornando os meninos mais vulneráveis) (Klin, 2006).

No Brasil, em 2011, foi publicado por Paula, Ribeiro, Fombonne e Mercadante o primeiro estudo de epidemiologia nesta área. Trata-se de um estudo piloto realizado na cidade de Atibaia (São Paulo), no qual foram rastreadas 1.470 crianças, entre 7-12 anos de idade, e 94 (6,4%) identificadas como casos suspeitos de Transtorno Invasivo do Desenvolvimento. Para o rastreamento foi utilizado o *Autism Screening Questionnaires* (ASQ; Berument, Rutter, Lord, Pickles & Bailey, 1999), questionário composto por 40 itens e que tem por objetivo identificar Transtornos Invasivos do Desenvolvimento em indivíduos a partir dos 4 anos de idade. O diagnóstico foi realizado por psicólogos e psiquiatras da infância. A prevalência obtida com este estudo foi de 0,3%.

Critérios de diagnóstico

A recomendação de especialistas em vários países da Europa e da América do Norte é que o diagnóstico do autismo seja feito com base nos critérios estabelecidos pela Classificação Internacional de Doenças e Problemas Relacionados à Saúde – CID (OMS) e pelo Manual Diagnóstico e Estatístico de Transtornos Mentais – DSM (APA) (Silva & Mulick, 2009).

Na mais recente edição do manual, o DSM-5 (APA, 2013), além de o autismo contar apenas uma única e abrangente categoria, a do Transtorno do Espectro Autista (TEA), uma outra mudança em relação a sua edição anterior é que passam a existir apenas dois domínios: (a) os déficits persistentes de comunicação e interação social e (b) os padrões repetitivos de comportamentos, interesses e atividades. A decisão de agrupar comunicação social e interação social foi baseada nos resultados obtidos através de uma análise fatorial dos dados extraídos de dois instrumentos considerados padrão-ouro (*Autism Diagnostic Observation Schedule* – ADOS; Lord et al., 1989 e *Autism Diagnostic Interview-Revised* – ADI-R; Lord, Rutter & LeCouteur, 1994) que demonstrou que estas dimensões tendiam a se agrupar (Volkmar, Reichow, Westphal & Mandell, 2014).

Os critérios de diagnóstico do Transtorno do Espectro Autista segundo o DSM-5 (APA, 2013) são:

a) Déficits persistentes na comunicação social e nas interações sociais em diferentes contextos, manifestados através de:

1) Déficits na reciprocidade socioemocional (ex.: falha em iniciar ou responder a interações sociais, falha em conversação com alternância de turno).

2) Déficits em comportamentos de comunicação não verbal para interação social (ex.: dificuldade/ausência de contato visual, ausência de expressões faciais).

3) Déficits em desenvolver, manter e compreender relacionamentos (ex.: dificuldade de adequar o comportamento aos contextos sociais, dificuldade em compartilhar brincadeiras de faz de conta, ausência de interesse em seus pares).

b) Padrões restritos e repetitivos de comportamentos, interesses ou atividades, que se manifestem por pelo menos duas das maneiras abaixo:

1) Movimentos motores, uso de objetos ou falas estereotipadas ou repetitivas (ex.: estereotipia motora, alinhar brinquedos, ecolalia).

2) Insistência nas mesmas coisas, adesão inflexível a rotinas ou padrões ritualizados verbais e não verbais (ex.: angústia extrema diante de pequenas mudanças, necessidade de comer o mesmo alimento todos os dias).

3) Interesses restritos, fixos e intensos (ex.: apego ou preocupação excessiva com objetos incomuns).

4) Hiper ou hiporreatividade a estímulos sensoriais ou interesse incomum por aspectos sensoriais de um ambiente (ex.: aparente indiferença a dor/temperatura, cheirar ou tocar excessivamente objetos, interesse visual por luzes ou movimentos).

Todos estes sintomas devem estar presentes no início da infância, mas podem não se manifestar completamente até que apareçam as demandas sociais que exijam da criança mais que sua capacidade. Os sintomas devem causar prejuízos clinicamente significativos em áreas importantes do funcionamento (social, ocupacional etc.). E esses distúrbios não podem ser explicados por uma deficiência intelectual ou por um atraso no desenvolvimento global (APA, 2013).

De acordo com a CID-10 (OMS, 1993), a categoria dos Transtornos Invasivos do Desenvolvimento engloba: Autismo Infantil, Autismo Atípico, Síndrome de Rett, Outro Transtorno Desintegrativo da Infância, Transtorno de Hiperatividade Associado ao Retardo Mental e Movimentos Estereotipados, Síndrome de Asperger, Outros Transtornos Invasivos do Desenvolvimento, Transtorno Invasivo do Desenvolvimento sem outra especificação. Os critérios de diagnóstico são:

a) Autismo Infantil (F84.0): desenvolvimento atípico ou prejudicado que se manifesta antes dos três anos de idade e pelo funcionamento atípico de três áreas: interação social, comunicação e comportamentos restritos, repetitivos e estereotipados.

b) Autismo Atípico (F84.1): desenvolvimento atípico ou prejudicado presente após os três anos de idade e ausência de anormalidades suficientemente observáveis nas áreas de interação social, comunicação e comportamentos restritos, repetitivos e estereotipados.

c) Síndrome de Rett (F84.2): encontrada somente em meninas; desenvolvimento aparentemente normal é seguido pela perda parcial ou completa da fala e pela perda de habilidades em locomoção e uso das mãos. Costuma aparecer entre os 7-24 meses de idade.

d) Outro Transtorno Desintegrativo da Infância (F84.3): após um período de desenvolvimento normal seguido por uma perda definitiva de habilidades já adquiridas em diferentes áreas do desenvolvimento ao longo de alguns meses.

e) Transtorno de Hiperatividade Associado ao Retardo Mental e Movimentos Estereotipados (F84.4): inclui o grupo de crianças com retardo mental severo (QI abaixo de 35) que demonstra problemas de hiperatividade e atenção, assim como comportamentos estereotipados.

f) Síndrome de Asperger (F84.5): caracterizada pelos mesmos prejuízos qualitativos encontrados no autismo nas áreas de interação social e também interesses e atividades restritos, repetitivos e estereotipados. Difere do autismo porque não há um atraso geral ou retardo da linguagem ou desenvolvimento cognitivo.

g) Outros transtornos invasivos do desenvolvimento: sem descrição.

h) Transtorno Invasivo do Desenvolvimento sem outra especificação: sem descrição.

O processo de avaliação do autismo

Há evidências de que a intervenção precoce pode trazer uma melhora significativa no quadro clínico do autismo (Dawson, 2008; Rogers & Vismara, 2008; Zwaigenbaum, 2010). Mas esta intervenção só é possível se realizado o diagnóstico também precocemente (Lampreia, 2013b). Devido a um período de máxima plasticidade cerebral (Belsky, 2010), a intervenção precoce possibilita maximizar o aprendizado da criança, prevenir efeitos secundários negativos do autismo, melhorar as habilidades funcionais e sua qualidade de vida (Anagnostou et al., 2014; Rogers & Vismara, 2014; Zwaigenbaum, 2010). Se o autismo não for tratado precocemente torna-se muito difícil reverter os seus sintomas (Lampreia, 2013b). Por isso, a identificação precoce é de suma relevância (Ibañez et al., 2014).

O autismo é um transtorno com uma heterogeneidade de sintomas e diferentes níveis de severidade, o que torna a avaliação extremamente complexa (Huerta & Lord, 2012). Uma prática recomendada (*National Research Council – NRC*, 2001) envolve a avaliação multidisciplinar, que deve contar com profissionais de diferentes áreas que sejam capazes de avaliar adequadamente as dificuldades que possam afetar e/ou resultar nos sintomas do autismo como, por exemplo, funções cognitivas, habilidades motoras, atrasos na linguagem (Lord & Bishop, 2010). No Brasil, é recomendação do Ministério da Saúde (2013) que o diagnóstico do autismo seja resultado do trabalho de uma equipe multidisciplinar, não devendo prescindir da participação do médico especialista (psiquiatra e/ou neurologista) contando, também, com a presença de psicólogo e fonoaudiólogo.

No entanto, a avaliação multidisciplinar nem sempre é possível e pode ser muito desgastante para os pais (Huerta & Lord, 2012) devido ao excesso de profissionais que avaliam a criança e a incerteza sobre quem é o responsável pela avaliação (Braiden, Bothwell & Duffy, 2010). Devem ser sempre oferecidas aos pais oportunidades de participar e aprender com a avaliação (Lord & Bishop, 2010). Quando não for possível uma avaliação multidisciplinar, seja o diagnóstico feito individualmente por um neuropediatra ou por um psicólogo especializado na área, recomenda--se que o profissional encaminhe a criança para

outras especialidades relevantes ao seu caso para ser examinada e tratada (Silva & Mulick, 2009).

O processo de avaliação clínica do autismo deve conter dois níveis de investigação: o rastreamento e o diagnóstico (Filipek et al., 2000). Na etapa do rastreamento o objetivo é identificar (e não diagnosticar) as crianças com sinais de risco de problemas de desenvolvimento (incluindo autismo) para que possam ser encaminhadas para uma avaliação diagnóstica (Ibañez et al., 2014). A etapa do diagnóstico demanda uma avaliação mais abrangente que permita diferenciar as crianças com autismo daquelas com outros problemas de desenvolvimento, e também é importante para auxiliar com informações úteis ao tratamento (Filipek et al., 2000). Mesmo quando a certeza do diagnóstico é alta, uma avaliação formal pode contribuir para o planejamento do tratamento (Huerta & Lord, 2012).

No processo de avaliação de diferentes aspectos da saúde mental de crianças os instrumentos padronizados são muito utilizados (Duarte & Bordin, 2000). Por instrumento padronizado entende-se a existência de uniformidade em todos os procedimentos no uso, desde a aplicação até a interpretação dos resultados (Anastasi, 1977). A padronização dos instrumentos é importante para garantir seu uso adequado e assegurar a qualidade da coleta de dados sobre o sujeito (Rabelo, Brito & Rego, 2013). Os instrumentos devem sempre apresentar estudos com evidências de validade e precisão, e mesmo que tais estudos tenham sido realizados em outros países, não se pode prescindir de que o mesmo seja validado para uso no contexto brasileiro (Alves, Souza & Baptista, 2013). No processo de avaliação do autismo os instrumentos podem ser divididos em dois grupos: (a) instrumentos para rastreamento – destinados a identificar os sinais de risco relacionados ao transtorno, levantando a suspeita de um quadro autístico, mas que não objetivam o diagnóstico (Ibañez et al., 2014) e os (b) instrumentos para diagnóstico – que servem como auxiliares do processo diagnóstico (Lord, Corsello & Grzadzinski, 2014).

Sugere-se que os instrumentos de avaliação do autismo sejam utilizados em conjunto com as observações clínicas, levando-se em consideração os critérios diagnósticos do DSM (APA) ou da CID (OMS) (Matson, Nebel-Schwalm & Matson, 2007). É importante que as avaliações sejam conduzidas por profissionais com ampla experiência na aplicação de testes padronizados e com particular experiência na avaliação de autismo (Huerta & Lord, 2012).

a) Rastreamento

O rastreamento é uma etapa muito importante no processo de avaliação do autismo (Ibañez et al., 2014), tendo inclusive entre seus defensores a *American Academy of Neurology* (Filipek et al., 2000) e a *American Academy of Pediatrics* (*Committee on Children with Disabilities*, 2001). Esta etapa envolve uma avaliação breve para identificar a criança que necessita de uma avaliação diagnóstica mais abrangente (Ibañez et al., 2014; Ministério da Saúde, 2013) e é o primeiro passo para melhorar a identificação precoce dos sinais de risco de autismo (Silva & Mulick, 2009).

A *American Academy of Pediatrics* recomenda que seja feito um rastreamento para identificar os sinais do autismo na população geral de crianças entre 18 e 24 meses de idade (Zwaigenbaum, 2010) através dos instrumentos padronizados para tal finalidade (Johnson & Myers, 2007). Uma das limitações desses instrumentos é

apresentar, em geral, elevada sensibilidade, identificando com autismo crianças que estão fora do transtorno do espectro autista (Matson, Kozlowski, Fitzgerald & Sipes, 2013), embora com outros problemas de desenvolvimento e linguagem (Barbaro & Dissanayake, 2012). E outras vezes estes instrumentos deixam de identificar aquelas que apresentam um quadro mais suave dos sinais do transtorno (Dietz, Swinkels, Daalen, Engeland & Buitelaar, 2006). Além disso, o rastreamento precoce (realizado antes dos dois anos de idade) pode deixar de fora as crianças com autismo regressivo, aquelas cujo comportamento autístico não havia se manifestado antes desta idade (Baird et al., 2000).

Os instrumentos para rastreamento do autismo possuem duas dimensões: o formato e o nível (Ibañez et al., 2014). No que tange ao "Formato" o instrumento pode ser baseado no relato do informante (frequentemente são os pais, pois conhecem muito o comportamento da criança, porém pode haver um viés no relato), observacional (usado por profissionais para avaliar através de observação direta o comportamento da criança em um determinado contexto, o que restringe a informação obtida a um determinado tempo e lugar) ou interativo (interações estruturadas que possibilitam uma experiência direta do comportamento social-comunicativo da criança assim como seu estilo de interação, porém tendem a ser instrumentos que demandam mais tempo para aplicação e treinamento intensivo) (Ibañez et al., 2014). Com relação ao "Nível", o instrumento pode ser considerado de "Nível 1", cuja finalidade é identificar as crianças com sinais de risco do autismo na população geral, e os de "Nível 2", que são os instrumentos aplicados para identificar crianças com sinais de risco do autismo entre aquelas que já apresentam quadros de problemas de desenvolvimento (Barton, Dumont-Mathieu & Fein, 2012) (Figura 1). Entre os instrumentos "Nível 1" há aqueles que foram construídos para rastrear uma diversidade de transtornos do desenvolvimento (comunicação, déficits sociais) e aqueles que foram desenvolvidos para rastrear especificamente o autismo (Feldman et al., 2012).

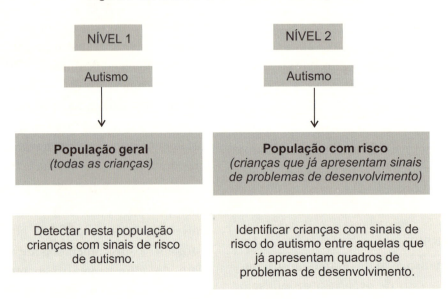

Figura 1 Nível dos instrumentos e seus objetivos

A escolha do instrumento precisa levar em consideração o tipo de informação que se quer obter, a demanda, a experiência e o treinamento do aplicador (Ibañez et al., 2014). Entre os instrumentos "Nível 1" para rastreamento específico do autismo destaca-se o *Modified Checklist for Autism in Toddler* (M-CHAT; Robins et al., 2001) por ser aquele que mais possui evidências de validade e estudos de aplicação na literatura internacional para rastreamento precoce (Seize, 2014). Mais recentemente foi lançada uma versão revisada (*Modified Checklist for Autism in Toddlers, Revised With Follow-up* – M-CHAT-R/F; Robins et al., 2014).

O instrumento M-CHAT (Robins et al., 2001) é composto por um questionário com 23 itens (para uso com pais de crianças entre 16-30 meses de idade) e por uma entrevista *follow-up* (para ser conduzida com pais de crianças identificadas com risco de autismo pelo questionário) (Robins et al., 2001). O questionário foi traduzido para o português por Losapio e Pondé (2008) e é recomendado para uso livre no Brasil pelo Ministério da Saúde (2013). Cabe salientar que no estudo de revisão sistemática de literatura realizado por Seize (2014) não foram encontrados estudos de evidências de validade do M-CHAT no país no período de 2004 até 2014.

Entre os instrumentos "Nível 2" para rastreamento do autismo destacam-se o *Screening Tool for Autism in Two-Year-Olds* (STAT; Stone, Coonrod & Ousley, 2000), por apresentar propriedades psicométricas adequadas (Stone, Coonrod, Turner & Pozdol, 2004; Stone, McMahon & Henderson, 2008), e o *Autism Screening Questionnaire* (ASQ; Berument et al., 1999) por ter sido traduzido, adaptado e apresentar evidências iniciais de validade para uso no Brasil (Sato et al., 2009). O STAT (Stone et al., 2000) é um instrumento construído originalmente para uso em crianças entre 24-36 meses de idade e foi desenvolvido para eliciar comportamentos sociais e comunicativos em uma interação baseada em brincadeira de aproximadamente 20 minutos de duração. Mas não possui estudos de tradução, adaptação e de evidências de validade para o Brasil (Seize, 2014). O ASQ, no entanto, foi desenvolvido para rastreamento dos Transtornos Invasivos do Desenvolvimento em geral, não especificamente autismo (Berument et al., 1999), sendo recomendado para rastreamento de problemas de desenvolvimento (Filipek et al., 2000).

A aplicação de um instrumento para rastreamento precoce é apenas o ponto de partida de um processo (Ibañez et al., 2014). Caso uma criança seja identificada com risco de autismo, ela deve ser encaminhada para uma avaliação mais abrangente de modo a confirmar o diagnóstico (Bryson et al., 2003; Ministério da Saúde, 2013).

b) Diagnóstico

O diagnóstico do autismo é realizado essencialmente de maneira clínica (Gadia et al., 2004), por meio da observação da criança, de entrevista com os pais e/ou cuidadores, do levantamento de informações sobre história do indivíduo, do uso de um ou mais instrumentos com boas evidências de validade e precisão (Matson, Beighley & Tyrygin, 2012). E esse processo não é tarefa

simples, pois o autismo envolve uma heterogeneidade de sintomas (Matson, Rieske & Tureck, 2011) que apresentam uma abrangente gradação de severidade e que podem variar com o tempo (Charman et al., 2005). Alguns dos sintomas, inclusive, estão presentes em outros transtornos do desenvolvimento (Mitchell, Cardy & Zwaigenbaum, 2011). Há comorbidades médicas e psiquiátricas associadas ao quadro do transtorno (Anagnostou et al., 2014; Silva & Mulick, 2009).

Apesar de sua complexidade, o diagnóstico é possível em crianças com idades entre 18 e 24 meses (Siperstein & Volkmar, 2004; Werner & Dawson, 2005), embora muitos diagnósticos ainda sejam realizados tardiamente (Valicenti-McMermott, Hottinger, Seijo & Shulman, 2012), em torno dos 5-7 anos (Shattuck et al., 2009). No Brasil, muitas crianças permanecem com um diagnóstico em aberto até os 6-7 anos de idade em função da falta de conhecimento e capacitação profissional no que diz respeito às práticas diagnósticas dificultando uma identificação precoce (Silva & Mulick, 2009). E sem um diagnóstico precoce perde-se a oportunidade de iniciar uma intervenção também precoce (Lampreia, 2013b).

De acordo com Silva e Mulick (2009), independentemente da avaliação diagnóstica ser realizada individualmente ou por uma equipe multidisciplinar, deve-se contemplar: (a) uma entrevista inicial com os pais ou responsáveis; (b) avaliação médica; (c) avaliação psicológica; (d) instrumentos auxiliares no diagnóstico; (e) encaminhamento para outros profissionais e para intervenções apropriadas.

A entrevista com os pais ou responsáveis é parte fundamental no processo diagnóstico e deve abordar temas como a história social e familiar da criança (dinâmica familiar, história de problemas mentais, de desenvolvimento etc.), a história médica (história da gravidez, parto e primeira infância, alergia, uso de medicações etc.), a história do desenvolvimento (quando começou a balbuciar, produzir as primeiras palavras, engatinhar etc.) (Silva & Mulick, 2009). Além disso, é essencial que um clínico experiente observe a criança em um contexto onde o comportamento social-comunicativo e brincadeira ou interação com os pares possa ser notado (Huerta & Lord, 2012).

Em função da presença de comorbidades (Anagnostou et al., 2014) e déficits em áreas que podem estar relacionadas a outros transtornos ou patologias (Lord et al., 2014), a avaliação médica para um diagnóstico diferencial é parte importante do processo de avaliação do autismo (Assumpção & Pimentel, 2000). O diagnóstico diferencial deve ser realizado com outros quadros do antigo grupo dos Transtornos Invasivos do Desenvolvimento (Síndrome de Asperger, Síndrome de Rett, Transtornos Desintegrativos e Transtornos não especificados) e também com patologias fora deste grupo, como o retardo mental (Assumpção, 2013). A taxa de comorbidade de retardo mental (ou atraso no desenvolvimento) e autismo é de aproximadamente 50% (CDC, 2002). E indivíduos com atraso de desenvolvimento frequentemente apresentam comportamentos autísticos, como ausência de fala e movimentos estereotipados (Matson & Shoemaker, 2009; Wilkins & Matson, 2009). A avaliação fonoaudiológica da criança é importante como parte deste processo (Perissinoto, 2003b).

É necessário avaliar se um atraso na linguagem ou déficits intelectuais podem explicar as dificuldades de interação social e comunicação presentes na criança com autismo (Huerta & Lord, 2012). Comumente o fonoaudiólogo é um dos primeiros profissionais a avaliar a crian-

ça (em função da queixa de ausência de fala e suspeita de perda de audição), e muitas vezes a conduta adequada é alertar a família para o risco do transtorno e propor um diagnóstico diferencial e multidisciplinar (Perissinoto, 2003b). A avaliação psicológica entra como parte essencial do processo, pois através dela pode-se obter informações detalhadas sobre o funcionamento cognitivo e adaptativo da criança que são úteis para a formulação de um plano de intervenção individualizado (Silva & Mulick, 2009).

Entre os instrumentos padronizados utilizados para auxiliar no processo de avaliação diagnóstica do autismo, dois são considerados "padrão-ouro": o *Autism Diagnostic Interview-Revised* (ADI-R; Lord et al., 1994) e o *Autism Diagnostic Observation Schedule* (ADOS; Lord et al., 1989).

A ADI-R (Lord et al., 1994) é uma entrevista semiestruturada, padronizada e que requer treinamento. Baseia-se no julgamento do observador para avaliar os sintomas do autismo nas áreas de interação e comunicação social e comportamentos restritos e repetitivos em atividades diárias da criança. É composta por 93 itens e foi desenvolvida para ser administrada com pais ou cuidadores. Uma limitação do instrumento é que as informações obtidas podem ser influenciadas pela percepção que os pais tem da criança, não refletindo muitas vezes a realidade (Klinger & Renner, 2000). Uma outra limitação é não ser sensível a diferenças entre crianças com idade mental inferior a 20 meses ou QI menor que 20 (Lord, 1995; Cox et al., 1999), não sendo, por isso, recomendado seu uso nesta população (Ozonoff, Goodlin-Jones & Solomon, 2005). O longo tempo necessário para sua administração (duas horas em média) dificulta seu uso no cotidiano (Klinger & Renner, 2000). Um estudo inicial de evidência de validade da ADI-R foi conduzido no Brasil e o instrumento apresentou propriedades psicométricas adequadas (Becker et al., 2012).

O ADOS (Lord et al., 2000, 2002) é um instrumento de observação direta semiestruturado para avaliar os sintomas do autismo, composto por quatro módulos classificados de acordo com nível de desenvolvimento e de linguagem do indivíduo, podendo ser usado desde crianças sem nenhuma linguagem verbal até autistas adultos. Exige conhecimento clínico e treinamento especializado para ser administrado. Em sua recente versão, o ADOS-2 (Lord, Luyster, Gotham & Guthrie, 2012), foi incluído um módulo específico para ser aplicado em crianças dos 12 aos 30 meses de idade, que é composto de 11 atividades primárias e 4 atividades secundárias que informam 41 itens relacionados aos aspectos sociais e aos comportamentos restritos e repetitivos. Ainda não foi disponibilizada uma versão brasileira do ADOS e nem do ADOS-2.

O diagnóstico de autismo em crianças com 24 meses de idade mostrou-se preciso e estável ao longo do tempo quando se utiliza a ADI-R e o ADOS em conjunto, aliados ao julgamento clínico (Barbaro & Dissanayake, 2012). Os resultados obtidos com qualquer instrumento não devem ser utilizados como determinantes de um diagnóstico (Silva & Mulick, 2009). Um clínico experiente em autismo deverá analisar estes resultados que servirão para auxiliá-lo a fornecer um diagnóstico adequado e preciso (Filipek et al., 2000; Huerta & Lord, 2012).

No Brasil, está disponível a tradução e adaptação da *Childhood Autism Rating Scale* (CARS; Schopler, Reichler & Renner, 1988), uma escala composta por 15 itens que avaliam o comportamento da criança em 14 domínios impactados no autismo, entre eles a imitação. A escala foi desenvolvida para ser utilizada com pais de crianças acima de dois anos de idade e exige treinamento. O estudo de tradução da escala CARS conduzido por Pereira, Riesgo e Wagner (2008) foi realizado com crianças e adolescentes entre 3-17 anos de idade e apresenta evidências iniciais de validade.

Cabe ainda ressaltar dois outros instrumentos que foram traduzidos para o português e que apresentam estudos com evidências iniciais de validade para uso em pesquisa (Sato, 2008): a Escala de Avaliação de Traços Autistas (ATA; Assumpção et al., 1999) e o Inventário de Comportamentos Autísticos (ICA; Marteleto & Pedromônico, 2005). A ATA é composta por 23 subescalas para ser aplicada com pais de crianças a partir dos 2 anos de idade. É de fácil aplicação, mas só pode ser utilizada por profissional experiente em autismo. O ICA é um instrumento de fácil aplicação em formato *checklist* composto por 57 itens que avaliam cinco áreas: sensorial, relacional, imagem corporal, linguagem, interação social e autocuidado. Foi desenvolvida para aplicação com pais de crianças acima dos 2 anos de idade.

O processo de avaliação do autismo não se encerra com o diagnóstico, é necessário o encaminhamento para os profissionais (neurologistas, fonoaudiólogos, fisioterapeutas, terapeutas ocupacionais etc.) que irão realizar o tratamento da criança (Silva & Mulick, 2009). O encaminhamento para o médico deve incluir um relatório detalhado da avaliação explicando as razões pelas quais a criança foi diagnosticada com autismo e também apresentando recomendações específicas para a criança avaliada de acordo com as suas dificuldades (Huerta & Lord, 2012).

O diagnóstico do autismo não muda, mas ao longo do tempo as necessidades e dificuldades da criança podem mudar (Lord, Risi & DiLavore et al., 2006) e, por isso, elas deverão ser reavaliadas periodicamente (Huerta & Lord, 2012). Recomenda-se que sejam conduzidas avaliações psicológicas anuais para monitorar o progresso da criança e auxiliar no seu processo de tratamento (Silva & Mulick, 2009). O diagnóstico de autismo nem sempre é facilmente obtido, mesmo com o uso de testes padronizados e, nestes casos, recomenda-se a adoção de uma estratégia de vigilância recursiva, onde o rastreamento e avaliação são repetidos (Huerta & Lord, 2012), especialmente nas crianças mais novas (Charman et al., 2005).

Considerações finais

O processo de avaliação do autismo começa com a identificação dos sinais de risco no rastreamento precoce para que a criança possa ser encaminhada para uma avaliação abrangente com a finalidade de confirmar o diagnóstico. Esse processo é de extrema relevância, pois o diagnóstico precoce possibilita uma intervenção também precoce que ajudará a melhorar o quadro clínico da criança com autismo. Mas o processo não termina com o diagnóstico, pois as necessidades da criança podem mudar ao longo tempo sendo necessárias reavaliações periódicas. E as informações obtidas com estas avaliações também são úteis para auxiliar no tratamento.

Diagnosticar uma criança com autismo é tarefa complexa e, por isso, o processo de avaliação diagnóstica deve contar com uma equipe multidisciplinar (Ministério da Saúde, 2013; NRC, 2001). No entanto, é importante que esta equipe trabalhe em conjunto, pois um único relatório que integre as informações obtidas por todos os profissionais é mais útil do que relatórios elaborados separada e individualmente (Klin, Saulnier, Tstatsanis & Volkmar, 2005).

Como não há marcadores biológicos para o autismo e seu diagnóstico é essencialmente clínico, os instrumentos padronizados são muito úteis no processo de avaliação. No Brasil, porém, há uma escassez de instrumentos tanto para rastreamento (Seize, 2014) quanto para diagnóstico específico do autismo (Backes, Mônego, Bosa & Bandeira, 2014), o que aponta para um vasto campo de pesquisa.

Os dados obtidos através dos instrumentos padronizados auxiliam o clínico a obter o diagnóstico. Mas, para que se possa avaliar adequadamente a criança com autismo não basta apenas a experiência na aplicação de instrumentos padronizados, é necessária experiência com a avaliação do transtorno. Uma formação adequada é muito importante para quem for trabalhar com testes psicológicos (Noronha, 2002). O profissional que vai atuar na área de avaliação de autismo precisa conhecer os instrumentos, possuir o treinamento adequado para utilizá-los (quando necessário) e também ter experiência com crianças autistas.

Referências

Alves, G.A.S., Souza, M.S. & Baptista, M.N. (2013). Validade e precisão de testes psicológicos. In: R.A.M. Ambiel et al. (org.). *Avaliação psicológica:* guia de consulta para estudantes e profissionais de psicologia. 2. ed. São Paulo: Casa do Psicólogo.

American Academy of Pediatrics [AAP] Committee on Children with Disabilities (2001). The pediatrician's role in the diagnosis and management of autistic spectrum disorder in children. *Pediatrics*, 107, 1.221-1.226.

American Psychiatric Association [APA] (1980). *Diagnostic and statistical manual of mental disorders.* 3. ed. Washington, DC: Autor.

American Psychiatric Association [APA] (1994). *Diagnostic and statistical manual of mental disorders.* 4. ed. Washington, DC: Autor.

American Psychiatric Association [APA] (2013). *Diagnostic and Statistical Manual of Mental Disorders.* 5. ed. Arlington, VA: American Psychiatric Publishing.

Anagnostou, E., Zwaigenbaum, L., Szatmari, P., Fombonne, E., Fernandez, B.A., Woodbury-Smith, M., Brian, J., Bryson, S., Smith, I.M., Drmic, I., Buchanan, J.A., Roberts, W. & Scherer, S.W. (2014). Autism spectrum disorder: advances in evidence-based practice. *CMAJ*, 186 (7).

Anastasi, A. (1977). *Testes psicológicos.* São Paulo: EPU.

Araújo, A.C. & Neto, F.L. (2014). A nova classificação americana para os transtornos mentais: o DSM-5. *Revista Brasileira de Terapia Comportamental e Cognitiva*, 16 (1), 67-82.

Assumpção Jr., F.B. (2013). O diagnóstico descritivo nos transtornos do espectro autístico. In: L.R.O.P. Nunes et al. (org.). *Ensaios sobre autismo e deficiência múltipla.* Mem.

Assumpção Jr., F.B. & Pimentel, M.A.C. (2000). Autismo infantil. *Revista Brasileira de Psiquiatria*, 22 (supl. 2).

Assumpção Jr., F.B., Kuczynski, E., Gabriel, M.R. & Rocca, C.C. (1999). Escala de Avaliação de Traços Autistas (ATA): validade e confiabilidade de uma escala para a detecção de condutas autistas. *Arquivos de Neuropsiquiatria*, 57 (1), 23-29.

Backes, B., Mônego, B.G., Bosa, C.A & Bandeira, D.R. (2014). Propriedades psicométricas de instrumentos de avaliação do transtorno do espectro do autismo: uma revisão sistemática de estudos brasileiros. *Jornal Brasileiro de Psiquiatria*, 63 (2), 154-164.

Baird, G., Charman, T., Baron-Cohen, S., Cox, A., Swettenham, J., Wheelwright, S. & Drew, A. (2000). A screening instrument for autism at 18-months of age: a six-year follow-up study. *Journal of the American Academy of Child and Adolescent Psychiatry*, 39 (6), 694-702.

Barbaro, J. & Dissanayake, C. (2012). Early markers of autism spectrum disorders in infants and toddlers prospectively identified in the social attention and communication study. *Autism*, 17 (1), 64-86.

Barton, M.L., Dumont-Mathieu, T. & Fein, D. (2012). Screening young children for autism spectrum disorders in primary practice. *Journal of Autism and Developmental Disorders*, 42, 1.165-1.174.

Becker, M.M., Wagner, M.B., Bosa, C., Schmidt, C., Longo, D., Papaleo, C. & Riesgo, R.S. (2012). Translation and validation of Autism Diagnostic Interview-Revised (ADI-R) for autism diagnosis in Brazil. *Arquivos de Neuro-Psiquiatria*, 70 (3), 185-190.

Belsky, J. (2010). *Desenvolvimento humano:* experenciando o ciclo da vida. (Tradução de D. Bueno). Porto Alegre: Artmed.

Berument, S.K., Rutter, M.L., Lord, C., Pickles, A. & Bailey, A. (1999). Autism Screening Questionnaire: diagnostic validity. *British Journal of Psychiatry*, 175, 444-451.

Braiden, H.J., Bothwell, J. & Duffy, J. (2010). Parents' Experience of the Diagnostic Process for Autistic Spectrum Disorders. *Child Care in Practice*, 16 (4), 377-389.

Bryson, S.E., Rogers, S.J. & Fombonne, E. (2003). Autism Spectrum Disorders: early detection, intervention, education, and psychopharmacological management. *The Canadian Journal of Psychiatry*, 48 (8).

Carvalheira, G., Vergani, N. & Brunoni, D. (2004). Genética do autismo. *Revista Brasileira de Psiquiatria*, 26 (4), 270-272.

Centers for Disease Control and Prevention [CDC] (2002). Prevalence of autism spectrum disorders: autism and developmental disabilities monitoring network, United States. *Morbidity and Mortality Weekly Report Surveillance Summary*, 58, 1-20.

Centers for Disease Control and Prevention [CDC] (2010). Prevalence of Autism Spectrum Disorder Among Children Aged 8 Years. *Autism and Developmental Disabilities Monitoring Network, 11 Sites.*

Charman, T., Taylor, E., Drew, A., Cockerill, H., Brow, J. & Baird, G. (2005). Outcome at 7 years of children diagnosed with autism at age 2: predictive validity of assessments conducted at 2 and 3 years of age and pattern of sympton change over time. *Journal of Child Psychology and Psychiatry*, 46 (5), 500-513.

Cox, A., Klein, K., Charman, T., Baird, G., Baron--Cohen, S., Swettenham, J., Drew, A. & Wheelwright, S. (1999). Autism spectrum disorders at 20 and 42 months of age: Stability of clinical and ADI-R diagnosis. *Journal of Child Psychology e Psychiatry*, 40 (5), 719-732.

Dawson, G. (2008). Early behavioral intervention, brain plasticity, and the prevention of autism spectrum disorder. *Development and Psychopathology*, 20 (3), 775-803.

Dietz, C., Swinkels, S., Daalen, E., Engeland, H. & Buitelaar, J.K. (2006). Screening for autistic spectrum disorder in children aged 14 to 15 months. II: population screening with the Early Screening of Autistic Traits Questionnaire (ESAT). Design and general findings. *Journal of Autism and Developmental Disorders*, 36 (6), 713-722.

Duarte, C.S. & Bordin, I.A.S. (2000). Instrumentos de avaliação. *Revista Brasileira de Psiquiatria*, 22 (supl. 2).

Feldman, M.A., Ward, R.A., Savona, D., Regehr, K., Parker, K., Hudson, M., Penning, H. & Holden, J.J. (2012). Development and initial validation of a parent report measure of the behaviorial development of infants at risk for autism spectrum disorders. *Journal of Autism and Developmental Disorders*, 42 (1), 13-22.

Filipek, P.A., Accardo, P.J. Ashwal, S., Baranek, G.T., Cook Jr., E.H., Dawson, G. & Volkmar, F.R. (2000). Practice parameter: screening and diagnosis of autism: report of the Quality Standards Subcommittee of the American Academy of Neurology and the Child Neurology Society. *Neurology*, 55, 468-479.

Folstein, S. & Rosen-Sheidley, B. (2001). Genetics of autism: complex etiology for a Heterogeneous disorder. *Nature Reviews Genetics*, 2 (12), 943-955.

Gadia, C.A., Tuchman, R. & Rotta, N.T. (2004). Autismo e doenças invasivas de desenvolvimento. *Jornal de Pediatria*, 80 (supl. 2), 83-94.

Huerta, M. & Lord, C. (2012). Diagnostic evaluation of Autism Spectrum Disorders. *Pediatric Clinics of North America*, 59 (1), 103-111.

Ibañez, L.V., Stone, W.L. & Coonrod, E.E. (2014). Screening for Autism in Young Children. In: F.R. Volkmar et al. (org.). *Handbook of Autism Pervasive Developmental Disorders:* assessment, interventions, and policy. Vol. 2. 4. ed. (p. 585-608). Nova Jersey: Wiley.

Johnson, C.P. & Myers, S.M. (2007). Identification and evaluation of children with autism spectrum disorders. *Pediatrics,* 120 (5), 1.183-1.215.

Kanner, L. (1943). Autistic Disturbances of Affective Contact. *Nervous Child*, 2, 217-250.

Kanner, L. (1956). Early infantile autism. *American Journal Orthopsychiatry*, 26, 55-65.

Kaufmann, P. (1996). *Dicionário Enciclopédico de Psicanálise*. Rio de Janeiro: Zahar.

Klin, A. (2006). Autismo e Síndrome de Asperger: uma visão geral. *Revista Brasileira de Psiquiatria*, 28 (supl. 1).

Klin, A., Saulnier, C., Tstatsanis, K. & Volkmar, F.R. (2005). Clinical evaluation in autism spectrum disorders: psychological assessment within a transdisciplinary frame work. In: F.R. Volkmar, R. Paul, A. Klin & D. Cohen (orgs.). *Handbook of Autism and Pervasive Developmental Disorders*. Vol. 2 (p. 272-298). Nova York: Wiley.

Klinger, L.G. & Renner, P. (2000). Performace-based measures in autism: Implications for diagnosis, early detection, and identification of cognitive profiles. *Journal of Clinical Child Psychology*, 29 (4), 479-492.

Lampreia, C. (2004). Os enfoques cognitivista e desenvolvimentista no autismo: uma análise preliminar. *Psicologia: Reflexão e Crítica*, 17 (1), 111-120.

Lampreia, C. (2013a). *Autismo:* manual ESAT e vídeo para o rastreamento precoce. Rio de Janeiro/São Paulo: PUC-Rio/Loyola.

Lampreia, C. (2013b). A capacitação de educadores para a vigilância de sinais precoces de autismo. In: Nunes, Suplino & Walter (orgs.). *Ensaios sobre autismo e deficiência múltipla*. Marília: ABBEE/Capes/Mem.

Lampreia, C. & Lima, M.M.R. (2011). *Instrumento de vigilância precoce do autismo:* manual e vídeo. Rio de Janeiro/São Paulo: PUC-Rio/Loyola.

Lord, C. (1995). Follow-up of two-year-olds referred for possible autism. *Journal of Child Psychology and Psychiatry*, 36 (8), 365-1.382.

Lord, C. & Bishop, S.L. (2010). Society for Research in Child Development Public Policy Report – Autism spectrum disorders: Diagnosis, prevalence and services for children and families. *Society for Research in Child Development*, 24 (2).

Lord, C., Corsello, C. & Grzadzinski, R. (2014). Diagnostic Instruments in Autistic Spectrum Disorders. In: F.R. Volkmar et al. (org.). *Handbook of Autism Pervasive Developmental Disorder:* assessment, interventions, and policy. Vol. 2. 4. ed. (p. 609-660). Nova Jersey: Wiley.

Lord, C., Luyster, R.J., Gotham, K. & Guthrie, W. (2012). *Autism Diagnostic Observation Scale, Second Edition (ADOS-2). Manual (Part II):* Toddler Module. Torrance, CA: Western Psychological Services.

Lord, C., Rutter, M., Goode, S., Heemsbergen, J., Jordan, H., Mawhood, L. & Schopler, E. (1989). Autism Diagnostic Observation Scale: A standardized observation of communicative and social behavior. *Journal of Autism and Developmental Disorders*, 19 (2), 185-212.

Lord, C.L., Risi, S., DiLavore, P.S. et al. (2006). Autism from 2 to 9 years of age. *Archives of General Psychiatry*, 63 (6): 694-701.

Lord, C., Risi, S., Lambretch, L., Cook, E., Leventhal, B., Dilavore, P., Pickles, A. & Rutter, M. (2000). The Autism Diagnostic Observation Schedule-Generic: A standard measure of social and communication deficits associated with the spectrum of autism. *Journal of Autism and Developmental Disorders*, 30 (3), 205-223.

Lord, C., Rutter, M., Dilavore, P.C. & Risi, S. (2002). *Autism Diagnostic Observation Schedule manual.* Los Angeles: Western Psychological Services.

Lord, C., Rutter, M.L. & Le Couteur, A. (1994). The Autism Diagnostic Interview-Revised: A revised version of diagnostic interview for caregivers of individuals with possible pervasive developmental disorders. *Jornal of Autism and Developmental Disorders*, 24 (5), 659-685.

Losapio, M.F. & Pondé, M.P. (2008). Tradução para o português da escala M-CHAT para rastreamento precoce de autismo. *Revista Psiquiatria*, 30 (3), 221-229.

Lotter, V. (1966). Epidemiology of autistic conditions in young children. *Social Psychiatry*, 1 (3), 124-137.

Lotter, V. (1967). Epidemiology of autistic conditions in young children: II. Some characteristics of the parents and children. *Social Psychiatry*, 1 (4), 163-173.

Marteleto, M.R.F. & Pedremônico, M.R.M. (2005). Validade do Inventário de Comportamentos Autísticos (ICA): estudo preliminar. *Revista Brasileira de Psiquiatria*, 27, 295-301.

Matson, J.L., Beighley, J. & Turygin, N. (2012). Autism diagnosis and screening: Factors to consider in differential diagnosis. *Research in Autism Spectrum Disorders*, 6 (1), 19-24.

Matson, J.L., Kozlowski, A.M., Fitzgerald, M.E. & Sipes, M. (2013). True versus falses positives and negatives on the Modified Checklist For Autism in Toddlers. *Research in Autism Spectrum Disorders*, 7, 17-22.

Matson, J.L., Nebel-Schwalm, M. & Matson, M.L. (2007). A review of methodological issues in the differential diagnosis of autism spectrum disorders in children. *Research in Autism Spectrum Disorders*, 1 (1), 38-54.

Matson, J.L., Riesk, R.D. & Tureck, K. (2011). Additional considerations for the early detection and diagnosis of autism: Review of available instruments. *Research in Autism Spectrum Disorders*, 5 (4), 1.319 1.326.

Matson, J.L. & Shoemaker, M. (2009). Intellectual disability and its relationship to autism spectrum disorders. *Research in Developmental Disabilities*, 30, 1.107-1.114.

Ministério da Saúde, Secretaria de Atenção à Saúde, Departamento de Ações Programáticas Estratégicas (2013). *Diretrizes de atenção à reabilitação da pessoa com transtornos do espectro do autismo.* Brasília: Ministério da Saúde.

Mitchell, S., Cardy, J.O. & Zwaigembaum, L. (2011). Differentiating Autism Spectrum Disorder from other developmental delays in the first two years of life. *Developmental Disabilities Research Reviews*, 17 (2), 130-140.

National Research Council [NRC] (2001). *Educating children with autism*. Washington, DC: National Academy Press.

Noronha, A.P.P. (2002). Os problemas mais graves e mais frequentes no uso dos testes psicológicos. *Psicologia: Reflexão e Crítica*, 15 (1), 135-142.

Organização Mundial da Saúde [OMS] (1993). *Classificação Estatística Internacional de Doenças e Problemas Relacionados à Saúde – CID-10*.

Ozonoff, S., Goodlin-Jones, B.L. & Solomon, M. (2005). Evidence-Based Assessment of Autism Spectrum Disorders in Children and Adolescents. *Journal of Clinical Child and Adolescent Psychology*, 34 (3), 523-540.

Paula, C.S., Ribeiro, S., Fombonne, E. & Mercadante, M.T. (2011). Brief Report: Prevalence of pervasive developmental disorder in Brazil: a pilot study. *Journal of Autism and Developmental Disorders*, 41 (12), 1.738-1.742.

Pedromônico, M.R.M. (2003). O desenvolvimento da comunicação e da linguagem na criança com autismo. In: J. Perissinoto (org.). *Conhecimentos essenciais para atender bem a criança com autismo*. São José dos Campos: Pulso.

Pereira, A., Riesgo, R.S. & Wagner, M.B. (2008). Autismo infantil: tradução e validação da Childhood Autism Rating Scale para uso no Brasil. *Jornal de Pediatria*, 84 (6).

Perissinoto, J. (2003a). Linguagem da criança com autismo. In: J. Perissinoto (org.). *Conhecimentos essenciais para atender bem a criança com autismo*. São José dos Campos: Pulso.

Perissinoto, J. (2003b). Avaliação fonoaudiológica da criança com autismo. In: J. Perissinoto (org.). *Conhecimentos essenciais para atender bem a criança com autismo*. São José dos Campos: Pulso.

Pinto, D., Pagnamenta, A.T., Klei, L. et al. (2010). Functional impact of global rare copy number variation in autism spectrum disorders. *Nature*, 466 (7.304), 368-372.

Rabelo, I.S., Brito, L. & Rego, M.G.S. (2013). Padronização e normatização de testes psicológicos: simplificando conceitos. In: R.A.M. Ambiel et al. (org.). *Avaliação psicológica*: guia de consulta para estudantes e profissionais de psicologia. 2. ed. (p. 129-161). São Paulo: Casa do Psicólogo.

Rogers, S.J. & Dawson, G. (2010). *Early Start Denver Model for Young Children with Autism* – Promoting Language, Learning, and Engagement. The Guilford Press.

Rogers, S.J. & Vismara, L. (2014). Interventions for Infants and Toddlers at Risk for Autism Spectrum Disorder. In: F.R. Volkmar et al. (orgs.). *Handbook of Autism and Pervasive Developmental Disorders*: assessment, interventions, and policy. Vol. 2. 4. ed. (p. 739-769). Nova Jersey: Wiley.

Rutter, M. (1978). Diagnosis and definition of childhood autism. *Journal of Autism and Developmental Disorders*, 8 (2), 139-161.

Sato, F.P. (2008). *Validação da versão em português de um questionário para avaliação de autismo infantil* (Dissertação de mestrado). Faculdade de Medicina da Universidade de São Paulo.

Sato, F.P. et al. (2009). Instrumento para rastreamento dos casos do transtorno invasivo do desenvolvimento: estudo preliminar de validação. *Revista Brasileira de Psiquiatria*, 31 (1), 30-33.

Schopler, E., Reichler, R. & Renner, B.R. (1988). *The Childhood Autism Rating Scale (CARS)*. 10 ed. Los Angeles, CA: Western Psychological Services.

Seize, M.M. (2014). Revisão sistemática de literatura de instrumentos para rastreamento dos sinais do autismo em crianças com até 36 meses de idade (Trabalho de conclusão de curso). Departamento de Psicologia, PUC-Rio.

Shattuck, P.T., Durkin, M., Maenner, M., Newschaffer, C., Mandell, D.S., Wiggins, L., Lee, L.C., Rice, C., Giarelli, E., Kirby, R., Baio, J., Pinto-Martin, J. & Cuniff, C. (2009). Timing of identification among children with autism spectrum disorder: Finding from a population-based surveillance study. *Journal of the*

American Academy of Child e Adolescent Psychiatry, 48 (5), 474-483.

Silva, M. & Mulick, J.A. (2009). Diagnosticando o Transtorno Autista: aspectos fundamentais e considerações práticas. *Psicologia: Ciência e Profissão*, 29 (1), 116-131.

Siperstein, R. & Volkmar, F. (2004). Brief report: Parental reporting of regression in children with pervasive developmental disorders. *Journal of Autism and Developmental Disorders*, 34 (6), 731-734.

Squires, J.K. (2000). Identifying social/emotional and behavioral problems in infants and toddlers. *Infant-Toddler Intervention*, 10 (2), 107-119.

Stone, W.L., Coonrod, E.E. & Ousley, O.Y. (2000). Screening Tool for Autism Two-Years-Olds (STAT): development and preliminary data. *Journal of Autism and Developmental Disorders*, 30, 607-612.

Stone, W.L., Coonrod, E.E., Turner, L.M. & Pozdol, S.L. (2004). Psychometric properties of the STAT for early autism screening. *Journal of Autism and Developmental Disorders*, 6, 691-701.

Stone, W.L., McMahon, C.R. & Henderson, L.M. (2008). Use of the Screening Tool for Autism in Two--Year-Olds (STAT) for children under 24 months. *Autism*, 12 (5), 557-573.

Valicenti-McMermott, M., Hottinger, K., Seijo, R. & Shulman, L. (2012). Age at Diagnosis of Autism Spectrum Disorders. *The Journal of Pediatrics*, 161 (3), 554-556.

Volkmar, F.R., Reichow, B., Westphal & Mandell, D.S. (2014). Autism and the Autism Spectrum: Diagnostic Concepts. In: F.R. Volkmar et al. (orgs.). *Handbook of Autism and Pervasive Developmental Disorders*: diagnosis, development, and brain mechanisms. Vol. 1. 4. ed. (p. 3-27). Nova Jersey.

Werner, E. & Dawson, G. (2005). Validation of the phenomenon of autistic regression using home videotapes. *Archives of General Psychiatry*, 62 (8), 889-895.

Wilkins, J. & Matson, J.L. (2009). A comparision of social skills profiles in intellectually disabled adults with and without ASD. *Behavior Modification*, 33, 143-155.

Zwaigenbaum, L. (2010). Advances in the early detection of autism. *Current Opinion in Neurology*, 23 (2), 97-102.

19
Avaliação da inteligência emocional em adultos

José Maurício Haas Bueno
Angélica Maria Ferreira de Melo Castro
Fernanda Maria de Lira Correia

Introdução

A inteligência emocional, entendida como o estudo do processamento cognitivo de informações emocionais, vem sendo foco de pesquisas apenas nas últimas duas décadas e meia. Mais precisamente, a partir da publicação do artigo *Emotional Intelligence* (Salovey & Mayer, 1990) e do *best-seller* homônimo (Goleman, 1995).

O sucesso de vendas deste último, entretanto, não veio acompanhado do sucesso técnico-científico. Nesse campo é preciso ter mais do que simples argumentos e frases de efeito; para a ciência, é preciso apresentar evidências. Por exemplo, Goleman (1995) apressou-se em apresentar a inteligência emocional como um tipo de inteligência que seria capaz de prever o comportamento das pessoas no dia a dia, mais do que a inteligência tradicional. No entanto, essa afirmação não veio acompanhada das necessárias evidências científicas que lhe dessem sustentação. Aliás, essa ideia de que a medida de um atributo seria capaz de prever o comportamento das pessoas numa ampla variedade de situações já foi motivo de muita decepção e descrédito na psicologia em relação às próprias medidas de inteligência tradicional na primeira metade do século

XX. Embora a obra de Goleman (1995) tenha se tornado um *best-seller* e apresentado a inteligência emocional ao mundo, a ciência sobre esse novo conceito caminhava em ritmo próprio, e com muitas desconfianças enquanto as evidências não eram apresentadas. Ainda bem!

Do início dos anos de 1990 para os dias de hoje inúmeras pesquisas foram realizadas sobre a inteligência emocional. Uma pesquisa rápida no sistema de busca do Portal de Periódicos da Coordenação de Aperfeiçoamento de Pessoal de Nível Superior (CAPES) com o termo *emotional intelligence* resultou em 23.570 itens encontrados, dando uma noção do interesse que esse tema tem despertado entre os pesquisadores do mundo inteiro. Uma busca semelhante, com o termo "inteligência emocional" no sistema brasileiro de buscas do *Scientific Eletronic Library Online* (SciELO), resultou em apenas 18 referências, mostrando que o tema desperta pouco interesse entre os pesquisadores brasileiros. Por isso, este capítulo tem por objetivo apresentar a inteligência emocional dentro da concepção psicométrica da inteligência, os principais achados das pesquisas nessa área, as controvérsias e possíveis direções futuras para a investigação científica.

Inteligência e inteligência emocional: a proposta teórica

O modelo teórico de inteligência emocional adotado para este trabalho (Salovey & Mayer, 1990; Mayer & Salovey, 1997) tem sido desenvolvido dentro da perspectiva psicométrica, cuja concepção de inteligência está baseada em um método de análise estatística, denominado análise fatorial. De forma geral, a análise fatorial é um recurso utilizado para sistematizar covariâncias entre variáveis (p. ex., itens de um teste), agrupando as que apresentam variações semelhantes em um mesmo fator. A suposição é a de que as variações comuns observadas nos escores podem ser explicadas por uma variável subjacente (a variável-fonte ou traço latente), não mensurável diretamente, e que, no âmbito psicológico, corresponderia às estruturas mentais. Portanto, este método matemático sistematiza as observações dos rendimentos dos sujeitos, possibilitando a inferência de construtos psicológicos (empirismo indutivo) (Primi, 2003).

Os trabalhos pioneiros nesse tipo de estudo foram realizados por Spearman (1904, 1914, 1927) e Thurstone (1938, 1947). No primeiro caso, a inteligência é concebida como estruturada predominantemente ao redor de um único fator, e todos os testes de inteligência são compreendidos como medidas diferentes de uma única dimensão cognitiva, o fator g. Essa concepção de inteligência afirma que existem processos cognitivos comuns nos diferentes tipos de conteúdo apresentados nos testes de inteligência.

Em oposição à concepção da inteligência como um fator geral, Thurstone (1938), utilizando métodos de análises fatoriais mais sofisticados, verificou a existência de vários fatores relacionados à inteligência. Seus dados apontavam a inteligência como o resultado da interação entre aptidões básicas que, embora estivessem relacionadas entre si, não teriam pesos iguais nas realizações cognitivas particulares, uma vez que certas tarefas exigiriam mais um tipo de aptidão do que outras.

Uma série de trabalhos posteriores (p. ex., Carroll, 1993, 1997; Cattell, 1943; Cattell, 1971; Flanagan, McGrew & Ortiz, 2000; Flanagan & Ortiz, 2001; Horn, 1968; McGrew, 1997; McGrew, 2009; Vernon, 1961), desenvolveram e harmonizaram as proposições do fator geral e dos fatores de grupo em um novo modelo em que as habilidades intelectuais aparecem dispostas hierarquicamente, das mais simples e específicas até a mais geral e composta. A proposta mais aceita é o modelo dos três estratos, que será descrita a seguir.

O primeiro estrato desse modelo é formado pelas tarefas de diferentes conteúdos, por meio das quais o desempenho cognitivo dos respondentes será observado (p. ex., provas de analogias, de conhecimento de palavras, de memória etc.). O segundo estrato é formado por habilidades mais gerais e não observáveis, que explicam o desempenho das pessoas em um conjunto de tarefas do primeiro estrato. Por exemplo, a inteligência fluida (segundo estrato) é o traço latente que está por trás do desempenho das pessoas em tarefas de sequenciação e indução de conceitos, enquanto a inteligência cristalizada está por trás do desempenho das pessoas em tarefas que envolvem o conhecimento de palavras, a fluência verbal e os conhecimentos gerais (McGrew, 2009).

A versão mais recente do modelo dos três estratos apresenta, no segundo estrato, dez habilidades amplamente aceitas pela comunidade científica. São elas: a inteligência fluida (Gf), inteligência cristalizada (Gc), memória a curto prazo (Gsm), processamento visual (Gv), processamento auditivo (Ga), memória a longo prazo (Glr), velocidade de processamento (Gs), decisão/tempo de reação ou velocidade (Gt), leitura/escrita (Grw) e conhecimento quantitativo (Gq). Sete outras habilidades foram propostas e apresentam dados promissores, embora sua aceitação não seja unânime entre os pesquisadores. São elas: a inteligência emocional (Gei), conhecimento de domínio específico (Gkn), habilidades táteis (Gh), habilidade cinestésica (Gk), habilidade olfatória (Go), habilidades psicomotoras (Gp) e velocidade psicomotora (Gps) (McGrew, 2009).

Essas habilidades do segundo estrato apresentam alguma variância única, que explica o desempenho específico nas tarefas do primeiro estrato, mas também compartilham alguma variância entre si. Essa variância compartilhada que perpassa por todas as habilidades do segundo estrato é que forma o terceiro estrato, cuja concepção é muito próxima ao do fator g de Spearman (McGrew, 2009).

Assim, essa concepção de inteligência, advinda da Psicometria, postula que os fatores específicos estão hierarquicamente subordinados a fatores mais gerais. Em termos de funcionamento cognitivo, isso equivale a dizer que existem processos comuns a todas as realizações cognitivas ao mesmo tempo em que existem processos mais específicos, presentes somente em realizações particulares. Dada a influência marcante dos trabalhos de Cattell, Horn e Carrol (Cattell, 1943, 1971, 1987; Horn & Cattell, 1966; Horn, 1968, 1985; Carrol, 1993) no desenvolvimento desse modelo, ele ficou conhecido como o modelo CHC da inteligência ou dos três estratos.

Compreende-se disto que a inteligência emocional se insere no modelo hierárquico dos três estratos como um novo tipo de inteligência.

Está, portanto, dentro da concepção psicométrica da inteligência, cujos estudos são realizados por meio de medidas. Consequentemente, o primeiro passo para a realização desses estudos é o desenvolvimento de instrumentos capazes de mensurar as habilidades associadas à inteligência emocional, o que foi realizado pelos proponentes do tema ao longo da década de 1990 (Mayer, DiPaolo & Salovey, 1990; Mayer & Geher, 1996; Mayer, Salovey & Caruso, 1997, 2002). Posteriormente, outros trabalhos investigaram a relação das habilidades da inteligência emocional entre si e com outras variáveis.

Nota-se, portanto, que os principais estudos relacionados com a inteligência emocional têm sido realizados sob a perspectiva psicométrica, que é capaz de captar o produto das habilidades relacionadas ao processamento da informação emocional. No entanto, as investigações acerca do processamento das informações emocionais propriamente ditas seriam realizadas dentro da perspectiva cognitiva da inteligência, que tem contribuído significativamente para a formulação teórica da inteligência emocional.

A perspectiva cognitiva é constituída por um sistema que identifica e insere informações (*input*), processa e manipula essas informações por meio de conhecimentos especializados (*processing*), visando uma tomada de decisão (*decision making*). No caso da IE, esse processamento é aplicado a informações carregadas de afeto (Salovey & Mayer, 1990), iniciando-se pela percepção e culminando com a regulação para expressão emocional de forma socialmente adequada. Acredita-se que este tipo de inteligência opera por meio dos sistemas cognitivo e emocional, e que a IE pode ser descrita, operacionalizada e avaliada de maneira diferente dos demais tipos de inteligência (Mayer, Salovey & Caruso, 2000).

Salovey e Mayer (1990) foram os que originariamente apresentaram a proposta da inteligência emocional como um novo tipo de inteligência, relacionada ao processamento de informações emocionais. Depois disso, outras propostas surgiram, como as de Goleman (1995) e Bar-On (1997), que obtiveram mais sucesso de vendas do que científico. Por isso, o foco deste capítulo recairá sobre a primeira, que evoluiu com base em evidências científicas. Na próxima seção é apresentado o modelo teórico desenvolvido pelos proponentes da inteligência emocional.

Inteligência emocional

O processamento de informações emocionais, apesar de operar de um modo predominantemente unitário, é descrito por um sistema de quatro níveis, organizados de acordo com a complexidade dos processos psicológicos que apresentam: (a) percepção, avaliação e expressão da emoção; (b) a emoção como facilitadora do pensamento; (c) compreensão e análise de emoções; (d) controle reflexivo de emoções para promover o crescimento emocional e intelectual (Mayer & Salovey, 1997; Mayer, Roberts & Barsade, 2008).

No primeiro nível, a percepção das emoções concerne em reconhecer ou identificar emoções e suas intensidades em si mesmo e nos outros, além de diferenciar entre expressões emocionais genuínas ou falsas. Esse nível também envolve a capacidade de expressar sentimentos de maneira precisa e as necessidades a eles relacionadas (Mayer & Salovey, 1997; Mayer, Roberts & Barsade, 2008). Lane (2000) sugere que a percepção de emoções pode ser um componente particular-

mente importante, ou primário, da inteligência emocional, por ser a base sobre a qual as outras habilidades operam. Assim, não existiria inteligência emocional sem a capacidade de, ao menos, perceber as emoções.

Uma vez que adentraram o sistema perceptual, as emoções precisam ser processadas. Uma das possibilidades desse processamento é o da utilização da emoção para facilitar o pensamento. Essa habilidade envolve a troca de informações entre as sensações corporais provocadas pelas emoções (positivas ou negativas) e o sistema cognitivo, que pode aproveitar essas informações de várias formas, para tomadas de decisões (Mayer & Salovey, 1997; Mayer, Roberts & Barsade, 2008). Por exemplo, os estados emocionais e de humor podem facilitar a execução de determinadas tarefas. Assim, a detecção de um determinado estado de humor pode permitir que o sistema cognitivo escolha, entre as tarefas que uma pessoa tem para realizar, aquela que mais combina com aquele estado de humor. Ou pode perceber que um episódio cotidiano, por exemplo, pode ser interpretado de formas diferentes sob a influência de diferentes emoções ou estados de humor. Ou ainda, um rudimento emocional pode ser gerado, por meio da imaginação, ajudando uma pessoa a tomar decisões sobre o seu futuro, tanto o imediato (ir a uma festa ou ao cinema) quanto distante (ser engenheiro ou veterinário).

Damásio (1994) realizou uma série de experimentos que o levaram a propor a *hipótese do marcador somático*, que é bastante compatível com a utilização das emoções para facilitação do pensamento. O autor localizou no lobo pré-frontal ventromedial o importante papel da ativação de estados somáticos sutis, *antes* da realização de atividades que resultaram em más consequências anteriormente. Em seus experimentos, ele observou que essa ativação foi fundamental para que os participantes não se arriscassem a perder dinheiro num jogo de baralho. Se essa função estiver com problemas, como no caso de uma lesão na referida área, os pacientes estarão comprometidos em sua capacidade de utilizar a emoção para pensar e tomar decisões importantes e rápidas. No lugar do marcador somático, esses pacientes terão que usar outros elementos, como a gratificação imediata, por exemplo, para tomar decisões. Dessa forma, aumentam as chances de uma tomada de decisão que traga consequências negativas no futuro. Por aí, é possível perceber a importância dessa habilidade para as tomadas de decisão na vida cotidiana.

Conforme as experiências emocionais se sucedem, uma pessoa vai acumulando informações sobre elas, que a auxiliam a compreender e contextualizar as próprias reações emocionais e as de outras pessoas. Assim, o conhecimento emocional constitui o terceiro nível da inteligência emocional. Esse nível compreende a nomeação precisa das emoções, pelo reconhecimento das relações de proximidade, diferença e intensidade das emoções. Também envolve o estabelecimento de relações entre as emoções, às situações que normalmente as originam e a sequência comportamental mais provável que um sentimento deverá seguir. Por exemplo, o medo geralmente é provocado por uma situação de ameaça e o comportamento mais provável é a fuga, de forma semelhante, a raiva costuma ser despertada diante de uma situação de injustiça e a reação comportamental mais provável é a agressiva (Mayer & Salovey, 1997; Mayer, Roberts & Barsade, 2008).

A Teoria Psicoevolutiva das Emoções de Plutchik (2002) ajuda a entender a habilidade de compreender emoções. Uma revisão dessa teoria extrapola os objetivos deste capítulo, mas o autor postula que as emoções apresentam maior ou menor similaridade entre si (medo e surpresa, p. ex., são bastante similares, enquanto alegria e tristeza são opostas) e diferentes intensidades dentro de uma mesma emoção, como a irritação, a raiva e a fúria, por exemplo. Além disso, o autor descreve certas sequências emocionais como a rota mais provável que uma emoção deve seguir ao ser desencadeada, passando pelos sistemas cognitivo, emocional e comportamental. Por exemplo, uma ameaça (estímulo) é geralmente interpretada como um perigo (cognição), aumentando as chances de que a pessoa sinta medo (estado emocional) e fuja (comportamento observável) para se salvar (efeito). Essas características das emoções são aprendidas pelas pessoas intuitivamente, a partir de suas experiências emocionais e retroalimentam sua compreensão de situações semelhantes que lhe ocorrem (ou com outras pessoas) posteriormente.

No quarto nível de habilidades da inteligência emocional está o controle reflexivo de emoções para promover o crescimento emocional e intelectual. Essa habilidade se refere à capacidade de tolerar reações emocionais agradáveis ou desagradáveis, compreendendo-as sem exageros ou diminuição de sua importância, de forma a poder inibir sua expressão até que haja uma oportunidade para descarregá-las de forma e na intensidade apropriadas (Mayer & Salovey, 1997; Mayer, Roberts & Barsade, 2008).

Há outros autores que se dedicaram a estudar especificamente o tema da regulação de emoções. Gross (2014), por exemplo, toma o modelo modal das emoções como base para a sua teoria da regulação de emoções. Nesse modelo uma emoção surge a partir de uma situação, na qual uma pessoa presta atenção e faz uma avaliação, cujo resultado influencia em como a pessoa se sentirá a respeito do evento em questão. Esse sentimento aumenta as chances de que a pessoa desencadeie um comportamento compatível com o que está sentindo. O autor localiza em cada ponto dessa sequência, uma oportunidade para que a emoção seja regulada. Por exemplo, se uma pessoa sabe que uma determinada situação lhe causa uma reação emocional indesejada, ela pode evitar essa situação e, consequentemente, o surgimento da emoção. Ou, caso não consiga evitar a situação, tenta modificar a situação para que ela não lhe seja tão inconveniente. Caso não possa modificar a situação em si, talvez possa selecionar os aspectos da situação aos quais prestará atenção, diminuindo seu impacto no sistema emocional. Sua última chance de regular a emoção antes que ela seja desencadeada é na modificação da interpretação da situação em que se encontra, procurando outras formas mais favoráveis de compreendê-la, que a tornem mais compatíveis ou menos incompatíveis com o que seria o ideal. Mas, se essas estratégias falharem, uma resposta emocional será desencadeada, então a pessoa pode tentar inibir o efeito comportamental associado à emoção experimentada (contando até dez, p. ex., antes de agir).

Essas são as quatro habilidades primárias das quais resulta um processo mais amplo denominado inteligência emocional. No entanto, estudos posteriores (Mayer, Salovey & Caruso, 2002) revelaram a existência de dois fatores (ou áreas) intermediários entre os primários e a IE: a área experiencial e a estratégica. A área experiencial engloba as habilidades primárias de percepção de emoções e de utilização da emoção para facilitação do pensamento, que se consti-

tuem no processamento mais direto da informação emocional vinda do ambiente. A área estratégica se refere às habilidades de compreender e de regular emoções e estão relacionadas a um processamento de ordem superior relacionado à compreensão mais elaborada sobre "o que está acontecendo" e "o que fazer" do ponto de vista emocional (MacCann et al., 2014).

Em resumo, a inteligência emocional é o que resulta de um conjunto de quatro habilidades mais específicas relacionadas à percepção de emoções, utilização da emoção para facilitar o pensamento, conhecimento emocional e regulação de emoções. Essas habilidades primárias se reúnem em duas áreas num nível intermediário: a área experiencial (percepção de emoções e facilitação do pensamento) e a área estratégica (compreensão de emoções e regulação de emoções). Por fim, as duas áreas se juntam num só fator relacionado ao processamento geral da inteligência emocional. Algumas dessas habilidades (as mais primárias) já eram estudadas muito antes da proposição da inteligência emocional (Salovey & Mayer, 1990). A novidade da proposição foi reuni-las sob a determinação de um mesmo traço latente, relacionado ao processamento de informações emocionais: a inteligência emocional. Quase que concomitantemente à proposição teórica, iniciaram-se os esforços para o desenvolvimento de instrumentos de medida dessas habilidades. Esses esforços e os principais resultados são descritos na próxima seção.

Avaliação da inteligência emocional

Os proponentes da inteligência emocional entendem que essas habilidades são cognitivas e, portanto, deveriam ser avaliadas de forma semelhante a outras funções cognitivas, por testes de desempenho[1], e se dedicaram a essa tarefa (Mayer, Salovey & Caruso, 1997, 2002). No entanto, outros autores desenvolveram instrumentos de autorrelato[2] para avaliação da inteligência emocional, como Schutte et al. (1998) e Bar-On (1997).

Ainda que baseados na mesma teoria, estudos com instrumentos de autorrelato e de desempenho têm mostrado resultados muito diferentes entre si. Enquanto os testes de desempenho têm mostrado um padrão de correlações moderadas com medidas tradicionais de inteligência e baixas com traços de personalidade, os instrumentos de autorrelato se correlacionam mais fortemente com traços de personalidade do que com medidas tradicionais de inteligência (p. ex., Zeidner, Roberts & Mosche, 2008), sugerindo que há diferenças entre o que esses dois tipos de testes avaliam. Este fato tem sido apontado como um dos problemas para a aceitação da inteligência emocional como um tipo de inteligência. A seguir, serão apresentados os principais instrumentos de desempenho e de autorrelato para avaliação da inteligência emocional.

Assumindo a inteligência emocional como uma capacidade cognitiva, mensurável por instrumentos de desempenho, os instrumentos mais empregados em pesquisas até o momento foram a *Multifactor Emotional Intelligence Scale* (*MEIS*) (Mayer, Salovey & Caruso, 1997) e o *Mayer-Salovey-Caruso Emotional Intelligence Test* V2.0 (*MSCEIT*) (Mayer, Salovey & Caruso, 2002). Na verdade, o MSCEIT é resultado dos avanços psicométricos e correções de falhas observadas na MEIS.

A MEIS era composta por 402 itens agrupados em 12 tarefas, destinadas a investigar as quatro habilidades relacionadas à inteligência emocional: a percepção de emoções (faces, músicas, imagens e histórias), a assimilação da emoção no pensamento (julgamento sinestésico e vieses sentimentais), a compreensão de emoções (misturas de emoções, progressões sentimentais, transições de sentimentos e percepção de emoções contextualizadas) e a regulação de emoções (regulação em si e em outras pessoas). Devido a sua grande extensão, os autores reformulam este instrumento e criaram outra escala com menos itens e semelhantes índices de validade e fidedignidade, a saber, o MSCEIT.

O MSCEIT é um instrumento utilizado para avaliar a inteligência emocional em adultos maiores de 17 anos, proposto por Mayer, Salovey e Caruso (2002), construído a partir da teoria de Mayer e Salovey (1997). Nesse instrumento, cada um dos 4 eixos da inteligência emocional (percepção de emoções, utilização da emoção para pensar, compreensão emocional e regulação emocional) é avaliado por dois tipos de tarefa, de modo que o teste todo é composto por 8 tarefas dispostas em 141 itens. Os resultados de uma análise fatorial confirmatória

---

1. Instrumentos de avaliação por desempenho são aqueles que requerem que a pessoa utilize a função mental que está sob avaliação para resolução de problemas propostos. Essas tarefas geralmente admitem apenas uma resposta como correta. Esses tipos de testes são empregados na avaliação de processos cognitivos como atenção, percepção, memória, raciocínio e aprendizagem.

2. Nos instrumentos de autorrelato, os itens são apresentados na forma de palavras ou frases (afirmações, descrições, adjetivos), que são avaliados pelos respondentes quanto à forma e/ou intensidade com que se aplicam ao seu caso. Esses instrumentos não apresentam uma resposta correta, apenas captam a resposta típica de cada pessoa e o seu resultado indica, portanto, e na melhor das hipóteses, o julgamento da pessoa sobre si mesma.

apoiaram solução fatorial satisfatória para um, dois e quatro fatores. O modelo com um único fator, reúne todas as 8 subescalas do MSCEIT em um resultado global de inteligência emocional; o modelo com dois fatores divide a escala em "Área Experiencial" (Percepção de Emoções e Facilitação do Pensamento) e "Área Estratégica" (Compreensão e Regulação Emocional); e o modelo com quatro fatores corresponde às quatro habilidades relacionadas à inteligência emocional descritas anteriormente (Mayer, Salovey & Caruso, 2002; Mayer, Salovey, Caruso & Sitarenios, 2003).

Alguns estudos têm sugerido a eliminação do fator relacionado à utilização da emoção para facilitação do pensamento (Mayer et al., 1999; Palmer, Gignac, Manocha & Stough, 2005; Roberts et al., 2001), embora Mayer, Salovey e Caruso (2012) continuem sustentando sua proposta inicial com quatro habilidades. Há evidências, portanto, para três ou quatro fatores primários, e o MSCEIT avalia as quatro habilidades propostas por Mayer e Salovey (1997). Em qualquer dos casos, as precisões desses fatores tendem a aumentar conforme se caminha de fatores mais específicos para os mais gerais (p. ex., Bueno, Santana, Zerbini & Ramalho, 2006; Mayer, Caruso & Salovey, 1999; Mayer, Salovey, Caruso & Sitarenius, 2003).

Uma das dificuldades enfrentadas na construção de testes de desempenho para avaliação de habilidades relacionadas à inteligência emocional é definir qual seria a resposta correta em cada tarefa proposta pelo teste. O processamento cognitivo de emoções segue uma lógica que pode ser mais pessoal do que universal, o que faz com que se possa obter bons resultados usando estratégias diferentes, e às vezes, a mesma estratégia em situações diferentes pode apresentar

resultados opostos. Para resolver esse problema, algumas alternativas de atribuição de pontos foram desenvolvidas por pesquisadores da área, sendo que as mais utilizadas são as pontuações por concordância com o consenso ou por concordância com especialistas, ambas empregadas no MSCEIT (Mayer, Salovey & Caruso, 2002).

No caso da concordância com o consenso, a referência é dada pela análise das respostas atribuídas por um grupo de sujeitos, que, geralmente, são participantes de um estudo (no caso de pesquisa) ou de uma amostra normativa (no caso de um manual de teste, p. ex.,,). Em seguida, pode-se pontuar com base na resposta consensual de duas formas: 1) atribuindo-se um ponto à alternativa de resposta escolhida pela maioria (critério modal); ou 2) atribuindo-se valores proporcionais ao número de pessoas que escolheu cada alternativa (critério proporcional) (Mayer, DiPaolo & Salovey, 1990). Em ambos os casos, no entanto, a resposta correta é definida pelo que ocorre mais frequentemente nas respostas dos sujeitos, e não por critério lógico ou técnico.

Embora esse seja o critério mais empregado em pesquisas, uma crítica que lhe tem sido atribuída é a de que ele não permite a criação de itens difíceis. Esses itens são necessários para discriminar pessoas com altas habilidades no construto avaliado e costumam ser acertados apenas por uma pequena parcela dos respondentes, pois exigem um funcionamento cognitivo complexo numa magnitude tal que poucas pessoas seriam capazes de apresentar. No entanto, como a resposta correta seria escolhida por uma pequena parcela dos respondentes (com altas habilidades), pela pontuação consensual essa resposta seria penalizada ou com zero ou com uma pontuação menor do que outras não tão boas, do ponto de vista qualitativo, mas mais frequentes na população (Bueno & Primi, 2003; Miguel, 2010; Noronha, Primi, Freitas & Dantas, 2007; Bueno, 2013).

Semelhante ao critério anterior é a concordância com especialistas. Nesse caso, o referencial utilizado é uma avaliação realizada por profissionais especializados, que decidem as respostas consideradas como corretas, baseados em teorias e pesquisas relacionadas ao tema. Por esse critério, o testando recebe um ponto cada vez que sua resposta concorda com a dos especialistas (Mayer, DiPaolo & Salovey, 1990).

Embora os dois métodos sejam baseados em critérios distintos para escolha da alternativa correta de resposta, eles acabam resultando em pontuações muito semelhantes. Um estudo com 2.000 participantes, por exemplo, verificou que a correlação entre as pontuações por concordância com o consenso e com especialistas foi de 0,96 a 0,98, demonstrando assim que os métodos convergem para as mesmas respostas (Mayer et al., 2003).

No Brasil, alguns estudos têm sido realizados para tentar lidar com esses problemas. Bueno et al. (2009) analisaram essas duas formas de pontuação num teste de percepção de emoções. Eles usaram a Teoria de Resposta ao Item para revisar as respostas de especialistas, comparando-as com as respostas consensuais (dadas pela maioria das pessoas) e com as respostas dadas pelos sujeitos com maior nível de habilidade (respostas escolhidas pelos participantes com maior média de theta). Quando havia discordância entre esses sistemas, os autores revisaram a escolha da alternativa correta, levando em consideração a teoria sobre o assunto. Os resultados indicaram que, por esse método, a concordância com especialistas resultou em correlações item-total mais elevadas.

Em outro caso, na construção do Teste Informatizado de Percepção de Emoções Primárias (Miguel & Primi, 2014), os autores realizaram um complexo procedimento de produção de estímulos relacionados com emoções específicas. Esses estímulos foram apresentados a pessoas, cujas expressões faciais ao assisti-los foram registradas em vídeos. Com isso, os autores sabiam o que os personagens desses vídeos estavam vendo no momento em que cada expressão foi registrada, facilitando o processo de determinação das respostas por análise de especialistas.

Apesar dessas dificuldades e das possibilidades apresentadas para solucioná-las, e embora haja vários outros instrumentos para avaliação global da inteligência emocional (p. ex., Bueno, 2008) ou de habilidades a ela relacionadas (p. ex., MacCann & Roberts, 2008; Miguel & Primi, 2014), o principal instrumento por desempenho empregado nos estudos sobre inteligência emocional tem sido mesmo o MSCEIT, com o tradicional método de pontuação por concordância com o consenso. O principal cuidado que se deve ter ao interpretar resultados baseados nesse tipo de pontuação é não o considerar como uma estimativa da habilidade de uma pessoa no construto avaliado, mas como uma estimativa de quanto o sujeito pensa como a maioria das pessoas (consenso) ao realizar tarefas que envolvam o processamento de informações emocionais.

Outra possibilidade para driblar essas dificuldades em relação à avaliação por desempenho é a utilização de instrumentos de autorrelato. Como dito anteriormente, alguns inventários foram desenvolvidos para avaliação da inteligência emocional, segundo a proposta de Mayer e Salovey (1990), sendo o *Emotional Intelligence Inventory* (Schutte et al., 1998) um dos mais referidos na literatura, cujo estudo de validade

(N = 346) encontrou uma estrutura unifatorial, composta por 33 itens com alta consistência interna (α = 0,90). Dois estudos posteriores com o mesmo instrumento (Petrides & Furnham, 2000; Saklofske, Austin & Minski, 2003), no entanto, encontraram uma estrutura de quatro fatores primários (otimismo/regulação do humor, avaliação das emoções, utilização de emoções e habilidades sociais) e um fator geral de segunda ordem. Os coeficientes alfa de Cronbach, informados apenas no segundo estudo, variaram de 0,68 a 0,80 para os fatores primários e foi de 0,89 para o fator geral.

No Brasil, Bueno et al. (2015) desenvolveram o Inventário de Competências Emocionais (ICE), também com base na teoria de Mayer e Salovey (1990). O instrumento foi respondido por 409 sujeitos e uma análise fatorial exploratória revelou uma estrutura com cinco fatores primários (percepção de emoções, regulação de emoções de baixa potência, expressividade emocional, regulação de emoções em outras pessoas e regulação de emoções de alta potência) e um fator geral que reuniu todos os primários, exceto o de expressividade emocional. Os coeficientes alfa dos fatores primários variaram de 0,670 (expressividade emocional) a 0,911 (percepção de emoções) e o do fator geral foi de 0,927.

Apesar de todos esses instrumentos, por desempenho ou autorrelato, terem sido construídos com base na mesma teoria, eles apresentam estruturas fatoriais e padrões correlacionais bastante distintos, a começar pelas correlações baixas e não significativas entre si (Brackett, Mayer & Warner, 2004; Warwick & Nettelbeck, 2004). Além disso, medidas de IE por desempenho tendem a se correlacionar mais fortemente com medidas tradicionais de inteligência e de desempenho acadêmico (p. ex., Roberts et al., 2001;

MacCann & Roberts, 2008), enquanto que as medidas de IE por autorrelato se correlacionam mais fortemente com traços de personalidade (Saklofske et al., 2003). No entanto, ambos os tipos de instrumentos tendem a se correlacionar com critérios externos relacionados com a qualidade de vida (Brackett, Rivers, Shiffmann, Lerner & Salovey, 2006; Lopes, Salovey & Straus, 2003; Saklofske et al., 2003).

Esses resultados confirmaram a proposição de Petrides e Furnham (2000) sobre a distinção entre habilidade e traço de inteligência emocional. Perez, Petrides e Furnham (2005) ressaltam que o traço e a habilidade em IE são construtos distintos e que a forma como são avaliados traduzem-se em implicações teóricas e práticas. Logo, não é esperado que o traço de IE obtenha fortes correlações com medidas ligadas a habilidades cognitivas.

O conceito de traço de inteligência emocional, portanto, é distinto de outros tipos de inteligência. Talvez por isso, não seja raro que em instrumentos de autorrelato esse traço seja identificado por denominações relacionadas, mas que não usam diretamente a palavra inteligência. Com exceção do *Emotional Intelligence Inventory* (Schutte et al., 1998), os autores de outros instrumentos preferem a denominação de habilidades ou competências emocionais, como o *Emotional Skills and Competence Questionnaire* (ESCQ) (Faria et al., 2006) ou o Inventário de Competências Emocionais (ICE) (Bueno et al., 2015).

Já o conceito de inteligência emocional como habilidade é inserido no contexto psicométrico de estudo da inteligência, como um novo tipo de inteligência, desde sua proposição (Salovey & Mayer, 1990). Como visto, os primeiros esforços dentro dessa corrente foram no sentido de desenvolver um instrumento que fosse capaz de medir as habilidades relacionadas à inteligência emocional, que passaram pelo desenvolvimento da MEIS (Mayer, Salovey & Caruso, 1997) e culminaram com a apresentação e comercialização do MSCEIT (Mayer, Salovey & Caruso, 2002). Na próxima seção são descritos os esforços de investigação, dentro da concepção da IE como habilidade, para testar se a inteligência emocional poderia ou não ser considerada como um novo tipo de inteligência.

Inteligência e inteligência emocional: evidências empíricas

Em havendo medidas confiáveis das habilidades relacionadas com a IE, o interesse recaiu na investigação da pertinência da IE como um novo tipo de inteligência. Mas esse tipo de estudo é muito mais típico da concepção da IE como habilidade do que como traço, já que a segunda se assume como um campo de estudo mais relacionado à personalidade do que à inteligência.

Alguns estudos foram marcadamente importantes nessa direção e são frequentemente referidos na literatura da área. Um deles é o de Mayer, Caruso e Salovey (1999) em que utilizaram a MEIS. Uma análise fatorial aplicada sobre as pontuações nas 12 tarefas constituintes do instrumento, revelou uma estrutura de três fatores (e não quatro, como seria esperado pela teoria). As tarefas relacionadas com a *assimilação* e com a *compreensão de emoções*, formaram um único fator. Os outros dois fatores reuniram, como esperado, as pontuações nas tarefas relacionadas com a *percepção de emoções* e com a *regulação emocional*. As correlações entre os três fatores variaram de 0,33 a 0,49 e uma análise fatorial de segunda ordem resultou numa estrutura uni-

fatorial, relacionada ao processamento geral de informações emocionais. Além disso, tanto os fatores primários quanto os de segunda ordem apresentaram correlações positivas e significativas com uma medida de raciocínio verbal, que variam de 0,16 a 0,40. Ou seja, as medidas de IE se correlacionaram mais fortemente entre si do que com medidas tradicionais de inteligência, embora todas tenham sido estatisticamente significativas. Esses resultados foram interpretados como compatíveis à proposta da IE como um novo tipo de inteligência.

Em estudos posteriores com o MSCEIT, os autores obtiveram evidências que confirmaram a proposta com quatro habilidades primárias (percepção de emoções, facilitação do pensamento, compreensão de emoções e regulação de emoções), duas áreas intermediárias (experiencial e estratégica) e um fator geral de inteligência emocional (Mayer, Caruso & Salovey, 2002; Mayer, Salovey, Caruso & Sitarenios, 2003). Em outro estudo, de natureza confirmatória, com participantes australianos (N = 450), foram encontrados índices de ajustamento progressivamente mais adequados de um para quatro fatores. Embora os indicadores de ajustamento tenham sido pobres para os modelos de um e dois fatores no estudo australiano, todas as habilidades relacionadas à inteligência emocional apresentaram cargas fatoriais elevadas no primeiro fator, sugerindo a existência de um fator geral subjacente relacionado à inteligência emocional. Ao lado disso, encontraram alta correlação entre a *utilização da emoção para facilitação do pensamento e a regulação emocional*. Por isso, testaram um modelo com três fatores, permitindo a correlação entre essas duas habilidades, obtendo índices de ajustamento melhores que os anteriores (Palmer, Gignac, Manocha & Stough, 2005).

No Brasil, alguns trabalhos foram realizados no Laboratório de Avaliação Psicológica e Educacional (LabAPE). Uma parte deles preocupou-se com a validade e fidedignidade da avaliação do construto no contexto cultural brasileiro (Cobêro, 2004; Dantas, 2004; Jesus Jr., 2004; Primi, Bueno & Muniz, 2006; Bueno, Santana, Zerbini & Ramalho, 2006; Noronha, Primi, Freitas & Dantas, 2007). Noutra parte, os autores se preocuparam com a investigação das relações entre o MSCEIT e outras medidas ou critérios externos (Bueno et al., 2004; Freitas & Noronha, 2006; Cobêro, Primi & Muniz, 2006; Muniz & Primi, 2007; Muniz, Primi & Miguel, 2007). Esses estudos são descritos a seguir.

Os primeiros estudos fatoriais com rotação oblíqua sobre as oito pontuações do MSCEIT levaram a evidências de validade para os dois fatores correspondentes às áreas estratégica e experiencial da inteligência emocional (Cobêro, 2004; Dantas, 2004). Contudo, em outro estudo que empregou rotação ortogonal, Jesus Jr. (2004) encontrou uma estrutura com três fatores, relacionados à área experiencial e subdividindo a área estratégica em dois outros fatores, relacionados à regulação e compreensão emocional. Esse último estudo também verificou que as habilidades relacionadas à inteligência emocional apresentaram correlaçoes baixas, mas significativas com medidas de raciocínio da Bateria de Provas de Raciocínio (BPR-5), especialmente com raciocínio abstrato, verbal e numérico.

Outro estudo realizado com população brasileira (N = 107) encontrou que as oito provas que compõem o MSCEIT convergiram entre si e discriminaram fatorialmente de outras medidas de inteligência (BPR-5) e de personalidade (16PF). Nesse estudo, uma análise fatorial exploratória possibilitou a extração de seis fatores ortogonais (rotação *varimax*) que foram interpretados como relacionados à inteligência, ao neuroticismo, à área estratégica da inteligência emocional, à extroversão, à área experiencial da inteligência emocional e a uma tendência ativo-agressiva (Primi, Bueno & Muniz, 2006).

Pode-se depreender dos estudos apresentados que os fatores mais gerais relacionados com a inteligência emocional parecem emergir em diferentes contextos culturais (americano, australiano, brasileiro), apoiando a ideia de que há um processamento de informações emocionais que parece se relacionar com medidas de inteligência tradicional, mas, ao mesmo tempo, apresentar alguma variância única que lhe permita ser identificada como um novo tipo de inteligência. No entanto, a estrutura dos fatores primários parece variar bastante de estudo para estudo, de cultura para cultura, resultando em interpretações ambíguas sobre a pertinência do modelo com quatro níveis de habilidades apresentado pelos proponentes da IE (Mayer & Salovey, 1997; Mayer, Roberts & Barsade, 2008). Esses resultados permitem a interpretação de que se não são compatíveis com a proposta teórica, também não são totalmente incompatíveis ou diferentes dela, pois recaem sobre algum aspecto da proposta teórica. De qualquer forma, a estrutura com três fatores primários que exclui a *facilitação do pensamento* parece ser a mais próxima de aceitação consensual.

Um estudo recente, que empregou esse modelo, desprezando as medidas de facilitação do pensamento do MSCEIT, foi realizado por MacCann et al. (2014) e fornece evidências bastante consistentes sobre a pertinência da inteligência emocional como uma das integrantes do segundo estrato do modelo CHC. Esses autores aplicaram, em 688 estudantes americanos (M_{idade} = 21,54 anos, SD = 5,72), quinze medidas tradicionais de inteligência, sendo três de cada uma das seguintes habilidades do segundo estrato do modelo CHC: inteligência fluida, cristalizada, raciocínio quantitativo, processamento visual e memória de longo prazo; e mais seis medidas de inteligência emocional, sendo duas de cada uma das seguintes habilidades: percepção de emoções, compreensão emocional e regulação de emoções. Eles realizaram estudos confirmatórios para testar três modelos de inteligência emocional e cinco sobre a inclusão da IE no modelo CHC. Os dados mostraram bom ajuste para os modelos hierárquico e bifatorial da IE mostrados na Figura 1, e para o modelo CHC em que a IE é incluída no segundo estrato, conforme mostra a Figura 2.

Figura 1 Modelos hierárquico (esquerda) e bifatorial (direita)

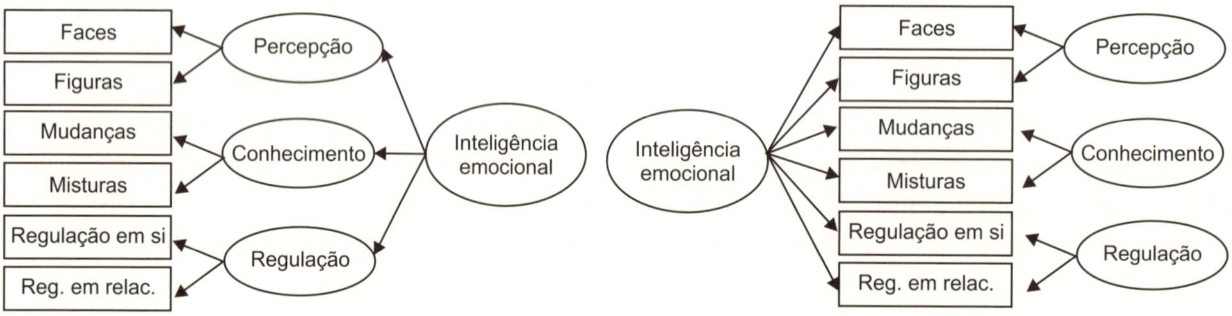

Figura 2 Modelo CHC com inteligência emocional

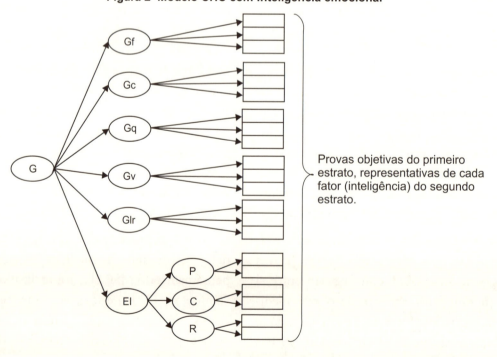

Provas objetivas do primeiro estrato, representativas de cada fator (inteligência) do segundo estrato.

Esses resultados mostram de forma consistente que a inteligência emocional se constitui num conjunto de habilidades altamente relacionadas entre si. Além disso, mostram também que a IE se diferencia de outros tipos de inteligência tradicionalmente aceitas e que se alinha a essas habilidades no segundo estrato do modelo CHC. O modelo acrescenta ainda, que há habilidades intermediárias (percepção, compreensão e regulação) que apresentam alguma variância única entre as tarefas que aparecem nas provas do primeiro estrato e o traço de inteligência emocional que aparece no segundo estrato (MacCann et al., 2014). Esse estudo, pela sua robustez e resultados obtidos, tem tudo para se constituir-se em uma das referências marcantes entre os estudos sobre inteligência emocional.

Com base nos dados apresentados, pode-se perceber que a inteligência emocional vem se consolidando como um novo tipo de inteligência, compatível com o modelo CHC. No entanto, esses estudos estão muito centrados no MSCEIT, o que dificulta a distinção entre os efeitos da teoria da inteligência emocional e do referido instrumento de medida. Assim, uma direção que pode levar a bons resultados é o investimento no desenvolvimento de novos instrumentos, especialmente naqueles que superem as limitações observadas no MSCEIT e discutidas anteriormente. No Brasil, alguns passos foram dados nessa direção com o desenvolvimento do Teste Informatizado de Percepção de Emoções Primárias (Miguel & Primi, 2014) e do Teste de Inteligência Emocional para Crianças (Bueno, 2008), que apresentaram propriedades psicométricas promissoras, mas os próprios autores chamam a atenção para a necessidade de continuação do processo de desenvolvimento dos instrumentos.

Além disso, há uma enorme carência de estudos de validade de critério e de validade incremental. A área clínica, por exemplo, foi muito pouco explorada, pois os estudos desses tipos se concentraram mais na área organizacional e escolar. MacCann et al. (2014) chamam a atenção para a necessidade de realização de estudos de validade incremental, com o controle de vários tipos de inteligência do segundo estrato do modelo CHC, já que a maioria dos estudos realizados, quando usa algum tipo de controle, geralmente é apenas uma prova relacionada à inteligência fluida ou à inteligência cristalizada. Os autores apontam a necessidade de realização de estudos com avaliação do construto e controle de variáveis com medidas mais robustas.

Não se pode esquecer, ainda, que os estudos sobre habilidades específicas, como a percepção e a regulação de emoções vêm se desenvolvendo consideravelmente no mesmo período de desenvolvimento da inteligência emocional. Os dados de desenvolvimento dessas áreas devem ser incorporados à compreensão e ao desenvolvimento de instrumentos para avaliação da inteligência emocional. Do contrário, corre-se o risco de se ter instrumentos psicometricamente muito bons, baseados em teorias ultrapassadas.

Pode se concluir, portanto, que a inteligência emocional tem se constituído num campo de estudo bastante fecundo e promissor. As pesquisas realizadas já apresentam uma consistência considerável para que a inteligência emocional seja considerada um novo tipo de inteligência, embora também apresente a necessidade de realização de novas pesquisas para o contínuo desenvolvimento da área.

Referências

Bar-On, R. (1997). *BarOn Emotional Quotient inventory (EQ-i)* – Tecnical manual. Toronto: Multi-Health Systems.

Brackett, M.A., Rivers, S.E., Shiffman, S., Lerner, N. & Salovey, P. (2006). Relating emotional abilities to social functioning: a comparison of self-report and performance measures of emotional intelligence. *Journal of Personality and Social Psychology*, 91 (4), 780.

Bueno, J.M.H. (2008). *Construção de um instrumento para avaliação da inteligência emocional em crianças* (Tese de doutorado). Itatiba: Programa de Pós-Graduação *Stricto Sensu*, Universidade São Francisco.

Bueno, J.M.H. (2013). Construção e validação de um instrumento para avaliação da regulação emocional. *Estudos Interdisciplinares em Psicologia*, 4 (2), 186-200.

Bueno, J.M.H., Correia, F.M.L., Abacar, M., Gomes, Y.A. & Pereira Júnior, F.S. (2015). Competências emocionais: estudo de validação de um instrumento de medida. *Avaliação Psicológica*, 2015, 14 (1), 153-163.

Bueno, J.M.H., Miguel, F.K., Primi, R., Muniz, M., Couto, G. & Noronha, A.P.P. (2009). Comparação entre dois sistemas de pontuação para o teste informatizado de percepção de emoções em fotos. *Estudos de Psicologia* (Campinas), 26 (1), 35-44 [Disponível em http://www.scielo.br/scielo.php?script=sci_arttext&pid=S0103-166X2009000100004&lng=pt&tlng=pt. 10.1590/S0103-166X2009000100004 – Acesso em 04/04/2015].

Bueno, J.M.H. & Primi, R. (2003). Inteligência emocional: um estudo de validade sobre a capacidade de perceber emoções. *Psicologia: Reflexão e Crítica*, 16 (2), 279-291.

Bueno, J.M.H., Santana, P.R., Freitas, C.P., Ramalho, T.B., Souzedo, D., Neves, J.C., Gonçalves Filho, L.E.M., Braga, J.L., Zerbini, J., Prado, F.T.C., Kastrup, T.C., Ramalho, T.T. & Song, M. (2004). Inteligência emocional e estratégias de enfrentamento de problemas: um estudo correlacional. *X Conferência Internacional de Avaliação Psicológica*: Formas e Contextos. Braga, p. 56.

Bueno, J.M.H., Santana, P.R., Zerbini, J. & Ramalho, T.B. (2006). Inteligência emocional em estudantes universitários. *Psicologia: Teoria e Pesquisa*, 22 (3), 305-316.

Carrol, J.B. (1993). *Human cognitive abilities*: a survey of factor-analytic studies. Nova York: Cambridge University Press.

Cattell, R.B. (1943). The measurement of adult intelligence. *Psychological Bulletin*, 40, 153-193.

Cattell, R.B. (1971). *Abilities*: Their structure, growth and action. Boston: Houghton Mifflin.

Cattell, R.B. (1987). *Intelligence*: Its structure, growth and action. Nova York: North-Holland.

Cobêro, C. (2004). *Inteligência emocional*: validade do MSCEIT no contexto organizacional (Dissertação de mestrado). Itatiba: Universidade São Francisco.

Cobêro, C., Primi, R. & Muniz, M. (2006). Inteligência emocional e desempenho no trabalho: um estudo com MSCEIT, BPR-5 e 16PF. *Paideia*, 16 (35), 337-487.

Damásio, A.R. (1994). *Descartes' error*: Emotion, reason, and the human brain. Nova York: Grosset/Putnam.

Dantas, M.A. (2004). *Evidências de validade do Mayer Salovey Caruso Emotional Intelligence Test (MSCEIT)* (Dissertação de mestrado). Itatiba: Universidade São Francisco.

Faria, L., Santos, N.L., Takšić, V., Räty, H., Molander, B., Holmström, S. & Toyota, H. (2006). Cross-cultural validation of the Emotional Skills and Competence Questionnaire (ESCQ). *Psicologia*, 20 (2), 95-127.

Flanagan, D.P., McGrew, K.S. & Ortiz, S.O. (2000). *The Wechsler Intelligence Scales and Gf-Gc Theory*: a contemporary approach to interpretation. Boston: Allyn & Bacon.

Flanagan, D.P. & Ortiz, S.O. (2001). *Essentials of cross-battery assessment*. Nova York: John Wiley & Sons.

Freitas, F.A. & Noronha, A.P.P. (2006). Inteligência emocional e avaliação de alunos e supervisores: evidências de validade. *Psicologia: Teoria e Prática*, 8 (1), p. 77-93.

Goleman, D. (1995). *Emotional Intelligence*. Nova York: Bantam.

Gross, J.J. (2014). Emotional Regulation: Conceptual and empirical foundations. In: J.J. Goss. *Handbook of Emotional Regulation*. 2. ed. Nova York: The Guilford Press.

Horn, J.L. (1985). Remodeling old models of intelligence. In: B.B. Wolman (ed.). *Handbook of intelligence* – Theories, measurements, and applications. Nova York: Wiley, 267-300.

Horn, J.L. (1968). Organization of abilities and the development of intelligence. *Psychological Review*, 75, 242-259.

Horn, J.L. & Cattell, R.B. (1966). Refinement and test of the theory of fluid and crystallized intelligence. *Journal of Educational Psychology*, 57, 253-270.

Jesus Junior, A.G. (2004). *Estudo de validade e precisão do Mayer – Salovey – Caruso Emotional Intelligence Test* (Dissertação de mestrado). Itatiba: Universidade São Francisco.

Lane, R.D. (2000). Levels of emotional awareness: neurological, psychological and social perspectives. In: R. Bar-On & J.D.A. Parker (orgs.). *The handbook of emotional intelligence: theory development, assessment, and applications at home, school, and in the workplace* (p. 171-191). São Francisco: Jossey-Bass.

Lopes, P.N., Salovey, P. & Straus, R. (2003). Emotional intelligence, personality, and the perceived quality of social relationships. *Personality and individual Differences*, 35 (3), 641-658.

MacCann, C., Joseph, D.L., Newman, D.A. & Roberts, R.D. (2014). Emotional Intelligence Is a Second-Stratum Factor of Intelligence: Evidence From Hierarchical and Bifactor Models. *Emotion*, 14 (2), 358-374.

MacCann, C. & Roberts, R.D. (2008). New paradigms for assessing emotional intelligence: Theory and data. *Emotion*, vol. 8 (4), ago., 540-551.

McGrew, K.S. (2009). Editorial: CHC theory and the human cognitive abilities project: Standing on the shoulders of the giants of psychometric intelligence research. *Intelligence*, 37, 1-10.

Mayer, J.D., Caruso, D.R. & Salovey, P. (1999). Emotional intelligence meets traditional standards for an intelligence. *Intelligence*, 27 (4), 267-298.

Mayer, J.D., Caruso, D.R. & Salovey, P. (2002). *MSCEIT* – Mayer-Salovey-Caruso Emotional Intelligence Test. Nova York: Multi-Health Systems.

Mayer, J.D., DiPaolo, M.T. & Salovey, P. (1990). Perceiving affective content in ambiguous visual stimuli: A component of emotional intelligence. *Journal of Personality Assessment*, 54, 772-781.

Mayer, J.D. & Geher, G. (1996). Emotional intelligence and the identification of emotion. *Intelligence*, 22, 89-113.

Mayer, J.D., Roberts, R.D. & Barsade, S.G. (2008). Human abilities: Emotional intelligence. *Annual Review of Psychology*, 59, 507-536.

Mayer J.D. & Salovey, P. (1993). The intelligence of emotional intelligence. *Intelligence*, 17, 433-442.

Mayer, J.D. & Salovey, P. (1997). What is emotional intelligence? In: P. Salovey & D.J. Sluyter (eds.). *Emotional Development and Emotional Intelligence*: Implications for Educators. Nova York: Basic Books, 3-31.

Mayer, J.D.; Salovey, P. & Caruso, D. (1997). *Emotional IQ test (CD ROM)*. Needham, MA: Virtual Knowledge.

Mayer, J.D.; Salovey, P. & Caruso, D. (1999). Emotional Intelligence meets standards for an intelligence. *Intelligence*, 27 (4), p. 267-298.

Mayer, J.D., Salovey, P. & Caruso, D.R. (2000). Emotional Intelligence. In. R.J. Stenberg (ed.). *Handbook of intelligence*. 2. ed. Nova York: Cambridge University Press, 396-420.

Mayer, J.D., Salovey, P. & Caruso, D.L. (2012). The validity of the MSCEIT: Additional analyses and evidence. *Emotion Review*, 4, 403-440.

Mayer, J.D., Salovey, P., Caruso, D.R., Sitarenios, G. (2003). Measuring Emotional Intelligence with the MSCEIT v2.0. *Emotion*, 3, 97-105.

Miguel, F.K. (2010). O que sabemos sobre inteligência emocional. In: G. Couto & S.D. Pires (eds.). *Os contornos da psicologia contemporânea*. São Paulo: Casa do Psicólogo, 73-104.

Muniz, M. & Primi, R. (2007). Inteligência emocional e desempenho em policiais militares: validade de critério do MSCEIT. *Aletheia*, 25, 66-81.

Miguel, F.K. & Primi, R. (2014). Estudo psicométrico do Teste Informatizado de Percepção de Emoções Primárias. *Avaliação Psicológica*, 13 (1), 1-9.

Muniz, M., Primi, R. & Miguel, F.K. (2007). Investigação da inteligência emocional como fator de controle do *stress* em guardas municipais. *Psicologia: Teoria e Prática*, 9 (1), 27-41.

Noronha, A.P.P., Primi, R., Freitas, F.A. & Dantas, M.A. (2007). Análise dos itens do Mayer-Salovey--Caruso Emotional Intelligence Test: Escalas da área estratégica. *Revista Psicologia em Estudo*, 12 (2), 415-422.

Palmer, B.R., Gignac, G., Manocha, R. & Stough, C. (2005). A psychometric evaluation of the Mayer--Salovey-Caruso Emotional Intelligence Test Version 2.0. *Intelligence*, 33, 285-305.

Pérez, J.C., Petrides, K.V. & Furnham, A. (2005). Measuring trait emotional intelligence. *Emotional intelligence*: An international handbook, 181-201.

Petrides, K.V & Furnham, A. (2000). On the dimensional structure of emotional intelligence. *Personality and Individual Differences*, 29 (2), 313-320.

Primi, R. (2003). Inteligência: avanços nos modelos teóricos e nos instrumentos de medida. *Avaliação Psicológica*, 2 (1), 67-77.

Primi, R., Bueno, J.M.H. & Muniz, M. (2006). Inteligência emocional: validade convergente e discriminante do MSCEIT com a BPR-5 e o 16PF. *Psicologia, Ciência e Profissão*, 26 (1), 26-45.

Plutchik, R. (2002). *Emotions and Life:* perspectives from Psychology, Biology and Evolution. Washington: American Psychollogical Association.

Roberts, R.D., Zeidner, M. & Matthews, G. (2001). Does emotional intelligence meet traditional standards for intelligence? – Some new data and conclusions. *Emotion*, 1 (3), 196-231.

Salovey, P. & Mayer, J.D. (1990). Emotional Intelligence. *Imagination, Cognition and Personality*, 9, 185-211.

Saklofske, D.H., Austin, E.J. & Minski, P.S. (2003). Factor structure and validity of a trait emotional intelligence measure. *Personality and Individual Differen-ces*, 34 (4), 707-721.

Schutte, N.S., Malouff, J.M., Hall, L.E., Haggerty, D.J., Cooper, J.T.; Golden, C.J. & Dornheim, L. (1998). Development and validation of a measure of emotional intelligence. *Personality and Individual Differences*, 25 (2), 167-177.

Spearman, C. (1904). "General intelligence" objectively determined and measured. *American Journal of Psychology*, 15, 201-293.

Spearman, C. (1914). The theory of two factors. *Psychological Review*, 21, 101-115.

Thurstone, L.L. (1938). Primary mental abilities. *Psychometric Monographs*, n. 1.

Thurstone, L.L. (1947). *Multiple factor analysis*. Chicago: University of Chicago Press.

Vernon, P.E. (1961). *The structure of human abilities*. Londres: Methuen.

Zeidner, M., Roberts, R.D. & Matthews, G. (2008). The Science of Emotional Intelligence: Current Consensus and Controversies. *European Psychologist*, 13 (1), 64-78.

20
Avaliação psicológica de adultos: especificidades, técnicas e contextos de aplicação

Sérgio Eduardo Silva de Oliveira
Mônia Aparecida da Silva

O desenvolvimento humano não é um processo específico da infância e adolescência. Espera-se que o adulto também atinja marcos do desenvolvimento de acordo com o avanço dos anos nos âmbitos sexual, familiar, social, ocupacional e físico (Hutteman, Hennecke, Orth, Reitz & Specht, 2014). A literatura aponta para mudanças, durante essa fase da vida, na personalidade (Hutteman et al., 2014; Lucas & Donnellan, 2011; Specht, Egloff & Schmukle, 2011), na cognição (Li, Lindenberger, Hommel, Aschersleben & Prinz, 2004; Tucker-Drob, 2011) e no cérebro (Giorgio et al., 2010). Dessa forma, a avaliação psicológica aplicada a adultos deve considerar as especificidades dessa fase da vida.

As habilidades cognitivas na fase adulta são bastante distintas da infância (Ackerman, 2013). As funções cognitivas, tais como inteligência, memória, atenção, linguagem e motricidade, tendem a ser mais estáveis na vida adulta quando comparadas à fase da infância e adolescência, período pelo qual passam por grandes alterações maturacionais. A maturação cognitiva implica tanto aspectos neuroanatômicos (Schlaggar et al., 2002) quanto ambientais (Sternberg, 2012). Dessa forma, as alterações cognitivas observadas na fase adulta devem ser contextualizadas tanto no que se refere ao histórico clínico-desenvolvi-

mental quanto aos fatores ambientais aos quais o indivíduo esteve e está exposto. Mais adiante serão discutidas algumas características e especificidades da avaliação cognitiva de adultos.

Referente aos aspectos emocionais, observa-se que os adultos têm demandas específicas quando comparados às das crianças e adolescentes. Hutteman et al. (2014) propõem que as demandas desenvolvimentais do adulto podem ser organizadas em cinco domínios, a saber, (1) relacionamento romântico, (2) vida familiar, (3) vida profissional, (4) vida social, e (5) alterações físicas. Para cada domínio, os autores descrevem tarefas específicas para as três fases da adultez, a saber, jovens adultos (18-30 anos), médios adultos (30-60 anos) e velhos adultos (> 60 anos). Os autores também sugerem tarefas não normativas para cada um dos cinco domínios, isto é, tarefas que não estão vinculadas a nenhuma faixa etária específica e que podem eventualmente acontecer em qualquer momento da vida adulta. A seguir são apresentadas as principais tarefas descritas pelos referidos autores: (1) Domínio Relacionamento Romântico: os autores sugerem que a tarefa dos jovens adultos é selecionar um parceiro e aprender a conviver com ele. A tarefa do médio adulto é manter um satisfatório relacionamento romântico e a tarefa do velho adulto é se adaptar à morte ou ao decréscimo da saúde do cônjuge. As tarefas não normativas são lidar com o divórcio, encontrar um novo parceiro e o recasamento. (2) Domínio Vida Familiar: a tarefa do jovem adulto é começar uma família, criar filhos e administrar um lar. A tarefa do médio adulto é orientar os adolescentes a se tornarem adultos felizes e responsáveis, e se adaptar ao envelhecimento de seus pais. O velho adulto deve adotar e adaptar papéis sociais de forma flexível e cuidar dos netos. As tarefas não normativas são cuidar de um doente crônico e lidar com a separação da família devido a oportunidades de migração ou de trabalho. (3) Domínio Vida Profissional: as tarefas do jovem adulto são continuar com a educação de nível superior, iniciar uma ocupação e assumir responsabilidade cívica. As tarefas do médio adulto são alcançar e manter um desempenho satisfatório em sua carreira, e alcançar uma responsabilidade social e cívica. A tarefa do velho adulto é se adaptar à aposentadoria e à redução da renda financeira. A tarefa não normativa são lidar com as mudanças na situação de emprego. (4) Domínio da Vida Social: a tarefa do jovem adulto é encontrar um grupo social agradável. As tarefas do médio adulto são desenvolver atividades de lazer adultas e estabelecer um satisfatório balanço entre vida profissional e pessoal. A tarefa do velho adulto é estabelecer uma filiação explícita com pessoas do mesmo grupo etário. A tarefa não normativa é estabelecer novos contatos sociais após relocações. (5) Domínio Alterações Físicas: o jovem adulto está no pico de fertilidade. A tarefa do médio adulto é aceitar e se adaptar às mudanças físicas da meia-idade (menopausa ou perda de cabelo). As tarefas do velho adulto é estabelecer medidas satisfatórias de uma vida fisicamente ativa e adaptar-se à diminuição da força física e da saúde. A tarefa não normativa é lidar com doenças graves.

Cabe ressaltar que essas tarefas desenvolvimentais precisam ser contextualizadas na cultura e história de cada pessoa. Isso quer dizer que qualquer alteração no alcance desses marcos desenvolvimentais não sinaliza necessariamente um mau funcionamento emocional e psicológico. Por exemplo, o modelo de Hutteman et al. (2014) sugere que a formação de uma família e a educação de crianças são tarefas dos jovens adultos (18-30 anos), contudo, tem-se observado em certas classes da sociedade brasileira que muitas pessoas têm decidido se casar e ter filhos após os 30 anos de idade.

As demandas da vida e as circunstâncias ambientais e culturais são, portanto, aspectos importantes que precisam ser considerados na avaliação psicológica de adultos. A teoria Bioecológica de Bronfenbrenner (1996) parece ser útil aqui para situar o aspecto ambiental e cultural nesse contexto. Apesar de se tratar de uma teoria focada no desenvolvimento humano, principalmente nas fases da infância e adolescência, os conceitos discutidos nesse modelo parecem ser substancialmente úteis na prática da avaliação psicológica aplicada ao público adulto. Segundo esse modelo, o desenvolvimento humano ocorre sobre quatro elementos-chave, a saber, o processo, a pessoa, o contexto e o tempo.

Em termos gerais, o processo refere-se a "interações recíprocas [...] entre um organismo humano ativo [...] e pessoas, objetos e símbolos no seu ambiente externo imediato" (Bronfenbrenner, 2005, p. 6). A pessoa é considerada um ser biológico e psicológico que está em constante interação com seu ambiente e que é produto dessa interação. O contexto é o ambiente entendido "em termos físicos, sociais e culturais" (Prati, Couto, Moura, Poletto & Koller, 2008, p. 162) e que apresenta uma relação multidirecional:

ambiente ↔ pessoa. Por fim, o tempo, nomeado como cronossistema (Bronfenbrenner, 1986), refere-se às mudanças e continuidades observadas no tempo cronológico. Em suma, o modelo entende que o desenvolvimento ocorre num *processo* de interação recíproca entre a *pessoa* e o *contexto* num espaço de *tempo*. Em uma avaliação psicológica de adultos, o psicólogo precisa estar atento para os *processos* de interação entre a *pessoa* e o *contexto*, considerando as mudanças e continuidades no *tempo*.

Outra contribuição que o modelo de Bronfenbrenner (1996) parece oferecer é referente à subdivisão do ambiente em quatro níveis de interação, a saber, o microssistema, mesossistema, exossistema e macrossistema. Em termos gerais, o microssistema compreende as relações que a pessoa mantém face a face, o mesossitema as inter-relações entre os diferentes microssistemas do indivíduo, o exossistema são os ambientes que a pessoa não frequenta ativamente, mas que a influenciam indiretamente, e o macrossistema consiste nas ideologias, políticas, culturas e crenças presentes na vida da pessoa e que a influenciam (Bronfenbrenner, 1996).

Esse entendimento de ambiente permite que o psicólogo compreenda de forma mais completa o modo de funcionamento da pessoa no mundo. A análise desses níveis de ambiente pode ser feita tentando responder às seguintes questões: (Microssistema) – Com quem a pessoa se relaciona? Como são essas relações? (Mesossistema) – Existe algum padrão entre os diferentes tipos de relações? (Exossistema) – Quais são as regras e funcionamento dos ambientes onde ocorrem essas relações? (Macrossistema) – Qual a cultura, política, ideais e crenças prevalentes desse ambiente?

Outras variáveis que precisam ser observadas na avaliação psicológica de adultos são as

demandas e circunstâncias da vida. Nível de escolarização, condições socioeconômicas e culturais, eventos de vida são alguns exemplos. O psicólogo deve estar atento a estas variáveis visto que elas influenciam diretamente as circunstâncias que trazem os adultos à avaliação e a relação com o profissional. Por exemplo, o psicólogo deve considerar o nível de escolarização e a capacidade intelectual do cliente para utilizar uma linguagem que seja adequada à sua compreensão. Diferentes condições socioeconômicas e culturais também interferem na forma de comunicação e relação com o paciente. Eventos e condições atuais da pessoa também devem ser considerados. Por exemplo, alguém que recentemente passou por um evento com forte carga emocional (ex., morte de um ente querido, divórcio etc.) pode apresentar alterações na capacidade de atenção e concentração. Outro exemplo pode ser o caso de um pai de família desempregado que esconde os sintomas de ansiedade e depressão para conseguir uma colocação em um cargo para atividades em espaço confinado. Cabe ressaltar, sobre esse último ponto, que o psicólogo precisa ficar atento aos fenômenos de simulação, dissimulação e desejabilidade social.

Apesar de os conceitos de simulação e dissimulação virem da área do Direito e serem mais aplicados ao campo da Psicologia Jurídica, eles parecem ser úteis em diferentes contextos. Para fins de conceituação, entende-se simulação como uma atitude intencional de aumentar, exagerar ou inventar sintomas e quadros psicopatológicos geralmente visando algum ganho (MacGrath, Mitchell, Kim & Hough, 2010). Dissimulação, por outro lado, é entendida como a ação intencional de ocultar informações sobre características e sintomas psicológicos com fins de também alcançar algum ganho (MacGrath et al., 2010). O conceito de desejabilidade social, por sua vez, consiste no ato de descrever-se e agir de acordo com o entendimento do que seja socialmente aprovado, aceito ou desejado, e de negar sua associação com opiniões e comportamentos que são desaprovados socialmente (Ribas, Moura & Hutz, 2004). Deve-se considerar que estes fenômenos podem ocorrer muito em função do contexto da avaliação. Avaliações psicológicas para fins jurídicos, organizacionais, de trânsito, do esporte e de porte de armas parecem ser as mais propícias para o surgimento desses fenômenos. Entretanto, os contextos clínicos, escolares, hospitalares, entre outros, não estão livres de suas apresentações.

Avaliação das funções cognitivas em adultos

A cognição é geralmente compreendida como um conjunto de funções mentais que envolvem aquisição, armazenamento, retenção e uso do conhecimento (Freitas & Aguiar, 2012). Esses processos incluem, entre outros, a inteligência, a atenção, a percepção, a memória, a linguagem e o funcionamento executivo. Por meio das funções cognitivas, há uma constante interação dos estímulos internos (pensamentos e sentimentos, entre outros) com o mundo externo, podendo-se planejar ações, realizar julgamentos e solucionar problemas (Coltheart, 2004).

A avaliação das funções cognitivas é tipicamente associada com avaliação da inteligência, aptidão, rendimento acadêmico e habilidades cognitivas específicas (Goldstein, 2000). Esse tipo de avaliação pode ser realizado com a utilização de procedimentos sistemáticos, como o uso de testes, técnicas, entrevistas e observações clínicas. Em relação aos testes, eles devem

ser construídos ou adaptados para a cultura do examinando e possuir qualidades psicométricas testadas e aprovadas, em termos de validade e fidedignidade. Além disso, é desejável que estes instrumentos tenham normas de padronização específicas para a cultura avaliada (Chiodi & Wechsler, 2008).

A avaliação das funções cognitivas é muito abrangente, envolvendo muitos construtos e diferentes abordagens de investigação. Em geral, as avaliações são realizadas principalmente para identificar as habilidades cognitivas individuais, reconhecer a presença de deterioração no funcionamento cognitivo ou de psicopatologias específicas, e para monitorar as respostas cognitivas individuais a determinados tratamentos. No contexto clínico, a avaliação geralmente parte de hipóteses geradas a partir de queixas do paciente, de sua história, da impressão que ele causou ao examinador durante a entrevista e de suas circunstâncias de vida atual.

Para iniciar a avaliação clínica, pode ser útil a realização de um rastreio do estado mental do paciente, que envolve o funcionamento relacionado a Consciência, Atenção, Sensopercepção, Orientação, Memória, Inteligência, Afetividade, Pensamento, Juízo crítico, Conduta e Linguagem. A avaliação do Estado Mental pode ser feita por meio de observação clínica ou utilizando instrumentos padronizados. O instrumento de Avaliação Neuropsicológica Breve – NEUPSILIN – (Fonseca, Salles & Parente, 2009) possibilita o rastreio das principais funções cognitivas e é aprovado para uso pelo Sistema de Avaliação dos Testes Psicológicos (SATEPSI) do Conselho Federal de Psicologia. A aplicação do NEUPSILIN pode ser feita em pessoas entre 12 e 90 anos e oferece informações sobre um grande número de funções cognitivas, a saber, Orientação (Temporal e Espacial), Atenção, Percepção, Memória (de Trabalho, Verbal Episódico-semântica, Semântica de Longo Prazo, Visual de Curto Prazo e Prospectiva), Linguagem (Oral e Escrita), Habilidades Aritméticas, Praxia e Função Executiva.

O profissional deve, entretanto, dar especial atenção a variáveis que podem influenciar o desempenho da pessoa nesse instrumento, como nível educacional, idade e habilidades verbais. Salienta-se ainda que, como se trata de um instrumento geral de rastreio, ele não fornece informações quanto às diferenças individuais nessas habilidades, mas é mais eficaz em identificar casos com importantes comprometimentos nessas funções cognitivas. Contudo, o rastreio do funcionamento cognitivo, quando bem realizado, pode ajudar a direcionar a escolha de testes e técnicas para avaliação dos sintomas do examinando com queixa cognitiva mais geral, bem como na elaboração de hipóteses diagnósticas.

Os déficits em adultos podem ocorrer em diferentes etapas do processamento cognitivo, podendo envolver as funções receptivas (entrada da informação), memória e aprendizagem (armazenamento da informação), pensamento (proces-samento e organização mental das informações) e funções executivas (realização da ação) (Lezak, 1995). A partir de déficits no funcionamento de uma ou mais funções, pode-se gerar hipóteses para a condução de um bom processo de avaliação. Se as hipóteses são confirmadas pelo mau desempenho nos instrumentos escolhidos, a hipótese de um déficit cognitivo se fortalece. A identificação de qual aspecto do processamento cognitivo está prejudicada é fundamental para uma boa avaliação.

Na avaliação das funções cognitivas, a inteligência é o construto mais comumente investigado. A avaliação da inteligência envolve conhecimentos de diferentes áreas e demanda do profissional um conhecimento sobre o desenvolvimento das habilidades cognitivas ao longo da vida. Além disso, o profissional precisa compreender o papel de fatores genéticos, ambientais, socioculturais e econômicos, entre outros, no desenvolvimento das habilidades intelectivas. A avaliação por meio de testes deve levar em conta a qualidade dos instrumentos (Wechsler, 1999). A Tabela 1 apresenta os principais instrumentos aprovados pelo SATEPSI para a avaliação da inteligência no contexto brasileiro.

Tabela 1 Principais testes psicológicos para avaliação da inteligência em adultos[1]

Nome	Autores	Editora	Faixa etária	Subtestes ou fatores
Escala de Inteligência Wechsler para Adultos – WAIS III.	Nascimento, 2004.	Casa do Psicólogo	16 a 89 anos.	Vocabulário, semelhanças, aritmética, dígitos, informação, compreensão e sequência de numeros e letras, completar figuras, códigos, cubos, raciocínio matricial, arranjo de figuras, procurar símbolos e armar objetos.
Escala Wechsler Abreviada de Inteligência – WASI.	Trentini, Yates & Heck, 2014.	Casa do Psicólogo	6 a 89 anos.	Vocabulário, cubos, semelhanças e raciocínio matricial.

Continua →

1. As referências dos manuais dos testes de todas as tabelas e do corpo do texto não estão listadas ao final do capítulo. O leitor pode utilizar os dados disponíveis no capítulo, acerca dos instrumentos, para fazer uma busca na internet aos testes de interesse.

Nome	Autores	Editora	Faixa etária	Subtestes ou fatores
Teste Não Verbal de Inteligência Geral BETA III.	Rabelo, Pacanaro, Leme, Ambiel & Alves, 2011.	Casa do Psicólogo	14 a 83 anos.	Raciocínio matricial e códigos.
Bateria de provas de raciocínio – BPR-5.	Almeida & Primi, 2010.	Casa do Psicólogo	A partir do 6º ano do Ensino Fundamental.	Raciocínios abstrato, verbal, espacial, numérico e mecânico.
Teste de Inteligência – TI.	Rueda & Castro, 2012.	Vetor	18 a 67 anos.	Fator geral de inteligência.
Matrizes Progressivas de Raven – Escala Geral.	Campos, 2001.	Cepa	A partir de 11 anos.	Fator geral de inteligência.
Teste Não Verbal de Inteligência R-1.	Alves, 2002.	Vetor	A partir de 18 anos.	Fator geral de inteligência.
Teste de Inteligência Geral Não Verbal – TIG-NV.	Tosi, 2008.	Casa do Psicólogo	10 a 79 anos.	Fator geral de inteligência.
Teste Não Verbal de Inteligência G-36.	Boccalandro, 2003.	Vetor	A partir do Ensino Fundamental.	Fator geral de inteligência.
Teste Não Verbal de Inteligência G-38.	Boccalandro, 2002.	Vetor	A partir do Ensino Fundamental.	Fator geral de inteligência.
Teste Não Verbal de Inteligência D70.	Alves, 2007.	Cetepp	A partir do Ensino Fundamental.	Fator geral de inteligência.

Em relação a outras funções cognitivas específicas, destacam-se a avaliação da memória, da atenção e das funções executivas. A memória compreende processos complexos por meio dos quais os indivíduos codificam, armazenam e resgatam informações. Os principais instrumentos disponíveis para avaliação da memória em adultos, com parecer favorável no SATEPSI, são apresentados na Tabela 2.

Tabela 2 Principais testes para avaliação da memória em adultos

Nome	Autores	Editora	Faixa etária	Função avaliada
Teste Pictórico de Memória – TEPIC-M.	Rueda & Sisto, 2007.	Vetor	17 a 97 anos.	Memória visual.
Teste de Memória Visual de Rostos – MVR.	Leme, Rossetti, Pacanaro & Rabelo, 2011.	Casa do Psicólogo	18 a 80 anos.	Memória de rostos e informações associadas a eles (ex.: nomes, sobrenomes, profissão).
Figuras Complexas de Rey – Figura A.	Oliveira & Rigoni, 2010.	Casa do Psicólogo	5 a 88 anos.	Percepção e memória visual.
Teste de Memória de Reconhecimento – TMR	Tonglet, 2007.	Vetor	A partir de 15 anos.	Memória de reconhecimento visual.
Teste de Memória de Reconhecimento – TEM-R.	Rueda, Raad & Monteiro, 2013.	Casa do Psicólogo	17 a 53 anos.	Memória de reconhecimento de figuras e palavras.

Continua →

Nome	Autores	Editora	Faixa etária	Função avaliada
Teste de Memória Visual – TMV.	Pasquali, Veiga, Alves & Vasconcelos, 2004.	LabPAM	Adolescentes e adultos.	Memória visual.
Bateria de Funções Mentais para Motorista – Teste de Memória – BFM-2.	Tonglet, 2000.	Vetor	A partir de 18 anos.	Memória visual de reconhecimento.
Teste de Memória Visual para o Trânsito – MVT.	Rabelo, 2013.	Casa do Psicólogo	A partir de 18 anos.	Memória visual de reconhecimento.
O *span* de dígitos da Escala WAIS-III.	Nascimento, 2004.	Casa do Psicólogo	16 a 89 anos.	Memória operacional.

A atenção é uma função cognitiva complexa que compartilha limites com habilidades perceptivas, memória, afeto e níveis de consciência (Coutinho, Mattos & Abreu, 2010). A atenção está relacionada ao estado de alerta e à ativação do indivíduo para realizar uma ação. Ela regula a responsividade à estimulação ambiental, incluindo o nível de vigilância e o potencial para realizar uma ação. A atenção geralmente é classificada como concentrada, sustentada, seletiva, alternada e dividida (para uma revisão, cf. Coutinho et al., 2010). Os principais testes de avaliação da atenção em adultos aprovados pelo SATEPSI e utilizados no Brasil, bem como um resumo de suas características, são apresentados na Tabela 3.

Os níveis de atenção variam muito em função de fatores do cotidiano e dependendo do contexto. De um momento para outro, no mesmo dia, a atenção tende a variar. Fatores como privação de sono, cansaço, uso de medicamentos, álcool ou drogas, dentre outros, podem interferir na avaliação da atenção, devendo ser considerados pelo examinador. Além disso, a avaliação da atenção requer um ambiente adequado, sem excesso de estímulos que interfiram no desempenho do examinando (Coutinho et al., 2010).

Tabela 3 Principais testes para avaliação da atenção em adultos

Nome	Autores	Editora	Faixa etária	Tipos de atenção
Teste de Atenção Concentrada – AC.	Cambraia. 2003.	Vetor	A partir de 16 anos.	Concentrada.
Teste de Atenção Concentrada – AC15.	Boccalandro, 2003.	Vetor	A partir do Ensino Fundamental.	Concentrada.
Teste de Atenção Concentrada d2.	Brickemkamp, 2000.	Cetepp	9 a 52 anos.	Concentrada.
Teste de Trilhas Coloridas – TTC.	Leme, Rabelo, Pacanaro & Rossetti, 2010.	Casa do Psicólogo	18 a 86 anos.	Sustentada e dividida.
Teste de Atenção Seletiva – TAS.	Silva, 2011.	Vetor	15 a 60 anos.	Seletiva.
Teste de Atenção Concentrada – TEACO-FF.	Rueda & Sisto, 2009.	Casa do Psicólogo	18 a 72 anos.	Concentrada.

Continua →

Nome	Autores	Editora	Faixa etária	Tipos de atenção
Teste de Atenção Dividida – TEADI.	Rueda, 2013.	Casa do Psicólogo	18 a 72 anos.	Dividida.
Teste de Atenção Alternada – TEALT.	Rueda, 2013.	Casa do Psicólogo	18 a 72 anos.	Alternada.
Bateria Psicológica para Avaliação da Atenção – BPA.	Rueda, 2012.	Vetor	6 a 82 anos.	Concentrada, dividida e alternada.
Bateria de Funções Mentais para Motorista, Testes de Atenção – BFM-1.	Tonglet, 2007.	Vetor	18 a 59 anos.	Concentrada, difusa e seletiva.
Bateria Geral de Funções Mentais: Testes de Atenção Concentrada – BGFM-2.	Tonglet, 2003.	Vetor	A partir de 15 anos.	Concentrada.
Teste de Atenção Dividida – AD.	Sisto, Noronha, Lamounier, Bartholomeu & Rueda, 2006.	Vetor	18 a 73 anos.	Dividida.
Teste de Atenção Sustentada – AS.	Sisto, Noronha, Lamounier, Bartholomeu & Rueda, 2006.	Vetor	18 a 73 anos.	Sustentada.
Escala de atenção seletiva visual – EASV.	Sisto & Castro, 2011.	Casa do Psicólogo	18 a 70 anos.	Seletiva.

As funções executivas (FE) referem-se a processos cognitivos e metacognitivos que permitem controlar e regular o pensamento e o comportamento, assim como dizem respeito a uma variedade de habilidades correlacionadas, variando desde a iniciação voluntária simples de uma ação até a inibição do comportamento. As FE estão entre os aspectos mais complexos do funcionamento cognitivo e envolvem seleção e integração de informações atuais e anteriormente memorizadas, planejamento, monitoramento e flexibilidade cognitiva (Abreu et al., 2014). Alterações nas FE têm se mostrado relacionadas a vários transtornos cognitivos e psiquiátricos, como, por exemplo, Esquizofrenia (Fioravanti, Carlone, Vitale, Cinti & Clare 2005), Transtornos Depressivos (Harvey et al., 2004), Transtorno de Déficit de Atenção e Hiperatividade (Hervey, Epstein & Curry, 2004; Happé, Booth Charlton & Hughes, 2006) e Transtorno do Espectro Autista (Bosa, 2001; Happé et al., 2006).

Para a avaliação das FE, o Teste de Classificação de Cartas de Wisconsin (WCST) (Trentini, Argimon, Oliveira & Werlang, 2010) tem sido considerado o padrão-ouro. Há duas versões disponíveis para uso no Brasil: crianças e adolescentes, de 6 anos e meio a 18 anos, e versão para idosos de 60 a 89 anos. Existem outros testes bastante utilizados para avaliação das FE que não foram submetidos ou avaliados pelo SATEPSI. Dentre eles, destacam-se os do tipo *Stroop* (Coutinho et al., 2010), o Teste de Trilhas (Montiel & Seabra, 2012) e testes baseados no paradigma das torres, como Torre de Londres (Seabra, Dias, Berberian, Assef & Cozza, 2012), Torre de Hanói e Torre de Toronto. Eles possuem evidências de validade para o contexto brasileiro e alguns possuem normas para utilização com adultos. Eles são geralmente publicados em livros ou em artigos científicos por grupos de pesquisadores. Salienta-se, contudo, que o uso desses instrumentos está restrito à pesquisa de acordo com as resoluções vigentes do Conselho Federal de Psicologia sobre regulamentação e uso dos testes psicológicos.

É importante salientar que muitos dos testes apresentados avaliam diferentes funções. Por exemplo, a WAIS-III, é um teste específico para inteligência, mas também é usada para a avaliação de atenção, funções executivas, memória e linguagem (Nascimento, 2000). Isso ocorre com vários outros testes apresentados, porque as funções cognitivas são inter-relacionadas, sendo difícil avaliar um dos seus componentes de forma isolada. Por isso, é importante que o psicólogo tenha sempre clareza de que informações ele pretende obter com determinado teste, bem como a fundamentação teórica que embasa a construção dos instrumentos utilizados.

Avaliação do interesse, do funcionamento emocional e da personalidade em adultos

Aspectos da vivência emocional e as características de personalidade são variáveis importantes na explicação e predição do comportamento humano em diferentes aspectos da vida humana, sejam eles, por exemplo, no âmbito familiar (Reti et al., 2002) ou de relacionamentos amorosos (Mônego & Teodoro, 2011). Traços e características de personalidade têm sido avaliados em diferentes contextos, tais como clínico (Reich & Vasile, 1993), judiciário (Howard, Huband, Duggan & Mannion, 2008), hospitalar (Clarkin, Hurt & Crilly, 1987), educacional (Richardson, Abraham & Bond, 2012), vocacional (McKay & Tokar, 2012), organizacional (Judge, Heller & Mount, 2002), do trânsito (Ulleberg & Rundmo, 2003) e do esporte (Tok, 2011).

Apesar das controvérsias e inconsistências na comunidade científica acerca da definição de personalidade, clínicos e pesquisadores concordam que esse construto se refere a um conjunto de características psicológicas que tornam a pessoa única. Essas características consistem em um padrão relativamente estável ao longo do tempo no modo de pensar, sentir, se comportar e se relacionar consigo mesmo, com o outro e com o mundo. Tais características também apresentam um caráter dinâmico, uma vez que interagem entre si e se arranjam de acordo com os estímulos externos do ambiente (Hall, Lindzey & Campbell, 2000; Kernberg, 1995; Pervin & John, 2004).

A personalidade e aspectos da vivência e expressão emocional, como já dito, são variáveis importantes na descrição do funcionamento psicológico do adulto que está em avaliação. Contudo, questões como "Qual traço ou função da personalidade avaliar?" "Qual teste utilizar?" "Qual abordagem de coleta das informações?", e outras tantas questões somente poderão ser respondidas dados os objetivos da avaliação e as características do caso.

O SATEPSI apresenta uma lista de instrumentos destinados à avaliação de diferentes aspectos emocionais e da personalidade. Existem alguns testes que podem auxiliar o psicólogo na avaliação de pessoas que apresentam demandas referentes à vida profissional. Os contextos de avaliação mais relacionados à esfera profissional são os de Orientação Profissional/Vocacional e Organizacional. A Tabela 4 apresenta os testes listados no SATEPSI com normas para o público adulto e disponíveis para comércio, considerando os principais domínios (fatores) avaliados por esses instrumentos.

Tabela 4 Testes psicológicos para avaliação de adultos no contexto vocacional e organizacional

Nome	Autores	Editora	Domínios
Avaliação dos Interesses Profissionais – AIP.	Levenfus & Bandeira, 2009.	Vetor	Campo Físico/Matemático (CFM); Campo Físico/Químico (CFQ); Campo Cálculos/Finanças (CCF); Campo Organizacional/Administrativo (COA); Campo Jurídico/Social (CJS); Campo Comunicação/Persuasão (CCP); Campo Simbólico/Linguístico (CSL); Campo Manual/Artístico (CMA); Campo Comportamental/Educacional (CCE); Campo Biológico/Saúde (CBS).
Escala de Aconselhamento Profissional – EAP.	Noronha, Sisto & Santos, 2007.	Vetor	Ciências Exatas; Artes/Comunicação; Ciências Biológicas/da Saúde; Ciências Agrárias/Ambientais; Atividades Burocráticas; Ciências Humanas e Sociais Aplicadas; Entretenimento.
Escala de Empregabilidade.	Campos, 2010.	Vetor	Eficácia de Busca; Enfrentamento de Dificuldades; Otimismo e Responsabilidade; Decisão.
Questionário de Busca Autodirigida – SDS.	Primi et al., 2010.	Casa do Psicólogo	Realista (R); Investigador; (I), Artístico (A); Social (S); Empreendedor (E); Convencional (C).
Teste de Foto de Profissões – BBT-Br.	Jacquemin, 2000; Jacquemin et al., 2006.	CETEPP	W – Ternura, feminilidade, devoção; K – Força, força física, dureza, obstinação, agressão; S – Senso social, com duas tendências (Sh – disponibilidade a ajudar, fazer o bem, curar, participar; Se – energia, coragem, dinamismo, necessidade de movimento e de ação); Z – Necessidade de mostrar, de representar, estética; V – Entendimento, razão, lógica, necessidade de conhecimento, clareza, racionalização, limitação e determinação; G – Espírito, inspiração, imaginação criadora, criatividade, ideia, intuição, tendência a expansão; M – Matéria, substância, relação com a posse (analidade); O – Oralidade, com duas tendências (Or – necessidade de falar, comunicação, amabilidade; On – relação com a alimentação, comer).
Escala de Vulnerabilidade ao Estresse no Trabalho – EVENT.	Sisto et al. 2007.	Vetor	Clima e Funcionamento; Pressão no Trabalho; Infraestrutura; Rotina.
Human Guide.	Welter, 2011.	Vetor	Perfil Pessoal; Sinergia Dual; Sinergia de Grupo; Perfil Match – Perfil Ideal; Perfil Match – Resultado; Percepção Interpessoal; Sinergia Ocupacional; Perfil Cultural.
Lista de Adjetivos Bipolares e em Escalas de Likert – L.A.B.E.L.	Gendre, Capel & Oswald, 2009.	Moityca	7 escalas de controle; 4 escalas de validade; 5 escalas de personalidade (Big Five); 5 escalas de análise transacional (Berne); 6 escalas de personalidades profissionais (Holland); 4 escalas de estilos cognitivos (Welsh); 2 escalas de identidade sexual; 3 escalas de necessidades (Murray), sendo uma com 4 escalas de realização, outra com 5 escalas de afiliação e outra com 6 escalas de poder; 2 escalas dos tipos do MBTI, sendo uma com 3 escalas diversas e outra com 3 escalas de adaptabilidade e narcisismo; 6 escalas de mecanismos de defesa; 8 escalas de personalidades reacionais; 8 escalas de humores; 9 escalas de tipos do eneagrama; 8 escalas profissionais; 7 escalas do modelo biossocial unificado (Cloninger).

Também estão disponíveis testes que avaliam diferentes traços de personalidade, fornecendo dados sobre um quadro geral do funcionamento da personalidade do indivíduo. Estes testes podem ser empregados nos mais variados contextos de avaliação psicológica. A Tabela 5 apresenta os principais domínios da personalidade avaliados por esses testes. Vale ressaltar que os testes possuem suas bases teóricas que norteiam a interpretação dos resultados. Dessa forma, é importante que o examinador conheça a teoria subjacente ao teste para formular e fundamentar adequadamente os resultados obtidos. Dentre os testes disponíveis no Brasil encontram-se aqueles baseados na teoria dos cinco grandes fatores da personalidade, os baseados na teoria dos motivos psicológicos de Murray, na teoria dos traços e fatores de personalidade, e na teoria tipológica de Young.

Tabela 5 Testes psicológicos para avaliação de traços e tipos de personalidade em adultos

Nome	Autores	Editora	Domínios
Inventário de Personalidade NEO Revisado – NEO-PI-R e NEO-FFI.	Flores-Mendoza, 2008.	Vetor	Neuroticismo (N) (Ansiedade, Hostilidade, Depressão, Autoconsciência, Impulsividade, Vulnerabilidade); Extroversão (E) (Acolhimento, Gregarismo, Assertividade, Atividade, Busca de Sensações, Emoções Positivas); Abertura (O) (Fantasia, Estética, Sentimentos, Ações, Ideias, Valores); Amabilidade (A) (Confiança, Franqueza, Altruísmo, Aquiescência, Modéstia, Sensibilidade); Consciensiosidade (C) (Competência, Ordem, Senso de Dever, Direcionamento, Autodisciplina, Deliberação).
Bateria Fatorial da Personalidade – BFP.	Nunes, Hutz & Nunes, 2010.	Casa do Psicólogo	Neuroticismo (N) (Vulnerabilidade, Instabilidade Emocional, Passividade / Falta de Energia, Depressão); Extroversão (E) (Comunicação, Altivez, Dinamismo, Interações Sociais); Socialização (S) (Amabilidade, Pró-sociabilidade, Confiança nas Pessoas); Realização (R) (Competência, Ponderação / Prudência, Empenho / Comprometimento); Abertura (A) (Abertura a Ideias, Liberalismo, Busca por novidades).
Escala Fatorial de Extroversão – EFEx.	Nunes & Hutz, 2007a.	Casa do Psicólogo	Nível de comunicação; Altivez; Assertividade; Interações Sociais.
Escala Fatorial de Socialização – EFS.	Nunes & Hutz, 2007b.	Casa do Psicólogo	Amabilidade; Pró-sociabilidade; Confiança nas Pessoas.
Escala Fatorial de Ajustamento Emocional/ Neuroticismo – EFN.	Hutz & Nunes, 2001.	Casa do Psicólogo	Vulnerabilidade; Desajustamento psicossocial; Ansiedade; Depressão.
Escala de Personalidade de Comrey – CPS.	Costa, 2003.	Vetor	Validade (V); Tendenciosidade nas Respostas (R); Confiança X Atitude Defensiva (T); Ordem X Falta de Compulsão (O); Conformidade Social X Rebeldia (C); Atividade X Falta de Energia (A); Estabilidade X Instabilidade Emocional (S); Extroversão X Introversão (E); Masculinidade X Feminilidade (M); Empatia X Egocentrismo (P).

Continua →

Nome	Autores	Editora	Domínios
Questionário de Avaliação Tipológica – QUATI.	Zacharias, 2003.	Vetor	Atitude (Extroversão – Introversão); Funções Perceptivas (Sensação – Intuição); Funções Avaliativas (Pensamento – Sentimento).
Inventário Fatorial de Personalidade (2ª versão) – IFP-II.	Leme, Rabelo & Alves, 2013.	Casa do Psicólogo	Fatores de primeira ordem: Assistência; Intracepção; Afago; Autonomia; Deferência; Afiliação; Dominância; Desempenho; Exibição; Agressão; Ordem; Persistência; Mudança. Fatores de segunda ordem: Necessidades Afetivas; Necessidades de Organização; Necessidades de Controle e Oposição.

Para a avaliação de aspectos emocionais e da personalidade, o psicólogo pode também valer-se de instrumentos de abordagem indireta; tratam-se das técnicas projetivas e expressivas de avaliação da personalidade. As técnicas projetivas compreendem a apresentação de um material ambíguo ao examinando, o qual tem uma liberdade de pensamento e ação sobre a instrução apresentada. Elas supõem que, na execução da tarefa solicitada, o sujeito atribui ao material ambíguo aspectos de sua personalidade. Essas técnicas visam a diminuição do controle cognitivo do examinando sobre o conteúdo ou características que estão sendo avaliadas, de modo a controlar os fenômenos de simulação, dissimulação e dese-jabilidade social (embora, tais fenômenos ainda sejam passíveis de ocorrência) (Bunchaft, 1995; Pinto, 2014).

Referente às técnicas expressivas, entende-se que o exame das características da personalidade se dá pelo movimento e expressão corporal e comportamental do examinando (Alves & Esteves, 2004). Não se espera, neste tipo de abordagem, que o indivíduo projete no material ambíguo conteúdos latentes de sua personalidade. Nesse caso, a personalidade é manifestada através das respostas musculares, corporais e comportamentais do sujeito. A Tabela 6 apresenta os instrumentos projetivos e expressivos aprovados pelo SATEPSI.

Tabela 6 Técnicas projetivas e expressivas para avaliação da personalidade em adultos

Técnicas projetivas			
Nome	Autores	Editora	Domínios
Casa – Árvore – Pessoa – HTP.	Buck, 2003.	Vetor	Adaptabilidade, Mecanismos de Defesa, Conflitos, Indicadores Psicopatológicos, entre outros.
Teste de Apercepção Temática – TAT.	Murray, 2005.	Casa do Psicólogo	Motivações, necessidades, conflitos, autopercepção, percepção do outro, percepção do ambiente, entre outros.
Pirâmides Coloridas de Pfister – TPC.	Villemor-Amaral, 2012.	Casa do Psicólogo	Dinâmica emocional, grau de elaboração afetiva, mecanismos de defesa, adaptabilidade, indicadores de psicopatologia, entre outros.
Rorschach – Escola Francesa.	Pasian, 2010.	Casa do Psicólogo	Funcionamento Lógico e Adaptativo; Funcionamento Afetivo; Adaptação Social.

Continua →

Rorschach – Cícero Vaz.	Vaz, 2006.	Casa do Psicólogo	Condições afetivo-emocionais; Controle; Natureza e liberação dos impulsos emocionais; Capacidade de relacionamento interpessoal; Estrutura geral da personalidade; Manejo de conflitos, frustrações e ansiedade.
Rorschach – Sistema Compreensivo.	Exner, 1999; Exner & Sedin, 1999; Nascimento, 2010.	Casa do Psicólogo	Processamento da Informação; Mediação Cognitiva; Ideação; Controle e Tolerância ao Estresse; Modulação Afetiva; Autopercepção; Relacionamento Interpessoal.
Zulliger – Cícero Vaz – Z-Teste.	Vaz, 2002.	Casa do Psicólogo	Condições afetivo-emocionais; Controle; Natureza e liberação dos impulsos emocionais; Capacidade de relacionamento interpessoal; Estrutura geral da personalidade; Manejo de conflitos, frustrações e ansiedade.
Zulliger – Sistema Compreensivo – ZSC.	Villemor-Amaral & Primi, 2009.	Casa do Psicólogo	Processamento da Informação; Mediação Cognitiva; Ideação; Controle e Tolerância ao Estresse; Modulação Afetiva; Autopercepção; Relacionamento Interpessoal.
Técnicas expressivas			
Palográfico – PLG.	Alves & Esteves, 2004.	Vetor	Produtividade; Nível de Oscilação Rítmica; Organização; Autoimagem; Relacionamento Interpessoal; Extroversão/Introversão; Impulsividade; Emotividade; Afetividade; Agressividade; Indicadores de Psicopatologia.
Psicodiagnóstico Miocinético – PMK.	Mira, 2014.	Vetor	Tônus Vital; Agressividade; Reação Vivencial; Emotividade; Dimensão Tensional; Predomínio Tensional.

A respeito desse tipo de abordagem indireta de avaliação da personalidade, a literatura da área tem discutido vantagens e desvantagens/alcances e limites (Primi, 2010; Villemor-Amaral & Pasqualini-Casado, 2006). Tratam-se de sistemas diferentes de coleta de dados quando comparados ao modelo psicométrico (escalas, questionários, inventários). Salienta-se que, para um adequado uso dessas ferramentas, é importante que o avaliador faça um treinamento específico para cada técnica que ele deseja empregar em sua prática. É importante que ele conheça os prós e os contras de cada técnica, de forma que tenha condições para fazer um adequado julgamento e entendimento dos dados obtidos por meio desses recursos técnicos.

Existem ainda outros testes psicológicos destinados à avaliação de aspectos emocionais e comportamentais de adultos aprovados pelo SATEPSI, a saber, dois testes que se propõem a medir o nível de habilidades sociais. Ambos os instrumentos são comercializados pela editora Casa do Psicólogo. Um deles é destinado ao contexto da conjugalidade, no caso, o Inventário de Habilidades Sociais Conjugais (IHSC; Villa & Del Prette, 2012). O outro, Inventário de Habilidades Sociais (Del Prette & Del Prette, 2000), oferece informações acerca do desempenho social em diferentes situações, tais quais, de trabalho, escolar e familiar.

Avaliação de sintomas psicopatológicos em adultos

A vida adulta é marcada por demandas específicas, como já discutidas anteriormente. As exigências familiares, profissionais, sexuais, físicas e sociais estão a todo instante demandando a atenção das pessoas. Não são raros os casos de estresse, ansiedade, depressão e outros sintomas psicológicos nessa fase da vida. Considerando os aspectos do ambiente, as condições biofisiológicas da pessoa e seu funcionamento psicológico, o psicólogo pode diagnosticar a situação atual da pessoa e o risco (ou prognóstico) de desenvolver algum tipo de transtorno mental. O psicólogo pode fazer uso de diferentes instrumentos para a avaliação de sintomas psicopatológicos em adultos. Dentre os instrumentos não restritos a psicólogos encontram-se as entrevistas estruturadas, como a *Structured Clinical Interview for DSM-IV-TR Axis I* (SCID-I) (Del-Ben et al., 2001; First, Spitzer, Gibbon & Williams, 1994),

a *Structured Clinical Interview for DSM-IV – Axis II* (SCID-II; First, Spitzer, Gibbon, Williams & Benjamin, 1997; Melo & Rangé, 2010) e a *Mini International Neuropsychiatric Interview* (MINI; Marques & Zuardi, 2008; Sheehan et al., 1998). Estes instrumentos foram adaptados para o contexto brasileiro.

Com os instrumentos aprovados pelo SATEPSI, existe a possibilidade de o psicólogo avaliar a severidade de sintomas depressivos, risco de suicídio, sintomatologia ansiosa, o nível de estresse, o grau de impulsividade e raiva, a presença de traços de psicopatia, entre outros sintomas. A Tabela 7 apresenta a lista de testes disponíveis no SATEPSI para a avaliação de sintomas psicológicos em adultos.

Tabela 7 Testes psicológicos para avaliação de sintomas psicológicos em adultos

Nome	Autores	Editora	Domínios
Escala Baptista de Depressão (Versão Adulto) – EBADEP-A.	Baptista, 2012.	Vetor	Sintomas depressivos agrupados em sete categorias: Humor; Vegetativos; Motores; Sociais; Cognitivos; Ansiedade; Irritabilidade.
Inventário de Depressão de Beck (2ª versão) – BDI-II.	Gorenstein et al., 2012.	Casa do Psicólogo	Nível de gravidade de sintomas depressivos.
Inventário de Depressão de Beck – BDI.	Cunha, 2001.	Casa do Psicólogo	Nível de gravidade de sintomas depressivos.
Escala de Desesperança de Beck – BHS.	Cunha, 2001.	Casa do Psicólogo	Nível de desesperança.
Escala de Ideação Suicida de Beck – BSI.	Cunha, 2001.	Casa do Psicólogo	Nível de gravidade de ideação suicida.
Inventário de Ansiedade de Beck – BAI.	Cunha, 2001.	Casa do Psicólogo	Nível de gravidade de sintomas ansiosos.
Inventário de Sintomas de Stress para Adultos de Lipp – ISSL.	Lipp, 2000.	Casa do Psicólogo	Sintomas psicológicos; Sintomas físicos; Nível de estresse.
Escala de Avaliação da Impulsividade – Formas A e B – EsAvI-A / EsAvI-B.	Rueda & Ávila-Batista, 2013.	Vetor	Falta de Concentração e de Persistência; Controle Cognitivo; Planejamento Futuro; "Audácia e Temeridade".
Inventário de Expressão de Raiva como Estado e Traço – STAXI.	Biaggio, 2003.	Vetor	Estado de Raiva; Traço de Raiva; Temperação; Reação de Raiva; Raiva para Dentro; Raiva para Fora; Controle de Raiva; Expressão de Raiva.

Continua →

Inventário de Expressão de Raiva como Estado e Traço (2ª versão) – STAXI-2.	Spielberger, 2010.	Vetor	Estado de Raiva; Sentimento de Raiva; Vontade de Expressar Raiva Verbalmente; Vontade de Expressar Raiva Fisicamente; Traço de Raiva; Temperamento de Raiva; Reação de Raiva; Expressão Raiva para Dentro; Expressão Raiva para Fora; Controle de Raiva para Fora; Controle de Raiva para Dentro; Índice de Expressão de Raiva.
Escala Hare – PCL-R.	Morana, 2004.	Casa do Psicólogo	Psicopatia: Aspectos Afetivos e Interpessoais; Comportamentos Desviantes.

Vale ressaltar que nenhum dos instrumentos disponíveis possuem atributos para a formulação de quaisquer diagnósticos. Eles são apenas ferramentas para auxiliar o psicólogo na elaboração de teste de hipóteses diagnósticas. Como já mencionado, a avaliação psicológica compreende o emprego de diferentes técnicas e métodos de investigação de variáveis psicológicas e a validade dos resultados está extritamente vinculada à qualidade dos processos e métodos empregados.

Considerações finais

As demandas por uma avaliação psicológica de um adulto podem ser as mais variadas possíveis, tais quais, seleção para um emprego, candidatura para obter a carteira nacional de habilitação para dirigir os mais variados tipos de automóveis, obtenção de permissão para porte de armas, para auxílio em processos judiciais, para diagnóstico de quadros clínicos etc. Cabe ao psicólogo delimitar adequadamente a demanda e traçar o plano de avaliação, considerando todos os aspectos mencionados neste capítulo, tais como as especificidades da fase da vida adulta, as condições socioculturais e ambientais, as variáveis demográficas do examinando, entre outras.

O processo de avaliação pode ser realizado diretamente e unicamente com o examinando, ou introduzindo outros informantes, o que tende a incrementar consideravelmente o nível de informação do caso. Contudo, é importante que o profissional estude a viabilidade e necessidade da inclusão de um novo informante, considerando sempre o contexto e objetivo da avaliação.

É importante que ao final do processo o psicólogo organize as informações de forma compreensiva e redija o documento psicológico resultante da atividade avaliativa. Ao final, o psicólogo deve, apropriadamente, reportar os resultados ao examinando em uma entrevista devolutiva. Neste momento, cabe ao psicólogo apresentar seus achados e certificar, junto ao examinando, se as impressões obtidas estão corretas e condizentes com a vida real. É responsabilidade do psicólogo executar todo o procedimento avaliativo de forma ética. A excelência técnica do psicólogo é fundamental para se garantir um serviço de qualidade. Para tanto, recomenda-se que o profissional se especialize na área e busque sempre se atualizar por meio de cursos e grupos de estudos.

Referências

Abreu, N., Siquara, G., Conceição, A.F.S., Leahy, I., Nikaedo, C. & Abreu, P.M.J.E. (2014). Relação entre inteligência e funções executivas. In: A.G. Seabra., J.A. Laros., E.C. Macedo. & N. Abreu (eds.). *Inteligência e funções executivas: avanços e desafios para a avaliação neuropsicológica* (p. 51-71). São Paulo: Memnon.

Ackerman, P.L. (2013). Assessment of intellectual functioning in adults. In: K.F. Geisinger, B.A. Bracken, J.F. Carlson, J-I.C. Hansen, N.R. Kuncel, S.P. Reise, M.C. Rodriguez (orgs.). *APA handbook of testing and assessment in psychology* – Vol. 2: Testing and assessment in clinical and counseling psychology: APA handbooks in psychology (p. 119-132). Washington, DC, US: American Psychological Association, 605 p.

Bosa, C.A. (2001). As relações entre autismo, comportamento social e função executiva. *Psicologia: Reflexão e Crítica*, 14 (2), 281-287.

Bronfenbrenner, U. (1986). Ecology of the family a context for human development: Research perspectives. *Developmental Psychology*, 32 (6), 723-742.

Bronfenbrenner, U. (1996). *A ecologia do desenvolvimento humano*: Experimentos naturais e planejados (Trad. de M.A.V. Veronese). Porto Alegre: Artes Médicas [Originalmente publicado em 1979].

Bronfenbrenner, U. (2005). The bioecological theory of human development. In: U. Bronfenbrenner (ed.). *Making human beings human*: Bioecological perspectives on human development (p. 3-15). Thousand Oaks, CA: Sage.

Bunchaft, G. (1995). O conceito de projeção e sua relação com os testes projetivos: uma revisão da literatura. *Revista do Círculo Brasileiro de Psicanálise*, 3, 22-27.

Chiodi, M.G. & Wechsler, S.M. (2008). Psychological evaluation: Brazilian contributions. *Boletim – Academia Paulista de Psicologia*, 28 (2), 197-210.

Clarkin, J.F., Hurt, S.W. & Crilly, J.L. (1987). Therapeutic alliance and hospital treatment outcome. *Psychiatric Services*, 38 (8), 871-875.

Coltheart, M. (2004). Brain imaging, connectionism, and cognitive neuropsychology. *Cognitive Neuropsychology*, 21, 21-25.

Coutinho, G., Mattos, P. & Abreu, N. (2010). Atenção. In: L.F. Malloy-Diniz, D. Fuentes; P. Mattos & N. Abreu (orgs.). *Avaliação Neuropsicológica* (p. 86-93). Porto Alegre: Artmed.

Del-Ben, C.M., Vilela, J.A.A., Crippa, J.A.S., Hallak, J.E.C., Labate, C.M. & Zuardi, A.W. (2001). Confiabilidade da "Entrevista Clínica Estruturada para o DSM-IV – Versão Clínica" [Traduzida para o português]. *Revista Brasileira de Psiquiatria*, 22 (3), 156-159.

Fioravanti, M., Carlone, O., Vitale, B., Cinti, M.E., Clare, L. (2005). A Meta-Analysis of Cognitive Deficits in Adults with a Diagnosis of Schizophrenia. *Neuropsychology Review*, 15 (2), 73-95.

First, M.B., Gibbon, M., Spitzer, R.L., Williams, J.B.W. & Benjamin, L.S. (1997). *Structured clinical interview for DSM-IV Axis II personality disorders*. Washington: American Psychiatric Association.

First, M.B., Spitzer, R.L., Gibbon, M.G. & Williams, J.B.W. (1994). *The Structured Clinical Interview for DSM–IV*. Nova York: New York State Psychiatric Institute, Biometrics Research Department.

Freitas, J.O.F. & Aguiar, C.R.R.A. (2012). Avaliação das funções cognitivas de atenção, memória e percepção em pacientes com esclerose múltipla. *Psicologia: Reflexão e Crítica*, 25 (3), 457-466.

Giorgio, A., Santelli, L., Tomassini, V., Bosnell, R., Smith, S., Stefano, N. & Johansen-Berg, H. (2010). Age-related changes in grey and white matter structure throughout adulthood. *NeuroImage*, 51 (3), 943-951.

Goldstein, G. (2000). Comprehensive neuropsychological assessment batteries. In: G. Goldstein & M. Hersen (orgs.). *Assessment of Neuropsychological Functioning, Handbook of Psychological Assessment* (p. 231-262). Elsevier.

Hall, C.S., Lindsey, G. & Campbell, J.B. (2000). *Teorias da personalidade*. 4. ed. Porto Alegre: Artmed.

Happé, F., Booth, R., Charlton, R. & Hughes, C. (2006). Executive function deficits in autism spectrum disorders and attention-deficit/hyperactivity disorder: Examining profiles across domains and ages. *Brain and Cognition*, 61 (1), 25-39.

Harvey, P.O., Le Bastard, G., Pochon, J.B., Levy, R., Allilaire, J.F., Dubois, B. & P. Fossati. (2004). Executive functions and updating of the contents of working memory in unipolar depression. *Journal of Psychiatric Research*, 38 (6), 567-576.

Hervey, A.S., Epstein, J.N. & Curry, J.F. (2004). Neuropsychology of Adults with Attention-Deficit/Hyperactivity Disorder: A Meta-Analytic Review. *Neuropsychology*, 18 (3) 485-503.

Howard, R.C., Huband, N., Duggan, C. & Mannion, A. (2008). Exploring the link between personality disorder and criminality in a community sample. *Journal of Personality Disorders*, 22 (6), 589-603.

Hutteman, R., Hennecke, M., Orth, U., Reitz, A. & Specht, J. (2014). Developmental tasks as a framework to study personality development in adulthood and old age. *European Journal of Personality*, 28, 267-278.

Judge, T.A., Heller, D. & Mount, M.K. (2002). Five-factor model of personality and job satisfaction: a meta-analysis. *Journal of Applied Psychology*, 87 (3), 530-541.

Kernberg, O.F. (1995) *Transtornos graves de personalidade*: estratégias psicoterapêuticas. Porto Alegre: Artes Médicas.

Lezak, M.D. (1995). *Neuropsychological assessment*. Nova York: Oxford University Press.

Li, U., Lindenberger, B., Hommel, G., Aschersleben, W., Prinz, P.B. (2004). Transformations in the couplings among intellectual abilities and constituent cognitive processes across the life span. *Psychological Science*, 15 (3), 155-163.

Lucas, R.E. & Donnellan, M.B. (2011). Personality development across the life span: Longitudinal analyses with a national sample from Germany. *Journal of Personality and Social Psychology*, 101 (4), 847-861.

MacGrath, R.E., Mitchell, M., Kim, B.H. & Hough, L. (2010). Evidence for response Bias as a Source of Error Variance in Applied Assessment. *Psychological Bulletin*, 138 (3), 450-480.

Marques, J.M.A. & Zuardi, A.W. (2008). Validity and applicability of the Mini International Neuropsychiatric Interview administered by family medicine residents in primary health care in Brazil. *General Hospital Psychiatry*, 30 (4), 303-310.

McKay, D.A. & Tokar, D.M. (2012). The HEXACO and five-factor models of personality in relation to RIASEC vocational interests. *Journal of Vocational Behavior*, 81 (2), 138-149.

Melo, N.M.M. & Rangé, B.P. (2010). SCID-II-DSM-IV – Entrevista clínica estruturada para transtornos de personalidade: tradução e utilização na DPA/IP/UFRJ. *Anais da 8ª Mostra de Terapia Cognitivo-Comportamental*. Universidade do Estado do Rio de Janeiro.

Mônego, B.G. & Teodoro, M.L.M. (2011). A teoria triangular do amor de Sternberg e o modelo dos cinco grandes fatores. *Psico-USF*, 16 (1), 97-105.

Montiel, J.M. & Seabra, A.G. (2012). Teste de Trilhas: partes A e B. In: A.G. Seabra & N.M. Dias (orgs.). *Avaliação Neuropsicológica Cognitiva*: atenção e funções executivas (p. 67-100). São Paulo, Memnon.

Nascimento, E. (2000). *Adaptação e validação do teste WAIS-III para um contexto brasileiro* (Tese de doutorado). Brasília: Universidade de Brasília.

Pervin, L.A. & John, O.P. (2004). *Personalidade*: teoria e pesquisa. Porto Alegre: Artmed.

Pinto, E.R. (2014). Conceitos fundamentais dos métodos projetivos. *Ágora*, XVII (1), 135-153.

Prati, L.E., Couto, M.C.P.P., Moura, A., Poletto, M. & Koller, S.H. (2008). Revisando a inserção ecológica: uma proposta de sistematização. *Psicologia: Reflexão & Crítica*, 21 (1), 160-169.

Primi, R. (2010). Avaliação psicológica no Brasil: fundamentos, situação atual e direções para o futuro. *Psicologia: Teoria e Pesquisa*, 26 (n. esp.), 25-35.

Reich, J.H. & Vasile, R.G. (1993). Effect of personality disorders on the treatment outcome of axis I conditions: an update. *The Journal of Nervous and Mental Disease*, 181 (8), 475-484.

Reti, I.M., Samuels, J.F., Eaton, W.W., Bienvenu III, O.J., Costa Jr., P.T. & Nestadt, G. (2002). Influences of parenting on normal personality traits. *Psychiatry Research*, 111 (5), 55-64.

Ribas Jr., R.C., Moura, M.L.S. & Hutz, C.S. (2004). Adaptação brasileira da Escala de Desejabilidade Social de Marlowe-Crowne. *Avaliação Psicológica*, 3 (2), 83-92.

Richardson, M., Abraham, C. & Bond, R. (2012). Psychological correlates of university students' academic performance: a systematic review and meta--analysis. *Psychological Bulletin*, 138 (2), 353-387.

Schlaggar, B.L., Brown, T.T., Lugar, H.M., Visscher, K.M., Miezin, F. M. & Petersen, S.E. (2002). Functional neuroanatomical differences between adults and school-age children in the processing of single words. *Science*, 296 (5.572), p. 1.476-1.479.

Seabra, A.G., Dias, N.M., Berberian, A.A., Assef, E.C.S. & Cozza, H.F. (2012). Teste da Torre de Londres. In: A.G. Seabra & N.M. Dias (orgs.). *Avaliação Neuropsicológica Cognitiva*: atenção e funções executivas (p. 102-112). São Paulo: Memnon.

Sheehan, D.V., Janavs, J., Baker, R., Harnett-Sheehan, K., Knapp, E., Sheehan, M. & Lepine, J.P. (1998). MINI – Mini International Neuropsychiatric Interview-English Version 5.0. 0-DSM-IV. *Journal of Clinical psychiatry*, 59, 34-57.

Specht, J., Egloff, B. & Schmukle, S.C. (2011). Stability and change of personality across the life course: The impact of age and major life events on mean-level and rank-order stability of the Big Five. *Journal of Personality and Social Psychology*, 101 (4), 862-882.

Sternberg, R.J. (2012). Intelligence. *WIREs Cognitive Science*, 3, 501-511.

Tok, S. (2011). The big five personality traits and risky sport participation – Social Behavior and Personality. *An International Journal*, 39 (8), 1.105-1.111.

Tucker-Drob, E.M. (2011). Global and domain--specific changes in cognition throughout adulthood. *Developmental Psychology*, 47 (2), 331-343.

Ulleberg, P. & Rundmo, T. (2003). Personality, attitudes and risk perception as predictors of risk driving behavior among young drivers. *Safety Science*, 41 (5), 427-443.

Villemor-Amaral, A.E. & Pasqualini-Casado, L. (2006). A cientificidade das técnicas projetivas em debate. *Psico-USF*, 11 (2), 185-193.

Wechsler, S.M. (1999). Guia de procedimentos éticos para a avaliação psicológica. In: S.M. Wechsler & R.S.L. Guzzo. (orgs.). *Avaliação psicológica*: perspectiva internacional. São Paulo: Casa do Psicólogo.

21
Avaliação psicológica do idoso: aspectos cognitivos e emocionais

Candice Steffen Holderbaum
Gabriela Peretti Wagner

Introdução

O envelhecimento pode ser entendido como um processo multifatorial, associado a modificações biológicas, psicológicas, funcionais e sociais. A manutenção dos já conhecidos fatores de aumento da expectativa de vida – como um maior acesso a tratamentos de saúde e a diminuição das taxas de mortalidade infantil –, associado à redução das taxas de natalidade, estão promovendo alterações na estrutura demográfica da sociedade. Em outras palavras, o aumento no número de idosos nos países desenvolvidos e em alguns considerados em desenvolvimento é uma realidade para a qual deve-se atentar em termos mundiais. Em se tratando de dados brasileiros, o aumento do número de idosos culminará com quase 20% da população possuindo mais de 60 anos de idade até o ano de 2050 (Nasri, 2008). Outra mudança que exigirá adaptações é a projeção de que dentre estes idosos, pelo menos 30% terão cerca de 80 anos de idade (Carvalho & Wong, 2008).

Dentro desta perspectiva, é fundamental que a sociedade esteja preparada para proporcionar a sua população um envelhecimento saudável, o qual foi definido pela Organização Mundial de Saúde (OMS, 2015) como um processo de envelhecimento baseado no desenvolvimento e manutenção da capacidade funcional. Esta capacidade funcional pode ser entendida como um conjunto de habilidades que permitem que a pessoa seja ou faça aquilo que sua motivação direciona (i. é, pela qual se interessa). Este seria um importante indicador para a sensação de bem-estar nos indivíduos de idade avançada (OMS, 2015).

É nesta busca pela manutenção da funcionalidade e da sensação de bem-estar da população idosa que se faz importante, dentre outras especialidades, o trabalho do psicólogo. Contudo, salienta-se que esse profissional necessita estar habilitado para atender às demandas específicas advindas desta faixa etária. Neste sentido, uma adequada avaliação psicológica (AP) é fundamental para a compreensão dos processos desenvolvimentais ("normais" / esperados) e patológicos, além de permitir os encaminhamentos necessários para um envelhecimento físico e mentalmente saudável.

Sendo assim, o objetivo do presente capítulo é caracterizar AP no idoso, com um enfoque especial nos aspectos cognitivos (investigação de possíveis processos demenciais e sintomas relacionados) e emocionais (investigação de quadros de depressão e de ansiedade). Estes são os principais sintomas e/ou queixas que levam esta população a necessitar da AP. Aliás, frequentemente essas queixas – cognitivas e emocionais – estão associadas. Para isso, serão apresentadas as etapas que envolvem o processo de AP e as técnicas de avaliação (testes, tarefas, escalas, questionários).

Avaliação Psicológica no Idoso (API)

A API apresenta particularidades e especificidades, as quais estão relacionadas às características físicas, psicológicas e sociais desta população. As principais queixas apresentadas pelo idoso e/ou familiar, quando da procura por avaliação psicológica, se referem geralmente a dificuldades cognitivas e a problemas emocionais.

Em se tratando de aspectos cognitivos, geralmente as preocupações se centram nas funções de memória e atenção, especificamente no que diz respeito à diferenciação entre o que é "normal" do envelhecimento e o que é indicativo de quadros demenciais/transtornos cognitivos. Cada vez mais idosos tem procurado serviços de saúde em decorrência de preocupações com a cognição, sendo que essa busca se dá tanto por motivações pessoais quanto por encaminhamento de familiares. Queixas comuns incluem esquecimentos de objetos e compromissos, dificuldades de concentração, bem como perder-se em ambientes conhecidos.

Já em se tratando de aspectos emocionais, geralmente as principais razões de busca por avaliação dizem respeito a queixas que o clínico pode relacionar com quadros de depressão e/ou ansiedade. Estes quadros são relatados como mudança no comportamento, apatia, perda de interesse nas atividades e pessoas, dificuldades no sono, irritabilidade, falta de iniciativa, entre outros.

Aliás, frequentemente as demandas emocionais atravessam as queixas cognitivas, o que faz com que o psicólogo deva escolher formas de investigação que deem conta dessa complexidade de sintomas e queixas. Podem acontecer casos onde os problemas cognitivos e os emocionais aparecem isoladamente assim como, por exemplo, sintomas depressivos como consequência de disfunções frontais. Além disso, quadros de depressão e ansiedade trazem consequências cognitivas como dificuldade de atenção e esquecimentos. Como regra geral, portanto, recomenda-se sempre fazer uma investigação cognitiva completa, acompanhada de uma avaliação de sintomas emocionais a fim de determinar qual aspecto serve de base para as dificuldades do paciente.

A primeira etapa da AP consiste em uma entrevista inicial, combinada com uma anamnese. Na entrevista inicial, o psicólogo clínico deve investigar quais as principais razões do encaminhamento e/ou da busca por atendimento além da história pessoal prévia e atual. O encaminhamento geralmente ocorre em uma das três possibilidades: 1) encaminhamento através de profissional médico, geralmente neurologista, geriatra ou psiquiatra para investigação de transtornos neurocognitivos; 2) solicitação de familiar e/ou responsável devido a mudanças cognitivas ou de humor (geralmente esquecimentos); ou, 3) o idoso busca atendimento por iniciativa própria ao perceber alterações em seu funcionamento cognitivo. Em todos os casos, o psicólogo clínico deve fazer uma descrição detalhada de quando começaram os sintomas e da frequência de ocorrência dos mesmos.

Dentre as informações adquiridas pela anamnese, principalmente na API, é importante fazer questionamentos acerca de antecedentes que podem interferir no funcionamento cognitivo. Destacam-se, por exemplo, doenças sistêmicas (Hipertensão Arterial Sistêmica – HAS, Diabetes, doenças vasculares ou cardíacas), doenças psiquiátricas, escolaridade e ocupação ao longo da vida, consumo de álcool e cigarro, medicações em uso e histórico de doenças diversas na família, inclusive demenciais de natureza degenerativa. Sabe-se, por exemplo, que pacientes que têm histórico de doença de Alzheimer (DA) na família tem um risco aumentado para o desenvolvimento deste tipo de quadro.

Ainda em se tratando de entrevistas iniciais e de anamnese, independente de quem busca atendimento, frequentemente é necessário que um familiar seja consultado no que diz respeito às queixas e/ou busca de atendimento por parte do idoso. Isso é especialmente importante quando há suspeita de doenças demenciais (transtornos neurocognitivos – leve ou maior – Associação Americana de Psicologia, APA, 2013), uma vez que o paciente pode não ser capaz de fornecer informações fidedignas e/ou confiáveis. Salienta-se que, nesses casos, não se trata de má intenção ou má índole do paciente. Ele simplesmente pode estar manifestando os primeiros sinais de um transtorno neurocognitivo, em que frequentemente os sistemas de memória podem estar afetados. Dessa forma, a falta de informações confiáveis não diz respeito à personalidade do idoso, e sim à cognição manifestando prejuízos iniciais. O paciente não está "mentindo" para o clínico; simplesmente ele pode não ter consciência da gravidade dos seus prejuízos.

Outra informação fundamental na API que é obtida na anamnese envolve a funcionalidade (Netto, 2002; Paschoal, 2002). Como já mencionado, a funcionalidade está diretamente relacionada à qualidade de vida. No entanto, além disso, é a funcionalidade do paciente que permite fazer o diagnóstico diferencial entre o envelhecimento normal, o declínio cognitivo leve e quadros demenciais (ou, se utilizada a nomencla-

tura do DSM-5 [APA, 2013], transtornos neurocognitivos – leve ou maior). Este aspecto inclui características de autonomia e de independência. Enquanto a autonomia consiste na capacidade de fazer escolhas e tomar decisões, a independência diz respeito a conseguir executar algo por seus próprios meios (Netto, 2002). Em se tratando de API, é necessário investigar ambos aspectos (Baltes & Lang, 1997; Marsiske, Klum & Baltes, 1997). Porém, tendo em vista que alguns idosos podem sofrer prejuízos motores associados ao envelhecimento, recomenda-se que se preserve 100% da autonomia com o máximo da independência possível, mesmo que essa última não seja completa.

Ressalta-se ainda que o processo de avaliação e a identificação dos resultados não são exclusivos da etapa de aplicação dos instrumentos. Muitas informações do funcionamento cognitivo do paciente são obtidas ainda na anamnese. Exemplos reais de informações adquiridas na anamnese são: o paciente buscar constantemente o apoio do familiar para responder perguntas relativamente simples, como sua idade ou data de nascimento; o paciente chegar ao primeiro encontro mencionando que já conhece o psicólogo; ou o paciente repetir um mesmo assunto já mencionado, como se estivesse falando pela primeira vez ao longo do(s) encontro(s).

Passada a etapa de obtenção de informações com familiares e paciente, da-se início a aplicação dos instrumentos, os quais são planejados de acordo com a demanda identificada. Nesta etapa, alguns cuidados especiais devem ser tomados na avaliação da população idosa. A primeira questão se refere à fadiga com a realização das tarefas. Os idosos, em geral, se cansam mais facilmente que pacientes jovens. Então, manter a avaliação pode prejudicar o seu desempenho final. Por este motivo, é recomendável ficar atento a sinais de fadiga, fazer pequenos intervalos entre uma tarefa e outra e questionar o paciente se ele se sente apto a continuar.

O segundo aspecto diz respeito a possíveis problemas sensoriais e motores que podem vir a interferir no desempenho do paciente nas tarefas propostas. Dificuldades auditivas e visuais não devem ser descartadas mesmo que o paciente esteja fazendo uso de aparelhos de audição e óculos. Muitas vezes, quando questionados, os idosos relatam o fato de a dificuldade não estar 100% resolvida, mencionando, por exemplo que "o óculos está fraco". Da mesma forma, problemas motores, principalmente nos membros superiores podem lentificar ou dificultar a realização de tarefas, especialmente as que são realizadas com lápis e papel. Nesses casos, um baixo desempenho por parte do paciente deve ser analisado com cautela para ver se o resultado limitado é exclusivo ou não das dificuldade motoras.

Aspectos cognitivos na API

Em se tratando da avaliação psicológica cognitiva do paciente idoso, geralmente ela deve contemplar uma varredura das funções cognitivas diversas e seus componentes, incluindo entre outras atenção e concentração, velocidade de processamento, sistemas de memória, funções executivas, linguagem e funções visuoespaciais e práxicas. Para garantir a validade dos resultados, é fundamental que a avaliação seja realizada com rigor científico e conhecimento teórico, utilizando-se prioritariamente os testes analisados e aprovados pelo SATEPSI (Sistema de Avaliação de Testes Psicológicos). A Tabela 1 contém exemplos de alguns testes com normas para avaliação cognitiva de idosos com parecer favorável pelo SATEPSI. Os instrumentos listados na tabela dão conta de uma diversidade de funções cognitivas importantes na API.

Tabela 1 Exemplos de testes aprovados pelo SATEPSI com normas para idosos para avaliação de funções cognitivas

Teste	Principais funções avaliadas	Faixa etária	Referências
Bateria Psicológica para Avaliação da Atenção – BPA.	Atenção concentrada, atenção dividida, atenção alternada.	6 a 82 anos.	Rueda, 2013.
Teste das Trilhas Coloridas – TTC.	Atenção.	18 a 86 anos.	Rabelo, Pacanaro, Rossetti & Leme, 2010.
Figuras Complexas de Rey.	Planejamento, praxia construtiva, memória visual.	5 a 88 anos.	Oliveira & Rigoni, 2010.
Bateria de Avaliação Neuropsicológica Breve – NEUPSILIN.	Atenção, memória, linguagem, funções executivas.	12 a 90 anos.	Fonseca, Salles & Parente, 2009.
Escala de Inteligência Wechsler para Adultos – WAIS-III.	Habilidades intelectuais, compreensão verbal (ICV), organização perceptual (IOP), memória de trabalho (IMO), velocidade de processamento (IVP).	16 a 89 anos.	Wechsler, 2004.

Continua →

Escala Wechsler Abreviada de Inteligência – WASI.	Habilidades intelectuais.	6 a 89 anos.	Trentini, Yates & Heck, 2014.
Teste Pictórico de Memória – TEPIC-M.	Memória visual.	17 a 97 anos.	Rueda & Sisto, 2007.
Teste dos Cinco Dígitos – FDT.	Funções executivas, velocidade de processamento.	6 a 92 anos.	Sedó, Paula & Malloy-Diniz, 2015.
Teste Wisconsin de Classificação de Cartas – versão para idosos.	Funções executivas (raciocínio e flexibilidade mental).	60 a 89 anos.	Trentini, Oliveira, Argimon & Werlang (2010).
Memória Visual de Rostos – MVR.	Memória visual.	18 a 80 anos.	Leme, Rossetti, Pacanaro & Rabelo, 2011.

Destaca-se que a Tabela 1 não incluiu outros instrumentos de avaliação da inteligência para além do WAIS-III (Escala de Inteligência Wechsler para Adultos – Wechsler, 2004), uma vez que raramente o cerne da avaliação psicológica de um idoso é um questionamento a respeito de sua inteligência. Além disso, as Escalas Wechsler permitem uma avaliação de processos cognitivos diversos, o que é diferente das tradicionais medidas do Fator g. Recomenda-se a utilização tanto da WAIS-III (Wechsler, 2004) quanto da WASI (Escala Wechsler Abreviada de Inteligência – Trentini, Yates & Heck, 2014). A versão completa (WAIS-III – Wechsler, 2004) certamente oferece um panorama mais detalhado dos processos intelectuais do idoso. Porém, se for necessária uma avaliação mais breve das habilidades intelectuais, é possível utilizar a WASI (Trentini et al., 2014).

Outra questão importante que pode surgir ao longo da API é a necessidade da utilização de tarefas neuropsicológicas que complementem os testes, as quais devem ser aplicadas e interpretadas com cautela, visto que não foram analisadas pelo SATEPSI. A utilização destas tarefas, se faz necessária quando o teste não avalia suficientemente determinada função cognitiva, mas não substitui a aplicação dos instrumentos devidamente validados. Ainda mais cuidado deve ser tomado na aplicação, correção e interpretação destas tarefas, tendo em vista que, mesmo que sejam internacionalmente reconhecidas, as normas para população brasileira não foram analisadas pelo SATEPSI.

Em se tratando de avaliação dos sistemas de memória, por exemplo, o chamado paradigma que é padrão-ouro internacional na avaliação psicológica no envelhecimento consiste em tarefas de aprendizado de listas de palavras. Estas tarefas avaliam o sistema de memória explícito episódico, um dos que sofre o efeito da idade mais cedo. Exemplos desse paradigma consistem no RAVLT (Teste de Aprendizado Auditivo Verbal de Rey – Cotta et al., 2011; Magalhães, Malloy-Diniz & Hamdan, 2012; Malloy-Diniz, Cruz, Torres & Cosenza, 2000; Malloy-Diniz, Lasmar, Gazinelli, Fuentes & Salgado, 2007; Paula et al., 2012) e no CVLT (*California Verbal Learning Test*, Delis et al., 1991), entre outros. Há uma série de estudos apontando que a medida mais sensível na identificação e no acompanhamento de quadros sugestivos de transtorno neurocognitivo leve e maior (APA, 2013) consiste no paradigma do aprendizado de lista de palavras. Porém, no Brasil, não há teste psicológico com parecer favorável pelo SATEPSI que contemple esse paradigma. O Instrumento de Avaliação Neuropsicológica Breve NEUPSILIN (Fonseca,

Salles & Parente, 2009; Pawlowski, Fonseca, Salles, Parente & Bandeira, 2008; Pawlowski et al., 2014) contém uma tarefa próxima, de lista de palavras, mas esta não envolve aprendizado. Dessa forma, para uma avaliação que segue o rigor internacional em termos de paradigma, o psicólogo clínico precisa fazer uso de instrumentos não avaliados pelo SATEPSI, como é o caso do RAVLT (Cotta et al., 2011; Magalhães et al., 2012; Malloy-Diniz et al., 2000, 2007; Paula et al., 2012), que possui normas brasileiras.

A API "tradicional" contribui e muito para a identificação e mensuração das dificuldades dos idosos. Contudo, conforme mencionado anteriormente, infelizmente ela não contempla a diversidade de sintomas e dificuldades potencialmente apresentadas por esses pacientes. Por essa razão, se faz necessária a utilização de instrumentos tradicionalmente neuropsicológicos, os quais não foram avaliados pelo SATEPSI. Alguns desses paradigmas clássicos podem ser visualizados na Tabela 2 e contêm normas para a população brasileira, todas publicadas na forma de artigos. Destaca-se ainda que, ao contrário dos testes apontados na Tabela 1, que são exclusivos ao uso de psicólogos, as tarefas da Tabela 2 não são, no presente momento, de uso exclusivo do psicólogo, podendo ser utilizadas por outros profissionais com o conhecimento/formação em neuropsicologia.

Tabela 2 Exemplos de tarefas neuropsicológicas com normas brasileiras para idosos

Tarefa	Principais funções avaliadas	Faixa etária	Referência das normas brasileiras
Token Test.	Compreensão verbal.	60 a 89 anos.	Moreira et al., 2011.
Teste de Nomeação de Boston (BNT).	Nomeação (expressão).	28 a 70 anos.	Mansur, Radanovic, Araújo, Taquemori & Greco, 2006; Miotto, Sato, Lucia, Camargo & Scaff, 2010.
Rey Auditory Verbal Learning Test (RAVLT).	Memória episódica verbal.	60 a 89 anos.	Cotta et al., 2011; Magalhães et al., 2012; Malloy-Diniz et al., 2000; Malloy-Diniz et al., 2007; Paula et al., 2012.
Fluência verbal fonêmica/ortográfica (FAS).	Fluência verbal.	Mais de 60 anos.	Machado et al., 2009; Moraes et al., 2013.
Fluência por categoria semântica (animais).	Fluência verbal.	Mais de 60 anos.	Brucki & Rocha, 2004; Charchat-Fichman et al., 2009.
Trail Making Test (TMT).	Atenção, flexibilidade cognitiva.	18 a 81 anos.	Hamdan & Hamdan, 2009.
Bateria de Avaliação Frontal (FAB).	Funções executivas.	60 a mais de 80 anos.	Paula et al., 2013.
Stroop Test	Inibição.	18 a mais de 70 anos.	Campanholo et al., 2014.
Torre de Londres.	Funções executivas.	60 a mais de 80 anos.	Paula et al., 2012.

Especificamente em se tratando das funções cognitivas das quais os idosos mais se queixam, conforme foi dito anteriormente, estas envolvem processos atencionais, mnemônicos e de velocidade de processamento, bem como linguagem e funções executivas. Em relação às funções atencionais e de velocidade de processamento, especificamente, os idosos se queixam de lentidação para processar informações, dificuldades de concentração e/ou tendência à distratibilidade. Se o profissional optar por um instrumento avaliado e com parecer favorável pelo SATEPSI, ele pode utilizar instrumentos como o Teste das Trilhas Coloridas (TTC), a Bateria Psicológica para Avaliação da Atenção (BPA) ou o Teste dos Cinco Dígitos (FDT), por exemplo. Os testes Atenção Concentrada (AC) e D2, amplamente utilizados na avaliação psicológica de adultos, não têm normas para pacientes idosos. Além destes, para uma avaliação mais funcional, é possível utilizar algumas das tarefas do NEUPSILIN (Fonseca et al., 2009; Pawlowski et al., 2008; Pawlowski et al., 2014), bem como alguns subtestes do WAIS (como Span de Dígitos e Sequência de Números e Letras, para atenção e concentração, e Códigos, para velocidade de processamento).

Em relação às queixas de memória, estas costumam ser relacionadas à perda de objetos e à dificuldade de armazenar informações e mantê-las ao longo do tempo. Dos instrumentos aprovados pelo SATEPSI, sugere-se a utilização do Teste Pictórico de Memória (TEPIC M) e do Memória Visual de Rostos (MVR), bem como de algumas tarefas do NEUPSILIN (Fonseca et al., 2009; Pawlowski et al., 2008, 2014). Contudo, tais instrumentos não contemplam todos os tipos de memória. Recomenda-se fortemente a utilização de um teste de aprendizado de lista de palavras, como o RAVLT (Tabela 2), que tem normas para a população idosa brasileira. Este instrumento tem sido bastante utilizado no acompanhamento de pacientes com Comprometimento Cognitivo Leve (CCL) e sintomas demenciais. Para uma revisão sobre o CCL e demências, sugere-se consultar alguns textos como os de Albert et al. (2011), Kelley e Petersen (2009), McKhann et al. (2011) e Sperling et al. (2011). Utilizando a nomenclatura do DSM-5, a utilização desse paradigma permite o acompanhamento do Transtorno Neurocognitivo Leve e do Transtorno Neurocognitivo Maior (APA, 2013).

No que diz respeito à linguagem, se faz necessário avaliar habilidades tanto de compreensão quanto de expressão. Em relação à compreensão, a tarefa mais frequentemente utilizada é o *Token Test* (Moreira et al., 2011). Através dele, é possível saber se o paciente idoso compreende comandos simples, uma vez que ele é instruído a apontar figuras geométricas ou executar movimentos com essas figuras.

Já em relação à expressão, a tarefa mais frequentemente utilizada é o Teste de Nomeação de Boston (Mansur, Radanovic, Araújo, Taquemori & Greco, 2006; Miotto, Sato, Lucia, Camargo & Scaff, 2010). Este instrumento avalia especificamente a habilidade de nomeação, um dos componentes da linguagem expressiva. O idoso é convidado a nomear uma série de figuras impressas em cartões. Salienta-se que dificuldades nessa tarefa são bastante comuns em idosos sem prejuízos cognitivos, visto que eles frequentemente usam alternativas para descrever as figuras, ao invés de nomeá-las. Essa dificuldade fica ainda mais frequente e severa em pacientes com prejuízos sugestivos de transtorno neurocognitivo maior (APA, 2013).

Por fim, outras tarefas que incluem habilidades de expressão são as de fluência verbal, tanto fonêmica (Machado et al., 2009; Moraes et al., 2013) quanto por categoria semântica (Brucki & Rocha, 2004; Charchat-Fichman et al., 2009). Ressalta-se que esses instrumentos mencionados não consistem em testes psicológicos avaliados pelo SATEPSI, mas todos são amplamente utilizados no contexto nacional e internacional. No Brasil, as normas para utilização desses instrumentos estão publicadas na forma de artigos (Brucki & Rocha, 2004; Charchat-Fichman et al., 2009; Machado et al., 2009; Mansur et al., 2006; Mioto et al., 2010; Moraes et al., 2013; Moreira et al., 2011).

Como alternativas para avaliação das habilidades de compreensão e expressão verbal, em termos de instrumentos avaliados pelo SATEPSI, incluem os subtestes de Compreensão e de Vocabulário do WAIS-III (Wechsler, 2004). Apesar de esses instrumentos não apresentarem normas próprias para interpretação isoladamente, eles fornecem indícios clínicos das habilidades comunicativas dos pacientes idosos. Além dos subtestes de Compreensão e de Vocabulário do WAIS-III (Wechsler, 2004), sugere-se também a utilização das tarefas de linguagem oral e escrita do Instrumento de Avaliação Neuropsicológica Breve NEUPSILIN (Fonseca et al., 2009; Pawlowski et al., 2008, 2014). Apesar de este ser um instrumento breve, que faz triagem de prejuízos/sintomas cognitivos, ele consiste em um dos testes mais completos que pode ser utilizado por psicólogos em termos de avaliação de funções linguísticas.

Por fim, em relação às funções executivas, estas consistem em um conjunto bastante complexo de funções, com várias definições possíveis. Para uma revisão acerca de aspectos conceituais relativos às funções executivas, recomenda-se consultar o texto de Jurado e Rosselli (2007).

Porém, sabe-se que idosos podem ter sintomas relativos à falta de iniciativa, rigidez de pensamento e falta de flexibilidade, bem como limitações de planejamento e de controle inibitório. Em relação à falta de iniciativa, sugere-se tarefas como a fluência verbal fonêmica (Machado et al., 2009; Moraes et al., 2013) e/ou por categoria semântica (Brucki & Rocha, 2004; Charchat-Fichman et al., 2009). Em relação à rigidez de pensamento e à falta de flexibilidade mental, o instrumento considerado padrão-ouro é o Teste Wisconsin de Classificação de Cartas (Trentini, Oliveira, Argimon & Werlang, 2010).

No que diz respeito às dificuldades de planejamento, recomenda-se a avaliação através da Torre de Londres (Paula et al., 2012). Por fim, para avaliação das dificuldades de controle inibitório, sugere-se a utilização do Stroop (Campanholo et al., 2014) e do *Trail Making Test* (Hamdan & Hamdan, 2009). Além destes instrumentos, sugere-se ainda a utilização da FAB (*Frontal Assessment Battery* – Paula et al., 2013). Esta escala é composta de seis tarefas rápidas que avaliam e identificam disfunções executivas mais graves, isto é, comuns em quadros de transtorno neurocognitivo maior. Pacientes com prejuízos cognitivos leves, patológicos ou não, frequentemente apresentam um desempenho normal nessa escala. Dos instrumentos para avaliação de funções executivas mencionados aqui e utilizados internacionalmente, o único que tem normas brasileiras aprovadas pelo SATEPSI é o Teste Wisconsin de Classificação de Cartas (Trentini et al., 2010).

Aspectos emocionais na API

Acompanhando as queixas cognitivas mencionadas acima, o outro fator que leva muitos idosos a necessitar de uma avaliação psicológica corresponde a problemas emocionais e mudanças de comportamento associados a transtornos psiquiátricos. Dentre os sintomas comumente presentes nesta população estão a depressão e a ansiedade.

No que se refere à depressão, esta pode ser entendida como um distúrbio da área afetiva ou do humor, que envolve aspectos biológicos, psicológicos e sociais. Frequente em idosos, a depressão pode ser subdiagnosticada nesta população devido ao diferente perfil de sintomas que pode não fechar o diagnóstico tradicional de depressão maior exposto pelo DSM-V. De acordo com Nicolato e Alvarenga (2013), os quadros depressivos em idosos seriam mais comuns como distimia e depressão menor (mesmo conceito da depressão maior, mas fechando diagnóstico com menos de cinco critérios preenchidos).

Dessa forma, as queixas desta faixa etária, diferentemente da tristeza encontrada nos jovens, seriam mais caracterizadas pela apatia e por uma perda de interesse pelas atividades habituais (Santos, 1997) bem como por dores, preocupações excessivas, queixas de memória e ansiedade (Gallo & Rabins, 1999). Portanto, uma vez que lida-se com sintomas diferentes, é recomendável cautela na utilização de instrumentos destinados ao diagnóstico da depressão na população geral e preferência pela utilização daqueles específicos à população geriátrica. A Tabela 3 apresenta alguns dos instrumentos disponíveis para a avaliação da depressão nos idosos.

Além da depressão, quadros de ansiedade também são bastante frequentes nos idosos, com sintomas característicos de insônia, insegurança, dificuldades de concentração e incapacidade de relaxar. Esses sentimentos, muitas vezes, são exacerbados pela perda de familiares e amigos bem como pela sensação de que seu corpo e sua mente já não funcionam da maneira como funcionavam anteriormente. Podendo assumir uma configuração de Transtorno de Ansiedade Generalizada, é comumente encontrado em comorbidade com quadros depressivos (Oliveira, Santos, Cruvinel & Néri, 2006) e pode passar despercebida na ausência de um olhar mais cuidadoso. Para o adequado tratamento da condição, é fundamental a identificação do quadro, o que pode ser feito através dos instrumentos descritos para tal na Tabela 3.

Tabela 3 Instrumentos para avaliação de aspectos emocionais de idosos

Instrumento	O que avalia	Específico para idosos	Exclusivo para psicólogos	Referência
Escala de Depressão Geriátrica – GDS.	Depressão	Sim	Não	Sheikh & Yesavage, 1986.
Escala de avaliação de depressão de Hamilton (HAM-D).	Depressão	Não	Não	Freire et al., 2014.
Escala Beck de Depressão – BDI.	Depressão	Não	Sim	Cunha, 2001.
Inventário Beck de Depressão II – BDI II.	Depressão	Não	Sim	Gorestein, Pang, Argimon & Werlang, 2010.
Escala Beck de Ansiedade – BAI.	Ansiedade	Não	Sim	Cunha, 2001.
Escala de ansiedade de Hamilton – HAM-A.	Ansiedade	Não	Não	Kummer, Cardoso & Teixeira, 2010.
Inventário de Ansiedade Geriátrica – GAI.	Ansiedade	Sim	Não	Martiny, Silva, Nardi & Pachana, 2011.

Conclusão

Uma adequada API vem se mostrando cada vez mais importante, tanto para a manutenção e/ou promoção da qualidade de vida dos idosos quanto para a sociedade como um todo, tendo em vista o crescente aumento desta parcela da população. Para isso é necessário o conhecimento a respeito das principais dificuldades enfrentadas pelos idosos bem como das especificidades que abrangem a avaliação psicológica nestas situações.

Atualmente, as maiores demandas da API se referem a dificuldades cognitivas, mais especificamente dificuldades de atenção/concentração, esquecimentos e lentificação no processamento de informações; e a problemas emocionais relacionados a quadros de depressão e ansiedade. A avaliação destas demandas é feita através de uma boa entrevista com o paciente e familiar/responsável, a observação clínica do idoso e a aplicação de testes, tarefas, questionários, escalas e inventários.

Cabe ao psicólogo responsável pela avaliação o conhecimento a respeito das especificidades desta população, dos instrumentos indicados para o caso (o que avaliam, formas de aplicação, correção e interpretação dos resultados) bem como das patologias que podem vir a se manifestar (quadros demenciais, vasculares ou psiquiátricos). Ainda, deve-se dar prioridade à aplicação de instrumentos aprovados pelo SATEPSI, uma vez que com isso garante-se um rigor científico para determinação das normas de correção e interpretação.

Os resultados da avaliação fornecem informações importantes para a manutenção da qualidade de vida e do bem-estar do paciente. Encaminhamentos frequentes ao final da API podem envolver outros profissionais (neurologista, psiquiatra, terapeuta ocupacional, entre outros), acompanhamento psicológico, reabilitação neuropsicológica e até mesmo atividades como exercícios físicos orientados, atividades sociais e de lazer as quais comprovadamente têm importante papel na preservação do funcionamento cognitivo e na melhora dos sintomas de humor.

Referências

Albert, M.S., DeKosky, S.T., Dickson, D., Dubois, B., Feldman, H.H., Fox, N.C. et al. (2011). The diagnosis of mild cognitive impairment due to Alzheimer's disease: Recommendations from the National Institute on Aging-Alzheimer's Association workgroups on diagnostic guidelines for Alzheimer's disease. *Alzheimer's & Dementia*, 7 (3), 270-279.

American Psychiatric Association [APA] (2013). *Diagnostic and statistical manual of mental disorders (DSM-5)*. Washington, DC: American Psychiatric Association.

Baltes, M.M. & Lang, F.R. (1997). Everyday functioning ans successful aging: The impact of resources. *Psychology and Aging*, 12 (3), 433-443.

Brucki, S.M.D. & Rocha, M.S.G. (2004). Category fluency test: effects of age, gender and education on total scores, clustering and switching in Brazilian Portuguese-speaking subjects. *Brazilian Journal of Medical and Biological Research*, 37, p. 1.771-1.777.

Campanholo, K.R., Romão, M.A., Machado, M.D.A.R., Serrao, V.T., Coutinho, D.G.C., Benute, G.R.G. & de Lucia, M.C.S. (2014). Performance of an adult Brazilian sample on the Trail Making Test and Stroop Test. *Dementia & Neuropsychologia*, 8 (1), 26-31.

Carvalho, J.A.M. & Wong, L.I.R. (2008). A transição da estrutura etária da população brasileira na primeira metade do século XXI. *Cadernos de Saúde Pública*, 24 (3), 597-605.

Charchat-Fichman, H., Fernandes, C.S., Nitrini, R., Lourenço, R.A., Paradela, E.M.P., Carthery-Goulart, M.T. & Caramelli, P. (2009). Age and educational level effects on the performance of normal elderly on category fluency tests. *Dementia & Neuropsychologia*, 3 (1), 49-54.

Cotta, M.F., Malloy-Diniz, L.F., Rocha, F.L., Bicalho, M.A.C., Nicolato, R., Moraes, E.N. & Paula, J.J. (2011). Validade Discriminante do Teste de Aprendizagem Auditivo-Verbal de Rey: Comparação entre idosos normais e idosos na fase inicial da Doença de Alzheimer. *Jornal Brasileiro de Psiquiatria*, 60 (4), 253-258.

Cunha, J.A. (2001) *Manual da versão em português das Escalas Beck*. São Paulo: Casa do Psicólogo.

Delis, D.C., Massman, P.J., Butters, N., Salmon, D.P., Cermak, L.S. & Kramer, J.H. (1991). Profiles of demented and amnesic patients on the California Verbal Learning Test: Implications for the assessment of memory disorders. *Psychological Assessment*, 3 (1), 19-26.

Fonseca, R.P., Salles, J.F. & Parente, M.A.M.P. (2009). *Instrumento de Avaliação Neuropsicológica Breve – NEUPSILIN*. São Paulo: Vetor.

Freire, M.A, Figueiredo, V.L.M., Gomide, A., Jansen, K., Silva, R.A., Magalhães, P.V.S. & Kapczinski, F.P. (2014). Escala Hamilton: estudo das características psicométricas em uma amostra do sul do Brasil. *Jornal Brasileiro de Psiquiatria*, 63 (4), 281-289.

Gallo, J.J. & Rabins, P.V. (1999). Depression without sadness: alternative presentations of depression in late life. *American Family Physician*, 60 (3), 820-826.

Gorestein, C., Pang, W.Y., Argimon, I.L. & Werlang, B.S.G. (2010). *Manual do Inventário de Depressão de Beck – BDI II*. São Paulo: Casa do Psicólogo.

Hamdan, A.C. & Hamdan, E.M.L. (2009). Effects of age and education level on the Trail Making Test in a healthy Brazilian sample. *Psychology & Neuroscience*, 2 (2), 199-203.

Jurado, M.B. & Rosselli, M. (2007). The elusive nature of executive functions: a review of our current

understanding. *Neuropsychology Review*, 17 (3), 213-233.

Kelley, B.J. & Petersen, R.C. (2009). Mild Cognitive Impairment. In: B.L. Miller & B.F. Boeve (eds.). *The Behavioral Neurology of Dementia* (p. 172-187). Cambridge: Cambridge University Press.

Kummer, A., Cardoso, F. & Teixeira, A.L. (2010). Generalized anxiety disorder and the Hamilton Anxiety Rating Scale in Parkinson's disease. *Arquivos de Neuropsiquiatria*, 68 (4), 495-501.

Leme, I.F.A.S., Rossetti, M.O., Pacanaro, S.V. & Rabelo, I.S. (2011). *Teste de Memória Visual de Rostos – MVR*. São Paulo: Casa do Psicólogo.

Machado, T.H., Charchat Fichman, H., Santos, E.L., Koenig, A.M., Carvalho, V.A., Fernandes, C.S., Paradela, E.M.P., Fialho, P.P., Lourenço, R.A. & Caramelli, P. (2009). Normative data for healthy elderly on the phonemic verbal fluency task – FAS. *Dementia & Neuropsychologia*, 3 (1), 55-60.

Magalhães, S.S., Malloy-Diniz, L.F. & Hamdan, A.C. (2012). Validity convergent and reliability test-retest of the Rey Auditory Verbal Learning Test. *Clinical Neuropsychiatry*, 9 (3), 129-137.

Malloy-Diniz, L.F., Cruz, M.F., Torres, V.M. & Cosenza, R.M. (2000). O Teste de Aprendizagem Auditivo-Verbal de Rey: normas para uma população brasileira. *Revista Brasileira de Neurologia*, 36 (3), 79-83.

Malloy-Diniz, L.F., Lasmar, V.A.P., Gazinelli, L.S.R., Fuentes, D. & Salgado, J.V. (2007). The Rey Auditory-Verbal Learning Test: applicability for the Brazilian elderly population. *Revista Brasileira de Psiquiatria*, 29 (4), 324-329.

Mansur, L.L., Radanovic, M., Araújo, G.C., Taquemori, L.Y. & Greco, L.L. (2006). Boston naming test: Performance of Brazilian population from São Paulo. *Pró-Fono – Revista de Atualização Científica*, 18 (1), 13-20.

Marsiske, M., Klum, P. & Baltes, M. (1997). Everyday activity patterns and sensory functioning in old age. *Psychology and Aging*, 12 (3), 444-457.

Martiny, C., Silva, A.C.O., Nardi, A.E. & Pachana, N.A. (2011). Tradução e adaptação transcultural da versão brasileira do Inventário de Ansiedade Geriátrica (GAI). *Revista de Psiquiatria Clínica*, 38 (1), 8-12.

McKhann, G.M., Knopman, D.S., Chertkow, H., Hyman, B.T., Jack, C.R., Kawas, C.H. et al. (2011). The diagnosis of dementia due to Alzheimer's disease: Recommendations from the National Institute on Aging–Alzheimer's Association workgroups on diagnostic guidelines for Alzheimer's disease. *Alzheimer's & Dementia*, 7 (3), 263-269.

Mioshi, E., Dawson, K., Mitchell, J., Arnold, R. & Hodges, J.R. (2006). The Addenbrooke's Cognitive Examination Revised (ACE-R): a brief cognitive test battery for dementia screening. *International Journal of Geriatric Psychiatry*, 21, 1.078-1.085.

Miotto, E.C., Sato, J., Lucia, M.C.S., Camargo, C.H.P. & Scaff, M. (2010). Development of an adapted version of the Boston Naming Test for Portuguese speakers. *Revista Brasileira de Psiquiatria*, 32 (3), 279-282.

Moraes, A.L., Guimarães, L.S.P., Joanette, Y., Parente, M.A.M.P., Fonseca, R.P. & Almeida, R.M.M. (2013). Effect of aging, education, reading and writing, semantic processing and depression symptoms on verbal fluency. *Psicologia: Reflexão e Crítica*, 26 (4), 680-690.

Moreira, L., Schlottfeldt, C.G., De Paula, J.J., Daniel, M.T., Paiva, A., Cazita, V., Coutinho, G., Salgado, J.V. & Malloy-Diniz, L.F. (2011). Estudo normativo do Token Test versão reduzida: dados preliminares para uma população de idosos brasileiros. *Revista de Psiquiatria Clínica*, 38 (3), 97-101.

Nasri, F. (2008). O envelhecimento populacional no Brasil. *Einstein*, 6 (supl. 1), S4-S6.

Netto, M.P. (2002). O estudo da velhice no século XX: histórico, definição do campo e termos básicos. In: E.V. Freitas, L. Py, F.A.X. Cançado, J. Doll & M.L. Gorzoni (eds.). *Tratado de geriatria e gerontologia* (p. 2-12). Rio de Janeiro: Guanabara-Koogan.

Nicolato, R. & Alvarenga, J. (2013). Saúde mental e envelhecimento. In: L.F. Malloy-Diniz, D. Fuentes & R. Consenza (eds.). *Neuropsicologia do envelhecimento:* uma abordagem multidimensional (p. 115-127). Porto Alegre: Artmed.

Oliveira, K.L., Santos, A.A.A., Cruvinel, M. & Néri, A.L. (2006). Relação entre ansiedade, depressão e desesperança entre grupos de idosos. *Psicologia em Estudo*, 11 (2), 351s.

Oliveira, M.S. & Rigoni, M.S. (2010). *Figuras complexas de Rey* – Teste de cópia e de reprodução de memória de figuras geométricas complexas. São Paulo: Casa do Psicólogo.

Paschoal, S.M.P. (2002). Qualidade de vida na velhice. In: E.V. Freitas, L. Py, F.A.X. Cançado, J. Doll & M.L. Gorzoni. (eds.). *Tratado de geriatria e gerontologia* (p. 79-84). Rio de Janeiro: Guanabara-Koogan.

Paula, J.J., Melo, L.P.C., Nicolato, R., Moraes, E.N., Bicalho, M.A. & Malloy-Diniz, L.F. (2012). Fidedignidade e validade de construto do Teste de Aprendizagem Auditivo-Verbal de Rey em idosos brasileiros. *Revista de Psiquiatria Clínica*, 39 (1), 19-23.

Paula, J.J., Moura, S.M., Bocardi, M.B., Moraes, E.N., Malloy-Diniz, L.F. & Haase, V.G. (2013). Screening for executive dysfunction with the Frontal Assessment Battery: psychometric properties analysis and representative normative data for Brazilian older adults. *Psicologia em Pesquisa*, 7 (1), 89-98.

Paula, J.J., Neves, F., Levy, A., Nassif, E. & Malloy-Diniz, L.F. (2012). Assessing planning skills and executive functions in the elderly: preliminary normative data for the Tower of London Test. *Arquivos de Neuropsiquiatria*, 70 (10), 828-830.

Pawlowski, J., Fonseca, R.P., Salles, J.F., Parente, M.A.M.P. & Bandeira, D.R. (2008). Evidências de validade do Instrumento de Avaliação Neuropsicológica Breve – NEUPSILIN. *Arquivos Brasileiros de Psicologia*, 60, 101-116.

Pawlowski, J., Remor, E., Salles, J.F., Parente, M.A.M.P., Fonseca, R.P. & Bandeira, D.R. (2014). Evidências de validade de construto do NEUPSILIN utilizando análise fatorial confirmatória. *Actualidades en Psicología*, 28, 37-52.

Rabelo, I., Pacanaro, S., Rossetti, M. & Leme, I. (2010). *Teste das Trilhas Coloridas* – Manual. São Paulo: Casa do Psicólogo/Pearson.

Rueda, F.J.M. (2013). *Bateria Psicológica para Avaliação da Atenção* – BPA. São Paulo: Vetor.

Rueda, F.J.M. & Sisto, F.F. (2007). *Teste Pictórico de Memória (TEPIC-M)* – Manual. São Paulo: Vetor.

Santos, S.S.C. (1997). *O cuidar da pessoa idosa no âmbito domiciliar: uma relação de ajuda entre a enfermeira e a pessoa idosa no âmbito domiciliar* (Dissertação de mestrado). João Pessoa: Universidade Federal da Paraíba.

Sedó, M., Paula, J.J. & Malloy-Diniz, L.F. (2015). *FDT: Teste dos Cinco Dígitos* – Manual. São Paulo: CETEPP.

Sheikh, J. & Yesavage, J.A. (1986). Geriatric Depression Scale (GDS): Recent evidence and development of a shorter version. *Clinical Gerontologist*: The Journal of Aging and Mental Health, 5 (1-2), 165-173.

Sperling, R.A., Aisen, P.S., Beckett, L.A., Bennett, D.A., Craft, S., Fagan, A.M. et al. (2011). Toward defining the preclinical stages of Alzheimer's disease: Recommendations from the National Institute on Aging-Alzheimer's Association workgroups on diagnostic guidelines for Alzheimer's disease. *Alzheimer's & Dementia*, 7 (3), 280-292.

Trentini, C.M., Argimon, I.I.L., Oliveira, M.S. & Werlang, B.G. (org.). (2010). *Teste Wisconsin de Classificação de Cartas*: versão para idosos. São Paulo: Casa do Psicólogo.

Trentini, C.M., Yates, D.B. & Heck, V.S. (2014). *Escala Wechsler Abreviada de Inteligência: WASI* – Manual. São Paulo: Casa do Psicólogo.

Wechsler, D. (2004). *WAIS-III* – Manual para administração e avaliação. São Paulo: Casa do Psicólogo.

World Health Organization (2015). *World report on ageing and health* [Disponível em ://apps.who.int/iris/bitstream/10665/186463/1/9789240694811_eng.pdf?ua=1 – Acesso em 25/01/2016].

22
Avaliação cognitiva de pessoas com deficiência visual

Manuela Ramos Caldas Lins
Bartholomeu Tôrres Tróccoli
Luiz Pasquali

De acordo com a Organização Mundial de Saúde (OMS, 2014) existem cerca de 285 milhões de pessoas com deficiência visual (DV) em todo o mundo. No Brasil, segundo o Instituto Brasileiro de Geografia e Estatística – IBGE (2011), mais de 18% da população pode ter algum grau de dificuldade visual. Em 2010, aproximadamente 506 mil brasileiros afirmaram ser incapazes de enxergar, seis milhões disseram ter grande dificuldade para enxergar e 29 milhões relataram alguma dificuldade para enxergar.

São considerados deficientes visuais tanto as pessoas cegas como as com baixa visão (ou visão subnormal). Os indivíduos cegos são aqueles que possuem a visão nula ou diminuída a ponto de incapacitá-los para o exercício da maioria das tarefas diárias (Cunha & Fiorim, 2003; Cunha, Enumo & Canal, 2011). A cegueira configura-se então como "uma alteração grave ou total de uma ou mais funções elementares da visão que afeta de modo irremediável a capacidade de perceber cor, tamanho, distância, forma, posição ou movimento em um campo mais ou menos abrangente" (Sá, Campos & Silva, 2007, p. 15). Pode ocorrer desde o nascimento (cegueira congênita) ou posteriormente (cegueira adquirida) em decorrência de causas orgânicas ou acidentais.

Indivíduos com baixa visão, por sua vez, são aqueles que têm dificuldade para executar tarefas visuais sem a prescrição de lentes corretivas, mas que podem aumentar suas habilidades, desde que sejam utilizadas estratégias visuais compensatórias ou feitas modificações no ambiente (Cunha & Fiorim, 2003; Cunha, Enumo & Canal, 2011). Para Sá et al. (2007) a baixa visão pode ser definida como redução da quantidade de informações que o sujeito recebe do ambiente e varia conforme a intensidade dos comprometimentos. Já para Cunha et al. (2011) a baixa visão pode ser dividida em baixa visão moderada, baixa visão severa e baixa visão profunda, indicando que dentro do mesmo grupo tem-se graus diferentes de comprometimento, permitindo que a criança com baixa visão ora se aproxime mais da criança cega, ora da criança vidente. Ou seja, entre o grupo dos cegos e os de baixa visão existe uma variação de perdas que se caracteriza por diferentes graus de acuidade visual, que podem representar uma perda desde a percepção de luz até o limiar de normalidade (Gil, 2009; Miranda, 2008).

As pessoas cegas e com baixa visão experienciam o mundo diferentemente daquelas que enxergam de forma plena e por isso precisam ser mais estimuladas tanto no campo afetivo como cognitivo, de modo a garantir a aquisição das habilidades concernentes à sua faixa etária.

Quando comparadas às crianças videntes, as deficientes visuais mostram atrasos em seu desenvolvimento, pois elas vivem em um mundo onde a visão é o sentido mais valorizado e estimulado, o que torna mais difícil o acesso às informações disponíveis e faz com que o ritmo de desenvolvimento e aprendizagem seja alterado (França-Freitas & Gil, 2012). Segundo Amiralian (1997) crianças com deficiência visual demoram mais para firmar o pescoço, para engatinhar e andar, têm mais dificuldade para localizar pessoas e objetos, para reconhecer emoções e desenvolver suas habilidades sociais, para aprender conceitos como o de conservação e permanência do objeto. Isto acontece porque elas não podem contar com a exploração visual, perdendo a continuidade com o ambiente e sendo privadas dos contínuos *feedbacks* fornecidos pelo meio. Apesar de elas contarem com o tato e a audição, sem a integração que a visão proporciona, as habilidades de exploração ficam prejudicadas. Sem as informações advindas da visão, essas crianças perdem dados importantes e por isso precisam ser mais estimuladas do que as crianças videntes para conseguir se equiparar em termos de desenvolvimento. Precisam usar meios não usuais para poder se relacionar com as pessoas e os objetos e esse modo peculiar interfere na sua estruturação cognitiva e na sua própria constituição.

No que se refere especificamente às habilidades cognitivas, Boter e Hoekstra Vrolijk (1994) salientam que é importante realizar uma avaliação global das habilidades cognitivas sempre que se identifica déficit em habilidades específicas (como a deficiência visual, p. ex.), pois é a partir dessa avaliação que se pode traçar metas e formas de alcançá-las, permitindo que a criança desenvolva capacidades específicas. A avaliação cognitiva de pessoas com deficiência visual é importante pelo mesmo motivo que a avaliação de videntes: ajudar na obtenção de informações que possam auxiliar professores, psicólogos educacionais e outros profissionais a otimizarem seu desenvolvimento (Tobin & Hill, 2011). Ruiter, Nakken, Janssen, Van Der Meulen e Looijestijn (2011) assinalam que a avaliação cognitiva de pessoas com deficiência visual pode, inclusive, ser mais importante que a avaliação de videntes, pois elas podem ser menos hábeis para explorar e entender o mundo que as rodeia e, portanto, terem maiores riscos de atrasos no desenvolvimento. A perda de visão não afeta só o sistema visual, mas influencia direta ou indiretamente outros domínios (Chaudry & Davidson, 2001).

É importante avaliar as pessoas com deficiência visual de todas as faixas etárias, mas a avaliação infantil tem uma importância especial, pois a criança apresenta elevada plasticidade cerebral e quaisquer atrasos nesse momento de vida pode produzir efeitos duradouros, uma vez que durante a infância as habilidades cognitivas se desenvolvem com mais rapidez e ganham cada vez mais especificidade. A aquisição dessas habilidades mostra-se essencial para um desenvolvimento considerado normal, ou seja, dentro dos parâmetros estabelecidos para cada faixa etária.

Para efetivar a avaliação cognitiva, psicólogos podem utilizar diversos instrumentos. Dentre esses, têm-se os testes psicológicos, compreendidos como "[...] procedimento sistemático para a obtenção de amostras do comportamento relevantes para o funcionamento cognitivo ou afetivo e para a avaliação destas amostras de acordo com certos padrões" (Urbina, 2007, p. 11-12). Há diversos testes satisfatórios no mercado para avaliação de videntes – que podem ser administrados individualmente ou em grupo –, demandando do examinando o uso de linguagem ou não. Mas quando se trata da população com deficiência visual quase não existem instrumentos tanto no âmbito internacional como nacional, embora diversos pesquisadores venham buscando desde o século passado desenvolver material adequado para este tipo de avaliação. Dentre os existentes, há aqueles que podem ser administrados de forma individual ou em grupo, de maneira inteiramente verbal, tátil ou em Braille (Bakwin, 1949).

A escolha dos instrumentos depende da quantidade de visão residual existente e de quão funcional ela é, indicando que antes do processo de avaliação psicológica ter início é preciso que uma avaliação da visão seja realizada, objetivando fornecer subsídios para que o psicólogo possa escolher de forma adequada o seu material de trabalho, sem prejudicar a pessoa com deficiência visual. Algumas pessoas com baixa visão moderada, por exemplo, poderão ser avaliadas por instrumentos desenvolvidos para videntes sem adaptações, desde que possam acessar sem problemas os itens visuais existentes nos testes. Já outras, com baixa visão severa, profunda ou com cegueira total, poderão ser avaliadas por instrumentos desenvolvidos para videntes com adaptações ou por aqueles construídos e padronizados especialmente para elas.

Na avaliação da inteligência de pessoas com deficiência visual, sejam elas cegas ou com baixa visão, há duas possibilidades. A primeira engloba os instrumentos que foram originalmente construídos para população em geral e que foram adaptados/modificados para pessoas com deficiência visual. A segunda agrupa os testes que foram desenvolvidos especialmente para essa população especial (McBroom, Shindell & Elston, 1997).

Testes padronizados para videntes

Diversos testes padronizados para videntes podem ser utilizados com deficientes visuais e há razões para que isso ocorra: possuem acessibilidade, flexibilidade, familiaridade, índices psicométricos favoráveis e custo menor. A falta de testes válidos e fidedignos para deficientes visuais e a possibilidade de comparações com outra população também faz com que os testes para videntes sejam escolhidos (Atkins, 2012).

Na avaliação da inteligência, de acordo com McBroom et al. (1997) os testes tradicionais geralmente são compostos por escalas verbais e de execução, embora alguns mensurem apenas um ou outro elemento. Os testes de execução dependem da visão, por essa razão não é possível utilizá-los na avaliação de pessoas cegas, mas podem ser usados com pessoas que possuem baixa visão, podendo o teste, inclusive, identificar quanto de visão residual existe e como a pessoa é capaz de utilizá-la. Dentre os testes de execução que demandam visão, mas que podem ser utilizados por pessoas com deficiência visual, desde que a visão residual permita, estão a Escala de Maturidade Mental Colúmbia (EMMC), o Matrizes Progressivas de Raven (Escala Geral, Escala Colorida, Escala Avançada) e o Teste Não Verbal de Inteligência R-2.

No Brasil, Cunha et al. (2011) realizaram uma pesquisa junto a 12 crianças com baixa visão moderada, objetivando identificar se existiriam diferenças na avaliação cognitiva quando utilizados instrumentos psicométricos e provas de avaliação assistida. Os resultados da aplicação do EMMC, o Jogo de Perguntas de Busca com Figuras Geométricas para Crianças com Deficiência Visual e o *Children's Analogical Thinking Modifiability*, não foram uniformes, já que a maioria das crianças apresentou um desempenho cognitivo abaixo da média na EMMC, mas não apresentaram atrasos em relação à idade cronológica nos outros testes. Comparando o resultado na EMMC e nas provas assistidas percebeu-se que nem todas as crianças que alcançaram desempenho inferior apresentaram um perfil igualmente baixo nas provas cognitivas. Os autores concluíram que as provas assistidas podem ser mais sensíveis do que os testes psicométricos para essa população.

Para Russo (2003), como os itens de execução requerem visão, não é possível avaliar todas as crianças com deficiência visual, tais como as que possuem baixa visão profunda e as crianças cegas. Apesar de as habilidades de execução serem reconhecidamente parte importante da inteligência (Silverman, 2009), não se configuram como a única medida. Uma opção é o uso das escalas verbais. Dentre os testes mais citados na literatura internacional e nacional encontram-se as escalas Wechsler e o Teste de Realização Woodcock-Johnson (disponível no Brasil apenas para pesquisa).

No âmbito nacional, pesquisas já foram realizadas com a população com deficiência visual seguindo essa lógica. Amiralian (1986, apud Masini, 1995), por exemplo, pesquisou a cognição do cego congênito, utilizando cinco subtestes da escala verbal do WISC (Informação, Compreensão, Aritmética, Números e Semelhanças) e o *Blind Learning Aptitude Test*, junto a crianças de 6 a 15 anos. Já Batista, Nunes e Horino (2004) avaliaram em dois estudos crianças com deficiência visual, de 4 a 9 anos, que participavam de um projeto de pesquisa e intervenção em Campinas. Os instrumentos utilizados foram o WISC-III (escala verbal), provas grupais de avaliação do desempenho escolar e de avaliação as-

sistida individual. Especificamente em relação ao WISC, identificou-se no estudo 1 que o QI verbal variou de 65 a 111 e no estudo 2 variou de 67 a 115, demonstrando pequeno aumento após intervenções junto aos participantes.

Nascimento e Flores-Mendoza (2007), em um estudo com 120 crianças e 52 adultos residentes em Belo Horizonte, após modificações em alguns itens e nas instruções, identificaram que as escalas verbais do WISC-III e do WAIS-III apresentaram bons índices de consistência interna e que as adaptações feitas não afetaram a estrutura fatorial das escalas, uma vez que identificou-se a presença de um único fator ao realizar-se a análise fatorial. Flores-Mendoza, Carvalho e Rodrigues (2009) também utilizaram a Escala Verbal do WISC-III com modificações, em pesquisa junto a 120 crianças com deficiência visual e 56 crianças videntes, com idades entre 6 e 16 anos. Os resultados apontaram não haver diferenças estatisticamente significativas quando comparados os dois grupos em termos de QI Verbal, embora fosse identificado pontuações mais altas em favor dos videntes. As crianças cegas mostraram, contudo, diferenças no fator Resistência a Distratibilidade, especialmente quando observados os valores no subteste Dígitos.

Embora as escalas verbais sejam amplamente usadas com pouca ou nenhuma modificação na avaliação de videntes e deficientes visuais, alguns problemas podem ser apontados. O primeiro problema é que numerosos itens são visualmente orientados, afetando a validade de conteúdo do instrumento (Tillman, 1973). Ammerman, Van Hasselt e Hersen (1986) afirmam que alguns itens são enviesados, pois o sujeito precisa ter alguma experiência visual para responder corretamente as questões, colocando a pessoa com deficiência visual em situação de desvantagem.

A aplicação de testes verbais para pessoas com deficiência visual também é inapropriada, porque a cegueira reduz as oportunidades para aprendizagem incidental e isto pode reduzir o desempenho obtido em testes verbais que, frequentemente, mensuram o conhecimento cristalizado (Miller et al., 2007; Tobin & Hill, 2011). Além disso, as habilidades tatéis e cinestésicas parecem se correlacionar mais fortemente com inteligência fluida do que com a inteligência cristalizada (Roberts et al., 1997, apud Li, Jordanova & Lindenerger, 1998). Ao recorrer apenas aos testes verbais ignora-se também a existência da escala de execução como uma medida de inteligência, gerando um problema na medida geral obtida (Ammerman et al., 1986; Warren, 1994). E, ao usar apenas uma escala, o psicólogo não avalia inteiramente as habilidades de inteligência, gerando perda de informação importante além da falta de acesso a aspectos do desenvolvimento intelectual de pessoas com deficiência visual (Russo, 2003). Atkins (2012) afirma que ao remover as partes visuais, impede-se que as pessoas com deficiência visual mostrem todo o seu potencial.

O risco de se usar apenas as escalas verbais é que se obtenha um quadro incompleto e unilateral, tendo em vista que a habilidade verbal é apenas uma parcela da estrutura mental. Pessoas com pouca educação, com *background* desvantajoso ou com problemas de linguagem podem ser subestimadas (Boter & Hoekstra-Vrolijk, 1994). Só com o uso dos subtestes verbais e de execução, juntos, é que se tem uma indicação válida do nível e do perfil de inteligência.

Além dos problemas específicos já mencionados, autores como Aiken (1996) e Lewis (2003) argumentam que utilizar testes convencionais, construídos e padronizados para crianças videntes, mesmo se adaptações forem feitas no material e na administração, nem sempre são adequados. Testes padronizados são aqueles administrados usando as mesmas instruções, materiais, informação e tempo para cada administração, e modificações nos materiais ou procedimentos afetam a validade do instrumento (McBroom et al., 1997; Beauvais, Woods, Delaney & Fein, 2004; Atkins, 2012). Então, se o avaliador deseja obter um resultado que possa ser comparado com as normas, não deve ocorrer adaptações nos procedimentos descritos no manual (Ruiter et al., 2011). Dentre os problemas que podem acontecer quando se faz adaptações é que ao repetir a avaliação não há garantias de que as modificações poderão ser replicadas, o que não permite comparações de resultados (Russo, 2003; Atkins, 2012).

No Brasil, o Conselho Federal de Psicologia (CFP, 2013) publicou uma nota técnica que regulamenta a construção, adaptação e validação de instrumentos para pessoas com deficiência. De acordo com essa nota, não se deve fazer qualquer modificação nos testes psicológicos sem estudos prévios, pois quaisquer mudanças podem modificar o próprio construto medido. Por essa razão, as pessoas que trabalham com esse público devem buscar materiais que apresentem evidências de validade e precisão junto a essa população ou fazer uso de outros recursos.

Russo (2003) também questiona se os intrumentos, mesmo que usados sem qualquer modificação, irão mensurar as mesmas habilidades, tendo em vista que ao mensurar inteligência usando modalidades sensorias distintas pode-se obter informações igualmente diferentes. Crianças que são cegas resolvem tarefas de forma diferente das crianças videntes porque elas precisam usar o tato ao invés da visão para obter informação

(Withagen, Vervloed, Janssen, Knoors & Verhoeven, 2010). Para Garcia (2004) os processos visual, auditivo e tátil são úteis para a obtenção de informação, mas cada um trabalha de forma diferente e a compreensão da informação pode ser afetada por essas diferenças. O nível de funcionamento visual, a idade em que teve início e o nível educacional podem interagir de tal forma que a interpretação de resultados tradicionais de testes verbais de inteligência pode ser comprometida (Dial & Dial, 2010).

Crianças videntes aprendem muitas coisas espontaneamente, mas crianças cegas, por não ter experiência visual, desenvolvem os conceitos de objetos e eventos de outra forma (Atkins, 2012). Pessoas com deficiência visual podem não compreender conceitos como cor, perspectiva e espaço ou podem entendê-los de forma muito diferente do vidente. A réplica de objetos reais nem sempre tem o mesmo significado para deficientes visuais e videntes. Uma fruta de plástico (sem cheiro, gosto ou propriedades táteis), será facilmente identificada por videntes, mas não por deficientes visuais e pode não ter o mesmo significado para ambos os grupos (Russo, 2003).

Consequentemente, embora os dados de validade dos instrumentos para videntes sejam bons, os dados normativos não são necessariamente válidos para crianças com deficiência visual. A variabilidade entre os escores nos subtestes não pode ser interpretada como evidência de atrasos porque se trata de crianças com um ritmo de desenvolvimento próprio (Chaudry & Davidson, 2001). Um desempenho inferior no funcionamento cognitivo não deve ser interpretado como reflexo de atraso, pois pode ser enviesado tanto pela deficiência visual da criança quanto pela inflexibilidade do procedimento de testagem e materiais empregados (Ruiter et al., 2011). É preciso cautela na interpretação dos resultados apresentados com base em instrumentos padronizados para pessoas videntes.

Diante do exposto, diz-se que a adaptação de testes psicológicos para deficientes visuais apresenta problemas, embora pareça ser a solução mais fácil. De um lado têm-se diversos autores, no âmbito internacional e nacional, que buscaram adaptar os instrumentos, julgando que essa avaliação fosse fidedigna. Isto é, que as habilidades cognitivas podem ser mensuradas, da mesma forma, em videntes e não videntes. Do outro lado, têm-se autores que defendem que o processamento intelectual de pessoas com deficiência visual é diferente e por isso as medidas tradicionais de inteligência não seriam adequadas. Esses defendem que sejam pensados materiais exclusivos para deficientes visuais, discutidos a seguir.

Testes específicos para deficientes visuais

Uma abordagem tecnicamente mais adequada é a criação de testes específicos para pessoas com deficiência visual, tendo em vista que alguns itens dos testes tradicionais não são úteis por demandarem visão (Warren, 1994). O uso de testes construídos e normatizados especialmente para a população com deficiência visual também pode permitir o acesso a aspectos únicos do funcionamento cognitivo dessas pessoas (Nelson, Dial & Joyce, 2002). Mas, apesar dessa reconhecida importância, poucos testes dessa natureza estão disponíveis no mundo e não há consenso sobre a utilidade dos que existem (Reid, 2002; Dial & Dial, 2010). Para alguns autores, poucos esforços têm sido empreendidos na adaptação ou na construção desse instrumental e o desenvolvimento de uma tecnologia apropriada para avaliação de pessoas com deficiência visual é um desafio (Dial & Dial, 2010; Nelson et al., 2002).

Dentre os desafios citados, pode-se encontrar a acessibilidade aos formatos do teste – lápis e papel, pranchas, ilustrações em papel ou placas em papel-cartão ou madeira (Oliveira & Nunes, 2015). A ausência de material tátil que seja suficientemente adequado, isto é, que possa ser identificado pelos deficientes com facilidade e eficácia também mostra-se um problema. O material errado pode fazer com que se chegue a conclusões inadequadas. Por exemplo, um psicólogo pode chegar à conclusão que uma pessoa com deficiência visual apresenta dificuldade no raciocínio abstrato quando na verdade ela simplesmente não reconheceu a figura expressa no papel e ficou constrangida de dizer. Outra dificuldade pode ser os altos custos envolvidos na produção do teste, já que são poucas as máquinas que permitem a construção do material: a elaboração de testes de forma inteiramente manual, em larga escala, é inexequível. Além disso, a população com deficiência visual representa uma pequena parcela da população geral, por isso produzir material exclusivo para essa população pode ser considerado financeiramente inviável (Lund, Miller & Ganz, 2014). Novos recursos tecnológicos estão surgindo (impressoras 3D, p. ex.), mas ainda vai demorar para que sejam acessíveis no Brasil.

Além das dificuldades para a construção dos itens, Ventorini (2007) afirma que ao elaborar o instrumental para pessoas com deficiência visual, deve-se extrapolar a passagem para o alto-relevo, ou seja, ir além da substituição de cores por texturas ou de contornos em relevo (cola, barbante etc.) ou até inserção de informações em braille, pois esse público processa o mundo de forma diferente. Por exemplo, a imagem mental que uma criança cega tem de uma mesa pode ser diferente da que a criança vidente tem. Esta precisou apenas olhar para a mesa para construir sua representação, já a criança cega precisou tocar a mesa, pedaço a pedaço, para poder construí-la. O tato não fornece a forma e tamanho de um objeto instantaneamente como a visão, por isso essa forma de acesso diferente pode produzir uma imagem mental igualmente diversa. A pessoa cega pode perder características dos objetos devido a dificuldade para integração da percepção em uma imagem total.

Contudo, identifica-se na literatura tanto nacional como internacional que a característica dos materiais, inclusive dos testes psicológicos, disponibilizados para deficientes visuais é a construção em braille ou em alto-relevo (texturas diversas ou em madeira). A escolha por esse tipo de material relaciona-se à facilidade de acesso, tendo em vista que a maioria dos materiais podem ser comprados em lojas especializadas a custo reduzido. Ainda não foram construídos testes de inteligência com o auxílio de materiais diferenciados, mas outras possibilidades para mensuração desse construto podem surgir com o auxílio das novas tecnologias. Por exemplo, Gual, Puyuelo e Lloveras (2014) reportaram o uso de símbolos produzidos em impressoras 3D para memorização de mapas táteis.

Na Tabela 1 são apresentados alguns dos testes de inteligência já desenvolvidos em outros países, especialmente para a população com deficiência visual. Esses instrumentos possuem itens verbais, sem orientação visual, e itens de execução, construídos em madeira ou com uso de materiais mais macios como tecido, EVA ou camurça.

Tabela 1 Exemplos de testes construídos fora do Brasil para avaliação da inteligência de pessoas com deficiência visual

Nome	País	Descrição
The Yerkes-Bridges Point Scale of the Blind.	Estados Unidos	Itens do teste de Binet foram modificados (questões visualmente enviesadas) e outros construídos especialmente para compor o instrumento.
The Hayes-Binet Test.	Estados Unidos	Adaptação dos itens verbais (questões visualmente enviesadas foram omitidas) das formas L e M da Escala de Inteligência Stanford-Binet.
The Interim Hayes-Binet Intelligence Scale for the Blind.	Estados Unidos	Sucessão do Hayes-Binet, ambos extraídos das formas L e M da Escala de Inteligência Stanford-Binet.
The Perkins-Binet Tests of Intelligence for the Blind.	Estados Unidos	Sucessor do Interim Hayes-Binet Intelligence Scale for the Blind. Foram desenvolvidas normas tanto para cegos como para baixa visão.
Cognitive Test for the Blind (CTB).	Estados Unidos	É um dos componentes da bateria Comprehensive Vocational Evaluation System (CVES). Avalia tanto as áreas verbais como de execução.
The Haptic Intelligence Scale for the Blind (HIS).	Estados Unidos	É um teste de execução tátil designado para substituir os subtestes de execução do WAIS com pessoas cegas.
The Blind Learning Aptitude Test (BLAT).	Estados Unidos	Comporta seis tipos de tarefas comportamentais, as quais são adaptações do Cultural Fair Intelligence Test e do Raven's Progressives Matrices.
The Intelligence Test for Visually Impaired Children (ITVIC).	Holanda	Composto por itens não verbais, táteis. Contém 12 subtestes, distribuídos em 4 fatores (orientação, raciocínio, habilidade espacial e habilidade verbal).
Williams Intelligence Test for Visually Impaired Children.	Reino Unido	É um teste com itens predominantemente verbais. Mais da metade dos itens são idênticos às formas L ou M da revisão de Terman-Merril, de 1937, do teste de Binet. Os outros itens foram retirados de testes padronizados em grandes grupos de sujeitos videntes.
Stanford-Ohwaki-Kohs Tactile Block Design Scale Test.	Estados Unidos	Medida não verbal de resolução de problemas.
Adapted Kohs Block Design Test (AKBDT).	Reino Unido	Trata-se de uma adaptação do teste de inteligência não verbal de Kohs onde ao invés de cores, usou-se duas texturas diferentes (macio e áspero).
Three-Dimensional Haptic Matrix Test (3-DHM).	Estados Unidos	É um teste de inteligência não verbal para pessoas de 18 a 79 anos, com cegueira ou baixa visão.
Tactile Progressive Matrices (TPM).	Estados Unidos	Adaptação do Teste Matrizes Progressivas de Raven, conta com itens de execução tátil.
The I.J.R. Test for the Visually Handicapped.	Estados Unidos	Teste verbal, construído a partir da adaptação de procedimentos e métodos de administração de testes de inteligência já utilizados, podendo ser usado tanto por cegos como por videntes.

No Brasil, ainda não existem testes prontos e que apresentem evidências de validade, mas identifica-se algumas poucas tentativas de desenvolvimento de testes psicológicos para pessoas com deficiência visual, especialmente quando se trata de avaliação cognitiva. Masini (1995) reporta o uso de três instrumentos, que foram traduzidos e adaptados para a realidade brasileira: o Ohwaki Kohs, o Teste de Inteligência Williams e a Escala de Ballard e Barraga, mas não apresenta evidências de validade e índices de precisão ou pesquisas com o uso desses instrumentos.

Mais recentemente, Lins, Pasquali e Tróccoli (2014, 2015a, 2015b) iniciaram o desenvolvimento de um teste com o objetivo de avaliar o raciocínio abstrato de forma tátil (construído em EVA, com três texturas e cores diferentes). Nas suas versões iniciais, contava com 40 itens, mas após reformulações passou a contar com 32 itens, sendo 3 de exemplo. As primeiras evidências de validade revelaram que o instrumento apresenta bons índices de validade interna (dois fatores de primeira ordem, com cargas entre 0,30 e 0,64 e dois fatores de segunda ordem, com cargas de 0,31 a 0,81) e boa precisão ($\alpha = 0,87$). Também, apresenta bons índices de validade convergente, quando comparado com a Escala de Maturidade Mental Colúmbia (r = 0,58; p < 0,01), o Teste Matrizes Progressivas Coloridas de Raven (r = 0,68; p < 0,01) e o Teste de Inteligência Não Verbal Infantil – R-2 (r = 0,69; p < 0,01).

Campos e Nakano (2014) também estão trabalhando na construção de um instrumento para avaliação de crianças com deficiência visual, composto de três subtestes (Verbal, Memória e Lógico-Espacial) e já administrado em uma amostra de 14 crianças entre 7 e 12 anos de idade, com cegueira e baixa visão. Foi verificada uma boa adequação dos subtestes à população,

tendo as crianças com baixa visão alçado melhores resultados do que as cegas e as com deficiência congênita resultados melhores do que as que possuem deficiência adquirida.

Apesar dos esforços empreendidos por diversos pesquisadores, tanto no âmbito internacional como nacional, na construção de testes de inteligência para pessoas com deficiência visual, alguns problemas podem ser apontados. Inicialmente, Russo (2003) salienta que há poucos instrumentos projetados e normatizados para pessoas com deficiência visual e aqueles que o são não são atualizados ou revisados em tempo hábil e também são construídos para pessoas que frequentam escolas ou centros especiais. Outros problemas são relativos à amostra. Autores como Tillman (1973), Hill-Briggs, Dial, Morere e Joyce (2007), Dial e Dial (2010) e Atkins (2012) comentam que o número insuficiente de sujeitos, gerando amostras pequenas, é o maior problema para pesquisas psicométricas nessa área, pois limita o escopo das pesquisas. É difícil ter acesso a essa população, especialmente fora das instituições especializadas, e poucos testes têm usado crianças com deficiência visual na obtenção da amostra normativa, não permitindo que uma inferência clara seja feita das habilidades das crianças cegas a partir dos dados obtidos por videntes (Ammerman et al., 1986).

Complementar a isso, a população de crianças com deficiência visual apesar de pequena, é muito heterogênea e complexa demandando dos pesquisadores uma avaliação minuciosa de inúmeras questões para uma interpretação válida dos resultados. Existe uma grande variabilidade dentro do grupo de deficientes visuais, de modo tal, que se for construído para pessoas totalmente cegas, não será válido para a maior parte da população com deficiência visual. Dessa forma, o primeiro problema que os pesquisadores encontram é definir o que é deficiência visual e quais graus serão considerados (p. ex., baixa visão ou cegueira). É preciso também compreender qual o impacto da heterogeneidade da população na normatização do teste, buscando investigar as características da visão atual e a idade em que ocorreu a perda visual. Deve-se ainda decidir o que fazer com a visão residual na situação de testagem e quais as variáveis serão usadas para classificar as crianças (Boter & Hoekstra-Vrolijk, 1994; Russo, 2003; Dial & Dial, 2010).

O pesquisador também precisa buscar entender a etiologia da deficiência visual, a sua natureza – se congênita ou adquirida (em idade pré-escolar, cedo ou tarde na escola ou na idade adulta) e se diz respeito a uma condição estática ou progressiva. É preciso investigar ainda se há múltiplas etiologias e também outras deficiências secundárias – comorbidades – que podem ser associadas ou completamente independentes da perda da visão (Hill-Briggs et al., 2007).

Qualquer norma muda conforme o tempo e o lugar, como resultados da variação de métodos de prevenção e tratamento da deficiência visual, dificultando a padronização com esse tipo de população. Vander Kolk (1977) argumenta que algumas variáveis tais como idade, sexo, experiência educacional e tipo de escola frequentada (escola especializada ou para videntes), precisam ser melhor estudadas para que as investigações acerca das habilidades cognitivas de pessoas com deficiência visual sejam melhor especificadas.

Quanto à idade da perda visual, McBroom et al. (1997) apontam que a idade em que o indivíduo perdeu a visão afetará o desempenho no processo de avaliação, pois pessoas com deficiência visual adquirida poderão ter mais estabelecidos conceitos de cores, corpos e aspectos visuais. Indivíduos com cegueira congênita podem ter mais dificuldades em compreender esses conceitos porque nunca tiveram visão e saem em desvantagem quando são testados com materiais que usam conceitos visuais. Indivíduos com perda visual recente podem também ter problemas emocionais e físicos e podem ter seu desempenho prejudicado. Na mesma linha de argumento, Russo (2003) afirma que pessoas que enxergaram até os 4 ou 5 anos tiveram a oportunidade de aprender muito sobre o mundo, visualmente, adquirindo uma boa base visual como referência para o desenvolvimento de conceitos cognitivos. Elas poderão pensar o mundo também em termos visuais.

Outro problema na normatização desses testes é o uso de pessoas que enxergam, mas que são vendadas durante os procedimentos de validação. Pessoas que são cegas têm que se adaptar a viver sem visão e isto é fundamentalmente diferente da situação em que um vidente é vendado em um experimento, pois pessoas que podem ver, mesmo com os olhos fechados, continuam utilizando suas experiências e memórias visuais (Withagen, Vervloed, Janssen, Knoors & Verhoeven, 2010).

Finalmente, Loreman, Deppeler e Harvey (2005) sugerem que cada teste relaciona-se a diversos fatores matematicamente derivados fazendo com que vários teóricos tenham desenvolvido testes associados a diferentes fatores. Testes de inteligência, mesmo usando nomes similares para fatores específicos, podem não necessariamente medir a mesma habilidade.

Concluindo, apesar de ser uma abordagem mais adequada, a construção de testes para pessoas com deficiência visual esbarra em uma série de dificuldades teóricas e práticas. Por conta disso, as tentativas de desenvolvimento, iniciadas na década de 1910, ainda não resultaram em instrumentos válidos e confiáveis para a mensuração da inteligência junto a essa população especial.

Alternativas para a avaliação cognitiva dos deficientes visuais

Diante da ausência de testes psicológicos válidos e confiáveis que possam responder adequadamente às demandas dos psicológos, o que pode ser feito então? A fim de conhecer a realidade brasileira, Lins e Tróccoli (2013) entrevistaram psicólogos integrantes das equipes profissionais de diversas instituições especializadas no atendimento a deficientes visuais. Verificaram que dos 61% que realizam avaliação psicológica, a maioria (73%) utiliza entrevistas e observações diretas, e ainda relataram não haver diferenças no trato dos deficientes visuais quando comparados a pessoas sem deficiência, pois as ferramentas são utilizadas da mesma forma que o fariam caso estivessem trabalhando com videntes. Na opinião dos participantes, tanto as entrevistas como as observações podem ser utilizadas sem prejuízos, tendo em vista que a ausência da visão não afeta a aplicabilidade das técnicas.

A observação é fundamental para a compreensão do outro, pois envolve o olhar sistemático sobre as ações das pessoas, bem como o registro, a análise e a interpretação de seus comportamentos (Gray, 2012). "As informações obtidas através da observação parece colocar o cientista mais sob a influência do que acontece na realidade do que sob a influência de suposições, interpretações e preconceitos" (Danna & Matos, 2006, p. 11). A observação permite que o psicólogo acesse o mundo do outro através do seu próprio olhar. Obviamente para que essa ferramenta tenha alguma validade científica, quem a utiliza precisa

criar meios de registro que permitam que as suas observações sejam posteriormente analisadas e que inferências sejam feitas. A observação precisa ser sistemática e objetiva, isto é, ser planejada e conduzida com um fim específico.

O observador deve se ater tanto aos dados verbais como aos não verbais, buscando inclusive registrar a concomitância entre eles. Quando se trata de deficientes visuais, a ferramenta poderá ser utilizada sem qualquer problema. A deficiência pode, por si só, provocar alterações em termos de desenvolvimento, ritmo de aprendizagem, estruturação da personalidade, habilidades sociais, dentre outras questões. Por essa razão observar como essa criança lida com o mundo que a rodeia é fundamental para que lhe seja oferecida melhores oportunidades de desenvolvimento e ajustamento.

No que se refere às entrevistas, são utilizadas basicamente entrevistas de anamnese, lúdicas e devolutivas. As entrevistas de anamnese, de acordo com Cunha (2003) "pressupõe uma reconstituição global da vida do paciente" (p. 59). Entende-se, desse modo, que durante a entrevista de anamnese o psicólogo buscará compreender os acontecimentos da vida do sujeito por meio de uma reconstrução de sua história e nesta tentará identificar quando os sintomas relativos a queixa (demanda) começaram a aparecer e quais os eventos ocorridos naquele período (antecedentes e consequentes).

A anamnese infantil é realizada, geralmente, com os responsáveis pela criança, pois são os detentores de informações valiosas a respeito do desenvolvimento dela. Em algumas situações, outras pessoas próximas como babás, por exemplo, podem ser convidadas a colaborar com o processo (Cunha, 2003). Quanto aos deficientes visuais, a anamnese tem as mesmas características que as realizadas com as videntes, exceto que são investigadas as causas da deficiência visual e as repercursões dela na dinâmica familiar.

Compreender questões relacionadas a perda visual é importante, pois fatores como: o tipo de deficiência (cegueira ou baixa visão), idade de início (congênita ou adquirida), causas (naturais ou por acidentes) e modo de apresentação (abrupta ou gradativa) irão provocar reações diferentes. Nesse sentido, Amiralian (1997) assegura que a cegueira é provavelmente um dos maiores choques que os pais podem suportar. Zacharias e Silveira (2011) afirmam que quando a família descobre que seu filho apresenta qualquer deficiência, o filho idealizado falece, dando lugar ao filho real, e é nesse ponto que o psicólogo pode intervir, buscando facilitar a relação e ligação afetiva entre a criança e a família. Compreender, portanto, a percepção da família a respeito desse processo auxiliará a entender se a criança é vista como um ser capaz ou não de realizar diversos tipos de atividades. Essa percepção influencia a busca por ajuda, especialmente, nas instituições especializadas. Percebe-se, pois, que a forma como a deficiência se revela pode trazer consequências diferentes para o desenvolvimento do sujeito e para sua família.

Assim, nessa anamnese o psicólogo, como afirma Cunha (2003), buscará compreender o contexto familiar na época da concepção, a história pré natal e perinatal da criança, a primeira infância (até os 3 anos de idade), a infância intermediária (3 a 11 anos), a pré-puberdade, puberdade e adolescência. Segundo Zacharias e Silveira (2011) quando se fala de pessoas com deficiência, a anamnese deve investigar especialmente o nível de aceitação da gravidez, o relacionamento do casal, o nível de expectativa quanto à criança e suas realizações futuras, a posição do filho na ordem do nascimento, o tipo de relacionamento com a família estendida e o grau de preconceito com a deficiência. Para além dessas informações, deve buscar compreender aspectos voltados para a deficiência visual e estimulação. Na Tabela 2 foram colocados exemplos de questões que podem ser feitas para auxiliar na investigação.

As entrevistas com as crianças são diferentes daquelas realizadas com os adultos, pois acontecem através do brincar (lúdicas). Como a criança tem mais dificuldades para se expressar de forma verbal, a comunicação não verbal, por meio do brinquedo, é o caminho possível de acesso para o observador. Na brincadeira a criança expressa sua vivência cotidiana, pontua seus problemas, revela sua dinâmica interior. A diferença, em termos de atuação, identificada junto às crianças com deficiência visual é a disponibilização de materiais que levem em consideração sua condição visual. Livros em braille e materiais táteis devem ser disponibilizados, pois, a criança precisa acessar os brinquedos e assim como nos outros contextos, neste, também deve ser estimulada através dos sentidos remanescentes. Assim, fornecer materiais que produzem algum tipo de som e/ou em alto-relevo podem auxiliar o trabalho do profissional. Materiais em texturas diferentes também facilitam o desenvolvimento dessa criança, mas é importante não fornecer texturas que possam machucar as crianças como, por exemplo, materiais muito ásperos. Um cuidado essencial do psicólogo é com a disposição dos materiais. A criança cega fixa a localização do mobiliário e cada mudança realizada, pertuba a organização mental e pode ocasionar acidentes. Ou seja, a criança cega precisa de um espaço limpo e organizado para que possa se orientar em termos espaciais e é importante que isso seja respeitado.

Tabela 2 Exemplos de questões que podem ser inseridas em uma anamnese de deficientes visuais

Tipo de deficiência visual: ( ) cegueira ( ) baixa visão profunda ( ) baixa visão severa ( ) baixa visão moderada

Deficiência visual: ( ) congênita ( ) adquirida Idade em que foi adquirida: _____

Adquirida: ( ) condição estática ( ) condição progressiva

Etiologia: _____

Comorbidades: ( ) sim ( ) não Em caso afirmativo: Qual(is)?_____

Quando tiveram acesso ao diagnóstico (constatação do problema)? _____

Como a família ficou sabendo da deficiência visual? _____

O que sabiam, à época do diagnóstico, sobre deficiência visual? _____

Quais os sentimentos despertados ao saberem do diagnóstico? _____

Frequenta: ( ) apenas escola especializada ( ) apenas escola comum ( ) Ambas

Com que idade entrou na escola especializada: _____

Participou de programas de estimulação precoce: ( ) sim ( ) não

Em caso afirmativo, a partir de qual idade? _____

Como se dava a estimulação em casa? _____

As entrevistas devolutivas também compõem o processo avaliativo realizado junto a deficientes visuais. Essas entrevistas têm por objetivo informar as conclusões do processo de avaliação (Cunha, 2003). O psicólogo coleta os dados para analisá-los e explicá-los a quem tiver direito a essas informações. No caso de crianças, a devolutiva é feita com a própria criança, com os responsáveis e ainda com o profissional que solicitou a avaliação (professores, pediatras, neurologistas etc.). Essa entrevista pode acontecer em apenas uma sessão ou em várias sessões, dependendo da queixa, das conclusões e da própria reação das pessoas às informações que estão sendo fornecidas. Com a criança deficiente visual, a devolutiva terá as mesmas características, exceto que o psicólogo comentará a respeito do possível impacto da deficiência visual no desenvolvimento do paciente/família e poderá fazer algum tipo de sugestão e/ou encaminhamento que auxilie os envolvidos no processo a lidar melhor com a situação.

Diante desse processo, a qualificação profissional é importante para o atendimento a pessoas com deficiência visual. Quando se trata de avaliação psicológica em geral, o ensino ofertado na graduação é insuficiente para uma boa prática profissional e tal realidade é mais verdadeira quando se fala em populações especiais. Os profissionais que trabalham com a administração de testes precisam ser educados, pois não basta saber administrar e interpretar um teste, é preciso compreender o construto em todos os seus aspectos (Brody, 2014). O profissional precisa, por exemplo, saber o que as pesquisas mais recentes na área apontam para compreender se as possíveis interpretações feitas com base naquele teste são plausíveis. Qualquer profissional que deseja administrar testes de inteligência (ou quaisquer outros) deve buscar formação específica na área junto a profissionais qualificados e com conhecimento acerca dos achados mais recentes.

O profissional deve buscar cursos de pós-graduação e supervisão para um maior aprofundamento. Importante também a terapia pessoal, pois a deficiência pode gerar sentimentos controversos, devendo a questão despertada pela deficiência no próprio terapeuta ser trabalhada para que ele não seja reforçador da vitimização do paciente. O deficiente visual pode enfrentar algumas limitações, mas com a devida estimulação, pode alcançar um pleno desenvolvimento, sendo capaz de construir sua própria vida. Atitudes superprotetoras podem prejudicá-lo mais do que auxiliá-lo, por isso é fundamental que seja estimulada a independência e busca pela realização pessoal.

O profissional também precisa compreender que, apesar de a deficiência implicar a formação do sujeito, este tem outras questões que precisam ser trabalhadas. É um ser que está inserido em um meio social assim como qualquer outra pessoa e que tem outras dificuldades para além da existência da deficiência visual. Zacharias e Silveira (2011) afirmam que os deficientes passam pelos mesmos processos que as demais pessoas, isto é, experiências sociais, aspectos desenvolvimentais, aprendizado, vivência escolar e que, apesar de a deficiência interferir nesses processos, eles irão experimentar a vida tal como o fazem os demais. Com isso, não se está dizendo que as complicações ocasionadas pela deficiência devam ser negadas, apenas que o paciente é quem irá guiar a avaliação e o psicólogo precisa estar atento (como em qualquer processo) para que os seus valores, crenças, opiniões não norteiem o processo avaliativo.

O profissional precisa ter cuidado nos casos de perda visual tardia (adquirida), em especial, quando acontece de forma abrupta, como em casos de acidentes, onde o paciente sofre para adaptar-se ao novo contexto, diferentemente de alguém que já nasceu com a deficiência e, portanto, não conhece outra realidade. O psicólogo precisa atentar-se para isso, pois nessas situações é mais frequente que transtornos como a depressão se instaurem. Em situações como essa, a negação é um mecanismo de defesa frequente. É comum que a pessoa espere que a visão se restaure e quando percebe que isso não vai acontecer, os sentimentos de fracasso e desvalia tornam-se proeminentes. Quando essa pessoa experiencia pela primeira vez o preconceito (sim, ele existe!) sentimentos de inferioridade, misturados com a raiva e a indignação, também podem se fazer presentes.

No trabalho com deficientes visuais, boas ferramentas são essenciais, mas a qualidade da formação dos profissionais é mais importante ainda. Para Amiralian, Becker e Kovács (1991) "o instrumental mais importante é o próprio psicólogo e seu conhecimento e disponibilidade para entender e compreender o sujeito do diagnóstico" (p. 123).

Considerações finais

Avaliar pessoas com deficiências é importante. A existência de dificuldades físicas, mentais ou sensoriais determinam a forma de acesso ao mundo, causando complicações cognitivas, sensoriais e/ou motoras que extrapolam a deficiência. O indivíduo com deficiência visual, por exemplo, quando não estimulado adequadamente, pode apresentar dificuldades cognitivas que *a priori* não estariam relacionadas à perda da visão.

Atualmente, para realizar essas avaliações, os profissionais contam com o auxílio de instrumentos como entrevistas e observações. Infelizmente, poucos testes psicológicos que permitam uma avaliação válida e fidedigna podem ser identificados. Parte dos profissionais utilizam testes construídos para videntes – com ou sem modificações –, o que parece ser a alternativa mais fácil e acessível, mas que apresenta uma série de entraves. Outra alternativa mais interessante é a construção de testes exclusivos para essa população, mas o que parece ser a melhor alternativa, nem de longe é a mais fácil, pois também apresenta sua série específica de entraves. Os testes podem, entre outras características, estar baseados "na estrutura e fundamentação lógica usadas na construção de testes para videntes" (Amiralian, 1997, p. 35).

Diante de todas as dificuldades, parece que a alternativa mais viável é continuar utilizando recursos como a entrevista e observação, esperando que pesquisadores se debrucem sobre essa área tentando encontrar opções mais viáveis e que possam auxiliar os que trabalham com esse público. Embora as dificuldades sejam muitas e pareçam intransponíveis não podem justificar a falta de envolvimento e a busca de soluções.

Referências

Aiken, L.R. (1996). Individual Testing of the Handicapped. In: L.R. Aiken. *Assessment of Intellectual Functioning* (p. 191-219). Nova York: Plenum Press.

Amiralian, M.L. (1997). *Compreendendo o cego:* uma visão psicanalítica da cegueira por meio de desenhos-estórias. São Paulo: Casa do Psicólogo.

Amiralian, M.L., Becker, E. & Kovács, M.J. (1991). A especialização do psicólogo para o atendimento às pessoas portadoras de deficiência. *Psicologia-USP*, 2 (1/2), 121-124.

Ammerman, R.T., Van Hasselt, V.B. & Hersen, M. (1986). Psychological adjustment of visually handicapped children and youth. *Clind Psychology Review*, 6, 67-85.

Anastasi, A. & Urbina, S. (1998). Pruebas para poblaciones especiales. In: A. Anastasi & S. Urbina. *Tests Psicológicos* (Trad. M.E. Salinas) (p. 234-270). México: Prentice Hall.

Atkins, S. (2012). *Assessing the ability of blind and partially sighted people:* are psychometric tets fair? Birmingham: RNIB – Centre for Accessible Information.

Bakwin, R.M. (1949). Psychologic Aspects of Pediatrics: the blind child. *The Journal of Pediatrics*, 35 (1), 120-128.

Batista, C.G., Nunes, S.S. & Horino, L.E. (2004). Avaliação assistida de habilidades cognitivas em crianças com deficiência visual e com dificuldades de aprendizagem. *Psicologia: Reflexão e Crítica*, 17 (3), 381-393.

Beauvais, J.E., Woods, S.P., Delaney, R.C. & Fein, D. (2004). Development of a Tactile Wisconsin Card Sorting Test. *Rehabilitation Psychology*, 49 (4), 282-287.

Bishop, V.E. (2004). Comprehensive assessments. In: V.E. Bishop. *Teaching Visually Impaired Children* (p. 208-220). Springfield: Charles C. Thomas.

Boter, R.D. & Hoekstra-Vrolijk, S.A. (1994). ITVIC, an intelligence test for visually impaired children. In: A.C. Kooijman, P.L. Looijestijn, J.A. Welling & G.J. Van Der Wildt. *Low Vision:* Research and new developments in rehabilitation (p. 135-138). Amsterdã: IOS.

Brody, N. (2014). A plea for the teaching of intelligence: personal reflections. *Intelligence*, 42, 136-141.

Campos, C.R. & Nakano, T.C. (2014). Avaliação da inteligência de crianças deficientes visuais: proposta de instrumento. *Psicologia: Ciência e Profissão*, 34 (2), 406-419.

Chaudry, N.M. & Davidson, P.W. (2001). Assessment of children with visual impairment or blindness. In: R.J. Simeonsson & S.L. Rosenthal. *Psychological and developmental assessment:* children with disabilities and chronic conditions (p. 225-247). Nova York: Guilford.

Conselho Federal de Psicologia (2013). *Nota Técnica* – Construção, adaptação e validação de instrumentos para pessoas com deficiência [Disponível em http://site.cfp.org.br/wp-content/uploads/2013/02/Nota_Tecnica_Construcao_adaptacao_validacao_instrumentos_pessoas_deficiencia.pdf].

Cunha, A.C.B., Enumo, S.R.F. & Canal, C.P.P. (2011). Avaliação cognitiva psicométrica e assistida de crianças com baixa visão moderada. *Paideia*, 21 (48), 29-39.

Cunha, A.C.B. & Fiorim, S.R.E. (2003). Desenvolvimento da criança com deficiência visual (DV) e interação mãe-criança: algumas considerações. *Psicologia, Saúde e Doenças*, IV (001), 33-46.

Cunha, J.A.C. (2003). *Psicodiagnóstico-V*. Porto Alegre: Artmed.

Danna, M.F. & Matos, M.A. (2006). *Aprendendo a observar*. São Paulo: Edicon.

Davidson, M. & Brown, A.W. (1939). The development and Standardization of the I.J.R. Test for the Visually Handicapped. *Journal of Applied Psychology*, 23 (2), 229-239.

Dial, J.G. & Dial, C.L. (2010). Assessing and Intervening with Visually Impaired Children and Adolescents. In: D.C. Miller. *Best Practices in School Neuropsychology*: Guidelines for Effective Practice, Assessment, and Evidence-Base Intervention (p. 465-480). Nova Jersey: John Wiley & Sons.

Flores-Mendoza, C., Carvalho, T.M. & Rodrigues, L.A. (2009). Perfil cognitivo de crianças portadoras de cegueira: um estudo com a escala verbal do WISC-III. *Boletim de Psicologia*, 59 (130), 103-115.

França-Freitas, M.L.P. & Gil, M.S.C.A. (2012). O desenvolvimento de crianças cegas e de crianças videntes. *Revista Brasileira de Educação Especial*, 18 (3), 507-526.

Gil, F.C.M. (2009). *A criança com deficiência visual na escola regular* (Dissertação de mestrado). São Paulo: Faculdade de Educação, Universidade de São Paulo.

Gray, D.E. (2012). *Pesquisa no mundo real*. Porto Alegre: Penso.

Gual, J., Puyuelo, M. & Lloveras, J. (2014). Three-dimensional tactile symbols produced by 3D printing: improving the process of memorizing a tactile map key. *British Journal of Visual Impairment*, 32 (3), 263-278.

Haines, T.H. (1916). A Point Scale for the Mental Measurement of the Blind. *The Journal of Educational Psychology*, 7, 143-150.

Hill-Briggs, F., Dial, J.G., Morere, D.A. & Joyce, A. (2007). Neuropsychological assessment of persons with physical disability, visual impairment or blindness, and hearing impairment or deafness. *Archives of Clinical Neuropsychology*, 22, 389-404.

Instituto Brasileiro de Geografia e Estatística – IBGE (2010). *Censo Demográfico 2010: características gerais da população, religião e pessoas com deficiência* – Resultados da amostra (p. 1-215). Rio de Janeiro.

Lewis, V. (2003). How do blind children develop? In: V. Lewis. *Development and Disability* (p. 37-96). UK: Blackwell.

Li, S.-C., Jordanova, M. & Lindenerger, U. (1998). From Good Senses to Good Sense: A Link Between Tactile Information Processind and Intelligence. *Intelligence*, 26 (2), 99-122.

Lins, M.R.C., Pasquali, L. & Tróccoli, B.T. (2014). Construção de um Teste Tátil de Inteligência Infantil: estudo piloto. In: *Anais do XI Encontro Mineiro de Avaliação Psicológica e IV Congresso Latino-Americano de Avaliação Psicológica*. Belo Horizonte.

Lins, M.R.C., Pasquali, L. & Tróccoli, B.T. (2015a). Propriedades Psicométricas do Teste Tátil de Inteligência Infantil. In: *Anais do VII Congresso Brasileiro de Avaliação Psicológica*. São Paulo.

Lins, M.R.C., Pasquali, L. & Tróccoli, B.T. (2015b). Evidências de validade convergente do Teste Tátil de Inteligência Infantil. In: *Anais do X Congresso Brasileiro de Psicologia do Desenvolvimento*. Belém.

Lins, M.R.C. & Tróccoli, B.T. (2013). A situação da avaliação psicológica de pessoas com deficiência visual. In: *Anais do VI Congresso Brasileiro de Avaliação Psicológica e IX Congreso Iberoamericano de Diagnóstico e Evaluación Psicológica*. Maceió.

Loreman, T., Deppeler, J. & Harvey, D. (2005). Who are our children with diverse learning needs? In: T. Loreman, J. Deppeler & D. Harvey. *Inclusive Education*: a practical guide to supporting diversity in the classroom (p. 20-37). Allen & Unwin.

Lund, E.M., Miller, K.B. & Ganz, J.B. (2014). Access to assessment? Legal and practical issues regarding psychoeducational assessment in children with sensory disabilities. *Journal of Disability Policy Studies*, 25 (3), 135-145.

Masini, E.F.S. (1995). Algumas questões sobre a avaliação do portador de deficiência visual. *Revista Brasileira de Estudos Pedagógicos*, 76 (184), 615-634.

McBroom, L.W., Shindell, S. & Elston, R.R. (1997). Vocational and Psychological Assessments. In: J.E. Moore, W.H. Graves & J.B. Patterson. *Foundations of rehabilitation counseling with persons who are blind or visually impaired* (p. 128-149). Nova York: AFB.

Miller, J.C., Skillman, G.D., Benedetto, J.M., Holtz, A.M., Nassif, C.L. & Weber, A.D. (2007). A Three--Dimensional Haptic Matrix Test of Nonverbal Reasoning. *Journal of Visual Impairment & Blindness*, 101 (9), 557-570.

Miranda, M.J.C. (2008). Inclusão escolar e deficiência visual: trajetória e processo. *Revista Ibero-Americana de Estudos em Educação*, 3 (1/2).

Nascimento, E. & Flores-Mendoza, C.E. (2007). WISC-III e WAIS-III na avaliação da inteligência de cegos. *Psicologia em Estudo*, 12 (3), 627-633.

Nelson, P.A., Dial, J.G. & Joyce, A. (2002). Validation of the Cognitive Test for the Blind as an Assessment of Intellectual Functioning. *Rehabilitation Psychology*, 47 (2), 184-193.

Newland, T.E. (1990). The Blind Learning Aptitude Test In Rehabilitation Assessment. *Rehabilitation Psychology*, 35 (3), 181-184.

Organização Mundial de Saúde – OMS (2009). *Visual impairment and blindness* [Disponível em http://www.who.int/mediacentre/factsheets/fs282/en/index.html].

Reid, J.M. (2001). Adaptation of a Test of Nonverbal Ability for the Vocational Assessment of Adults with Visual Impairments. *Journal of Visual Impairment & Blindness*, 95 (5), 300-302.

Reid, J.M. (2002). Testing Nonverbal Intelligence of Working-age Visually Impaired Adults: Evaluation of the Adapted Kohs Block Design Test. *Journal of Visual Impairment & Blindness*, 96 (8), 585-595.

Reynolds, C.R. & Fletcher-Janzen, E. (2007). *Encyclopedia of Special Education*. Vol. 3. Nova Jersey: John Wiley & Sons.

Rich, C.C. & Anderson, R.P. (1965). A tactual form of the progressive matrices for use with blind children. *Personnel & Guidance Journal*, 43 (9), 912-919.

Ruiter, S., Nakken, H., Janssen, M., Van Der Meulen, B. & Looijestijn, P. (2011). Adaptive assessment of young children with visual impairment. *The British Journal of Visual Impairment*, 29 (2), 93-112.

Russo, J.R. (2003). Psychological Assessment. In: S.A. Goodman & S.H. Wittenstein. *Collaborative Assessment*: Working with students who are blind or visually impaired, including those with additional disabilities (p. 150-195). Nova York: AFB.

Sá, E.D., Campos, I.M. & Silva, M.B.C. (2007). *Atendimento educacional especializado*: deficiência visual. Brasília: Ministério da Educação, Secretaria de Educação a Distância. Secretaria de Educação Especial.

Silverman, L.K. (2009). The Measurement of Giftedness. In: L.V. Shavinina. *The International Handbook on Giftedness* (p. 947-970). Amsterdã: Springer Science.

Singh, V.P. (2004). Psychological tests for the blind. In: V.P. Singh. *Education of the blind and visually impaired* (p. 104-142). Nova Delhi: Sarup & Sons.

Taylor, R.E. & Ward, K.M. (1990). The Tale of Our Search for the Tactile Progressive Matrices. *American Psychologist*, 45, 69.

Tillman, M.H. (1973). Intelligence scales for the blind: a review with implications for research. *Journal of School Psychology*, 11 (1), 80-87.

Tobin, M.J. & Hill, E.W. (2011). Issues in the educational, psychological assessment of visually impaired children: Test-retest reliability of the Williams Intelligence Test for Children with Defective Vision. *British Journal of Visual Impairment*, 29 (3), 208-214.

Urbina, S. (2007). *Fundamentos da testagem psicológica*. Porto Alegre: Artmed.

Vander Kolk, C.J. (1977). Demographic, etiological, and functional variables related to intelligence in the visually impaired. *Journal of Clinical Psychology*, 33 (3), 782-786.

Ventorini, S.E. (2007). *A experiência como fator determinante na representação espacial do deficiente visual* (Dissertação de mestrado). Rio Claro: Instituto de Geociências e Ciências Exatas, Universidade Estadual Paulista.

Warren, D.H. (1994). Cognitive style, creativity and intelligence. In: D.H. Warren. *Blindness and children*: an individual diferences approach (p. 181-203). Nova York: Cambridge University Press.

Williams, M. (1968). Superior Intelligence of children blinded from retinoblastoma. *Archives of Disease in Childhood*, 43, 204-210.

Withagen, A., Vervloed, M.P., Janssen, N.M., Knoors, H. & Verhoeven, L. (2010). Tactile Functioning in Children Who Are Blind: A Clinical Perspective. *Journal of Visual Impairment & Blindness*, 104 (1), 43-54.

Withagen, A., Vervloed, M.P., Janssen, N.M., Knoors, H. & Verhoeven, L. (2011). El Tactual Profile: desarrollo de un instrumento para evaluar el funcionamiento táctil de los niños ciegos. *Integración* – Revista sobre Discapacidad Visual, 59, 1-15 [Disponível em http://www.once.es/new/servicios-especializados-en-discapacidad-visual/publicaciones-sobre-discapacidad-visual/revista-integracio].

Zacharias, D.G. & Silveira, P.S. (2011). Atendimento da pessoa com deficiência: um desafio para a psicologia (p. 40-50). In: *IV Jornada de Pesquisa em Psicologia*: desafios atuais nas práticas da psicologia.

Parte III

23
Avaliação em psicologia clínica

Makilim Nunes Baptista
Nelson Hauck Filho
Lisandra Borges

Escrever sobre avaliação em psicologia clínica em apenas um capítulo de livro não é tarefa fácil, haja vista que existem livros completos somente sobre avaliação psicológica e outros tantos sobre psicologia clínica. Sendo assim, a tentativa será abordar os passos de um processo de avaliação psicológica na clínica, bem como alguns fenômenos tanto da avaliação psicológica quanto da psicologia clínica, tais como vantagens e desvantagens da entrevista clínica e de instrumentos de autorrelato. O que é denominado de psicologia clínica pode ser um campo extenso e com muitas variações, já que, por exemplo, a psicologia da saúde, aquela que é praticada em hospitais e centros de saúde, pode ser considerada uma vertente da psicologia clínica, embora com especificidades diferenciadas em termos de *setting* terapêutico, espaço, contrato etc. (Capitão, Scortegagna & Baptista, 2005). O presente capítulo parte dessa caracterização geral de atuação clínica, e busca caracterizar a avaliação psicológica clínica, além de descrever e avaliar criticamente algumas de suas ferramentas mais utilizadas.

A importância da avaliação psicológica clínica

A avaliação psicológica, tanto no Brasil quanto em outras culturas, possui uma história com altos e baixos (Butcher, 2006; Noronha & Reppold, 2010). Nos Estados Unidos, eventos como a ascensão do behaviorismo e o não pagamento de avaliações mais pormenorizadas pelos seguros de saúde contribuíram, em alguns momentos de décadas passadas, para a redução da popularidade desse tipo de avaliação. No Brasil, os anos de 1980 representaram um período de forte crítica ao uso indiscriminado de testes, dada a escassez, na época, de estudos de adaptação transcultural e normatização para a população brasileira. Cabe também ressaltar que outra questão relevante para o decréscimo da popularidade no uso de instrumentos no Brasil foi a formação profissional deficitária dos psicólogos que atuavam na área. Entretanto, desde os anos de 1990, a área vem experienciando um expressivo crescimento, sendo a avaliação psicológica agora parte da rotina do psicólogo em diversos contextos de atuação profissional, especialmente aqueles que demandam atividades clínicas. A avaliação psicológica na clínica se fundamenta não apenas em sua capacidade de proporcionar informações psicológicas; ela também é capaz de, por si, trazer benefícios na mudança de comportamento dos clientes/pacientes. Em alguns casos, a avaliação psicológica clínica pode até mesmo detectar mudanças mais específicas do que testes médicos, como, por exemplo, tomografias (Butcher,

2006), assim como a avaliação neuropsicológica pode detectar prejuízos específicos no funcionamento executivo não captados nos exames médicos, sendo que tais prejuízos podem impactar nos relacionamentos sociais do paciente.

É importante lembrar que, frequentemente, a graduação não oferece um treinamento adequado ao profissional que pretende atuar clinicamente, tanto do ponto de vista da avaliação quanto da prática psicoterapêutica em si. Em virtude disso, antes do psicólogo começar sua prática clínica, ele deve se questionar se, de fato, possui os conhecimentos básicos necessários para exercer tais atividades (Belar et al., 2001), como conceitos psicométricos (ex.: validade e fidedignidade), estabelecimento de *rapport*, empatia e capacidade de formular hipóteses diagnósticas. Logo, pós-graduações *lato sensu* e/ou *stricto sensu* profissionalizantes podem ser uma forma de melhorar a qualidade do profissional. A avaliação psicológica na clínica abarca o julgamento clínico, a formulação de caso e a tomada de decisão, muitas vezes baseada na hipótese diagnóstica (Wood, Garb, Lilienfeld & Nezworski, 2002). Não basta o clínico saber utilizar instrumentos psicológicos, mas há necessidade do mesmo ter treinamento específico para se utilizar da avaliação para criar hipóteses diagnósticas, formular o caso e decidir sobre qual intervenção é mais adequada (Childs & Eyde, 2002).

Definições e práticas de avaliação clínica

A psicologia clínica é uma área da psicologia que tem como objetivo a prevenção, o diagnóstico e o tratamento do comportamento psicopatológico. Sendo assim, os psicólogos que atuam nessa área são habilitados em avaliação psicoló-

gica e psicoterapia. Nesse sentido, a avaliação clínica caracteriza-se pelo processo inicial diagnóstico, momento no qual o psicólogo elabora suas hipóteses diagnósticas e confirma ou não, por meio das técnicas utilizadas por ele. A psicoterapia, no entanto, se refere a uma variedade de intervenções psicológicas que têm por objetivo aliviar os problemas emocionais e facilitar o funcionamento efetivo das pessoas em sociedade (Nole-Hoeksema, Frerickson, Loftus & Wagennar, 2012).

Há ainda que se referir à avaliação interventiva, a qual consiste na integração simultânea dos processos de avaliação e o terapêutico (Barbieri, Jacquemin & Alves, 2004). É, na verdade, um procedimento clínico que possibilita realizar intervenções desde o momento das entrevistas e aplicação dos testes psicológicos, sendo as devolutivas realizadas durante o processo de avaliação e não ao final dele (Barbieri, 2009).

Em avaliação clínica é seguro assumir que, independentemente da abordagem teórica, o psicólogo vai se utilizar da avaliação psicológica. Ou seja, mesmo que de forma assistemática e pragmática, a avaliação psicológica será necessária, já que qualquer tipo de queixa exige que o profissional avalie as características do cliente/paciente, do contexto, da relação e do problema. Isso tudo contribui para que se possa planejar a intervenção mais eficaz. Importante salientar, aqui, que a avaliação psicológica não pode ser vista como sinônimo de testagem psicológica (Baptista, Argimon & Yoshida, 2012). A testagem psicológica – ou seja, a utilização de testes – pode ser um complemento da avaliação psicológica; entretanto, esta demonstra ser algo muito maior do que aquela, incluindo a compilação de todos os dados provindos de diferentes métodos que podem ser empregados, tais como observação sistematizada, *anamnese*, entrevistas abertas, semiestruturadas ou estruturadas, aplicação de métodos projetivos, testagem psicométrica, dentre outros.

Como afirmam Belar e Deardorff (2009), qualquer intervenção é precedida de avaliação clínica, mesmo que esta já esteja embutida na intervenção. Dessa forma, em psicologia clínica (abrangendo as diferentes práticas em saúde), avaliações dos quesitos biológicos/físicos, afetivos, cognitivos e comportamentais são necessários para uma visão mais ampla dos problemas dos clientes/pacientes. Dessa forma, compreende-se que a avaliação clínica pode ser realizada por diferentes razões e para responder questões importantes.

São várias as visões sobre quais as principais etapas que fazem parte do processo de avaliação psicológica no contexto clínico, mesmo porque a avaliação e utilização de métodos e instrumentos específicos também dependerá de abordagens teóricas e preferências do clínico e/ou avaliador (Cohen, Swerdlik & Sturman, 2014). Nessa vertente, Rangé e Silvares (2011) trazem uma visão mais cognitivista baseados em Aaron Beck sobre os pontos mais importantes desse processo. Sendo assim, o clínico deveria formular a conceitualização do caso, que englobaria o relacionamento das queixas, hipóteses do porquê de o indivíduo ter desenvolvido o problema, predições sobre melhora e idealização de um plano de trabalho. No entanto, isso deve ser realizado a partir do desenvolvimento de uma relação colaboradora, no sentido de motivar o cliente ao tratamento. A partir daí o clínico deve formular o problema (ou os problemas), estabelecer as metas necessárias para atuar na problemática, educar o paciente no modelo teórico abordado, realizar a intervenção, e se preocupar com a prevenção de recaída, também a partir de *folow up* após a melhora e alta.

Os autores anteriormente citados listam uma relação de pontos que devem ser abordados na avaliação clínica, tais como a descrição objetiva do problema (quando, como e por que ocorrem), aspectos cognitivos, afetivos e orgânicos relacionados ao problema, variáveis contextuais e situacionais, fatores predisponentes, dentre outros. Além dessas questões, o clínico deve investigar a situação atual de vida (família, trabalho, relações afetivas, lazer etc.); histórico do desenvolvimento do cliente (histórico familiar, escolar, social); experiências traumáticas; histórico médico, psiquiátrico e psicoterapêutico, o *status* psicológico atual (aparência, atitude, comportamento, humor, processos básicos psicológicos etc.); o grau de abertura e autorrevelação do cliente durante o processo; as metas que o mesmo possui no processo; perguntas e preocupações do cliente, para a partir daí o clínico conseguir uma formulação preliminar do caso.

Belar e Deardorff (2009) abordam mais o processo de avaliação na psicologia na clínica da saúde, mas com uma visão diferente da expressa anteriormente, que podem ser coletadas por meio de entrevistas semidirigidas e/ou com a utilização de escalas psicológicas. Os domínios principais que o clínico deve se preocupar são biológicos/físicos, familiares, relacionados aos problemas físicos e socioculturais. De maneira bastante sucinta, as metas são avaliar o *status* da saúde do cliente e seu acesso ao sistema de saúde (sintomas, fatores constitucionais, história de doenças, procedimentos médicos anteriores, acessibilidade ao sistema de saúde, medicamentos, profissionais de saúde e serviços especializados); características da dinâmica familiar (recursos econômicos e afetivos, tamanho da família, pessoas mais próximas) e contexto sociocultural (suporte social, contexto laboral, recursos financeiros, exposição a fatores de risco como violência, religiosidade etc.).

O processo de avaliação em psicologia clínica

De forma geral, o processo se inicia com um pedido, um encaminhamento para avaliação do cliente/paciente, originado a partir de uma questão, que pode partir da família; da escola (professor, diretor, coordenação); do juiz; do médico especialista (pediatra, neurologista, psiquiatra), dentre outros (que são as fontes), indagando sobre o funcionamento psíquico do mesmo.

O primeiro passo então é identificar quais são os objetivos da avaliação, o que a fonte (de onde se originou o pedido) quer saber e o que o psicólogo avaliará. Esse primeiro passo, de identificar os objetivos, deve ser feito de forma clara e o mais realista possível. Urbina (2007) é enfática ao dizer que, se os objetivos não forem claros e bem definidos, o processo poderá não ser satisfatório e deixar de responder à questão de como é o funcionamento psíquico do cliente/paciente. Dessa forma, ao compreender a demanda ou queixa, os objetivos da avaliação são estabelecidos e o psicólogo dará início ao seu protocolo de avaliação.

Para Cohen (2012), o psicólogo clínico que trabalha em hospital, clínica particular ou outro contexto semelhante, frequentemente utilizará instrumentos de avaliação para esclarecer o problema psicológico, fazer o diagnóstico, e/ou criar um plano de intervenção e tratamento. No entanto, é importante salientar que teste psicológico é uma técnica que faz parte de um processo de avaliação, ou seja, existem vários métodos e técnicas que compõem tal processo. Belar e Deardoff (2009) apontam que a escolha

do método depende sempre do objetivo e do propósito da avaliação, bem como da habilidade e do conhecimento do clínico, salientando ainda que não é possível dizer que existe um método melhor que o outro, pois cada um tem suas forças e fraquezas.

Dentre os métodos e as técnicas utilizados no processo de avaliação clínica tem-se a entrevista, que certamente é o método mais comum e mais utilizado pelo profissional. Para Cohen et al. (2014), a entrevista é definida como um método para obter informação por intermédio da comunicação direta envolvendo troca recíproca, além disso, devem ser levadas em consideração também as respostas não verbais. A entrevista tem como objetivo conhecer a história atual e vivida do cliente/paciente, nos domínios físico, afetivo, cognitivo, relações familiares e interpessoais, saúde e desenvolvimento sociocultural. Por meio do autorrelato e dados observacionais, uma forma de obter informações sobre o cliente/paciente, membros da família, aspectos significativos da vida, emprego, e cuidados de saúde (Belar & Deardoff, 2009). Os autores ainda afirmam que compreender os valores da pessoa que está sendo avaliada é crucial para a interpretação dos dados da entrevista.

Uma entrevista pode ser conduzida, em diversas situações clínicas, para se chegar a um diagnóstico, apontando assim qual ou quais áreas devem ser tratadas na psicoterapia. Além disso, como afirmam Cohen et al. (2014), no momento em que a entrevista é realizada, o psicólogo aprende sobre o cliente/paciente, não somente pelo o que eles dizem, mas como dizem e como se apresentam durante a entrevista.

A entrevista difere quanto ao conteúdo e à estrutura. Dessa forma, pode ser estruturada, semiestruturada ou de livre estruturação. Na entrevista estruturada, as perguntas são preparadas antecipadamente, já nas semiestruturadas, o clínico tem clareza das informações que são necessárias para atingir seu objetivo e consegue elucidar questões que ficaram obscuras, ampliando o questionamento (Cohen et al., 2012). Um exemplo de entrevista semiestruturada é a *anamnese*, que tem como objetivo o levantamento do histórico desenvolvimental biopsicossocial do cliente/paciente. Esse tipo de entrevista (*anamnese*) é mais comum na clínica de crianças e adolescentes, e deve ser considerada uma importante ferramenta na detecção de problemas desenvolvimentais (Tavares, 2007).

Para Tavares (2007), a entrevista estruturada é de pouca utilidade na clínica, pois, por ter um caráter de levantamento de informações já definidas, pode muitas vezes desconsiderar a demanda individual do cliente/paciente. Cohen et al. (2014) possuem uma visão diferente, pois afirmam que esse tipo de entrevista possibilita uma exploração e avaliação uniforme e podem, muitas vezes, ser utilizadas como uma medida de pré e pós-tratamento terapêutico, com objetivo de avaliar o progresso da intervenção. Belar e Deardoff (2009) chamam atenção para o fato de que alguns pacientes não são entrevistáveis; o motivo, muitas vezes, pode estar relacionado com a agitação, falta de atenção, desejo de não cooperar. Nesses casos, o clínico deve buscar outras formas de avaliação.

O passo posterior à obtenção dos dados por meio de entrevistas e observação será a aplicação dos testes psicológicos. Após a formulação de suas hipóteses diagnósticas, o psicólogo clínico buscará confirmação ou não das hipóteses levantadas por meio da utilização de instrumentos de medidas. Para Urbina (2007), esse passo da seleção dos instrumentos de medida deve estar de acordo com o objetivo e as hipóteses formuladas. Além disso, a aplicação, a correção e a interpretação dos resultados devem ser feitas de forma bastante cuidadosa.

Os instrumentos podem ser utilizados para elucidar questões referentes ao funcionamento mental atual e comparar o seu funcionamento com outra pessoa da mesma idade, buscando assim, conhecer os aspectos cognitivos e emocionais do cliente/paciente (Cohen, 2012), e a partir daí estabelecer um plano de intervenção e/ou encaminhamento. O agrupamento de testes que serão administrados na avaliação é chamado de bateria de testes ou protocolo de testes. Dessa forma, muitos psicólogos clínicos possuem uma bateria padrão de testes psicológicos, ou seja, um grupo de testes que geralmente avaliam a inteligência, um ou dois que avaliam a personalidade e de acordo com a queixa buscarão compor a bateria com testes que avaliem construtos que investiguem melhor a queixa. A escolha por um teste psicométrico e/ou projetivo deve estar pautada na experiência e conhecimento do material.

As avaliações devem ainda lançar mão de outros níveis e/ou fontes de informação quando necessário, tais como informações de membros da família e amigos, além de aspectos do contexto sociocultural, prontuários, outros profissionais (professores, psiquiatras, médicos). Por exemplo, muitas vezes, o paciente pode trazer uma informação completamente diferente daquela trazida por seus familiares. Integrar essas diferentes peças de informação é o que vai garantir uma visão mais completa do cliente/paciente, revelando as interações entre todas as instâncias envolvidas.

Ainda, mesmo que o clínico se utilize, majoritariamente, de testes psicológicos, algumas perguntas devem ser feitas antes da escolha dessas ferramentas. Como apontam Nezu, Ronan, Meadows e McClure (2000), a escolha de um teste deve responder algumas questões. Afinal, qual é o propósito do instrumento utilizado? Para qual tipo de população ele foi desenvolvido? Que tipo de restrições o teste tem em relação à avaliação que está sendo feita? O cliente/paciente possui um nível mínimo de alfabetização para responder aos itens ou tarefas propostas? O instrumento possui estudos psicométricos suficientes para, minimamente, mensurar aquilo que se propõe? Como fazer a interpretação dos resultados, não só quantitativa, mas também qualitativamente? Quanto tempo o profissional tem para fazer a avaliação e a devolutiva? É apropriado o uso de um método que demanda mais tempo, como um teste projetivo ou uma entrevista semiestruturada?

Todas essas são questões pertinentes em diversos contextos de avaliação clínica. Como se isso não fosse o suficiente, deve-se atentar para a questão do treinamento que o profissional tem sobre o método que está utilizando; assim, se a decisão for a utilização de testagem, é um pré-requisito que o profissional tenha conhecimentos de psicometria para poder compreender as informações contidas nos estudos de evidências de validade e precisão do teste. Isso se aplica tanto ao uso de instrumentos psicométricos quanto aos projetivos, além do conhecimento que o profissional deve ter a respeito, por exemplo, do diagnóstico que o paciente potencialmente apresenta. Complementarmente, para avaliações clínicas, o profissional ainda deve se atentar à necessidade do teste que está sendo utilizado ter sido aprovado pelo Sistema de Avaliação de Testes Psicológicos (SATEPSI), às questões legais do uso de testagem, e ter noções básicas sobre a apresentação de laudos, quando necessário (Conselho Federal de Psicologia, CFP, 2013). Ao redigir o laudo ou qualquer outro documento decorrente da avaliação psicológica é importan-

te que sejam citados apenas os testes aprovados pelo SATEPSI.

A junção de todas as informações reunidas no processo da avaliação, como as observacionais, de entrevistas, interpretação dos escores alcançados nos instrumentos utilizados, resultarão em um relatório psicológico. Para Cohen et al. (2014), a parte fundamental do processo de avaliação na clínica é a comunicação dos resultados. Para eles, os altos índices de precisão e validade de um teste psicológico e a entrevista bem-feita podem ser desconsiderados se o relatório não for escrito de forma clara e organizada, explicitando os resultados de forma legível. É importante ressaltar que os relatórios psicológicos podem variar de acordo com o objetivo da avaliação e o seu destinatário, ao passo que os resultados também são comunicados ao cliente/paciente. No momento da devolutiva, o cliente/paciente é comunicado sobre a avaliação, quais foram as forças e as fraquezas encontradas, qual será o encaminhamento e/ou planejamento psicoterapêutico, bem como o prognóstico.

Importante destacar que o Código de Ética do Psicólogo (CFP, 2005) explicita que a devolutiva é um direito do cliente e dever do psicólogo. O cliente/paciente tem direito às informações relativas à avaliação realizada e o psicólogo tem o dever de dar um fechamento ao processo, ou seja, apresentar os resultados, encaminhamento e prognóstico, para que uma nova etapa se inicie, a da psicoterapia.

Vantagens e desvantagens da entrevista clínica e de instrumentos de autorrelato

Não existem métodos de avaliação psicológica que sejam perfeitos e infalíveis para a prática clínica do psicólogo. Cada tipo de método apresenta seus méritos e suas limitações. Entretanto, isso não representa um contratempo para seu uso; ao contrário, o bom uso das ferramentas de trabalho do psicólogo clínico depende do conhecimento, pelo profissional, das evidências empíricas disponíveis, sejam elas resultados favorecendo ou desfavorecendo determinadas práticas de avaliação em contextos específicos. O que segue é uma breve revisão de alguns estudos sobre técnicas baseadas em entrevista clínica e autorrelato.

A ferramenta básica de trabalho do psicólogo clínico é a entrevista, e toda entrevista clínica bem conduzida deve iniciar por um *rapport* e um contrato, estabelecendo um diálogo empático, para então prosseguir investigando a queixa e as demandas do cliente/paciente. Em algumas situações, o cliente/paciente não possui uma demanda, mas está sendo submetido a avaliação clínica em função de um encaminhamento, seja por outro profissional, pelo setor de recursos humanos de uma empresa ou pelo sistema judiciário, por exemplo. Nesse caso, existem aspectos definidos *a priori* que devem ser investigados, em lugar de uma queixa trazida ao consultório pelo cliente/paciente. Em todos os casos, a flexibilidade da entrevista clínica a faz ser uma ferramenta extremamente útil na maioria dessas situações.

Existem diversos tipos de entrevistas que se prestam a finalidades clínicas específicas. Em geral, essas entrevistas tendem a ser semiestruturadas, constituídas por protocolos investigativos que fazem um mapeamento dos principais domínios de interesse. Por exemplo, na área dos transtornos psicológicos e psiquiátricos, existem excelentes entrevistas de triagem, como a *Structured Clinical Interview for DSM-IV* (SCID; First, Spitzer, Gibbon & Williams, 2002; First, Benjamin, Williams, Spitzer & Gibbon, 1997).

Algumas entrevistas, em vez de amplas, podem ser direcionadas a aspectos específicos do funcionamento psicopatológico (p. ex., Mula et al., 2008). Uma grande vantagem de entrevistas dessa natureza é que, por sua maneira sistemática e padronizada de investigação, favorecem a concordância entre as conclusões obtidas por diferentes profissionais (Del-Ben et al., 2001; Lobbestael, Leurgans & Arntz; Maffei et al., 1997; Ratzke, Moreno, Gorenstein & Moreno, 2011). Isso significa que, apesar de a entrevista ser fundamentada no julgamento clínico subjetivo, esses recursos, quando padronizados, possibilitam que diferentes profissionais estabeleçam inferências muito semelhantes a respeito de um mesmo cliente/paciente.

Uma desvantagem, entretanto, pode ser a influência da personalidade do profissional clínico ao julgar a severidade dos sinais e sintomas observados. Um exemplo prototípico é a avaliação da personalidade psicopática. O instrumento mais popular na área é a escala *Psychopathy Checklist-Revised* (PCL-R; Hare, 2003), cujos 20 itens em escala *Likert* de três pontos são pontuados a partir dos conteúdos de uma entrevista semiestruturada e da consulta a fontes externas de informação. Um estudo revelou que escores atribuídos aos itens avaliativos dos aspectos afetivos e do estilo de relacionamento interpessoal presentes na escala PCL-R são relativamente enviesados pela personalidade do psicólogo avaliador que pontua os itens (Miller, Rufino, Boccaccini, Jackson & Murrie, 2011). Particularmente, profissionais mais sociáveis, empáticos e modestos tendem a, sistematicamente, atribuir menores escores aos pacientes em comparação com os demais profissionais. Em vez de constituir um fenômeno restrito ao campo da avaliação da psicopatia, esse resultado pode refletir uma tendência geral de profissionais clínicos com uma personalidade mais empática e cooperativa no sentido de avaliar menos negativamente e de maneira mais ponderada os sinais e sintomas de seus clientes/pacientes. Isso não significa, de maneira radical, que o julgamento clínico baseado em entrevista não é fidedigno, mas apenas que a personalidade do profissional clínico pode constituir uma fonte de viés.

Outro método bastante popular de avaliação, já anteriormente discutido, é o autorrelato. Instrumentos de autorrelato são aqueles em que o próprio paciente ou cliente atribui um escore a si mesmo em uma série de critérios, com base em suas percepções e vivências psicológicas. Exemplos são escalas e inventários de personalidade e de psicopatologia, constituídos por itens pontuados nas tradicionais escalas *Likert*, que estabelecem uma ordem de concordância do cliente ou paciente com o conteúdo do item. Uma vantagem considerável desse método é que o autorrelato possibilita uma informação proveniente diretamente da fonte primária de interesse, que é o cliente ou o paciente (Widiger & Frances, 1987). Este tende a ser a pessoa que mais sabe a respeito das próprias vivências íntimas, de modo que o autorrelato é um método que se beneficia por produzir uma informação clínica sem o viés da inferência subjetiva do profissional clínico.

Inventários e escalas de autorrelato também são ótimos no que diz respeito a economizar tempo e recursos. Em um ambiente com alta rotatividade de pacientes, como um ambulatório ou hospital, escalas de autorrelato podem ser utilizadas para rastreio e triagem, orientando rápidas tomadas de decisão por parte dos profissionais clínicos.

Em contrapartida, o autorrelato também possui as suas limitações. A principal delas diz respeito a ser sensível a estilos de resposta do paciente ou cliente às contingências da situação de testagem. As pessoas tendem a, conscientemente ou não, oferecerem respostas, em inventários de autorrelato, que produzam uma descrição ou caracterização mais socialmente favorável de si mesmas (Uziel, 2010) – produzindo o que tem sido conhecido como respostas socialmente desejáveis. Isso não é exclusivo da avaliação de condições como a psicopatia, mas também vale para a personalidade e a psicopatologia em geral (Bäckström & Björklund, 2013). Embora haja um esforço contínuo, por parte de pesquisadores, no sentido de desenvolver procedimentos para eliminar esse viés dos escores de autorrelato, uma solução definitiva ao problema ainda permanece. Não obstante, alguns pesquisadores defendem que a magnitude desse tipo de viés nos escores de instrumentos de autorrelato é, na maioria das vezes, pequena demais para representar uma preocupação (Holden & Passey, 2010). O fenômeno tende a ser mais explícito e saliente quando o cliente/paciente está fazendo a avaliação como parte de uma demanda judicial, organizacional ou de outro tipo em que não foi o sujeito que procurou a avaliação clínica. Por exemplo, no caso da psicopatia, décadas de estudos científicos sustentam o uso de instrumentos de autorrelato em contextos de pesquisa (Lilienfeld & Fowler, 2006), mas não recomendam seu uso para avaliações quando há uma demanda jurídica. Outra situação seria o uso de instrumentos de autorrelato dessa natureza em uma situação de entrevista de emprego, que envolve diversos reforços para respostas socialmente desejáveis.

Em suma, a entrevista clínica e o autorrelato possuem seus pontos fortes e suas fragilidades. Uma avaliação equilibrada de ambas as estratégias permite, facilmente, refutar qualquer julgamento radical de que um ou outro é sem valor para a avaliação clínica. Ao contrário, ambos representam ferramentas insubstituíveis em diversos contextos de atuação profissional. As desvantagens listadas anteriormente devem servir como informações para pautar as decisões dos profissionais clínicos ao escolher seu instrumental de avaliação. Decisões baseadas em evidências tendem a aumentar a precisão do diagnóstico (se for o caso) e das conclusões estabelecidas pela avaliação psicológica.

Facetas da avaliação psicológica na clínica

Lam, Michalak e Swinson (2006), ao se referirem às vantagens de se utilizar uma avaliação mais sistematizada em clientes/pacientes com suspeita de diagnóstico psiquiátrico, listam uma série de pontos que o clínico deveria levar em consideração. Um aspecto é que o uso de escalas com características psicométricas adequadas não é, historicamente, uma rotina no cotidiano do clínico. No entanto, esse cenário vem mudando, pelo menos nos Estados Unidos, principalmente pelas descobertas da medicina baseada em evidências e pela utilização de "*guidelines*" (livros de guia de intervenção), que baseiam as intervenções em escores (pontuações) produzidos por determinadas escalas. Além disso, tem havido um crescente número de abordagens clínicas e psicoterápicas que incentivam o treinamento do cliente/paciente em discriminar/monitorar os sintomas para autogerenciamento (capacidade do indivíduo regular, p. ex., a forma como avalia as situações, impelido por uma atividade prévia solicitada pelo psicoterapeuta). Por último, é possível que as subsíndromes possam explicar a reduzida efetividade

de intervenções mais generalizadas. Escalas e inventários psicométricos, nesse sentido, cumprem um importante papel no planejamento de intervenções mais efetivas, dado que podem oferecer ao clínico informações mais acuradas sobre essas características subclínicas. Muitas vezes, como afirmam ainda Lam, Michalak e Swinson (2006), as escalas podem fornecer informações mais precisas e específicas de mudanças na sintomatologia dos clientes/pacientes, quando comparadas a entrevistas menos específicas.

Em acréscimo, em determinados diagnósticos, como por exemplo a depressão, pacientes com sintomas predominantemente afetivos podem se beneficiar mais de intervenções psicoterápicas quando comparados com aqueles que possuem mais sintomas somáticos, sendo que estes últimos podem se beneficiar mais de intervenções medicamentosas. No entanto, as intervenções combinadas geram resultados mais precoces e de maior duração do que intervenções isoladas (somente psicoterapia ou somente tratamento medicamentoso) (Pampallona, Bollini, Tibaldi, Kupelnick & Munizza, 2004).

Sintomas residuais, no caso da depressão, tais como sono perturbado e perda de energia, podem ser impeditivos de uma melhora mais significativa, aumentando as chances de recaída e tentativas de suicídio. Escalas podem oferecer a possibilidade de monitorar esses aspectos de forma mais sistematizada. Algumas escalas foram desenvolvidas para fornecer uma maior quantidade de informação, quando se fala de depressão. Como exemplo, tem-se a Escala Baptista de Depressão – Versão Adulto (EBADEP-A) (Baptista, 2012), que foi desenvolvida para fornecer mais descritores do que as escalas tradicionalmente utilizadas, já aprovada pelo SATEPSI. O clínico, ao dispor dessas informações, pode tomar decisões mais acertadas em relação à sua intervenção. Obviamente, o simples resultado da aplicação de uma escala não deve ser a única informação que o clínico deve obter, já que a exploração dos sintomas e suas contingências são tão importantes quanto a detecção dos mesmos. Outras características do avaliador devem estar também desenvolvidas, tais como capacidade de observação, perguntas pontuais, investigação ampla, relacionamento entre eventos e sintomas, dentre outras. Um relacionamento terapêutico depende não só do cliente/paciente, mas do terapeuta e da relação. Portanto, o clínico pode ter como prática a avaliação dos próprios procedimentos, habilidades e competências, além de ser aconselhável que o mesmo possa usufruir de supervisão e/ou ter um grupo de profissionais para a discussão constante dos casos atendidos.

Considerações finais

O presente capítulo buscou proporcionar, de maneira sucinta, os limites que definem a avaliação psicológica clínica, além de oferecer um panorama de algumas técnicas utilizadas na área. Seja por meio da testagem psicológica ou então via outras formas de investigação, a avaliação psicológica clínica é uma das demandas profissionais mais frequentes nas diversas atuações profissionais do psicólogo. A responsabilidade ética que recai sobre o psicólogo, portanto, exige que ele busque conhecimentos teóricos e treinamento que o ajudem em sua atuação profissional.

Ainda outros tópicos relacionados à avaliação clínica que não podem ser aqui negligenciados, incluindo a redação de um laudo ou parecer e a comunicação dos resultados da avaliação. Como discutido em outro capítulo do presente livro, muitas situações de avaliação exigem que

seja produzido um documento (laudo ou parecer) descrevendo as questões que motivaram a avaliação, a escolha das ferramentas técnicas, os resultados, sua interpretação e suas implicações. Em perícias psicológicas, por exemplo, pode haver quesitos, formulados por um juiz (ou alguma das partes envolvidas em um processo), que devem ser respondidos pelo psicólogo – tópico também abordado em um capítulo à parte do presente livro. Não importa a situação, o documento produzido pela avaliação clínica deve ser equilibrado e ponderado, e sempre levar em consideração os limites possíveis de inferência considerando os dados e as informações coletadas. É importante lembrar que o psicólogo não possui uma bola de cristal capaz de dizer o que os clientes ou pacientes vão fazer ou o que irá acontecer com eles em curto, médio ou longo prazo. A avaliação clínica é sempre um processo descritivo das forças e fraquezas de um indivíduo. A avaliação da psicopatia, por exemplo, representa apenas uma das múltiplas situações em que os pesquisadores na área costumam alertar contra potenciais abusos por parte de profissionais clínicos mal-informados (Hemphill & Hare, 2004). Vale mencionar também que, como discutido anteriormente, o psicólogo somente deve fundamentar uma avaliação e um documento dessa natureza em instrumentos com parecer favorável pelo SATEPSI.

No que diz respeito à comunicação dos resultados, ela pode variar de acordo com o tipo de avaliação clínica. A avaliação pode ter como solicitante uma instituição, o próprio indivíduo cliente ou paciente, um familiar do cliente ou paciente ou ainda outras possibilidades. Apesar das especificidades de cada situação, o parâmetro geral deve ser zelar pelo bem-estar e pela dignidade do cliente ou paciente, jamais expondo-o desnecessariamente. O sigilo da avaliação deve ser respeitado, e o destinatário das informações produzidas pela avaliação deve ser explicitado pelo profissional ao cliente ou paciente quando do contrato e *rapport* estabelecido.

Referências

Bäckström, M. & Björklund, F. (2013). Social desirability in personality inventories: symptoms, diagnosis and prescribed cure. *Scandinavian Journal of Psychology*, 54 (2), 152-159.

Barbieri, V. (2009). O psicodiagnóstico interventivo psicanalítico na pesquisa acadêmica: fundamentos teóricos, científicos e éticos. *Boletim de Psicologia*, 59 (131), 209-222.

Barbieri, V., Jacquemin, A. & Alves, Z. (2004). Alcances e limites do psicodiagnóstico interventivo no tratamento de crianças antissociais – Cadernos de Psicologia e Educação. *Paideia*, 14 (28), 153-167.

Baptista, M.N. (2009). *Inventário de Percepção de Suporte Familiar – IPSF – Manual técnico*. São Paulo: Vetor.

Bedin, L.M. & Sarriera, J.C. (2014). Propriedades psicométricas das escalas de bem-estar: PWI, SWLS, BMSLSS e CAS. *Avaliação Psicológica*, 13 (2), 213-225 [Disponível em http://pepsic.bvsalud.org/scielo.php?script=sci_arttext&pid=S1677-04712014000200009&lng=pt&tlng=pt].

Belar, C.D. & Deardorff, W.W. (2009). *Clinical health psychology in medical settings*: a practitionaer's guidebook. Washington, DC: American Psychological Association.

Belar, C.D., Hersch, L.E., Rozensky, R.H., Brown, R.T., Hornyak, R.A., Sheridan, E.P. & Reed, G.W. (2001). Self-Assessment in Clinicas Health Psychology: A model for Ethical Expansion of Practice. *Professional Psychology: Research and Practice*, 32 (2), 135-141.

Butcher, J.N. (2006). Assessment in clinical psychology: A perspective on the past, present challenges, and future prospects. *Clinical Psychology: Science and Practice*, 13 (3), 205-209.

Em última instância, o psicólogo é responsável por, constantemente, buscar se inteirar das resoluções do CFP que estabelecem normas para sua atuação profissional.

Capitão, C.G., Scortegagna, S.A. & Baptista, M.N. (2005). A importância da avaliação psicológica na saúde. *Avaliação Psicológica*, 4 (1), 75-82.

Cardoso, H.F. & Baptista, M.N. (2014). Escala de Percepção do Suporte Social (versão adulta) – EPSUS-A: estudo das qualidades psicométricas. *Psico-USF*, 19 (3), 499-510.

Conselho Federal de Psicologia [CFP] (2005). *Código de Ética Profissional do Psicólogo*. Brasília: [Disponível em http://site.cfp.org.br/wp-content/uploads/2012/07/codigo-de-etica-psicologia.pdf].

Childs, R.A. & Eyde, L.D. (2002). Assessment Training in Clinical Psychology Doctoral Programs: What Should We Teach? What do We Teach? *Journal of Personality Assessment*, 78 (1), 130-144.

Cohen, R.J., Swerdlik, M.E., Sturman, E.D. (2014). Testagem e avaliação psicológica. In: R.J. Cohen, M.E. Swerdlik & E.D. Sturman. *Testagem e avaliação psicológica*: introdução a testes e medidas. 8. ed. (p. 1-37). Porto Alegre: Artmed.

Del-Ben, C.M., Vilela, J.A.A., Crippa, J.A.S., Hallak, J.E.C., Labate, C.M. & Zuardi, A.W. (2001). Confiabilidade da "Entrevista Clínica Estruturada para o DSM-IV – Versão Clínica", traduzida para o português. *Revista Brasileira de Psiquiatria*, 23 (3), 156-159.

Elbert, J.C. & Holden, E.W. (1987). Child Diagnostic Assessment: Current Training Practices in Clinical Psychology Interships. *Professional Psychology: Research and Practice*, 18 (6), 587-596.

First, M.B., Benjamin, L., Williams, J.B.W., Spitzer, R.L. & Gibbon, M. (1997). *Structured Clinical Interview for DSM-IV Axis II Personality Disorders (SCID-II)(interview + questionnaire pack of 10)*. Washington, DC: American Psychiatric.

First, M.B., Spitzer, R.L., Gibbon, M. & Williams, J.B.W. (2002). *Structured Clinical Interview for DSM-*

-IV-TR Axis I Disorders, Research Version, Patient Edition. (SCID-I/P). Nova York: Biometrics Research/State Psychiatric Institute.

Gomes, M.A. (2015). Construção da Escala Motivos para Viver (EMVIVER) (Tese de doutorado). Programa de Pós-Graduação *Stricto Sensu* em Psicologia da Universidade São Francisco, 139 p.

Hare, R.D. (2003). *Manual for the Revised Psychopathy Checklist*. 2. ed. Toronto: Multi-Health Systems.

Hemphill, J.F. & Hare, R.D. (2004). Some Misconceptions about the Hare PCL-R and Risk Assessment: A Reply to Gendreau, Goggin, and Smith. *Criminal Justice and Behavior*, 31 (2), 203-243.

Holden, R.R. & Passey, J. (2010). Socially desirable responding in personality assessment: Not necessarily faking and not necessarily substance. *Personality and Individual Differences*, 49 (5), 446-450.

Joseph, S. & Wood, A. (2010). Assessment of positive functioning in clinical psychology: Theoretical and practical issues. *Clinical Psychology Review*, 30, 830-838.

Lam, R.W., Michalak, E.E. & Swinson, R.P. (2006). *Assessment Scales in Depression and Anxiety*. Ashford: Informa.

Lilienfeld, S. & Fowler, K.A. (2006). The self-report assessment of psychopathy: Problems, pitfalls, and promises. In: C.J. Patrick (ed.). *Handbook of Psychopathy* (p. 107-132). Nova York: The Guilford.

Lobbestael, J., Leurgans, M. & Arntz, A. Inter-rater reliability of the Structured Clinical Interview for DSM-IV Axis I Disorders (SCID-I) and Axis II Disorders (SCID-II). *Clinical Psychology & Psychotherapy*, 18 (1), 75-79.

Maffei, C., Fossati, A., Agostini, I., Barraco, A., Bagnato, M., Deborah, D. & Petrachi, M. (1997). Interrater reliability and internal consistency of the structured clinical interview for DSM-IV Axis II personality disorders (SCID-II), version 2.0. *Journal of Personality Disorders*, 11 (3), 279-284.

Miller, A.K., Rufino, K.A., Boccaccini, M.T., Jackson, R.L. & Murrie, D.C. (2011). On individual differences in person perception: raters' personality traits relate to their psychopathy checklist-revised scoring tendencies. *Assessment*, 18 (2), 253-260.

Mula, M., Pini, S., Calugi, S., Preve, M., Masini, M., Giovannini, I. & Cassano, G.B. (2008). Validity and reliability of the Structured Clinical Interview for Depersonalization-Derealization Spectrum (SCI-DER). *Neuropsychiatric Disease and Treatment*, 4 (5), 977-986.

Nezu, A.M., Ronan, G.F., Meadows, E.A. & McClure, K.S. (2000). *Practitioner's Guide to Empirically Based Measures of Depression*. Nova York: Kluwer Academic/Plenium.

Noronha, A.P.P. & Reppold, C.T. (2010). Considerações sobre a avaliação psicológica no Brasil. *Psicologia: Ciência e Profissão*, 30 (n. esp.), 192-201.

Pampallona, S., Bollini, P., Tibaldi, G., Kupelnick, B. & Munizza, C. (2004). Combined Pharmacotherapy and Psychological Treatment for Depression: A Systematic Review. *Archives of General Psychiatry*, 61 (7), 714-719.

Peuker, A.C., Habigzang, L.F., Koller, S.H. & Araujo, L.B. (2009). Avaliação de processo e resultado em psicoterapias: uma revisão. *Psicologia em Estudo*, 14 (3), 439-445 [Disponível em http://www.scielo.br/scielo.php?script=sci_arttext&pid=S1413-73722009000300004&lng=en&tlng=pt].

Primi, R. (2010). Avaliação psicológica no Brasil: fundamentos, situação atual e direções para o futuro. *Psicologia: Teoria e Pesquisa*, 26 (n. esp.), 25-35 [Disponível em http://www.scielo.br/scielo.php?script=sci_arttext&pid=S0102-37722010000500003&lng=en&tlng=pt].

Rangé, B. & Silvares, E.F.M. (2011). Avaliação e formulação de casos clínicos adultos e infantis. In: B. Rangé et al. *Psicoterapias cognitivo-comportamentais*: um diálogo com a psiquiatria. 2. ed. (p. 79-100). Porto Alegre: Artmed.

Ready, R.E. & Veague, H.B. (2014). Training in Psychological Assesment: Current Practices of Clinical Psychology Programs. *Professional Psychology: Research and Practice*, 45 (4), 278-282.

Tavares, M. (2007). A entrevista clínica. In: J.A. Cunha. *Psicodiagnóstico-V*. 5. ed. rev. e ampl. Porto Alegre: Artmed.

Uziel, L. (2010). Rethinking Social Desirability Scales: From Impression Management to Interpersonally Oriented Self-Control. *Perspectives on Psychological Science*, 5 (3), 243-262.

Weiner, I.B. (2012). Education and Training in Clinical Psychology: Correcting Some Mistaken Biliefs. *Clinical Psychology Science and Practice*, 19 (1), 13-16.

Widiger, T.A. & Frances, A. (1987). Interviews and inventories for the measurement of personality disorders. *Clinical Psychology Review*, 7 (1), 49-75.

Wood, J.M., Garb, H.N., Lilienfeld, S.O. & Nezworski, T. (2002). Clinical Assessment. *Annual Reviews Psychology*, 519-543.

Yoshida, E.M.P. (1998). Avaliação de mudança em processos terapêuticos. *Psicologia Escolar e Educacional*, 2 (2), 115-127 [Disponível em http://pepsic.bvsalud.org/scielo.php?script=sci_arttext&pid=S1413-8557 1998000200006&lng=pt&tlng=pt].

24
Aspectos práticos da avaliação psicológica nas organizações

Daniela Forgiarini Pereira

1 Contextualização do capítulo

A utilização da avaliação psicológica – primeiro método de trabalho do "psicólogo industrial" – difundiu-se efetivamente a partir dos resultados da testagem de grandes grupos na primeira e na segunda grandes guerras mundiais (Cruz, 2002). Desde então, a Psicologia Organizacional e do Trabalho (PO&T) tem se dedicado a estudar eventos comportamentais, ambientais e organizacionais através de instrumentos e procedimentos necessários à compreensão dos fenômenos ou processos psicológicos relacionados ao trabalho.

As primeiras ideias que marcaram a relação "psicologia e trabalho" são oriundas de estudos dos discípulos de Wundt, fundador do primeiro laboratório de Psicologia Experimental, em 1879. De acordo com Cruz (2002), Wundt foi um dos grandes estudiosos dos problemas humanos no trabalho, influenciando efetivamente seus alunos, entre os quais destacam-se Muensterberg, Cattell e Galton. Hugo Muensterberg destacou-se por impulsionar a realidade da Psicologia de Laboratório para a Psicologia Industrial, criando uma disciplina que pode ser identificada como organizadora dos fundamentos básicos da Psicotécnica, principal método de trabalho da Psicologia Industrial.

Outra grande influência no desenvolvimento da área, especialmente em relação à seleção de pessoas, segundo Paulon (1990), foi o estudo das diferenças individuais realizado por Cattell, Galton e Binet. Vale salientar a importância de tais estudos, pois, segundo a autora, os mesmos justificaram a opinião de que não é possível submeter seres humanos diferentes a sistemas de trabalho idênticos, ou seja, deviam-se selecionar as oportunidades de acordo com as aptidões individuais.

Paralelamente, no âmbito das organizações, o princípio do século XX foi dominado pelas visões analítica, empiricista e mecanicista de Taylor, posteriormente intensificada pelo fordismo. Conforme Tractenberg (1999), a organização era encarada como um sistema fechado com tarefas segmentadas, uniformizadas e otimizadas ao máximo, além de apresentar planejamento e controle rígidos. Daí a necessidade de os trabalhadores serem "cientificamente" selecionados e treinados para conseguirem alcançar suas potencialidades máximas.

Nesta linha, para Malvezzi (1994), os instrumentos criados pela Psicometria permitiram a aferição científica das condições apresentadas pelo trabalhador. Tudo poderia ser quantificado de uma maneira simplificadora, desde o perfil de traços até os resultados da aprendizagem, buscando materializar o controle conforme as diferentes teorias da inteligência e de habilidades específicas, como as de Spearman, Thorndike e Thurstone.

Posteriormente, nas décadas de 1960 e 1970, a incorporação da Teoria dos Sistemas representou um grande avanço ao paradigma simplificador, o qual foi ampliado a partir dos anos de 1980 e 1990, trazendo novas formas de entendimentos à área de Recursos Humanos. Tractenberg (1999) evidencia que os novos paradigmas trazem consigo uma atuação ampliada da Psicologia em todos os níveis da organização, além de uma visão pluralista e multidisciplinar. Bastos e Gondim (2010) corroboram a ideia da crescente ampliação das funções da Psicologia Organizacional vinculada com a evolução histórica, enfatizando o seu caráter interdisciplinar e articulado com os estudos econômicos, organizacionais e sociológicos.

Todas essas mudanças, somadas ao ambiente externo altamente competitivo, demandam agilidade e geração de novas tecnologias nos processos de Recursos Humanos. Na utilização de testes psicológicos para selecionar candidatos, por exemplo, Capelli (2003) aponta a ampliação gradual da utilização de tais instrumentos, relacionando-os com a cada vez mais evidente eficácia dos processos. Tal autor pontua que, numa pesquisa, realizada em 1998, pela *American Management Association*, 45% das 1.085 empresas-membro declararam utilizar um ou mais testes com candidatos a empregos, contra 35% do ano anterior.

Apesar da vasta utilização da testagem psicológica na Avaliação Psicológica nas Organizações (APO), existe grande concordância entre os teóricos de que a eficácia do uso de testes nesta área, assim como em qualquer outro campo, está relacionada à utilização de forma contextualizada

dos instrumentos (Capelli, 2003; Chiavenatto, 2000; Corradi, 2000; Milkovich & Boudreau, 2000; Pereira & Bandeira, 2009). Assim, é necessária uma análise minuciosa da tarefa, das responsabilidades, das condições de trabalho, das relações sociais e da cultura organizacional, além de profundo domínio, por parte do psicólogo, da variedade de testes que existem na área.

De acordo com Bastos e Gondim (2010), uma recente edição da pesquisa nacional do psicólogo brasileiro identificou que o campo de atuação da PO&T é ocupado por aproximadamente 1/4 dos profissionais de psicologia. Somado a este aspecto, estudos demonstram que esta área é a terceira da psicologia que mais utiliza testes psicológicos em sua prática profissional (Pereira & Bandeira, 2009). Tais estatísticas sugerem amplos estudos que embasem estas práticas. Entretanto, a comunidade científica de PO&T possui proporções reduzidas, o que acentua a distância entre o volume de questões implicadas na prática profissional do psicólogo organizacional e do trabalho e a produção de conhecimento científico que lhe dê suporte (Gondim, Borges-Andrade & Bastos, 2010), aspecto também justificado pelo pequeno número de mestrados e doutorados no Brasil com este foco (Borges-Andrade & Zanelli, 2004).

Sabe-se que a avaliação psicológica tem o compromisso de ser uma ferramenta facilitadora nos processos decisórios nas organizações (Pereira & Bandeira, 2009). Neste cenário, as demandas organizacionais apresentadas aos psicólogos diferem de acordo com o contexto, mas geralmente abrangem processos como os de recrutamento e seleção (R&S), análise de potencial e promoções, avaliação de desempenho (AD) e treinamento e desenvolvimento (T&D). Recentemente, outros cenários organizacionais têm-se mostrado como oportunidades para psicólogos que escolham por atuar com competência, seriedade e ética: a) as avaliações psicossociais (espaço confinado – p. ex., Guia Técnico da Norma Regulamentadora [NR] 33, Ministério do Trabalho e Emprego [MTE], 2013) e b) as avaliações psicológicas em psicologia aplicada à aviação. De acordo com a resolução da Agência Nacional de Aviação Civil (ANAC – www.anac.gov.br), nos atestados psicológicos é necessário conter resultados de avaliação de personalidade, atenção, memória e raciocínio. As demandas de avaliações psicológicas para porte de arma e trânsito também requerem formações específicas e são conhecimentos interessantes para o âmbito da PO&T.

Redigir um capítulo que consiga abarcar toda a complexidade da Avaliação Psicológica nas Organizações (APO) é uma tarefa desafiadora e, por si mesma, inconclusa. Com isso, a opção não foi aprofundar os paradigmas metodológicos, os conceitos de avaliação psicológica aplicada às organizações, ou mesmo as implicações éticas da atuação na área, temas bastante debatidos em oportunidades recentes (Pereira & Bandeira, 2009) e também nos capítulos anteriores deste livro. A partir da experiência de mais de quinze anos da autora deste capítulo, ministrando aulas focadas em APO em cursos de graduações e pós-graduações, algumas dúvidas de estudantes de psicologia e psicólogos têm sido particularmente frequentes. Consequentemente, este capítulo está dedicado ao debate e à reflexão de alguns destes constantes questionamentos.

2 Questionamentos frequentes relacionados à Avaliação Psicológica nas Organizações (APO)

Optar por escrever um capítulo com questões paradoxais exige humildade e renúncia.

Sabe-se que muitos destes questionamentos são controversos e não possuem respostas certas ou erradas, sendo que o objetivo não é fechar o debate do assunto, mas ampliar a reflexão. Com isso, o intuito deste texto é compartilhar com o leitor o que a prática do ensino e da realização de avaliações psicológicas em contextos organizacionais, aliada à experiência acadêmica de mestrado e doutorado, têm sugerido para a autora. Para tanto, foi utilizada a técnica didática de perguntas e respostas para facilitar o entendimento do leitor.

2.1 O mais frequente questionamento: Quais são os testes que constam na lista do Sistema de Avaliação de Testes Psicológicos (SATEPSI) que podem ser utilizados em APO?

A primeira lista do Sistema de Avaliação dos Testes Psicológicos (SATEPSI), do Conselho Federal de Psicologia (CFP), foi disponibilizada em 2003. O SATEPSI consiste em uma norma de certificação de instrumentos de avaliação psicológica que avalia e qualifica os instrumentos em aptos ou inaptos para uso profissional com a meta de elevar a qualidade dos testes psicológicos (Primi, 2010).

A lista do SATEPSI não tem como objetivo indicar o contexto de utilização dos testes psicológicos. Com isso, cabe ao psicólogo escolher, dentro dos instrumentos aprovados, aqueles que mais adequadamente atendem à demanda da avaliação, além de considerar, obviamente, o conhecimento técnico deste profissional sobre o mesmo e todas as implicações éticas relacionadas a este papel.

Embora pareça simplista, entende-se essencial, da lista aprovada em dezembro de 2015

(158: número total de testes psicológicos aprovados nesta data), citar alguns dos testes psicológicos que têm trazido bons resultados ao contexto da APO (desta lista, nesta data, 50 testes psicológicos usualmente utilizados na área e comercializados para psicólogos com CRP ativo). Trata-se de um grande avanço para a PO&T ter mais de 30% de instrumentos aptos e contextualizados à APO. A primeira lista, em 2003, tinha menos de 10% de instrumentos com tal finalidade. Por questões didáticas, optou-se por separar nos seguintes constructos a fim de facilitar a elaboração das baterias: personalidade,

personalidade com aplicação online, habilidades cognitivas específicas (memória, atenção e raciocínio/inteligência), estresse e criatividade. Estudos aprofundados dos manuais e de pesquisas atuais são necessários para o aprofundamento destas escolhas.

Cabe salientar que todas as informações citadas a seguir constam no site www.satepsi.cfp.org. br em 29/12/2015 da forma que estão descritas. A lista elaborada pela autora não tem a intenção de ser exaustiva, sendo que alguns instrumentos podem ter a recomendação para utilização em APO e não constam neste texto.

Tabela 1 Personalidade

Teste	Autores	Editora
BFP – Bateria Fatorial de Personalidade	Nunes, Hutz e Nunes	Casa do Psicólogo
CPS – Escala de Personalidade de Comrey	Costa	Vetor
EFN – Escala Fatorial de Ajustamento Emocional/ Neuroticismo	Hutz e Nunes	Casa do Psicólogo
Z-Teste (Técnica de Zulliger)	Vaz	Casa do Psicólogo
Zulliger – Sistema Compreensivo – ZSC – forma individual	Primi e Villemor-Amaral	Casa do Psicólogo
IFP-II – Inventário Fatorial de Personalidade	Leme, Rabelo e Alves	Casa do Psicólogo
Rorschach – Teoria e Desempenho (Sistema Klopfer)	Vaz	Não consta
Rorschach – Sistema Compreensivo	Villemor-Amaral, Nascimento e Silva Neto	Casa do Psicólogo
STAXI-2 – Inventário de Expressão da Raiva como Estado e Traço	Não consta	Vetor
QUATI	Zacharias	Vetor
Palográfico – O Teste Palográfico na Avaliação da Personalidade	Alves e Esteves	Vetor
NEO PI-R – Inventário de Cinco Fatores NEO Revisado NEO FFI – R (versão curta)	Primi, Nascimento, Nunes e Flores-Mendonza	Vetor
Pfister – As Pirâmides Coloridas de Pfister	Villemor-Amaral	Casa do Psicólogo
PMK – Psicodiagnóstico Miocinético	Mira, Pasquali, Tróccoli, Cruz, Sardá Junior e Legal	Vetor
EATA – Escala para Avaliação de Tendência à Agressividade	Sisto	Casa do Psicólogo
IHS – Inventário de Habilidades Sociais	Del Prette e Del Prette	Não consta

Tabela 2 Personalidade – Informatizados na aplicação (online) – Exigem certificação para a utilização

Teste	Autores	Editora
HumanGuide	Welter	Vetor
LABEL – Lista de Adjetivos Bipolares em Escalas de Likert	Gendre, Oswald e Capel	Moityca Eficiência Empresarial
MAPA – Método de Avaliação de Pessoas	Duarte	Neyde Vieira Duarte
HPI – Inventário Hogan de Personalidade	Couto e Holer	Não consta
MBTI – Myers-Briggs Type Indicator – Inventário de Tipos Psicológicos	Couto	Felipelli Instrumentos de Diagnóstico e Desenvolvimento Organizacional

Tabela 3 Habilidades cognitivas específicas – Memória

Teste	Autores	Editora
TEPIC-M – Teste Pictórico de Memória Visual	Javier, Rueda e Sisto	Vetor
BFM-2 – Bateria de Funções Mentais para Motorista – Teste de Memória	Tonglet	Vetor
MVT – Teste de Memória Visual para o Trânsito	Rabelo	Casa do Psicólogo
TEM-R – Teste de Memória de Reconhecimento	Rueda e Raad	Não consta

Tabela 4 Habilidades cognitivas específicas – Atenção

Teste	Autores	Editora
AC e AC 15 – Testes de Atenção Concentrada	Cambraia	Vetor
BFM 1 – Bateria de Funções Mentais para Motorista (Testes de Atenção)	Tonglet	Vetor
BFM 4 – Bateria de Funções Mentais para Motorista (Testes de Atenção Concentrada)		
BGFM 1 – Bateria Geral de Funções Mentais – Atenção Difusa	Tonglet	Vetor
BGFM 2 – Bateria Geral de Funções Mentais – Atenção Concentrada		
Teste D2 – Atenção Concentrada	Bittencourt	CETTEP
Testes de Atenção Dividida e Sustentada	Bartholomeu, Noronha, Lamounier, Sisto e Rueda	Não consta
TEACO FF – Teste de Atenção Concentrada	Rueda e Sisto	Casa do Psicólogo
TEADI e TEALT – Teste de Atenção Dividida e Teste de Atenção Alternada	Rueda	Não consta
TAS – Teste de Atenção Seletiva	Silva	Não consta
BPA – Bateria Psicológica para Avaliação da Atenção	Rueda	Não consta
EASV – Escala de Atenção Seletiva Visual	Castro e Sisto	Casa do Psicólogo

24 Aspectos práticos da avaliação psicológica nas organizações · Parte III · 373

Tabela 5 Raciocínio / inteligência

Teste	Autores	Editora
BETA III – Teste Não Verbal de Inteligência Geral	Alves, Leme, Rabelo, Ambiel e Pacanaro	Casa do Psicólogo
BPR-5 – Bateria de Provas de Raciocínio	Almeida e Primi	Casa do Psicólogo
Teste D-70 – Manual Revisado e Ampliado	Alves	Centro Editor de Testes e Pesquisas em Psicologia
HTM – Teste de Habilidade para o Trabalho Mental	Wainstein e Prado	Vetor
V-47 – Teste Verbal de Inteligência	Não consta	Vetor
TIG-NV – Teste de Inteligência Geral – Não Verbal	Tosi	Casa do Psicólogo
G-36 – Teste Não Verbal de Inteligência	Boccalandro	Vetor
G-38 – Teste Não Verbal de Inteligência	Boccalandro	Vetor
R-1 – Teste Não Verbal de Inteligência	Alves	Vetor
TCR – Teste Conciso de Raciocínio	Sisto	Vetor
WMT – Testes Matrizes de Viena	Schlottfeldt, Pereira, Malloy--Diniz, Welter e Carvalho	CETTEP

Tabela 6 Estresse

Teste	Autores	Editora
EVENT – Escala de Vulnerabilidade ao Estresse	Noronha, Baptista, Sisto e Santos	Vetor
ISSL – Inventário de Sintomas de Stress para Adultos de Lipp	Lipp	Casa do Psicólogo

Tabela 7 Criatividade

Teste	Autores	Editora
Estilos de Pensar e Criar	Wochclor	Não consta
Teste de Torrance – Avaliação da Criatividade por Figuras e Palavras	Wechsler	LAMP/PUC Campinas
Teste 1 – Pensando Criativamente com Palavras		
Teste 2 – Pensando Criativamente com Figuras		

2.2 Questão recente: Como elaborar uma bateria de avaliação psicológica para Espaço Confinado e altura?

Trata-se de um debate bastante atual e importante. Profissionais designados para executar atividades em Espaço Confinado podem estar inseridos em diferentes segmentos laborais, como as indústrias de papel e celulose, gráfica, alimentícia, borracha, couro e têxtil, química e petroquímica, beneficiamento de minérios, siderurgia e metalurgia, nas operações marítimas e também em serviços básicos como eletricidade, gás, água e esgoto e telefonia (Kulcsar Neto, Possebom & Amaral, 2009). O MTE (2006), ao visar a segurança dos profissionais designados ao trabalho em ambientes confinados, tem como diretriz a NR-33 (2006) de Gestão de Segurança e Saúde nos Trabalhos em Espaços Confinados, publicada em dezembro de 2006 com última atualização pela Portaria MTE 1.409 de 29/08/2012. Para definir o que é um espaço confinado é fundamental mensurar três variáveis: geometria, acessos e atmosfera. A NR-33 (Brasil, 2006, p. 4) estabelece Espaço Confinado como:

> Qualquer área ou ambiente não projetado para ocupação humana contínua, que possua meios limitados de entrada e saída, cuja ventilação existente é insuficiente para remover contaminantes ou onde possa existir a deficiência ou enriquecimento de oxigênio. Espaços confinados são ambientes potencialmente mortais, sendo fundamental o planejamento, a programação, a implementação e avaliação da gestão de segurança e saúde, através de medidas técnicas, administrativas, pessoais e capacitação.

Um espaço confinado não é determinado apenas pelo fato do trabalho ser realizado em um local fisicamente restritivo. Mais do que isso,

ele pode ser potencialmente perigoso porque, geralmente, não é projetado para ser uma área onde as pessoas exerçam uma atividade laboral. É consenso que trabalhar em um espaço confinado impõe riscos físicos e psicológicos e se torna necessário certificar que a segurança e a saúde física e mental do trabalhador sejam monitoradas e preservadas. O estudo de Marques e Lopes (2008) com uma amostra de funcionários em uma plataforma marítima ilustrou de que forma os diversos fatores, entre eles ruídos, alta temperatura e o próprio risco da atividade, além de estressar o trabalhador, podem prejudicar o desempenho na execução de suas tarefas. Mais do que isso, os autores assinalam a influência dessas variáveis no prejuízo da qualidade de vida de cada indivíduo inserido naquele contexto.

Já, para que um profissional seja considerado capacitado para trabalho em altura (NR-35), ele deve participar constantemente de treinamentos teóricos e práticos. Seu estado de saúde deve ser avaliado constantemente para garantir sua integridade. O trabalho em altura deve sempre ser precedido de uma análise de risco para avaliação, identificação e antecipação de eventos indesejados ou possibilidade de ocorrência de acidentes. A NR-35 não estabelece uma metodologia específica, porém exige a documentação desta etapa.

Dentro do contexto da Segurança do Trabalho é necessário assegurar-se de que o indivíduo que pretende trabalhar nesse ambiente esteja devidamente qualificado para tal atividade. Isso posto, é imprescindível estabelecer um protocolo de avaliação para todo profissional envolvido direta ou indiretamente com atividades em espaço confinado que abarque tanto exames clínicos quanto variáveis psicossociais de risco. Indubitavelmente, o exame psicológico faz parte do processo avaliativo e devem ser utilizados métodos adequados, tais como testes psicométricos e entrevistas.

A avaliação psicossocial no âmbito do espaço confinado engloba, inicialmente, a análise da história ocupacional e clínica do candidato. Mais do que isso, segundo a NR-33 (2006) é necessário lançar mão de uma avaliação psicossocial com o objetivo de averiguar o perfil psicológico, bem como de identificar prováveis comportamentos que poderiam afetar a capacidade e a segurança do futuro trabalhador. Como ressaltam Guimarães, Martins e Botelho (2013), a avaliação psicossocial abrange aspectos relacionados a: (a) saúde geral; (b) nível de satisfação com o trabalho; (c) necessidades e motivações; (d) tolerância para lidar com o estresse inerente à função; (e) forma como organiza a atividade a ser executada e, finalmente, (f) capacidade da rede social e familiar para apoiá-lo. É importante ressaltar que, por envolver um ambiente necessariamente de risco e exercer uma tarefa muito específica, avaliar a atenção do trabalhador é condição *sine qua non*. É através dessa avaliação global que o psicólogo poderá emitir um parecer que auxilie o médico do trabalho quanto à aptidão do trabalhador para exercer tal função.

Uma proposta de protocolo para avaliação psicossocial de trabalhadores que atuam em espaço confinado é o adotado pelo Serviço Social da Indústria do Paraná (SESI/PR, 2012). Essa metodologia contempla os itens a seguir: (1) a qualidade de vida; (2) os relacionamentos interpessoais (vida social e trabalho); (3) o uso de álcool e outras drogas; (4) a trajetória profissional (breve histórico das experiências profissionais anteriores); (5) a aplicação do *Self Reporting Questionaire* (SRQ-20); (6) os sintomas de Depressão e Ansiedade; (7) a investigação pelos critérios do Manual Diagnóstico e Estatístico de Transtornos Mentais (DSM-IV) da presença de Transtorno Afetivo Bipolar, Fobia Específica, Agorafobia, Transtorno Obsessivo-compulsivo, Psicose e, por último, (8) as funções do ego.

O psicólogo que atua na área de avaliação psicológica em espaço confinado e altura necessita ter treinamento em técnicas de entrevista além de definir uma bateria de testes condizentes com a demanda. Usualmente, utilizam-se os instrumentos Sintomas de Estresse para Adulto de Lipp (ISSL – Lipp, 2000) e a Escala de Vulnerabilidade ao Estresse no Trabalho (EVENT – Sisto et al., 2007) para avaliar o nível de estresse e vulnerabilidade. A avaliação da inteligência geral costuma ser observada através do Teste Não Verbal de Inteligência Geral BETA III (Kelogg & Morton, 2011) ou TIG-NV (Tosi, 2008) que também oportuniza a análise neuropsicológica. Quando o foco é a Atenção Concentrada, Difusa, Dividida, Distribuída e Alternada estão bem-indicados os instrumentos Teste de Atenção Concentrada D2 (Brickenkamp, 2000), Teste de Atenção Concentrada-TEACO-FF (Rueda & Sisto, 2009), Teste de Atenção Difusa-TEDIF (Tonglet, 2002), Teste de Atenção Dividida-TEADI (Rueda, 2010), Teste de Atenção Alternada-TEALT (Rueda, 2010). Muitos psicólogos utilizam o Teste Palográfico (Minicucci, 2002), a Técnica de Zulliger (Vaz, 1998) e a Bateria Fatorial de Personalidade (BFP – Nunes, Hutz & Nunes, 2010) para avaliar os diferentes fatores da personalidade com especial foco nos aspectos que indicam instabilidade emocional, perda de controle de impulso, desajuste social e vulnerabilidade. Quanto à forma de manifestação específica da raiva, o Inventário de Expressão de Raiva como Traço e Estado (STAXI – Biaggio, 2003) também tem sido utilizado. A fim de realizar a mensuração da memória, o recurso possível é o Teste Psicológico TEPIC-M – Teste Pictórico de Memória, instrumento que avalia a memória visual por meio de estímulos figurais em um curto período de tempo (Rueda & Sisto, 2007). Finalmente, para verificar a presença de sintomatologia ansiosa e/ou depressão, em avaliações mais completas, os Inventários de Ansiedade e Depressão de Beck (Cunha, 2001) são considerados padrão-ouro.

Embora a prática deste tipo de avaliação esteja bem intensa, pesquisas na área da avaliação psicossocial para trabalhadores em espaço confinado e altura no Brasil ainda são limitadas. Um exemplo recente da metodologia utilizada para avaliação psicossocial foi apresentado, através do relato de caso, por Ueda e Silva (2013). As autoras acreditam ser necessário tanto o reconhecimento do contexto psicossocial quanto a detecção das variáveis individuais e sociais que possam comprometer a dinâmica da personalidade do entrevistado. Para caracterizar as relações interpessoais e a trajetória profissional, utilizaram entrevista e observação. Sintomas psiquiátricos foram avaliados através do *Self Reporting Questionaire* (ISRQ-20; Santos, Araújo & Oliveira, 2009), do Inventário de Ansiedade de Beck (BAI; Cunha, 2001) e do Inventário de Depressão de Beck (BDI; Cunha, 2001). Atenção e raciocínio foram verificados através do Teste de Inteligência Não Verbal (Teste R1; Alves, 2002) e do TEACO-FF (Rueda & Sisto, 2009). Já a pesquisa de Oliveira, Perez, Mastrogiacomo e Lima (2012) com trabalhadores das usinas hidrelétricas da Companhia Energética de São Paulo (CESP) buscou avaliar a capacidade cognitiva e emocional dos participantes utilizando testes de atenção concentrada, dividida e alternada, além de testes de personalidade e entrevista psicológica.

Aprimorar a seleção dos candidatos que pretendem executar tarefas em espaço confinado é uma meta a ser atingida e deveria incluir a análise do perfil de liderança e das habilidades interpessoais que podem ser elementos importantes na prevenção da diminuição no desempenho laboral. Dessa forma, procurar identificar no candidato traços de personalidade que possam prever a capacidade de trabalhar sob estresse e interagir de forma produtiva como os demais membros da equipe parece ser um ponto-chave. Os psicólogos responsáveis pela avaliação dos trabalhadores em espaço confinado devem levar em consideração as variáveis psicossociais de comportamento e desempenho que podem ter um impacto significativo sobre o resultado do trabalho executado em cada contexto. O impacto dessas variáveis sobre o funcionário pode acarretar desde uma leve diminuição no desempenho na execução da tarefa, passando pelo decréscimo da qualidade de vida e bem-estar, até uma falha catastrófica que pode levar, inclusive, à morte. Para tanto, além de aferir quais as características de personalidade que podem predizer o desempenho na tarefa, a avaliação deve levar em conta o estilo de enfrentamento adotado frente a situações de risco e também a maneira como o estresse provocado pelo isolamento e confinamento atua nas emoções e desempenho cognitivo específicos de cada indivíduo.

2.3 Em qual etapa dos processos seletivos deve-se utilizar a entrevista comportamental por competências?

A prática da autora tem revelado que o ideal é planejar a entrevista comportamental por competência já tendo aplicado e levantado os testes psicológicos. Existe evidência de décadas de estudo sugerindo que as entrevistas podem ser um bom previsor desde que utilizadas apropriada e cuidadosamente (Milkovich & Boudreau, 2006). A entrevista comportamental diferencia-se dos outros tipos de entrevistas por ser uma entrevista estruturada, com questões embasadas no perfil de competências do cargo, com perguntas abertas e específicas, com verbos de ação no passado e perguntas planejadas para identificar a presença ou ausência de capacidade para resolver determinada situação (Almeida, 2004; Campion, Palmer & Campion, 1997; Harris, 1989; Rabaglio, 2005).

Os objetivos que direcionam a entrevista comportamental referem-se à investigação da experiência passada do candidato em situações vivenciadas e quais as soluções praticadas por ele. Pretende-se, na entrevista, acessar informações sobre os comportamentos passados do candidato no trabalho e verificar se estes comportamentos compreendem o repertório requisitado no perfil de competências do cargo ao qual ele está se candidatando (Almeida, 2004; Rabaglio, 2005).

Na entrevista comportamental espera-se que a pessoa em avaliação consiga relatar seus comportamentos de forma focada e específica, demonstrando que, em determinada situação ou contexto, agiu de uma maneira tal que proporcionou a obtenção dos resultados almejados. Rabaglio (2005) sugere que o entrevistador, na entrevista comportamental, tenha em mente que um exemplo de comportamento adequado deve ser aquele que contenha o contexto (C) definido, a ação (A) implementada e o resultado (R) obtido, ou seja, o candidato em avaliação deve completar o ciclo de resposta Contexto-Ação-Resultado (CAR) para cada questão formulada. Caso isto não ocorra, o entrevistador deve utilizar estratégias de sondagem e exploração para compreender o que levou o candidato a não completar o ciclo.

A fim de tornar mais didático o capítulo, relacionando o tema deste item com a questão 2.2, sugere-se incluir na avaliação psicológica para espaço confinado e altura algumas perguntas comportamentais por competências similares a estas, utilizadas apenas como exemplos:

• Fale-me sobre uma situação em que você precisou passar por cima de algumas normas da empresa para solucionar um problema e como foi.

• Conte-me sobre uma situação na qual você insistiu em defender suas crenças sobre segurança do trabalho frente a uma visão contrária da sua liderança.

• Conte-me sobre alguma situação inesperada relacionada à segurança que tenha lhe acontecido no seu último trabalho e como você reagiu.

• Relate-me uma situação na qual você percebeu que um de seus colegas ia cometer um grave erro. Como você procedeu?

• Descreva uma situação que você trabalhava com algum colega que tinha alguma atitude contrária às melhores práticas de segurança no trabalho. O que você fez para influenciar essa pessoa a alterar esta atitude?

• Você já presenciou um acidente de trabalho? Relate-me como foi.

• Qual foi a situação de maior sucesso que você vivenciou em relação a um momento de grande estresse no trabalho (ou sobrecarga de trabalho)? E, pelo contrário, quando você reagiu de uma forma diferente do que faria hoje (fracasso)?

2.4 Questão bastante polêmica: Qual é a forma mais adequada para tratar o documento derivado da APO?

No corpo da Resolução n. 007/2003 do CFP, salientam-se os diferentes formatos de documentos gerados pelos psicólogos e orienta-se sobre a elaboração de quatro diferentes tipos de documentos: Declaração, Atestado Psicológico, Relatório/Laudo Psicológico e Parecer Psicológico.

A declaração é um documento que, como o próprio nome traduz, declara sobre o comparecimento e atendimento da pessoa atendida, bem como informa as condições desta relação tais como dia e/ou horário do atendimento. Assim, é um documento que não informa especificidades da relação estabelecida com a pessoa atendida, tais como sintomas ou estado psicológico.

O atestado, por sua vez, é um documento no qual se registram sintomas e estados psicológicos com o intuito de incluir ou excluir momentaneamente a pessoa atendida. O atestado de exclusão é aquele que comumente decorre das situações pontuais de incapacidade circunstancial para o trabalho, constatada pelo profissional a partir do acompanhamento de seu paciente. Menos comum, mas em crescente uso, tem sido a produção do atestado de inclusão, no qual o psicólogo atesta a capacidade laboral da pessoa que acompanha em atendimento e que possui alguma deficiência, mas não está incapacitada para o trabalho.

O laudo ou relatório é um documento descritivo sobre as determinações históricas, sociais, políticas e culturais da pessoa avaliada e pesquisada no processo de avaliação psicológica. Segundo Lima e Werlang (2011), "explicita informações pessoais do sujeito em avaliação, portanto os dados explanados são da responsabilidade exclusiva do profissional psicólogo" (p. 13). Assim, dada a sua especificidade, é um documento bastante detalhado, amplo e que analisa as condições psicológicas da pessoa avaliada em profundidade.

Já os pareceres, embora sejam documentos resumidos que se propõem a responder uma questão pontual e que, portanto, têm caráter indicativo ou conclusivo, não deveriam ser, segundo Lima e Werlang (2011), "documentos decorrentes de avaliações psicológicas, ou seja, não são elaborados com base no uso de estratégias, métodos e técnicas específicas da Psicologia, como os testes psicológicos" (p. 13).

A autora deste capítulo acredita que o mais adequado é que os Psicólogos atuantes na área de Psicologia Organizacional e do Trabalho unam forças para propor, junto ao CFP, a utilização dos termos síntese, resumo, laudo resumido ou informe de avaliação psicológica como resultantes da APO. Sabe-se que a Resolução n. 007/2003 está sendo revisada e espera-se que este fato seja considerado.

3 Desafio: repensar possibilidades de qualificar a prática profissional na APO

Neste capítulo, a proposta não foi esgotar a discussão sobre o tema APO, mas sim apontar algumas reflexões que devem ser aprofundadas a fim de qualificar a prática profissional na área. A todos os profissionais que atuam nas organizações com avaliações psicológicas ressalta-se a necessidade de maior divulgação de suas práticas, para que a ciência psicológica obtenha dados que possibilitem e impulsionem cada vez mais o seu desenvolvimento.

Com isso, a autora deste capítulo convida a todos os psicólogos organizacionais que desejam atuar com APO ou que já atuem nesta área que compartilhem suas práticas em congressos e eventos científicos possibilitando, com isso, o desenvolvimento da área e dos programas de pós-graduação específicos.

Referências

Almeida, W. (2004). *Captação e seleção de talentos:* repensando a teoria e a prática. São Paulo: Atlas.

Alves, I.C.B. (2002). *R-1* – Teste não verbal de inteligência de Rynaldo de Oliveira: manual. São Paulo: Vetor.

Bastos, A.V.B. & Gondim, S.M.G. (2010). *O trabalho do psicólogo no Brasil*. Porto Alegre: Artmed.

Biaggio, A.M.B. (2003). *Inventário de expressão de raiva como estado e traço* (S.T.A.X.I.) – Manual técnico. São Paulo: Vetor.

Borges-Andrade, J.E. & Zanelli, J.C. (2004). Psicologia e produção do conhecimento em organizações de trabalho. In: J.C. Zanelli, J.E. Borges-Andrade & A.V.B. Bastos (orgs.). *Psicologia, organizações e trabalho no Brasil* (p. 492-517). Porto Alegre: Artmed.

Brasil (2006). Ministério do Trabalho e Emprego. Norma Regulamentadora n. 33: segurança e saúde nos trabalhos em espaços confinados. *Diário Oficial da União* [Disponível em http://www.mte.gov.br/legislacao/normas_regulamentadoras/nr_33.pdf].

Brickenkamp, R. (2000). *Teste D2 de atenção concentrada* – Manual, instruções, avaliação e interpretação. São Paulo: CETEPP.

Campion, M., Palmer, D. & Campion, J. (1997). A review of structure in the selection interview. *Personnel Psychology*, 50, 655-702.

Capelli, P. (2003). *Contratando e mantendo as melhores pessoas* (Trad. de N. Montingelli). Rio de Janeiro: Record.

CFP (2003). *Resolução n. 007/2003* – Institui o Manual de Elaboração de Documentos Escritos produzidos pelo psicólogo, decorrentes de avaliação psicológica e revoga a Resolução CFP 17/2002. Brasília, DF.

Chiavenato, I. (2000). *Recursos humanos*. São Paulo: Atlas.

Corradi, R.M.R. (2000). Avaliação psicológica na seleção de talentos humanos: uma análise das percepções dos agentes envolvidos. *V Encontro Mineiro de Avaliação Psicológica:* teorização e prática. Belo Horizonte: PUC Minas [Mesa-redonda].

Cunha, J.A. (2000). Catálogo de técnicas úteis. In: J.A. Cunha (org.). *Psicodiagnóstico-V* (p. 202-290). Porto Alegre: Artmed.

Cunha, J.A. (2001). *Manual da versão em português das Escalas Beck*. São Paulo: Casa do Psicólogo.

Cruz, R.M. (2002). Medidas psicológicas em Psicologia do Trabalho e das Organizações. In: R.M. Cruz, J. Alchieri & J. Sardá (orgs.). *Avaliação e medidas psicológicas*. São Paulo: Casa do Psicólogo.

Gondim, S.M., Borges-Andrade, J.E. & Bastos, A.V. (2010). Psicologia do Trabalho e das Organizações: produção científica e desafios metodológicos. *Psicologia em Pesquisa*, 4 (2), 84-99.

Guimarães, L.A.M., Martins, D.A. & Botelho, A.S.O. (2013). Contribuições para a avaliação psicossocial da norma reguladora 33 (NR-33). *Perspectivas em Gestão e Conhecimento*, 3, 57-66 [Disponível em http://periodicos.ufpb.br/ojs2/index.php/pgc/article/download/16973/9790].

Harris, M.M. (1989). Reconsidering the employment interview: a review of recent literature and suggestions for future research. *Personnel Psychology*, 42, 691-726.

Hutz, C.S. & Nunes, C.H.S.S. (2001). *Escala fatorial de ajustamento emocional/neuroticismo* – EFN. São Paulo: Casa do Psicólogo.

Kelogg, C.E. & Morton, N.W. (2011). *Teste Não Verbal de Inteligência Geral BETA III*. São Paulo: Casa do Psicólogo.

Kulcsar Neto, F., Possebom, J. & Amaral, N.C. (2009). *Espaços confinados* – Livreto do trabalhador. São Paulo: FUNDACENTRO [Disponível em http://portal.mte.gov.br/data/files/FF8080812BCB2790012BD503FD047F11/Espaos%20Confinados%20.pdf].

Lima, G.Q. & Werlang, B.S.G. (2011). Elaboração de documentos psicológicos. *Caderno Entrelinhas*, 55, 13.

Lipp, M.E.N. (2000). *Inventário de sintomas de stress para adulto de Lipp* – ISSL. São Paulo: Casa do Psicólogo.

Malvezzi, S. (1994). Do taylorismo ao comportamentalismo: 90 anos de desenvolvimento de recursos humanos. In: G.G. Boog. *Manual de treinamento e desenvolvimento*. São Paulo: Makron.

Marques, J.F.M. & Lopes, M.A.B. (2008). Aspectos psicológicos de trabalhos em áreas de risco: um estudo de caso. *IV Congresso Nacional de Excelência em Gestão* [Disponível em http://www.latec.uff.br/cneg/documentos../anais_cneg4/T7_0013_0259.pdf].

Milkovich, G.T. & Boudreau, J. (2006). *Human Resource Management*. Chicago: Irvin.

Minicucci, A. (2002). *Teste palográfico*. 3. ed. São Paulo: Vetor.

Nunes, C.H.S.S., Hutz, C.S. & Nunes, M.F.O. (2010). *Bateria Fatorial de Personalidade* – BFP. São Paulo: Casa do Psicólogo.

Oliveira, F.P., Perez, R., Mastrogiacomo, V.D. & Lima, L.A. (2012). *Atenção concentrada em trabalhadores de usinas hidrelétricas no Estado de São Paulo* [Disponível em http://www.cbpot2012.com.br/trabalhos/trabalho_aprovado.php?id_trabalho=8432&ev=1].

Paulon, S.M. (1990). Ressignificando as determinações históricas da seleção de pessoal. *Psicologia: Ciência e Profissão*, 1, 24-27.

Pereira, D.F. & Bandeira, D.R. (2009). *Aspectos práticos da avaliação psicológica nas organizações*. São Paulo: Vetor.

Primi, R. (2010). Avaliação psicológica no Brasil: fundamentos, situação atual e direções para o futuro. *Psicologia: Teoria e Pesquisa*, 26, n. esp., 25-35.

Rabaglio, M.O. (2005). *Seleção por competências*. São Paulo: Educator.

Rueda, F.M. (2010). *Teste de Atenção Dividida* (TEADI) e *Teste de Atenção Alternada* (TEALT). São Paulo: Casa do Psicólogo.

Rueda, F.J.M. & Sisto, F.F. (2007). *Teste Pictórico de Memória (TEPIC-M)*. São Paulo: Vetor.

Rueda, F.J.M. & Sisto, F.F. (2009). *Teste de Atenção Concentrada – TEACO-FF*. São Paulo: Casa do Psicólogo.

Santos, K.O.B., Araújo, T.M. & Oliveira, N. (2009). Estrutura fatorial e consistência interna do *Self-Reporting Questionnaire* (SRQ-20) em população urbana. *Caderno de Saúde Pública*, 25 (1), 214-222.

Serviço Social da Indústria/Paraná (2012). *Edital de Credenciamento SESI-PR n. 787/2012* [Disponível em http://app2.fiepr.org.br/licitacao/pub/arquivos/420dd09c3e425c4f89505ad911bf7969.pdf].

Silveira, M. (2000). O poder da intuição. *Você S.A.*, 25, jul., 66-71.

Sisto, F.F., Baptista, M.N., Santos, A.A.A. & Noronha, A.P.P. (2007). *Escala de Vulnerabilidade ao Estresse no Trabalho (manual)*. São Paulo: Vetor.

Tonglet, E.C. (2002). *Bateria geral de funções mentais* – Testes de Atenção Difusa. São Paulo: Vetor.

Tosi, S.M.V.D. (2008). *Teste de Inteligência Geral Não Verbal* – TIG-NV. São Paulo: Casa do Psicólogo.

Tractenberg, L. (1999). A complexidade das organizações: futuros desafios para o psicólogo frente à reestruturação competitiva. *Psicologia: Ciência e Profissão*, 19 (1), 14-29.

Ueda, R.M.R. & Silva, M.A. (2013). *Avaliação psicossocial para atuação em espaços confinados* – Relato de experiência [Disponível em http://www.ibapnet.org.br/congresso2013/lista_trabalhos_poster.php].

Vaz, C.E. (1998). *Z-Teste*: Técnica de Zulliger, forma coletiva. São Paulo: Casa do Psicólogo.

25
Avaliação psicológica no contexto do trânsito

Fabián Javier Marín Rueda
Jocemara Ferreira Mognon

Introdução

Este capítulo tem como objetivo caracterizar o papel do psicólogo no contexto do trânsito, além de apresentar e descrever alguns instrumentos psicométricos aprovados pelo Sistema de Avaliação de Testes Psicológicos (SATEPSI), que podem ser utilizados na realização da avaliação psicológica pericial nesse campo de atuação. A psicologia do trânsito é definida como o estudo do comportamento humano nesse contexto, sendo objetivo da avaliação psicológica pericial aprofundar o conhecimento de aspectos comportamentais, perceptivos, cognitivos e de tempo de reação dos motoristas e futuros motoristas, visando, dessa forma, à diminuição dos índices de acidentes de trânsito (Rozestraten, 1981; Rueda & Lamounier, 2005). Desde o surgimento da psicologia do trânsito em 1910 (Rozestraten, 2003), o foco tem sido a segurança e a prevenção de acidentes no trânsito.

No Brasil, segundo Silva (2012), um dos marcos para a psicologia do trânsito foi a promulgação do primeiro Código Nacional de Trânsito (Decreto-lei n. 2994/1941) que estabeleceu o exame médico e o exame psicológico a fim de estabelecer o perfil psicofisiológico profissional. A partir disso, instituíram-se verificações periódicas das condições mínimas de capacidade físi-

ca e psíquica dos motoristas profissionais. Já em 1953, o Conselho Nacional de Trânsito (CONTRAN) tornou obrigatório o chamado "exame psicotécnico" a todos os candidatos à Carteira Nacional de Habilitação (CNH). Os construtos mensurados nessa avaliação eram especificamente a personalidade e a atenção (Vieira, Pereira & Carvalho, 1953).

No ano de 1962, com a regulamentação da profissão, a psicologia do trânsito já se configurava como uma área relevante e que contribuiu para o fortalecimento da Psicologia no Brasil (Rueda, 2011). Porém, em que pese à relevância da área no fortalecimento e consolidação da profissão, o conhecimento produzido pelos profissionais que atuavam no contexto do trânsito era quase incipiente. Tal fato já era mencionado por Rozestraten (1983, p. 14) ao afirmar que "embora as maiores contribuições na psicologia do trânsito sejam do psicólogo que realiza avaliação dos candidatos à CNH, é a partir daí que se pode afirmar que nos últimos 40 anos pouco mudou na atuação do psicólogo do trânsito".

O que de fato foi observado desde o surgimento da avaliação psicológica no contexto do trânsito é que no "exame psicotécnico" os mesmos construtos continuaram a ser avaliados até finais da década de 1990, sendo que em 1998 foi publicada a Resolução n. 80 do CONTRAN, que dispunha sobre a avaliação de outros aspectos, envolvendo a área percepto-reacional, motora e nível mental, equilíbrio psíquico e habilidades específicas e complementares. Além disso, o exame deixou de ser chamado de "psicotécnico" e passou a ser denominado de avaliação psicológica pericial.

A área percepto-reacional e motora deveria ser avaliada por meio de técnicas psicológicas que permitissem aferir a atenção, percepção, tomada de decisão, motricidade e reação, cognição e nível mental. A área de equilíbrio psíquico (i.e. estabilidade emocional) avaliada por meio de entrevistas, observação e técnicas psicológicas, sendo considerados aspectos como ansiedade e excitabilidade, ausência de quadro reconhecidamente patológico, controle adequado da agressividade e impulsividade, equilíbrio emocional, ajustamento psicossocial e questões relacionadas ao consumo de drogas. Por sua vez, as habilidades específicas e complementares diziam respeito ao tempo de reação, rapidez de raciocínio e relações espaciais.

Importante ressaltar que embora essa resolução trouxesse novidades sobre a agora chamada avaliação psicológica pericial, na prática pouco mudou na atuação do psicólogo nesse contexto. Na avaliação continuaram sendo aferidas algumas características de personalidade, a capacidade atencional, sendo agora acrescentada a verificação da inteligência. Fato semelhante foi observado em 2008, com a publicação da Resolução n. 267 do CONTRAN, que substituiu a n. 80, e que também dispunha sobre o exame de aptidão física e mental, a avaliação psicológica e o credenciamento das entidades públicas e privadas. Mesmo estabelecendo neste documento a necessidade de uma avaliação muito mais ampla, de aspectos ligados à tomada de informação, processamento de informação, tomada de decisão, comportamento, da autoavaliação do comportamento e de traços de personalidade, a avaliação continuou sendo realizada da mesma maneira.

No que tange ao papel e posicionamento do Conselho Federal de Psicologia na atuação do psicólogo na área do trânsito, com o intuito de instituir normas e procedimentos para a avaliação psicológica pericial, foi publicada a Resolução n. 007/2009, que determinou que a avaliação da tomada de informação fosse avaliada por meio dos testes de atenção em seus diferentes tipos (difusa, concentrada, dividida/distribuída, alternada). De acordo com a resolução, os resultados dos testes de atenção poderiam contribuir também para verificar aspectos da detecção, discriminação e identificação, os quais podem também ser analisados por meio de entrevista e observação.

Além disso, a resolução instituiu que o processamento da informação e tomada de decisão seriam avaliados pelas habilidades de raciocínio, memória, orientação espacial e julgamento ou juízo crítico. O comportamento, outro aspecto a ser analisado, entendido como um conjunto de reações diante de interações propiciadas pelo meio, deveria verificar, por meio de entrevista com situações hipotéticas, o tempo de reação, coordenação viso e audiomotora e a autoavaliação de quando ações no trânsito correspondem ou não a comportamentos adequados tanto individual quanto coletivamente. Por fim, foi posto como necessário averiguar o equilíbrio entre diversos aspectos da personalidade, especialmente a estabilidade emocional, ansiedade, impulsividade e agressividade.

No ano de 2012 foi publicada a Resolução n. 425 pelo CONTRAN, diante da necessidade de adequação da legislação para conferir o direito de recurso aos condutores e candidatos à habilitação para conduzir veículos automotores. No que se refere especificamente à avaliação psicológica, os mesmos processos psíquicos instituídos pela Resolução n. 267/2008 continuaram a ser avaliados, bem como foi determinada a necessidade do psicólogo se reportar à Resolução n. 007/2009 do Conselho Federal de Psicologia. As duas resoluções instituem que, para a realização da avaliação psicológica, devem ser utilizadas entrevistas individuais, testes psicológicos, dinâmicas de grupo, escuta e intervenções verbais.

Considerando as mudanças ocorridas ao longo dos anos, a Tabela 1 apresenta o resumo cronológico dos principais documentos da área. São considerados os aspectos que deveriam ser avaliados de acordo com cada documento.

Tabela 1 Síntese das resoluções para a avaliação psicológica pericial

Resolução	Dispõe sobre...	Avaliação
Decreto-lei n. 2994/1941	O exame médico e o exame psicológico que visam o estabelecimento do perfil psicofisiológico profissional mínimo, compatível com o exercício da atividade.	Personalidade e atenção.
N. 80/1998 do CONTRAN	Avaliação da área perceptorreacional, motora e nível mental, equilíbrio psíquico e habilidades específicas e complementares.	Atenção, percepção, tomada de decisão, motricidade e reação, cognição e nível mental, tempo de reação, rapidez de raciocínio, relações espaciais, ansiedade e excitabilidade, ausência de quadro reconhecidamente patológico, controle adequado da agressividade e impulsividade, equilíbrio emocional, ajustamento psicossocial, ausência de problemas com drogas e de doenças que podem afetar a segurança do trânsito.
N. 267/2008 do CONTRAN	O exame de aptidão física e mental, a avaliação psicológica e o credenciamento das entidades públicas e privadas.	Tomada de informação, processamento de informação, tomada de decisão, comportamento, a autoavaliação do comportamento e de traços de personalidade.
N. 007/2009 do CFP	Normas e procedimentos para a avaliação psicológica pericial	Raciocínio, memória, orientação espacial e julgamento ou juízo crítico, comportamento, tempo de reação, coordenação viso e audiomotora e o equilíbrio entre diversos aspectos da personalidade, especialmente a estabilidade emocional, ansiedade, impulsividade e agressividade.
N. 425/2012 do CONTRAN	Adequação da legislação para conferir o direito de recurso aos condutores e candidatos à habilitação para conduzir veículos automotores.	Os mesmos processos psíquicos instituídos pela Resolução n. 267/2008 continuaram a ser avaliados, bem como foi determinada a necessidade do psicólogo se reportar à Resolução n. 07/2009 do Conselho Federal de Psicologia.

Mesmo com as diversas alterações legais propostas, ainda existem muitas diferenças na atuação dos psicólogos que realizam a avaliação psicológica pericial nas diferentes regiões do Brasil. Geralmente, o psicólogo realiza uma entrevista individual com tempo aproximado de 30 minutos, e uma avaliação coletiva, com aplicação de testes com um tempo de duração aproximado de duas horas. A observação, outra técnica importante para o processo de avaliação psicológica, pode ser realizada tanto na avaliação individual quanto coletiva. Por fim, a entrevista devolutiva é a síntese de todas as informações coletadas que são repassadas ao candidato. Seguindo essa ordem, serão apresentadas detalhadamente como ocorre esse processo, segundo o que dispõe a Resolução CONTRAN n. 425/2012.

A entrevista deve ser semiestruturada, devendo explorar o histórico da vida profissional, familiar e social, se atentando especificamente para o uso de bebidas alcoólicas. Importante conhecer os motivos da obtenção da CNH, os indicadores de saúde/doença como tratamento médico e psicológico e uso de medicamentos. No caso de avaliação de motoristas profissionais, o envolvimento em infrações e acidentes de trânsito são também dados importantes na avaliação do comportamento. Além disso, aspectos como cidadania, comportamentos de risco no trânsito e até sugestões para diminuição do número de acidentes podem ser explorados com situações hipotéticas.

Na etapa de avaliação coletiva é importante iniciar a aplicação dos testes com um *rapport*, explicando os motivos da avaliação, os aspectos que serão avaliados e a importância de cada um deles para o contexto do trânsito. No que se refere aos testes psicológicos, o psicólogo deve selecioná-los com base nas características psicométricas, como as evidências de validade, de precisão e a existência de normas específicas e atualizadas para a população avaliada (Urbina, 2007). Assim, o psicólogo deve ler na íntegra as instruções e seguir todas as recomendações contidas nos manuais dos testes, bem como procurar as atualizações, para garantir a qualidade técnica do seu trabalho.

A fim de descrever alguns dos instrumentos que podem ser utilizados na prática dos psicólogos de trânsito para a realização da avaliação pericial, será seguida a ordem dos tópicos de avaliação instituídos pela Resolução n. 007/2009 e ordem cronológica da aprovação do instrumento no SATEPSI. O primeiro processo psíquico que precisa ser avaliado refere-se à tomada de informação, analisada por meio da atenção em seus diferentes tipos, concentrada, alternada, difusa, dividida/discriminativa, visual e seletiva.

Testes de atenção

(1) a Bateria de Funções Mentais para Motorista – BFM-1 e BFM-4 (Tonglet, 1999, 2002a), que inclui os testes TADIM 1 e 2, TACOM A, B, C e D, e TADIS 1 e 2; (2) a Bateria Geral de Funções Mentais – BGFM-1 e BGFM-2 (Tonglet, 2002b, 2003), composta pelos testes TEDIF 1, 2 e 3 e TECON 1, 2 e 3; (3) o Teste de Atenção Concentrada – AC (Cambraia, 2003); (4) os Testes de Atenção Dividida e Sustentada – AD e AS (Sisto, Noronha, Lamounier, Bartholomeu & Rueda, 2006); (5) o Teste de Atenção Concentrada – TEACO-FF (Rueda & Sisto, 2009); (6) o Teste de Atenção Dividida (TEADI) e Teste de Atenção Alternada (TEALT) (Rueda, 2010); (7) a Escala de Atenção Seletiva Visual – EASV (Sisto & Castro, 2011); (8) o Teste de Atenção Seletiva – TAS (Camilo, 2012); e a Bateria Psicológica

para Avaliação da Atenção – BPA (Rueda, 2013). A seguir será realizada uma descrição de cada um deles, no que se refere à sua estrutura, itens, tempo de resposta e população a que se destina.

Os testes que compõem a BFM-1 são o TADIM 1 e 2 que avaliam a atenção difusa. São constituídos por 50 placas de demarcação quilométrica e fazem parte da sinalização vertical do trânsito brasileiro, que são apresentadas dispersas espacialmente na folha de resposta. Para a realização da tarefa, o avaliando deve riscar as placas sequencialmente a partir do número "1", em ordem crescente. O tempo de aplicação dos dois instrumentos é de 4 minutos. Ainda, a BFM-1 é composta pelo TACOM A e B, que avaliam a atenção concentrada. Ambos os testes possuem como estímulos-alvo sinais de obrigação de trânsito, e como estímulos distratores sinais de proibição de trânsito. O tempo de resposta é de 1 minuto e 30 segundos. A BFM-1 também é constituída pelos testes que avaliam a atenção discriminativa, o TADIS 1 e 2. Os dois tipos, apesar de possuírem estímulos diferentes, são compostos tanto por sinais de regulamentação como por sinais de advertência. Para os dois testes, o tempo de execução é de 3 minutos. Em todos os testes da BFM-1, a tarefa do avaliado consiste em encontrar e marcar com um risco as placas exatamente iguais às que foram apresentadas no modelo e eles devem ser aplicados em pessoas com mais de 18 anos.

A BFM-4 (Tonglet, 2002a) é formada pelos testes TACOM C e TACOM D, e que segundo o manual avaliam a atenção concentrada complexa. O TACOM C é composto por sinais de regulamentação de trânsito e, segundo o autor, os estímulos distratores são muito semelhantes aos estímulos-alvo, e por isso seria uma característica de atenção complexa. O tempo de resposta é de 3 minutos. Por sua vez, o TACOM D possui as mesmas características que o anterior, porém os estímulos utilizados foram sinais de advertência de trânsito. Em que pese à BFM-1 e BFM-4 serem sugeridas como sendo instrumentos "para motoristas", o único aspecto que pode sugerir isso é o fato de ser constituído por placas que fazem parte desse universo. Porém, nenhum estudo de evidência de validade indica que essa asseveração é verdadeira, mostrando, de fato, que os instrumentos são destinados para a área do trânsito.

A BGFM-1 (Tonglet, 2002b) é composta pelos testes TEDIF 1, 2 e 3. O TEDIF 1 se destina a avaliar a atenção difusa. Já os TEDIF 2 e 3, segundo o manual, avaliam a atenção difusa complexa. O TEDIF 1 é composto por apenas um estímulo, que é um "losango menor inscrito em um losango maior, cujo espaço intermediário é preenchido na cor azul-marinho. O losango menor apresenta um fundo em branco, com uma numeração que varia de 01 a 50" (p. 92). Tais estímulos são apresentados de forma dispersa na folha de resposta do teste. Ao responder, a pessoa deve procurar e riscar a placa com o número "01", e sequencialmente continuar riscando as placas em ordem crescente. O tempo de aplicação é de 4 minutos, sendo que a cada minuto o respondente é avisado e deve fazer um círculo na última figura riscada. O TEDIF 2 é muito semelhante, a diferença é que nesse tipo a figura é um círculo, e as cores utilizadas são o verde, o amarelo, o vermelho e o azul-marinho. Por sua vez, no TEDIF 3 são utilizados como símbolos 10 tipos diferentes de figuras geométricas, porém a forma de resposta é a mesma, com numeração variando de 01 a 50, e a pessoa devendo riscar os estímulos em ordem crescente. Os três testes podem ser aplicados em indivíduos com mais de 18 anos.

Ainda tem-se a BGFM-2 (Tonglet, 2003), que é composta pelos testes TECON 1, 2 e 3, e que segundo o autor se propõe avaliar a atenção concentrada complexa. Para o autor do manual, os estímulos dos três instrumentos foram escolhidos "com base nas figuras geométricas e na teoria das cores de Leonardo da Vinci" (p. 76). No TECON 1 os estímulos alvo são quadrados divididos pela metade, com uma parte colorida (azul marinho, amarelo, vermelho e verde) e outra parte em branco, e os estímulos distratores são semelhantes aos estímulos alvo. O TECON 2 e 3 são muito semelhantes, sendo a diferença que no 2 os estímulos escolhidos foram triângulos, e no 3 foram pentágonos. Os três instrumentos podem ser aplicados em pessoas acima de 18 anos, e tem como tempo de duração 3 minutos e 30 segundos.

O AC, originalmente publicado em 1967 pelo psicólogo Susy Cambraia, atualmente encontra-se na sua quarta edição (Cambraia, 2003). O teste consiste em uma folha de resposta com três estímulos alvos dispostos no topo da folha de resposta e 21 linhas e a tarefa consiste no avaliando procurar e assinalar com um risco sempre que aparecer um dos três estímulos alvos. O instrumento tem um tempo de aplicação de cinco minutos, e é destinado a pessoas com idade a partir dos 18 anos. É um instrumento muito utilizado na avaliação psicológica pericial para motoristas, e foi padronizado para pessoas que participavam desse tipo de avaliação.

Os Testes de Atenção Dividida e Sustentada (AD e AS) foram publicados por Sisto, Noronha, Lamounier, Bartholomeu e Rueda (2006). O AD caracteriza-se pelos respondentes procurar e marcar os estímulos que tem uma figura verde claro e duas figuras verde escuro lado a lado, na horizontal ou na vertical, ou estímulos que tem uma figura amarela e duas figuras laranjas lado a lado na horizontal ou na vertical. O tempo de execução do teste são cinco minutos. Por sua vez, no AS o sujeito deve marcar duas figuras retangulares verdes lado a lado, seja na vertical ou na horizontal, dentro de um agrupamento de nove figuras. Nesse teste, a cada 15 segundos o aplicador diz "próxima", e o sujeito deve iniciar o cancelamento de estímulos na linha seguinte. Tanto no AD, como no AS é oferecida uma pontuação para as medidas de concentração e de velocidade com qualidade. Ainda, é fornecida a medida de sustentação, que informa se o sujeito ganhou, manteve ou perdeu desempenho nessa capacidade. O tempo para execução do AS são seis minutos e 15 segundos. Ambos podem ser aplicados na forma individual ou coletiva, em pessoas com idades entre 18 a 73 anos, submetidas ao processo de obtenção, renovação ou mudança da CNH.

O teste de atenção concentrada TEACO-FF foi publicado por Rueda e Sisto (2009). No topo da folha de resposta encontra-se o estímulo alvo, que é "uma cruz com os quatro pontos em sua volta". O avaliando precisa marcar com um traço os estímulos que forem idênticos ao modelo, seguindo a coluna, de cima para baixo. O tempo de aplicação é de quatro minutos, podendo ser aplicado de forma individual ou coletiva, e destina-se a pessoas com idades a partir dos 18 anos.

Rueda (2010) também publicou os testes TEADI e o TEALT que se referem respectivamente, à atenção dividida e alternada. No TEADI se encontram localizados na parte superior como modelo três estímulos que devem ser procurados e marcados ao longo das linhas da folha de resposta. O tempo de aplicação do instrumento é de cinco minutos. Já no TEALT o avaliando deve procurar e marcar um estímulo alvo diferente em cada linha do teste e o tempo de aplicação é de 2 minutos e 30 segundos. Destaca-se que ambos os testes podem ser aplicados em pessoas com idade a partir dos 18 anos, e que os estudos psicométricos foram realizados com estudantes universitários e com sujeitos que estavam passando pelo processo de obtenção, renovação, mudança ou adição da CNH.

Há também no SATEPSI dois instrumentos que avaliam a atenção seletiva, a EASV (Sisto & Castro, 2011) e o TAS (Camilo, 2012). O primeiro se constitui por tarefas compostas por cinco figuras com três, seis ou nove figuras geométricas. O respondente tem uma figura-modelo e quatro outras figuras nas quais deverá observar qual delas possui uma ou mais formas geométricas iguais às da figura-modelo. Dessa forma, o teste avalia a capacidade para encontrar elementos semelhantes em conjuntos de itens que possuem vários elementos distratores. Pode ser utilizado em pessoas a partir dos 18 anos, e o tempo de aplicação é de 9 minutos. Por sua vez, o TAS pode ser aplicado em pessoas de 15 a 60 anos, e o tempo de duração é de 2 minutos e 30 segundos. O teste é composto por figuras geométricas que devem ser canceladas conforme o modelo apresentado.

Por fim, tem-se a Bateria Psicológica para Avaliação da Atenção (BPA) publicada por Rueda em 2013, que tem como objetivo realizar uma avaliação da capacidade geral de atenção, assim como uma avaliação individualizada de tipos de atenção específicos, quais sejam, Atenção Concentrada (AC), Atenção Dividida (AD) e Atenção Alternada (AA). O tempo de aplicação do AC é de 2 minutos, para o AD de 4 minutos e para o AA de 2 minutos e 30 segundos. A aplicação pode ser individual ou coletiva e deve ser seguida a sequência utilizada para a construção da BPA, ou seja, primeiro deve ser aplicado o AC, depois o AD e, por fim, o AA. A bateria pode ser aplicada em pessoas com idades variando de 6 a 82 anos.

Com base na Resolução do CFP n. 007/2009, o processamento da informação deve ser avaliado por meio da capacidade de orientar-se no tempo e espaço, pela capacidade de aprender e de julgamento ou juízo crítico. Ainda devem ser avaliados aspectos ligados ao raciocínio, descrito na resolução como a capacidade de verificar, prever, analisar e resolver problemas; e aspectos relacionados à memória, verificando a capacidade de registrar, reter, evocar e reconhecer estímulos.

Para a avaliação do raciocínio podem-se citar o Teste Não Verbal de Inteligência – R1 (Alves, 2002) e o Teste Não Verbal de Inteligência – R1-Forma B (Sisto, Santos & Noronha, 2004), Teste Não Verbal de Inteligência G-36 (Boccalandro, 2002) e G-38 (Boccalandro, 2010), o Teste Não Verbal de Inteligência Geral BETA-III, subtestes Raciocínio Matricial e Códigos (Pacanaro, Leme, Rabelo, Alves & Ambiel, 2011), Teste de Inteligência – TI (Rueda & Castro, 2012), e o Teste Conciso de Raciocínio – TCR (Sisto, 2012). No que tange à avaliação da memória, pode ser utilizado o Teste Pictórico de Memória – TEPIC-M (Rueda & Sisto, 2007), o Teste de Memória Visual de Rostos – MVR: adaptação brasileira (Leme, Pacanaro, Rabelo & Rossetti, 2010), o Teste de Memória Visual para o Trânsito – MVT (Rabelo, 2012) e o Teste de Memória de Reconhecimento – TEM-R (Rueda, Raad & Lopes, 2012).

Testes de inteligência

No caso do R-1 (Alves, 2002), o teste é constituído de 40 exercícios apresentados em um caderno, com uma figura em cada página que tem um espaço em branco e precisa ser completada com uma das opções de resposta que variam de 6 a 8. As respostas são marcadas em uma folha específica para isso, sendo possível realizar aplicação individual ou coletiva. O limite de tempo para a aplicação é de 30 minutos. No manual não se menciona idade e o público para a aplicação do teste, sendo que a única ressalva é que o Teste seja aplicado em pessoas alfabetizadas. Já o Teste R-1 Forma B (Sisto, Santos & Noronha, 2004) foi desenvolvido para ser uma forma paralela do R-1. Ele configura-se da mesma maneira descrita anteriormente e o tempo de aplicação é o mesmo. No entanto, no caso desse teste é especificada a idade para aplicação, que é a partir de 15 anos.

O G-36 foi publicado por Boccalandro (2002) e é um teste de inteligência não verbal baseado nas matrizes progressivas de Raven. Foi o primeiro teste brasileiro, construído em 1966. Ele é composto por 36 questões dispostas uma por folha, tendo no centro um quadrado com três figuras e um espaço em branco para serem completados. Já o Teste G-38 (Boccalandro, 2010) surgiu da necessidade de reavaliação de sujeitos que já haviam sido avaliados pelo G-36. Tanto o G-36 como o G-38 podem ser aplicados em pessoas acima dos 18 anos e com escolaridade mínima de Ensino Fundamental de forma individual ou coletiva, com tempo máximo de aplicação de 30 minutos.

O Beta III (Pacanaro, Leme, Rabelo, Alves & Ambiel, 2011) tem como objetivo avaliar o raciocínio geral e velocidade de processamento, sendo composto por dois subtestes, raciocínio matricial e códigos. O primeiro subteste é formado por 25 exercícios com pontos de interrogação em um dos quadrantes, que indicam que está faltando uma figura. Assim, a tarefa consiste em escolher uma das opções de respostas que substitui o ponto de interrogação. A aplicação para esse subteste é de 5 minutos. Já no subteste Código são 140 símbolos distribuídos em sete fileiras, e na parte superior há nove símbolos e o número correspondente para cada um. A tarefa consiste em colocar o número certo embaixo de cada símbolo. O tempo de aplicação é de 2 minutos. Ambos os instrumentos podem ser utilizados tanto para avaliação individual como coletiva, com pessoas de idade entre 14 a 83 anos.

Rueda e Castro (2012) publicaram o TI. O teste é composto por 30 exercícios dispostos um em cada folha, com um desenho faltando uma parte. O espaço em branco deverá ser completado por uma das opções de resposta, que são seis desenhos pequenos dispostos na parte inferior da folha. Os estudos psicométricos e normativos foram realizados em pessoas que estavam realizando o processo de avaliação psicológica para obtenção da CNH. Além disso, pode ser aplicado individual ou coletivamente, em pessoas com idades entre 18 a 67 anos. O tempo limite para a aplicação é de 20 minutos.

O Teste Conciso de Raciocínio (TCR) publicado por Sisto (2012) possui 20 exercícios organizados por ordem de dificuldade e foi desenvolvido para avaliar a inteligência geral. O tempo de aplicação é de 15 minutos, pode ser aplicado na forma individual ou coletiva, sendo adequado para pessoas com idade entre 18 a 73 anos, candidatos à CNH.

Testes de memória

No que se refere aos testes de memória, tem-se o TEPIC-M (Rueda & Sisto, 2007), no qual o participante recebe um cartão com vários desenhos e detalhes e tem um minuto para memorizar o máximo de informações. Na folha de resposta, ele deve escrever a maior quantidade de desenhos e detalhes que conseguir lembrar no tempo de dois minutos. O teste pode ser administrado em pessoas com idades entre 17 a 97 anos, com escolaridade de ensino superior, podendo ser tanto individual como coletivamente.

O MRV (Leme, Pacanaro, Rabelo & Rossetti, 2010) avalia a capacidade de uma pessoa recordar rostos associados a detalhes da representação pictórica em um tempo predeterminado. O instrumento é composto por duas partes, sendo que na primeira parte é solicitado que os participantes identifiquem uma sequência de rostos e, na segunda, questiona-se sobre a disposição de um determinado rosto que apareceu na ficha de memorização, sobre a profissão, nome, sobrenome ou um objeto presente na figura dos rostos. O instrumento pode ser aplicado de forma individual ou coletiva, com idade entre 18 e 80 anos, com nível de escolaridade a partir do Ensino Fundamental. O tempo de memorização é de 4 minutos e 6 minutos para responder a segunda parte na folha de resposta.

O Teste de Memória Visual para o Trânsito (MVT) foi publicado por Rabelo (2012). O teste é composto por uma ficha de memorização com 28 placas de trânsito utilizadas no Sistema de Trânsito Brasileiro. Solicita-se ao participante que memorize as placas apresentadas por um tempo de 4 minutos. Após a memorização o participante é instruído a preencher os dados cadastrais da folha de resposta, que de acordo com o autor é uma tarefa utilizada como distrator, e logo após é instruído a responder às 20 questões que constam no caderno de memorização com tempo de execução de 6 minutos. As questões são objetivas, oferecendo-se quatro opções de resposta, sendo apenas uma correta. O MVT

pode ser aplicado tanto de forma individual como coletiva, e segundo o autor foi desenvolvido especialmente para a utilização no contexto do trânsito. Pode ser aplicado em pessoas com idade entre 16 a 67 anos.

Rueda, Raad e Lopes (2012) publicaram o TEM-R. Nesse teste, o examinando deverá memorizar 34 estímulos diversos distribuídos em 18 figuras e 16 palavras. A tarefa é memorizar no tempo de 1 minuto os estímulos do cartão e, depois, assinalar os estímulos dos quais se lembrar na folha de resposta também no tempo de 1 minuto. Assim, o tempo total de execução do teste é de 2 minutos, e os estímulos poderão aparecer como figuras ou como palavras tanto no cartão de exemplo como na folha de resposta. Pode ser aplicado individual ou coletivamente, em pessoas com idade entre 17 e 53 anos.

Dando continuidade aos aspectos que devem ser mensurados na avaliação psicológica realizada no contexto do trânsito, a Resolução n. 007/2009 também institui a verificação do comportamento de maneira geral, que deve incluir tempo de reação, coordenação viso e audiomotora e capacidade para perceber se as suas ações são adequadas para o trânsito. A resolução destaca a importância de analisar o equilíbrio entre os diversos aspectos da personalidade, especialmente no que se refere à estabilidade emocional, ansiedade, impulsividade e agressividade.

Testes de personalidade

Dentre os testes que podem ser utilizados na avaliação da personalidade estão a (1) Escala Fatorial de Ajustamento Emocional/Neuroticismo – EFN (Hutz & Nunes, 2001); (2) Teste Palográfico na Avaliação da Personalidade (Alves & Esteves, 2004), (3) Pirâmides Coloridas de Pfister

(Villemor-Amaral, 2005), (4) Escala de Personalidade de Comrey – CPS (Costa, 2009), (5) Inventário de Expressão de Raiva como Estado e Traço – STAXI 2 (Spielberger, 2010); (6) Bateria Fatorial de Personalidade – BFP (Nunes, Hutz & Nunes, 2010); (7) Inventário Fatorial de Personalidade – IFP-II (Leme, Rabelo & Alves, 2012); (8) Escala de Avaliação de Tendência à agressividade – EATA (Sisto, 2013); (9) Escala de Avaliação da Impulsividade – EsAvI-A e EsAvI-B (Rueda & Ávila-Batista, 2013); (10) Psicodiagnóstico Miocinético – PMK (Mira et al., 2014).

Hutz e Nunes (2001) desenvolveram a EFN, que avalia uma das dimensões da personalidade humana, que é o neuroticismo. O instrumento de autorrelato possui 82 itens descritivos, divididos em quatro subescalas, dentre elas vulnerabilidade, desajustamento psicossocial, ansiedade e depressão. A aplicação pode ser individual ou coletiva e o teste pode ser realizado com sujeitos com idades entre 16 a 50 anos, sendo recomendada uma escolaridade mínima de Ensino Médio. O teste não tem tempo determinado para ser encerrado, embora usualmente seja respondido em até 30 minutos.

O Palográfico pode ser considerado um teste expressivo da personalidade, publicado no Brasil por Alves e Esteves (2004). A aplicação envolve duas partes, em que é preciso que o examinando faça traços na vertical, segundo o modelo impresso na folha. Na primeira parte o tempo de duração é de 2 minutos e 30 segundos, enquanto na segunda o tempo total é de 5 minutos. O examinador deve controlar o tempo de 30 segundos na primeira parte e, na segunda, a cada um minuto, dizendo a palavra sinal. Nesse momento, o examinando precisa fazer um traço na horizontal e continuar normalmente realizando os traços na vertical. Apesar de estar escrito no manual que o

teste é aplicável desde crianças de 8 anos, adolescentes e adultos, os estudos de normatização no Brasil foram realizados com pessoas que tinham idades entre 18 e 50 anos e podem ser aplicados tanto individual ou coletivamente.

O Teste Pirâmides Coloridas de Pfister foi publicado por Villemor-Amaral (2005) e consiste em um jogo de três cartões contendo o desenho de uma pirâmide, subdividida em 15 quadrículos e um jogo de quadrículos coloridos composto por dez cores subdivididas em vinte e quatro tonalidades. O examinando precisa montar essas três pirâmides utilizando as cores, da maneira que preferir. Não há tempo determinado para a aplicação, mas geralmente 20 minutos são suficientes. A aplicação é individual e o teste pode ser utilizado em pessoas com idade a partir dos 7 anos de idade.

No que se refere ao Teste CPS, a versão para uso atualmente foi publicada por Costa (2009) e destinada aos mais diversos fins, em que seja necessária a avaliação objetiva da personalidade. O instrumento é composto por 100 afirmações que devem ser respondidas em uma escala com sete opções de resposta, sendo (1) nunca/certamente não até (7) sempre/certamente sim. A aplicação é recomendada em pessoas de qualquer idade, com nível mínimo de escolaridade de Ensino Fundamental. Não há tempo limite para a execução do teste, mas 40 minutos são suficientes.

Spielberger publicou em 2010 a STAXI 2, que avalia a raiva como um estado emocional e diferentes tipos de sentimentos de raiva. O Inventário possui 57 itens que se agrupam em três fatores (estado de raiva, traço de raiva, expressão e controle de raiva), que por fim fornecem um índice de expressão de raiva. Pode ser aplicado em adolescentes e adultos, com idades a partir de 17 anos, sendo necessário no mínimo escolaridade equivalente ao sétimo ano do Ensino Fundamental e não há um tempo predeterminado para concluí-lo, mas em média as pessoas levam 15 minutos.

A BFP (Nunes, Hutz & Nunes, 2010) avalia a personalidade a partir do modelo dos Cinco Grandes Fatores, que inclui cinco dimensões: Extroversão, Socialização, Realização, Neuroticismo e Abertura a experiências. O teste é formado por 126 questões de autorrelato em escala *Likert* com pontuações de sete pontos variando de 1 (descreve-me muito) a 7 (descreve-me muito bem). Pode ser aplicado de forma individual ou coletiva e não há limite de tempo, mas geralmente não ultrapassa 40 minutos. Os estudos psicométricos do instrumento foram realizados em pessoas com idades a partir dos 16 anos, com escolaridade de Ensino Médio.

A EATA (Sisto, 2013) engloba condutas agressivas por meio de 40 itens, assim as respostas dadas informam sobre a tendência de uma pessoa para manifestar a agressividade. A aplicação pode ser individual ou coletiva em pessoas dos 18 a 65 anos. Embora também não tenha tempo determinado para a finalização, aproximadamente 20 minutos são suficientes.

O Inventário de Personalidade II (IFP-II) é uma versão atualizada do IFP, publicado em 2012, por Leme, Rabelo e Alves. No manual são apresentados novos estudos psicométricos e normas envolvendo participantes de várias regiões do Brasil. Nessa versão são encontradas 100 afirmativas e 13 fatores: Assistência, Intracepção, Afago, Autonomia, Deferência, Afiliação, Dominância, Desempenho, Exibição, Agressão, Ordem, Persistência e Mudança. Por meio do agrupamento dos fatores, criou-se uma estrutura fatorial de segunda ordem, denominada: Necessidades afetivas, Necessidades de organização e

Necessidades de controle e oposição. Pode ser utilizado na avaliação de pessoas com idades entre 14 e 86 anos, com grau de instrução a partir do Ensino Fundamental. A aplicação pode ser individual ou coletiva, sem limite de tempo, mas geralmente 20 minutos são suficientes.

Rueda e Ávila-Batista (2013) publicaram a EsAvI. A escala possui 31 itens e fornece informação sobre quatro dimensões da personalidade (falta de concentração e de persistência; controle cognitivo; planejamento futuro e audácia e temeridade), e pode ser aplicada tanto individual como coletivamente, a partir dos 18 anos e escolaridade mínima de Ensino Médio. Não há tempo limite para aplicação, embora o tempo médio de resposta seja em torno de 20 minutos.

O PMK é um dos testes mais utilizados na avaliação psicológica pericial realizada no contexto do trânsito. Em 2012 recebeu parecer desfavorável pelo SATEPSI e o seu uso foi suspenso até a publicação em 2014, de um manual com novos estudos de normatização, voltando assim a ser utilizado pelos psicólogos. É considerado um teste gráfico e expressivo que permite inferir aspectos da personalidade, emocionais e atitudinais. A tarefa a ser realizada pelo avaliado consiste na reprodução de algumas formas, tais como Lineogramas, Zigue-zagues, Escadas, Círculos, Cadeias, Paralelas e Us, realizados ora com a mão esquerda, ora com a direita ou com as duas mãos simultaneamente. Podem ser obtidos resultados tanto qualitativos como quantitativos.

No que se refere à avaliação dos dados quantitativos mensuráveis no PMK está a avaliação de seis fatores da personalidade, o Tônus Vital (Elação ou Depressão); Agressividade (Hétero ou Autoagressividade); Reação Vivencial (Extra ou Intratensão); Emotividade; Dimensão Tensional (Excitação ou inibição) e Predomínio Tensional (Impulsividade ou Rigidez). A aplicação acontece em uma mesa especial para a realização da tarefa, de maneira individual, sem limite de tempo, em adultos com idade entre 18 e 70 anos.

Diante desse levantamento dos instrumentos que podem ser utilizados na prática de avaliação psicológica pericial no trânsito, verifica-se que as diretrizes da Resolução n. 007/2009 do CFP ajudam a nortear os aspectos a serem avaliados nesse contexto. Com esse mesmo objetivo, o CFP alterou o texto do anexo II da Resolução n. 007/2009 com a Resolução de n. 009/2011, destacando a necessidade que os testes para o contexto do trânsito tenham especificamente a evidência de validade com variáveis externas, baseada em um critério que busque relacionar os escores dos testes psicométricos com algum evento importante do contexto, como por exemplo infrações e acidentes de trânsito. Assim, é necessário que os instrumentos psicológicos tenham uma capacidade preditiva e permitam que os escores dos testes possam indicar quais pessoas estariam mais propensas a se envolver em acidentes de trânsito. No entanto, pelos manuais analisados pode-se concluir que é praticamente inexistente esse tipo de evidência de validade. Além disso, outras limitações podem ser mencionadas, como por exemplo as amostras serem centradas em candidatos à CNH, sem considerar que o sujeito que procura a avaliação psicológica pericial pode também ser um motorista profissional. Além disso, vários instrumentos, pelo fato de possuírem placas relativas ao contexto do trânsito, mencionam que o teste é exclusivo dessa área, o que também é uma inverdade. Por fim, é importante mencionar que as amostras utilizadas na normatização dos testes são pouco diversificadas em relação à idade, escolaridade e regiões do país. Com isso, pode-se considerar que, além dos problemas enfrentados pela área, há também limitações ou fragilidades na avaliação com esses instrumentos.

Outro ponto delicado na avaliação psicológica pericial é o *feedback* das informações coletadas dos candidatos. Segundo a Resolução n. 007/2009 o psicólogo é obrigado a realizar a entrevista devolutiva, apresentando de forma clara e objetiva, a todos os candidatos, o resultado de sua avaliação psicológica. No entanto, o que se vê na prática é que muitos psicólogos não divulgam aos candidatos esse direito. Por outro lado, também se percebe que, quando esse direito é informado, a maior parte das vezes apenas os candidatos reprovados buscam essa devolutiva. Não se pode generalizar e dizer que a entrevista devolutiva é negligenciada pelo psicólogo, mas pode-se pensar na necessidade de valorizar mais e mostrar aos próprios profissionais da área do trânsito a real importância dessa devolutiva, que vai além de uma mera informação sobre o resultado final do processo e que, se bem realizada, pode ajudar o candidato a compreender o que pode ou deve ser trabalhado, e com isso colaborar, sem dúvida, para uma melhoria do contexto do trânsito.

A dificuldade em fornecer a entrevista devolutiva a todos os candidatos é apenas uma das encontradas na atuação do psicólogo do trânsito; também podem ser mencionados problemas referentes à correção adequada dos testes, de guarda dos materiais e na elaboração dos laudos, consequências essas decorrentes muitas vezes das más condições de trabalho (Silva & Alchieri, 2011). Outros aspectos que devem ser observados é a desvalorização econômica do trabalho do psicólogo (não só nessa área), bem como do preconceito da população em relação a esse profissional. Este último ponto se torna ainda mais evidente no contexto do trânsito, uma vez que para a maior parte da população "dirigir é um direito", e não uma concessão do Estado. Com isso, no imaginário das pessoas o psicólogo se torna um "empecilho" diante do processo desgastante e oneroso para obter a Carteira Nacional de Habilitação.

Considerações finais

A partir da análise no SATEPSI é possível constatar um grande número de testes para avaliar a atenção e seus mais variados tipos; no entanto, um número menor de testes que avaliam aspectos da inteligência, memória e personalidade. Na prática da avaliação psicológica pericial geralmente são utilizados os testes que demandam menos tempo para a aplicação, devido à grande demanda de atendimentos. Além disso, são considerados fatores como o preço, a facilidade de correção, e a indicação de outro psicólogo; se o teste é adequado para o contexto de avaliação, considerando a população, idade e escolaridade. Aspectos como as evidências de validade e de precisão muitas vezes são analisados após a compra dos manuais.

Vale a ressalva que a qualidade do instrumento psicológico é atestada por meio dos resultados encontrados pelas evidências de validade; assim sendo, esse deveria ser o principal motivo para a escolha pelo psicólogo quando vai adquirir o seu material de trabalho. Nessa perspectiva, a avaliação psicológica tem recebido muitas críticas referentes ao processo e procedimentos utilizados pelos psicólogos do trânsito principalmente, sobre a qualidade psicométrica dos instrumentos utilizados na prática, em grande parte, pela falta de evidências de validade de critério para o contexto em questão.

Nesse sentido, este capítulo não consegue contemplar essa deficiência, no sentido de analisar cada uma das evidências de validade contidas nos manuais aqui descritos. O trabalho teve como objetivos apresentar as duas principais técnicas utilizadas pelos psicólogos, a entrevista e os testes, que podem ser empregados no contexto do trânsito. Entende-se que o capítulo é um pontapé inicial para ajudar os profissionais psicólogos que atuam ou virão a atuar nesse contexto a compreender um pouco sobre a prática dessa área tão antiga e controversa ao mesmo tempo. Em relação aos testes, é notadamente importante que o estudo e análise de cada um desses materiais seja feito pelo próprio profissional, embasando e sustentando assim a sua escolha.

Apesar de os testes psicológicos terem o parecer favorável pelo SATEPSI, alguns aspectos podem ser destacados ao analisar os manuais. O primeiro aspecto que pode ser mencionado se refere às Baterias de Funções Mentais para Motoristas ou as Baterias Gerais de Funções Mentais (Tonglet, 1999, 2002a, 2002b, 2003). Pelo fato de utilizarem placas que fazem parte do sistema de trânsito, elas podem favorecer o desempenho de pessoas que têm mais conhecimento e contato com elas, em detrimento de pessoas que, por exemplo, moram em locais nos quais as placas de sinalização existem em menor quantidade ou são praticamente inexistentes.

Ainda há dois conceitos apresentados pelo material indicado que podem suscitar dúvidas. São eles: a atenção concentrada complexa e a atenção difusa complexa. Fazendo uma verificação na literatura nacional e internacional sobre o assunto percebe-se que esses conceitos não são localizados e mencionados. Ao aprofundar a análise, por exemplo, nos testes TEDIF 1, 2 e 3, percebe-se que o sujeito deve procurar pelos números de 01 a 50 em ordem crescente, sendo indiferente a cor que compõe o estímulo que contém o número. Com isso fica a dúvida do aspecto atencional que está sendo avaliado, e se de fato o está sendo.

Por fim, ressalta-se que, embora possuam o título de baterias, os instrumentos não necessariamente devem ser todos aplicados para posteriormente oferecer uma medida da atenção geral e dos diferentes tipos de atenção. Além disso, as amostras que serviram para construção dos instrumentos foram diferentes, o que impossibilita realizar inferências com base na resposta a todos os instrumentos. Dessa forma, fica evidente a necessidade de que o psicólogo responsável pela avaliação faça uma análise dos instrumentos disponíveis para verificar qual(is) atende(m) de forma mais adequada os seus propósitos avaliativos. Importante destacar que indicar que o teste é destinado a uma área específica não é suficiente. O material deve mostrar isso no seu corpo teórico e, principalmente, de forma empírica.

Nessa mesma perspectiva, verificou-se que muitos dos testes foram construídos e estudados com amostras de universitários, devido à facilidade para a coleta de dados. No entanto, seria necessário ter amostras mais representativas do contexto do trânsito, tais como motoristas de caminhão, de ônibus e vans escolares, de infratores. Na prática, outro problema é que os psicólogos que atuam com avaliação pericial têm dificuldade em encontrar testes para avaliação de pessoas com baixa escolaridade, como Ensino Fundamental e analfabetos funcionais. Em acréscimo, também há dificuldade na avaliação de pessoas idosas, sendo que a literatura tem mostrado diferenças significativas quando comparada à variável idade em alguns construtos; no entanto, em muitos testes não têm

sido construídas tabelas que estabeleçam essas comparações.

Como verificado nesse levantamento, há um número crescente de testes para avaliação psicológica publicados no Brasil, desde a criação do SATEPSI no ano de 2001. Poder-se-ia se pensar que a quantidade de pesquisas científicas com eles também seria expressiva. No entanto, observa-se que não ocorre o mesmo na produção da literatura científica. Em um estudo de revisão realizado por Sampaio e Nakano (2011) foram encontrados 22 artigos publicados no Brasil entre os anos de 2000 a 2009, utilizando como descritores as palavras-chave "motorista", "avaliação psicológica", "trânsito" e "condutores", nas bases de dados PePSIC e SciELO. Em estudo mais recente, Fiori e Caneda (2014) encontraram apenas 14 artigos na revisão realizada entre os anos de 2002 a 2012, nas bases de dados PePSIC, SciELO e LILACS, utilizando o descritor "avaliação psicológica no trânsito". Apesar das diferenças quanto ao número de artigos publicados, a pequena quantidade de estudos na área é semelhante, bem como o fato de praticamente todos os estudos serem de construção e busca de evidências de validade para os instrumentos psicológicos, porém não com critérios específicos relacionados ao contexto do trânsito. É indiscutível a importância desses estudos, mas também são necessários outros que contribuam com informações sobre o comportamento do condutor. Vale ressaltar também que seria interessante pesquisar quais instrumentos estão sendo utilizados pelos psicólogos que atuam na área do trânsito nas diferentes regiões do Brasil, bem como explorar a motivação para a escolha dos instrumentos psicológicos e quais as principais dificuldades enfrentadas na aplicação e correção dos testes; além disso, a compreensão do manual e possíveis sugestões de melhorias nesses materiais.

Vale mencionar que a Resolução n. 009/2011 destaca a necessidade que os testes tenham estudos de evidência de validade de critério. Apesar de estar descrito na resolução que essa é uma evidência de validade importante para todos os contextos, está estabelecido especificamente no documento que norteia a avaliação psicológica pericial para o trânsito. O que se encontra nos manuais dos testes aprovados para uso pelos psicólogos é quase uma inexistência de estudos desse tipo. Assim, apesar de o psicólogo buscar analisar aquelas pessoas mais propensas a se envolver em acidentes de trânsito, ou seja, predizer, os testes não permitem ao psicólogo chegar a tal conclusão.

A Psicologia do Trânsito tem recebido diversas críticas, tanto no que se refere aos instrumentos psicológicos utilizados quanto à atuação e à necessidade de novos estudos e da ampliação do campo de atuação do psicólogo do trânsito, em ações que busquem intervir de maneira preventiva como, por exemplo, na educação para o trânsito. No entanto, apesar de as críticas serem relevantes para o desenvolvimento da área, até o presente momento a avaliação psicológica pericial encontra-se como a principal atividade. Com isso, é necessário, no mínimo, fazer adequadamente a avaliação, começando pela escolha dos instrumentos a serem utilizados, que só podem ser bem selecionados a partir do momento em que o psicólogo analisa e conhece o conteúdo dos manuais de teste, tem conhecimento mínimo sobre os conceitos de validade, precisão, padronização e normatização. O trabalho feito pelo psicólogo do trânsito precisa ser realizado com qualidade e, além de avaliar, também é necessário orientar os motoristas e futuros condutores.

Referências

Alves, I.C.B. (2002). *Teste não verbal de inteligência R1*. São Paulo: Vetor.

Alves, I.C.B. & Esteves, C. (2004). *Teste palográfico na avaliação da personalidade*. São Paulo: Vetor.

Boccalandro, N.E.R. (2003). *G36*: teste não verbal de inteligência. São Paulo: Vetor.

Boccalandro, N.E.R. (2010). *G38*: teste não verbal de inteligência. São Paulo: Vetor.

Cambraia, S.V. (2003). *Teste de Atenção Concentrada (AC)*. São Paulo: Vetor.

Camilo, F. (2012). *Teste de Atenção Seletiva (TAS)*. São Paulo: Vetor.

Conselho Federal de Psicologia (2009). *Resolução CFP n. 007/2009* [Disponível em http://site.cfp.org.br/wp-content/uploads/2009/08/resolucao2009_07.pdf].

Conselho Nacional de Trânsito (1998). *Resolução n. 80/1998* [Disponível em www.denatran.gov.br/download/resolucoes/resolucao080_98.doc].

Conselho Nacional de Trânsito (2008). *Resolução n. 267/2008* [Disponível em http://www.denatran.gov.br/download/resolucoes/resolucao_contran_267.pdf].

Conselho Nacional de Trânsito (2012). *Resolução n. 425/2012* [Disponível em http://www.denatran.gov.br/download/resolucoes/%28Resolu%C3%A7%C3%A3o%20425.-1%29.pdf].

Costa, F.R. (2009). *Escala de Personalidade de Comrey – CPS*. São Paulo: Vetor.

Fiori, L.G. & Caneda, C.R.G. (2014). Avaliação psicológica no trânsito – Produção científica dos últimos 10 anos. *Revista de Psicologia da IMED*, 6 (1), 10-17.

Hutz, C.S. & Nunes, C.H.S.S. (2001). *Escala Fatorial de Ajustamento Emocional/Neuroticismo*. São Paulo: Casa do Psicólogo.

Lamounier, R. & Rueda, F.J.M. (2005). Avaliação psicológica no trânsito: perspectiva dos motoristas. *PSIC – Revista de Psicologia da Vetor Editora*, 6 (1), 35-42.

Leme, I.F.A.S., Pacanaro, S.V., Rabelo, I.S. & Rossetti, M.O. (2010). *Teste de Memória Visual de Rostos – MVR*: adaptação brasileira. São Paulo: Casa do Psicólogo.

Leme. I.F.A.S., Rabelo, I.S. & Alves, G.A.S. (2012). *IFP – II Inventário Fatorial de Personalidade*. São Paulo: Casa do Psicólogo.

Mira, A.M.G., Pasquali, L., Trócolli, B.T., Cruz, R.M., Sardá Jr., J.J. & Legal, E.J. (2014). *Psicodiagnóstico Miocinético – PMK*. São Paulo: Vetor.

Nunes, C.H.S.S., Hutz, C.S. & Nunes, M.F.O. (2010). *Bateria Fatorial de Personalidade (BFP)*. São Paulo: Casa do Psicólogo.

Rabelo, I.S. (2012). *Teste de Memória Visual para o Trânsito – MVT*. São Paulo: Casa do Psicólogo.

Rabelo, I.S., Pacanaro, S.V., Leme, I.F.A.S., Ambiel, R.A.M. & Alves, G.A.S. (2011). *Teste Não Verbal de Inteligência Geral – BETA III*: subtestes raciocínio matricial e códigos (manual técnico). São Paulo: Casa do Psicólogo.

Rozestraten, R.J.A. (1981). Psicologia do Trânsito: o que é e para que serve. *Psicologia: Ciência e Profissão*, 1 (1), 141-143.

Rozestraten, R.J.A. (1983). Psicologia do Trânsito: sua definição e área de atuação. *Psicologia & Trânsito*, 1 (1), 6-19.

Rozestraten, R.J.A. (2003). Ambiente, trânsito e psicologia. In: M.H. Hoffman & R.M. Cruz (eds.). *Comportamento humano no trânsito* (p. 33-46). São Paulo: Casa do Psicólogo.

Rueda, F.J.M. (2010). *Teste de Atenção Dividida (TEADI) e Teste de Atenção Alternada (TEALT)*. São Paulo: Casa do Psicólogo.

Rueda, F.J.M. (2011). Psicologia do trânsito ou avaliação psicológica no trânsito: faz-se distinção no Brasil? In: Conselho Federal de Psicologia (org.). *Ano da Avaliação Psicológica*: textos geradores (p. 103-113). Brasília: Conselho Federal de Psicologia.

Rueda, F.J.M. (2013). *Bateria Psicológica para Avaliação da Atenção – BPA*. São Paulo: Vetor.

Rueda, F.J.M. & Ávila-Batista, A.C. (2013). *Escala de Avaliação da Impulsividade*: Formas A e V (EsAvI-A e EsAvI-B). São Paulo: Vetor.

Rueda, F.J.M. & Castro, N.R. (2012). *Teste de inteligência (TI)*. São Paulo: Vetor.

Rueda, F.J.M., Raad, A.J. & Monteiro, R.M. (2012). *Teste de Memória de Reconhecimento (TEM-R)*. São Paulo: Casa do Psicólogo.

Rueda, F.J.M. & Sisto, F.F. (2007). *Teste Pictórico de Memória (TEPIC-M)*. São Paulo: Vetor.

Rueda, F.J.M. & Sisto, F.F. (2009). *Teste de Atenção Concentrada (TEACO-FF)*. São Paulo: Casa do Psicólogo.

Sampaio, M.H.L. & Nakano, T.C. (2011). Avaliação psicológica no contexto do trânsito: revisão de pesquisas brasileiras. *Psicologia: Teoria e Prática*, 13 (1), 15-33.

Silva, F.H.V.C. (2012). A Psicologia do Trânsito e os 50 anos de profissão no Brasil. *Psicologia: Ciência e Profissão*, 32 (n. esp.), 176-193.

Silva, F.H.V.C. & Alchieri, J.C. (2012). Laudo psicológico: operacionalização e avaliação dos indicadores de qualidade. *Psicologia: Ciência e Profissão*, 31 (3), 518-535.

Sisto, F.F. (2012). *Teste Conciso de Raciocínio (TCR)*. São Paulo: Vetor.

Sisto, F.F. (2013). *Escala para avaliação de tendência à agressividade*. São Paulo: Casa do Psicólogo.

Sisto, F.F. & Castro, N.R. (2011). *Escala de Atenção Seletiva Visual (EASV)*. São Paulo: Casa do Psicólogo.

Sisto, F.F., Noronha, A.P.P., Lamounier, R., Bartholomeu, D. & Rueda, F.J.M. (2006). *Testes de Atenção Dividida e Sustentada (AD e AS)*. São Paulo: Vetor.

Sisto, F.F., Santos, A.A.A. & Noronha, A.P.P. (2004). *R1: Teste não verbal de inteligência – Forma B*. São Paulo: Vetor.

Spielberger, C.H. (2010). *Inventário de Expressão de Raiva como Estado e Traço – STAXI 2*. São Paulo: Vetor.

Tonglet, E.C. (1999). *Bateria de Funções Mentais para Motorista – BFM-1*. São Paulo: Vetor.

Tonglet, E.C. (2002a). *Bateria de Funções Mentais para Motorista – BFM-4*. São Paulo: Vetor.

Tonglet, E.C. (2002b). *Bateria Geral de Funções Mentais – BGFM-1*. São Paulo: Vetor.

Tonglet, E.C. (2003). *Bateria Geral de Funções Mentais – BGFM-2*. São Paulo: Vetor.

Urbina, S. (2007). *Fundamentos da testagem psicológica*. Porto Alegre: Artmed.

Vieira, M.V.M., Pereira, A.O. & Carvalho, A.V. (1953). O exame psicotécnico de motoristas no Distrito Federal. *Arquivos Brasileiros de Psicotécnica*, 5 (4), 41-50.

Villemor-Amaral, A.E. (2005). *As pirâmides coloridas de Pfister*. São Paulo: CETEP.

26
Avaliação psicológica no contexto do esporte

Daniel Bartholomeu
José Maria Montiel
Afonso Antonio Machado

Introdução

À guisa de introdução, este capítulo tem por propósito tratar questões que envolvam o contexto esportivo no que tange à avaliação psicológica perpassando o histórico desta no esporte, contribuições da psicometria e suas implicações para a intervenção.

No que tange ao seu histórico, o desenvolvimento da Sociedade Internacional de Psicologia do Esporte, em 1965, em Roma, tendo como seu primeiro presidente Ferruccio Antonelli, foi um marco na fundação da Psicologia do Esporte. Os estudos na área, contudo, remetem ao início do século XX, pois já em 1890 Norman Triplett, ciclista e psicólogo, queria entender por que razão os ciclistas pedalavam mais rapidamente quando corriam em grupos ou em pares do que quando sozinhos (Willians & Straub, 1991). O primeiro psicólogo a dedicar sua carreira ao esporte foi Coleman Griffith, sendo conhecido como o pai da Psicologia do Esporte americana com laboratórios desde 1925 na Universidade de Illinois. Desde então, e paralelamente, outros laboratórios começaram a surgir no mundo todo: União Soviética, Japão e Alemanha (Samulski, 2002).

Em meio à Guerra Fria, Estados Unidos e a antiga União Soviética se constituíam como duas grandes potências na área do esporte, especialmente na Psicologia do Esporte, com estudos feitos e iniciados no programa espacial soviético em que os processos psicofisiológicos de astronautas eram controlados com ioga (anos de 1980 e 1990) desenvolvendo-se técnicas mais específicas de autorregulação psicológica a partir daí. Na década de 1960, a Educação Física se estabeleceu como disciplina acadêmica e a Psicologia do Esporte se distinguiu da aprendizagem motora na medida em que os psicólogos passaram a analisar os fatores psicológicos (personalidade, ansiedade) que afetavam o desempenho de habilidades esportivas e motoras (Weinberg & Gould, 2001).

No Brasil, a Psicologia do Esporte iniciou na década de 1950 com o psicólogo João Carvalhaes, o qual atuou no São Paulo Futebol Clube e na Seleção Brasileira de Futebol na Copa de 58. Segundo Machado (1993) e Rubio (2000), foi na Copa de 62 a primeira publicação em formato de livro de Psicologia do Esporte brasileiro, publicado por Athayde Ribeiro e Emilio Mira, denominado "Futebol e Psicologia". Nos anos de 1970 a participação de psicólogos no esporte era mais circunscrita ao futebol e no início da década de 1980 alcançou outras modalidades como o Judô e o Voleibol a partir da "criação" do Centro Olímpico de Treinamento e Pesquisa e do Centro de Preparação Psicológica no Esporte Clube Pinheiros em São Paulo. Em 1979, Benno Becker Júnior fundou a Sociedade Brasileira de Psicologia do Esporte (SOBRAPE) e em 2007 Kátia Rúbio fundou a Associação Brasileira de Psicologia do Esporte (ABRAPESP).

O aumento significativo de profissionais na área surgiu na década de 1990 com a Psicóloga Regina Brandão que atuou na seleção brasileira de futebol e voleibol, bem como após a criação do primeiro laboratório de Psicologia do Esporte na Universidade Federal de Minas Gerais (UFMG) pelo Dr. Dietmar Samulski, assim como a inclusão da Psicologia do Esporte na grade curricular de alguns cursos de psicologia e de alguns cursos de extensão. No Brasil, apenas no ano de 2000 a Psicologia do Esporte tornou-se reconhecida pelo Conselho Federal de Psicologia (CFP) como sendo uma especialidade da ciência mãe (Psicologia). Apesar de sua solidificação mais lenta, a Psicologia do Esporte evoluiu mais lentamente que outras áreas da Psicologia provavelmente por ter sido iniciada no âmbito da educação física (Machado, 1997).

Entre as concepções atreladas à Psicologia do Esporte está a aplicação dos princípios da psicologia como auxiliar na preparação do indivíduo ao esportivo. Para a *American Psychological Association* (APA, 1999), duas funções do psicólogo do esporte são primordiais neste sentido, a saber, auxiliar o atleta para que alcance um nível esperado, considerado adequado, de saúde mental e bem-estar, e em seguida proporcionar e otimizar sua *performance*. Porém, já foi comprovado cientificamente que a forma como as pessoas se adaptam ao ambiente esportivo, assim como as consequências dessa adaptação, são tópicos pouco versados pela comunidade psicológica em si, cujo foco maior recai sobre a otimização do desempenho dos atletas (Bartholomeu & Machado, 2008). Ainda neste contexto, a preparação psicológica em equipes desportivas é subdividida em etapas que vão do psicodiagnóstico esportivo à planificação sobre possíveis intervenções psicológicas e sua reavaliação com vistas à melhora especialmente no desempenho.

Uso de diferentes métodos de avaliação para o contexto esportivo

Historicamente, desde as primeiras incursões da Psicologia do Esporte no Brasil, realizadas com os pressupostos de João Carvalhaes, com estudos direcionados à psicometria com vistas à atuação em clubes e seleções (incluindo a seleção brasileira de futebol campeã em 1958), a avaliação psicológica de atletas e estabelecimento de perfis ocuparam espaço na prática deste profissional. Esta prática preconizou o surgimento do denominado psicodiagnóstico esportivo, que visa levantar as características psicológicas do atleta para estabelecer seu *status* atual e possibilitar um prognóstico quanto aos resultados esportivos (Rubio, 2002). A diferença básica deste tipo de prática para o psicodiagnóstico tradicional se refere aos objetivos finais, já que todo levantamento de características psicológicas não visa analisar um quadro psicopatológico (como seria o caso num psicodiagnóstico clínico), mas relacionar estas características ao rendimento esportivo do atleta, analisando variáveis psicológicas como emoção, personalidade, nível de ativação, dentre outras que mais se relacionam ao desempenho. Nesta prática pode-se buscar embasamento em uma multiplicidade de abordagens psicológicas. Muitas dessas abordagens usadas no psicodiagnóstico esportivo (como a abordagem cognitivo-comportamental) empregam conhecimentos da Psicometria. Uma das abordagens principais tem suas raízes na Psicologia Social, ou seja, analisa as interações pessoais e estruturas grupais a partir de conceitos como cooperação e competição (Feijó, 2000; Montiel & Bartholomeu, 2010; Singer, 1977).

Cabe mencionar o estudo de Vieira, Vissoci, Oliveira e Vieira (2010) ao retratarem a Psicologia do Esporte como um campo de atuação emergente no Brasil. Os autores destacam que este campo de atuação da Psicologia teve uma evolução histórica considerável e paralela a outras áreas da Psicologia, e apontam que mesmo com os avanços na área (referentes ao uso de instrumentos aprovados pelo CFP) é percebida uma carência de materiais específicos para este âmbito e de profissionais qualificados para esse campo de atuação, já que não se dispõe de uma formação específica dentro do aspecto avaliativo e psicométrico no esporte, tendo surgido os primeiros trabalhos nos últimos dez anos no Brasil. Destacam ainda que tal fato pode ser decorrente da necessidade e exigência de que a área demanda, tais como conhecimentos da amplitude psicológica e das interfaces com as ciências relacionadas ao esporte. Os autores propõem desafios ao psicólogo do esporte entre os quais pesquisar e desenvolver modelos de atuação que possam criar condições para um melhor desempenho esportivo e, sobretudo, melhores condições com vistas ao ajustamento emocional da população inserida neste meio, neste caso com possibilidades de intervenções mais apuradas e efetivas.

Quanto a este contexto mencionado, questões a respeito da ansiedade, depressão, *stress*, entre outros, têm sido frequentemente estudadas no âmbito da Psicologia do Esporte, uma vez que tais fatores são considerados de extrema relevância para o desempenho do atleta. No entanto, estes são estudados como fatores isolados ao comportamento do atleta, desvinculados do contexto e situação em que ele encontra-se incluído, ocasionando assim distorções acerca da compreensão do ambiente esportivo, bem como das ações realizadas no mesmo. Nesse sentido, cabe ao avaliador analisar os aspectos particulares dos atletas ou equipe e a modalidade praticada. Para tanto, o profissional dispõe de entrevistas, testes projetivos e objetivos, a fim de avaliar o nível de desenvolvimento e capacidade do atleta para determinada prática esportiva. Sendo o indivíduo composto por fatores psicológicos, sociais, físicos e espirituais, o profissional deve orientar sua avaliação a partir de instrumentos quantitativos e qualitativos, buscando compreender a complexidade do comportamento humano, tornando possível a prática interventiva, baseando assim futuras decisões (Pasquali, 2005). Rodiónov (1990) também indica que os resultados avaliativos permitem à equipe técnica criar processos de treinamento embasados nas particularidades do atleta, bem como do grupo, individualizando assim estratégias e táticas, preservando e otimizando estados psíquicos, principalmente no que diz respeito a situações de competições.

Cabe salientar que o mesmo teste pode ser utilizado em variadas situações, no entanto com objetivos distintos. A Psicologia do Esporte não dispõe da variedade de testes desenvolvidos e validados como outras áreas da psicologia, recorrendo assim a testes dessas áreas para a realização do processo de avaliação, o que ocasiona por vezes uma avaliação ineficaz e insuficiente a respeito da população avaliada. Considerando a constante transformação do indivíduo e da sociedade o processo de avaliação não deve ser o determinante final da vida de um atleta, sendo este submetido a processos avaliativos constantes.

O processo de avaliação em Psicologia do Esporte abrange procedimentos específicos já estabelecidos na área da psicologia, mas adaptados ao contexto esportivo, como a observação das atitudes e comportamentos que caracterizam a personalidade do atleta, bem como particularidades de um determinado grupo, o que torna possível a obtenção de dados que orientam as ações e qualidades do atleta no decorrer do treinamento e em situações de competição. Outro procedimento envolvido é o uso de entrevistas as quais permitem investigar particularidades psicológicas e percepções deste acerca de determinados comportamentos, permitindo a descrição e detalhamento do contexto que o atleta está inserido. Finalmente os testes que abrangem questionários, testes autoexpressivos, psicomotores, entre outros (Weinberg & Gould, 2001).

Há que se mencionar que a utilização e interação de tais instrumentos permitem uma avaliação quantitativa e qualitativa a respeito da manifestação e caracterização dos sintomas, permitindo assim a explicação e compreensão destes. O processo de avaliação permite ainda o cruzamento de informações, ocasionando as correlações dos variados indivíduos e uma mesma modalidade esportiva assim, torna possível caracterizar variáveis pessoais e individuais referentes ao indivíduo, diferenciando-as das características das modalidades. Como mencionado por Rudik (1990), há a necessidade da elaboração de um psicograma que contemple a preparação, o processo de treinamento e competição, bem como a exigência física, social e mental exigida na modalidade praticada. Deste modo, o profissional deve considerar as obrigações exigidas pela modalidade, a complexidade envolvida, duração e frequência dos processos em situações de treinamento e competição, bem como as particularidades dos estados emocionais e físicos do atleta. A elaboração e desenvolvimento do psicograma oferece ao profissional a possibilidade de observação do desenvolvimento das funções psíquicas, a orientação da personalidade, manifestações emocionais, traços de caráter e manifestações do sistema nervoso, compondo dessa forma o perfil psicológico do atleta, subsidiando a compreensão de suas capacidades e habilidades, considerando suas particularidades.

A Figura 1 exemplifica o psicograma de um atleta exibindo dados de características psicológicas e de desempenho físico no Jiu-Jitsu avaliadas a partir da operacionalização de duas posições de finalização (chave de braço e omoplata). Vale ressaltar que as legendas armlock 1, 2 e 3 e omoplata 1, 2 e 3 são etapas de execução destas posições. Cada movimento e unidade de desempenho são operacionalizados (princípio básico da psicometria) visando uma análise mais detalhada do desempenho. Por exemplo, na execução da chave de braço as três etapas correspondem, respectivamente, fechar guarda e pegar mangas cruzadas no kimono; abrir guarda, rodar o tronco em 180 graus e abraçar a perna do oponente sem soltar as mangas; entregar a manga na mão que abraçou a perna, levantar o tronco e abraçar o ombro. Estas três etapas são avaliadas a partir de figuras ilustrativas e dificuldades em cada uma das etapas (como o atleta em questão tem dificuldades na primeira etapa) são questionadas e trabalhadas durante as entrevistas, visando articular aspectos psicológicos (como a agressividade deste atleta) relacionados ao desempenho físico. Com isso, novas estratégias para controle emocional e estimulação do desempenho são desenvolvidas a partir das peculiaridades do perfil atlético.

Figura 1 Exemplo de Psicograma de um atleta de alto rendimento de Jiu-Jitsu

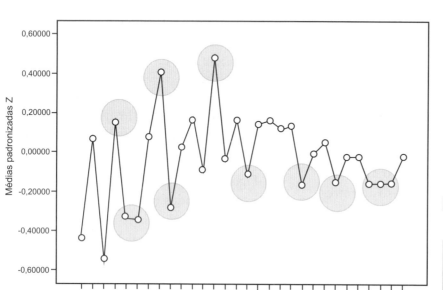

O conhecimento acerca das emoções, reações, comportamentos e atitudes do atleta possibilita ao profissional uma ação centrada nas especificidades do indivíduo e da modalidade que este pratica, auxiliando para que o mesmo trace planos e atinja seus objetivos. Para alcançar tal conhecimento o profissional dispõe da entrevista e anamnese como instrumentos.

Segundo Doron e Parot (2006) a entrevista pode contemplar os seguintes objetivos: anamnese (reconstrução de história de vida do indivíduo), arguição oral (conhecimentos e aprendizagens do indivíduo), seleção de pessoal (recrutamento de emprego), aconselhamento psicológico (aspectos pessoais). Os autores apontam ainda que a entrevista pode ser solicitada pelo entrevistado, psicólogos, médicos, dentre outros. Assim, cada modelo de entrevista busca um objetivo instrumental, definindo assim suas limitações e alcances técnicos. No contexto esportivo é importante considerar a modalidade praticada, sua especificidade, motivações, lesões, reabilitações, entre outras características próprias deste contexto, necessitando dessa forma conhecimento acerca do indivíduo, bem como do contexto em que o mesmo encontra-se inserido (Carretoni & Prebianchi, 1999; Cunha, 2000). Em síntese, para o sucesso da anamnese é necessário que o profissional atue de forma clara, considerando todas as possíveis interferências, compreendendo as falas do indivíduo, bem como seu comportamento, estabelecendo uma relação de confiança, responsabilidade e imparcialidade.

Especificamente no que se refere à anamnese, diz-se que surgiu a partir da necessidade de conhecer o paciente dentro da área médica, desde então diferentes campos de atuações tem adotado e transformado o instrumento de acordo com o objetivo pretendido (Cunha, 2000). Com tal instrumento é possível ao profissional conhecer o indivíduo, suas relações estabelecidas consigo e com o outro, bem como a base para o planejamento de ações e/ou intervenções futuras. Assim, identificar quem é o indivíduo com quem se trabalha é o principal objetivo dentro da Psicologia do Esporte, considerando que o mesmo indivíduo que pratica determinada atividade física ou modalidade esportiva é o mesmo que frequenta festas, encontros de família, amigos etc., ou seja, o mesmo indivíduo é capaz de desempenhar diferentes papéis e funções em seu cotidiano.

Inicialmente a anamnese oferece ao profissional informações a respeito da identidade e história clínica do sujeito, ampliando de acordo com o objetivo pretendido. Para que a anamnese seja de grande valia o profissional deve considerar, além das respostas do indivíduo, gestos, olhares, devaneios, interrupções, entre outros comportamentos que por vezes oferecem maiores indicadores paralelamente ao que é dito e favorece ao profissional o conhecimento do perfil do atleta. Para tanto as perguntas formuladas podem ser abertas, as quais possibilitam ao entrevistado pensar e conhecer a si mesmo ou fechadas, com o objetivo de obter respostas específicas. No entanto, independente da pergunta, é necessário estabelecer contato de confiança e compromisso entre o profissional e o atleta, a fim de possibilitar que as respostas sejam dadas com mais verdade (Martin, 2001; Weinberg & Gould, 2001).

Uma das possibilidades de anamnese focada no contexto esportivo consiste em uma análise do estado emocional do atleta. Pode-se citar alguns exemplos de perguntas a serem respondidas pelo psicólogo do esporte neste contexto, como: O atleta demonstrou-se amigável? O atleta demonstrou cooperação? O atleta demonstra vontade de mudança? O atleta demonstra apatia? O atleta demonstra indiferença? O atleta demonstra agressividade? Acha que os outros o perseguem? Acredita que não dá para confiar nas pessoas? Tem dificuldades em confiar nas pessoas? Machuca-se com frequência? Argumenta muito (apresenta argumento sobre o que deveria fazer)? É convencido?

A atenção do profissional deve contemplar aspectos físicos e verbais. Quanto aos aspectos físicos é necessário o profissional ficar atento a gestos, posturas, olhares, bem como demonstrar receptividade; enquanto que as características verbais necessitam da escuta e interpretação do que o indivíduo está dizendo, interferindo quando necessário (MacKay, 2001; Weinberg & Gould, 2001). No entanto, cabe salientar que nem sempre o ambiente dentro do contexto esportivo facilita para o desprendimento de tais atenções, uma vez que por vezes o atendimento é feito em vestuários, campos, piscinas, dentre outros, não disponibilizando ao profissional e ao atleta um ambiente adequado para o atendimento, necessitando maior envolvimento de ambas as partes. Outro ponto a ser considerado é a qualidade das questões, as quais devem contemplar os objetivos pretendidos, possibilitando ao profissional o conhecimento acerca do indivíduo e da modalidade praticada (MacKay, 2001). Ao considerar que a vida do atleta é feita de momentos, faz-se necessário que as avaliações sejam realizadas com frequência, envolvendo as características pessoais do atleta, os requisitos técnicos específicos de cada modalidade, bem como os objetivos específicos do treinamento para investigar o que tem melhorado e o que resta melhorar neste processo.

Há que se ressaltar que o processo de intervenção nesta área é, via de regra, baseado na identificação de características comportamentais que favorecem o bom desempenho. Tal fato sugere que os processos de avaliação psicológica no esporte especialmente de alto rendimento são orientados, regularmente, para análise das características de personalidade do atleta, seus estados emocionais, processos psicológicos básicos e suas relações interpessoais. Nestes termos, a avaliação psicológica de atletas acaba sendo um dos procedimentos no qual se gera maior expectativa, tanto por técnicos, comissões e dirigentes de clubes/equipes, o que confere ainda mais importância e responsabilidade neste processo (Cozza, 2008).

No que se refere ao uso de testes psicológicos nas investigações diagnósticas no contexto esportivo, vale destacar dois momentos importantes deste processo, ou seja, o primeiro visa avaliar o desenvolvimento de funções e capacidades específicas dos atletas que permitam realizar um prognóstico de resultados esportivos, com a menor margem de erro. O segundo visa primordialmente a análise de fenômenos psicológicos identificados nos atletas por meio de percepções em relação ao seu cotidiano (p. ex., a percepção deles de uma derrota). Assim, sucintamente a avaliação tem como prisma a identificação de variáveis mensuráveis e contextualizadas, influenciadoras do funcionamento do atleta e também em relação às demandas do profissional envolvido no processo (como treinadores e equipe técnica no geral). É importante destacar neste contexto a importância de conhecimentos psicológicos, tais como psicopatologia, personalidade, desenvolvimento humano e psicometria, bem como o domínio teórico em relação ao contexto esportivo e em especial à modalidade esportiva.

Neste sentido, o psicólogo do esporte atua com este contexto em diferentes etapas do desenvolvimento humano, da infância à velhice, e esta prática demanda uma adaptação, principalmente porque os níveis de exigência atlética são diferentes em cada uma destas etapas e em cada modalidade, como por exemplo a postura e tonicidade exigidas de crianças são diferentes de adultos em práticas como o karatê, por exemplo; ou mesmo a capacidade de execução de certos movimentos de rolamento que exigem mais consciência corporal e rotação mental no Jiu-Jitsu que, para certas idades, não é ainda possível a execução perfeita; ou a possibilidade de trabalhar a execução de técnicas a partir de atividades lúdicas com crianças. Estas diferenças no âmbito do treinamento e a forma como este é conduzido também impactam no aspecto psicológico, seja na forma de auxiliar a estimulação técnica (como uso de sacos de pancada e bolas nos treinos infantis, p. ex.) como no modo de trabalhar e avaliar as emoções e relacionamentos interpessoais na equipe esportiva. Assim, a linguagem usada ao se abordar o desempenho em crianças e adultos é diferente, auxiliando-os na identificação de emoções e detecção de problemas de relacionamento. Com crianças, o uso de recursos lúdicos para se obter informações é frequentemente requisitado.

Ainda em relação aos procedimentos de avaliação de aspectos psicológicos no âmbito esportivo, Takase (2005) aponta que comumente são utilizados modos de investigação de comportamentos externos à situação de competição. Diferem dos procedimentos usuais em razão de considerar e se adequarem às demandas do contexto desportivo específico e de cada modalidade, situação de competição, alto rendimento, dentre outros aspectos. Por exemplo, certas condutas agressivas (como dar um soco em alguém no boxe ou um carrinho no futebol) são socialmente aceitas em algumas modalidades, ou ainda o contexto paralímpico e esporte adaptado. É oportuno mencionar que alguns dos procedimentos de avaliação e investigação são adaptados dentro do âmbito esportivo e advêm de estudos atrelados à aprendizagem e controle motor, em que os processos cognitivos e perceptivos estão envolvidos com pressupostos desenvolvimentais e de aprendizagem relacionados à *performance* motora.

No sentido de adaptação de procedimentos de avaliação no esporte pode-se exemplificar que itens de agressividade adaptados ao contexto esportivo seriam: "Não faço os treinamentos que meu técnico manda", "Não tolero treinar por muito tempo", "Comporto-me mal em competições", "No meu treinamento, converso muito com meus colegas quando o treinador está explicando algo", "Sou desobediente nos treinos". Estes itens foram retirados de um instrumento em investigação de suas características psicométricas relacionado à adaptação de conduta no contexto esportivo de autoria dos autores deste capítulo. Com isso, as perguntas e questionamentos são voltados especificamente para o ambiente esportivo e aspectos que envolvem seu cotidiano e prática física.

Apesar de estudos terem sido e serem desenvolvidos especialmente, com melhora de aspectos atrelados à *performance*, há ainda pouco investimento quanto ao desenvolvimento de instrumentos específicos para este contexto. Os principais instrumentos usados (aprovados pelo Sistema de Avaliação de Testes Psicológicos – SATEPSI) são o Inventário de Habilidades Sociais, a Bateria Fatorial de Personalidade (BFP), Escalas Beck, Inventário de Ansiedade Traço-Estado (IDATE), Matrizes Progressivas de Raven. Dos não aprovados constam o *Competitive State Anxiety Inventory*, Escala de Agressividade em Competição, "Inventário de Motivação à Prática Regular de Atividade Física e Esportiva, *Profile of Mood States*.

É importante ressaltar que estes instrumentos são adequados a outros contextos e seu uso na prática esportiva pode acarretar equívocos na interpretação, já que, como mencionado anteriormente, o objetivo é a relação entre o desempenho atlético e os aspectos psicológicos. Além disso, o uso de normas feitas com grupos clínicos pode superestimar certas características dos atletas, como classificar seus níveis de ansiedade como patológicos quando podem ser normais para o grupo de atletas em questão, já que a ansiedade destes, por exemplo, tende a ser mais elevada do que a de não atletas (Bartholomeu & Montiel, 2010). Há que se considerar ainda que a falta de instrumentos específicos para o esporte acarreta em muitos maus usos como o uso de testes meramente traduzidos, os quais não se dispõe de evidências de validade ou aprovação no SATEPSI. Esta prática é falta de ética profissional grave e deve ser sempre recriminada.

Etapas e planificação de um processo de avaliação psicológica no esporte: estratégias e questões

Para finalizar, procurou-se esboçar um processo de avaliação dentro do contexto esportivo visando complementar a discussão apresentada. De fato, um processo de avaliação psicológica no contexto esportivo inicia-se com base no levantamento das necessidades da equipe desportiva como um todo, a partir de entrevistas abertas ou semiestruturadas com técnicos e dirigentes para procurar compreender a queixa da equipe como um todo e contextualizar os problemas dentro deste *setting*. Em seguida, parte-se para entrevistas com os atletas num formato semidirigido procurando compreender a rotina de treinamentos, tais como seu nível de ansiedade, ativação, motivação para treinos, metas pessoais, pensamentos específicos (automáticos) relacionados ao contexto desportivo, crenças de autoeficácia esportiva, competição, problemas de equipe, dentre outros; questões familiares voltadas para o suporte familiar e demandas do grupo social que os atletas participam (amigos próximos).

Após as entrevistas e levantamento das principais queixas e demandas planeja-se a aplicação de instrumentos voltados para uma caracterização específica do perfil psicológico dos atletas visando relacionar às demais questões levantadas para uma análise mais aprofundada das queixas/demandas. Neste sentido, a BFP tem sido comumente utilizada, já que caracteriza o perfil de personalidade destes atletas e indica a forma diferente de se planejar intervenções visando otimizar o desempenho dos mesmos. As Escalas Beck (BAI e BDI, mais especificamente) também são úteis para analisar a ansiedade e depressão dos atletas visto que tais características podem ser facilitadoras ou dificultadoras do bom desempenho. Os demais instrumentos devem ser selecionados a partir das queixas específicas dos atletas e da equipe (Bartholomeu & Montiel, 2010; Rebustini, Calabresi, Silva & Machado, 2005; Rubio, 2002).

Em fase de competição as avaliações (por todos os procedimentos citados acima) são periodizadas com frequência visando um maior monitoramento do estado de humor dos atletas, bem como da periodização e adequação de estratégias dos treinamentos com vistas a propiciar e favorecer melhor desempenho. Após a competição uma reavaliação também é feita para se estabelecer os ganhos e perdas emocionais e cognitivas (pensamentos disfuncionais, eventualmente) associados a ela. As devolutivas são feitas com frequência ao final de cada processo avaliativo para atletas e comissão técnica visando facilitar o trabalho de intervenção com cada um dos envolvidos neste processo.

Como pode ser observado, inúmeras questões tecem a área de Psicologia do Esporte, sobretudo as questões atreladas à avaliação psicológica neste contexto, e neste ponto coloca-se uma questão importante que se refere ao uso de instrumentos psicológicos que são aprovados pelo CFP, o que tem sido uma das grandes preocupações de profissionais que atuam na área, já que os instrumentos para a área são escassos no Brasil, ou não disponíveis. O que inclui atualmente instrumentos meramente adaptados para o contexto esportivo, porém não adequados mediante as exigências estabelecidas pelo CFP (Bartholomeu & Montiel, 2010; Rubio, 2004). Os Conselhos Federais e Regionais de Psicologia têm enfatizado a necessidade de aprimoramento dos instrumentos de avaliação psicológica para o contexto do Brasil, por exemplo, por meio das resoluções 025/2001 e 002/2003 o CFP regulamenta o uso de testes psicológicos no Brasil, ressaltando a necessidade da implementação de que os instrumentos existentes devem seguir as diretrizes básicas em relação às condições métricas adequadas, como evidências de validade, dentre outras características. Os testes aprovados no SATEPSI usados neste contexto não apresentam, em sua maioria, estudos com atletas e normas para este grupo. Sabe-se, por exemplo, que certas características de personalidade e emoções são maiores em atletas que em não atletas, fato desconsiderado nestas avaliações. Assim, parte das avaliações são feitas por outros procedimentos como observação, entrevistas e dinâmicas de grupo.

É comum se observar a utilização de instrumentos/testes aprovados para avaliação em diferentes contextos como, por exemplo, na clínica, ou ainda cujos estudos foram realizados com estudantes universitários como critério para desenvolvimento de diretrizes, tais como para avaliação de características gerais, habilidades sociais, ansiedade, depressão, personalidade e inteligência, entre outras. O cerne da questão neste sentido não está relacionada aos estudos realizados, mas sim à população que foi participante para demarcação de parâmetro, ou seja, muitos destes estudos e testes têm poucos estudos psicométricos com atletas. Um dos aspectos comumente observados é que não são desenvolvidos novos testes, ou, quando são, poucas adaptações são realizadas nas tarefas, proposições e consignas, entre outras, para a população esportiva. Nestes termos, as peculiaridades de cada modalidade devem ser respeitadas ao se planejar um procedimento de avaliação, o que tem sido uma preocupação cada vez maior do CFP, com suas diretrizes sobre a avaliação psicológica no esporte, enfatizando a necessidade de adequação a tais estudos, e até mesmo a reflexão do contexto para o qual o instrumento foi desenvolvido e planejado.

É interessante ressaltar que isto não implica necessariamente o uso de diferentes baterias de testes para diferentes modalidades esportivas (apesar de este processo dever ser baseado nas questões e especificidades da demanda da equipe desportiva), mas somente que se deve relacionar os resultados com o desempenho técnico específico para cada esporte. De fato, a questão que se coloca é a necessidade de instrumentos específicos para o esporte com as adaptações mencionadas (de conteúdo, p. ex.) visando uma melhor relação e maior proximidade com os critérios de desempenho atlético exigidos neste contexto (melhores evidências de validade).

As ressalvas em relação a tais apontamentos denotam que as avaliações no ambiente do esporte sejam realizadas ou com instrumentos inadequados, comprometendo as interpretações geradas com base nestes, ou por meio de dinâmicas, observação sistemática, tarefas situacionais dentre outros procedimentos passíveis de inferências pessoais. No geral, como mencionado anteriormente, os primeiros testes empregados no esporte tinham foco clínico, sem poder preditivo sobre o comportamento atlético, sobretudo quando o assunto é competição.

Em outro ponto crucial em relação aos instrumentos de avaliação, está relacionado aos estudos de validade de tais instrumentos, sendo esse ponto de discussão já antigo neste âmbito, e que consiste da seleção indiscriminada de atletas que não possibilita o estabelecimento de evidências para um grupo ou modalidade específica (Martens, 1975; Cratty, 1984). Ao lado disso, as correlações com outros testes que avaliem aspectos emocionais e sociais são pontos essenciais e por vezes desconsiderados, sobretudo na validação de testes como os de personalidade (variável mais avaliada dentro do contexto esportivo), sobretudo para considerar as tensões esportivas de cada modalidade este aspecto deve ser considerado. Isto é, as correlações de testes específicos de agressividade no esporte, por exemplo, devem ser correlacionadas com outros testes de agressividade em outros contextos, mas com coeficientes médio-altos (0,70), pois apesar de o constructo ser agressividade, as especificidades do contexto dão outra forma à expressão da agressividade e indica diferenças. Certos atletas podem ser agressivos em situação competitiva (e eles expressam esta agressividade), mas não necessariamente serem fora das quadras. Assim, é de especial importância a necessidade de desenvolvimento e adaptação de instrumentos de avaliação psicológica que possam mensurar detalhadamente o estado psíquico de atletas em situações que antecedem as competições e após as mesmas, como forma de criar condições de predisposição para os treinamentos, de modo a criar melhores condições em tais indivíduos.

Com vistas às problemáticas descritas nos últimos anos, no Brasil, alguns esforços têm sido realizados no sentido de investigar evidências de validade e o desenvolvimento de instrumentos de avaliação específicos para a área do esporte. Dentre tais estudos é possível destacar estudos em relação à estrutura interna do *Competitive State Anxiety Inventory* (CSAI), instrumento de grande utilização no âmbito esportivo. Os resultados da análise das categorias de resposta ao item revelaram a pertinência de quatro níveis para a avaliação e o funcionamento diferencial dos itens, apontando quatro itens que favorecem as mulheres e sete que favorecem os homens. Sugerem ainda para a reformulação de uma das categorias de análise do CSAI para possibilitar uma melhor compreensão dos itens empregados no teste (e.g. sempre, às vezes e nunca). No que se refere à estrutura fatorial do teste, a mesma foi mantida em comparação aos estudos internacionais, contudo alguns itens não foram bem-ajustados neste modelo de análise; sugeriu-se que alguns itens devem ser excluídos da escala quando de sua utilização (Bartholomeu, Machado & Montiel, 2014; Bartholomeu, Montiel, Bartholomeu & Machado, 2010; Bartholomeu, Montiel & Machado, 2010; Bartholomeu, Montiel & Machado, 2013).

Em outro estudo, ainda em relação à ansiedade, pode-se destacar estudos a respeito do *State Trait Anxiety Inventory* (STAI), em que Bartholomeu, Montiel, Rueda e Machado (2014) compararam a estrutura fatorial deste teste com outras amostras de atletas, universitários e militares. Os resultados indicaram diferenças na estrutura fatorial deste teste na amostra de atletas, confirmando a instabilidade da estrutura fatorial deste instrumento que já vem sendo demonstrada em outros contextos, ressaltando a necessidade de novos estudos de validação das escalas com atletas em especial para o instrumento mencionado. Outro estudo, com uma escala de agressividade em competição, indicou uma estrutura de três fatores que devem ser considerados ao se tratar do aspecto agressividade no esporte, ou seja, intimidação, agressividade declarada e manipulação (Bartholomeu & Machado, 2008).

Em relação à motivação para atividade física outro estudo foi realizado, e demonstrou que pessoas com mais autoestima tendem a se engajarem na prática de atividade física pela saúde, enquanto pessoas com baixos níveis de autoestima tendem a frequentar a academia para a socialização (Cecato & Bartholomeu, 2009; Bartholomeu, Machado, Cecato, Bartholomeu & Piccoli, 2009). Outro tema estudado em relação à prática de atividades físicas foi Vigorexia, os resultados apontaram que algumas modalidades esportivas têm relação significativa com sintomas de transtorno com distorções de autoimagem e de autoestima, e que a prática da atividade física tende a reforçar sintomatologias para transtornos mentais (Bartholomeu,

Carvalho, Machado & Montiel, 2010; Bartholomeu, Montiel, Luz & Machado, 2013).

Algumas evidências já existem como mencionadas por Bartholomeu, Montiel, Rueda e Machado (2014) atestando que o IDATE, por exemplo, apresenta variações em sua estrutura fatorial na amostra de atletas, não validando este constructo adequadamente no formato originalmente concebido. Os autores sugerem novos estudos com amostras diferentes que possam examinar com maior detalhamento este aspecto. Este tipo de investigação torna-se cada vez mais necessária, sobretudo no Brasil, em que poucos esforços de se refinar características psicométricas de instrumentos de avaliação para atletas ainda persistem. Uma possibilidade de análise neste contexto de adaptação e a verificação da adequação da estrutura fatorial de um instrumento específico de outros contextos para o esporte, e a análise da invariância dos parâmetros, derivada da análise fatorial confirmatória e modelagem com equações estruturais (Damasio, 2013).

Esta análise é de extrema relevância neste contexto, pois, uma vez que as estruturas fatoriais não são as mesmas em amostras ou subgrupos distintos, as comparações das medidas entre estes grupos acabam por vezes gerando resultados inconclusivos, já que não se pode afirmar que as diferenças encontradas são decorrentes de diferenças verdadeiras no traço latente (constructo) em questão, ou das diferenças estruturais na medida efetuada.

Outras evidências de estrutura interna também tendem a favorecer uma análise mais detalhada no sentido de viés de itens e refinamento das medidas como a teoria de resposta ao item. Tal aspecto, em nível nacional, é possível de ser observado, e ainda uma quantidade reduzida de estudos com instrumentos em Psicologia do Esporte que empreguem esta técnica de análise. Apesar disso, resultados preliminares com instrumentos como o CSAI-2 têm indicado boas possibilidades do uso desta técnica em medidas voltadas para o contexto esportivo, sugerindo alterações nos níveis da escala *likert*, por exemplo, ou mesmo desajustes de itens por sexo (Bartholomeu, Montiel & Machado, 2013; Bartholomeu, Montiel & Machado, 2014).

Considerações finais

O objetivo central deste capítulo foi abordar questões pertinentes à avaliação psicológica no contexto esportivo. Assim, após serem apresentadas noções históricas desta prática, passou-se a problematizar aspectos que se referem à psicometria e avaliação psicológica, bem como outras formas de avaliação neste âmbito visando apresentar possibilidades práticas aos leitores, bem como indicar lacunas e pontos que devem ser tomados com cautela por profissionais da área ao avaliar no esporte.

Como já mencionado, a construção de instrumentos específicos da área pode contribuir muito para uma análise mais adequada das variáveis psicológicas no âmbito esportivo. Estudos têm sido realizados com esta finalidade, mas por vezes acabam ficando restritos a grupos de estudos ou a grupos minoritários, sem que haja divulgação dos mesmos, pelos mais variados motivos. Como este capítulo visa apresentar possibilidades e até mesmo divulgar ferramentas, um exemplo de um instrumento em fase de finalização, ou seja, com estudos sendo desenvolvidos, a EAGRESCOMP (Escala de Agressividade em Competição) foi desenvolvida por Bartholomeu e Machado (2008), cujos estudos psicométricos atestam suas primeiras evidências de validade por estrutura interna e precisão. A escala e escores tendem a cobrir diferentes manifestações do comportamento agressivo em cada modalidade esportiva, já que a conduta agressiva ou assertiva deve ser julgada a partir do contexto. Em outras palavras, comportamentos agressivos em uma modalidade podem não ser considerados assim em outras como o futebol e a luta, além do fato das modalidades serem coletivas ou individuais.

Um aspecto relevante a ser ainda trazido à baila neste capítulo se refere à falta de evidências de relações dos escores de medidas com um critério específico para o esporte como o desempenho esportivo. De fato, tais evidências seriam fundamentais para demonstrar a utilidade de se traçar perfis psicológicos de atletas em relação ao seu emprego específico no ambiente esportivo. Assim, não adiantaria o desenvolvimento de testes e suas adaptações e exames de estrutura interna se estes não demonstrarem eficácia no sentido de predizer aspectos relevantes dentro do contexto para o qual estão sendo adaptados ou utilizados. Isso implica um estabelecimento de metas para serem alcançadas dentro do âmbito esportivo, seja o desempenho ou treinamento que visem por exemplo a qualidade de vida de tais indivíduos, criando critérios explícitos de *performance* em cada um deles, analisando as relações com as medidas em Psicologia do Esporte que tenham alguma relevância hipotética de um ponto de vista empírico ou teórico. Cabe ressaltar o que já foi mencionado anteriormente, que as evidências de validade são desenvolvidas sobre uma estrutura específica de constructos e suas inter-relações hipotéticas (Messick, 1993). De tal reflexão se pode derivar algumas perguntas, tais como: Qual seria uma boa medida de critério dentro do contexto esportivo? Será que o desempenho em si seria uma boa medida de critério? Que tipo de desempenho esportivo se avalia? Como avaliar o desempenho de forma confiável?

Considerando ainda a importância de se estabelecer melhores definições neste âmbito, uma medida de critério adequada dentro do contexto esportivo deve levar em consideração não só o produto final do desempenho como vitórias ou derrotas, mas as etapas de execução de cada técnica específica. Quanto mais detalhada for a medida de critério quanto aos níveis de desempenho esperados e etapas claramente definidas de execução de movimentos e técnicas esportivas, tanto melhor e mais informativo será o critério, possibilitando maiores esclarecimentos acerca de como e onde as variáveis psicológicas podem afetar a *performance* para o indivíduo (Anastasi & Urbina, 2001; Bartholomeu & Montiel, 2010).

Por fim, sem esgotar a temática, e entendendo que o processo de avaliação não é composto somente por testes psicológicos, mas também por distintos procedimentos de coleta de informações acerca do indivíduo, uma das preocupações atuais reside no diagnóstico esportivo, e suas inter-relações, onde diversas formas de avaliação devem ser sempre arroladas. Nesse sentido, o profissional, seja o educador físico ou outro envolvido no contexto, adquire papel fundamental, já que os mesmos podem dispor de informações específicas a respeito da modalidade e dos atletas em situação de jogo/competição, favorecendo ainda mais um diagnóstico específico com menor margem de erro. Assim, psicólogos, educadores físicos e demais profissionais devem trabalhar em conjunto para o estabelecimento do diagnóstico esportivo e desenvolvimento de estratégias para possíveis intervenções. Tais apontamentos também podem ser verificados em estudos como o de Tineli, Rover, Fin, Júnior,

Fiedler e Baretta (2011), que apontam para a necessidade de equipes multidisciplinares envolvidas no ambiente esportivo, possibilitando desta maneira melhor *performance* dos atletas em seus diferentes aspectos. Com a temática citada anteriormente, ou seja, ansiedade, Souza, Teixeira e Lobato (2012) reforçam que, quando envoltos com esta temática, os profissionais, em especial o psicólogo do esporte, deve estar preparado para lidar com diferentes aspectos, tais como os psicológicos e os fisiológicos, que envolvem a dinâmica desportiva. Em suma, tais procedimentos devem considerar especialmente as predições e vulnerabilidades como, por exemplo, para transtornos mentais associados ao esporte; neste caso, o foco deixa de ser o desempenho atlético/esportivo simplesmente e passa a ser a saúde mental dentro do contexto esportivo.

Referências

American Educational Research Association, American Psychological Association, National Council on Measurement in Education (1999). *Standards for educational and psychological testing.* Washington, DC.: American Psychological Association.

Anastasi, A. & Urbina, S. (2000). *Testagem psicológica.* Porto Alegre: Artes Médicas.

Assef, D.M. & Grupenmacher, R. (2007). Da entrevista à anamnese: com objetivos, estratégias, alcances e limitações. In: L.F. Angelo & K. Rubio. *Instrumentos de avaliação em Psicologia do Esporte* (p. 27-36). São Paulo: Casa do Psicólogo.

Bartholomeu, D., Carvalho, L., Machado, A. & Montiel, J.M. (2010). *Inventário de Dismorfia Muscular (IDM)* – Laboratório de Estudo e Pesquisa em Psicologia do Esporte (LEPESPE). Rio Claro: Unesp.

Bartholomeu, D. & Machado, A.A. (2008). Estudos iniciais de uma escala de agressividade em competição. *Interação em Psicologia,* 12, 189-201.

Bartholomeu, D., Machado, A.A., Bartholomeu, L., Montiel, J. & Gomes, A. (2010). Aprendizagem na escrita e ansiedade acadêmica: focos relacionais das dificuldades. *Educação* (São Paulo), 3, 20-38.

Bartholomeu, D., Machado, A., Cecato, J., Bartholomeu, L. & Piccoli, A. (2009). Estudo para construção de uma escala de motivação para prática de atividade física. *I Congresso de Psicologia Aplicada ao Esporte e Motricidade Humana.* Rio Claro: Unesp.

Bartholomeu, D. & Montiel, J.M. (2010). Avaliação psicológica no esporte. *Revista Brasileira de Psicologia Aplicada ao Esporte e à Motricidade Humana,* 2, 17-19.

Bartholomeu, D., Montiel, J. & Machado, A. (no prelo). Dimensionalidad de la STAI-T en atletas brasileños. *Revista Mexicana de Psicología.*

Bartholomeu, D., Montiel, J.M. & Machado, A.A. (2013). Avaliação da escala dos itens do CSAI-2 em atletas. *Interação em Psicologia* (Impresso), 17, 77-87.

Bartholomeu, D., Montiel, J.M. & Machado, A.A. (2014). Validity of internal structure of the Competitive State Anxiety Inventory in a Brazilian sample. *Motriz* – Revista de Educação Física, 20, 158-166.

Bartholomeu, D., Montiel, J., Machado, A.A. & Luz, L.S. (2013). Discriminação de medidas antropométricas e distorção de imagem corporal em praticantes de exercício contra resistido. *Revista Ciências Médicas e Biológicas,* 12, 196-204.

Bartholomeu, D., Montiel, J., Machado, A.A. & Rueda, F.J. (2014). Análisis de la estructura factorial del STAI-T en una muestra de deportistas brasileños. *Acta Colombiana de Psicología,* 17, 123-132.

Beck, A.T. & Erbaugh, J. (1961). An inventory for measuring depression. *Archives of General Psychiatry,* 4, 561-571.

Becker, B. (2000). *Manual de Psicologia do Esporte e Exercício.* Porto Alegre: Nova Prova.

Carretoni, F.H. & Prebianchi, B.H. (1999). *Exame clínico psicológico (anamnese)*. São Paulo: Casa do Psicólogo.

Cecato, J.F. & Bartholomeu, L. (2009). Motivação para a prática de atividades físicas em academias e autoestima: um estudo correlacional. *Anuário Discente Anhanguera Educacional*.

Conselho Federal de Psicologia (2001). *Resolução n. 25/2001* [Disponível em http://www.crprs.org.br/upload/legislacao/legislacao46.pdf – Acesso em 04/03/2015].

Conselho Federal de Psicologia (2003). *Resolução n. 002/2003* [Disponível em http://www2.pol.org.br/satepsi/CD_testes/pdf/Resolu%E7%E3o%20CFP%20n%BA%20002-03%20-%20sem%20anexo.pdf – Acesso em 04/03/2015].

Cozza, H.F. (2008). *Avaliação neuropsicológica das funções executivas em atletas e correlação com desempenho em situação de jogo* (Tese de doutorado). Itatiba: Universidade São Francisco – USF.

Cratty, B.J. (1984). *Psicologia do Esporte*. 2. ed. Rio de Janeiro: Prentice Hall do Brasil.

Cunha, J.A. (2000). *Psicodiagnóstico-V.* Porto Alegre: Artes Médicas.

Cunha, J.A. (2001). *Manual da versão em português das Escalas Beck* (Tradução e adaptação brasileira). São Paulo: Casa do Psicólogo.

Damasio, B.F. (2013). Contribuições da análise fatorial confirmatória multigrupo (AFCMG) na avaliação de invariância de instrumentos psicométricos. *Psico-Usf*, 18 (2), 211-220.

Doron, R. & Parot, F. (2006). *Dicionário de Psicologia*. São Paulo: Ática.

Feijó, O.G. (2000). Psicologia do Esporte e no Esporte. In: K. Rubio. *Encontros e desencontros*: descobrindo a Psicologia do Esporte (p. 16-21). São Paulo: Casa do Psicólogo.

Figueiredo, L.C. (2005). *Matrizes do pensamento psicológico*. Petrópolis: Vozes.

Guareschi, N.M., Medeiros, P.F. & Bruschi, M.E. (2003). Psicologia social e estudos culturais: rompendo fronteiras na produção do conhecimento. In: N.M. Guareschi & M.E. Bruschi. *Psicologia Social nos estudos clínicos*. Petrópolis: Vozes.

Haguette, T.M. (2000). *Metodologias qualitativas na sociologia*. Petrópolis: Vozes.

Japiassu, H. & Marcondes, D. (1996). *Dicionário Básico de Filosofia*. Rio de Janeiro: Zahar.

Kaipper, M.B. (2008). *Avaliação do Inventário de Ansiedade Traço-Estado (IDATE) através da análise de Rasch* (Dissertação de mestrado). Faculdade de Medicina, Universidade Federal do Rio Grande do Sul.

Kalva-Filho, C.A., Loures, J.P., Franco, V.H., Kaminagakura, E.I., Zagatto, A.M. & Papoti, M. (2013). Correlações entre parâmetros aeróbios e desempenho em esforços intermitentes de alta intensidade. *Motriz (Rio Claro)*, 306-312.

Lage, G.M., Gallo, L., Gonçalves, M., Vieira, D., Schickler, D., Coelho, R.C. & Benda, R.N. (2008). Assimetrias manuais e complexidade da tarefa em habilidades de apontamento. *Revista Portuguesa de Ciências do Desporto*, 8, 47-57.

Lightfoot, S. & Oliver, J. (1885). The Beck Inventory: Psychometric Properties in University Students. *Journal of Personality Assessment*.

MacKay, I. (2001). *Aprendendo a perguntar*. São Paulo: Nobel.

MacKay, I. (2002). *Como ouvir pessoas*. São Paulo: Nobel.

Machado, A. (1997). *Psicologia do Esporte*: temas emergentes. Rio Claro: UNESP.

Martens, R. (1975). *Social psychology and physical activity*. Nova York: Harper & Row.

Martens, R.B. (1990). Development and validation of the Competitive State Anxiety Intentory-2. *Competitive Anxiety in Sport*, 127-140.

Martin, G. (2001). *Consultoria em Psicologia do Esporte*: orientações práticas em análise do comportamento. Campinas: Instituto de Análise do Comportamento.

Martins, J. & Bicudo, M.A. (1989). *Pesquisa qualitativa em psicologia*. São Paulo: Educ.

Messick, S. (1993). Validity. In: R.L. LINN. *Educational Measurement* (p. 13-103). Phoenix, AZ: American Council on Education/Orix Press.

Minayo, M.C. (1993). *O desafio do conhecimento*. São Paulo/Rio de Janeiro: Hucitec/Abrasco.

Minayo, M.C. (1994). *Pesquisa social*: teoria, método e criatividade. Petrópolis: Vozes.

Montiel, J.M. & Bartholomeu, D. (2010). Práticas psicoterápicas no esporte. *Revista Brasileira de Psicologia Aplicada ao Esporte e à Motricidade Humana*, 2, 24-26.

Noronha, A.P. (2002). Os problemas mais graves e mais frequentes no uso dos testes psicológicos. *Psicologia: Reflexão e Crítica*, 15 (1), 135-142.

Noronha, A.P., Baldo, C.R. & Almeida, M.C. (2004). Conhecimento de estudantes a respeito de conceitos de avaliação psicológica. *Psicologia em Estudo*, 10 (1), 263-269.

Oliveira, K.L., Noronha, A.P. & Dantas, M.A. (2005). O psicólogo comportamental e a utilização de técnicas e instrumentos psicológicos. *Psicologia em Estudo*, 10 (1), 127-135.

Pasquali, L. (2005). A sociedade não aceita mais qualquer coisa. *Psicologia: ciência e profissão – Debates (Conselho Federal de Psicologia)*, 6-10.

Primi, R. (2005). *Temas em avaliação psicológica*. São Paulo: Casa do Psicólogo.

Rebustini, F., Calabresi, C.A.M., Silva, A.B. & Machado, A.A. (2005). Efeito imediato de duas intensidades de treinamento sobre os estados de humor em jovens voleibolistas do sexo feminino. *Revista Digital Buenos Aires*, 10, 80.

Rodiónov, A.V. (1990). *Psicologia del Deporte de altas marcas*. Moscou: Vneshtorgizdat.

Rubio, K. (1999). Psicologia do Esporte: histórico e áreas de atuação e pesquisa. *Psicologia, Ciência e Profissão*, 19, 60-69.

Rubio, K. (2000). *Psicologia do Esporte, interfaces, pesquisa e intervenção*. São Paulo: Casa do Psicólogo.

Rubio, K. (2002). Origens e evolução da Psicologia do Esporte no Brasil. *Revista Bibliográfica de Geografía y Ciencias Sociales*.

Rubio, K. (2004). Entre a psicologia e o esporte: as matrizes teóricas da psicologia e sua aplicação ao esporte. *Temas em Psicologia da SBP*, 12, 93-104.

Rubio, K. (2005). Psicologia do Esporte: histórico e áreas de atuação e pesquisa. *Psicologia, Ciência e Profissão*, 27 (2), 60-69.

Rubio, K. (2007). A avaliação em Psicologia do Esporte e a busca de indicadores de rendimento. In: L.F. Angelo & K. Rubio. *Instrumentos de avaliação em Psicologia do Esporte* (p. 13-26). São Paulo: Casa do Psicólogo.

Rudik, P.A. (1990). *Objeto específico y tareas de la Psicología del Deporte*. Moscou: Fiskultura y Sport.

Samulski, D. (2002). *Psicologia do Esporte*. Barueri: Manole.

Santos, E. & Neto, N.A. (2000). *A ética no uso de testes psicológicos, na informação e na pesquisa*. São Paulo: Casa do Psicólogo.

Schimidt, R.A. & Lee, T.D. (1999). *Motor control and learning*: a behavioral emphasis. Human Kinetics.

Singer, P.I. (1977). *Desenvolvimento e crise*. Rio de Janeiro: Paz e Terra.

Souza, M.A., Teixeira, R.B. & Lobato, P.L. (2012). Manifestação da ansiedade pré-competitiva em nadadores amadores. *Revista Educação Física/UEM*, 23, 195-203.

Souza Filho, J.R. (1999). *Desenvolvimento regional endógeno, capital social e cooperação*. Porto Alegre: UFRGS.

Spielberger, C.D., Gorsuch, R.L. & Lushene, R.E. (1970). *Manual for the State-Trait Anxiety Inventory*. Palo Alto, CA: Consulting Psychologists.

Takase, E. (2005). Neurociência do Esporte e Exercício. *Neurociências*, 2, 1-7.

Tineli, D., Rover, C., Fin, G., Júnior, R.J., Fiedler, M.M. & Baretta, E. (2011). Ansiedade-traço pré-competitiva: um estudo com atletas de judô. *Unoesc & Ciência – ABC*, 2, 107-116.

Trinca, W. (1984). *Diagnóstico psicológico*: a prática clínica. São Paulo: EPU.

Turato, E.R. (2003). *Tratado da metodologia da pesquisa clínico-qualitativa*. Petrópolis: Vozes.

Vieira, L.F., Vissoci, J.R.N., Oliveira, L.P. & Vieira, J.L.L. (2010). Psicologia do Esporte: uma área emergente da psicologia. *Psicologia em Estudo*, 15 (2), 391-399.

Weinberg, R. & Gould, D. (2001). *Psicologia do Esporte e do Exercício Físico*. 2. ed. Porto Alegre: Artmed.

Williams, J. & Straub, W. (1991). *Nueva psicologia del deporte, passado, presente e futuro*. Madri.

27
Avaliação psicológica no contexto legal

Sonia Liane Reichert Rovinski

Introdução

A história da avaliação psicológica nas instituições de justiça no Brasil inicia antes mesmo da regulamentação da profissão no país e encontra-se vinculada a profissionais estrangeiros que aqui chegavam e exerciam suas atividades, principalmente no sistema penal, com uma prática privilegiada da psicometria. Por exemplo, a criação do Laboratório de Psicologia da Colônia de Psicopatas de Engenho de Dentro, no Rio de Janeiro, em 1937, por Waclaw Radecke, que tinha por objetivo o estabelecimento de medidas de características de personalidade dos criminosos (Jacó-Vilela, 1999). Com a regulamentação da profissão de psicólogo, pelo Decreto 53.464 (1964), as atividades de perícia e emissão de laudos passaram a ser legitimadas, ficando previstas como prática profissional.

Na década de 1980, o trabalho de avaliação psicológica se consolida na área penal, com a promulgação da Lei de Execuções Penais (Lei Federal 7.210, de 11/07/1984), que previa, inicialmente, os exames de personalidade, criminológico e o parecer técnico das Comissões Técnicas de Classificação, com menção específica à participação do psicólogo. Com essa lei, cria-se a necessidade de contratação de profissionais, com abertura de vagas em instituições penitenciárias.

Na mesma época, com o advento da Constituição Federal de 1988 e do Estatuto da Criança e do Adolescente (Lei Federal n. 8.069 de 13/07/90), o trabalho do psicólogo se amplia com a inclusão de demandas de avaliações vinculadas à defesa de direitos constitucionais.

Se até aquele momento o foco das avaliações se direciona, principalmente, ao criminoso e à sua conduta, agora se valorizam as necessidades das vítimas, com avaliações direcionadas à sua subjetividade. Novas demandas surgem com a regulamentação de direitos a grupos específicos, considerados vulneráveis, conforme previsto pela Lei Maria da Penha (Lei Federal n. 11.340, de 07/08/2006), em que a própria legislação prevê a necessidade de avaliações técnicas por equipe de atendimento multidisciplinar (artigos 29 a 32) no auxílio da aplicação da lei (Rovinski, 2009).

Em período recente, com a evolução da legislação em relação ao Direito de Família, demandas ainda mais complexas têm sido colocadas aos psicólogos, os quais passaram a exercer papel fundamental nas situações de litígio trazidas ao judiciário, que agora privilegia o afeto nas relações com o genitor e com o grupo familiar. Demandas relacionadas à guarda e visitação parental, identificação de parentalidade afetiva e esclarecimentos sobre dinâmicas familiares de violação de direitos da criança e do adolescente, são algumas das questões trazidas aos profissionais que nessa área atuam. O objetivo das avaliações psicológicas passa a ser a busca de mecanismos de garantias de direitos a uma ampla gama de diversidade de configurações familiares, cuja organização envolve laços de afetividade como causa e finalidade. Aos profissionais cabe não somente levar aos autos a subjetividade das partes envolvidas nos processos, através de uma compreensão mais aprofundada da dinâmica e do funcionamento da personalidade das mesmas, mas também propor ações de intervenção judicial que possam dar conta dos diferentes aspectos do conflito afetivo para minimizá-lo (Silva & Rovinski, 2012).

Assim, pode-se dizer que na atualidade as demandas de avaliação psicológica ligadas ao contexto legal brasileiro se apresentam diversas, seja na área cível ou criminal, envolvendo situações complexas e que, na maioria das vezes, trazem dilemas éticos importantes, que envolvem noções de liberdade e autonomia, com consequente intervenção do Estado. Independente da origem dos pedidos de avaliação ou do objeto que será foco de análise, a literatura tem demonstrado que existem características comuns nesse campo de trabalho, definindo a identidade do profissional que ali atua. Essas características, relacionadas à atividade de avaliação psicológica, dizem respeito ao foco do trabalho que deve ser dado para a disponibilização de informações psicológicas de relevância legal aos agentes jurídicos envolvidos na tomada de decisão (Blackburn, 2006; Packer & Grisso, 2011; Matos, Gonçalves & Machado, 2011).

No Brasil, a identidade do psicólogo que realiza avaliações psicológicas no contexto legal está ligada ao título de Especialista em Psicologia Jurídica, reconhecido pelo Conselho Federal de Psicologia (CFP) através da Resolução 014/2000, e modificada, posteriormente, pela Resolução 013/2007. A descrição do exercício profissional previsto para a especialidade inclui diversos tipos de avaliação em diferentes contextos legais, seja na área da família, da infância e juventude ou na área criminal, mas, sem restringir-se a estes, ficando previstas, também, ações de intervenção, mediação e acompanhamento psicológico.

Em concomitância, a literatura brasileira sobre a atuação do psicólogo jurídico tem enfatizado a necessidade deste não se restringir à prática avaliativa (Bernardes, 2005), buscando ampliar sua atuação na qualidade de especialista. Como resultado, encontra-se uma identidade pouco definida quanto aos diferentes papéis que o especialista em psicologia jurídica pode assumir e das habilidades necessárias para cada tipo de atividade. Assim, designar o psicólogo como "Especialista em Psicologia Jurídica" apenas explicita uma prática generalista, que pode incluir ou não a atividade de avaliação psicológica, mas sem defini-la em sua própria essência. O foco do presente capítulo será caracterizar o campo de trabalho específico da avaliação psicológica quando realizada nos diferentes contextos legais, discriminando o trabalho e as habilidades necessárias daquele profissional que ali atua e que tem sua identidade caracterizada dentro da chamada Psicologia Forense (Huss, 2011).

A identidade do psicólogo forense

A literatura estrangeira que discute a prática da avaliação psicológica no contexto legal tem designado o psicólogo que realiza esse tipo de atividade como "Psicólogo Forense" (Urra, 2002). Huss (2011) explica que a origem da palavra "forense" (no latim *forensis*) está relacionada à ideia de *fórum*, local na Roma Antiga onde os cidadãos resolviam disputas, semelhante ao que hoje seriam os tribunais. Nesse sentido, o papel do psicólogo forense seria muito simples e direto – auxiliar o sistema legal onde essas disputas ocorrem.

Para Blackburn (2006), o conceito de psicologia forense ganha mais sentido quando compreendido como uma prestação direta de informação psicológica para ser usada pelo direito, em outras palavras, quando se refere à "disponibilização de informação psicológica com a finalidade de facilitar uma decisão legal" (p. 34). O autor a descreve como uma função ou papel profissional, pois ela não estaria atrelada a uma forma particular de conhecimento. De acordo com a demanda legal que chega ao psicólogo, ele pode basear suas contribuições ao judiciário em construtos da psicologia social, psicologia clínica, psicologia cognitiva, psicologia do desenvolvimento, entre tantas outras áreas do conhecimento.

Por outro lado, o autor adverte que ter apenas a especialidade em uma dessas áreas da psicologia não torna o profissional um "psicólogo forense". Outra confusão na definição da área de especialidade seria associar a palavra forense com a área criminal, muito provavelmente por ter sido esta uma demanda original para várias profissões além da própria psicologia, como médicos, químicos, biólogos, entre outros. Atualmente, tanto no Brasil como fora dele, a prática do trabalho de avaliações psicológicas tem se voltado muito mais para a área da proteção de direitos, em que o foco passa a ser a vítima e não mais o agressor.

Huss (2011), ao discutir o conceito de psicologia forense, propõe que se discrimine uma definição mais ampla de outra restrita. No campo mais amplo dessa área profissional encontram-se todas as contribuições da psicologia para a tomada de decisão judicial, sem restringir-se à atividade de avaliação psicológica propriamente dita, na concepção da psicologia clínica. Essa definição ampla abarcaria atividades que poderiam estar relacionadas, por exemplo, à identificação de testemunhas oculares (psicologia cognitiva), comportamento de júri (psicologia social) ou testemunhos de crianças no tribunal (psicologia do desenvolvimento). Corroborando essa definição, Bush, Connell e Denney (2006) afirmam que o psicólogo forense pode ter múltiplas identidades, decorrentes de sua área de treinamento e experiência e da especificidade da matéria legal em que vai aplicar seus conhecimentos.

Na concepção mais restrita, define-se uma área específica de aplicação do conhecimento para a matéria legal, por exemplo, a avaliação psicológica forense tendo por base a "aplicação da psicologia clínica ao sistema legal" (Huss, 2011, p. 23). O psicólogo que realizar avaliações psicológicas nesse contexto e com a fundamentação na psicologia clínica deve possuir conhecimentos não apenas da área psicológica que está investigando, mas, também, do sistema jurídico em que vai operar. Deve conhecer as jurisdições e instâncias com as quais se relaciona; a legislação vigente relacionada ao seu objeto de estudo; e as normas estabelecidas quanto à sua atividade. Deve, também, familiarizar-se com a terminologia da área jurídica, pois será constantemente interrogado sob o ponto de vista legal, o que poderá lhe acarretar inúmeras dificuldades na "tradução" dos questionamentos jurídicos e, consequentemente, na definição dos objetivos de seu trabalho (Lösell, 1992).

Na delimitação da identidade do psicólogo forense devem-se distinguir aqueles que, em determinados momentos de sua atividade profissional, por exemplo, psicólogos pesquisadores, clínicos, comunitários ou escolares, são chamados a contribuir para o esclarecimento de algum caso no tribunal, daqueles que têm na própria essência do seu trabalho a função primária de contribuir para com os agentes do sistema legal. O psicólogo forense seria o profissional que teria não somente o conhecimento sobre as leis e o sistema legal, mas, principalmente, a competência em compreender a doutrina jurídica que fundamenta e dá relevância ao pedido da avaliação psicológica (Packer & Grisso, 2011).

Essa distinção entre os profissionais que eventualmente prestam depoimentos ao juiz daqueles que têm como foco de trabalho o levantamento de informações de relevância legal foi também referendada pela última orientação da *American Psychological Association* (APA). Ainda que a prática do psicólogo forense possa estar ligada a qualquer subárea do conhecimento psicológico (clínica, desenvolvimento, social etc.), a especificação forense está relacionada ao uso do conhecimento científico, técnico ou especializado da psicologia para a matéria legal (APA, 2011).

Com essa preocupação, Packer e Grisso (2011) buscaram discriminar aqueles conhecimentos e habilidades profissionais que cruzariam as diferentes avaliações psicológicas e que seriam relativamente únicos quanto ao tipo de trabalho realizado, dando a especificidade em Psicologia Forense. Muitas dessas características estão vinculadas ao próprio contexto de trabalho que não pode ser caracterizado exatamente como psicológico e, muito menos, como clínico, incluindo funções e propósitos diferentes daqueles para os quais os psicólogos foram treinados. As competências propostas pelos autores serão apresentadas a seguir como um roteiro, incluindo em sua apresentação as contribuições de outros autores que possuem relevância para o tema em discussão.

Habilidades e competências do psicólogo forense na prática da avaliação psicológica

1) Encontrar, ler e analisar determinantes legais (estatutos, leis, decretos etc.) que teriam relação com o pedido de avaliação que foi encaminhado

O psicólogo deve lembrar que o objetivo de toda avaliação forense será sempre de auxiliar o agente jurídico em sua tomada de decisão (Huss, 2011), portanto, o resultado de seu trabalho será interpretado e avaliado a partir dessa ótica jurídica. Nesse tipo de contexto não cabe apenas respeitar as determinações do Conselho Federal de Psicologia quanto à prática da avaliação psicológica, mas, também, atentar para a legislação jurídica pertinente, seja para atividades na condição de perito do juiz, ou de assistente técnico da parte.

O psicólogo deverá buscar informações junto ao Código de Processo Civil (Lei Federal 5.869/73) e ao Código de Processo Penal (Decreto-Lei 3.689/41, alterado pela Lei 11.690/2008), conforme a origem da demanda, para definir as regras de seu enquadre como profissional e as características da realização da prova técnica (no caso, sua avaliação psicológica), respeitando procedimentos e prazos ali estipulados. Quando a avaliação psicológica estiver a serviço do juízo, seu trabalho será o de perito oficial, devendo respeitar as mesmas condições de suspeição e impedimento pertinentes ao juiz e a este encaminhar o resultado de seu trabalho. Por outro lado, quando estiver atuando como assistente técnico, sua vinculação será com uma das partes envolvidas no litígio, com a qual deverá estabelecer diretamente seu contrato de trabalho. Nesse caso, coloca à disposição do contratante seus conhecimentos sobre avaliação psicológica, com o fim de garantir a qualidade do trabalho realizado pelo perito, examinando a prova pericial quanto à metodologia e às inferências apresentadas.

Para Urra (2002), o conhecimento mais aprofundado das características do sistema jurídico no qual se opera também auxilia para que o psicólogo tenha melhor compreensão dos alcances, limites e responsabilidades do seu trabalho avaliativo e das repercussões éticas dele advindas. Por exemplo, o encaminhamento de uma criança, suposta vítima de abuso sexual, para avaliação psicológica terá finalidade muito diferente se o pedido for procedente de uma Vara Criminal ou de uma Vara de Família, com consequente diferença na exigência e expectativa do nível de validade dos achados psicológicos. Se o pedido tiver origem na Vara Criminal, o objetivo será a responsabilização do culpado para fins de punição, com possível pena de privação de liberdade; se o caso tiver sua origem na Vara de Família, o objetivo estará mais voltado aos possíveis riscos à integridade da vítima, com medidas protetivas, por exemplo, a de afastamento do suposto agressor.

Em função da tomada de decisão judicial resultar em diferentes consequências ao réu, observa-se que uma mesma avaliação psicológica pode ser avaliada pelo agente jurídico como prova técnica suficiente para justificar sua responsabilização em uma situação (cível), mas não em outra (criminal). Cabe ao psicólogo buscar a legislação e a jurisprudência relacionada ao seu pedido de avaliação, de forma a compreender como esses casos são tratados pelos agentes jurídicos e de que forma as regras processuais poderão interferir na interpretação de seu trabalho. Essas informações devem ser procuradas na legislação (leis, estatutos, códigos), e na jurisprudência construída pelo histórico das tomadas de decisão judicial.

2) Capacidade na tradução dos pontos de interesse dos agentes jurídicos em relação às teorias, construtos e comportamentos que podem ser observados pelos psicólogos e que teriam relevância legal para a questão jurídica em discussão

Para Weiner e Otto (2014), uma boa formação em psicologia clínica pode auxiliar o psicólogo forense na compreensão da dinâmica do seu cliente, mas não será suficiente para ajudá-lo a definir o foco de sua avaliação. Na psicologia forense, são as demandas legais que geram as questões referenciais responsáveis pelo foco da avaliação psicológica e de toda a racionalidade do processo avaliativo. Geralmente, as questões legais estão definidas por eventos ou relações de natureza não clínica, e as questões psicológicas referenciais dela decorrentes devem produzir dados que se mostrem relevantes para aquela demanda original (Melton et al., 1997; Lichtenberger et al., 2004).

Por exemplo, uma avaliação psicológica sobre possível destituição de poder familiar supõe, em primeiro lugar, que o psicólogo forense esteja familiarizado com a discussão jurídica estabelecida, além de sua respectiva fundamentação legal (o que a legislação prevê como direitos e deveres dos genitores), para, a seguir, definir que tipo de construto psicológico pode trazer informações que sejam consideradas relevantes para a matéria legal. Para Grisso (1986), é nessa atividade de transposição dos interesses jurídicos para as questões referenciais, que nortearão a avaliação psicológica, que se encontram as maiores críticas do sistema legal ao trabalho do psicólogo. Essas críticas, geralmente, dizem respeito a três questões importantes. Primeiro, o psicólogo pode incorrer em falhas por *ignorância ou irrelevância* quando suas contribuições não possuem sentido para a questão legal e não auxiliam aos agentes jurídicos na compreensão do caso que precisam julgar. Segundo, deve tomar cuidado para evitar qualquer *intromissão na matéria legal*, distinguindo de forma clara suas contribuições da tomada de decisão final que deve ser feita pelos agentes jurídicos. Por fim, a terceira falha seria apresentar resultados com *insuficiência ou incredibilidade* das fontes utilizadas.

Assim, cabe ao psicólogo traduzir os interesses jurídicos em construtos sobre o comportamento humano, de modo que possam ser devidamente observados, medidos e comunicados dentro do referencial da própria psicologia, além de serem de interesse para a discussão da matéria legal. Aqui deve ser salientada, também, a capacidade em discriminar o que pode do que não pode ser deduzido para a questão legal, informando as autoridades sobre o limite da ciência psicológica (Packer & Grisso, 2011).

3) Compreender o sistema legal para o qual está prestando seu serviço, para que possa ajustar os seus achados e o modo de comunicá-los em relação ao contexto de trabalho

Da mesma forma como em um contexto clínico, quando o avaliador deve considerar quem está recebendo sua avaliação (escola, médico, familiar), no contexto forense encontram-se muitos subsistemas legais que possuem maneiras diferentes de tratar o dado psicológico que lhe é encaminhado. Por exemplo, uma avaliação pode ser encaminhada para um hospital psiquiátrico forense, para prisões, varas de família, ou, ainda, juizados de infância e juventude, entre outros. Cada um desses contextos terá sua própria dinâmica de funcionamento, relacionada à história da instituição e à legislação legal pertinente, resultando em exigências diferenciadas quanto ao tempo e aos procedimentos da avaliação, e em relação à estrutura do relatório e a quem deve ser entregue.

Conforme Packer e Grisso (2011), a compreensão da cultura da instituição, seja escrita ou não, é tão fundamental para a adaptação da comunicação dos dados psicológicos quanto a aprendizagem formal prévia em Psicologia. Como já comentado anteriormente, não se trata de romper as orientações éticas do trabalho do psicólogo na devolução dos achados, mas de adaptá-las ao sistema judicial em que se está inserido. A devolução de uma avaliação psicológica em um contexto de perícia sobre disputa de guarda dentro das Varas de Família pode exemplificar essa necessidade de adaptação, sem a qual se produziriam prejuízos não apenas à dinâmica processual, mas às próprias partes em litígio.

Um psicólogo clínico poderá argumentar que caberia uma devolução direta da avaliação psicológica para as partes envolvidas, considerando que o assunto é de interesse comum e que os dados foram delas retirados. No entanto, deve-se lembrar de que, tratando-se de uma perícia, alguns cuidados legais precisam ser tomados. Primeiro, o pedido de avaliação foi solicitado pelo juiz e, portanto, a ele deve ser dado como resposta; segundo, existem prazos legais para a contestação do laudo, logo, o conhecimento do resultado deve ser dado sem privilégios de tempo a nenhuma das partes; terceiro, se houver interesse na contestação do laudo, esta deve ser feita via processo e não conversando com o perito psicólogo em seu consultório, medida em que prevalece a realidade dos autos; por fim, a realização de uma perícia forense não visa modificar a conduta dos avaliados, mas prestar informações de relevância legal para auxiliar a tomada de decisão. Assim, quando o psicólogo estiver prestando serviço ao juiz através da realização de uma avaliação psicológica pericial, a devolução do laudo deve ser feita obrigatoriamente a este, que terá a tarefa de repassar às partes o documento recebido (Rovinski, 2013).

4) Competência em métodos de avaliação da saúde mental no contexto forense

Apesar de os psicólogos utilizarem, muitas vezes, instrumentos psicológicos semelhantes na avaliação clínica e na forense, os métodos e procedimentos de avaliação se apresentam distintos. A avaliação psicológica forense deve seguir princípios próprios para que possa produzir conhecimento que tenha relevância legal. Ainda que utilize o instrumental básico da avaliação clínica, ele precisa ser adaptado ao contexto coercitivo, para garantir a ética do processo avaliativo (Packer & Grisso, 2012). Esta adaptação não supõe modificações na aplicação dos instrumentos como proposto em seus manuais, mas a capacidade de perceber possíveis interferências em seus resultados decorrentes da falta de cooperação do avaliado (simulação).

Melton e colaboradores (1997), ao estudarem o problema, sintetizaram algumas dimensões distintivas que deveriam ser consideradas ao se discutir as diferenças entre avaliação clínica e forense: os objetivos, a importância da perspectiva do cliente, a voluntariedade, a autonomia, as ameaças à validade dos achados, a dinâmica da relação, e o tempo do processo avaliativo. Quanto aos objetivos, a avaliação forense dirige-se a eventos definidos de forma restrita, tendo por base a solicitação do sistema legal. Ainda que se possam valorizar aspectos clínicos de diagnóstico ou tratamento, estes serão sempre considerados secundários em relação às suas repercussões para a matéria legal.

Na dimensão da perspectiva do cliente, os autores salientam que a mesma deve ser levada em conta, mas relativizada por outras fontes de informação que terão por finalidade a confirmação da veracidade dessa perspectiva. Assim, a visão do avaliando é importante de ser considerada no processo de avaliação, mas o perito não pode se ater apenas a ela. Precisa confirmá-la com outras fontes, como entrevistas com familiares, documentos, contatos com agentes de saúde ou de proteção social. Na questão da voluntariedade e autonomia, encontra-se maior submissão dos clientes aos objetivos e aos determinismos legais, tendo como consequência maior distanciamento e falta de cooperação por parte dos avaliados. A consequência desse tipo de vinculação se reflete na dimensão seguinte, que trata das ameaças à validade dos achados. À medida que o processo avaliativo não se encontra sustentado em vínculos de confiança e pode trazer consequências não desejadas ao cliente, maior é a possibilidade de encontrar, nesses últimos, comportamentos não cooperativos, com condutas de simulação e dissimulação. Assim, toda avaliação judicial deve considerar uma ampla gama de fontes de informação (entrevistas com terceiros, documentos anexados ao processo, prontuários médicos e psicológicos, histórico escolar, carteira de trabalho etc.) para poder assegurar e fundamentar suas conclusões.

Por fim, uma última dimensão a ser considerada é a questão do tempo da avaliação. No caso forense, tem-se um tempo mais restrito, geralmente definido pelo juiz, com necessidade de fechamento do caso até a data da audiência, havendo, ao mesmo tempo, pressão para que a conclusão seja precisa quanto às finalidades das disposições legais. A avaliação tende a se tornar um "produto" e passa a fazer parte dos registros do caso jurídico.

Em relação aos métodos de avaliação usados no contexto legal, autores sugerem que devam ser valorizados aqueles padronizados, buscando maior objetividade nos achados. Assim, as entrevistas devem ser mais estruturadas do que na clínica e o examinador deve exercer um papel mais ativo na condução das mesmas (Greenberg & Schuman, 1997).

Em relação aos testes psicológicos, deve-se lembrar que no Brasil são praticamente inexistentes instrumentos específicos de avaliação psicológica para a área forense. O psicólogo que fizer uso dos instrumento construídos para o contexto clínico deve atentar para o fato de que, apesar de eles serem úteis para a construção de dados mais objetivos, podem trazer informações distorcidas se forem produzidos por uma conduta não cooperativa do cliente. Portanto, os resultados devem vir sempre acompanhados de comentários sobre o nível de participação do cliente, observado no comportamento e em outros indicadores levantados na perícia. Da mesma forma, deve o psicólogo tomar cuidado com o uso de bateria de testes preestabelecidos para tipos específicos de demandas jurídicas. A escolha do instrumental deve dirigir-se pelas necessidades específicas de cada caso, que podem variar de forma significativa mesmo dentro de uma mesma questão legal (p. ex., definição de guarda e visitação parental).

Outro cuidado é considerar que os testes psicológicos possuem uma abordagem nomotética, em que os dados normativos são apresentados para classificar um sujeito em relação a um grupo de referência. No caso forense, no entanto, deve-se dar prioridade à abordagem ideográfica, em que os dados levantados na testagem só possuem sentido quando compreendidos através da história do sujeito e do contexto em que se desenvolve a avaliação. Deve-se lembrar de que nenhum teste poderá responder diretamente a uma questão legal, sempre serão dados a serem integrados a outros relacionados à conduta e à história clínica, resultando em evidências para as proposições teóricas que o avaliador passará a sustentar em relação à demanda legal (Karson & Nadkernik, 2013).

Por fim, cabe uma advertência relevante. É de fundamental importância que o psicólogo forense tenha claramente diferenciado o conceito de validade e aquele do poder de discriminação das variáveis levantadas nos instrumentos psicológicos. Geralmente, os estudos empíricos trabalham com evidências de validade quando associam determinado indicador do teste a um tipo de sintoma ou quadro psicopatológico, por exemplo, indicadores de ansiedade ou depressão em grupo de crianças que foram vitimizadas sexualmente (Faust, Bridges & Ahern, 2009). No entanto, ainda que esses indicadores se constituam em evidências de validade para esse tipo de grupo, não possuem poder de discriminação, quando poderiam diferenciar esse grupo de outros que também teriam passado por situações traumáticas, mas não especificamente de abuso sexual. Portanto, uma leitura crítica deve ser feita em relação aos estudos empíricos clínicos que não tenham o foco forense, verificando em que medida podem ser adaptados para a matéria legal, principalmente quando visam a reconstrução de contextos passados.

5) Conhecimento das características especiais das populações para as quais são solicitadas as avaliações forenses

De acordo com determinados contextos forenses, grupos podem se diferenciar quanto a traços de personalidade ou manifestações clínicas, tanto em função das características prévias comuns dos próprios sujeitos avaliados quanto em decorrência dos efeitos do contexto legal em que estão inseridos. Por exemplo, ainda que se possa encontrar maior número de relatos de condutas agressivas em um contexto legal do que no contexto clínico, é de fundamental importância diferenciar quando essas condutas dizem respeito à personalidade do sujeito ou à sua história pessoal daquelas situações em que essa conduta está relacionada ao contexto legal em que ele está inserido, como no caso de prisões ou instituições fechadas para adolescentes infratores (Packer & Grisso, 2011).

O contexto avaliativo, na área forense, não diz respeito apenas a situações de internação em instituições fechadas, mas, também, ao clima adversarial e às possíveis perdas e ganhos que cada parte avaliada pode sofrer. Assim, os interesses geram maior controle nos comportamentos manifestos e nos dados informados. Esse tipo de postura, de maior resistência para o relato dos fatos ou de expressão dos afetos, deve ser cuidadosamente analisado, pois nem sempre significa presença de patologia, podendo caracterizar comportamentos adaptativos na luta por seus interesses, principalmente quando os avaliados buscam apresentar uma imagem favorável, como nos casos de disputa de guarda (Rovinski, 2013).

Aqui é importante acrescentar o cuidado na avaliação de grupos étnicos ou sociais diferenciados daquele do avaliador. Para Fontes (2005), deve-se evitar a coleta de dados estereotipados sobre determinados grupos, de modo a confirmar hipóteses já previamente construídas pelo psicólogo. Para a autora, que estudou as influências culturais na avaliação forense de supostas situações de abuso sexual, existe maior possibilidade de se minimizar os sintomas quando o suspeito agressor pertencer a um grupo semelhante ao do avaliador e de potencializar os indicadores quando o mesmo fizer parte de um grupo diferente e que tende a ser estigmatizado nesse tipo de contexto (p. ex., quando devem ser abordadas questões relacionadas ao alcoolismo e drogadição, ou avaliados comportamentos de sujeitos que vivem em extrema pobreza).

6) Traduzir dados psicológicos em evidências legais, respeitando-se os limites legais e éticos de fazê-lo

Aqui se discute o processo inverso do que já foi apresentado anteriormente quanto à capacidade do psicólogo em traduzir a questão legal para a matéria psicológica. Agora o problema se refere a como traduzir os achados clínicos encontrados no processo avaliativo em dados significativos para a matéria legal (Packer & Grisso, 2011). Essa é, sem dúvida, uma das questões mais discutidas entre os autores, pois tem relação direta com o limite do que o psicólogo pode ou não afirmar.

Para Karson e Nadkarni (2013), o problema estaria em distinguir a questão legal da questão psicológica que norteia os procedimentos de avaliação. Os autores afirmam que, geralmente, a decisão judicial frente à demanda legal é considerada a "última questão", enquanto que os dados psicológicos informados no relatório deveriam se restringir à "penúltima questão", pois apenas subsidiariam a tomada de decisão do agente jurídico. Em termos práticos, é decisão do juiz determinar a quem será concedida a guarda de um filho. Ao psicólogo cabe apenas informar dados de competência parental que tenham significância legal para o agente jurídico tomar sua decisão. Deve-se lembrar de que definir o quanto de incompetência é necessário para impedir que um pai ou uma mãe tenha a guarda de seu filho é uma tomada de decisão baseada na política social e na legislação, não sendo matéria de discussão da ciência psicológica. Conforme Melton e colaboradores (1997) e Ackerman (1999), o psicólogo deverá ter o máximo cuidado em observar se suas conclusões estão baseadas em seu conhecimento técnico, ou se são fundamentadas na moral e no senso comum.

No Brasil, o Conselho Federal de Psicologia traz um posicionamento claro a este respeito na resolução que trata das atividades do psicólogo perito e do assistente técnico na área judicial. No artigo 7º define a delimitação do que deve constar na conclusão do laudo da seguinte forma: "Em seu relatório, o psicólogo perito apresentará indicativos pertinentes à sua investigação que possam diretamente subsidiar o Juiz na solicitação realizada, reconhecendo os limites legais de sua atuação profissional, sem adentrar nas decisões, que são exclusivas às atribuições dos magistrados" (art. 7º da Resolução n. 08/2010, CFP).

Quanto às informações que devem constar no laudo, o profissional que realiza a avaliação psicológica a pedido do juiz está compromissado em informar ao mesmo os dados psicológicos pesquisados que são pertinentes à questão legal, não possuindo com seu cliente o mesmo contrato de sigilo que se tem no contexto clínico. Mas a comunicação deve respeitar normas éticas, de modo a preservar, dentro do possível, o sigilo das informações. Em função de os documentos forenses transitarem em um contexto interdisciplinar, a decisão quanto ao que deve ser informado aos agentes jurídicos segue as orientações do Código de Ética Profissional do Psicólogo (CFP, 2005) quanto à comunicação com profissionais não psicólogos, conforme é especificado no artigo 6, letra "b": "Compartilhará somente informações relevantes para qualificar o serviço prestado, resguardando o caráter confidencial das comunicações, assinalando a responsabilidade, de quem as receber, de preservar o sigilo" (CFP, 2005). Aqui, o sentido de "informações relevantes" relaciona-se ao princípio da pertinência, em que apenas os dados relevantes para a matéria legal e/ou aqueles que justificam as conclusões do perito devem ser comunicados.

Nessa discussão sobre os cuidados éticos no que deve ser informado nos relatórios ao juízo, Packer e Grisso (2011) salientam que o psicólogo forense não pode informar mais do que é necessário para responder à questão legal. No entanto, acrescentam, o cuidado também deve ser dado no sentido de não informar menos do que o necessário, de modo a deixar suas conclusões sem justificativa.

7) Conhecer os limites éticos de sua ação profissional, produzidos e relacionados à demanda legal

O psicólogo que ingressar na área de trabalho da Psicologia Forense passa a se envolver em um ambiente com constantes desafios morais, éticos e profissionais, que diferem daqueles vivenciados na prática clínica. Esses desafios podem provocar verdadeiras armadilhas, com riscos para o exercício de uma má prática profissional (Bush, Connell & Denney, 2006). Isto porque, apesar de o psicólogo forense não estabelecer uma relação típica de cuidado que caracteriza a abordagem clínica, ele tem a obrigação de minimizar riscos ao examinado e de honrar todos os seus direitos legais, evitando qualquer ação iatrogênica (Packer & Grisso, 2011).

Para Bush, Connell e Denney (2006), os maiores riscos à objetividade e à fidedignidade dos dados colhidos para o processo de avaliação forense decorrem do contexto adversarial, que tende a criar relações de hostilidade entre os diferentes profissionais que ali atuam e, mesmo, entre os profissionais psicólogos que exercem os diferentes papéis na dinâmica processual (perito x assistente técnico). Os princípios éticos baseados nos valores humanos de respeito à autodeterminação e de garantias de não prejuízos à saúde deveriam direcionar a atividade técnica, de modo a gerar documentos que apresentassem um trabalho competente, baseado em informações e procedimentos que pudessem fundamentar suficientemente os achados e os resultados apresentados.

No Brasil, é o Conselho Federal de Psicologia que regulamenta as atividades dos psicólogos, sendo responsável não apenas por diversas resoluções normativas que tratam da prática do psicólogo forense, mas também pelo Código de Ética Profissional dos Psicólogos (CEPP), em que ficam definidas as diretrizes básicas da deontologia. Aqui será abordado especificamente o CEPP, editado no ano de 2005, e a Resolução 08/2010 (CFP, 2010) que trata das relações entre o perito e o assistente técnico no contexto do judiciário. Os temas abordados são o da relação do psicólogo com o cliente e a questão do sigilo no processo avaliativo e na comunicação à instância jurídica.

Na área das relações com o cliente, o Código de Ética veda ao psicólogo "Ser perito, avaliador ou parecerista em situações nas quais seus vínculos pessoais ou profissionais, atuais ou anteriores, possam afetar a qualidade do trabalho a ser realizado ou a fidelidade aos resultados da avaliação" (art. 2º, letra "k", CFP, 2005). Essa limitação é ainda mais especificada na Resolução 08/2010 (CFP, 2010), quando veda ao profissional psicoterapeuta: a) atuar como perito ou assistente técnico de pessoas atendidas por ele e/ou de terceiros envolvidos na mesma situação litigiosa; b) produzir documentos advindos do processo psicoterápico com a finalidade de fornecer informações à instância judicial acerca das pessoas atendidas, sem o consentimento formal destas últimas, com exceção de Declaração. Essa orientação ética busca impedir, principalmente, que se confundam os vínculos terapêuticos com os de trabalho pericial. Isto porque, no primeiro caso, existe um contrato de sigilo que ao ser estabelecido não poderá ser rompido por outro que não tenha essa mesma abrangência. Assim, tendo-se estabelecido vínculo terapêutico com a pessoa do atendido, independente do tempo que possa ter transcorrido desse atendimento, o profissional não poderá mais exercer frente ao paciente o papel de perito ou parecerista.

Quanto ao sigilo, a princípio o psicólogo está compromissado em manter "a confidencialidade, a intimidade das pessoas, grupos ou organizações, a que tenha acesso no exercício profissional" (art. 9º, CFP, 2005). No entanto, são citadas situações de quebra de sigilo quando "previsto em lei" ou baseado na "decisão na busca do menor prejuízo", momento em que o psicólogo deve se restringir a prestar "as informações estritamente necessárias" (art. 10º, CFP, 2005). No caso da avaliação psicológica solicitada pelo juízo (perícia), entende-se que ela encontra-se nas situações previstas em lei, porque tem por objetivo trazer informações para a tomada de decisão. O sigilo, aqui, ficaria restrito a uma comunicação de dados que tivesse relevância para a matéria legal. Todavia, para garantir procedimentos éticos em todo processo avaliativo, é necessário que o psicólogo forense comunique ao seu cliente as limitações do sigilo na relação que estão estabelecendo, antes de iniciar a coleta de dados, quando aquele poderá decidir de forma voluntária sobre o que vai ou não comunicar ao perito.

Em relação à devolução dos resultados da avaliação, diz o Art. 1º, parágrafo "g" (CFP, 2005), que o psicólogo deve "Informar, a quem de direito, os resultados decorrentes da prestação de serviços psicológicos, transmitindo somente o que for necessário para a tomada de decisões que afetem o usuário ou beneficiário". Aqui se mantém a tese defendida por Cunha (1993), de que a devolução é de responsabilidade de quem encaminhou o processo, isto é, se o pedido de uma avaliação for feito pelo juiz, é a ele que os resultados devem ser remetidos, cabendo-lhe encaminhar a comunicação aos avaliados. Nesse caso, não estaria o psicólogo se abstendo da devolução, mas apenas encaminhando-a a quem seria o receptor do processo.

Nada impede que o psicólogo forense coloque-se à disposição do periciado para o esclarecimento de dúvidas em relação ao laudo, mas apenas após o mesmo tornar-se público em audiência com o juiz ou através de publicação oficial. Conforme Rovinski (2013), deve-se tomar cuidado para não criar uma via de comunicação independente ao processo judicial, quando o psicólogo deixaria seu papel de assessor dos agentes jurídicos para assumir a coordenação do próprio processo. Esse tipo de atitude extrapolaria a função da perícia e colocaria o profissional frente a situações que não poderia manejar.

Considerações finais sobre a formação do Psicólogo Forense

A avaliação realizada pelo psicólogo dentro de um contexto legal trará sempre algum tipo de repercussão quanto aos direitos daquele que é avaliado. Assim, cuidados éticos devem ser tomados antes, durante e depois de cada avaliação psicológica realizada. Esses cuidados estão diretamente relacionados com a capacidade técnica e formação profissional do psicólogo, quanto ao papel que desempenha, seu instrumental de trabalho e as limitações do que pode ou não afirmar aos agentes jurídicos. Aquele que pretende iniciar nesta área de trabalho deve buscar formação específica que abranja as habilidades e competências discutidas neste capítulo, através de cursos de pós-graduação e de supervisão técnica com profissionais mais experientes.

Referências

Ackerman, M.J. (1999). *Essentials of Forensic Psychological Assessment*. Toronto: Wiley & Sons.

American Psychological Association (2001). *Speciality Guidelines for Forensic Psychology* [Disponível em www.ap-ls.org/aboutpsychlaw/SGFP_Final_approves_2011.pdf].

Bernardes, D.C.F. (2005). Avaliação psicológica no âmbito das instituições judiciárias. In: R.M. Cruz, S.K. Maciel & D.C. Ramirez (eds.). *O trabalho do psicólogo no campo jurídico* (p. 71-80). São Paulo: Casa do Psicólogo.

Blackburn, R. (2006). Relações entre Psicologia e Direito. In: A.C. Fonseca, M.R. Simões, M.C.T. Simões & M.S. Pinho (eds.). *Psicologia Forense* (p. 25-49). Coimbra: Almedina.

Brasil (1964). Decreto 63.464, de 21 de janeiro de 1964 – Regulamenta a Lei 4.119, de agosto de 1962, que dispõe sobre a profissão de psicólogo. *Diário Oficial da República Federativa do Brasil.* Brasília, 24/01.

Brasil (1986). *Código de Processo Penal.* 25. ed. São Paulo: Saraiva.

Brasil (1988). *Texto constitucional de 5 de outubro de 1988.* São Paulo: Saraiva.

Brasil (1993). *Lei de Execução Penal.* 6. ed. São Paulo: Saraiva.

Brasil (1998). *Estatuto da Criança e do Adolescente.* São Paulo: Saraiva.

Brasil (2004). *Constituição Federal; Código Civil; Código de Processo Civil.* 6. ed. São Paulo: Revista dos Tribunais.

Brasil (2006). Lei 11.340, de 7 de agosto de 2006 (Maria da Penha). *Diário Oficial da República Federativa do Brasil.* Brasília, 08/08.

Bush, S.S., Connell, M.A. & Denney, R.L. (2006). *Ethical Practice in Forensic Psychology:* a Systematic Model for Decision Making. Washington, DC: APA.

Conselho Federal de Psicologia (2005). *Código de Ética Profissional dos Psicólogos* – Resolução CFP 010/2005. Brasília: CFP.

Conselho Federal de Psicologia (2007). *Institui a consolidação das resoluções relativas ao título profissional de especialista em psicologia e dispõe sobre normas e procedimentos para seu registro* – Resolução CFP 013/2007. Brasília: CFP.

Conselho Federal de Psicologia (2010). *Dispõe sobre a atuação do psicólogo como perito e assistente técnico no Poder Judiciário* – Resolução CFP 08/2010. Brasília: CFP.

Cunha, J.A.A. (1993). Fundamentos do psicodiagnóstico. In: J.A. CUNHA (ed.). *Psicodiagnóstico-R* (p. 23-31). Porto Alegre: Artes Médicas.

Faust, D., Briges, A. & Ahern, D.C. (2009). Methods for the identification of sexually abused children. In: K. Kuehnle & M. Connell (ed.). *The evaluation of child sexual abuse allegation* (p. 3-19). Nova Jersey: Wiley & Sons.

Fontes, L.A. (2005). *Child abuse and culture.* Nova York: Guildford.

Greenberg, S. & Schuman, D. (1997). Irreconcilable conflict between therapeutic and forensic roles. *Professional Psychology:* Research and Practice, 28, 50-57.

Grisso, T. (1986). *Evaluating competencies.* Nova York: Plenum.

Huss, M.T. (2011). *Psicologia Forense:* pesquisa, prática clínica e aplicações. Porto Alegre: Artmed.

Jacó-Vilela, A.M. (1999). Formação do Psicólogo: um pouco de história. *Interações:* Estudos e Pesquisa em Psicologia, 4 (8), 79-91, jul.-dez.

Karson, M. & Nadkarni, L. (2013). *Principles of Forensic Report Writing.* Washington: APA.

Lichtenberg, E.O., Mather, N., Kaufman, N.L. & Kaufman, A.S. (2004). *Essencials of Assessment Report Writing.* Nova Jersey: Wiley & Sons.

Lösel, F. Psychology and Law: overtures, crescendos, and reprises. In: F. Lösel, D. Bender & T. Bliesener (2011). *Psychology and Law.* Nova York: de Gruyter.

Matos, M., Gonçalves, R.A. & Machado, C. (2011). *Manual de Psicologia Forense:* contextos, práticas e desafios. Braga: Psiquilibrios.

Melton, G., Petrila, J., Poythress, N. & Slobogin, C. (1997). *Psychological evaluations for the court.* 2. ed. Nova York: Guilford.

Packer, I.K. & Grisso, T. (2011). *Specialty Competencies in Forensic Psychology.* Nova York: Oxford.

Rovinski, S.L.R. (2009). Psicologia Jurídica no Brasil e na América Latina: dados históricos e suas repercussões quanto à avaliação psicológica. In: S.L.R. Rovinski & R.M. Cruz. *Psicologia Jurídica:* perspectivas teóricas e processos de intervenção (p. 11-22). São Paulo: Vetor.

Rovinski, S.L.R. (2013). *Fundamentos da perícia psicológica forense.* 3. ed. São Paulo: Vetor.

Silva, E.Z.M. & Rovinski, S.L.R. (2012). A família no judiciário. In: M.N. Baptista & M.L.M. Teodoro. *Psicologia de família:* teoria, avaliação e intervenção (p. 209-224). Porto Alegre: Artmed.

Urra, J. (2002). Confluência entre psicología y derecho. In: J. Urra. *Tratado de Psicología Forense* (p. 1-31). Madri: Siglo XXI.

Weiner, I.B. & Otto, R.K. (2014). *The handbook of Forensic Psychology.* 4. ed. Nova Jersey: Wiley & Sons.

28
Avaliação psicológica no contexto hospitalar

Beatriz Schmidt
Simone Dill Azeredo Bolze
Maria Aparecida Crepaldi

O trabalho de psicólogos em instituições hospitalares tem sido designado, nacionalmente, pelo termo *psicologia hospitalar*. Essa denominação consiste em uma particularidade do contexto brasileiro, haja vista que em outros países não há indicativos de sua ocorrência. Internacionalmente, a atuação de psicólogos em hospitais está delimitada no escopo da área de *psicologia da saúde*, cujo foco de interesse abrange aspectos psicológicos e comportamentais da saúde física e mental, em diferentes pontos de atenção à saúde e em distintos locais de prática (*American Psychological Association* – APA, Division 38 (s.d.)). Não obstante, ao analisar do ponto de vista histórico os serviços e as ações de saúde no Brasil, sobretudo do início da década de 1950 ao final da década de 1980, constata-se a primazia da assistência hospitalar, com prioridade às ações de caráter curativo, como sinônimo de atenção à saúde. Salienta-se que tal período se associa à inauguração e à expansão da psicologia no cenário nacional, uma vez que a regulamentação da profissão ocorreu no ano de 1962. Nesse contexto, em que o hospital figurava como dispositivo central de atenção à saúde, teve início a psicologia hospitalar (Azevedo & Crepaldi, 2016; Rudnicki & Schmidt, 2015).

Diferentes autores referem o pioneirismo do Brasil nessa área de conhecimento (Almeida & Malagris, 2011; Rudnicki & Schmidt, 2015; Tonetto & Gomes, 2005), a qual é reconhecida tanto do ponto de vista prático quanto de produção científica (Moré, Crepaldi, Gonçalves & Menezes, 2009). Contemporaneamente, a inserção do psicólogo nesse campo está associada à noção de integralidade em saúde, vindo acompanhada do fortalecimento do trabalho em equipe multiprofissional (Schmidt, Gabarra & Gonçalves, 2011). De tal modo, o contexto hospitalar exige revisão do referencial de atuação pautado no modelo clínico tradicional característico do consultório psicológico privado, no sentido de privilegiar aspectos atinentes ao processo de adoecimento, internação e tratamento, considerando tanto a pessoa enferma quanto seus familiares, em todos os âmbitos de suas demandas na instituição hospitalar (Moré et al., 2009; Schmidt et al., 2011; Tonetto & Gomes, 2005).

Conforme disposto na Resolução n. 013/2007 do Conselho Federal de Psicologia (CFP), a psicologia hospitalar é uma especialidade na qual o psicólogo atua em centros de ensino e/ou pesquisa, bem como em organizações de saúde, na prestação de serviços nos pontos secundário ou terciário de atenção. Nessas instituições, a principal (mas não única) tarefa do profissional é avaliar e acompanhar intercorrências psíquicas dos usuários envolvidos em procedimentos médicos, com vistas à promoção e à recuperação da saúde. Considerando as demandas apresentadas no *setting* e a formação específica do psicólogo, diferentes modalidades de intervenção podem ser realizadas, tais como: atendimento psicoterapêutico em ambulatórios ou unidades de internação, realização de grupos psicoterapêuticos ou grupos de promoção à saúde, consultoria e interconsultoria. Além dessas intervenções, a Resolução CFP n. 013/2007 faz menção ainda à avaliação psicológica no contexto hospitalar.

A avaliação psicológica, a qual se caracteriza como função privativa do psicólogo, consiste em um processo técnico e científico de coleta, análise e interpretação de informações sobre fenômenos psicológicos, por meio de estratégias específicas, tais como entrevistas, observações, testes psicológicos e dinâmicas de grupo. Esse processo viabiliza a formulação do diagnóstico e do prognóstico, bem como de sugestões de encaminhamento e de intervenções terapêuticas (CFP, 2003b). No contexto hospitalar, especificamente, a avaliação psicológica oferece subsídios para fundamentar as considerações do psicólogo diante dos demais membros da equipe multiprofissional (Lopes & Amorim, 2004). Por estar alicerçada em dados coletados por meio de instrumental técnico e analisados à luz de referencial teórico-científico, favorece a comunicação entre os profissionais de diferentes áreas de formação, sendo considerada, portanto, relevante no hospital.

Assim, o objetivo desse capítulo é apresentar as especificidades da avaliação psicológica no contexto hospitalar, salientando possibilidades, aplicabilidades, técnicas e instrumentos comumente utilizados, além de formas de devolução dos resultados, registros e encaminhamentos.

Para tanto, serão priorizados aspectos atinentes ao hospital geral, com ênfase a diferentes unidades que apresentam potencialidades em termos do desencadeamento de reações psíquicas e peculiaridades no que diz respeito à prática profissional (Romano, 1999). Embora o psicólogo possa avaliar membros da equipe de saúde na instituição hospitalar, o presente documento abordará as características do processo de avaliação psicológica da pessoa adoentada ou acometida por determinado distúrbio orgânico, evidentemente, sem desconsiderar variáveis do seu ambiente familiar e sociocultural. De tal modo, trata-se, a seguir, da avaliação psicológica em ambulatórios – notadamente no que tange à realização desse processo no contexto de cirurgia bariátrica –, bem como em unidades de internação para pacientes adultos e pediátricos. Ainda, serão discutidos os principais desafios dessa área em âmbito nacional.

Avaliação psicológica em ambulatórios de hospitais

O ambulatório, quando vinculado a um hospital geral, tem como objetivo principal o atendimento nas ocasiões em que não há necessidade de internação, por meio de ações de prevenção de doenças, promoção, recuperação da saúde e reabilitação (Lopes & Amorim, 2004). Nas instituições hospitalares que contam com atendimento ambulatorial é possível realizar o acompanhamento longitudinal do paciente, considerando as etapas de diagnóstico e de tratamento (sem ou pré/pós-internação), com seguimento das intervenções efetuadas no início, no meio e no fim do ciclo do distúrbio orgânico (Romano, 1999).

Dentre os usuários dos serviços ambulatoriais em hospitais gerais constam aqueles que procuram atendimento com vista à preparação para efetivação de determinados procedimentos na área da saúde. Em alguns desses procedimentos há a recomendação de que o candidato (i.é, o usuário) realize avaliação psicológica, sendo exemplos os casos de cirurgia bariátrica, cirurgia de implante coclear, transplante e processo transexualizador. Por conta das particularidades do processo de avaliação psicológica em cada uma dessas situações, receberá destaque na presente seção a atuação do psicólogo no que tange à avaliação de candidatos à cirurgia bariátrica, dado o crescente número de intervenções dessa modalidade no contexto brasileiro (Sociedade Brasileira de Cirurgia Bariátrica e Metabólica, s.d.).

Avaliação psicológica para cirurgia bariátrica

A obesidade, caracterizada pelo índice de massa corporal (IMC) maior que 30kg/m^2 (Ministério da Saúde, 2013), é considerada um importante problema de saúde pública mundial, sobretudo por se associar à redução da expectativa de vida em função do aumento da probabilidade de surgimento de comorbidades (ou seja, doenças com etiologia relacionada, tais quais diabetes mellitus, hipertensão arterial e problemas osteoarticulares). Afora a eventual presença de comorbidades, indivíduos com obesidade podem ter prejudicada a sua qualidade de vida, além de frequentemente serem vítimas de preconceito (Schmidt, Gonçalves & Gabarra, 2009). Ademais, parecem bem-estabelecidas na literatura associações positivas entre obesidade e sintomas psicopatológicos, como depressão e ansiedade (Green, Engel & Mitchell, 2014; Lucena, Souza & Alchieri, 2012; Pauli-Pott, Becker, Albayrak, Hebebrand & Pott, 2013; Prado, Faria & Ferreira, 2014). Há de se ponderar ainda o aumento de gastos públicos diretos em decorrência da importante elevação da massa corporal da população brasileira nos últimos anos e, consequentemente, dos problemas relativos ao excesso de peso e às suas comorbidades (Mazzoccante, Moraes & Campbell, 2012).

Dados os sintomas físicos e emocionais, bem como os desdobramentos sociais relacionados ao quadro, são relevantes as ações de prevenção e de tratamento da obesidade. Nesse sentido, a Portaria MS/GM n. 424, de 19 de março de 2013, propõe a atenção integral à obesidade, com base na promoção da saúde e no cuidado clínico longitudinal. Dentre as diferentes possibilidades de tratamento contempladas no referido documento está a cirurgia bariátrica, a qual é indicada apenas em casos específicos, conforme critérios atinentes à IMC, comorbidades e insucesso no tratamento clínico longitudinal seguindo protocolos e realizado por período mínimo de dois anos, na atenção básica ou em ambulatórios[1]. Outrossim, deve-se observar, ainda, se o indivíduo não respondeu previamente à orientação e apoio para mudança de hábitos (incluindo, p. ex., atenção psicológica, nutricional e prescrição de atividade física), bem como o compromisso consciente do paciente em participar de todas as etapas da programação pré-operatória, que compreende rigorosa avaliação psicológica, nutricional, clínica, cardiológica, endocrinológica, pulmonar, gastroenterológica e anestésica (Ministério da Saúde, 2013).

---

1. Para maiores informações sobre as indicações para cirurgia bariátrica recomenda-se a análise, na íntegra, da Portaria MS/GM, n. 424, de 19 de março de 2013.

A cirurgia bariátrica está associada a uma significativa redução do peso corporal, o que provoca não somente transformações físicas, mas também psicológicas. Dessa forma, em face às implicações emocionais acarretadas tanto pelas mudanças corporais quanto pelas modificações de hábitos de vida, justifica-se a atenção psicológica no pré e pós-operatório (Schmidt et al., 2009). No que tange especificamente à atuação do psicólogo junto a candidatos à intervenção cirúrgica, examina-se presentemente o processo de avaliação psicológica para cirurgia bariátrica, o qual consiste em atividade recente, cujo campo de conhecimento se encontra em construção, uma vez que a própria modalidade cirúrgica é relativamente nova (Machado & Morona, 2007). Não obstante, o número de cirurgias bariátricas sofreu significativo incremento nacionalmente, com crescimento de 300% na última década; ademais, o Brasil ocupa a segunda posição no *ranking* de países que mais realizam intervenções dessa modalidade, com aproximadamente 80 mil registros anuais, ficando atrás apenas dos Estados Unidos (Sociedade Brasileira de Cirurgia Bariátrica e Metabólica, s.d.), o que sugere a relevância da capacitação de psicólogos na área.

Até o presente momento, o CFP não conta com regulamentação específica no tocante à avaliação psicológica para cirurgia bariátrica[2]. Desse modo, o referido processo deve se pautar, evidentemente, nos princípios éticos da profissão, considerando ainda aspectos psicossociais que comprometam a adaptação à nova condição e à saúde do paciente no pós-operatório. Isso porque, embora seja bem-estabelecido que o tratamento cirúrgico da obesidade resulte em melhor funcionamento psicológico na maioria dos casos, há situações em que os pacientes experienciam sintomas psicopatológicos no pós-operatório, tais como transtornos alimentares, ansiedade, depressão e abuso de substâncias (Green et al., 2014).

Com o intento de prevenir desdobramentos negativos, é importante que no processo de avaliação psicológica sejam levadas em conta variáveis atinentes a: (I) história de vida do candidato, com análise de características cognitivas e de personalidade, eventos estressores ao longo da trajetória desenvolvimental, padrões comportamentais, hábitos de saúde, questões acadêmico-laborais, relacionamentos interpessoais, suporte social, estrutura e dinâmica familiar; (II) investigação sobre aspectos concernentes à obesidade, incluindo tentativas prévias de redução de peso, comorbidades, casos de sobrepeso/obesidade na família, comportamento alimentar e significados atribuídos à ingestão de alimentos, imagem corporal e autoestima, fantasias relacionadas ao emagrecimento, expectativas quanto ao procedimento cirúrgico e às transformações em diferentes dimensões da vida no pós-operatório, afora possibilidades de manter longitudinalmente modificações nos padrões alimentares e de prática de atividades físicas; (III) sintomas psicopatológicos graves ou fatores de risco associados a transtornos mentais, tais quais ansiedade, depressão, abuso de substâncias, além de distúrbios alimentares, como bulimia, anorexia e compulsão (Conselho Regional de Psicologia do Paraná – CRP/PR, s.d.; Flores, 2014; Lucena et al., 2012). Adicionalmente, é fundamental que o psicólogo observe também as contraindicações à

---

2. Conforme evidenciado por meio de buscas realizadas no sítio do CFP (http://site.cfp.org.br/), no mês de julho de 2015, utilizando-se os termos "cirurgia bariátrica" e "gastroplastia".

cirurgia bariátrica previstas na Portaria MS/GM n. 424/2013, a saber: significativa limitação intelectual em candidatos sem adequado suporte familiar e quadros psiquiátricos não controlados (contudo, quando sob controle, não consistem obrigatoriamente em contraindicativos).

As técnicas mais utilizadas na avaliação psicológica para cirurgia bariátrica são a entrevista e a testagem psicológica (CRP/PR, s.d.; Flores, 2014). Entretanto, como já indicado anteriormente, não existem procedimentos fixos ou fórmulas predefinidas no que se refere aos instrumentos a serem aplicados ao candidato à cirurgia bariátrica. Desse modo, o psicólogo deve planejar o processo tendo em vista técnicas que ofereçam respostas adequadas aos objetivos inicialmente formulados, os quais comumente consistem em examinar se há condições psicológicas de se submeter à cirurgia e de se adaptar às transformações físicas, emocionais e sociais posteriores ao procedimento operatório. A seleção dos instrumentos deve se pautar em variáveis tais como nível de escolaridade, idade cronológica, momento do ciclo de vida do candidato e identificação de déficit comunicacional ou sensorial, o que dificulta a proposição de uma bateria-padrão de testes psicológicos (Machado & Morona, 2007).

Não obstante, em diferentes estudos sobre avaliação psicológica para cirurgia bariátrica é possível identificar instrumentos recorrentemente utilizados, tais como o Inventário de Depressão Beck (BDI), para avaliação de sintomas de depressão (Bagdade & Grothe, 2012; Flores, 2014; Langaro, Vieira, Poggere & Trentini, 2011; Lucena et al., 2012; Pataky, Carrard & Golay, 2011), e o Inventário de Ansiedade Beck (BAI), para avaliação de sintomas de ansiedade (Almeida et al., 2011; Langaro et al., 2011; Oliveira & Yoshida, 2009). No que tange à avaliação da personalidade dos candidatos ao procedimento cirúrgico, destaca-se o Inventário Fatorial de Personalidade (IFP) (Langaro et al., 2011) e o Inventário Multifásico Minnesota de Personalidade (MMPI), sendo esse último exclusivamente em estudos internacionais (Bagdade & Grothe, 2012; Flores, 2014; Lucena et al., 2012; Pataky et al., 2011). Cabe aduzir que o BDI e o BAI são testes psicológicos atualmente favoráveis para uso por psicólogos brasileiros. O IFP, entretanto, está desfavorável. Contudo, há um instrumento atualmente favorável que consiste na atualização de estudos psicométricos e de normas do IFP, denominado IFP-II. Importante salientar que o IFP-II não se trata de uma segunda edição do IFP, pois as versões são compostas por alguns fatores e itens diferentes. No que diz respeito ao MMPI, não foram encontradas informações por meio de buscas[3] no sítio do Sistema de Avaliação de Testes Psicológicos (SATEPSI[4]), o que indica que não está aprovado pelo CFP para utilização profissional no Brasil.

Outros dois instrumentos também descritos em estudos nacionais sobre o processo de avaliação psicológica para cirurgia bariátrica são o *Body Shape Questionnaire* (BSQ) e a *Binge Eating Scale* (BES). O BSQ é aplicado para investigar a percepção da imagem corporal (Vasconcellos et al., 2011), ao passo que a BES para examinar sintomas de compulsão alimentar (Almeida et al., 2011). Entretanto, considera-se fundamental salientar que o BSQ e a BES são instrumentos já verificados pela Comissão Consultiva em

---

3. Todas as buscas ao sítio do SATEPSI referidas no presente capítulo foram realizadas no mês de julho de 2015.
4. Para maiores informações sobre o SATEPSI, acessar http://satepsi.cfp.org.br/

Avaliação Psicológica do CFP, que atestou que se referem a testes psicológicos. Contudo, como ainda não houve encaminhamento à análise prevista por meio da Resolução CFP n. 002/2003, não foram considerados aprovados e, por tal motivo, não podem ser utilizados profissionalmente, muito embora seja permitido aplicá-los em casos de pesquisa (CFP, 2003a). Igualmente foi adotado em estudo para avaliação da imagem corporal de pessoas obesas, no processo de preparação para cirurgia bariátrica, o Desenho da Figura Humana (DFH), o qual se constitui em uma técnica projetiva (Prado et al., 2014). Contudo, a versão para adultos atualmente é considerada desfavorável para uso profissional pelo CFP, com base em informações disponíveis no sítio do SATEPSI.

Haja vista a associação entre obesidade e padrões relacionais familiares, instrumentos como a Entrevista Familiar Estruturada (EFE) e o Genograma Familiar (GF) também vêm sendo utilizados nacionalmente para avaliar a dinâmica das relações em famílias com pessoas obesas (Otto, 2007; Otto & Ribeiro, 2012). A EFE consiste em um método clínico para realizar o diagnóstico interacional da família, de modo a caracterizar relações facilitadoras e/ou dificultadoras do desenvolvimento emocional saudável dos membros da família (Féres-Carneiro, 2005). Trata-se de um teste psicológico presentemente favorável para uso profissional por psicólogos. Por outro lado, o GF (Figura 1) diz respeito a uma técnica amplamente adotada por profissionais da saúde (ou seja, não exclusivamente por psicólogos), que apresenta a representação gráfica da família com sua estrutura e dinâmica, favorecendo a compreensão dos complexos padrões de interação familiares (Crepaldi, Moré & Schultz, 2014; Schmidt et al., 2011; Wendt & Crepaldi, 2008) potencialmente associados à obesidade. O GF pode contemplar, por exemplo, histórico de doenças, hospitalizações, cirurgias e mortes na família (Gabarra, 2010). Cabe destacar que são características da dinâmica familiar associadas à obesidade na fase adulta: superproteção, rigidez, baixa expressão de sentimentos, isolamento social e evitação de conflitos (Otto & Ribeiro, 2012).

Nesse sentido, é fundamental que a avaliação psicológica para cirurgia bariátrica considere aspectos individuais, familiares e sociais dos candidatos, face à importância dessas variáveis para resultados favoráveis do tratamento longitudinal. Salienta-se que a atuação do psicólogo nesses casos deve levar em conta o prognóstico no pós-operatório, no que tange à possibilidade de adaptação ao novo estilo de vida, bem como risco de reganho de peso e de transferência de compulsão, além de sintomas psicopatológicos mais sérios. Dessa maneira, tal como sugerem Machado e Morona (2007), deve-se atentar para que não ocorra "a banalização deste processo de avaliação" (p. 55), o qual acarreta significativas transformações na vida dos envolvidos.

Avaliação psicológica em unidades de internação hospitalar para pacientes adultos

A internação hospitalar afasta a pessoa de seu cotidiano habitual, do convívio com familiares, do ambiente de trabalho e a priva da liberdade de ir e vir, obrigando-a a se submeter à rígida rotina do contexto de hospitalização. Além disso, deparar-se com o adoecimento, que em geral inclui dor, restrições diversas e potencial ameaça de morte (real ou imaginária), pode despertar no indivíduo enfermo a emergência de estados

Figura 1 Genograma familiar

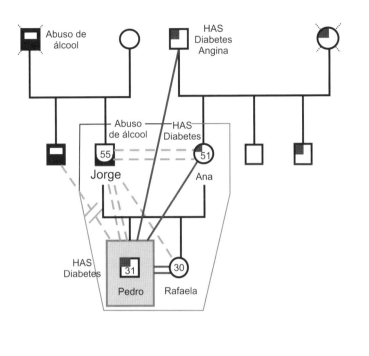

emocionais frágeis em virtude dessa condição. Adultos internados nas enfermarias de hospitais são passíveis de demonstrar sintomas tais como apatia, tristeza e choro frequente (Gioia-Martins, Medeiros & Hamzeh, 2009). Esse quadro comumente faz com que a equipe de saúde solicite ao profissional de psicologia a realização de avaliação psicológica, para analisar o estado de saúde mental do paciente.

A frequência dos transtornos mentais (tais como ansiedade e depressão) varia entre 20% e 60% em usuários internados em hospitais gerais (Botega, Bio, Zomignani, Garcia & Pereira 1995). Na pesquisa de Santos, Slonczewski, Prebianchi, Oliveira e Cardoso (2011), a solicitação por parte dos profissionais da equipe hospitalar para que o psicólogo avaliasse a condição de um paciente esteve relacionada, principalmente, a reações de ajustamento ao adoecimento e à hospitalização, bem como a transtornos depressivos e ansiosos. A ansiedade, sobretudo a categorizada como *traço*, geralmente está ligada à depressão. A ansiedade de traço pode ser compreendida como uma característica do funcionamento psíquico, que costuma incluir "a percepção subjetiva, relativamente constante de sentimentos de tensão e apreensão, o que é sinal revelador de insuficiência de recursos psíquicos e de capacidade adaptativa limitada a situações adversas, determinando, consequentemente, maior predisposição para a depressão" (Perez, Nicolau, Romano & Laranjeira, 2005, p. 325). Segundo Gioia-Martins et al. (2009), a depressão está associada à baixa aderência ao tratamento de saúde e à mortalidade. Portanto, avaliação psicológica e intervenções específicas auxiliam na recuperação mais rápida do paciente, aumentando sua qualidade de vida e diminuindo gastos com internação.

Na avaliação de depressão em adultos internados em unidades hospitalares, observa-se a predominância da utilização do BDI (Gioia-Martins et al., 2009; Vianna, 2004), o qual demonstra ser um instrumento de fácil aplicação e eficiente para auxiliar a detectar alterações de humor relacionadas à disforia e à depressão. Com relação à ansiedade, um teste psicológico amplamente utilizado é o BAI (Lemos, Gottschall, Pellanda & Müller, 2008). Em pesquisas, adotam-se também instrumentos como o Inventário de Ansiedade Traço-Estado (IDATE) (Perez et al., 2005; Vianna, 2004) e a Escala de Avaliação de Ansiedade e Depressão em Contexto Hospitalar (Escala HAD) (Botega et al., 1995; Vainboim, 2005). Entretanto, com base em informações do SATEPSI, cabe destacar que o IDATE é desfavorável nas suas versões de 1979 e de 2002. A Escala HAD, por outro lado, não consta na lista de testes e de instrumentos do referido sítio. De tal modo, o uso profissional do IDATE e da Escala HAD não é permitido. O BDI e o BAI, já mencionados neste capítulo, têm parecer favorável pelo SATEPSI, podendo ser utilizados profissionalmente.

Para avaliação da qualidade de vida de pacientes adultos internados em unidades hospitalares, é possível valer-se do Inventário de Qualidade de Vida SF-36 (Ravagnani, Domingos & Miyazaki, 2007). Contudo, há uma observação no SATEPSI que esclarece que esse instrumento não é privativo de psicólogos, ou seja, pode ser utilizado profissionalmente tanto pela psicologia (se houver embasamento teórico que respalde sua utilização, conforme prevê o Código de Ética Profissional do Psicólogo) quanto por outras profissões. No que tange à avaliação da personalidade, pode-se aplicar testes projetivos, como o Rorschach, ou ainda psicométricos, como o IFP-II (já mencionado anteriormente no presente capítulo) e a BFP (Bateria Fatorial de Personalidade). Este último é um instrumento construído a partir do modelo dos Cinco Grandes Fatores (CGF), que inclui as dimensões Extroversão, Socialização, Realização, Neuroticismo e Abertura para novas experiências. Faz-se necessário, porém, uma avaliação da pertinência em aplicar tais instrumentos, considerando as condições de saúde do paciente.

Em alguns estudos sobre a temática, observa-se que foram elaborados instrumentos especificamente para o contexto da psicologia hospitalar. Dias e Radomile (2006), por exemplo, desenvolveram uma proposta de implantação do serviço de psicologia no hospital geral. As autoras elaboraram quatro protocolos ou roteiros psicológicos, sendo dois destinados à avaliação (triagem e avaliação psicológica hospitalar), um voltado à padronização dos registros de atendimento e um roteiro em versão resumida. Com relação à avaliação psicológica, as autoras propõem a aplicação de dois protocolos, os quais se caracterizam por um roteiro de exame psicológico, para analisar funções psicológicas básicas, tais como cognição (atenção, percepção, memória, consciência, pensamento), emoção (estados afetivos) e relacionamentos interpessoais (rede de reforço psicossocial, relacionamento familiar e com a equipe de saúde), contemplando também dados pertinentes ao quadro clínico e ao processo de hospitalização. Ressalta-se que o uso dos protocolos não dispensa a utilização de instrumentos validados e padronizados de avaliação psicológica, mas contribui para uma intervenção focal, objetiva e resolutiva por parte do psicólogo hospitalar.

Leite (2007), em estudo que envolveu a avaliação psicológica de 312 pacientes hospitalizados, propôs o Protocolo de Avaliação da Intervenção do Psicólogo Hospitalar. Esse era preenchido pelo psicólogo por meio de entrevista aberta e de observações, incluindo questões relativas à percepção do paciente sobre a sua vivência de hospitalização. Com base nos dados obtidos pela aplicação do protocolo, o psicólogo poderia completar o instrumento com outras intervenções e técnicas. Salienta-se que instrumentos como esse contribuem para a sistematização do trabalho do psicólogo em ambientes médicos.

Na avaliação psicológica realizada no contexto hospitalar, a fim de facilitar e de ampliar a compreensão das especificidades de cada caso, pode-se fazer um mapeamento da estrutura e da dinâmica familiar dos doentes por meio do GF (instrumento já mencionado anteriormente no presente capítulo e ilustrado por meio da Figura 1). Além disso, com o intuito de conhecer a ligação entre o paciente, sua família e o mundo que o cerca, bem como sua rede social significativa, a qual pode ser importante na situação de adoecimento, utiliza-se o ecomapa (Custódio, 2010) e o mapa de rede social (Gabarra, 2010; Moré & Crepaldi, 2012). É relevante destacar que esses instrumentos podem ser construídos por meio de coleta de informações junto a uma ou mais pessoas do sistema familiar (Crepaldi et al., 2014; Custódio, 2010; Gabarra, 2010; Moré & Crepaldi, 2012; Wendt & Crepaldi, 2008).

O ecomapa (Figura 2) constitui um diagrama das interações entre a família e a comunidade, representado por pessoas, grupos ou instituições. Os membros da família comumente são indicados em um círculo central e os contatos com as pessoas, comunidade e serviços, em círculos externos. Os vínculos entre esses sistemas são representados graficamente por linhas que simbolizam o tipo de conexão (fortes, tênues ou conflituosas), bem como a direção do fluxo de apoio (Custódio, 2010).

Figura 2 Genograma familiar e ecomapa

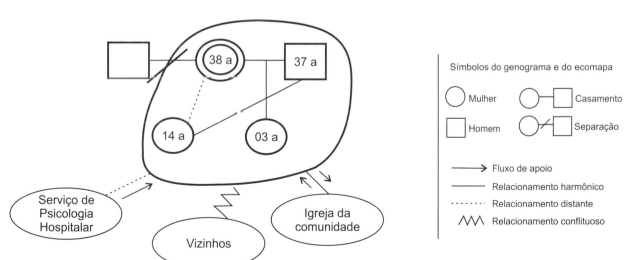

O mapa de rede social (Figura 3), por outro lado, possui três círculos concêntricos divididos em quatro quadrantes. O círculo interno representa as relações íntimas; o intermediário, as relações sociais com menor grau de compromisso; e o externo, as relações ocasionais com pessoas conhecidas. Os quadrantes são divididos em família, amigos, relações de trabalho e de estudo e relações na comunidade, incluindo o serviço de saúde. Os respondentes citam as pessoas que oferecem apoio, localizando-as nos diferentes quadrantes e círculos, sendo que esse conjunto se refere à rede social pessoal dos informantes em determinada situação ou momento de sua trajetória de vida (Moré & Crepaldi, 2012; Gabarra, 2010). Esses instrumentos, apesar de não serem de uso privativo do psicólogo, facilitam a compreensão sobre a relação do paciente com seu ambiente e sobre os possíveis desdobramentos individuais, familiares e sociais que o adoecimento e a internação hospitalar acarretam.

Figura 3 Mapa de rede social

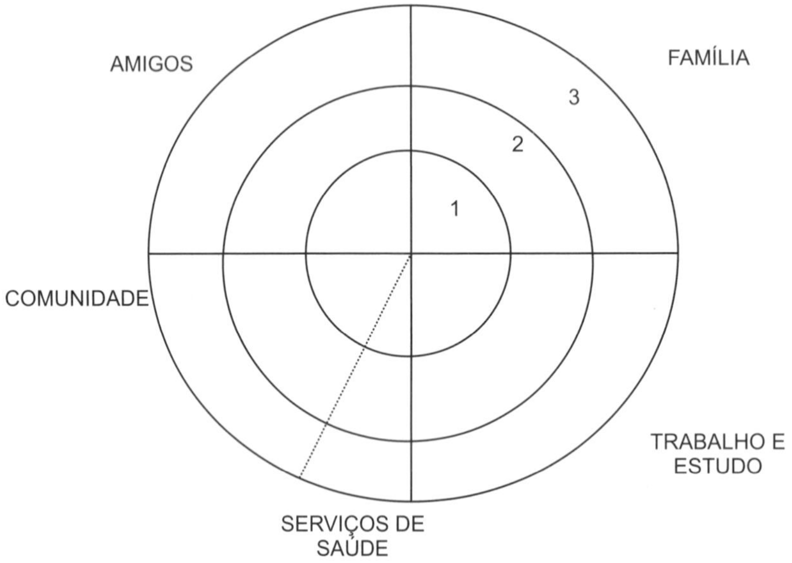

Fonte: Sluzki (1997).

Além disso, juntamente às técnicas e aos instrumentos supramencionados, é importante salientar que na avaliação psicológica de pacientes hospitalizados adota-se também a entrevista clínica, a qual pode ser complementada por fichas, protocolos ou escalas que auxiliam na obtenção de dados sociodemográficos, bem como na caracterização de aspectos atinentes à pessoa que está sendo avaliada (Gioia-Martins et al., 2009; Perez et al., 2005; Vianna, 2004).

Avaliação psicológica em unidades de internação hospitalar para pacientes pediátricos

A Psicologia Pediátrica, iniciada no Brasil na década de 1970, consolidou-se como prática de atendimento a crianças e adolescentes em diversos contextos, com especial evidência ao hospitalar (Castro, 2007; Crepaldi, Rabuske & Gabarra 2006; Menezes, Moré & Barros, 2008). As áreas de atuação do psicólogo pediátrico hospitalar podem incluir o atendimento em emergência, ambulatório geral ou de especialidades clínicas, enfermarias, unidades de tratamento intensivo, dentre outras (Crepaldi et al., 2006). Nessa seção, será enfatizada a atuação do psicólogo pediátrico no processo de avaliação psicológica em enfermarias ou unidades de internação hospitalar infantil.

O adoecimento e a internação hospitalar podem ser eventos ansiogênicos para a criança enferma e para os seus cuidadores primários. Por produzir uma quebra na rotina individual e familiar, além do enfrentamento de situações de dor face aos sintomas da doença ou de procedimentos médicos invasivos, a hospitalização pode se tornar uma experiência geradora de fragilidade de estados emocionais, tais como depressão e estresse. Entende-se que o atendimento psicológico pode reduzir o impacto dessa situação, tanto para a criança quanto para a sua família (Doca & Costa, 2007). Desse modo, o trabalho do psicólogo hospitalar invariavelmente requer avaliação psicológica, a qual irá fornecer subsídios à intervenção propriamente dita. Em tal processo, sugere-se que o profissional inicialmente planeje os procedimentos levando em conta o tempo de internação de cada paciente, o tipo de doença, o histórico e o número de internações, a gravidade ou a cronicidade da doença, por se referirem a fatores que podem afetar a experiência de hospitalização e o próprio resultado do processo em questão (Freitas, 2008).

Embora haja uma série de particularidades a serem consideradas à luz das características de cada caso concreto, em linhas gerais, a avaliação psicológica de crianças hospitalizadas demanda materiais lúdicos tais como brinquedos (inclusive aqueles que lembram objetos utilizados em procedimentos médicos), além de jogos, filmes, livros e videogames. A literatura científica na área aponta o desenho e a brincadeira como recursos importantes para acessar estados emocionais de crianças enfermas (Freitas, 2008; Motta & Enumo, 2002; 2004a). Isso porque a atividade lúdica favorece a forma de a criança se expressar, sendo considerada similar à linguagem verbal no adulto (Efron, Fainberg, Kleiner, Sigal & Woscoboinik, 2009).

No âmbito hospitalar, o desenho infantil está associado à avaliação de diferentes fenômenos psicológicos, tais como ansiedade em intervenções pré-cirúrgicas e investigação de conceitos de saúde e doença para crianças acometidas com doenças agudas e crônicas, além de possibilitar a compreensão de perturbações emocionais, conceito de autoestima, fantasias e percepção da dor (Menezes, Moré & Cruz, 2008). O comportamento de brincar da criança hospitalizada, por sua vez, pode fornecer subsídios para intervenções psicológicas e para elaboração de ações institucionais voltadas à promoção da qualidade de vida desses pacientes (Motta & Enumo, 2004a).

O brincar tem sido referido como um dos recursos utilizados na avaliação de estratégias de enfrentamento da hospitalização infantil e de problemas emocionais e comportamentais demonstrados por crianças internadas, os quais são, possivelmente, decorrentes do tratamento de saúde (Hostert, Enumo & Loss, 2014; Motta & Enumo, 2002). Assim, a brincadeira se constitui como uma atividade recreativa que serve tanto para entreter e divertir a criança durante a internação – e, consequentemente, proporcionar seu bem-estar – quanto para uma aplicação técnica que ajuda na compreensão e na adaptação à hospitalização (Motta & Enumo, 2004a).

Com o objetivo de estudar como crianças com câncer enfrentam a hospitalização através do brincar, estudos brasileiros mencionam, principalmente, o uso de um instrumento construído estritamente para esse fim, denominado Avaliação das Estratégias de Enfrentamento da Hospitalização (AEH), o qual é composto por 41 pranchas ilustradas que investigam o enfrentamento da hospitalização e o brincar no hospital (Motta & Enumo, 2002, 2004a, 2004b). A aplicação do instrumento, utilizando o relato da própria pessoa doente, possibilita acesso a comportamentos, sentimentos e pensamentos das crianças enfermas, além de proporcionar um momento lúdico na hospitalização. É importante salientar que, atualmente, o AEH deve se restringir às situações de pesquisa por não estar aprovado para uso profissional.

Outro estudo que visava identificar as estratégias de enfrentamento utilizadas por crianças hospitalizadas utilizou a Avaliação Informatizada do Enfrentamento da Hospitalização (AEHcomp – também não aprovado para uso profissional, ou seja, exclusivo para pesquisas), instrumento composto por 20 cenas facilitadoras (p. ex., conversar e tomar remédio) e não facilitadoras (p. ex., pensar em fugir e sentir culpa), que permite identificar 13 estratégias de enfrentamento (Moraes & Enumo, 2008). Os resultados indicaram que as estratégias mais identificadas pelas crianças foram *ruminação* (relatos recorrentes das perdas impostas pela hospitalização) e *distração* (realização de atividades prazerosas e de alívio, tais como o brincar). A avaliação proposta no estudo de Moraes e Enumo (2008) pode fornecer subsídios para os profissionais que acompanham a criança, de forma a prevenir possíveis danos emocionais e/ou comportamentais gerados pela hospitalização, além de minimizar o sofrimento imposto por essa situação.

Além das brincadeiras, o desenho também se mostra como importante ferramenta no processo de avaliação psicológica de crianças hospitalizadas. A indicação para a análise de itens como traçado, cores, localização, elementos constitutivos e faixa etária das crianças submetidas à avaliação psicológica por meio do desenho está presente em vários estudos relativos aos contextos de saúde, doença e hospitalização, possibilitando a compreensão de fenômenos psicológicos (Menezes et al., 2008). A avaliação por meio de desenhos permite acessar aspectos evolutivos, através de indicadores emocionais e maturacionais, bem como o desenvolvimento cognitivo de crianças acometidas por doenças que requerem tratamento e internação hospitalar. Freitas (2008) afirma que a técnica de Desenho da Pessoa Doente (DPD), por exemplo, possibilita ao psicólogo hospitalar a obtenção de dados complementares sobre a compreensão da criança a respeito da sua experiência de hospitalização, bem como das emoções que emergem dessa situação.

No que tange à experiência de hospitalização, diferentes autores a caracterizam como potencialmente geradora de estresse à criança (Broering & Crepaldi, 2011; Motta & Enumo, 2002). O estresse infantil se assemelha ao do adulto em diferentes aspectos. Ademais, quando excessivo, pode acarretar sérias consequências, de modo a produzir resultados psicofisiológicos importantes, que perduram ao longo de toda a trajetória desenvolvimental (Lucarelli & Lipp, 1999). Assim, entende-se que a avaliação do estresse na criança hospitalizada é fundamental, uma vez que favorece o delineamento de estratégias para fazer frente às condições aversivas da hospitalização (Motta & Enumo, 2002). Como resultados de intervenções nesse sentido, assinala-se a tendência da criança, dependendo da faixa etária, ficar mais colaborativa e tranquila (Broering & Crepaldi, 2011). Dentre os testes psicológicos atualmente favoráveis para avaliação do estresse em crianças, destaca-se a Escala de Stress Infantil (ESI), a qual consiste em um questionário que engloba quatro fatores do estresse: reações físicas, psicológicas, psicológicas com componente depressivo e psicofisiológica (Lucarelli & Lipp, 1999).

De tal modo, observa-se que os psicólogos pediátricos podem utilizar vários recursos para a realização da avaliação de crianças hospitalizadas nas unidades de internação. Entretanto, a busca por publicações que relatem pesquisa e/ou prática de avaliação psicológica em hospitais brasileiros mostrou uma lacuna nesse campo. Encontram-se estudos que tratam, basicamente, de intervenções psicológicas (inclusive aquelas pré/pós-procedimentos) ou estudos de casos, mas são escassas as produções que discutem a avaliação psicológica propriamente dita, a qual se mostra de suma importância, inclusive, para o planejamento da intervenção. Ressalta-se, todavia, que a avaliação psicológica de crianças enfermas, com uso de brincadeiras, desenhos, vídeos ou outros instrumentos, pode servir tanto como uma ferramenta para o processo de investigação dos fenômenos psicológicos quanto como uma intervenção, dependendo da situação.

Nesse sentido, do ponto de vista da prática profissional em unidades hospitalares de internação pediátrica, constata-se que muitos psicólogos se valem de algumas recomendações atinentes à hora de jogo diagnóstica, como recurso para conhecer a realidade da criança a ser avaliada. Embora não seja caracterizada por uma padronização, na hora de jogo diagnóstica o profissional pode guiar a sua análise por meio de alguns indicadores, tais como: escolha dos brinquedos e das brincadeiras, capacidade simbólica, adequação à realidade, tolerância à frustração, criatividade e motricidade (Efron et al., 2009). Esses indicadores oferecem importantes subsídios ao processo de avaliação psicológica, por favorecerem o exame do desenvolvimento socioemocional, cognitivo, motor e da linguagem na criança hospitalizada.

Ademais, é importante salientar que a avaliação psicológica da criança no contexto hospitalar deve levar em conta também a realização de entrevistas com os pais ou os cuidadores primários. Inclusive, em muitas situações as técnicas e os procedimentos a serem realizados devem ocorrer na presença dessas figuras de referência, de modo a prevenir a emergência de estresse ou de desconforto adicional à criança (na medida em que o adoecimento e a hospitalização propriamente ditos já os desencadeiam).

Devolução de resultados, registros e encaminhamentos derivados da avaliação psicológica no contexto hospitalar

A devolução de resultados decorrentes de serviços psicológicos prestados, tais como a avaliação psicológica, é considerada um dos deveres fundamentais do psicólogo, conforme postulado no Código de Ética Profissional. Do mesmo modo, consiste ainda em um direito do usuário, o qual deve ter acesso às informações atinentes ao trabalho efetuado. Além da devolução de resultados, são preconizadas também orientações sobre encaminhamentos, bem como emissão de documentos que versem sobre o serviço realizado pelo psicólogo (CFP, 2005). Esses procedimentos são imprescindíveis, isto é, referem-se a premissas concernentes à dimensão ética da avaliação psicológica (Machado & Morona, 2007).

No caso da avaliação psicológica no contexto hospitalar, propõe-se a realização de entrevistas de devolução, do mesmo modo que a confecção de documentos – por exemplo, Relatório ou Laudo Psicológico (CFP, 2003b) –, enfatizando a demanda inicial ou os objetivos do processo de avaliação psicológica realizado. Na devolução, especial atenção deve ser dada à linguagem utilizada pelo psicólogo, a qual deve se caracterizar por clareza e objetividade, com adequações em relação aos diferentes interlocutores. Dessa forma, dependendo das características da grande diversidade de casos atendidos pelo psicólogo hospitalar, nos diferentes setores da instituição, sugere-se a realização de entrevistas devolutivas com os pacientes ou ainda com seus familiares, de modo a favorecer a compreensão por parte dos usuários sobre os achados identificados por meio dos procedimentos realizados. Entende-se que, assim, seria possível contribuir para o desenvolvimento integral do indivíduo, evitando ou minimizando qualquer sofrimento ou dano. Por outro lado, na comunicação de resultados aos profissionais de outras áreas, o psicólogo deve compartilhar exclusivamente informações relevantes, salvaguardando o caráter confidencial e indicando a responsabilidade de manutenção do sigilo (CFP, 2005).

Outrossim, cabe destacar que uma das peculiaridades da atuação do psicólogo hospitalar é o trabalho em equipe multiprofissional, o que requer adaptações em relação ao modelo clínico tradicional (Moré et al., 2009; Schmidt et al., 2011). Em instituições hospitalares, são recorrentes as situações em que o psicólogo, como membro da equipe, compartilha verbalmente informações estritamente relevantes com outros trabalhadores da saúde, de modo a oferecer subsídios que auxiliem a atuação de profissionais do corpo de enfermagem, nutrição, fisioterapia, medicina, serviço social etc., na perspectiva da integralidade da assistência.

Adicionalmente, no que concerne às orientações referentes ao registro documental decorrente de prestação de serviços psicológicos, considera-se fundamental observar o constante na Resolução CFP n. 001/2009. Com base nessa Resolução, quando atuar em serviços multiprofissionais (tal como em instituições hospitalares), o psicólogo deve realizar registros em prontuário único, considerando apenas as informações necessárias ao cumprimento dos objetivos do trabalho. Ainda, é garantido ao usuário ou ao seu representante legal o acesso integral aos registros efetuados pelo psicólogo no prontuário único.

Não obstante, salienta-se a importância de que o psicólogo mantenha os seus próprios registros documentais, em razão de restrição do compartilhamento de informações cujo teor deve ficar protegido, por limite de acessibilidade aos dados. Os registros documentais de acesso restrito ao psicólogo, os quais deverão ser constantemente atualizados, poderão incluir, por exemplo, resultados de testes e de outros instrumentos de avaliação psicológica, desenhos, transcrição e análise de relatos efetuados durante procedimentos técnico-científicos realizados pelo profissional. Os registros documentais devem ser mantidos em local que assegure privacidade e sigilo, com guarda de responsabilidade do psicólogo e/ou da instituição em que foi efetuado o serviço, por período de cinco anos, no mínimo (CFP, 2009).

Quando necessários, encaminhamentos também devem ser efetuados, tanto para os diferentes setores do hospital quanto para outros dispositivos institucionais. Destaca-se, nesse sentido, a relevância do trabalho em rede e a continuidade do atendimento por dispositivos comunitários, tais como Unidades Locais de Saúde, após a alta hospitalar (Gabarra, 2010). Isso porque o período de permanência na instituição hospitalar, na maior parte dos casos, costuma ser limitado. Ademais, é provável que, em algumas situações de avaliação psicológica no contexto hospitalar, o profissional identifique a necessidade de atendimento por outras especialidades, o que fugiria do escopo da sua prática profissional, dadas as especificidades do local de trabalho. É relevante salientar, ainda, que a atuação do psicólogo hospitalar se caracteriza como focal, ou seja, centrada prioritariamente nas repercussões da hospitalização e da doença no paciente e em seus familiares, com o intento de informar, apoiar e favorecer o atendimento a todos os âmbitos de suas demandas na instituição (Moré et al., 2009; Schmidt et al., 2011; Tonetto & Gomes, 2005).

Considerações finais

O presente capítulo buscou apresentar as especificidades da avaliação psicológica no contexto hospitalar, com destaque às técnicas e aos instrumentos comumente utilizados em ambulatórios – notadamente no que tange a candidatos à cirurgia bariátrica –, bem como em unidades de internação para pacientes adultos e pediátricos. O ambiente de hospital geral exige flexibilidade por parte do psicólogo, uma vez que a prioridade costuma ser dada aos procedimentos médicos em função das características dos distúrbios orgânicos que acometem os usuários dessa instituição de saúde.

Adicionalmente, salienta-se que uma série de técnicas e instrumentos usualmente empregados no processo de avaliação psicológica em outros contextos também podem se mostrar de difícil aplicação no hospital, tanto por características do acometimento orgânico do doente quanto pela modalidade de tratamento realizada na instituição. Isso porque pacientes internados, independente da faixa etária, costumam permanecer deitados no leito ou com hidratação venosa nos braços, o que compromete a execução de testes psicológicos autoaplicados ou a construção de desenhos, por exemplo. Ademais, o próprio uso de determinadas medicações pode acarretar alterações cognitivas e emocionais. Ressalta-se que o adoecimento e a internação hospitalar se caracterizam como variáveis intervenientes na avaliação psicológica, de modo a afetar os comportamentos dos usuários do serviço e, portanto, os resultados desse processo técnico-científico.

É relevante destacar, ainda, que psicólogos inseridos em serviços hospitalares nem sempre têm acesso a determinados testes psicológicos, dado o custo desses instrumentos. Isso porque, embora algumas instituições disponibilizem a compra de materiais a serem utilizados no processo de avaliação psicológica, essa ainda não se mostra uma realidade em grande parte dos hospitais brasileiros. Além disso, o próprio espaço físico disponível na instituição nem sempre possibilita que sejam seguidas algumas diretrizes para aplicação de determinados testes psicológicos. Assim, no contexto hospitalar, as técnicas adotadas para coleta de dados em processo de avaliação psicológica compreendem, principalmente, entrevistas e observações.

Por meio de buscas de referenciais bibliográficos em bases de dados científicas, evidencia-se que produções sobre intervenções psicológicas no contexto hospitalar são significativamente mais frequentes em comparação a avaliações psicológicas nesse *setting*. Além da escassez de publicações atinentes ao tema do presente capítulo, constata-se também que protocolos específicos são raros. Por outro lado, destaca-se a inviabilidade de fórmulas predefinidas no que se refere às técnicas e aos instrumentos a serem aplicados, uma vez que cada caso contempla especificidades que devem ser consideradas pelo psicólogo no planejamento da avaliação, com o intuito de buscar respostas adequadas aos objetivos inicialmente formulados para o processo.

Ainda, há um significativo número de estudos em que ocorre a aplicação de instrumentos cuja utilização profissional não é permitida, por se tratarem de testes não aprovados pelo CFP. Nesse sentido, cabe destacar a ponderação preconizada pela Resolução CFP n. 002/2003, art. 16: "Será considerada falta ética, conforme disposto na alínea c do art. 1º e na alínea m do art. 2º do Código de Ética Profissional do Psicólogo, a utilização de testes psicológicos que não constam na relação de testes aprovados pelo CFP, salvo os casos de pesquisa".

Considera-se importante pontuar, também, que poucas referências bibliográficas sobre avaliação psicológica no contexto hospitalar são de autoria de psicólogos que efetivamente desempenham suas atividades profissionais cotidianas em hospitais. Nesse sentido, sobressaem-se nacionalmente publicações de grupos de pesquisa vinculados a programas de pós-graduação *stricto sensu* (mestrado e doutorado). Assim, são relevantes e recomendáveis, portanto, esforços no sentido de favorecer a produção de conhecimento e a disponibilização de referenciais pautados nas estratégias de avaliação psicológica adotadas por psicólogos hospitalares brasileiros, uma vez que isso propicia discussões sobre a temática, o que favorece o aprimoramento e o fortalecimento da área, tanto do ponto de vista da prática quanto da produção científica.

Referências

Almeida, G.A., Giampietro, H.B., Belarmino, L.B., Moretti, L.A., Marchini, J.S. & Ceneviva, R. (2011). Aspectos psicossociais em cirurgia bariátrica – A associação entre variáveis emocionais, trabalho, relacionamentos e peso corporal. *Arquivos Brasileiros de Cirurgia Digestiva*, 24 (3), 226-231.

Almeida, R.A. & Malagris, L.E.N. (2011). A prática da Psicologia da Saúde. *Revista da Sociedade Brasileira de Psicologia Hospitalar*, 14 (2), 183-202.

American Psychological Association (s.d.). *What is a health psychologist?* [Disponível em http://www.health-psych.org/AboutWhatWeDo.cfm].

Azevedo, A.V.S. & Crepaldi, M.A. (2016). A psicologia no hospital geral: aspectos históricos, conceituais e práticos. *Estudos de Psicologia* (Campinas), 33 (4), 573-585.

Bagdade, P.S. & Grothe K.B. (2012). Psychosocial evaluation, preparation, and follow-up for bariatric surgery patients. *Diabetes Spectrum*, 25 (4), 211-216.

Botega, N.J., Bio, M.R., Zomignani, M.A., Garcia Jr., C. & Pereira, W.A.B. (1995). Transtornos do humor em enfermaria de clínica médica e validação de escala de medida (HAD) de ansiedade e depressão. *Revista de Saúde Pública*, 29 (5), 359-363.

Broering, C.V. & Crepaldi, M.A. (2011). Preparação psicológica e o estresse de crianças submetidas a cirurgias. *Psicologia em Estudo*, 16 (1), 15-23.

Castro, E.K. (2007). Psicologia pediátrica – A atenção à criança e ao adolescente com problemas de saúde. *Psicologia: Ciência e Profissão*, 27 (3), 396-405.

Conselho Federal de Psicologia (2003a). *Resolução n. 002/2003* [Disponível em http://www2.pol.org.br/

satepsi/CD_testes/pdf/Resolu%E7%E3o%20CFP%20n%BA%20002-03%20-%20sem%20anexo.pdf].

Conselho Federal de Psicologia (2003b). *Resolução n. 007/2003* [Disponível em http://site.cfp.org.br/wp-content/uploads/2003/06/resolucao2003_7.pdf].

Conselho Federal de Psicologia (2005). *Resolução n. 010/2005* [Disponível em http://site.cfp.org.br/wp-content/uploads/2005/07/resolucao2005_10.pdf].

Conselho Federal de Psicologia (2007). *Resolução n. 013/2007* [Disponível em http://site.cfp.org.br/wp-content/uploads/2008/08/Resolucao_CFP_nx_013-2007.pdf].

Conselho Federal de Psicologia (2009). *Resolução n. 001/2009* [Disponível em http://site.cfp.org.br/wp-content/uploads/2009/04/resolucao2009_01.pdf].

Conselho Regional de Psicologia do Paraná (s.d.). *Avaliação psicológica no contexto da cirurgia bariátrica:* orientações aos profissionais [Disponível em http://crppr.org.br/download/256.pdf].

Crepaldi, M.A., Moré, C.L.O.O., Schultz, N.C.W. (2014). Genograma na pesquisa qualitativa. In: C.M.O. Cerveny (org.). *O livro do genograma* (p. 197-210). São Paulo: Roca.

Crepaldi, M.A., Rabuske, M.M. & Gabarra, L.M. (2006). Modalidades de atuação do psicólogo em psicologia pediátrica. In: M.A. Crepaldi, M.B. Linhares & G.B. Perosa (eds.). *Temas em psicologia pediátrica* (p. 13-56). São Paulo: Casa do Psicólogo.

Custódio, Z.A.O. (2010). *Redes sociais no contexto da prematuridade* – Fatores de risco e de proteção para o desenvolvimento da criança ao longo dos seus dois primeiros anos de vida (Tese de doutorado) [Disponível em http://www.tede.ufsc.br/teses/PPSI0421-T.pdf].

Dias, N.M. & Radomile, M.E.S. (2006). A implantação do serviço de psicologia no hospital geral: uma proposta de desenvolvimento de instrumentos e procedimentos de atuação. *Revista da Sociedade Brasileira de Psicologia Hospitalar*, 9 (2), 114-132.

Doca, F.N.P. & Costa Jr., A.L. (2007). Preparação psicológica para admissão hospitalar de crianças: uma breve revisão. *Paideia*, 17 (37), 167-179.

Efron, A.M., Fainberg, E., Kleiner, Y., Sigal, A.M. & Woscoboinik, P. (2009). A hora de jogo diagnóstica. In: M.L.S. Ocampo, M.E.G. Arzeno & E.G. Piccolo (orgs.). *O processo psicodiagnóstico e as técnicas projetivas* (p. 205-237). São Paulo: Martins Fontes.

Féres-Carneiro, T. (2005). *Entrevista familiar estruturada (EFE):* um método clínico de avaliação das relações familiares. São Paulo: Casa do Psicólogo.

Flores, C.A. (2014). Avaliação psicológica para cirurgia bariátrica: práticas atuais. *Arquivos Brasileiros de Cirurgia Digestiva*, 27 (supl.), 59-62.

Freitas, P.G. (2008). *O desenho da figura humana e o desenho da pessoa doente na avaliação psicológica de crianças hospitalizadas* (Dissertação de mestrado) [Disponível em http://www.teses.usp.br/teses/disponiveis/47/47131/tde-09062008-161059/].

Gabarra, L.M. (2010). *Estados emocionais, formas de enfrentamento, rede de apoio e adaptação psicossocial em pacientes amputados* (Tese de doutorado) [Disponível em http://www.tede.ufsc.br/teses/PPSI0432-T.pdf].

Gioia-Martins, D.F., Medeiros, P.C.S. & Hamzeh, S.A. (2009). Avaliação psicológica de depressão em pacientes internados em enfermaria de hospital geral. *Psicologia: Teoria e Prática,* 11 (1), 128-141.

Green, D.D., Engel, S.G. & Mitchell, J.E. (2014). Psychological aspects of bariatric surgery. *Current Opinion in Psychiatry*, 27 (6), 448-452.

Hostert, P.C.C.P., Enumo, S.R.F. & Loss, A.B.M. (2014). Brincar e problemas de comportamento de crianças com câncer de classes hospitalares. *Psicologia: Teoria e Prática*, 16 (1), 127-140.

Langaro, F., Vieira, A.P.K., Poggere, L.C. & Trentini, C.M. (2011). Características de personalidade de mulheres que se submeteram à cirurgia bariátrica. *Avaliação Psicológica*, 10 (1), 71-79.

Leite, L.G. (2007). *Protocolo de Avaliação da Intervenção do Psicólogo Hospitalar:* uma contribuição para a sistematização da prática do psicólogo em ambientes médicos (Monografia) [Disponível em http://www.sapientia.pucsp.br/tde_busca/arquivo.php?codArquivo=5544].

Lemos, C., Gottschall, C.A.M, Pellanda, L.C. & Müller, M. (2008). Associação entre depressão, ansiedade e qualidade de vida após infarto do miocárdio. *Psicologia: Teoria e Pesquisa*, 24 (4), 471-476.

Lopes, S.R.A. & Amorim, S.F. (2004). Avaliação psicológica no hospital geral. In: W.L. Bruscato, C. Benedetti & S.R.A. Lopes (eds.). *A prática da psicologia hospitalar na Santa Casa de São Paulo – Novas páginas em uma antiga história* (p. 53-68). São Paulo: Casa do Psicólogo.

Lucarelli, M.D.M. & Lipp, M.E.N. (1999). Validação do inventário de sintomas de *stress* infantil. *Psicologia: Reflexão e Crítica*, 12 (1), 71-88.

Lucena, M.C.M.D., Souza, H.K.C. & Alchieri, J.C. (2012). Revisão de aspectos técnico-metodológicos da avaliação psicológica de candidatos à cirurgia bariátrica. *Boletim Academia Paulista de Psicologia*, 32 (83), 408-423.

Machado, A.P. & Morona, V.C. (2007). *Manual de avaliação psicológica*. Curitiba: Unificado.

Mazzoccante, R.P., Moraes, J.F.V.N. & Campbell, C.S.G. (2012). Gastos públicos diretos com a obesidade e doenças associadas no Brasil. *Revista Brasileira de Ciências Médicas*, 21 (1-6), 25-34.

Menezes, M., Moré, C.L.O. & Barros, L. (2008). Psicologia pediátrica e seus desafios atuais na formação, pesquisa e intervenção. *Análise Psicológica*, 26 (2), 227-238.

Menezes, M., Moré, C.L.O. & Cruz, R.M. (2008). O desenho como instrumento de medida de processos psicológicos em crianças hospitalizadas. *Avaliação Psicológica*, 7 (2), 189-198.

Ministério da Saúde (2013). *Portaria n. 424/2003* [Disponível em http://bvsms.saude.gov.br/bvs/saudelegis/gm/2013/prt0424_19_03_2013.html].

Moraes, E.O. & Enumo, S.R.F. (2008). Estratégias de enfrentamento da hospitalização em crianças avaliadas por instrumento informatizado. *PsicoUSF*, 13 (2), 221-231.

Moré, C.L.O.O. & Crepaldi, M.A. (2012). O mapa de rede social significativa como instrumento de investigação no contexto da pesquisa qualitativa. *Nova Perspectiva Sistêmica*, 43, 84-98.

Moré, C.L.O.O., Crepaldi, M.A., Gonçalves, J.R. & Menezes, M. (2009). Contribuições do pensamento sistêmico à prática do psicólogo no contexto hospitalar. *Psicologia em Estudo*, 14 (3), 465-473.

Motta, A.B. & Enumo, S.R.F. (2002). Brincar no hospital – Câncer infantil e avaliação do enfrentamento da hospitalização. *Psicologia, Saúde & Doenças*, 3 (1), 23-41.

Motta, A.B. & Enumo, S.R.F. (2004a). Brincar no hospital – Estratégia de enfrentamento da hospitalização infantil. *Psicologia em Estudo*, 9 (1), 19-28.

Motta, A.B. & Enumo, S.R.F. (2004b). Câncer infantil – Uma proposta de avaliação das estratégias de enfrentamento da hospitalização. *Estudos de Psicologia*, 21 (3), 193-202.

Nunes, C.H.S.S.; Hultz, C.S. & Nunes, M.F.O. (2010). *Bateria fatorial de personalidade (BFP)*. São Paulo: Casa do Psicólogo.

Oliveira, J.A. & Yoshida, E.M.P. (2009). Avaliação psicológica de obesos grau III antes e depois de cirurgia bariátrica. *Psicologia: Reflexão e Crítica*, 22 (1), 12-19.

Otto, A.F.N. (2007). *Obesidade e transtorno da compulsão alimentar periódica – Um estudo sobre a dinâmica familiar* (Dissertação de mestrado) [Disponível em http://www.bdtd.ucb.br/tede/tde_busca/arquivo.php?codArquivo=923].

Otto, A.F.N. & Ribeiro, M.A. (2012). Unidos em torno da mesa – A dinâmica familiar na obesidade. *Estudos de Psicologia*, 17 (2), 255-263.

Pataky, Z., Carrard, I. & Golay, A. (2011). Psychological factors and weight loss in bariatric surgery. *Current Opinion in Gastroenterology*, 27 (2), 167-173.

Pauli-Pott, U., Becker, K., Albayrak, O., Hebebrand, J. & Pott, W. (2013). Links between psychopathological symptoms and disordered eating behaviors in overweight/obese youths. *International Journal of Eating Disorders*, 46 (2), 156-163.

Perez, G.H., Nicolau, J.C., Romano, B.W. & Laranjeira, R. (2005). Depressão e síndromes isquêmicas miocárdicas instáveis: diferenças entre homens e mulheres. *Arquivos Brasileiros de Cardiologia*, 85 (5), 319-326.

Prado, J.I.A., Faria, R.G.V. & Ferreira, C.C. (2014). Avaliação psicológica e imagem corporal no preparo para cirurgia bariátrica. *Fragmentos de Cultura*, 24 (n. esp.), 97-106.

Ravagnani, L.M.B., Domingos, N.A.M. & Miyazaki, M.C.O.S. (2007). Qualidade de vida e estratégias de enfrentamento em pacientes submetidos a transplante renal. *Estudos de Psicologia*, 12, 177-184.

Romano, B.W. (1999). *Princípios para a prática da psicologia clínica em hospitais*. São Paulo: Casa do Psicólogo.

Rudnicki, T. & Schmidt, B. (2015). Psicologia da saúde e psicologia hospitalar: aspectos conceituais e práticos. In: V.A. Elias, G.H. Perez, M.L.T. Moretto & L.N.F. Barbosa (eds.). *Horizontes da psicologia hospitalar:* saberes e fazeres (p. 3-10). São Paulo: Atheneu.

Santos, N.C.A., Slonczewski, T., Prebianchi, H.B., Oliveira, A.G. & Cardoso, C.S. (2011). Interconsulta psicológica: demanda e assistência em hospital geral. *Psicologia em Estudo*, 16, 325-334.

Schmidt, B., Gabarra, L.M. & Gonçalves, J.R. (2011). Intervenção psicológica em terminalidade e morte: relato de experiência. *Paideia*, 21 (50), 423-430.

Schmidt, B., Gonçalves, J.R. & Gabarra, L.M. (2009). Perfil psicossocial de pacientes submetidos a cirurgia bariátrica no sul do Brasil. In: A. Trimbole et al. (eds.). *El padecimiento mental:* entre la salud y la enfermedad (p. 112-114). Buenos Aires: AASM.

Sluzki, C.E. (1997). *A rede social na prática sistêmica*. São Paulo: Casa do Psicólogo.

Sociedade Brasileira de Cirurgia Bariátrica e Metabólica (s.d.). *História da cirurgia bariátrica no Brasil* [Disponível em http://www.sbcbm.org.br/wordpress/pagina-exemplo/historia-da-cirurgia-bariatrica].

Tonetto, A.M. & Gomes, W.B. (2005). Prática psicológica em hospitais: demandas e intervenções. *Psico*, 36 (3), 283-291.

Vainboim, T.B. (2005). Representação da doença e internação e níveis de ansiedade e depressão em pacientes com hipertireoidismo internados comparados a pacientes ambulatoriais. *Psicologia Hospitalar*, 3 (1), 103-120.

Vasconcellos, S.C., Brasiliano, A.P., Abreu, E., Alves, E.S., Neville, K., Faleiro, L. & Rocha, M. (ago./2011). Influência da percepção do corpo no sedentarismo de pacientes candidatos a cirurgia bariátrica. *VIII Congresso da Sociedade Brasileira de Psicologia Hospitalar*. Curitiba [Resumo] [Disponível em http://sbph.org.br/csbph8/resumos/TEMA%20LIVRE%20067.pdf].

Vianna, A.M.S.A. (2004). Avaliação psicológica de pacientes em reconstrução de mama: um estudo piloto. *Estudos de Psicologia*, 21 (3), 203-210.

Wendt, N.C. & Crepaldi, M.A. (2008). A utilização do genograma como instrumento de coleta de dados em pesquisa qualitativa. *Psicologia: Reflexão e Crítica*, 21 (2), 302-310.

29
Avaliação em intervenções de carreira

Marúcia Patta Bardagi
Maiana Farias Oliveira Nunes

Para a Organização Europeia para a Cooperação e Desenvolvimento Econômico (OCDE, 2005, p. 84), a orientação profissional e de carreira é "um conjunto de atividades que permitem aos cidadãos de qualquer idade, em qualquer momento das suas vidas, identificar as suas aptidões, competências e interesses, tomar decisões importantes em nível escolar, de formação e profissional e gerir os seus projetos de vida individuais no estudo, no trabalho e em outros contextos nos quais essas aptidões e competências são adquiridas ou utilizadas". Assim, configura-se como um amplo espectro de atividades voltadas para o auxílio de jovens e adultos nas mais diferentes situações de trabalho.

Os benefícios que a orientação profissional[1] pode propiciar já estão solidamente descritos na literatura internacional e nacional (Almeida & Melo-Silva, 2006; Arruda & Melo-Silva, 2010; Brown, 2003; Brown & Kane, 2000; entre outros). Estes estudos apontam percepções positivas do atendimento, especialmente possibilitando o autoconhecimento e o amadurecimento (prontidão) para a realização de escolhas vocacionais, além do desenvolvimento de habilidades como o estabelecimento de objetivos realísticos, o reconhecimento de valores, a capacidade de organização e trabalho em equipe, a antecipação de barreiras e a identificação de estratégias de enfrentamento.

Essa ampliação do escopo da orientação reflete a importância e as transformações do trabalho nos últimos tempos, em que os aspectos da carreira subjetiva (escolhas e significados atribuídos às experiências profissionais e organização destes significados em uma narrativa pessoal) têm ganhado cada vez mais importância em relação aos aspectos da carreira objetiva (sequência de posições, ocupações e papéis profissionais definidos pelo contexto de trabalho externo) (Savickas, 2005), colocando o indivíduo e suas decisões no centro dos processos de desenvolvimento de carreira. Isso trouxe maior visibilidade à área e também maior demanda por intervenções de carreira nos contextos clínicos, organizacionais e escolares.

Trabalhos na área da orientação têm apontado o crescimento na busca por atendimento, em

---

1. Embora haja distinções epistemológicas entre os termos "vocacional", "ocupacional", "profissional" e "de carreira", neste capítulo eles serão, muitas vezes, utilizados como sinônimos. Respeitar-se-á a escolha dos autores, uma vez que a não diferenciação entre eles não acarreta, aqui, prejuízos ao entendimento das proposições e resultados apresentados.

diferentes centros e serviços distribuídos pelo Brasil (Santos & Melo-Silva, 2000; Souza & Lassance, 2007). Esse crescimento se caracteriza principalmente pela demanda maior de adultos por processos de orientação e planejamento de carreira, de estudantes universitários por auxílio à transição universidade-trabalho e por indivíduos em situação de vulnerabilidade social (alunos de escolas de periferia, desempregados, pessoas com deficiência) que precisam se inserir e se manter no mercado de trabalho. Nesse sentido, não se pode mais enxergar a orientação como um processo voltado apenas às primeiras escolhas da adolescência e cujo público se restringe aos jovens de classe média e média alta.

Também no campo das teorias, o mundo da orientação profissional se ampliou desde as primeiras formulações de Frank Parsons e das teorias de traço e fator (Sparta, 2003). No âmbito internacional e também no Brasil há uma diversidade de modelos teóricos[2] que buscam explicar os processos de escolha, transição e desenvolvimento vocacional e também orientar o trabalho de quem promove intervenções de carreira. Cada abordagem teórica do desenvolvimento de carreira, desde as clássicas até as mais contemporâneas, apontam aspectos relevantes a serem considerados em um processo de intervenção, indicando como acessar esses aspectos (através de avaliação sistematizada, entrevista, uso de técnicas e dinâmicas etc.) e como eles influenciam na relação do indivíduo com o trabalho ao longo da vida. Portanto, é a partir do conhecimento teórico e da apropriação das técnicas e conceitos das respectivas teorias que o orientador terá condições de compreender as necessidades e recursos do cliente e planejar a intervenção mais apropriada.

Há muito a orientação profissional deixou de ser um campo "menor" de trabalho do psicólogo, percebido como de pouca especificidade e complexidade e que poderia ser realizado por qualquer profissional de posse de um manual de técnicas. Embora esse perfil de orientador ainda exista, é fato que conduzir um processo de orientação e planejamento de carreira eficiente requer formação específica e domínio de um conjunto expressivo de competências, entre elas a avaliação psicológica (Lassance, Melo-Silva, Bardagi & Paradiso, 2007; Talavera, Lévano, Soto, Ferrer-Sama & Hiebert, 2004). Saber quais aspectos avaliar, que ferramentas utilizar nesta avaliação, como inserir os resultados da avaliação nos processos de intervenção de carreira e como trabalhar de forma integrada os aspectos conceituais e operacionais da orientação são condição necessária para a boa resolução da intervenção.

A próxima parte do capítulo irá indicar os fenômenos psicológicos mais abordados nas avaliações em carreira e descrever, de forma breve, algumas técnicas úteis nesse contexto. Por fim, abordará a avaliação da eficácia das intervenções em carreira.

De acordo com Savickas (2004), pode-se ter como foco da avaliação tanto *a pessoa* como *o problema* que ela traz para o contexto de intervenção. A avaliação da pessoa aborda as características pessoais e traços, avaliando aspectos como interesses profissionais e inteligência. Por sua vez, a avaliação do problema irá investigar preocupações de carreira como o processo de

---

2. Para uma descrição mais ampla e detalhada dos modelos teóricos em desenvolvimento vocacional e de carreira, sugere-se a leitura dos livros de Guichard e Huteau (2001) e Ribeiro e Melo-Silva (2011).

tomada de decisão e a forma como a pessoa lida com as tarefas evolutivas referentes ao desenvolvimento de carreira.

Historicamente, considerando-se apenas as teorias mais conhecidas de carreira no Brasil, a avaliação da pessoa está mais relacionada às perspectivas tipológicas e psicodinâmicas de carreira, enquanto a avaliação do problema está mais relacionada às abordagens desenvolvimentais, construtivistas e sócio-históricas. Desse modo, o psicólogo deve estar atento a que tipo de demanda o cliente traz, para identificar qual será o foco de avaliação mais proveitoso para o cliente e planejar a avaliação de forma adequada. Assim, além de pensar nas técnicas que mais "gosta" de utilizar ou "se sente mais confortável" para utilizar, o psicólogo deve refletir sobre que estratégias serão mais úteis para as demandas específicas de cada cliente. Essa reflexão tem relação direta com a ética na atuação como psicólogo, uma vez que o que se busca é o oferecimento de serviços de alta qualidade para todos que são atendidos.

Quando se fala da pessoa, os principais construtos mencionados na literatura costumam ser os interesses, a inteligência e a personalidade. Já em termos do problema, há uma grande variedade de aspectos que podem ser objeto de preocupação e avaliação por parte do orientador, como a indecisão profissional, a adaptabilidade de carreira, o comportamento exploratório, a maturidade vocacional, entre outros. Ao se pensar no acesso dos profissionais a ferramentas para avaliação destes construtos, observa-se que há muitos instrumentos comercializados e com parecer favorável pelo SATEPSI (Sistema de Avaliação dos Testes Psicológicos, do Conselho Federal de Psicologia – CFP) para a avaliação com foco na pessoa, enquanto boa parte dos instrumentos para avaliação com foco no problema está disponível apenas para fins de pesquisa. Isso pode refletir a ênfase histórica da área de orientação nas variáveis individuais (Sparta, 2003).

Ainda segundo Savickas (2004), dependendo do foco da intervenção de carreira, diferentes teorias e ferramentas são utilizadas. O psicólogo deverá considerar as ênfases ou referenciais que estudou em maior profundidade, ao longo da graduação ou pós-graduação, para identificar de que modo poderá contribuir de forma mais efetiva para os clientes com demandas relacionadas à carreira. Cada teoria possui uma visão de mundo, pressupostos teóricos específicos, ferramentas preferidas, entre outros. Assim, deve-se buscar coerência ao propor uma intervenção de carreira, considerando o foco de trabalho, a teoria adotada, as ferramentas utilizadas para avaliação e intervenção, entre outros. Esse argumento não vai contra a complementaridade ou interlocução que pode existir entre diferentes referenciais, mas sim destaca a importância de existir um referencial teórico sólido como base para as avaliações e intervenções (Duarte, Bardagi & Teixeira, 2011). Cabe ao profissional de orientação ser congruente na sua intervenção, apropriando-se dos pressupostos teóricos e que embasam os instrumentos disponíveis e também buscando conhecimentos sólidos sobre as práticas de intervenção.

Duarte et al. (2011) já haviam destacado a separação entre o desenvolvimento de instrumentos, as pesquisas realizadas sobre os principais construtos em uso e as intervenções oferecidas em orientação profissional. Chama-se atenção para a importância de manter-se atualizado como profissional, seja por meio de leituras, participação em eventos científicos ou cursos de reciclagem, de modo que a distância entre a prática profissional e o resultado das pesquisas da área não seja tão grande. Em termos práticos, não faz sentido, por exemplo, gastar muito tempo avaliando algo que já se sabe (por meio de pesquisas) que tem pouca relevância para o desenvolvimento de carreira.

A avaliação com foco na pessoa

Ao considerar a avaliação na perspectiva da pessoa, tradicionalmente o mais comum é a avaliação dos interesses profissionais e da inteligência. Os interesses podem ser definidos como padrões de gosto, aversão ou neutralidade frente a certos estímulos ocupacionais (ambientes de trabalho, ferramentas, tipos de atividade, entre outros), enquanto inteligência traduz o que a pessoa consegue fazer bem (Savickas, 2004). Quando se avalia interesses, os instrumentos buscam o grau de semelhança entre o perfil do sujeito e certas ocupações ou investigam sua inclinação para áreas/atividades mais gerais como música, trabalhos burocráticos, trabalhos intelectuais etc.

Ao avaliar a inteligência, em geral, busca-se descobrir o nível ocupacional que o indivíduo tem mais probabilidade de atingir (ex.: atividades operacionais ou gerenciais) ou investiga-se as áreas profissionais em que o sujeito provavelmente terá desenvolvimento mais rápido em função do seu potencial. Deve-se lembrar que, quando se realiza a avaliação da inteligência de alguém, do mesmo modo que na avaliação de outros fenômenos psicológicos, obtém-se uma estimativa do traço naquele momento, não devendo ser interpretado como algo definitivo, pois a pessoa poderá ter mudanças nos seus níveis de inteligência (tanto aumentos como diminuições) em função das experiências, treinamentos, entre outros (Anastasi & Urbina, 2000).

Assim, é recomendável ter em mente que o resultado em um teste de inteligência expressa uma tendência que a pessoa demonstra naquele período, que sugere áreas que terá sucesso mais facilmente, o que não significa que não poderá ter sucesso em outras áreas em que não teve resultados altos nos testes de inteligência. O bom desempenho em áreas que a pessoa apresentou resultados baixos em um teste de inteligência poderá ocorrer caso a pessoa se dedique ao estudo e treino de outras habilidades que até então deixou em segundo plano, por exemplo.

Dentre os instrumentos de avaliação dos interesses com parecer favorável pelo CFP, encontram-se o AIP – Avaliação dos Interesses Profissionais (Levenfus & Bandeira, 2009), o SDS – Questionário de Busca Autodirigida (Primi, Mansão, Muniz & Nunes, 2010), a EAP – Escala de Aconselhamento Profissional (Noronha, Sisto & Santos, 2007) e o BBT-Br – Teste de Fotos de Profissões (Jacquemin, 2000; Jacquemin, Okino, Noce, Assoni & Pasian, 2006).

Por sua vez, os instrumentos para avaliação da inteligência aprovados pelo CFP são mais numerosos, sendo parte deles para avaliação de um fator geral de inteligência e outros para avaliação de habilidades específicas (ex.: raciocínio numérico, verbal, entre outros). Entre os testes com parecer favorável, a Bateria de Provas de Raciocínio – BPR-5 (Primi & Almeida, 2000) é o mais utilizado nos processos de orientação que recorrem à avaliação de inteligência, por apresentar, além de um escore geral, os escores nos raciocínios numérico, abstrato, espacial, verbal e mecânico, sendo possível fazer relações mais diretas com áreas ou profissões. Menciona-se também a Matriz de Habilidades e Interesses Profissionais (Magalhães, 2011), jogo que aborda a percepção de habilidades e as compara com os interesses, considerando a abordagem tipológica de Holland (perfis Realista, Investigativo, Artístico, Social, Empreendedor e Convencional), que pode ser usado para estimular a reflexão sobre essas temáticas e pensar em atividades que a pessoa poderia conhecer para descobrir seus interesses e capacidades.

Aqui se pode destacar um dos muitos desafios da avaliação psicológica no campo da orientação – a relação entre a avaliação de interesses e inteligência e os processos de escolha e decisão de carreira. Ao longo do tempo, estas duas características foram bastante dominantes no que se refere aos elementos essenciais de avaliação de carreira, especialmente dentro de um modelo mais diretivo de avaliação, no qual o orientador buscava identificar indícios capazes de predizer desempenhos e satisfação futura com base em aptidão, capacidade e motivação (Sparta, 2003). Identificar corretamente os perfis de interesse e as capacidades cognitivas do indivíduo permitiria conduzi-lo para um processo de afunilamento de escolhas e "alocação" profissional.

No entanto, tanto o orientador foi substituindo o seu papel diretivo por um papel mediador quanto as relações diretas entre interesses e inteligência e áreas ou ocupações foram ficando mais fluidas ou mesmo inexistentes. Alguém com alto potencial intelectual precisa, necessariamente, fazer uma escolha compatível com esse potencial? O que significa, exatamente, escolher um curso "difícil"? E qual a relação entre interesses artísticos e a escolha de carreira? A que profissões ou ocupações esses interesses se referem? Ainda, como é possível relacionar os interesses gerais aos interesses profissionais, uma vez que os instrumentos medem os interesses gerais, em sua maioria? Estas são questões a que todo o orientador deve buscar responder, e na busca destas respostas normalmente não encontrará um caminho único, absoluto, mas, ao contrário, encontrará respostas que indicam as relações particulares e dinâmicas que estas características apresentam para os diferentes indivíduos, dentro de sua rede de valores e significações, e também dentro de seu mundo de possibilidades.

Dessa forma, um primeiro desafio do orientador profissional é pensar a avaliação de características, especialmente aquelas relativas aos interesses e à inteligência, não como "sinais" de uma trajetória específica de carreira, mas como aspectos de autoconhecimento e diagnóstico global do sujeito em processo de orientação. Assim, os significados e as relações entre estas características serão fornecidos pelo próprio indivíduo avaliado, dentro de uma perspectiva de processo de orientação.

Outra possibilidade de avaliação consiste na análise da personalidade, buscando descobrir o porquê de certos comportamentos e conhecer as necessidades dos sujeitos. Essa avaliação se insere em um contexto que pode ser chamado de "terapia ocupacional" (Savickas, 2004), que busca desenvolver a personalidade e competências interpessoais. Geralmente utiliza-se instrumentos projetivos ou objetivos para avaliação da personalidade, sendo possível conhecer as tendências a se comportar de certas formas, considerando desde aspectos como Extroversão, Socialização, Abertura, Neuroticismo e Realização (com base no modelo dos Cinco Grandes Fatores de Personalidade) ou os pressupostos da psicanálise sobre o funcionamento da personalidade.

Há vários instrumentos para avaliação da personalidade que possuem parecer favorável do CFP e alguns dos mais usados no contexto de carreira quando se tem essa avaliação como foco são a Bateria Fatorial de Personalidade (Nunes,

Hutz & Nunes, 2010), como exemplo de teste de personalidade objetivo, e o TAT – Teste de Apercepção Temática (Murray, 1995) e novamente o BBT-Br – Teste de Fotos de Profissões (Jacquemin, 2000; Jacquemin et al., 2006), como exemplos de técnicas projetivas facilmente aplicáveis ao contexto.

Considerando-se a escolha como uma construção e síntese pessoal realizada pelo sujeito, a partir de uma série de elementos idiossincráticos, as avaliações de valores pessoais e de trabalho (O que é importante, fundamental para este indivíduo? O que ele prioriza na vida e no trabalho?) e de autoeficácia (A pessoa acredita em sua capacidade para realizar essa atividade?) têm adquirido cada vez mais importância nos processos de orientação profissional e de carreira.

Segundo Schwartz (2005), os valores caracterizam-se por serem critérios ou metas que transcendem ações e situações específicas, orientando a vida dos indivíduos de forma global; especificamente, os valores de trabalho seriam os aspectos que as pessoas consideram importantes em seu ambiente de trabalho, ou seja, aquilo que as motiva a trabalhar (Porto & Tamayo, 2008). Pode-se mencionar, como fonte de consulta, o capítulo de Magalhães (2010) sobre a importância da avaliação dos valores na orientação de carreiras. Já a autoeficácia é um conceito da Teoria Social Cognitiva de Bandura (1992) e pode ser definida como o julgamento das pessoas sobre suas capacidades para organizar e executar cursos de ação necessários para alcançar certos tipos de desempenho, ou seja, percepções que os indivíduos têm sobre suas próprias capacidades, sendo considerada um dos elementos de base para a motivação humana e para as realizações profissionais.

Há apenas um instrumento para avaliação da autoeficácia no campo da orientação aprovado pelo CFP, a *Escala de Autoeficácia para Escolha Profissional (EAE-EP)* (Ambiel, 2011). Quanto aos valores, tem-se a Escala de Valores no Trabalho – EVT (Porto & Tamayo, 2008) e também a sua versão revisada (EVT-R; Porto & Pilati, 2010), que avalia os valores de realização no trabalho, relações sociais, prestígio e estabilidade, mas são utilizados apenas em pesquisas.

A avaliação com foco no problema

Atualmente se compreende que, ao realizar a escolha ou reescolha/transição de carreira, há muitos outros fatores que influenciam o processo, além de gostar de algo (interesses), considerar esse algo importante (valores), ter e acreditar na capacidade para fazer certa atividade (inteligência e autoeficácia), tais como aspectos contextuais (aspectos facilitadores e dificultadores para seguir certo caminho), expectativas de resultado (O que a pessoa espera alcançar ao escolher certa profissão?), oportunidades educacionais e ocupacionais disponíveis, recursos de enfrentamento, redes de apoio, entre outros (Lent, Brown & Hackett, 1994; Nunes & Noronha, 2009). Todos esses aspectos devem ser objeto de interesse do orientador ao trabalhar com um cliente de orientação e/ou planejamento de carreira. O contexto e a história deste deverão ser considerados, buscando uma avaliação mais abrangente e contextualizada (Duarte, 2008).

Dentro das preocupações com o foco no problema, pode-se avaliar a adaptabilidade de carreira, considerando a prontidão para realizar escolhas realistas e a capacidade para lidar com as tarefas de desenvolvimento vocacional (Savickas, 2004). Ao considerar a adaptabilidade, o orientador está preocupado com a capacidade dos indivíduos para gerenciar suas carreiras frente ao cenário de mudanças e incertezas que caracterizam o mundo do trabalho, e com as atitudes ou competências a ser desenvolvidas para que a pessoa consiga tomar decisões vocacionais ou lidar com as dificuldades.

Pode-se avaliar, ainda, as dificuldades para decisão profissional, a maturidade para a escolha, além de outros aspectos relacionados. Assim, cabe refletir se a pessoa encontra-se apta a usufruir dos serviços de orientação (o nível de orientabilidade), ou seja, se entende que ela própria precisa resolver questões de carreira e se está disposta a investir recursos pessoais para isso (dedicar-se ao processo de orientação), conhecer o nível de independência para escolha, quantidade e profundidade de informações sobre si e sobre o mundo do trabalho (aspectos relacionados à maturidade para a escolha) e as características da indecisão profissional (em algumas pessoas a indecisão é algo mais "estrutural" ou uma característica de personalidade, para outras é algo mais específico e, além disso, os aspectos ligados à indecisão tendem a variar bastante).

Dentre os instrumentos com parecer favorável pelo CFP que se relacionam a como o sujeito lida com as tarefas do desenvolvimento vocacional, há apenas a Escala de Maturidade para Escolha Profissional – EMEP (Neiva, 2013). Para os demais construtos, os orientadores podem buscar auxílio nas publicações científicas que os discutem, ampliando seu conhecimento sobre seu uso nos processos de orientação de acordo com as diferentes abordagens teóricas que os embasam. Exemplos dessas publicações são os materiais de Nunes, Noronha, Nunes e Primi (2010) e Primi et al. (2000) sobre a indecisão; a publicação de Teixeira, Bardagi, Duarte, Lassance e Magalhães (2012) sobre a avaliação da adaptabilidade; e as publicações de Faria, Pinto e Taveira (2014), Teixeira, Bardagi e Hutz (2007), e Teixeira e Dias (2011) sobre a exploração de carreira. Ainda, há o material de Selig e Valore (2008) acerca da orientabilidade sob a perspectiva psicodinâmica.

Ao considerar pessoas adultas que pensam em mudar de profissão, pode-se valer de ferramentas que avaliem o estresse ocupacional (Noronha, Sisto, Baptista & Santos, 2008), abordando aspectos que relacionam-se à situação específica vivida que é geradora de estresse e comparar com os valores, objetivos de vida, expectativas de futuro, interesses etc. Outra demanda comum envolve a avaliação da empregabilidade, em que pode-se avaliar a ansiedade relacionada à procura de emprego, a quantidade de comportamento exploratório relacionado a universidades, empregos e organizações, entre outros (Lara-Campos, 2011).

A dificuldade/desafio encontrado aqui pelos orientadores, ao pensar estratégias de avaliação com foco no problema, é a falta de instrumentos aprovados para uso profissional específicos para avaliação destes construtos; os principais instrumentos para realizar essas avaliações ainda são utilizados apenas para pesquisa, e são em maior parte desconhecidos pelos orientadores. Nesse sentido, a formação continuada na área é a solução que permite aos profissionais conhecerem os aspectos que atualmente são objeto de estudo e interesse no campo da orientação e as formas de introduzir essas questões em suas práticas de intervenção, fazendo uso de recursos como a entrevista, as técnicas gráficas, as dinâmicas de grupo, e outros. A falta de instrumentos voltados para a avaliação do problema também pode refletir uma preferência, por parte dos orientadores profissionais não vinculados às abordagens mais diretivas de orientação, pelo uso de técnicas não padronizadas e entrevistas no processo de intervenção, em detrimento aos instrumentos psicométricos e projetivos, que ficaram muito associados às perspectivas mais tradicionais de atendimento.

Ainda, a área de orientação apresenta apenas mais recentemente uma inserção mais consistente no âmbito da pós-graduação e da pesquisa acadêmica no país, tradicionalmente espaços favorecedores para o desenvolvimento de testes. É possível que nos próximos anos novos instrumentos sejam desenvolvidos e colocados à disposição dos profissionais interessados. E, além disso, a formação mais consistente dos psicólogos orientadores pode ampliar a percepção ultrapassada na área, de que avaliar significa apenas medir interesses, inteligência e personalidade, o que aumentará o interesse pelo uso e também pela criação de instrumentos com focos distintos.

Há construtos considerados de impacto nos processos de escolha, satisfação e mudança de carreira pelos pesquisadores e especialistas da área (como adaptabilidade, papéis, exploração vocacional, autoeficácia) que não chegam a ser utilizados como ferramentas e base de trabalho ao público de orientadores profissionais do país, o que possivelmente traz prejuízos ao resultado do trabalho oferecido aos clientes. Torna-se aqui fundamental enfatizar a necessidade de formação, conhecimento teórico e técnico e atualização dos profissionais da orientação, uma vez que o público, campo e as estratégias de intervenção sofreram significativas mudanças nas últimas décadas.

A avaliação das intervenções de carreira

Por fim, além de avaliar aspectos da pessoa e/ou do problema, destaca-se a importância do psicólogo avaliar a eficácia de suas intervenções para públicos, contextos e objetivos específicos. Com essa ideia em mente, compreende-se que não há uma "receita" que possa ser empregada em qualquer circunstância nas intervenções de carreira. De outro modo, o psicólogo deve ter clareza da necessidade de adequar as avaliações e intervenções aos objetivos, públicos e contextos, e sempre buscar formas de avaliar a eficácia das suas intervenções. Assim, é possível conhecer quais atividades mostraram-se adequadas ou inadequadas em certos contextos, e também quais competências e conhecimentos o psicólogo necessita desenvolver para atender adequadamente públicos específicos. Poderá ser elaborado, com base em avaliações da eficácia das intervenções, um quadro sobre "pontos fortes e fracos" dos serviços psicológicos prestados, de modo a se buscar uma melhoria contínua destes.

A verificação da eficácia da intervenção psicológica é um elemento-chave para o estatuto científico da Psicologia (Hamilton & Dobson, 2001). Neste sentido, é fundamental a investigação acerca do processo e dos resultados das intervenções de carreira na medida em que isso permite compreender melhor as condições associadas às intervenções eficazes. Este conhecimento pode ser aplicado no processo de treino e formação de profissionais, com o propósito de promover o aprimoramento constante destes serviços (Brown, 2003; Guichard & Huteau, 2001; Spokane, 1991, 2004). Por exemplo, Brown e Krane (2000) envolveram, no seu estudo de metanálise, um número expressivo de estudos anteriores, e a análise dos dados apontou as intervenções vocacionais em grupo como a modalidade mais eficaz, seguida dos seminários de educação para a carreira com turmas de alunos, do atendimento individual e das intervenções autodirigidas. No entanto, não se tem no Brasil estudos semelhantes indicando que aqui, consideradas as singularidades socioculturais, os resultados são os mesmos; esse tipo de avaliação poderia ampliar a oferta de determinadas práticas de acordo com a sua eficácia.

Os processos de avaliação de intervenções de carreira já são prática antiga no contexto internacional, mas ainda são incipientes no Brasil. Alguns exemplos são os estudos de Arruda e Melo-Silva (2010), que entrevistaram ex-clientes de um serviço de orientação profissional que haviam sido atendidos na modalidade de grupo e de Lassance, Bardagi e Teixeira (2009), que avaliaram o impacto de uma intervenção em grupo de adolescentes nos índices de exploração vocacional, indecisão e maturidade vocacional. Os dois estudos, de abordagem qualitativa e quantitativa, respectivamente, apontaram benefícios dos processos de orientação, tanto na percepção dos próprios usuários quanto nos resultados das avaliações pós-intervenção.

Não há instrumentos, no Brasil, específicos para avaliação das intervenções de carreira que sejam aprovados pelo SATEPSI. Normalmente, há avaliações pré e pós-intervenção, utilizando instrumentos como os que foram descritos ao longo do capítulo (escalas de exploração, escalas de decisão, escalas de maturidade, entre outros), ou a elaboração de roteiros de entrevista para investigar aspectos mais qualitativos dos processos de orientação. De qualquer modo, este também é um desafio colocado aos orientadores – voltar os processos de avaliação não só aos sujeitos atendidos, mas às suas próprias práticas profissionais, a fim de obter *feedback* dos resultados e poder fazer mudanças necessárias ao aperfeiçoamento das mesmas[3].

A responsabilidade do psicólogo orientador – À guisa de conclusão

Cabe ao psicólogo, após identificar quais fenômenos pretende avaliar, verificar se para isso lançará mão de testes ou de outras técnicas de avaliação (como a entrevista diagnóstica, as técnicas lúdicas, as dinâmicas de grupo etc.). Para isso, precisa inicialmente avaliar sua própria competência e familiaridade com as diferentes ferramentas disponíveis. Em caso do uso de testes, é necessário verificar se os instrumentos estão adequados ao público-alvo que irá atender, consultando, para tanto, os manuais dos testes que pretende utilizar. Inicialmente deve-se refletir sobre a fundamentação teórica do instrumento, a fim de identificar se o psicólogo possui domínio do mesmo. Deverá também verificar a faixa etária das pessoas que participaram das pesquisas de validação do instrumento, as características das pessoas que participam das tabelas normativas (ex.: série escolar, tipo de escola, idade, sexo, entre outros), se o teste possui limite de tempo (e se terá, durante a sessão de avaliação, tempo suficiente para aplicar o instrumento), a forma e local adequados para aplicação, entre outros. Apenas quando essas condições forem atendidas o psicólogo deverá optar por usar certo teste, de outro modo sua avaliação será prejudicada. Neste livro há dois capítulos bastante descritivos e abrangentes sobre a definição e a avaliação das qualidades psicométricas dos instrumentos psicológicos, aspectos que devem ser observados também nos instrumentos de carreira.

---

3. Para mais informações sobre como avaliar a qualidade das intervenções de carreira, sugere-se a leitura do capítulo de Melo-Silva (2011).

Importante também refletir sobre *como* as informações oriundas da avaliação serão utilizadas. Elas poderão ser usadas para ampliar o autoconhecimento, para clarear as características individuais e também para colaborar no planejamento de ações que possam auxiliar o sujeito em seu desenvolvimento pessoal e profissional. A título de exemplo, uma pessoa que descobre, durante uma avaliação de carreira, que possui baixa assertividade e que isso dificulta sua interação com figuras de autoridade no trabalho, poderá realizar atividades voltadas para o desenvolvimento dessa habilidade durante as sessões de intervenção de carreira. Outro cliente poderá querer discutir de que forma e em quais contextos poderá utilizar as habilidades em que se destaca, como a extroversão, gentileza, entre outros.

Além de refletir sobre como as informações da avaliação serão usadas, deve-se planejar *quando* as mesmas serão disponibilizadas para o cliente. A forma e o momento de realização da devolutiva das informações irá variar conforme o referencial teórico adotado, uma vez que alguns referenciais estimulam a aprendizagem do cliente durante as intervenções de carreira (como a abordagem desenvolvimentista ou a social-cognitiva), enquanto outras buscam promover o *insight* e o autoconhecimento de forma menos explícita, como as que se originam da psicanálise. Desse modo, não existe uma regra indicando se os resultados dos testes, entrevistas e outras técnicas deverão ser fornecidos imediatamente após sua aplicação ou apenas ao final do processo, do mesmo modo que o nível de detalhamento dos resultados irá variar de acordo com outras características do cliente (p. ex., o nível de Neuroticismo influencia bastante na forma que os clientes "recebem" e interpretam os resultados apresentados em intervenções de carreira). O psicólogo deverá estar sensível a esses aspectos no planejamento da sua avaliação e intervenção de carreira. Tome-se para complementar essas reflexões os aspectos éticos da avaliação psicológica também já discutidos em capítulo anterior deste livro.

Referências

Almeida, F.H. & Melo-Silva, L.L. (2006). Avaliação de um serviço de orientação profissional: a perspectiva de ex-usuários. *Revista Brasileira de Orientação Profissional*, 7 (2), 81-102.

Ambiel, R.A.M. (2011). *Manual da Escala de Autoeficácia para Escolha Profissional (EAE-EP)*. São Paulo: Casa do Psicólogo.

Anastasi, A. & Urbina, S. (2000). *Testagem psicológica*. 7. ed. Porto Alegre: Artes Médicas.

Arruda, M.N.F. & Melo-Silva, L.L. (2010). Avaliação da intervenção de carreira: a perspectiva dos ex-clientes. *Psico-USF*, 15 (2), 225-234.

Bandura, A. (1992). Exercise of personal agency thought the self efficacy mechanism. In: Schwarzer (org.). *Selff-efficacy*: thought control of action (p. 3-38). Washington.

Brown, D. (2003). Testing and assessment in career development. In: D. Brown (org.). *Career information, career counseling, and career development* (p. 126-160). Boston: Pearson Education.

Brown, S.D. & Krane, N.E. (2000). Four (or five) sessions and a cloud of dust: old assumptions and new observations about career counseling. In: S.D. Brown & R.W. Lent (orgs.). *Handbook of counseling psychology* (p. 740-766). Nova York: Wiley & Sons.

Duarte, M.E. (2008). A avaliação psicológica na intervenção vocacional: princípios, técnicas e instrumentos. In: M.C. Taveira & J.T. Silva (eds.). *Psicologia vocacional*: perspectivas para a intervenção (p. 139-158). Coimbra: Universidade de Coimbra.

Duarte, M.E., Bardagi, M.P. & Teixeira, M.A.P. (2011). Orientação, avaliação e testagem. In: M.A. Ribeiro & L.L. Melo-Silva (eds.). *Compêndio de orientação profissional e de carreira*: enfoques teóricos contemporâneos e modelos de intervenção. Vol. II (p. 67-85). São Paulo: Vetor.

Faria, L., Pinto, J.C. & Taveira, M.C. (2014). Perfis de carreira: exploração vocacional, adaptação acadêmica e personalidade. *Arquivos Brasileiros de Psicologia*, 66 (2), 100-113.

Guichard, J. & Huteau, M. (2001). *Psicologia da orientação*. Lisboa: Instituto Piaget.

Hamilton, K.E. & Dobson, K.S. (2001). Empirically supported treatments in psychology: Implications for international promotion and dissemination. *International Journal of Clinical and Health Psychology*, 1, 35-51.

Jacquemin, A. (2000). *O BBT-Br – Teste de fotos de profissões*: normas, adaptação brasileira, estudos de caso. São Paulo: Cepa.

Jacquemin, A., Okino, E.T.K., Noce, M.A., Assoni, R.F. & Pasian, S.R. (2006). *O BBT-Br feminino – Teste de fotos de profissões*: adaptação brasileira, normas e estudos de caso. São Paulo: Centro Editor de Testes e Pesquisas em Psicologia.

Lara-Campos, K.C. (2011). *Escala de empregabilidade*. São Paulo: Vetor.

Lassance, M.C.P., Bardagi, M.P. & Teixeira, M.A.P. (2009). Avaliação de uma intervenção cognitivo-evolutiva em orientação profissional com um grupo de adolescentes brasileiros. *Revista Brasileira de Orientação Profissional*, 10 (1), 23-32.

Lassance, M.C.P., Melo-Silva, L.L., Bardagi, M.P. & Paradiso, Â.C. (2007). Competências do orientador profissional: uma proposta brasileira com vistas à formação e certificação. *Revista Brasileira de Orientação Profissional*, 8 (1), 87-94

Lent, R., Brown, S.D. & Hackett, G. (1994). Toward a Unifying Social Cognitive Theory of Career and Academic Interest, Choice and Performance. *Journal of Vocational Behavior*, 45, 79-122.

Levenfus, R.S. & Bandeira, D.R. (2009). *Avaliação dos Interesses Profissionais* – AIP. São Paulo: Vetor.

Magalhães, M.O. (2010). A avaliação dos valores na orientação de carreiras. In: D.H.P. Soares & R.S. Levenfus (eds.). *Orientação vocacional ocupacional* (p. 287-298). Porto Alegre: Artmed.

Magalhães, M.O. (2011). *Matriz de habilidades e interesses profissionais*. São Paulo: Casa do Psicólogo.

Melo-Silva, L.L. (2011). Intervenção e avaliação em orientação profissional. In: M.A. Ribeiro & L.L. Melo-Silva (eds.). *Compêndio de orientação profissional e de carreira*: enfoques teóricos contemporâneos e modelos de intervenção. Vol. II (p. 155-194). São Paulo: Vetor.

Murray, H.A. (1995). *Teste de Apercepção Temática –* TAT. São Paulo: Casa do Psicólogo.

Neiva, K.M.C. (2013). *Escala de Maturidade para Escolha Profissional (EMEP) – Manual*. São Paulo: Vetor.

Noronha, A.P.P., Sisto, F., Baptista, M.N. & Santos, A.A.A. (2008). *Escala de Vulnerabilidade ao Estresse no Trabalho* – Manual técnico. São Paulo: Vetor.

Noronha, A.P., Sisto, F. & Santos, A.A.A. (2007). *Escala de Aconselhamento Profissional (EAP) –* Manual técnico. São Paulo: Vetor.

Nunes, C.H.S.S., Hutz, C.S. & Nunes, M.F.O. (2010). *Bateria Fatorial de Personalidade (BFP) –* Manual técnico. São Paulo: Casa do Psicólogo.

Nunes, M.F.O. & Noronha, A.P.P. (2009). Modelo sociocognitivo para a escolha de carreira: o papel da autoeficácia e de outras variáveis relevantes. *ETD – Educação Temática Digital*, 10, 16-35.

Nunes, M.F.O., Noronha, A.P.P., Nunes, C.H.S.S. & Primi, R. (2010). Dificuldades para decisão profissional e traços de personalidade em adolescentes. In: C. Hutz (ed.). *Avanços em avaliação psicológica e neuropsicológica de crianças e adolescentes* (p. 309-336). São Paulo: Casa do Psicólogo.

Organização para Cooperação e Desenvolvimento Econômico (OCDE). *Orientação escolar e profissional*: Guia para decisores (Trad. de I. do Vale). Lisboa: Krispress, 2005.

Porto, J.B. & Pilati, R. (2010). Escala revisada de Valores relativos ao Trabalho – EVT-R. *Psicologia: Reflexão e Crítica*, 23 (1), 73-82.

Porto, J.B. & Tamayo, A. (2008). Valores do trabalho. In: M.M.M. Siqueira (ed.). *Medidas do Comportamento Organizacional*: ferramentas de diagnóstico e de gestão (p. 289-301). Porto Alegre: Artmed.

Primi, R. & Almeida, L.S. (2000). *Bateria de Provas de Raciocínio (BPR-5)* – Manual técnico. São Paulo: Casa do Psicólogo.

Primi, R., Mansão, C.S.M., Muniz, M. & Nunes, M.F.O. (2010). *SDS: Questionário de Busca Autodirigida* – Manual técnico da versão brasileira. São Paulo: Casa do Psicólogo.

Primi, R., Munhoz, A.M.H., Biguetti, C.A., Di-Nucci, E.P., Pellegrini, M.C.K. & Moggi, M.A. (2000). Desenvolvimento de um inventário de levantamento das dificuldades da decisão profissional. *Psicologia: Reflexão e Crítica*, 13 (3), 451-463.

Ribeiro, M.A. & Melo-Silva, L.L. (2011). *Compêndio de orientação profissional e de carreira*: enfoques teóricos contemporâneos e modelos de intervenção. Vols. I e II. São Paulo: Vetor.

Santos, M.A. & Melo-Silva, L.L. (2000). Características psicossociais do usuário de um serviço de orientação profissional. *Psic – Revista da Vetor Editora*, 1, 62-71.

Savickas, M.L. (2004). Um modelo para a avaliação de carreira. In: L.M. Leitão (ed.). *Avaliação psicológica em orientação escolar e profissional* (p. 21-46). Coimbra: Quarteto.

Savickas, M.L. (2005). The theory and practice of career construction. In: S.D. Brown & R.W. Lent (eds.). *Career development and counseling* – Putting theory and research to work (p. 42-70). Hoboken, NJ: John Wiley & Sons.

Schwartz, S.H. (2005). Basic human values: Their content and structure across countries. In: A. Tamayo & J.B. Porto (orgs.). *Valores e comportamento nas organizações* (p. 21-55). Petrópolis: Vozes.

Selig, G.A. & Valore, L.A. (2008). Orientabilidade ao longo de um processo grupal com adolescentes: relato de uma experiência. *Revista Brasileira de Orientação Profissional*, 9 (2), 127-140.

Souza, L.K. & Lassance, M.C.P. (2007). Análise do perfil da clientela de um serviço universitário de orientação profissional. *Revista Brasileira de Orientação Profissional*, 8 (2), 71-86.

Sparta, M. (2003). O desenvolvimento da orientação profissional no Brasil. *Revista Brasileira de Orientação Profissional*, 4 (1-2), 1-11.

Spokane, A. (1991). *Career Intervention*. Prentice Hall, NJ: Englewood Cliffs.

Spokane, A. (2004). Avaliação das intervenções de carreira. In: L.M. Leitão (org.). *Avaliação psicológica em orientação escolar e profissional* (p. 455-473). Coimbra: Quarteto.

Talavera, E.R., Lévano, B.M., Soto, N.M., Ferrer-Sama, P. & Hiebert, B. (2004). Competências internacionais para orientadores profissionais. *Revista Brasileira de Orientação Profissional*, 5 (1), 1-14.

Taveira, M.C. (2004). A avaliação da exploração vocacional. In: L.M. Leitão (ed.). *Avaliação psicológica em orientação escolar e profissional* (p. 317-346). Coimbra: Quarteto.

Teixeira, M.A.P.; Bardagi, M.P.; Duarte, M.E.; Lassance, M.C.P. & Magalhaes, M.O. (2012). Career Adapt-Abilities Scale-Brazilian Form: Psychometric properties and relationships to personality. *Journal of Vocational Behavior*, 80, 680-685.

Teixeira, M.A.P., Bardagi, M.P. & Hutz, C.S. (2007). Escalas de Exploração Vocacional (EEV) para universitários. *Psicologia em Estudo*, 12 (1), 175-182.

Teixeira, M.A.P. & Dias, A.C.G. (2011). Escalas de exploração vocacional para estudantes de Ensino Médio. *Estudos de Psicologia* (Campinas), 28 (1), 89-96.

30
O psicodiagnóstico interventivo: novos rumos da avaliação psicológica

Valeria Barbieri
Vanessa Stumpf Heck

A avaliação psicológica é uma das áreas mais importantes de atuação do psicólogo, abrangendo conhecimento teórico-técnico específico e metodologias distintas. Esse campo da Psicologia é dinâmico e tem a função de prover auxílio nas áreas da saúde, educação, trabalho e outros setores em que haja necessidade (Conselho Federal de Psicologia, 2007). No que se refere à área Clínica, a forma de avaliação que inclui a investigação da personalidade é chamada de Psicodiagnóstico. Essa modalidade de avaliação, em seu início, carregava forte influência de modelos psiquiátricos que objetivavam estudar sintomas e síndromes com a intenção de confirmar hipóteses diagnósticas. Todavia, a partir da influência da Psicanálise, a preocupação em definir um diagnóstico descritivo tornou-se secundária, cedendo espaço para a consideração dos aspectos da subjetividade do examinando no processo avaliativo (Ancona-Lopez, 1984).

Deste modo, o psicodiagnóstico foi evoluindo a partir de uma perspectiva mais próxima de modelos médicos, seguindo uma linha que se consolidou em um modelo que pode ser chamado de Tradicional, já incrustado das contribuições psicanalíticas e sustentado por elas, até o Psicodiagnóstico Interventivo (PI), que foi sistematizado mais recentemente. Este último método de trabalho pressupõe que o processo do Psicodiagnóstico, que implica a compreensão da personalidade do paciente e as intervenções que usualmente lhe seguem, sejam realizados de modo concomitante, integrando assim avaliação e psicoterapia (Aiello-Vaisberg, 1999). Na prática, essa é a diferença maior entre o Psicodiagnóstico Interventivo e o Tradicional, mas essa introdução de intervenções ao longo do processo acarreta uma série de consequências nos substratos teóricos, metodológicos e epistemológicos que sustentam essa modalidade de trabalho, tornando-a bastante distinta da forma clássica de avaliação, diferenças essas que foram descritas por Barbieri (2010b).

A possibilidade de realização simultânea de avaliação e intervenção já havia sido vislumbrada há tempos, particularmente nas situações de aplicação de testes projetivos. Nesses termos, em 1974, Bellak, após realizar a aplicação clássica do Teste de Apercepção Temática (TAT), inquiria o examinando acerca das histórias produzidas. Ele explorava o material com o paciente solicitando reflexões, tecendo análises e interpretações, num diálogo que lhe permitia compreender o caráter pessoal de suas narrações. Friedenthal (1976) também propôs a aplicação do Teste de Relações Objetais (TRO) de Phillipson de forma semelhante, fazendo uso de perguntas, esclarecimentos, assinalamentos e interpretações para o paciente.

Essas referências embasam algumas das publicações científicas atuais sobre o psicodiagnóstico interventivo. No entanto, existe uma diversidade de modelos acerca dessa forma de trabalho clínico, fundamentados em diferentes referenciais teóricos. Por isso, não há como definir uma uniformidade de procedimentos, tampouco uma unanimidade paradigmática na prática do PI (Barbieri, 2010b).

Desse modo, em acordo com determinadas correntes de pensamento, são encontrados na literatura científica o modelo Psicométrico (Finn & Tonsager, 1997), o Fenomenológico-Existencial (Ancona-Lopez et al., 1995) e o Psicanalítico (Barbieri, 2002; Trinca, 2003; Aiello-Vaisberg, 2004; Tardivo, 2006), sendo os dois últimos os preferidos dos psicólogos brasileiros. Fora do Brasil, sob a perspectiva psicométrica, o modelo mais difundido é o da *Therapeutic Assessment* ou Avaliação Terapêutica, que utiliza o Inventário Multifásico Minnesota de Personalidade – Forma 2 (MMPI-2) como instrumento principal (mas não exclusivo) em um enfoque interventivo (Finn, 1996a; Finn & Tonsager, 1997). No entanto, esse modelo também evoluiu ao longo do tempo, desembaraçando-se cada vez mais de um referencial puramente psicométrico para adquirir coloridos existenciais-humanistas e se sustentar definitivamente na proposta do Psicodiagnóstico Colaborativo de Fischer et al. (1979) que, embora não implique na realização de intervenções, considera a avaliação psicológica como uma tarefa que conjuga o conhecimento do psicólogo e do paciente para a sua consecução, mas busca diminuir ao máximo a diferença de poder entre ambos nessa situação. Nesse contexto, na prática da *Therapeutic Assessment*, o perfil do paciente no MMPI-2, por exemplo, é discutido com ele, que tem um papel ativo na elaboração da interpretação do teste e na redação do relatório final de avaliação (Finn, 1996b).

No Brasil, na abordagem fenomenológico-existencial destaca-se o trabalho de Ancona-Lopez et al. (1995), que idealizou o método do *Psicodiagnóstico Grupal Interventivo*. Essa proposta se estruturou principalmente no contexto de uma clínica-escola, com o intuito de organizar o atendimento psicológico em triagem e psicodiagnóstico infantil. Ela se caracterizava principalmente pelo uso das sessões de observação lúdica e aplicações coletivas de testes psicológicos, todas seguidas de intervenções do examinador. Concomitante ao trabalho com as crianças, os pais também eram atendidos em grupo. A finalidade do grupo de pais era avaliar as suas condições de ajudar os filhos em suas dificuldades emocionais, assim como fomentar outra percepção acerca dos problemas enfrentados pela família. A partir dos bons resultados dessa experiência, Ancona-Lopez et al. (1995) construíram propostas bastante originais de avaliação-intervenção como as triagens grupais, os grupos de espera em Psicodiagnóstico e grupos de sensibilização para pais e crianças encaminhadas para atendimento psicológico. Tais procedimentos proporcionaram uma diminuição de desistências nos atendimentos na clínica-escola estudada, bem como do número de novas procuras pelos mesmos pacientes após haverem deixado o processo de avaliação ou de psicoterapia inconclusos.

Por sua vez, o PI de orientação psicanalítica compreende as entrevistas e técnicas projetivas principalmente como meios de comunicação entre o psicólogo e o paciente, embora não desvalorize o potencial avaliativo que elas apresentam. Ele passou a receber maior atenção a partir de 2000, com diversas contribuições (Barbieri, 2002; Trinca, 2003; Aiello-Vaisberg, 2004; Tardivo, 2006). É a esse o enfoque que este capítulo se dedicará, tanto em razão de ele se constituir no modelo adotado nos estudos e práticas profissionais do grupo de pesquisa das presentes autoras como por ser uma das vertentes que mais tem frutificado no Brasil nos anos recentes em termos de publicações e trabalhos científicos (Aiello-Vaisberg, 2004; Barbieri, 2002; Gil, 2010; Heck, 2014; Mishima, 2011; Paulo, 2005; Tardivo, 2007; Trinca, 2003).

O psicodiagnóstico interventivo de orientação psicanalítica

O PI de orientação psicanalítica objetiva diagnosticar, compreender e intervir na problemática do indivíduo, realizando o processo investigativo e interventivo de forma simultânea (Aiello-Vaisberg, 1999). Ele se caracteriza por ser uma forma de avaliação subordinada ao pensamento clínico, cujo intuito é apreender a dinâmica intrapsíquica do indivíduo mediante o encontro com o terapeuta-avaliador (Paulo, 2005).

É válido ressaltar que essa modalidade de avaliação é herdeira tanto dos princípios do Psicodiagnóstico Compreensivo (Trinca, 1984) quanto daqueles das Consultas Terapêuticas de Winnicott (1971/1984). Nesse contexto, o Psicodiagnóstico Compreensivo pressupõe um contato emocional empático do terapeuta com o paciente no intuito de colher, acolher e dar sentido às informações trazidas por ele no processo, avaliando aspectos significativos da personalidade, principalmente o motivo latente do sintoma (Trinca, 1984). Para tanto, o julgamento clínico do psicólogo é capital e há primazia de métodos e técnicas de exame com base na associação livre e de procedimentos clínicos de investigação pouco ou não estruturados. Desse modo, a avaliação e a interpretação dos procedimentos é calcada principalmente na livre inspeção do material produzido, baseada na experiência do psicólogo (Trinca, 1984).

No que se refere às Consultas Terapêuticas de Donald Woods Winnicott (1971/1984) como fonte de origem do PI de orientação psicanalítica, além do fato dessa proposta ser pioneira em combinar avaliação e intervenção na prática clínica, ela o fundamenta teoricamente a partir das ponderações winnicottianas sobre as particularidades e a importância das primeiras sessões com o paciente. Winnicott (1965/1994) mostrou que nesses contatos iniciais emergem aspectos essenciais da vida do examinando (expressos por meios verbais e não verbais) relacionados ao motivo da consulta e que levariam meses ou anos para surgir novamente em uma psicoterapia posterior. Por conta disso, nesses momentos o clínico tem a oportunidade de realizar "uma espécie de tratamento psicanalítico em miniatura" (Winnicott, 1948/2000, p. 235) dada a riqueza e consistência do material que é produzido e expresso pelo paciente.

Em concordância com essa observação, Aberastury (1992) também referiu que durante o primeiro contato com a criança emergem fantasias inconscientes de enfermidade e de cura, ou seja, o paciente teria uma ideia inconsciente das razões do seu adoecimento e da experiência que necessita para ultrapassar esse sofrimento. Essas observações e pressupostos alicerçam o uso de assinalamentos e de interpretações já nas primeiras sessões do Psicodiagnóstico, levando-se em conta a sensibilidade do clínico no que diz respeito ao que o paciente pode suportar ouvir e o que não pode. Nessa mesma direção, a constatação de que o paciente produz material com a finalidade de que ele seja interpretado ou "devolvido" dá segurança ao profissional de que a intervenção é necessária e que seria mais perigoso não intervir do que intervir (Winnicott, 1965/1994).

Nesses termos, Winnicott assevera que a forma tradicional de diagnóstico (não interventivo) desperdiça a chance de o paciente fazer um tipo de contato, o que pode agir como terapia negativa e causar danos. Ele prossegue afirmando que nas ocasiões em que intervenções não são feitas é comum o paciente sair da primeira entrevista desiludido e relutante em buscar nova ajuda psicológica devido à falha do profissional para usar o material apresentado; ao contrário é raro que ele se sinta magoado devido a interpretações equivocadas, feitas em uma tentativa genuína de auxiliá-lo, sendo os erros e omissões devidos aos limites próprios de todo empreendimento humano. Nesse sentido, Winnicott sustenta que a entrevista de avaliação, quando empregada de modo convencional, não atinge os próprios objetivos de fazer um diagnóstico e iniciar um processo terapêutico.

A decorrência lógica dessas ponderações é que, a partir do momento em que o profissional não responde, por meio de uma intervenção, àquilo que o paciente expressa, ele falha em proporcionar a este o eco necessário à experiência da ilusão, que é a base de um atendimento psicológico que visa promover no paciente um sentimento de continuidade e de união emocional com o mundo (Winnicott, 1971/1984). Por outro lado, quando o profissional se coloca ao alcance do paciente e fornece a ele a sensação de dispor de um ambiente seguro e confiável (Dias, 1999), ele fomenta a crença de que é seguro expressar-se e ter ilusões sobre o mundo, pois alguém o ouvirá; a partir daí as experiências ilusórias poderão surgir e, pouco a pouco, ceder lugar às transicionais, proporcionando o surgimento do espaço potencial (terceira área de experiência). Dessa forma, cria-se a oportunidade de estabelecer um relacionamento autêntico entre o paciente e a realidade, baseado numa comunicação genuína. É dessa maneira que o PI de orientação psicanalítica proporcionaria uma experiência transformadora por meio do vínculo entre o psicólogo e o paciente (Barbieri, 2002, 2010b; Winnicott, 1962/1983; 1971/1984).

Portanto, as entrevistas diagnósticas seriam momentos privilegiados de contato, nos quais estão contidos não somente os elementos da história subjetiva do indivíduo, mas também aqueles relativos ao *devenir* terapêutico. Nelas, o mais rico e concentrado material é oferecido e a capacidade do profissional de compreendê-lo e utilizá-lo marcará profundamente a crença do paciente sobre a possibilidade de ser auxiliado, ou a sua esperança.

Essa fundamentação oriunda da teoria e da prática clínica winnicottiana oferece suporte ao PI de orientação psicanalítica, conferindo uma coerência não apenas teórica e metodológica ao processo avaliativo-terapêutico, mas também epistemológica, pela ênfase que esse processo confere à compreensão e à singularidade do paciente. Esses mesmos alicerces conduziram ao desenvolvimento de todo um arrazoado, expresso por Barbieri (2010a), que justificava a consideração do PI não somente como uma prática clínica, mas também como um método de pesquisa científica.

Enfim, o PI de orientação psicanalítica é um procedimento clínico e científico relativamente novo no cenário nacional, mas que vem se consolidando cada vez mais, conforme testemunham diversos estudos recentes que demonstram a sua relevância nesses dois contextos (Andrade & Miranda, 2012; Barbieri, 2008, 2010a, 2010b, 2011; Gil, 2010; Heck, 2014; Lazzari & Schmidt, 2008; Leoncio, 2009; Mishima, 2011; Paulo, 2005; Ribeiro, 2007; Tardivo, 2007; Trinca, 2003).

Recomendações aos psicólogos que exercem o PI de orientação psicanalítica

O fato de o Psicodiagnóstico Interventivo Psicanalítico privilegiar a relação psicólogo-paciente, almejando uma compreensão profunda da singularidade das manifestações do sujeito, implica que a transferência e a contratransferência são ferramentas essenciais desse processo. Nesse sentido, não são apenas as bases teóricas e metodológicas da Psicanálise que o sustentam, mas também as técnicas, que, formando um conjunto indissociável, norteiam a interpretação do material produzido pelo paciente nos instrumentos projetivos e nas entrevistas. Nesse sentido, os métodos e procedimentos projetivos empregados ao longo do processo não são utilizados como testes psicológicos em si, mas como mediadores da comunicação entre o paciente e o psicólogo. Por isso, existe maior liberdade nos processos de aplicação, avaliação e interpretação do material, sem a necessidade de apego a procedimentos padronizados que podem dificultar a expressão pessoal do paciente e a compreensão de sua singularidade pelo profissional.

Por essa razão, as devoluções que são oferecidas ao paciente ao longo de todo o processo (e não apenas ao final dele como ocorre no Psicodiagnóstico Tradicional) são "moldadas" em acordo com essa singularidade; desse modo elas podem cumprir o intuito de já iniciar a terapêutica e não apenas o de aplacar a ansiedade inicial (Ocampo, Arzeno & Piccolo, 1986). Ainda que no Psicodiagnóstico Interventivo esteja também prevista uma entrevista final, correspondente à "devolutiva" do procedimento tradicional, ela tem mais o caráter de uma entrevista de síntese dos encontros ocorridos entre o profissional e o paciente. Nesse contexto, ela funciona mais como uma sessão cujo intuito é realizar um "fechamento" do processo, retomando o que já havia sido discutido precedentemente e de maneira mais integrada, além de oferecer uma oportunidade de reflexão para o paciente e o psicólogo, da experiência vivida por ambos durante o tempo que passaram juntos e sua conclusão. Embora no Psicodiagnóstico Interventivo de Orientação Psicanalítica o emprego de técnicas baseadas na associação livre seja priorizado por conta de coerência metodológica e epistemológica, isso não significa necessariamente que os instrumentos padronizados como as escalas e testes psicométricos sejam totalmente incompatíveis com essa modalidade de trabalho clínico. O que parece fundamental nesse caso é o modo como o profissional integrará os resultados de tais instrumentos no conjunto da avaliação/intervenção, considerando a singularidade de cada sujeito, e sendo capaz de reler e harmonizar as informações obtidas por meio deles em um contexto compreensivo idiossincrático, nos mesmos moldes que Trinca (1984) propôs para o Psicodiagnóstico Compreensivo. Sendo assim, é "o material humano", ou seja, a relação psicólogo-paciente que desempenha o papel principal nesse processo e que permite organizar, adaptar e integrar as produções do paciente, a sua história subjetiva e a sua visão pessoal do mundo, possibilitando desse modo compreender as suas necessidades emocionais e os seus recursos.

No que concerne às técnicas projetivas, a sua capacidade para suscitar a emergência de mecanismos como a regressão e a projeção, trazendo à tona os conteúdos latentes da personalidade (Anzieu, 1988), também é passível de fomentar benefícios terapêuticos (Barbieri, 2002; Trinca, 2003; Aiello-Vaisberg, 2004; Tardivo, 2006). As características ambíguas dos estímulos desses instrumentos, que exigem do paciente uma interpretação pessoal, promovem, dentro dos limites do *setting*, um funcionamento mental mais arcaico, em que as fronteiras entre o *Self* e a realidade exterior (no caso, o material dos testes) se tornam menos definidas e mais fluidas. É essa característica que possibilita a configuração de uma área propícia aos fenômenos ilusórios e transicionais (Winnicott, 1951/2000) e que constituem experiências centrais para o estabelecimento de uma comunicação verdadeira com o mundo. Assim, nos casos em que esse diálogo não pode existir ou se perdeu por alguma razão (como nas personalidades falso *Self*), a experiência de responder a um procedimento projetivo, seguido da resposta do profissional por meio da intervenção, é passível de promover a recuperação desse espaço e das experiências a ele relacionadas, com a subsequente retomada do processo de amadurecimento emocional do paciente e a reorganização de seus objetos internos (Barbieri, 2002).

No que concerne especificamente ao Psicodiagnóstico Interventivo de Orientação Psicanalítica infantil, do mesmo modo como ocorre com as Consultas Terapêuticas, os benefícios que ele promove e a duração deles no tempo dependem da presença de um "ambiente desejável médio" ou "suficientemente bom" (Winnicott, 1983/1962; 1971/1984). Deste modo, faz parte do PI avaliar a qualidade do meio em que a criança vive. Mediante a inclusão da família no atendimento da criança é possível ter acesso ao mundo psíquico dos pais, suas angústias, defesas, qualidade dos objetos internos, formas de estabelecer vínculos e como experienciam a parentalidade, de modo a auxiliá-los a retomarem também o seu desenvolvimento emocional e fornecerem um ambiente suficientemente bom para o filho (Winnicott 1956/2000). Assim, os efeitos terapêuticos se estenderiam para toda a família.

Muitos trabalhos na linha do Psicodiagnóstico Interventivo infantil (Barbieri, 2002; Heck, 2014) e de adultos (Aiello-Vaisberg, 1995, 1999, 2004; Paulo, 2005; Tardivo, 2000, 2003, 2006) permitem ter uma ideia dos seus alcances clínicos e também dos seus limites.

Por exemplo, em tese de doutorado Barbieri (2002) investigou os alcances do Psicodiagnóstico Interventivo Psicanalítico em crianças com tendência antissocial, incluindo a avaliação de seus pais e mães. No decorrer desse processo foram realizados estudos de caso individuais com as crianças, que incluíram uma sessão de aplicação tradicional de cada método projetivo utilizado e outra interventiva. Os instrumentos empregados foram o Teste de Apercepção Temática Infantil, forma animal (CAT-A), a Bateria Hammer, bem como duas sessões lúdicas. As sessões interventivas que seguiram à aplicação da Bateria Hammer e do CAT-A tiveram como objetivo oferecer à criança devolutivas parciais da sua produção nesses procedimentos.

Além disso, no início do processo, foi realizada uma aplicação clássica do Teste de Rorschach nas crianças e nos pais, visando avaliar a estrutura de personalidade e o nível de integridade das funções egoicas, de modo a associá-los aos benefícios terapêuticos obtidos pelos filhos.

Das oito crianças atendidas, cinco apresentaram bons resultados terapêuticos. Os resultados do Teste de Rorschach mostraram que as cinco crianças bem-sucedidas dispunham de uma pré-organização neurótica de personalidade e apresentavam comprometimentos leves ou moderados nas funções egoicas dos Relacionamentos Interpessoais e do Controle Pulsional. Quanto às mães, os achados mostraram que não fez diferença, nos resultados terapêuticos dos filhos, se elas dispunham de uma organização neurótica ou *borderline* de personalidade. No caso dos pais, os benefícios terapêuticos das crianças estiveram associados à presença de ordenamento neurótico por parte do genitor e a um Teste de Realidade razoavelmente preservado. Para pais e mães, a ausência de prejuízos severos nos Relacionamentos Interpessoais e no Controle Pulsional também esteve vinculada ao bom resultado da criança.

Por sua vez, Heck (2014), também em tese de doutorado, atendeu em Psicodiagnóstico Interventivo seis crianças e incluiu os pais no processo. Todas as crianças apresentavam sintomas de ansiedade, avaliados por meio do relato dos pais, da entrevista clínica, da Escala Spence de Ansiedade Infantil e do Inventário de Comportamentos da Infância e Adolescência (CBCL). Após esses procedimentos de triagem, no atendimento das crianças propriamente dito foram realizadas sessões lúdicas, aplicação do teste de inteligência R2 (Oliveira, 2000), da escala SCAS-CRIANÇA (DeSousa, Petersen, Behs, Manfro & Koller, 2012), do Procedimento de Desenhos-Estórias (D-E) e do CAT-A (Miguel, Tardivo, Silva & Tosi, 2010).

Já com os pais, houve a aplicação do Teste de Rorschach (Vaz, 1997) e de alguns cartões do CAT-A, este último com o intuito de investigar como eles viviam a experiência da parentalidade, conforme proposto por Barbieri, Beaune e Ayouch (2011). Deste modo, as solicitações latentes dos cartões do CAT-A funcionariam como um gatilho para a comunicação, favorecendo a criação de um espaço transicional para a manifestação de experiências subjetivas. As técnicas projetivas foram avaliadas dinamicamente por meio do método da livre inspeção do material (Trinca, 1984), tendo como pano de fundo a teoria psicanalítica winnicottiana. Os resultados de Heck (2014) revelaram que todas as crianças tiveram experiências iniciais com um ambiente que não se mostrou suficientemente bom para prover suas necessidades emocionais. No que se refere aos pais, eles também apresentaram dificuldades no relacionamento com seus genitores, o que culminou em prejuízo na construção das próprias figuras materna e paterna, com as quais eles se identificavam.

Deste modo, havia uma dificuldade significativa para oferecer um bom acolhimento e atendimento às necessidades afetivas dos seus filhos. A deficiência desse ambiente familiar repercutiu em falhas básicas sofridas pelas crianças, gerando uma ligação pouco consistente entre psique e soma. A fragilidade dessa conexão culminava em um sentimento de despersonalização, com a correspondente ansiedade relativa à sensação de que o centro de gravidade do indivíduo havia sido transferido do cerne para a casca, gerando uma personalidade falso *Self* (Winnicott, 2000/1948). Durante o processo do Psicodiagnóstico Interventivo os encontros entre os participantes e a pesquisadora permitiram que as crianças e seus pais se sentissem seguros, confiantes e aceitos, mesmo ao demonstrar seus sentimentos hostis e agressivos, conforme também observou Mishima (2011) em sua utilização do Psicodiagnóstico

Interventivo em mulheres obesas. O fornecimento de *holding* e a experiência de um ambiente suficientemente bom, oferecido pela psicóloga durante a avaliação/intervenção, permitiu que as crianças aprofundassem o contato consigo mesmas, conhecessem suas necessidades e desejos, podendo expressá-los sem medo de sofrer retaliação ou de perder o objeto amado.

Em acordo com a fundamentação teórica e metodológica psicanalítica que os embasou, tanto no estudo de Barbieri (2002) quanto no de Heck (2014), o objetivo do PI não consistiu em suprir os sintomas de ansiedade ou as condutas antissociais das crianças. Embora em alguns casos isso tenha realmente acontecido. O propósito principal do Psicodiagnóstico Interventivo Psicanalítico foi o de auxiliar pais e filhos a compreender o sentido dos sintomas, a reconhecer os bloqueios no processo de amadurecimento emocional infantil e a buscar removê-los, de modo que a criança pudesse retomar o seu desenvolvimento e estabelecer um relacionamento com o mundo fundado na espontaneidade e na criatividade, sem a necessidade de enviar um pedido de socorro por meio do sintoma. Desta maneira, durante a avaliação, as crianças e seus pais puderam tecer uma relação entre os seus sofrimentos e a vivência emocional experimentada no *setting*. É válido frisar que cada paciente fez uso do espaço terapêutico oferecido conforme as suas condições, e isso foi respeitado. Por esse motivo, as possibilidades de auxílio proporcionadas pelo Psicodiagnóstico Interventivo devem ser avaliadas levando-se em consideração os aspectos próprios de cada indivíduo e do seu ambiente (Heck, 2014). Assim, muito embora essas duas pesquisas partilhem do pressuposto winnicottiano da existência de uma tendência inata ao crescimento, esse não acontece por si só com a passagem do tempo; é preciso o amparo de outra pessoa, do ambiente (Dias, 1999, p. 286); daí a necessidade de um trabalho conjunto com os pais.

Devido aos resultados promissores do PI de orientação psicanalítica revelados por essas e outras investigações científicas (Trinca, 2003; Paulo, 2005; Mishima, 2011) que encorajam cada vez mais a difusão dessa prática clínica, é necessário o esforço de sistematizar algumas recomendações para os profissionais que tenham a intenção de dedicar-se a ela. Dada a característica do Psicodiagnóstico Interventivo de ajustar-se à singularidade do indivíduo que procura ajuda, reconhecendo o caráter idiossincrático de seu sofrimento, de sua história, de suas necessidades, enfim, do *Self*, não é possível nem recomendável pensar nesse método de trabalho como composto por passos ou roteiros predefinidos a serem seguidos por profissionais que desejam se consagrar a ele. Conforme descreveu Barbieri (2010b), como método de intervenção clínica e de pesquisa científica, o PI aproxima-se das perspectivas qualitativas de investigação. Desse modo, como elas, ele não separa avaliação e intervenção e considera que são os objetivos do processo que determinam o método que será seguido, com o caminho do psicólogo e do paciente sendo traçado durante o caminhar. A diversidade de modelos que podem sustentá-lo teórica, metodológica e epistemologicamente (Psicanalítico, Fenomenológico-Existencial, entre outros) é outro complicador quando se busca pensar em uma sistematização dessa prática nos mesmos termos que Ocampo, Arzeno e Piccolo (1986) fizeram para o Psicodiagnóstico Tradicional. Portanto, se existem norteadores comuns ao conjunto dos processos de Psicodiagnóstico Interventivo, eles parecem consistir unicamente na indissociabilidade entre avaliação e psicoterapia e na necessidade de o psicólogo ajustar-se às necessidades do paciente. Por conta disso, no trabalho em Psicodiagnóstico Interventivo, o número de sessões é variável, de acordo com as particularidades do encontro da dupla psicólogo e paciente, sendo que, dentre os estudos publicados a este respeito, existe até agora uma variação entre um mínimo de duas ou três sessões (Trinca, 2003) até um máximo de doze (Paulo, 2005; Heck, 2014). É essa mesma necessidade de ajuste à singularidade do paciente a responsável pela preferência pelos instrumentos de avaliação abertos ou pouco estruturados que, quando utilizados como mediadores da comunicação e não como testes psicológicos, permitem compor um diálogo lúdico e menos padronizado do que aquele que se desenrola quando se segue rigorosamente procedimentos clássicos de aplicação e de avaliação. No Psicodiagnóstico Interventivo a conduta do psicólogo e a qualidade do seu mundo mental são os elementos mais importantes do processo e, se é possível descrever algumas das condições para que o seu encontro com o paciente seja frutífero, elas se associam à sensibilidade e a flexibilidade do profissional para ajustar-se às necessidades do outro.

Nesse sentido, é importante que o psicólogo atente para a comunicação do paciente em nível verbal, mas também, e principalmente, pré-verbal. Ele deve ser capaz de fornecer *holding*, de modo a proporcionar ao paciente um ambiente facilitador que permita a expressão do verdadeiro *Self*, acolhendo-o e protegendo-o. É por meio da resposta acolhedora a essa comunicação espontânea que se prepara o terreno para que o paciente possa, pouco a pouco, ir integrando as partes do *Self* de modo a recuperar sua unidade psicossomática e estabelecer um sentimento de continuidade consigo mesmo e com o mundo. Essa conduta do profissional, por promover um contato genuíno e significativo com o paciente, permite que cada encontro da dupla constitua um momento mutativo em potencial com benefícios duradouros. Por conta da necessidade desses requisitos do profissional, a busca de supervisão e a psicoterapia pessoal são altamente recomendáveis nessa modalidade de avaliação. Elas colaboram para que o encontro entre terapeuta e paciente possa transcorrer de modo "suficientemente bom" por meio da oferta do *holding* e de interpretações que o paciente tem condições de ouvir, ao invés de constituir uma "invasão ambiental" (Winnicott, 2000/1951).

Considerações finais

O presente capítulo teve como objetivo apresentar a prática do Psicodiagnóstico Interventivo de Orientação Psicanalítica, descrever os principais conceitos que o fundamentam, bem como tecer algumas recomendações para os profissionais desejosos de atuar nessa área.

O PI de orientação psicanalítica é uma prática que, como toda avaliação, utiliza procedimentos e instrumentos psicológicos. Todavia, em termos operacionais, ele é caracterizado principalmente pelo emprego dos métodos projetivos como mediadores do contato com o psicólogo, que permitem acessar o inconsciente e fomentar encontros mutativos com o paciente. Para tanto, o profissional não pode ficar aprisionado em interpretações baseadas em estudos de padronização, mas compreender a produção do paciente nesses instrumentos em acordo com o seu contexto de vida e o seu significado singular.

É de capital importância que o psicólogo que atua nesse campo tenha profundo conhecimento dos fundamentos que embasam o PI de orientação psicanalítica: o Psicodiagnóstico Compreensivo, a teoria psicanalítica e, no caso de crianças, uma teoria sobre o amadurecimento emocional e as características do ambiente em que ela vive, com as oportunidades e limites que ele oferece. As publicações relativas a essa modalidade de Psicodiagnóstico concluem que seu valor como forma de atendimento terapêutico breve e método científico de investigação é inegável. Em termos clínicos, em alguns casos o PI é capaz de substituir uma psicoterapia; em outros, prepara o paciente para iniciá-la e, em outros ainda, ajusta-se melhor às necessidades e condições do paciente do que o atendimento terapêutico clássico. A intenção principal deste capítulo foi tecer algumas recomendações para psicólogos e futuros profissionais de Psicologia sobre esse promissor método de trabalho clínico e de pesquisa, na esperança de que eles possam conhecê-lo, difundi-lo e expandi-lo, tornando cada vez mais claros os seus alcances e limites.

Referências

Aberastury, A. (1982). O consultório, o material do jogo, a caixa individual: problemas técnicos que surgem do seu uso diário. In: _____. *Psicanálise de criança*: teoria e técnica. (Trad. de A.L.L. de Campos) (p. 97-110). Porto Alegre: Artes Médicas.

Achenbach, T.M. (2001). *Manual for the Child Behavior Checklist/6-18 and 2001 Profile*. Burlington: University of Vermont, Department of Psychiatry.

Aiello-Vaisberg, T.M.J. (1995). O uso de procedimentos projetivos na pesquisa de representações sociais: projeção e transicionalidade. *Psicologia USP*, 6 (2), 103-127.

Aiello-Vaisberg, T.M.J. (1999). *Encontro com a loucura* – Transicionalidade e ensino de psicopatologia (Tese de livre-docência). São Paulo. Instituto de Psicologia, Universidade de São Paulo.

Aiello-Vaisberg, T.M.J. (2004). Sofrimento humano e práticas clínicas diferenciadas. In: _____. *Ser e fazer*: enquadres diferenciados na clínica winnicottiana (p. 9-22). Aparecida: Ideias e Letras.

Ancona-Lopez, M. (1984). Contexto geral do diagnóstico psicológico. In: W. Trinca (org.). *Diagnóstico psicológico*: a prática clínica (p. 1-13). São Paulo: EPU.

Ancona-Lopez, M., Vorcaro, A.M.R., Cupertino, C., Bruscagin, C.B., Barros, D.T.R., Yehia, G.Y. et al. (1995). *Psicodiagnóstico*: processo de intervenção. São Paulo: Cortez.

Andrade, M.A. & Miranda, S.E.C. (2012). Psicodiagnóstico interventivo como modalidade de atuação terapêutica: reflexões a partir de um caso clínico. *Revista Kaleidoscópio*, 3, 59-76.

Anzieu, D. (1988). *Os métodos projetivos*. Rio de Janeiro: Campus.

Bellak, L. & Bellak, S.S. (1981). *Teste de apercepção infantil com figuras de animais* – CAT-A. (Trad. de O. Mantovani). São Paulo: Mestre Jou.

Barbieri, V. (2002). *A família e o psicodiagnóstico como recursos terapêuticos no tratamento dos transtornos de conduta infantis* (Tese de doutorado). São Paulo: Departamento de Psicologia Clínica, Instituto de Psicologia da Universidade de São Paulo.

Barbieri, V. (2008). Por uma ciência-profissão: o psicodiagnóstico interventivo como método de investigação científica. *Psicologia em Estudo* (Maringá), 13 (3), 575-584.

Barbieri, V. (2010a). O Psicodiagnóstico Interventivo Psicanalítico na pesquisa acadêmica: fundamentos teóricos, científicos e éticos. *Boletim de Psicologia*, 59 (131), 209-222.

Barbieri, V. (2010b). Psicodiagnóstico tradicional e interventivo: confronto de paradigmas? *Psicologia: Teoria e Pesquisa*, 26 (3), 505-513.

Barbieri, V., Beaune, D. & Ayouch, T. (2011). Brincando como adultos: o teste de Apercepção Temática

Infantil na investigação da experiência materna. In: *V Congresso Brasileiro de Avaliação Psicológica* – Avaliação Psicológica: avanços e desafios. Bento Gonçalves.

Bellak, L. (1974). The use of the TAT in psychotherapy. In: ____. *The TAT, CAT and SAT in clinical use* (p. 143-152). Nova York: Grune & Stratton.

Conselho Federal de Psicologia (2007). *Cartilha sobre avaliação psicológica*. Brasília.

DeSousa, D.A. (2013). *Instruments to assess anxiety symptoms in brazilian population and the case of the Spence Children's Anxiety Scale (SCAS)*: Cross-cultural adaptation and psychometric properties (Tese de doutorado). Porto Alegre: Instituto de Psicologia, Universidade Federal do Rio Grande do Sul.

DeSousa, D.A., Petersen, S.C., Behs, R., Manfro, G. & Koller, S. (2012). Brazilian portuguese version of the Spence Children's Anxiety Scale (SCAS-Brasil). *Trends Psychiatry Psychotherapy*, 34 (3), 147-153.

Dias, E.O. (1999). Sobre a confiabilidade: decorrências para a prática clínica. *Natureza Humana*, 1 (2), 283-322.

Finn, S.E. (1996a). Assessment feedback integrating MMPI-2 and Rorschach findings. *Journal of Personality Assessment*, 67, 543-557.

Finn, S.E. (1996b). *Manual for using the MMPI-2 as a therapeutic intervention*. Mineápolis: University of Minnesota Press.

Finn, S.E. & Tonsager, M. (1997). Information-gathering and therapeutic models of assessment: Complementary paradigms. *Psychological Assessment*, 4, 374-385.

Fischer, C.T. (1979). Individualized assessment and phenomenological Psychology. *Journal of Personality Assessment*, 43 (2), 115-122.

Friedenthal, H. (1976). Interrogatório, teste de limites y señalamientos en el Test de Relaciones Objetales. In: R.F. Verthelyi (org.). *El Test de Relaciones Objetales de H. Phillipson* (p. 61-95). Buenos Aires: Nueva Vision.

Gil, C.A. (2010). *Recordação e transicionalidade:* a oficina de cartas, fotografias e lembranças como intervenção terapêutica grupal com idosos (Tese de doutorado). São Paulo: Instituto de Psicologia, Universidade de São Paulo.

Heck, V. (2014). *A influência das invasões ambientais nos sintomas de ansiedade infantil*: uma experiência de psicodiagnóstico interventivo (Tese de doutorado). Instituto de Psicologia, Universidade Federal do Rio Grande do Sul.

Lazzari, W.M.J. & Schmidt, B.E. (2008). Percepção dos pais em relação a mudanças após o processo psicodiagnóstico. *Avaliação Psicológica*, 7 (2), 211-221.

Leoncio, W.A.A. (2009). *Consultas terapêuticas de crianças abrigadas e seus pais*: uma investigação dos vínculos familiares (Tese de doutorado). São Paulo: Instituto de Psicologia, Universidade de São Paulo.

Miguel, A., Tardivo, L.S.L.P.C., Silva, M.C.V.M. & Tosi, S.M.V. D. (2010). *CAT-A*: teste de apercepção infantil com figuras de animais – Adaptado à população brasileira. São Paulo: Vetor.

Mishima, F.K.T. (2011). *Obesidade feminina*: considerações a partir do psicodiagnóstico interventivo (Tese de doutorado). Ribeirão Preto: Faculdade de Filosofia, Ciências e Letras de Ribeirão Preto, Universidade de São Paulo.

Ocampo, M.L.S., Arzeno, M.E.G. & Piccolo, E.G. (1986). *O processo psicodiagnóstico e as técnicas projetivas* (Trad. de M. Felzenszwalb). São Paulo: Martins Fontes.

Organização Mundial de Saúde (1994). *CID-10*: Classificação Internacional de Doenças. São Paulo: EDUSP.

Oliveira, R. (2000). *R-2: Teste não verbal de inteligência para crianças* – Manual. São Paulo: Vetor.

Paulo, M.L.L. (2005). *Depressão e psicodiagnóstico interventivo*: proposta de atendimento. São Paulo: Vetor.

Ribeiro, D.P.S.A. (2007). *Transicionalidade e o uso do procedimento de desenhos-estórias com tema nas primeiras entrevistas clínicas* (Tese de doutorado). Campinas: Centro de Ciências da Vida, Pós-Graduação em Psicologia, Pontifícia Universidade Católica de Campinas.

Tardivo, L.S.P.C. (2000). Psicoterapia de base analítica e psicodiagnóstico: Formas de atuação antagônicas ou complementares? *Psic – Revista da Vetor*, 1 (2), 28-31.

Tardivo, L.S.P.C. (2003). Apoiar: fundamentos e propostas. In: *Anais da Jornada Apoiar*: propostas de atendimento (p. 6-10). São Paulo: Laboratório de Saúde Mental e Psicologia Clínica Social, IP-USP.

Tardivo, L.S.P.C. (2006). O atendimento em psicodiagnóstico interventivo na clínica-escola: o encontro entre os pacientes, os terapeutas e os estudantes de Psicologia. In: N.A. Silva Neto & D.M. Amparo (orgs.). *Métodos projetivos*: instrumentos atuais para a investigação psicológica e da cultura. Anais do IV Congresso Nacional da Associação Brasileira de Rorschach e Métodos Projetivos (p. 334-341). Brasília: ASBRo.

Tardivo, L.S.P.C. (2007). Psicodiagnóstico interventivo: uma proposta de ensino em atendimento clínico. *Mudanças – Psicologia da Saúde*, 15 (2), 128-134.

Trinca, A.M.T. (2003). *A intervenção terapêutica breve e a pré-cirurgia infantil*: o procedimento de desenhos-estórias como instrumento de intermediação terapêutica. São Paulo: Vetor.

Trinca, W. (1984). Processo diagnóstico de tipo compreensivo. In: _____. *Diagnóstico psicológico:* a prática clínica (p. 14-24). São Paulo: EPU.

Vaz, C.E. (1997). *O Rorschach*: teoria de desempenho. 3. ed. São Paulo: Manole.

Winnicott, D.W. (1975). O papel do espelho da mãe e da família no desenvolvimento infantil. In: _____. *O brincar e a realidade* (Trad. de J.O.A. Abreu & V. Nobre) (p. 153-162). Rio de Janeiro: Imago [Trabalho original publicado em 1971].

Winnicott, D.W. (1983). Os objetivos do tratamento psicanalítico. In: _____. *O ambiente e os processos de maturação* (Trad. de I.C.S. Ortiz) (p. 152-155). Porto Alegre: Artes Médicas [Trabalho original publicado em 1962].

Winnicott, D.W. (1984). *Consultas terapêuticas em psiquiatria infantil* (Trad. de J.M.X. Cunha). Rio de Janeiro: Imago [Trabalho original publicado em 1971].

Winnicott, D.W. (1994). O valor da consulta terapêutica. In: C. Winnicott, R. Sheperd & M. Davis (orgs.). *Explorações psicanalíticas*: D.W. Winnicott (Trad. de J.O.A. Abreu) (p. 244-248). Porto Alegre: Artmed [Trabalho original publicado em 1965].

Winnicott, D.W. (2000a). Pediatria e psiquiatria. In: _____. *Da pediatria à psicanálise*: obras escolhidas (Trad. de D. Bogomoletz) (p. 233-253). Rio de Janeiro: Imago [Trabalho original publicado em 1948].

Winnicott, D.W. (2000b). Objetos transicionais e fenômenos transicionais. In: _____. *Da pediatria à psicanálise*: obras escolhidas (Trad. de D. Bogomoletz) (p. 316-331). Rio de Janeiro: Imago [Trabalho original publicado em 1951].

Winnicott, D.W. (2000c). A tendência antissocial. In: _____. *Da pediatria à psicanálise*: obras escolhidas (Trad. de D. Bogomoletz) (p. 406-416). São Paulo: Martins Fontes [Trabalho original publicado em 1956].

Sobre os autores

Adriana Jung Serafini – Psicóloga (CRP 07/10552), especialista em Psicologia Clínica – Ênfase em Avaliação Psicológica (UFRGS), doutora em Psicologia (UFRGS), professora do Departamento de Psicologia da Universidade Federal de Ciências da Saúde de Porto Alegre (UFCSPA).

Adriane Xavier Arteche – Graduada em Psicologia pela PUCRS (2000), mestre (2002) e doutora (2006) pela UFRGS e pós-doutora pela Goldsmiths College, Londres. Professora do Programa de Pós-Graduação da PUCRS – Área de Concentração Cognição Humana, e pesquisadora-associada da University of Oxford e da University of Reading.

Afonso Antonio Machado – Licenciado em Educação Física (PUC); graduado em Filosofia e Pedagogia. Mestre e doutor em Educação pela UNICAMP. Pós-doutorado pela Faculdade de Lisboa e na Universidade do Minho. Livre-docente pelo Instituto de Biociências, UNESP/Rio Claro. É professor-adjunto da UNESP/Rio Claro, onde coordena o LEPESPE e o PPG em Desenv. Humano e Tecnol. no IB/UNESP/Rio Claro.

Alice Einloft Brunnet – Graduada em Psicologia pela PUCRS (2014). Mestranda em Cognição Humana pela PUCRS. Possui experiência no campo da Psicoterapia Cognitivo-comportamental e Neuropsicologia, com ênfase na avaliação e tratamento de crianças e adultos vítimas de situações traumáticas.

Ana Celina Garcia Albornoz – Psicóloga (PUCRS), doutora em Psicologia (UFRGS), mestre em Psicologia Clínica (PUCRS), especialista em Psicologia Clínica (CFP) e em Psicologia Jurídica (CFP). É psicoterapeuta, assessora em Psicologia Jurídica, docente e supervisora (UFRGS, GAEPSI, ESIPP), psicóloga na Fundação de Proteção (FPRGS) e membro do GEAPAP/UFRGS.

Angélica Maria Ferreira de Melo Castro – Psicóloga, formada pela Universidade Estadual da Paraíba; mestre pela Universidade Federal de Minas Gerais e doutoranda em Psicologia Cognitiva pela Universidade Federal de Pernambuco (bolsista CNPq), é integrante do Núcleo de Estudos em Avaliação Psicológica.

Anna Elisa Villemor-Amaral – Psicóloga pela PUC-SP, mestre e doutora em ciências pela EPM/Unifesp, pós-doutorado pela Universidade de Savoia, França. Formação em Psicanálise pelo Instituto de Psicanálise da Sociedade Brasileira de Psicanálise de São Paulo. Professora-associada do Programa de Pós-Graduação *Stricto Sensu* em Psicologia da Universidade São Francisco, onde desenvolve pesquisas em Avaliação Psicológica na área da Saúde, com foco nos Métodos projetivos.

Bartholomeu Tôrres Tróccoli – Possui licenciatura em Psicologia pelo Instituto Paraibano de Educação (1975), graduação em Psicologia pelo Instituto Paraibano de Educação (1976), mestrado em Psicologia (Psicologia Social) pela Universidade Federal da Paraíba (1980) e mestrado e doutorado em Personality And Social Psychology na University of Wisconsin – Madison (1986). Atualmente é professor-associado I da Universidade de Brasília e coordenador do Laboratório de Pesquisa em Avaliação e Medida – LabPAM da UnB. Tem experiência na área de Psicologia, com ênfase em estatística multivariada e métodos de pesquisa, atuando principalmente nos seguintes temas: Psicologia social evolucionista, Personalidade, Psicometria, Suporte social, Enfrentamento (*coping*) e Estresse ocupacional.

Beatriz Schmidt – Psicóloga, especialista em Saúde da Família e mestre em Psicologia. Possui formação em Avaliação Psicológica e em Psicologia Hospitalar. Atualmente é doutoranda no Programa de Pós-Graduação em Psicologia da Universidade Federal do Rio Grande do Sul (UFRGS), integrante do Núcleo de Infância e Família (NUDIF) da UFRGS e docente do Curso de Psicologia da Faculdade da Serra Gaúcha (FSG).

Candice Steffen Holderbaum – Psicóloga (UFRGS). Doutora em Psicologia (UFRGS). Professora-colaboradora dos cursos de especialização em Neuropsicologia (UFRGS e CEFEI/Ijui) e Avaliação Psicológica (UFRGS).

Carine da Silva Budzyn – Aluna do Curso de Psicologia da Universidade Federal de Ciências da Saúde de Porto Alegre (UFCSPA), voluntária do Programa de Iniciação à Docência (PID) da UFCSPA em projeto vinculado à disciplina de Psicodiagnóstico.

Caroline Tozzi Reppold – Professora-associada I da Universidade Federal de Ciências da Saúde de Porto Alegre, coordenadora do Laboratório de Pesquisa em Avaliação Psicológica, membro do corpo docente permanente e da comissão coordenadora do Programa de Pós-Graduação em Ciências da Saúde e do Programa de Pós-Graduação em Ciências de Reabilitação da UFCSPA.

Daniel Bartholomeu – Psicólogo, mestre e doutor em Avaliação Psicológica em Contexto de Saúde Mental pela Universidade São Francisco. É colaborador do Laboratório de Pesquisa em Psicologia do Esporte (Lepespe). Atualmente é professor do Centro Universitário FIEO-UNIFIEO/SP – Programa de Pós-Graduação *Strictu Sensu* em Psicologia Educacional – Centro Universitário FIEO-UniFIEO/SP.

Daniela Forgiarini Pereira – Possui graduação em Psicologia pela Universidade Federal do Rio Grande do Sul (2002), formação em Dinâmica de Grupos pela Sociedade Brasileira de Dinâmica dos Grupos (2004), Formação em *Coaching* pelo ICI (2005). Mestrado em Psicologia do Desenvolvimento pela Universidade Federal do Rio Grande do Sul (2006). Doutorado em Informática na Educação pela Universidade Federal do Rio Grande do Sul (2013). Atuação na Werner Bornholdt Consultores com Planejamento de Carreira de Futuros Acionistas e Herdeiros de Empresas Familiares. Sócia-diretora da Efeito Soluções Empresariais. Professora de programas de Pós-graduação na UFRGS, PUCRS e FADERGS.

Emmy Uehara Pires – Psicóloga (UFRJ). Mestre e doutora em Psicologia Clínica (PUC-Rio). Especialista em Neuropsicologia (CFP). Professora do Departamento de Psicologia da Universidade Federal Rural do Rio de Janeiro (UFRRJ). Coordenadora do Núcleo de Ações e Reflexões em Neuropsicologia do Desenvolvimento (NARN/UFRRJ).

Fabiano Koich Miguel – É psicólogo pela Universidade Presbiteriana Mackenzie (2002), especialista em Psicologia do Trânsito pela Universidade Cruzeiro do Sul (2003), mestre (2006) e doutor (2010) em Avaliação Psicológica pela Universidade São Francisco, com doutorado-sanduíche na Universidade de Évora (Portugal) e na University of Toledo (EUA). Atualmente é professor-adjunto da Universidade Estadual de Londrina (UEL).

Fernanda Maria de Lira Correia – Graduanda em Psicologia pela Universidade Federal de Pernambuco, bolsista de iniciação científica pelo CNPq e integrante do Núcleo de Estudos em Avaliação Psicológica.

Fernanda Queiroz – Psicóloga, graduada em Psicologia pela Pontifícia Universidade Católica do Rio de Janeiro (PUC-Rio).

Gabriela Peretti Wagner – Psicóloga (PUCRS). Pós-doutora em Psicologia (UFRGS). Professora-adjunta do Departamento de Psicologia da Universidade Federal de Ciências da Saúde de Porto Alegre (UFCSPA) – Área de Neuropsicologia e Avaliação Neuropsicológica. Professora do Programa de Pós-Graduação em Enfermagem – Mestrado Profissional (UFCSPA). Professora-colaboradora do Curso de Especialização em Neuropsicologia (UFRGS). Coordenadora da Liga Acadêmica de Neuropsicologia (LANp/UFCSPA).

Hemerson Fillipy Silva Sales – Possui formação em Psicologia pela Universidade Federal do Piauí (UFPI). Atualmente é mestrando do Programa de Pós-graduação em Neurociência Cognitiva e Comportamento (PPGNeC) na Universidade Federal da Paraíba (UFPB), onde também participa do Grupo de Pesquisa em Avaliação e Medidas Psicológicas (GPAMP).

Hudson F. Golino – Professor do Programa de Pós-Graduação em Computação Aplicada e do Curso de Psicologia da Universidade Estadual de Feira de Santana (BA), doutor em Neurociências pela UFMG, com período sanduíche no Instituto de Ciências Nucleares da Universidade Nacional Autónoma de Mexico (UNAM) na área de Data Mining. Possui cursos de aperfeiçoamento em " Statistics in Medicine " (2013) e em " Statistical Learning" (2014) pela Stanford University, e atualmente está cursando uma especialização em " Data Science" pela Johns Hopkins University. Vem atuando na elaboração e validação de testes psicológicos e educacionais e no emprego de técnicas de Data Mining e Machine Learning em áreas variadas como Saúde, Psicologia, Educação e Engenharia. Editor-associado da revista multidisciplinar *E-Psi*, de Portugal, revisor dos periódicos: *International Journal of Testing* (International Test Commission,) *Psicologia: Reflexão e Crítica*, *Temas em Psicologia* (Sociedade Brasileira de Psicologia), *British Journal of Mathematics and Computer Science e do Behavioral Development Bulletin* (American Psychological Association).

Joice Dickel Segabinazi – Mestre e doutora pelo Programa de Pós-Graduação em Psicologia na Universidade Federal do Rio Grande do Sul (UFRGS). Professora do Curso de Especialização em Avaliação Psicológica da UFRGS e das Faculdades Integradas de Taquara (FACCAT). Pós-doutoranda no Programa de Pós-Graduação em Medicina: Ciências Médicas (UFRGS) e professora auxiliar do Curso de Psicologia do Centro Universitário Ritter dos Reis (UniRitter).

José Maria Montiel – Psicólogo, especialista em Diagnóstico e Triagem, mestre e doutor em Avaliação Psicológica em Contexto de Saúde Mental pela Universidade São Francisco. Atualmente é professor do Centro Universitário FIEO-UNIFIEO/SP – Programa de Pós-Graduação *Strictu Sensu* em Psicologia Educacional e coordenador no Núcleo de Pesquisa em Saúde e Desempenho Humano/FIEO-UniFIEO/SP.

José Maurício Haas Bueno – Psicólogo, doutor em Psicologia pela Universidade São Francisco, professor do Programa de Pós-Graduação em Psicologia Cognitiva da Universidade Federal de Pernambuco.

Josemberg Moura de Andrade – Possui formação em Psicologia pela UFPB (2002) e os títulos de mestre (2005) e de doutor (2008) em Psicologia Social e do Trabalho na área de Avaliação e Medida pela Universidade de Brasília. Atualmente é professor-adjunto IV do Departamento de Psicologia da UFPB, professor permanente no Programa de Pós-Graduação em Modelos de Decisão e Saúde do Departamento de Estatística e professor-colaborador do Programa de Pós-Graduação em Neurociência Cognitiva e Comportamento da mesma instituição.

Juliane Callegaro Borsa – Professora-adjunta do Departamento de Psicologia e do Programa de Pós-Graduação em Psicologia Clínica da Pontifícia Universidade Católica do Rio de Janeiro (PUC-Rio). Fundadora e coordenadora do Grupo de Pesquisa em Avaliação Psicológica APlab – Pessoas & Contextos. Coordenadora do Laboratório de Avaliação Psicológica de Crianças e Adolescentes (LAPcriad). Supervisora de estágio profissionalizante no Serviço de Psicologia Aplicada (SPA/PUC-Rio). Bolsista Produtividade CNPq Nível 2 e Bolsista Jovem Cientista do Nosso Estado FAPERJ. Tem mestrado em Psicologia Clínica pela Pontifícia Universidade Católica do Rio Grande do Sul (PUCRS), doutorado e pós-doutorado em Psicologia pela Universidade Federal do Rio Grande do Sul (UFRGS).

Léia Gonçalves Gurgel – Fonoaudióloga, mestre e doutoranda pelo Programa de Pós-Graduação em Ciências da Saúde da Universidade Federal de Ciências da Saúde de Porto Alegre – UFCSPA. Especialista em Linguagem pelo Conselho Federal de Fonoaudiologia, especialista em Neuropsicopedagogia e especialista em Transtornos Globais do Desenvolvimento. Atualmente é bolsista de doutorado da CAPES e integra o Laboratório de Pesquisa em Avaliação Psicológica da UFCSPA.

Lisandra Borges Vieira Lima – Psicóloga, psicopedagoga, mestre (2012) e doutora em Psicologia, com ênfase em Avaliação Psicológica pela Universidade São Francisco (conceito CAPES 6). Membro do Laboratório de Avaliação Psicológica em Saúde Mental LAPSAM III/USF. Desenvolve pesquisas sobre avaliação psicológica de crianças e adolescentes; construção e adaptação transcultural de instrumentos psicológicos; depressão e suicídio em crianças. Coordenadora terapêutica na Fenix, moradia assistida para autistas severos. Atualmente é parecerista *ad hoc* do Sistema de Avaliação de Testes Psicológicos do CFP (SATEPSI) e assistente editorial da *Revista Avaliação Psicológica*, publicada pelo IBAP.

Lucas de Francisco Carvalho – Mestre e doutor em Psicologia com ênfase em Avaliação Psicológica pela Universidade São Francisco, com parte do doutorado realizado na University of Toledo (Ohio, EUA). Atualmente é docente do Programa de Pós-Graduação *Stricto Sensu* em Psicologia da Universidade São Francisco (USF).

Luciana Jornada Lourenço – Possui graduação em Direito pela Pontifícia Universidade Católica do Rio Grande do Sul (2009). Tem experiência na área de Psicologia.

Lucila Moraes Cardoso – Psicóloga, mestre e doutora pela Universidade São Francisco (USF). Professora-adjunta do Curso de Psicologia e do Programa de Pós-Graduação em Educação da Universidade Estadual do Ceará (UECE), onde coordena o Laboratório de Estudos e Práticas em Avaliação Psicológica (LEAPSI). Tem experiência na área de Avaliação Psicológica, investigando especialmente Métodos Projetivos.

Luiz Pasquali – Possui graduação em Faculté de Psychologie et des Sciences de l'Éducat pela Université Catholique de Louvain (1966), graduação em Faculdade de Filosofia pelo Instituto Franciscano de Filosofia (1957), graduação em Faculdade de Pedagogia pela Universidade Católica de Petrópolis (1961), mestrado em Faculté de Psychologie et des Sciences de l'Éducat pela Université Catholique de Louvain (1967) e doutorado em Faculté de Psychologie et des Sciences de l'éducat pela Université Catholique de Louvain (1970) . Atualmente é professor-pesquisador Associado da Universidade de Brasília, membro do corpo editorial de *Psicologia: Reflexão e Crítica* (0102-7972), membro do corpo editorial de *Boletim de Psicologia* (0006-5943), Membro do corpo editorial de *Estudos de Psicologia* (Campinas) (0103-166X), membro do corpo editorial de *Arquivos Brasileiros de Psicologia* (0100-8692), membro do corpo editorial de *Psico-USF*, coordenador do Laboratório de Pesquisas em Avaliação e Medidas, membro do corpo editorial de *Avaliação Psicológica*, membro do corpo editorial de *Interação em Psicologia* (1516-1854), Col. na Elaboração dos Estatutos do IOST do Instituto Observatório Social de Telecomunicações, membro do corpo editorial da Série Texto Didático – Universidade Católica de Brasília, revisor do periódico *Psicologia: Reflexão e Crítica*, revisor da *Revista Psicologia em Estudo*, revisor de *Estudos de Psicologia da PUC-Campinas*, revisor da *Revista Psico USF*, presidente do Instituto Movens, sócio da LabPAM Saber e Tecnologia, revisor de *Avaliação Psicológica* (Impresso), revisor de *Psicologia: Teoria e Pesquisa* (UnB, impresso), revisor do *Boletim de Psicologia da SPSP* e revisor de *Pesquisa FAPESP* (Impresso). Tem experiência na área de Psicologia, com ênfase em Fundamentos e medidas da Psicologia, atuando principalmente nos seguintes temas: Escalas, Psicologia da religiao, Psicometria.

Maiana Farias Oliveira Nunes – Possui graduação em Psicologia pela Faculdade Ruy Barbosa (2004), mestrado (2007) e doutorado (2009) em Psicologia pela Universidade São Francisco (USF). Realizou pós-doutorado em Psicologia na UFRGS, no Departamento de Psicologia do Desenvolvimento e da Personalidade, com bolsa do CNPq de PDJ. Atualmente é professora do Curso de Psicologia da Faculdade Avantis, tendo participado da diretoria do IBAP entre 2009 e 2013. Atua com orientação profissional e de carreira de adolescentes e adultos. Tem experiência na área de Psicologia, com ênfase em Avaliação psicológica e Orientação profissional, atuando principalmente nos seguintes temas:

Testes psicológicos, Autoeficácia, Interesses profissionais, Traços de personalidade.

Makilim Nunes Baptista – Possui graduação em Psicologia pela Universidade Sao Judas Tadeu (1995), mestrado em Psicologia pela Pontifícia Universidade Católica de Campinas (1997) e doutorado pelo Departamento de Psiquiatria e Psicologia Médica da Universidade Federal de São Paulo (2001). Atualmente é docente do Programa de Pós-Graduação *Stricto-Sensu* em Psicologia da Universidade São Francisco – Itatiba; bolsista produtividade pelo CNPq; coordenador do Laboratório de Avaliação Psicológica em Saúde Mental (LAPSAM-III) do Programa de Pós-Graduação *Stricto-Sensu* em Psicologia da Universidade São Francisco; membro do Grupo de Trabalho de Família da União Latino-Americana de Entidades de Psicologia (ULAPSI). Tem experiência na área de Psicologia, com ênfase em Avaliação psicológica, Tratamento e prevenção psicológica, atuando principalmente nos seguintes temas: Depressão, Suporte familiar, Suicídio, Adolescentes e Estresse.

Manuela Ramos Caldas Lins – Doutora em Psicologia pelo Programa de Pós-Graduação em Psicologia Social, do Trabalho e das Organizações (PSTO) da Universidade de Brasília (UnB). Mestre em Psicologia pela Universidade Federal do Rio Grande do Norte (UFRN). Possui graduação em Psicologia pela Universidade Estadual da Paraíba (UEPB), com formação direcionada para a clínica infantil. Atualmente integra a equipe do Laboratório de Pesquisa em Avaliação e Medida (LabPAM), pertencente ao Departamento de Psicologia Social e do Trabalho do Instituto de Psicologia da UnB. É membro do Núcleo de Estudos em Saúde Mental, Educação e Psicometria (NESMEP) e coordenadora do Núcleo de Estudos em Avaliação Psicológica (NEAPsi), vinculado ao Instituto de Educação Superior de Brasília.

Maria Aparecida Crepaldi – Psicóloga, especialista em Psicologia Clínica e em Psicologia Hospitalar, mestre em Psicologia Clínica e doutora em Saúde Mental. É professora titular do Departamento de Psicologia e do Programa de Pós-Graduação em Psicologia da UFSC. Supervisora de estágios e docente no Programa Integrado de Residência Multiprofissional em Saúde do Hospital Universitário da UFSC. Atualmente coordena o LABSFAC/UFSC.

Maria Lucia Tiellet Nunes – Possui graduação em Psicologia pela Pontifícia Universidade Católica do Rio Grande do Sul (1974), mestrado em Psicologia (Psicologia Social) pela Universidade Federal da Paraíba (1979) e doutorado em Psicologia, Tratamento e Prevenção pela Freie Universität Berlin (1989). Atualmente é professora titular da Pontifícia Universidade Católica do Rio Grande do Sul e 2ª vice-presidente das ASBRo da Associação Brasileira de Rorschach e Métodos Projetivos. Tem experiência na área de Psicologia, com ênfase em Pesquisa em Psicoterapia. Atuando principalmente nos seguintes temas: Psicoterapia, Crianças, Psicanálise, Materiais terapêuticos, Psicopatologia e Relação Mãe-bebê.

Marúcia Patta Bardagi – Psicóloga (UFRGS, 1996/2), com mestrado (2002, tema sobre influência familiar na escolha profissional de adolescentes) e doutorado (2007, tema evasão e trajetória acadêmica no Ensino Superior) em Psicologia também pela UFRGS. Realizou estágio de doutorado-sanduíche na McGill University (Montreal, Canadá) entre set./2004 e fev./2005 na área de aconselhamento psicológico e de carreira. Foi bolsista de pós-doutorado júnior pelo CNPq (vinculada à UFRGS, com tema sobre adaptação de alunos ingressantes cotistas e não cotistas). Atualmente é professora-adjunta do Curso de Psicologia da UFSC, docente efetiva do Programa de Pós-Graduação em Psicologia da UFSC e coordenadora do LIOP (Laboratório de Informação e Orientação Profissional). Tem experiência nas áreas de Avaliação psicológica, Orientação de carreira e Psicologia organizacional, atuando principalmente nos seguintes temas: Adolescência e escolha profissional, Aconselhamento universitário, Desenvolvimento vocacional do adulto e Avaliação psicológica no âmbito da carreira. Membro da ABOP (Associação Brasileira de Orientadores Profissionais).

Mirela Dantas Ricarte – Psicóloga, mestre e doutoranda em Psicologia Cognitiva pelo Programa de

Pós-Graduação em Psicologia Cognitiva da Universidade Federal de Pernambuco. Bolsista CNPq.

Monalisa Muniz Nascimento – Doutora (2008) e mestre (2006) em Psicologia, área de Avaliação Psicológica, pela Universidade São Francisco, tendo graduação em Psicologia por essa mesma universidade. Foi bolsista da Fundação de Amparo à Pesquisa do Estado de São Paulo – FAPESP desde 2002, tendo o apoio desta instituição na iniciação científica, mestrado e doutorado. Atualmente é professora-adjunta do Departamento de Psicologia da Universidade Federal de São Carlos – UFSCar e é pesquisadora do Laboratório de Desenvolvimento Humano e Cognição – LADHECO. É membro da diretoria do Instituto Brasileiro de Avaliação Psicológica – IBAP (2009-2011; 2011-2013; 2013-2015). Tem experiência na área de Psicologia, com ênfase em Fundamentos e Medidas da Psicologia, atuando principalmente nos seguintes temas: Avaliação psicológica, Inteligência, Avaliação dinâmica, Inteligência emocional, Desenvolvimento e Aprendizagem.

Mônia Aparecida da Silva – Psicóloga (Universidade Federal de São João del-Rei. UFSJ, 2007) e mestre em Psicologia (UFSJ, 2011). Atualmente é doutoranda no Programa de Pós-Graduação em Psicologia da Universidade Federal do Rio Grande do Sul (UFRGS). Atua como supervisora de estágio clínico no Centro de Avaliação Psicológica (CAP-UFRGS). É membro do Grupo de Estudo, Aplicação e Pesquisa em Avaliação Psicológica (GEAPAP-UFRGS). Desenvolve atividades de pesquisa que envolvem principalmente os seguintes temas: Avaliação psicológica, Adaptação, Validação e Normatização de instrumentos de medida, Psicometria, Psicologia do desenvolvimento, Psicopatologia e Avaliação de programas de saúde.

Nelson Hauck Filho – É professor no Programa de Pós-Graduação *Stricto Sensu* em Psicologia da Universidade São Francisco – Itatiba (CAPES 6). Cursou a graduação em Psicologia pela Universidade Federal de Santa Maria (UFSM) e o mestrado e o doutorado em Psicologia pela Universidade Federal do Rio Grande do Sul (UFRGS). Desenvolve estudos investigando variáveis do contexto, do indivíduo e dos itens que explicam respostas a testes psicológicos, além de maneiras de minimizar vieses (desejabilidade social, grupo de referência e aquiescência) na avaliação psicométrica via autorrelato. Possui como temáticas de interesse: Psicopatia e comportamento antissocial, Competências socioemocionais, Uso de bebidas alcoólicas, Vivências universitárias e Psicologia evolucionista. Atua como editor-associado da *Revista Avaliação Psicológica,* na área de estatística e métodos psicométricos.

Paula Argemi Cassel – Graduada em Psicologia pela UFSM (2011). Mestre em Psicologia Clínica pela PUCRS (2014). Doutoranda em Cognição Humana pela PUCRS, integrante do Grupo de Pesquisa Neurociência Afetiva e Transgeracionalidade. Docente do UniRitter – Laureate International Universities.

Rita de Cássia Petrarca Teixeira – Possui graduação em Psicologia pela Pontifícia Universidade Católica do Rio Grande do Sul (1995), mestrado em Psicologia pela Pontifícia Universidade Católica do Rio Grande do Sul (1998) e doutorado em Psicologia pela Pontifícia Universidade Católica do Rio Grande do Sul (2005). Atualmente é professora-adjunta da Faculdade de Psicologia da PUCRS e pesquisadora-colaboradora do Grupo de Pesquisa em Formação, Avaliação e Intervenção em Psicoterapia Psicanalítica do PPG em Psicologia da PUCRS. Tem experiência na área de Psicologia, com ênfase em Psicologia Clínica, atuando principalmente nos seguintes temas: Ensino e formação em Psicologia e Psicoterapia psicanalítica, Intervenção psicológica, Ética e relação terapeuta-paciente.

Rodolfo A.M. Ambiel – Mestre e doutor em Psicologia com ênfase em Avaliação Psicológica pela Universidade São Francisco. Atualmente é docente do Programa de Pós-Graduação *Stricto Sensu* em Psicologia da Universidade São Francisco (USF).

Sérgio Eduardo Silva de Oliveira – Psicólogo (UNILAVRAS, 2009), especialista em Psicologia Clínica: ênfase em Avaliação Psicológica (UFRGS, 2014), mestre em Psicologia (UFRGS, 2012) e doutorando em Psicologia (UFRGS). É membro do Grupo de Estudo, Aplicação e Pesquisa em Avaliação Psicológica (GEAPAP-UFRGS) e atua no Centro de Avaliação Psicológica (CAP-UFRGS). Seus interesses são em Psicodiagnóstico, Avaliação psicológica, Psicometria, Métodos projetivos e Personalidade normal e patológica. Foi professor substituto no Curso de Psicologia da Universidade Federal de Ciências da Saúde de Porto Alegre (UFCSPA).

Simone Dill Azeredo Bolze – Psicóloga, especialista em Terapia Relacional Sistêmica e mestre em Psicologia. Atualmente é doutoranda no Programa de Pós-Graduação em Psicologia da Universidade Federal de Santa Catarina (UFSC) e integrante do Laboratório de Psicologia da Saúde, Família e Comunidade (LABSFAC) da UFSC.

Sonia Liane Reichert Rovinski – Possui graduação em Psicologia pela Pontifícia Universidade Católica do Rio Grande do Sul (1981), mestrado em Psicologia Social e da Personalidade pela Pontifícia Universidade Católica do Rio Grande do Sul (1993) e doutorado em Psicologia pela Universidade de Santiago de Compostela (2003). Trabalhou como psicóloga no Sistema penitenciário do Rio Grande do Sul (1982-1993) e psicóloga perita judiciária no Tribunal de Justiça do Rio Grande do Sul (1993-2013). Atualmente atua na área da psicologia forense como perita e assistente técnica. Coordena o Curso de Especialização em Psicologia Jurídica da Projecto – Centro Cultural e de Formação (RS), sendo professora-convidada em disciplinas de avaliação e perícia psicológica na Unisinos, Universidade Católica de Goiás/IPES, Universidade Potiguar de Natal, Universidade de Passo Fundo. Tem experiência na área de Psicologia Jurídica, atuando principalmente nos seguintes temas: Avaliação psicológica, Perícia forense, Vitimização, Psicologia jurídica e Violência.

Tainá Ludmila Ramos Fonseca – Aluna do Curso de Psicologia da Universidade Federal de Ciências da Saúde de Porto Alegre (UFCSPA), bolsista do Programa de Iniciação à Docência (PID) da UFCSPA em projeto vinculado à disciplina de Psicodiagnóstico.

Valéria Barbieri – Docente do Departamento de Psicologia da Faculdade de Filosofia, Ciências e Letras de Ribeirão Preto, da Universidade de São Paulo. Realizou mestrado e doutorado no Instituto de Psicologia da Universidade de São Paulo, área de concentração Psicologia Clínica. Tem pós-doutorado pela Université de Paris Denis-Diderot, Paris 7, na área de Psicanálise e Psicopatologia e livre-docência na área Psicodiagnóstico: enfoque avaliativo e interventivo. Realiza e orienta pesquisas em nível de mestrado e doutorado nas áreas de Psicodiagnóstico interventivo, Psicodinamismos familiares e desenvolvimento emocional infantil na normalidade e na patologia, Parentalidade em diferentes culturas e configurações familiares.

Vanessa Stumpf Heck – Possui especialização em Psicoterapia de Orientação Psicanalítica pelo Instituto de Ensino e Pesquisa em Psicoterapia. Realizou mestrado e doutorado em Psicologia pela Universidade Federal do Rio Grande do Sul. Têm experiência na área da Psicologia com ênfase nos seguintes temas: Psicoterapia psicanalítica, Fundamentos na área de avaliação psicológica, Psicometria, Orientação vocacional e Psicodiagnóstico interventivo.

Vivian de Medeiros Lago – Psicóloga especialista em Psicologia Jurídica, Pós-doutoranda em Psicologia pela Universidade Federal do Rio Grande do Sul (UFRGS), professora dos cursos de Psicologia da UNISINOS (Universidade do Vale do Rio dos Sinos) e da FACCAT (Faculdades Integradas de Taquara).

Veja outros livros da coleção

Avaliação Psicológica

pelo site

livrariavozes.com.br/colecoes/avaliacao-psicologica

Conecte-se conosco:

 facebook.com/editoravozes

 @editoravozes

 @editora_vozes

 youtube.com/editoravozes

 +55 24 2233-9033

www.vozes.com.br

Conheça nossas lojas:
www.livrariavozes.com.br

Belo Horizonte – Brasília – Campinas – Cuiabá – Curitiba
Fortaleza – Juiz de Fora – Petrópolis – Recife – São Paulo

EDITORA VOZES LTDA.
Rua Frei Luís, 100 – Centro – Cep 25689-900 – Petrópolis, RJ
Tel.: (24) 2233-9000 – E-mail: vendas@vozes.com.br